ARMORIAL

GÉNÉRAL

PRÉCÉDÉ D'UN

DICTIONNAIRE DES TERMES DU BLASON

PAR

J. B. RIETSTAP

TOME III

CLEARFIELD

Originally Published
(Second Edition, Revised and Enlarged)
Gouda, 1884, 1887

Republished with New Preface,
Additions and Corrections from the
Société de Sauvegarde Historique edition of
1950

Reprint of 1950 edition
Genealogical Publishing Co., Inc.
Baltimore, 1965

Genealogical Publishing Co., Inc.
Baltimore, 1972

Reprinted for
Clearfield Company, Inc. by
Genealogical Publishing Co., Inc.
Baltimore, Maryland
1998

Reprinted, 2 volumes in 3, for
Clearfield Company, Inc. by
Genealogical Publishing Co., Inc.
Baltimore, Maryland
2003

Library of Congress Catalogue Card Number 65-21472
International Standard Book Number: 0-8063-5210-8
Set Number 0-8063-0442-1

SUPPLÉMENT.

Les noms accompagnés d'un astérisque sont ceux de familles qui figurent déjà dans les pages précédentes, et dont les armoiries sont répétées ici sous une forme rectifiée ou plus complète.

A

*Aa (van der) — *Rotterdam, Delft*. De gu. à trois los. d'arg. **C.:** un chien braque, assis entre un vol.

Aa (van der) — *Holl*. De gu. à deux flèches d'or, posées en barres, rangées en bande.

Aardenstoff (van) — *Leyde*. D'azur à une boule de sa., sommée d'une croisette pattée d'or ; ladite boule enflammée d'or au côté dextre et au côté sen. **C.:** une flamme d'or. **L.** d'or et d'azur.

Abaco ou dall' Abaco — *Bologne*. D'arg. à deux bandes de gu.; au chef d'arg., ch. d'une étoile (5) d'or.

Abaisio ou Abbasi — *Ferrare*. D'or au lion d'azur.

Abaquesné de Parfouru — *Norm*. D'azur à la fasce d'or, acc. de trois étoiles du même.

Abate — *Savigliano (Italie)*. D'azur à la fasce de gu., bordée d'arg. et acc. de deux étoiles d'or, 1 en chef et 1 en p. **C.:** un paon rouant au nat. **D.:** OPPORTU-NUM OBSEQUIUM.

Abate (dell') — *Modène*. D'arg. à deux chev. d'a-zur: au chef de gu., ch. d'une mitre avec ses rubans d'arg., bordée d'or et fourrée de sin.

Abati — *Bologne*. D'arg. à cinq bandes brét. d'azur ; au chef du même, ch. de trois fleurs-de-lis d'or, ran-gées entre les quatre pendants d'un lambel de gu.

Abati — *Mantoue*. D'or à l'aigle de sa.

Abauma — *Naples*. D'or à trois bandes denchées d'azur.

Abbaco — *Bologne*. D'arg. à deux bandes de gu., acc. au canton sen. du chef d'une étoile d'or.

Abbaco (dell') — *Florence*. Coupé d'or sur gu.; à trois boules, 2 et 1, de l'un à l'autre.

Abbadessa — *Florence*. D'arg. à trois annelets concentriques de sa.

Abbadie — *Béarn*. D'or à un arbre de sin.; à un lévrier de gu., coll. d'arg., attaché à l'arbre par une chaîne du même.

*Abbadie de Barrau comtes de Carrión de Calatrava — *Gasc*. Parti: au 1 les armes d'*Abbadie de Bastanès* ; au 2 d'arg. à une fleur-de-lis d'or, d'où s'élève un épi tigé et feuillé de sin., accostée en p. de deux fers de lance affr. et opposés vers la pointe (*Car-rión de Calatrava*.)

Abbadie de Bastanès — *Gasc*. D'azur à la bande d'arg., ch. de trois étoiles du champ et acc. de deux lions d'or, lamp. de gu.

Abbaino — *Nice*. De gu. au lion d'or ; au chef d'azur, ch. de trois étoiles d'or.

Abbate (de) — *Saluces*. De gu. au lion d'or, acc. d'une étoile du même au canton sen. du chef. **C.:** un Turc iss., tenant une flèche. **D.:** JE L'ATTENDS.

Abbati — *Carpi*. De sa. à la fasce de gu., acc. en chef de deux mitres d'or et en p. de deux échelles d'arg.

Abbati (Comtes) — *Modène*. Taillé: au 1 d'azur à un peuplier arr. au nat., senestré d'un lion léopardé d'or, enchaîné au fût; au 2 d'or à trois tourt. de gu., 2 et 1.

Abbatucci — *Paris*. Ec.: aux 1 et 4 d'azur à un arbre terrassé de sin., posé à dextre, senestré d'un lion d'or, ramp. contre le fût; aux 2 et 3 d'or à une tour de sa., sommée d'une aigle du même.

Abbenevoli — *Aversa*. D'or à la bande d'azur, ch. de trois fleurs-de-lis du champ.

Abbenevoli — *Reggio*. D'arg. à trois pals de gu.; au lambel de trois pendants d'or, br. sur le tout.

Abbiate (de) — *Caresana*. D'azur à la croix d'arg.

Abbiati-Forieri (Comtes) — *Milan*. Bandé d'arg. et d'azur, de six pièces, les bandes d'arg. ch. de six étoiles (8) de gu., 1, 3 et 2.

Abbinga de Huizum — *Frise*. Parti: au 1 de sin. à une demi-fleur-de-lis d'arg., mouv. du parti; au 2 d'or à un trèfle de sin. **C.:** une tête et col de bouc de gu.

Abbiosi — *Messine*. D'arg. à la fasce de gu.

Abbiosi — *Padoue, Ravenne*. Coupé: au 1 d'azur à trois fleurs-de-lis d'or ; au 2 fascé d'or, de gu. et d'az.

Abel de Libran — *Prov*. D'or à un sanglier pass. de sa.; au chef d'azur, ch. d'une quintefeuille d'or en-tre deux croiss. d'arg.

Abel de la Prade — *Dauphiné*. D'azur à une rose d'or, bout. de sin., surmontant trois pommes mal-ordonnées aussi d'or, acc. de quatre étoiles d'arg., 2 en chef et 2 en p., et les deux lettres H A d'or, po-sées en fasce.

Abellé de Melada — *Zara* (Chevaliers, 29 juin 1880.) D'azur à une croix diminuée d'or, acc. au 1 d'un tertre de trois coupeaux de sin., s'élevant d'une eau d'arg.: au 2 d'une galère voguante vers sen., acc. en chef à dextre d'une étoile, le tout d'or ; au 3 d'un dex-trochère, arm. d'or, mouv. du flanc. la main gantelée d'arg. tenant une croix de Lorraine d'or, en pal ; et au 4 d'un lion ailé d'or, lamp. de gu. Deux cq. cour. **C.:** 1° un mât d'or avec sa banderole coupée d'or sur azur, flottant à dextre, et avec sa voile d'arg., gonflée à sen., sur son antenne d'or avec trois annelets du mê-me ; 2° le lion ailé du 4, iss. **L.** d'or et d'azur.

Abenante — *Cosenza*. D'azur au lion ramp. au nat. — *Ou:* D'or à quatre aigles de sa., 2 et 2. — *Ou:* Ec.: aux 1 et 4 d'or à l'aigle ép. de sa.; aux 2 et 3 de sa. au lion d'arg.

Abercrombie — *Etats-Unis*. Parti: au 1 d'arg. au chev. engr. de gu., acc. de trois hures de sanglier d'azur; au 2 de gu. à trois lions naiss. d'arg., acc. d'un besant d'or en coeur. **C.:** une abeille au nat. **D.:** MENS IN ARDUIS ÆQUA.

Abertini — *Rome*. D'or à deux bandes d'azur, acc. de deux croisettes du même.

Abiati — *Milan*. D'arg. à l'aigle de sa.

Abiati — *Padoue*. D'azur aux lettres A B C de gu., posées 2 et 1.

Abignente — *Sarno*. De gu. au lion d'arg.

Abito ou Avito — *Messine*. De gu. à deux bandes d'arg.

Aboim — *Port*. Ec.: aux 1 et 4 échiq. d'or et d'a-zur ; aux 2 et 3 d'or à trois pals d'azur. **C.:** deux bras, parés d'azur, tenant un ecran carré échiq. d'or et d'azur.

Abondio — *Castiglione*. D'arg. à six roses de gu., 2, 2 et 2.

Abor — *Port.* Echiq. d'azur et d'arg. *ou* de sin. et d'arg.

Abraham d'Abrahamsberg — *Aut.* (Nob. d'*Aut.*, 26 juin 1657.) Ec.: aux 1 et 4 de sa. au lion d'or, celui du 1 cont.; au 2 de gu. à trois fasces d'arg., alésées à dextre; au 3 de gu. à trois fasces d'arg., alésées à sen. **C.:** un lion iss, d'or, cour. du même. **L.:** à dextre d'or et de sa., à sen. d'arg. et de gu.

Abraham de Millencourt — *Ponthieu*. D'arg. à la fasce de sa., acc. de six bill. du même, 3 en chef et 3 en p.

Abrahami d'Ehrenburg — *Transylvanie* (An., 15 mai 1721.) De gu. à la fasce d'azur, ch. de trois étoiles d'or, et acc. en chef d'un homme, arm. de toutes pièces, brandissant de sa main dextre une épée et tenant de sa sen. une tête de Turc coupée par les cheveux; la fasce acc. en p. d'une colombe d'arg., tenant en son bec un rameau d'olivier de sin. **C.:** une tour sommée d'une grue avec sa vigilance, tenant en son bec une bague d'or. **L.:** à dextre d'arg. et de gu., à sen. d'or et d'azur.

*Abrahamson — *Dan.* (An., 28 déc. 1827.) Coupé: au 1 parti: *a.* d'or au lion de gu., arm. et lamp. d'arg.; *b.* de gu. à une harpe d'or; au 2 d'arg. à une plante de trois épis d'or et quatre feuilles de sin. **Cq.** cour. **C.:** à dextre un demi-vol cont. de sa., et à sen. un bras arm. au nat., tenant une épée d'arg., garnie d'or.

Abrambassich — *Serbie*. D'or au chev., acc. en chef d'une rose et en p. d'un croiss., le tout de gu., la rose bout. d'or. **Cq.** cour. **C.:** un griffon iss. de gu., bq. d'or, les pattes de devant du même.

Abramovich d'Adelburg — *Croatie* (Nob. d'*Aut.*, 2 août 1810.) De gu. à un mur crén. au nat., en barre, percé d'archières, et un bras arm., tenant une épée, mouv. du mur. **C.:** trois pl. d'aut.: d'or, d'arg. et de gu. **L.** d'arg. et de gu.

Abreu — *Port.* De gu. à cinq demi-vols d'or, 2, 1 et 2. **C.:** un vol d'or.

Abriani — *Venise*. D'or à un mont de trois coupeaux de gu., mouv. de la p., acc. en chef de trois étoiles rangées du même.

Abrioni ou **Albrioni** (Comtes) — *Italie*. De gu. à deux bandes d'arg., ch. chacune de deux roses du champ, bout. d'or.

Abrugnale — *Messine*. De gu. à une conque marine d'arg.

Abye (de l') — *P. de Liége*. D'arg. à la fasce de gu., ch. de trois étoiles d'or, acc. en chef d'un poisson nageant au nat. et en p. de trois tourt. du sec., 2 et 1. **C.:** une étoile d'or.

Aça — *Port.* D'or à la croix florencée vidée de gu., cant. de quatre chaudières de sa., ch. chacune de trois fasces d'or; à la bord. d'arg., ch. de vingt flanchis de gu.

Acaja (dell') — *Lecce*. D'arg. à la bande d'azur, ch. de trois coquilles d'arg. et acc. de six annelets de gu., rangés en orle, la deuxième dans le canton dextre de la p. entrelacé avec un autre annelet de gu.

Accardo — *Messine*. D'or à un mont de trois coupeaux de gu., mouv. de la p., acc. en chef d'une étoile du même.

Accarigi — *Sienne*. De gu. semé de fleurs-de-lis d'or: à la bande du même, br. sur le tout.

Accarisi — *Bologne*. Ec. d'or et de gu.; au chef d'azur, br. sur l'écartelé et ch. de trois fleurs-de-lis d'or, rangées entre les quatre pendants d'un lambel de gu.

Accarisi — *Bologne, Florence, Modène*. Ec. d'arg. et d'azur; au chef d'or, br. sur l'écartelé et ch. d'une aigle de sa., cour. d'or.

Accascina — *Pise, Palerme, Messine*. De gu. à l'aigle d'or.

Accettanti — *Lucques*. D'azur à trois haches d'arg.

Acchiardi — *Nice*. De gu. au chev. d'arg., surm. d'une fleur-de-lis d'or, et acc. de trois fleurs de ranoncule du même. **C.:** un Neptune au nat., tenant son trident et iss. d'une nuée. [Armes d'une autre branche: D'or à une hache d'azur, emm. du champ, acc. de trois trèfles de sin., posés chacun en barre, 1 au canton sen. du chef et 2 au milieu de la flanc à la p.]

Acchiardi — *San Stefano*. D'or à deux hallebardes de sa., cant. de quatre croix treflées de gu.

Acchiardi — *Italie*. Tranche de gu. sur or, le tout ch. d'une hache d'or, posée en bande.

Acchillini — *Bologne*. Coupé: au 1 échiq. de gu. et d'arg. de trois tires, chacune de quatre points; au 2 d'or plein.

Acconci — *Lucques*. D'azur à la barre, acc. en chef d'une massue et de trois étoiles, le tout d'or.

Acconci ou **Acconti** — *Forli*. D'or au bouc ramp. de sa., soutenu du coupeau du milieu d'un tertre de trois coupeaux de sin.; à la bande d'azur, br. sur le tout et ch. de trois fleurs-de-lis d'or, posées dans le sens de la bande.

Acconcialoco — *Monopoli*. D'or à une croix latine de sin. sur un mont de trois coupeaux d'azur, mouv. de la p., le tout acc. en chef de trois étoiles de gu.

Acconcialoco — *Ravello*. D'arg. au pal de gu., ch. de trois vergettes d'arg.; ledit pal accosté de deux lions ramp. et affr. au nat., supp. ensemble un échiquier de seize points d'arg. et de gu.

Accoppi — *Florence*. D'azur à trois coupes d'or, remplies de flammes de gu.

Accosta — *Messine*. De gu. à deux côtes humaines d'or, mouv. des flancs, opposées.

Accrocciamuro — *Naples*. Fuselé d'arg. et de sa.

Accursi — *Bologne*. D'azur à un cheval galopant d'arg., bridé et sellé de gu.: au chef du premier, ch. de trois fleurs-de-lis d'or, rangées entre les quatre pendants d'un lambel de gu.

Accursi — *Florence, Bologne*. D'azur au cheval d'arg., bridé de gu.; au chef d'azur, ch. de trois fleurs-de-lis d'or, rangées entre les quatre pendants d'un lambel de gu.

Accursio — *Aquila*. Ec.: aux 1 et 4 d'arg. à l'aigle de sa.; aux 2 et 3 d'azur au lion d'or.

Accursio — *Gênes*. D'azur à la bande d'or; et un orle rond de gu., br. sur le tout.

Accusani — *Piémont*. Coupé: au 1 de gu. à une aigle de profil ess. d'or: au 2 d'arg. à un senestrochère arm., iss. d'une nuée en haut à sen. et tenant une masse d'armes, le tout au nat. A la fasce d'azur, br. sur le coupé et ch. de trois étoiles d'arg.

Acerbi — *Milan*. Coupé: au 1 parti: *a.* d'arg. à une roue de Ste-Catherine de gu.; *b.* de gu. à l'aigle de sa., cour. d'or; au 2 de gu. à une étoile (8) d'or.

Acerno — *Naples*. Parti de gu. et de sa.; à une feuille de scie d'arg., posée en bande, br. sur le tout.

Acerra — *Naples*. D'azur à trois chev. d'arg., ch. de dix mouch. d'herm. de sa., 4, 4 et 2.

Achard — *Grenoble*. D'arg. à une ancre d'azur.

Achard-Joumard-Tison marquis d'Argence — *Poitou*. Ec.: aux 1 et 4 d'azur à trois bes. d'or (*Joumard*); aux 2 et 3 d'or à deux lions léopardés de gu., cour. d'or, l'un sur l'autre (*Tison*). Sur le tout d'arg. à trois fasces abaissées de gu., surm. de six triangles vidés de sa., entrelacés deux et deux en forme d'étoile, et posées 2 et 1 (*Achard*).

*Achey — *Franche-Comté, Bourg.* (Barons de Thoraise, marquis et comtes d'*Achey*. M. ét. le 10 avril 1768.) De gu. à deux haches d'armes adossées d'or. **C.:** une tête et col de cygne au nat., d'un cordon d'or auquel est suspendu une boule du même. *Adage:* PIÉTÉ D'ACHEY. **S.:** deux lions d'or. **D.:** A JAMAIS LAS D'ACHEY.

Achilli — *Mantoue*. Armes anc.: D'azur à un mont de sept coupeaux de sin., le coupeau supérieur sommé d'arbustes d'or, entre lesquels se trouve un nid avec des aiglettes de sa. — *Armes mod.:* D'arg. à une aigle de sa., accostée en p. de deux aiglettes du même.

Achiono — *Rome*. De gu. à un compas d'arg., ouv. en chev.

Achon — *Bret.* D'or semé de fleurs-de-lis d'azur.

Achtienhoven — *Delft*. D'azur à deux triangles vidés d'arg., entrelacés en forme d'étoile, acc. de trois étrilles d'or.

Acker (van) — *P. de Waes*. D'arg. à une étoile de gu., acc. de trois arbres de sin.; au chef d'azur, ch. de trois croiss. du champ.

Ackere (van) — *Gand*. De sa. au chev. d'or, acc. de trois glands du même. **C.:** un vol, d'or et de sa.

Acono — *Sicile*. De sin. à cinq coquilles d'or, 2, 1 et 2.

Acquanegra — *Mantoue*. De gu. à un porc ramp. au nat., sanglé d'arg.

Acquarone — *Gênes*. D'arg. à l'aigle de sa., cour. du même.

*Acquaviva — *Naples, Sicile* (Comtes de *San-Flaviano*, 1382; ducs d'*Atri*, 20 juin 1393.) D'or au lion d'azur, lamp. de gu.

*Acquaviva d'Aragon — *Naples, Sicile, France, Esp.* (Ducs d'*Atri*, comtes de *San Flaviano*, princes de *Teramo*, marquis de *Bitonto*, comtes de *Conversano*, de *Caserta*, de *Sant' Agata*, etc.; adjonction, au 15e siècle, du nom et des armes d'*Aragon*. Ec.: aux 1 et 4 parti de trois traits: *a.* d'or à quatre pals de gu. (*Aragon*); *b.* fascé d'arg. et de gu. de huit pièces (*Hongrie*); *c.* d'azur seme de fleurs-de-lis d'or, au lambel de gu. en chef (*Anjou-Sicile-Naples*)· *d.* d'arg. à la croix de

Jérusalem d'or (*Jérusalem*); aux 2 et 3 d'or au lion d'azur, lamp. de gu. (*Acquaviva*).

Acquet — *Bruges.* D'herm. à trois carreaux de gu., rangés en bande, aboutés, celui du milieu ch. d'une étoile d'or et les deux autres ch. chacun d'une coquille d'or, posée en bande.

Acugna — *Sicile.* D'or à neuf coins d'azur, posés sur leur base, 3, 3 et 3; à la bord. de gu.,' ch. de sept tours d'or.

Acuto — *Sicile.* D'arg. au lion de gu., tenant une fleur-de-lis du même.

Adam — *Fribourg.* D'azur à une étoile (5) d'arg. au centre d'un lacs d'amour d'or en fasce, surm. d'une croix pattée au pied fiché du sec. et acc. en p. d'un tertre de trois coupeaux de sin.

Adam de Blair-Adam — *Ecosse* (Baronet, 20 mai 1882.) Ec.: aux 1 et 4 d'arg. à une molette (5) d'azur, acc. de trois croix recr. au pied fiché de gu. (*Adam*); au 2 d'arg. à un faisceau de trois flèches de gu., lié de sin., les pointes en bas, accosté de six trèfles de sin., rangés en deux pals (*Littlejohn*); au 3 d'arg. à trois têtes d'autour au nat. et une bord. engr. d'azur ch. de huit bes. d'or (*Brydone*). **C.:** une épée d'arg., garnie d'or, en barre, br. sur une croix recr. au pied fiché de gu., en bande. **D.:** CRUX MIHI GRATA QUIES.

Adama — *Frise.* Parti: au 1 d'or à la demi-aigle de sa., mouv. du parti; au 2 coupé: *a.* d'azur à une étoile d'or; *b.* d'or à deux trèfles accostés de gu.

Adamek — *Vienne* (Chevaliers, 4 nov. 1881.) Parti d'azur et de gu.; à une épée d'arg., posée en pal, br. sur le parti et supp. une balance d'or. Deux cq. cour. **C.:** 1° trois pl. d'aut., une d'or entre deux d'azur; l. d'or et d'azur; 2° un vol à l'antique, l'aile de derrière d'arg., plein, l'aile de devant de gu. ch. d'une croix d'arg.; l. d'arg. et de gu.

Adami — *Brême.* Parti: au 1 de gu. à la demi-aigle d'or, mouv. du parti; au 2 d'azur à trois épis sur une seule tige, feuillée de deux pièces, le tout d'or. **C.:** les épis du 2.

Adami — *Rome.* Parti: au 1 coupé: *a.* d'or à l'aigle ép. de sa.; *b.* echiq. de gu. et d'arg.; au 2 d'azur à l'aigle ép. de sa.

Adams — *Holl.* D'arg. à un arbre terrassé de sin. nat. [Armes de *John Adams*, 2e Président des Etats-Unis.]

Adams — *Massachusetts.* D'arg. à la croix de gu., ch. de cinq étoiles d'or. Cq. cour. **C.:** un lion iss. au nat. [Armes de *John Adams*, 2e Président des Etats-Unis.]

Adda-Salvaterra — *Milan* (Marquis, comte et baron du St.-Empire, 8 oct. 1682.) D'azur à six étoiles d'arg.; à la filière du même.

Adelaer — *Dan.* (Barons, 1 nov. 1826.) Les armes d'*Adelaer*, an. le 7 fév. 1666, le surtout cour. Cq. cour. **C.:** un sémaphore au nat., soutenu d'une boule d'azur et sommé d'une cigogne tenant en son bec un poisson au nat.

Adelardi — *Bologne.* D'or à une fleur-de-lis d'arg., accostée de deux roses de gu., bout. d'arg.

Adelardi-Marcheselli — *Ferrare* (Seigneurs de *Ferrare*, au 12e siècle.) Coupé d'azur sur arg.; au lion coupé d'or sur l'azur et de gu. sur l'arg., acc. en chef sur l'azur de deux étoiles d'or; au chef d'or ch. d'une aigle alésée de gu.

Adler de Hohenaar — *Vienne* (An.. 7 nov. 1882.) Ec.: aux 1 et 4 d'or à l'aigle de sa., celle du 1 cont.; au 2 de gu. à trois étoiles d'arg.; au 3 de gu. à la fasce d'arg. Cq. cour. **C.:** un vol coupé, à dextre d'or sur sa., à sen. de gu. sur arg. **L.** conformes aux émaux du vol.

Adlersfeld [anciennement **Fritz**] — *Silésie* (Chevaliers en *Bohême*, 19 oct. 1721.) Coupé: au 1 parti: *a.* d'azur à la demi-aigle de sa., mouv. du parti; *b.* de sa. au lion d'or; au 2 d'azur à un mur cren. d'arg., touchant les flancs, ouv. du champ, br. sur une tour d'arg. et soutenu d'une terrasse de sin. Cq. cour. **C.:** les meubles du 1, la tour sommée d'un vol de sa. **L.:** à dextre d'or et de sa., à sen. d'arg. et d'azur.

Adriani — *Florence.* D'azur à la croix d'or, cant. aux 2 et 3 d'une étoile du même.

Adriani — *Romagne.* D'azur au lion d'arg.

Agace (l') dit la Pie — *Lorr.* De gu. au pal de ...., adextré d'un lion et senestré d'un griffon de ...

Agassiz — *P. de Vaud.* D'arg. à une poule de sa., soutenue de deux petits bâtons au nat., passés en sautoir.

Agelastos — *Grèce.* D'arg. à deux bandes d'azur.

Agelelli — *Bologne.* D'azur au griffon d'or; à la bord. de gu., ch. de quatorze plumes de paon au nat., posées dans le sens de la bord.

Aggema de Woldsend — *Frise.* Parti: au 1 d'or à la demi-aigle de sa., mouv. du parti; au 2 d'azur à une croiss. cont. d'or en chef et d'une étoile du mê-

me en p. **C.:** trois pl. d'aut., une d'or entre deux d'azur.

Agié — *Dauphiné.* De gu. à un geai d'arg.; au chef du même, ch. de deux roses du champ.

Agnelli del Malherbi (Comtes) — *Rome.* Coupé: au 1 d'azur à un arbre, accosté de deux chiens pass. et affr.; au 2 parti: *a.* de gu. à un dextrochère, mouv. du flanc, portant suspendue à son doigt une croix de chevalier; *b.* d'arg. à une tour de ... à la fasce de gu., br. sur le coupe.

Agocchi ou **dalle Agocchie** — *Bologne.* D'or à trois aiguilles à coudre d'arg., disposées en éventail, les pointes en bas, soutenues du coupeau du milieu d'un tertre de trois coupeaux d'arg.

Agocchia — *Bologne.* D'azur au lion d'or, soutenu d'un tertre de trois coupeaux de sin. et tenant de ses griffes une croix latine du même; au chef du premier, ch. de trois fleurs-de-lis d'or, rangées entre les quatre pendants d'un lambel de gu.

Agocchiari — *Bologne.* Coupé: au 1 d'azur à un cerf naiss. d'or; au 2 d'azur, mouv. du coupé: ec. à trois pals d'or.

Agocchj — *Bologne.* Parti-vivré d'arg. et d'azur; à un boeuf pass., parti-vivré d'azur sur l'arg. et d'or sur l'azur; au chef d'or, br. sur le parti et ch. d'une aigle ép. de sa.

Agolanti — *Bologne.* D'or à l'aigle d'arg.

Agostini — *Pise.* De gu.; au chef d'azur, ch. de trois étoiles (8) d'or.

Agreote — *Istrie.* D'azur à un cep de vigne de sin., fruité de sa., accolé à son échalas d'or.

Agristwyl — *Fribourg.* D'arg. à une aigle de profil, le vol levé, perchée sur une branche sèche, le tout de sa.

Aguiar — *Port.* D'or à l'aigle de gu., bq. et m. d'arg. **C.:** l'aigle.

Aguilar — *Port.* D'or à l'aigle de gu., bq. et m. de sa.; et un grand croiss. d'arg., pass. sur les ailes et les pieds de l'aigle.

Aguilhon — *Ile-de-Fr.* D'azur à une tête de lion d'or, lamp. de gu., mouv. du canton sen. de la p. et regardant trois aiguilles d'or, volantes en barre.

Ahin — *P. de Liége.* Ec.: aux 1 et 4 d'arg. à une rose de gu., bout. d'or, barbée, tigée et feuillée de sin.; aux 2 et 3 d'arg. à trois croix pattées de gu. **C.:** la rose du 1.

Ahlefeld — *Transylvanie* (An., 1 oct. 1774.) D'azur à la bande de gu., ch. d'un lévrier d'or. coll. d'azur; la bande acc. en chef d'un demi-vol d'arg., ch. d'une étoile d'or posée au centre d'un annelet de sa., et en p. d'un pont de trois arches, surmonté de trois étoiles d'or. **C.:** un vol d'arg., chaque aile ch. d'une étoile d'or, posée au centre d'un annelet de sa. **L.:** à dextre d'or et de gu., à sen. d'arg. et d'azur.

Ahlefeldt-Laurvig-Bille — *Dan.* (Conc. du nom de *Bille*, 10 fév. 1883.) Ec.: aux 1 et 4 fascé contrefascé de gu. et d'arg., de quatre pièces; au 2 d'azur au lion d'arg., cour. d'or, tenant de ses pattes une hache d'armes d'or au manche arrondi en demi-cercle, sur lequel reposent ses pieds; au 3 d'azur au lion d'or, cour. du même. Sur le tout un écusson cour., parti *a.* d'arg. à un demi-vol abaissé de sa., mouv. du parti; *b.* d'arg. à deux fasces d'azur. Trois cq. cour. **C.:** 1° un chien braque d'arg., coll. de gu., assis sur un coussin du même, houppé d'or; 2° un lion d'or, cour. du même, assis et posé de front, tenant de chaque patte trois guidons de gu. à la croix d'arg.; 3° une plume de paon au nat., entre deux prob. de gu. Trois cq. cour. **C.:** 1° un lion d'or, coiffé d'un casque cour. sommé de sept plumes de faisan de sa.; à sen. un sauvage de carn.

Ahsbahs Edle von Revenna — *Bohême* (An., 31 déc. 1874.) Parti: au 1 coupé: *a.* d'or à une tour au nat., terrasse et et flanquée de deux avant-murs, le tout soutenu d'une terrasse de sin.; *b.* de sa. au lion huchet d'or; au 2 de gu. au lion d'or à la tour iss. d'arg. **L.:** à dextre d'or et de sa., à sen. d'azur et de gu. **D.:** ABSQUE LABORE NIHIL.

Aichinger — *Aut.* (Chevaliers, 31 mars 1871.) D'azur à une panthère d'arg., jetant des flammes par la bouche et les oreilles, soutenue d'un rocher de gu. et tenant de ses pattes un trident d'or, les dents terminées en fer de flèche; à la bord. d'or, ch. en haut d'une étoile d'azur, et de trois glands au nat., 2 en flancs et 1 en p., les queues en bas. Deux cq. cour. **C.:** 1° la panthère, iss.; l. d'arg. et d'azur; 2° un vol à l'antique, l'aile de devant d'azur ch. d'une bande d'or, l'aile de derrière d'or ch. d'une bande d'azur; l. d'or et d'azur.

Aigle (d') — *P. de Vaud.* De sa. à l'aigle d'or.

Aigner d'Aigenhofen — *Tirol* (Chevaliers, 20 sept. 1874.) Les armes d'*Aigner d'Aigenhofen*. Deux cq. cour. **C.:** 1° les meubles du 2, entre un vol de sa., l'aile dextre ch. d'une fasce d'or, sur ch. d'une boule de sa. et acc. de deux boules d'or, 1 en haut et 1 en bas; **l.** d'or et de sa.; 2° trois pl. d'aut., une d'arg. entre deux de gu.; **l.** d'arg. et de gu.

Aigoln de Faignerolles [de Montredon et du Rey] — *Ile-de-Fr.* De gu. à la fasce ondée d'or, acc. en p. d'une tète de licorne coupée d'arg.

Aigremont — *Gruyères* (*P. de Vaud.*) De gu. à la bande d'or. **C.:** un lion iss. d'or.

Aigro, Aigros ou **Aigroz** — *Fribourg.* D'arg. à la bande tranchée gu. sur azur.

Aigro ou **Aigros** — *Fribourg.* D'arg. à la bande d'azur, ch. de trois têtes d'homme d'arg., posées de front, tort. de gu., les épaules hab. du même.

Aigroz, v. **Aigro.**

Aigneneuve — *France.* D'or à la barre de gu., ch. de deux cotices potencées et contre-potencées à l'intérieur d'or, et acc. de six rocs d'échiquier du sec., posées 4 en chef, 2 et 2, et 2 rangées en fasce en p.

Ailhaud de Casseneuve — *Marseille.* De sa. à trois têtes de lion arr. d'or; au chef de gu., ch. d'un soleil du sec. [Une branche écartelé de gu. à trois bandes d'or.]

Aimeric — *Bologne.* De gu. à trois épées d'arg., garnies d'or, en fasces, l'une sur l'autre, les pointes à sen., acc. de neuf bes. d'arg., rangés entre les épées de la manière suivante: 1 épée, 3 bes., 1 épée, 3 bes., 1 épée, 3 bes.

Airaines — *Ponthieu.* D'arg. à trois fasces de gu.

***Aissema** — *Frise* (Nob. du St.-Empire, 6 août 1611.) Tranché: au 1 d'or à l'aigle de sa., posée en bande; au 2 d'arg. a une rose de gu. Cq. cour. **C.:** un chapeau piramidal de gu., retr. d'arg., sommé de six plumes de coq de sa. **l.:** à dextre d'or et de sa., à sen. d'arg. et de gu.

Aissema d'Alszheim (Barons) — *Aut.* Parti: au 1 de gu. à la demi-aigle d'or, mouv. du parti; au 2 d'azur à trois épis mouv. d'une même tige feuillée de deux pièces, le tout d'or. Brl. de gu. et d'or. **l.** d'or et de gu. Les meubles du 2. **L.** d'or et de gu.

Aissema de Lipperoda (Barons du St.-Empire, 14 mars 1635.) Ec.: aux 1 et 4 d'or à l'aigle de sa.; aux 2 et 3 d'arg. à une rose de gu. Sur le tout d'azur à un chevalier. arm. de toutes pièces, monté sur un cheval galopant, le tout d'or. Cq. cour. **C.:** un chapeau piramidal de gu., retr. d'arg., sommé de six pl. d'aut. de sa. **l.:** à dextre d'or et de sa., à sen. d'arg. et de gu.

Aix — *Luxemb.* D'or à la croix ancrée de gu.

Aken (van) Edle **von Quesar** — *Aut.* (An., 26 juillet 1873.) Parti: au 1 coupé: *a.* d'azur à une pointe d'or, accostée de deux étoiles du même; la pointe ch. d'une tour au nat. sur une terrasse de sin.; *b.* d'azur à quatre barrcs d'or; au 2 d'arg. à trois cornes de buffle de sa. en forme de cors-de-chasse, liés du même, rangés en pal. Cq. cour. **C.:** trois pl. d'aut., une d'or entre deux d'azur. **l.:** à dextre d'or et d'azur, à sen. d'arg. et d'azur.

Akerlaken (van) — *Holl. sept.* D'or à deux saumons adossés au nat.; au chef de gu., ch. d'un gland tigé et feuillé au nat., la tige en bas.

Alabanti — *Bologne.* D'azur à une main d'aigle d'or, la serre en bas, empoignant une boule d'arg.; au chef du premier, ch. de trois fleurs-de-lis d'or, rangées entre les quatre pendants d'un lambel de gu.

Aladane de Paraize — *Bourbonnais, Nivernais.* D'azur à deux fasces d'arg., acc. de six bes. d'or, 3 en chef, 2 entre les fasces et 1 en p.

Alamandini — *Bologne.* D'or à un demi-vol de sa.; au chef d'azur, ch. de trois fleurs-de-lis d'or, rangées entre les quatre pendants d'un lambel de gu.

Alapovits — *Serbie.* De gu. à la fasce d'arg., acc. en p. d'un demi-vol de sa. Cq. cour. **C.:** un lion iss. de gu., arm. et lamp. d'or, tenant de sa patte sen. un croiss. tourné de sa. **L.** d'arg. et de gu.

Alardos — *Port.* De gu. à un croiss. d'arg., acc. de trois fleurs-de-lis du même.

Alarose de la Charnay — *Bourbonnais.* D'azur au chev. d'or, acc. de trois étoiles d'arg.

Alaupovitch — *Serbie.* D'or au lion de gu., tenant entre ses pattes un croiss. tourné de sa. **C.:** une queue de paon, au nat., ch. de trois croiss. de gu., 2 et 1. **L.** d'or et de gu.

Albanesi — *Bologne.* D'arg. à un mont de six coupeaux de sin., mouv. de la p., sommé d'un arbre, poussant une branche feuillée à dextre et deux branches feuillées à sen., le tout de sin., la branche à dextre supp. un corbeau de sa.; au chef d'azur, ch. de trois fleurs-de-lis d'or, rangées entre les quatre pendants d'un lambel de gu.

Albari — *Bologne.* D'arg. à trois arbres de sin., rangés sur une terrasse du même, celui du milieu plus élevé; au chef d'azur, ch. de trois fleurs-de-lis d'or, rangées entre les quatre pendants d'un lambel de gu.

Albeck — *P. de Halberstadt.* De sa. à une tète et col d'aigle d'or. **C.:** la tète d'aigle.

Alberghetti — *Bologne.* De gu. à la bande d'azur, bordée d'arg.; à la bord. d'or, ch. de dix tourt. d'azur, 3, 2, 2 et 3; au chef de l'écu d'azur, ch. de trois fleurs-de-lis d'or, rangées entre les quatre pendants d'un lambel de gu.

Alberghi — *Bologne.* Parti: au 1 d'azur au lion, couché de gu., mouv. du flanc dextre et acc. de trois étoiles d'or, 2 en chef, 1 en p. et 1 entre les branches du chev.; au 2 papelonné de sa., 3 rangs d'arg. alternant avec 3 rangs de gu.

Alberghini — *Bologne.* Coupé d'or sur azur, au saut. de l'un en l'autre; le saut. ch. en coeur d'un carreau de sa., rempli d'une losange coupée d'azur sur azur, et chacun des quatre angles du carreau terminé en une fleur-de-lis d'or sur l'azur du saut. et d'azur sur l'or; le saut. acc. en chef d'une rose de gu. sur l'or.

Alberici — *Bologne.* Papelonné de sept rangs, 4 rangs d'arg. et 3 rangs d'or.

Albers — *Amsterdam.* D'arg. à la fasce d'azur, acc. en chef d'une tous de gu.

Albert — *Bohème* (Chevaliers, 25 juin 1874.) Ec.: au 1 d'or à une ancre de sa.; au 2 d'azur à trois étoiles mal-ordonnées d'arg.; au 3 d'azur à un chêne arr. au nat.; au 4 d'or à une charrue au nat. Deux cq. cour. **C.:** 1° un griffon iss. coupé de sa. sur or; **l.** d'or et d'azur; 2° un vol coupé alt. d'azur à deux louves affr. d'arg.; **l.** d'arg. et d'azur. **D.:** PERSEVERANTIA ET CONSILIO.

Albert de Luynes de Brantes (Devenus, le 10 juillet 1620, ducs de *Luxembourg et de Piney*, pairs de France, et le 6 juillet de la même année princes de *Tingry*, souverains d'*Aigremont*, comtes de *Roussy, de Rosnay, de Ligny-en-Barrois et de Brienne*, titres auxquels ils renoncent le 17 mars 1661, en faveur des *Montmorency-Luxembourg*. Le 19 déc. 1697.) *Armes avant 1620:* Ec.: aux 1 et 4 d'or au lion de gu., cour. du même (*Albert*); aux 2 et 3 d'azur à deux louves affr. d'arg. (*Segur*). Sur le tout de gu. à une massue d'or, arm. de picotons d'arg.; au chef du même, ch. d'un gonfanon de gu. (*Sarras*.) Le tout brisé d'une bord. écartelée de gu. et d'or. **C.:** une massue d'or. **S.:** deux sauvages de carn., la tète armée d'un morion d'azur. — *Armes depuis 1620:* D'arg. au lion de gu., arm. et cour. d'or, lamp. d'azur, qui est de *Luxembourg*. **C.:** une tète de lion d'or, posée de face. **L.** d'arg. et de gu. **S.:** deux lions d'or.

Alberto ou **dà San Alberto** — *Bologne.* D'arg. à une croix latine de gu.; à la fasce d'azur, br. sur le tout et ch. de trois bill. couchées d'or, celles à dextre et à sen. mouv. des flancs.

Alberto ou **dà San Alberto** — *Bologne.* Papelonne d'herm.; au chef d'azur, ch. d'un lévrier courant d'arg., coll. de gu.

Albertonl comtes **de Val di Scalve** — *Crémone* (Comtes autrichiens, 1 déc. 1789; conf. dudit titre, 21 nov. 1816; comtes italiens, 29 août 1875; comtes de *Val di Scalve*, 9 fév. 1879; rec. d'ancienne noblesse. 16 août 1881; ampliation des armes avec faculté d'écarteler celles de l'ancienne république et de l'ancienne commune de *Val di Scalve*, 21 janv. 1883.) Ec.: aux 1 et 4 d'or à trois chev. de gu.; au chef du premier, soutenu d'une divise d'azur et ch. d'un lion léopardé du sec. (*Albertoni*); aux 2 et 3 d'azur à trois sapins dans une plaine herbeuse, et un ours pass. et entrelaçant les trois troncs des sapins; le tout au nat. (*Val di Scalve*.) Cq. cour. **C.:** un lion iss. de gu., tenant une épée d'arg., garnie d'or, en barre. **L.** d'or et de gu. et d'azur. **S.:** à dextre un lion de gu.; à sen. un ours au nat. **D.:** NON SINE ARMIS PATRIA.

Albertuzzl — *Bologne.* D'or au chev. de gu.

Albertuzzl — *Bologne.* Parti de gu. et d'arg.; à deux demi-vols adossés de l'un à l'autre.

***Albi-Trencavel** *dit* **Weiss** — *Berne.* D'azur à un Pégase saillant d'or. **C.:** le Pégase, iss.

Albicini — *Forli, Bologne* (Marquis de *Lodergnano*, comtes de *Valdinoce, de Rocca di Girone et della Petrella degli Ubertini*.) D'or au cerf d'azur, s'élançant d'un bosquet de sin.

Albin — *Lang., Bret.* De gu. à un homme, arm. d'arg., tenant une hallebarde du même.
Albinski Edle von Alvinz — *Aut.* (An., 25 sept. 1857.) Ec.: aux 1 et 4 d'azur au chev., acc. en chef de deux étoiles et en p. d'une fleur-de-lis, le tout d'or ; aux 2 et 3 d'arg. à un sauvage iss. de carn.. ceint et cour. de lierre, mouv. du bas, tenant de sa main dextre un sapin arr. au nat., la sen. appuyée sur sa hanche. Cq. cour. **C.:** une licorne iss. d'arg. **L.:** à dextre d'or et d'azur, à sen. d'arg. et d'azur.
Alblousse — *Lang.* D'azur à un boeuf pass. d'or ; au chef de gu., ch. de trois étoiles d'arg. **D.:** JUSTITIĂ ET ARMIS.
Albiroli — *Bologne.* D'or à un arbre arr. de sin. de cinq branches feuillées, 1, 2 et 2.
Albizzi — *Florence.* De sa. à deux annelets concentriques d'or ; au chef d'arg., ch. d'une croix de sa. **C.:** une tête de mort, au nat. **D. :** HOC ETIAM NON SUFFICIT.
Albon (im) — *P. de Valais.* D'arg. au lion de gu., acc. d'une étoile (5) d'azur, posée au canton dextre du chef.
Albon-Espenel — *Dauphiné.* D'azur au lion d'or ; à la bande d'arg., br. sur le tout et ch. de trois taupes de sa.
Albouy — *Marseille.* D'azur à la croix d'arg., cant. de quatre bes. du même, le bas de la croix ch. d'un rocher de sa., mouv. de la p.
Albrecht — *Strasbourg.* Coupé : au 1 de gu. à une étoile (8) d'arg.; au 2 d'or plein. **C.:** un buste de femme de carn., cour. d'or, le corps ch. d'une étoile (8) d'arg.
*Albrich Edle von Albrichsfeld — *Transylvanie* (An., 18 nov. 1796.) D'arg. au lion de gu., soutenu d'une terrasse de sin. et brandissant une épée; le champ chapé-ployé d'or à deux demi-aigles de sa., cour. d'or, mouv. du champ. **C.:** le lion, iss., entre un vol coupé alt. d'or et de sa. **L.:** à dextre d'or et de sa., à sen. d'arg. et de gu.
Alby — *Dauphiné.* D'azur à deux épées d'arg., garnies d'or, passées en saut.; au chef de gu., ch. de trois toiles d'or.
Alcacovas — *Port.* D'azur à un château de cinq tours d'arg., entouré d'un mur maçonné de sa.
Alcoforados — *Port.* Echiq. d'arg. et d'azur.
Alderwerelt (van) — *Gueldre.* Ec.: aux 1 et 4 coupé d'arg. sur azur ; à un monde de l'un en l'autre ; aux 2 et 3 d'arg. à trois perroquets de sin.
Alderwerelt (van) van Rosenburgh — *Gouda* (Permission d'ajouter le nom de *van Rosenburgh*, 14 fév. 1883.) De gu. à trois perroquets d'arg., bq. et m. d'or (*van Alderwerelt*). En coeur un écusson d'or, ch. de deux pals de gu., le premier pal surch. de deux roses d'or, l'une sur l'autre, et le second pal d'une tour d'arg. (seigneurie de *Rosenburgh*). Cq. cour. **C.:** un monde d'or, croisé du même, cintré d'azur ; entre un vol d'arg. **L.** d'arg. et de gu.
Aldighieri — *Bologne.* Fascé d'or et de gu.
Aldighieri — *Ferrare.* Ec.: aux 1 et 4 d'or à l'aigle d'arg.; aux 2 et 3 d'arg. à une fontaine de sa.,jaillissante d'azur. Sur le tout d'azur au lion d'or. **C.:** un lion d'or, iss. d'une tour d'arg.
Aldrovandi — *Bologne.* D'azur au chev., soutenant une fasce en divise, surm. d'une rose, le tout d'or.
Aldrovandi — *Bologne.* Ec.: aux 1 et 4 d'azur à une écharpe d'or, ployée en cercle, les bouts noués en saut.; aux 2 et 3 palé d'arg. et de gu.
Aldrovandi — *Bologne.* De gu. à trois fasces d'or ; à la bande d'azur, br. sur le tout.
Aldrovandini — *Bologne.* D'azur à la bande brét. de trois pièces, chaque brétesse clouée d'une seule pièce de sa.; à la bande côtoyée de six étoiles; le tout d'or.
Alebrand — *Grenoble.* D'azur à trois canards d'arg.
Alefsen de Boisredon — *France.* D'azur à la bande d'or, acc. de deux étoiles du même ; au chef d'arg., ch. de trois étoiles de gu.
Alegranza — *Bologne.* Fascé de gu. et d'arg. De six pièces ; une tour d'arg. avec trois créneaux entaillés, br. sur le tout et soutenue en p. d'une terrasse de sin.
Alegri — *Bologne.* De gu. au chien ramp. d'or, coll. de gu. ; au chef d'azur, ch. de trois fleurs-de-lis d'or,rangées entre les quatre pendants d'un lambel d'arg.
Alesani — *Dalmatie* (Barons, 8 fév. 1878.) Parti : au 1 d'arg. à un arbre de sin. sur un tertre du même; au 2 de gu. à trois demi-vols abaissés d'or, 2 et 1. Deux cq. cour. **C. :** 1° un lion iss. et cont. d'arg., te- nant de ses pattes un arbre arr. de sin.; l. d'arg. et de sin.; 2° un vol à l'antique, l'aile de derrière d'or et l'aile de devant de gu.; l. d'or et de sin.
Alessandrini (Comtes) — *Trente.* Ec : aux 1 et 4

fascé de gu. et d'arg., la seconde fasce de gu. ch. de trois pommes d'or ; aux 2 et 3 d'or à trois pics de rocher accostés d'azur. mouv. de la p., celui du milieu plus élevé. **C. :** 1° et 2° un lion ramp. au nat., lamp. de gu. **D.:** EXALTATIO LAUS ET PROTECTIO MEA DO-MINUS.
Alexandre de Chantelou — *Maine.* D'azur au chev. d'or, acc. de trois fers de pique du même, la pointe en bas.
Alexandre de St.-Balmont — *France.* D'azur au chev. d'arg., acc. en p. d'une croisette fleuronnée au pied fiché d'or ; au chef aussi d'or. ch. d'un lion léopardé de gu., acc. de trois merlettes de sa., 2 en chef et 1 en p. (champ.
Alfani — *Perugia.* D'or au lion de gu., cour. du
Alfaro — *Port.* Parti : au 1 de sin. à trois pals d'or : au 2 d'azur à un croiss. d'arg.
Alfero — *Port.* Echiq. d'or et de gu.
*Alfieri — *Turin, Asti* (Marquis de *Postegno*, comte de *Magliano*.) D'or à l'aigle de sa., bq., m. et cour. de gu. Cq. cour. **C.:** l'aigle, iss. **S.:** deux aigles de sa., cour. d'or, le vol ouv. **D.:** FORT NE DURE [A cette fam. appartenait le poète *Vittorio Alfieri*, né à Asti en 1745, mort à Florence en 1803.]
Alfridi — *Romagne.* De gu. à un A d'arg.; au chef d'azur, ch. de trois étoiles d'or.
Algardi — *Bologne.* D'azur à la fasce échiq. d'a-zur et d'or de trois tires, acc. de trois têtes d'ours d'or, coll. du même, les deux du chef affr.; au chef du pre-mier, ch. de trois fleurs-de-lis d'or, rangées entre les quatre pendants d'un lambel de gu.
Algudsen — *Dan.* (M. ét. en 1560.) D'arg. à trois arcs-en-ciel, posés en fasces, l'un sur l'autre, compo-sés chacun de gu., d'or et d'azur. **C.:** deux prob. aux armes de l'écu.
Alicorni — *Bologne.* Coupé : au 1 de sa. à une li-corne pass. d'arg., à sen., la patte dextre levée et éten-due vers un mont de trois coupeaux du même, posé à dextre, mouv. du coupé; au 2 d'or plein. Au chef de l'écu d'azur, ch. de trois fleurs-de-lis d'or, rangées en-tre les quatre pendants d'un lambel de gu.
Alidosi — *Bologne.* D'or à un griffon d'azur, arm. et langué de gu., cour. d'or.
*Aligre — *Paris, Beauce* (Comtes de *Marans*; mar-quis d'*Aligre*, août 1752. M. ét. le 21 août 1866.) Bu-relé d'or et d'azur ; au chef du sec., ch. de trois soleils du premier. **C.:** un lion iss. au nat. **S.:** deux lions au nat., tenant chacun une bannière aux armes de l'écu. **D.:** NON UNO GENS SPLENDIDA SOLE [V. Pomereu d'Aligre.]
Aliney d'Elva (Comtes) — *Maine.* D'azur à trois étoiles mal-ordonnées d'or en chef et un croiss. du mê-me en p. **C.:** une comète d'or. **D.:** ELATA REFULGET.
Alinges, v. **Troillet** dit d'**Alinges.**
Aliotti — *Bologne.* De gu. à un griffon d'or, lan-gué de gu.
Alker — *Vienne* (Chevaliers, 12 mars 1867.) De gu. à une mouette posée sur un glaçon flottant dans une mer entourée de glaciers, le tout au nat.; au chef d'arg., ch. d'un foudre de gu., ailé du même, posé en fasce. Deux cq. cour. **C.:** 1° un vol cont., l'aile de der-rière d'arg. plein, celle de devant de gu. ch. de trois étoi-les d'arg. et 2 ; 2° un cheval iss. d'arg., soufflant des flammes par les narines. **L.** d'arg. et de gu. **D.:** CARPE DIEM.
Allais — *Dauphiné.* Ec.: aux 1 et 4 d'arg. au chev. et 3 d'azur à trois tours d'arg.
Allamand — *Savoie.* Parti : au 1 d'arg. à une épée d'azur, posée en pal, la pointe en bas, accostée de deux pattes de lion de sa. ; au 2 d'arg. à un palé-contrepalé d'azur et d'or, de quatre pièces. **S.:** deux lions, au nat.
Allamand — *P. de Vaud.* D'arg. à un archer. D'azur. posé de profil sur un tertre de trois cou-peaux. de sin.. décochant une flèche d'un arc.
Allamand d'Echichens — *P. de Vaud.* D'azur au demi-vol d'arg. **C.:** le demi-vol.
Allé — *Bologne.* D'azur au lion d'or ; à la bande d'arg., ch. en bas de sin.; au chef d'azur de trois fleurs-de-lis d'or, rangées entre les quatre pendants d'un lam-bel de gu.
Allebé — *Amsterdam.* Parti : au 1 un lion cont., tenant de sa patte sen. un poisson ; au 2 coupé: *a.* une ancre avec sa gumène; *b.* deux fasces brét. et c.-brét. **C.:** le lion, iss., tourné à dextre.
Allegret — *Dauphiné.* D'azur au chev. d'or, acc. de trois deux colombes d'arg. et p. d'un croiss. du même.

Allegretti ou **Allegretto** — *Bologne.* D'azur au chev. d'or; à la bande de gu., br. sur le tout.

Allemagne (Barons **d'**) — *Bugey.* Tiercé en fasce: au 1 d'azur à une tour d'or, couverte, aj. et maçonnée de sa., acc. de trois étoiles d'arg., rangées en chef ; au 2 de gu. à une épée d'arg.; au 3 d'or à un pont de sa., soutenu d'une terrasse de sin.

Alleman (**d'**) — *France.* D'azur au chev. d'or, acc. en chef de deux merlettes d'arg. et en p. d'un arbre arr. du sec.

Allenay — *Ponthieu.* D'arg. à trois bandes de sa. Et un écusson de sa. plein, br. sur le tout.

Alleri — *France.* D'arg. au chev. de gu., acc. de trois merlettes de sa.

Allerisii — *Bologne.* D'arg. au pal de gu., ch. de trois demi-vols abaissés d'arg.; au chef d'azur, ch. de trois fleurs-de-lis d'or, rangees entre les quatre pendants d'un lambel de gu.

Allesandri — *Bologne.* D'azur au lion d'or, soutenu d'un mont de trois coupeaux de couleur brunâtre, mouv. de la p.; en chef trois fleurs-de-lis d'or, rangées entre les quatre pendants d'un lambel de gu.

Allessii — *Bologne.* De gu. au pal d'azur, accosté de deux demi-vols abaissés et affr. d'arg.

Alliel — *Ponthieu.* De .... au saut. de vair, acc. en chef d'un cross. de ....

Alliez St.-Martin — *Savoie.* Ec.: aux 1 et 4 losange d'or et d'azur; aux 2 et 3 de gu. plein. **C.:** un griffon iss. d'arg., tenant de sa patte sen. une épée du même.

Allinga — *Frise.* Parti: au 1 d'or à la demi-aigle de sa., mouv. du parti; au 2 de gu. à trois glands effeuillés d'or, les queues en bas.

Allison — *Etats-Unis.* D'azur au chef d'herm.: à l'aigle d'arg., coll. d'une couronne d'or, br. sur le tout. **D.:** HINC LABOR ET VIRTUS.

Allotte — *Maine.* D'arg. à trois têtes de corbeau de sa.

Alma — *Port.* Fascé d'or et d'azur.

Almaforte-Hardenberg-Reventlow (Comtes) — *Dan.* (M. ét. en 1864.) Ec.: au 1 d'arg. à une aigle de Prusse; au 2 d'or à une couronne murale au nat., embrassée de deux rameaux de sin., l'un de chêne et l'autre d'olivier, courbés en couronne, les pieds passés en saut.; au 3 d'or à la Croix de fer: au 4 d'azur à deux clés d'or en pals et adossées. Sur le tout parti: *a.* taillé d'arg. sur azur, au lion de l'un en l'autre, tenant une épée au nat.; *b.* d'arg. à un mur crén. de trois pièces de gu., maçonné de sa., occupant la moitié inférieure du compartiment, ledit mur surm. d'une hure de sanglier de sa., languée de gu., défendue d'arg., crinée d'or. Cinq cq., les 1, 4 et 5 cour. **C.:** 1° l'aigle de Prusse, cont.; **l.** d'arg. et de sa.: 2° la hure de sanglier, cont., sommée d'un panache de cinq pl. d'aut. alt. d'arg. et de sa.; le tout entre deux prob. de sa.; **l.** d'arg. et de sa.: 3° un lion assis, coupé d'azur sur arg., posé de front, tenant ses genoux un monde d'azur, cintré et croisé d'or; **l.** d'arg. et d'azur: 4° les deux clés; **l.** d'or et d'azur; 5° une bannière d'église d'or, frangée du même, ch. de la Croix de fer; **l.** d'or et de sa. **D.:** DOMINUS CUM FORTIBUS.

Almeida — *Port.* De gu. à une croix recr. d'or, acc. de trois bes. du même; à la bord. aussi d'or.

Almerici — *Bologne.* Parti d'or et de gu., à un arbre arr. de l'un en l'autre; au chef d'azur, br. sur le parti et ch. de trois fleurs-de-lis d'or, rangées entre les quatre pendants d'un lambel de gu.

Alnstein (**von**) — *Aut.* (An., 7 mars 1865.) D'or à une bande d'azur, ch. de trois abeilles du champ et acc. en chef d'une ancre à trois becs de sa., br. sur une hallebarde et une épée au nat., passees en saut., et en p. d'un mont boisé au nat. sur une terrasse de sin., et une pierre blanche posée sur le sommet dudit mont. Cq. cour. **C.:** une étoile d'or, entre un vol coupé alt. d'or et d'azur. **L.** d'or et d'azur.

Alon (Marquis) — *Bordeaux, Paris.* D'azur à deux coeurs vidés et entrelacés de gu.; au chef d'azur, ch. de trois étoiles du champ.

Alpen (**van**) — *Gueldre.* Coupé: au 1 d'or à une estacade de gu., toutes les extrémités cramponnées; au 2 de sin. à deux lévriers courants d'arg., coll. de sa., l'un sur l'autre.

Alphen-Zeewolt (**van**) — *Holl.* D'or à un canon sur son affût, et un homme à califourchon sur ledit canon en train de le charger.

Alpoens — *Port.* D'azur à cinq fleurs-de-lis d'or, 2, 1 et 2.

Alquier (Barons) — *Bret.* Taillé-émanché d'or sur azur.

Alquier (Barons) — *France.* Tiercé en pal: au 1 d'or à deux étoiles d'azur; au 2 de gu. plein; au 3 d'a-

zur à une étoile d'or. Au chef de l'écu de gu., br. sur le tiercé et ch. d'une tête de lion arr. d'arg.

Alsina [anciennement **Olcina**] — *Catalogne.* De gu. à un chêne englanté au nat., sur une terrasse de sin.

Alst (**van**) — *Flandre, New-York.* D'azur à la fasce d'arg. Cq. cour. **C.:** un vol, d'arg. et d'azur.

Altamira (Comtes) — *Esp.* Ec.: au 1 d'arg. à cinq étoiles d'azur, 2, 1 et 2; au 2 d'arg. à deux loups de sa., l'un sur l'autre, et à la bord. de gu., ch. de douze flanchis d'or; au 3 fascé d'arg. et de gu., à la bord. échiq. d'azur et d'arg.; au 4 d'azur à un château d'arg., et à la bord. comp. d'arg. et de gu. **C.:** un loup iss de sa.

Altamiranos — *Port.* D'or à treize étoiles d'azur; à la bord. de gu., ch. de quatre têtes de More au nat. **C.:** une main, armée au nat., tenant une tête de More.

Altan (**di**) — *Venise, Turin, Padoue* (Comtes du St.-Empire, 2 fév. 1469; comtes autrichiens, 28 fév. 1821.) Parti: au 1 d'arg. à une rose de gu.; au 2 d'azur à trois bes. d'or.

Alter de Waltrecht — *Bohème* (Chevaliers, 12 oct. 1882.) Ec.: aux 1 et 4 d'or à la demi-aigle de sa., mouv. du parti; aux 2 et 3 d'azur à cinq abeilles d'or, 2, 1 et 2. Deux cq. cour. **C.:** 1° un vol cont., l'aile d'or derrière d'or plein, l'aile de devant de sa. ch. d'une abeille d'or; **l.** d'or et de sa.; 2° six épis tigés et feuillés d'or; **l.** d'or et d'azur. **D.:** LABORE ET PROBITATE.

Alth — *Bukowina* (Nob. de *Hongrie,* 8 fév. 1786 ; chevaliers autrichiens, 3 janv. 1879.) Ec. en saut.: au 1 de gu. à un calice d'or; au 2 d'or à une ruche de gu.; au 3 d'or à un livre ouvert, rouge sur tranche, relié en cuir foncé; au 4 de gu. à un chevalier iss., mouv. d'une couronne d'or, arm. au nat., la visiere levée, tenant de sa main dextre une masse à picotons au nat., la sen. appuyée sur sa hanche. Deux cq. cour. **C.:** 1° un lion iss. d'or; 2° un vol à l'antique, d'or et de gu. **L.** d'or et de gu.

Altimani — *Bologne.* D'azur à la fasce haussée d'arg., acc. en chef de trois fleurs-de-lis d'or, rangées entre les quatre pendants d'un lambel de gu., et en p. de trois avant-bras en pals, rangés en fasce, revêtus de parements brunâtres, les mains de carn. (mains dextres) appaumées.

Alting. D'or à un arbre terrassé au nat., entouré d'une haie d'osiers [*W. A.* Alting, gouverneur-général des Indes neerlandaises, 1780—1793.]

Alvarencas — *Port.* De vair à trois fasces de gu.

Alvares-Pereira de Mello — *Port.* (Comtes de *Tentugal,* 1 janv. 1504; marquis de *Ferreira,* 7 mars 1532; ducs de *Cadaval,* 26 avril 1648.) D'arg. au saut. de gu., ch. de cinq écussons aux armes de *Portugal* et de quatre croix de *Pereira* (croix fleurdelisées d'arg.) *Manteau* de gueules, doublé d'herm., frange d'or, sommé d'une couronne ducale.

Alvarez del Vayo — *Royaume de Léon.* De gu. à une tour sommée de trois tourelles d'arg., accostée de deux lions ramp. et affr. d'or, le tout soutenu d'un fasce-ondé d'azur et d'arg. de huit pièces ; à la bord. d'arg., ch. de six flanchis de gu., 1 en chef, 2 à chaque flanc, l'un sur l'autre, et 1 en p.

Alvargaria — *Port.* D'arg. à la croix florencée vidée de gu.; à la bord. aussi d'arg., ch. de huit écussons de *Portugal.* **C.:** un drapeau de gu., iss.

Alvaro de Ruiz — *Esp.* Parti: au 1 de gu. à un drapeau d'or, posé en bande et ch. d'une croisette du champ; au 2 de gu. à une tour d'arg., un arbre de sin., br. sur le bas de la tour, accosté de deux chiens affr. d'arg., sur une terrasse de sin., soutenue d'ondes d'azur d'arg. **D.:** QUERER ES PODER.

Alveri — *Bologne.* D'azur à deux chev. d'or; au chef du même, ch. d'une aigle de sa.

Alverny — *France.* De gu. au chev. d'or; au chef du même, ch. de trois étoiles d'arg.

Alvinz (Edle **von**), v. **Albinski** Edle von Alvinz.

Alvisi — *Bologne.* D'arg. à trois bandes de gu., retraites en chef.

Alvo — *l ort.* D'azur au lion d'or; à la bande de gu., br. sur le tout et ch. de trois fleurs-de-lis d'arg.

Amadesi — *Bologne.* D'azur à la fasce d'arg., acc. en chef d'un chev. du même, acc. de trois étoiles (5) d'or, et en p. d'un arbre arr. de sin.

Amadori — *Bologne.* D'azur à un phénix d'arg. aux ailes étendues, s'élevant d'un feu de gu., mouv. de la p., et fixant un soleil d'or, mouv. du canton dextre du chef.

Amados — *Port.* Ec.: aux 1 et 4 d'azur à l'aigle d'or; aux 2 et 3 de sin. à la bande d'herm. **C.:** l'aigle.

Amancey — *Franche-Comté.* De gu. à trois coquilles d'or.

Amarzit — *Limousin, Auv.* De gu. à une coquille

d'arg. en chef et un croiss. du même en p., accosté de deux épées d'or, les pointes en bas.

Amasel — *Bologne.* D'azur a la fasce d'arg., bordée d'or ; à une tour d'arg. aux créneaux entaillés, ouv. et aj. de sa., br. sur le tout; au chef du premier, ch. de trois fleurs-de-lis d'or, rangées entre les quatre pendants d'un lambel de gu.

Amat — *Rome, Cagliari* (Marquis d'*Albis*, de *San-Filippo*, de *Solemnis* et de *Villa-Rios*, comtes de *Bonorva*, barons de *Bonvchi*, de *Montiferro*, de *Pozzomaggiore*, de *Sorso* et d'*Ussana*.) De gu. à un senestrochère de carn., mouv. du flanc, tenant une epée d'arg. en pal, le tout surmontant une mer d'arg., agitée d'azur, en p. **D.:** DOMAT OMNIA VIRTUS ; ou: LOQUEBAR DE TESTIMONIIS TUIS IN CONSPECTU REGUM.

Amati — *Bologne.* Coupé: au 1 d'or à un avantbras en pal, revêtu d'un parement brunâtre, mouv. du coupé, la main de carn. (main dextre) appaumée.

Amaudric comtes **du Chaffaut** — *Prov.* D'a zur (ou de sa.) à une colombe ess. d'arg., tenant en son bec un rameau d'olivier d'or.

Amaval — *Port.* D'or à six croiss. d'azur, 2, 2 et 2.

Amberg — *Aut.* (Nob. du St.-Empire, 1 sept. 1610.) Ec.: aux 1 et 4 d'azur à un tertre de trois coupeaux d'or, sommé d'une étoile du même; aux 2 et 3 d'or, à la barre ondée d'arg. Cq. cour. **C.:** un vol, l'aile dextre d'or ch. d'une barre d'azur surch. d'une étoile d'or, l'aile sen. de gu. ch. d'une bande ondée d'arg. **L.:** à dextre d'arg. et de gu., à sen. d'or et d'azur.

Ambert (Barons) — *Paris.* Parti: au 1 d'arg. a une épee de gu., au 2 de gu. à une ancre d'or.

Ambly — *P. de Namur.* D'arg. à trois lions de sa.

***Amboise** — *Poitou, Tour., Bret.* (Vicomtes de *Thouars*, princes de *Talmond*, comtes de *Gunes* et de *Brenaon.* Et. en 1469.) Palé d'or et de gu. — *Puis:* Ec.: aux 1 et 4 palé d'or et de gu. (*Amboise*); aux 2 et 3 d'or semé de fleurs-de-lis d'azur, au canton de gu. (*Thouars*). **C.:** une tête d'animal; *ou*, un vol, aux armes de l'écu. **S.:** deux lions.

Amboise — *Tour., Berry, Champ.* (Seigneurs de *Chaumont-sur-Loire* et de *Meillant*, comtes de *Brienne.* Et. en 1525.) Palé d'or et de gu., brisé d'un bâton d'azur. — (Depuis 1469 les enfants est omise, cette branche étant devenue l'ainee.) **C.:** un vol à l'antique, aux armes de l'écu. **S.:** deux lions.

Amboise — *Tour., Bassigny* (Seigneurs de *Bussy*, de *Reynel* et de *Vignory.* Et. en 1550.) Palé d'or et de gu. (quelquefois, jusqu'en 1525, augmenté d'une bord. engr. d'azur). **C.:** un lion pass. et reg. d'or; *ou*, un vol, aux armes de l'écu. **T.:** deux sauvages de carn., arm. de massues.

Amboise — *Auv., Condomois* (Seigneurs, barons et comtes d'*Aubijoux*, barons de *Castelnau* et de *Casaubon.* Et. le 9 nov. 1656.) Ec.: aux 1 et 4 palé d'or et de gu. (*Amboise*); au 2 d'azur à un croiss. d'arg., de six croix recr. au pied fiché d'or (*du Bueil*); au 3 de gu. à un dauphin d'arg., crêté, oreillé et barbé d'azur (qui est des Dauphins d'*Auvergne*). — *Puis:* Palé d'or et de gu.

Amboise de Fligny — *Champ.* D'arg. à la fasce, acc. en chef de trois trèfles rangés et en p. de cinq ancres, posées 4 et 1, le tout de sa.

Ambrosi —*Bologne.* Coupé: au 1 d'azur à un soleil de couleur rose; au 2 de gu. à un arbre arr. au nat., au chef d'or, ch. de trois demi-vols de sa.

Ambrosini — *Bologne.* D'azur à un arbre arr. au nat.; au chef d'or, ch. de trois demi-vols de sa.

Ambrosini — *Bologne.* D'or à une tour carrée au nat., sommée de trois créneaux entaillés, ouv. et aj. de sa.; au chef d'azur, ch. de trois fleurs-de-lis d'or, rangées entre les quatre pendants d'un lambel de gu.

Amedor marquis **de Mollans** — *Bourg.* De gu. à la croix de Lorraine d'or, cant. de quatre trèfles du même. **C.:** un lion iss. **S.:** deux lions, au nat. **D.:** CUNCTIS MENS AUREA.

Amelberge (van) — *Flandre.* De gu. à un rubis aussi de gu.. en forme de losange, enchassé (bordé) d'or.

Amelin de Sainte-Marie — *Aut.* (An. et titre de baron en *Parme,* 4 avril 1824; rec. du titre de baron en *Aut.,* 28 avril 1885.) Ec.: aux 1 et 4 d'azur à une étoile d'or; au 2 échiq. d'or et de sa. de cinq tires, chacune de cinq points; au 3 d'arg. à la barre diminuée d'azur.

Ameline-Collin de Briselaine — *Bret.* Les armes de **Collin de Briselaine.**

Amellon de St.-Cher — *Maine.* D'or à trois roses de gu., 2 et 1, et une mouch. d'herm. de sa. en coeur.

Amellon de St.-Ouen — *Maine.* Les armes précédentes.

Ameiot de la Roussille (Comtes) — *Paris.* D'azur à trois coeurs d'or, acc. en chef d'un soleil du même. Cq. cour. **C.:** un lion, iss. **S.:** deux lions, au nat.

Amelung — *Strasbourg.* De gu. à deux loups ramp. et adossés d'or. **Cq.** cour. **C.:** un loup iss. d'or

Amendorf — *P. de Mersebourg.* De sin. à un buste de gu. d'arg., coiffé d'un bonnet du même. **C.:** le buste.

Amerling — *Vienne* (Chevaliers, 11 mars 1879.) Ec.: aux 1 et 4 d'or à l'aigle de sa., celui du 1 cont.; au 2 de gu. à trois écussons d'arg.; au 3 de gu. à la croix d'arg. Deux cq. cour. **C.:** 1° l'aigle du 1, iss. et cont.; l. d'or et de sa.; 2° une jeune fille iss., les cheveux épars, hab. de gu., bordé d'or, ceinte d'or, couronnée de roses de gu. et tenant une étoile d'arg.; l. d'arg. et de gu. **D.:** OHNE SCHATTEN, KEIN LICHT.

Ames, v. **Amos.**

Amiet — *P. de Vaud.* D'azur à un senestrochère de carn., mouv. du flanc, supp. une colombe au nat., tenant en son bec un rameau d'olivier de sin.

Amied — *Neufchâtel.* Parti: au 1 de gu. à trois demi-fasces haussées d'or, mouv. du parti et acc. d'une étoile (6) du même, posée au canton dextre de la p.; au 2 d'azur à une demi-fleur-de-lis d'or, mouv. du parti, acc. d'une étoile (6) du même, posée au canton sen. de la p.

***Amman** — *Fribourg.* D'or à trois pals de gu.; au chef d'azur, ch. de deux fleurs-de-lis d'or. **C.:** un buste de More, hab. aux armes de l'écu, tort. de gu. et d'or. **L.:** à dextre d'or et de gu., à sen. d'or et d'azur.

Amola ou **dall' Amola** — *Bologne.* D'azur à un ange iss., hab. de gu., ailé d'arg., les ailes levées, ledit ange mouv. d'une nuée au nat. en p. et ch. sur la poitrine d'un listel d'arg. en demi-cercle abaissé, portant le mot INNOCENTIA ; au chef d'azur, ch. de trois fleurs-de-lis d'or, rangees entre les quatre pendants d'un lambel de gu.

Amon de Treuenfest — *Aut.* (Chevaliers, 11 fév. 1863.) Parti: au 1 tranché de sa. sur or, à une licorne ramp. d'arg., br. sur le tranché; au 2 coupé : *a.* d'arg. à une croix latine alésée de gu., rayonnante d'or dans le tranché; *b.* de gu. à une épée au nat., posée en bande. Deux cq. cour. **C.:** 1° un chien braque assis de sa., coll. d'or; l. d'or et de sa.; 2° une épée au nat., posée en pal, entre un vol, l'aile dextre d'arg. ch. d'une croix de gu., celle à sen. de gu. ch. d'une croix d'arg.; l. d'arg. et de gu. **D.:** OMNIA A DEO ET IMPERATORE.

Amonville des Nots — *Norm.* Coupé de sa. sur arg., à une licorne de l'un en l'autre.

Amoreux — *Lang.* D'arg. à un coeur de gu., enflamme du même, percé d'une flèche de sa., en bande, acc. en chef de deux étoiles d'arg. et en p. d'un croiss. du même.

Amorim — *Port.* De gu. à cinq têtes de More, 2, 1 et 2, barbées d'or, coiffées de turbans d'arg.

Amorini — *Bologne.* De gu. à trois étoiles (5) d'arg., rangées en bande; au chef d'azur, ch. de trois fleurs-de-lis d'or, rangées entre les quatre pendants d'un lambel de gu.

Amos ou **Ames** — *Angl.* Potencé contre-potencé d'or et d'arg.; au chev. d'arg., br. sur le tout.

Ampeiron — *Lang.* De sa. à l'aigle d'arg., bq. et m. d'or.

Amphoux de Vachères — *Prov.* (M. ét.) D'azur à la bande d'arg., acc. de deux bes. du même.

Ampsen (van) — *Gueldre.* D'arg. à la croix ancrée d'azur.

***Amyot de Moyencourt** — *Norm.* D'azur à la bande d'arg., ch. de cinq mouch. d'herm. de sa., posées dans le sens de la bande. **S.:** deux hermines au nat., avec colliers herminés. **D.:** PLUTOT MOURIR QUE SE SALIR.

Amys — *Gand.* D'azur à trois têtes et cols de cerf d'or. **C.:** une tête et col de cerf d'or.

Anania — *Bologne.* Ec.: aux 1 et 4 d'azur à une étoile (5) d'or; aux 2 et 3 de gu. plein.

Ancarani — *Bologne.* D'or à six fleurs-de-lis d'azur.

Anceel — *Yverdon.* D'azur au croiss. d'arg., acc. de trois étoiles (5) du même.

Ancelet (Comtes) — *Champ.* Armes anc.: Ec.: aux 1 et 4 d'arg. à la fasce de gu., acc. en chef de trois étoiles rangées de sa. et en p. d'une ancre du même; aux 2 et 3 de sa. à trois merlettes d'arg. — *Armes mod.,* depuis 1756 : D'arg. à la bande de gu., acc. en chef de trois étoiles d'azur et en p. d'une ancre de sa.

Ancherins (des) — *Lorr.* Ec.: aux 1 et 4 de gu. à une tour d'or, acc. au canton dextre d'un demi-massacre de cerf du même; aux 2 et 3 d'or à trois pals aux pieds aiguisés de gu. **S.:** deux griffons.

Ancillon — *Neufchâtel.* De gu. à une gerbe, surm. d'une étoile et accostée de deux autres étoiles, le tout d'or.

Ancini (Comtes) — *Reggio.* D'azur au lion d'or, tenant un écusson du même. ch. de deux crampons adossés de sa.; au chef de gu., ch. de trois fleurs-de-lis d'arg.

Ancora (d') — *Naples.* D'arg. à la bande de gu., acc. de deux ancres de fer. **D.:** TENAX FUNDITUS.

Andalò — *Bologne.* D'azur au lion d'or; à la fasce d'arg., br. sur le tout et ch. d'une aigle de sa., bq. et m. de gu.

Andel (van) — *Holl.* Deux crocs passés en saut., cant. de quatre trèfles, les crocs affr.; et une fasce, br. sur le tout. **C.:** un vol à l'antique.

Andeles — *Leeuwarden.* Parti: au 1 d'arg. à une rose au nat., tigée et feuillée de six pièces de sin., plantée dans une terrasse du même; au 2 d'azur à une étoile d'or et un trèfle du même, accostés, acc. de deux fleurs-de-lis d'arg., 1 en chef et 1 en p.

Anderson ou **Andersen** [anciennement **Albada**] — *Etats-Unis.* orig. de *Frise.* Parti: au 1 d'arg. à la demi-aigle de sa., mouv. du parti; au 2 de gu. à une épée d'arg., garnie d'or, acc. en chef de deux étoiles (8) du même. Cq. cour. **C.:** une aigle iss. de sa. Manteau d'azur, doublé d'herm. [Comp. **Albada de Poppingawier III.**]

Andersz — *Zittau (Saxe).* Coupé: au 1 d'azur au lion naiss. d'or, mouv., du coupé et tenant une fleur-de-lis de gu.; au 2 bandé d'azur et d'or. **C.:** le lion, avec la fleur-de-lis. **L.:** d'or et d'azur.

Andoing — *Neufchâtel.* D'arg. au pal d'or, ch. de trois bandes de sa.

Andras barons **de Béost** — *Bourg.* D'azur à la croix ancrée d'or, cant. de quatre grenades effeuillées du même, les queues en bas.

André — *Ile-de-Fr.* D'azur au saut. d'arg., acc. d'une étoile d'or en chef, et de trois roses d'arg., 2 en flancs et 1 en p.

André (Comte de l'Empire) — *France.* D'arg. à un coq au nat., la patte dextre levée, acc. en p. d'un senestrochère, arm. au nat., mouv. du flanc; le tout acc. en chef de trois étoiles mal-ordonnées d'azur.

André — *P. de Vaud.* D'or au saut. de gu., accosté de deux étoiles (5) du même.

André de la Porte — *Arnhem, Harlem.* D'or à un flanchis d'azur, accosté de deux fleurs-de-lis du même. **S.:** à dextre un lévrier reg., coll. et bouclé; à sen. un lion reg.

Andrié — *Neufchâtel.* D'azur à un cerf pass. d'arg.

Androsse — *Boston.* Ec.: aux 1 et 4 d'arg. au chev. de gu., ch. de trois châteaux d'or, sommés chacun de trois tours du même; le chev. acc. de trois têtes de léopard de sa.; aux 2 et 3 de gu. au saut. d'or, ch. d'un autre saut. de sin., et au chef d'arg. ch. de trois étoiles de sa. **C.:** un faucon au nat., posé de front, regardant à sen., les ailes étendues, lié d'or. **S.:** à dextre une licorne d'arg. et à sen. un lévrier du même, colletés de gu.

Anelle ou **dalle Anelle** — *Bologne.* D'or à trois fasces enrées de gu.; au chef d'azur, ch. de trois étoiles (5) d'or.

Angélis (d') — *Corse.* D'azur au chev. d'or, acc. en chef de deux chérubins du même et en p. d'un lion au nat.

Angelis (de) — *Naples* (Duc de *San Donato*, marquis de *Trentenara*.) D'azur à trois fasces d'arg.

Angelis-Effrem (de) — *Bari.* Parti: au 1 d'azur à trois fasces d'arg. (de *Angelis*); au 2 d'azur au lion d'or, acc. en chef d'un lambel de cinq pendants de gu.; à la bande du même, br. sur le lion et ch. de trois palmes d'or, posées dans le sens de la bande (*Effrem*). **C.:** un St.-Michel, hab. et ailé d'or, le casque sommé de deux pl d'aut. d'arg., tenant une épée devant son corps.

Angellier (Barons) — *Tour.* Parti: au 1 de gu. à la bande d'or, ch. de trois têtes de More, tort. d'arg; au 2 d'azur à une tour d'arg., surm. d'une étoile du même.

Angellini — *Bologne.* D'azur à un ange, hab. de gu., ailé d'arg., les bras étendus, tenant de sa main dextre trois roses de gu. tigées, et de sa sen. une palme de sin.; ledit ange soutenu d'un mont de six coupeaux d'arg., mouv. de la p.; au chef du premier, ch. de trois fleurs-de-lis d'azur, rangées entre les quatre pendants d'un lambel de gu.

Angeln — *P. de Halberstadt.* D'arg. à deux crocs de sa., passés en saut., le manche terminé en forme de mâcle. **C.:** le crocs, entre une ramure de cerf de sa.

Anger (Barons) — *Norm.* D'or; au pal écartelé d'azur et d'arg.

Anger du Kernisan — *Bret.* D'azur à un croiss. d'arg., surm. d'une étoile du même.

Angermayer — *Transylvanie* (An., 2 oct. 1798.) Coupé: au 1 d'or à un hussard, hab. de gu., coiffé d'un bonnet de fourrure, brandissant un sabre et monté sur un cheval bai, bridé et sellé de sa.; au 2 d'azur à une tour au nat., sur une terrasse de sin. **C.:** trois pl. d'aut., une d'or entre deux d'azur. **L.** d'or et d'azur.

Angermayer de Rebenburg — *Transylvanie* (An., 30 oct. 1834.) Coupé d'azur sur or; à un cep de vigne fruité, accolé à son échalas, au nat., br. sur le coupé et posé sur un tertre de sin. Cq. cour. **C.:** trois pl. d'aut., une d'or entre deux d'azur. **L.** d'or et d'azur. — (Chevaliers, 2 nov. 1844.) Mêmes armes. Deux cq. cour. **C.:** 1° trois pl. d'aut., une d'or entre deux d'azur; 2° un vol à l'antique, l'aile de devant d'azur et l'aile de derrière d'or. **L.** d'or et d'azur.

Anglos (Baron) — *Savoie.* D'azur à un écusson d'arg. en abîme, acc. de trois molettes d'or.

*Anglure — *Champ., Lorr.* (Comtes de *Bourlemont*, au 17e siècle; princes d'*Amblise*, de 1534 à 1608; marquis de *Sy*, au 17e siècle; marquis de *Buzancy*, sept. 1658; ducs d'*Atri*, princes de *Melfi*, oct. 1676. Et, en 1732.) D'or semé de grelots d'arg., soutenus chacun d'un croiss. de au. **Cri:** SALADIN! ou: DAMAS!

*Anglure — *Champ., Lorr.* Ec.: aux 1 et 4 d'or semé de grelots d'arg., soutenu chacun d'un croiss. de gu. (*Anglure*); aux 2 et 3 de gu. à trois pals de vair, et au chef d'or, ch. d'une merlette de sa., posée à dextre. Sur le tout fascé d'arg., oct. 1676. (*Bourlemont*).

Augosto — *Esp.* Ec.: au 1 de gu. à une tour d'arg.; au 2 d'azur à la croix fleuronnée d'arg.; au 3 d'azur à un arbre de sin. sur un tertre du même, et un loup au nat., br. sur le fût de l'arbre.

Angoulême (Comtes d'), de la première race. Losangé d'or et de gu.

Anjubault — *Maine.* D'azur à une tête d'ange d'arg.

Ankert de Wernstädten — *Aut.* (Chevaliers, 28 mai 1880.) Ec.: au 1 d'azur à une ancre, surm. d'une étoile et accostée de deux autres étoiles, le tout d'or; aux 2 et 3 d'arg. au lion de gu., celui du 3 cont.; au 4 d'or à deux bâtons de gu., passés en saut., sommés chacun d'une tête de More, tort. de sa., les deux têtes affr., et une étoile de gu. entre ces têtes; lesdits bâtons brétessés en haut et en bas de deux créneaux opposés. Deux cq. cour. **C.:** 1° un vol cont. coupé alt. d'azur et d'or; l. d'or et d'azur; 2° un lion iss. de gu.; l. d'arg. et de gu.

Annenberg — *Bohême.* D'arg. à trois roses de gu., tigées et feuillées de sin., mouv. d'un chicot au nat., posé en fasce. Cq. cour. **C.:** un vol d'arg., lié et enclos d'une ramure de gu. en fasce, noué en saut. entre les ailes. **L.** d'arg. et de gu.

Annenberg (von) ou **Annenberg auf Dornsberg** — *Bohême* (Barons du St.-Empire, 9 sept. 1604.) Ec.: aux 1 et 4 de sa. à trois cotices d'arg., l'espace entre les cotices rempli de gu. (*Griessingen*); aux 2 et 3 d'arg. à l'aigle de sa. (*Dornsberg*). Sur le tout les armes précédentes de *Annenberg*. Trois cq., les 2 et 3 cour. **C.:** 1° deux prob. de sa. (*Griessingen*); 2° le cimier précédent de *Annenberg*; 3° un vol à l'antique de gu., ch. d'un scorpion de sa., posé en fasce. **L.:** à dextre d'arg. et de sa., à sen. d'arg. et de gu.

Annichini — *Bologne.* D'azur au chev. d'or, acc. de trois flammes au nat.; le tout acc. en chef de trois fleurs-de-lis d'or, rangées entre le quatre pendants d'un lambel de gu.

Ansaldi — *Bologne.* D'arg. à la fasce vivrée de gu.

Ansaldi — *Bologne.* Tranché-ondé d'or sur arg.; à la bande ondée de gu., br. sur le tranché.

Ansaldini — *Bologne.* De gu. à trois chev. d'herm., acc. d'une croisette pattée au pied fiché entre les deux chevrons.

Anselm — *Aut.* (Chevaliers, 5 sept. 1881.) Ec.: aux 1 et 4 d'azur plein; au 2 d'or à cinq feuilles de chêne de sin., 2, 1 et 2, les tiges en bas; au 3 d'or à un rocher au nat., sommé d'une croix de sa., le pied dudit rocher boisé. **C.:** la bande d'or, br. sur les écartelures et ch. d'une épée d'arg., garnie d'or, accolée d'un rameau de laurier de sin. Deux cq. cour. **C.:** 1° un vol cont. d'or, chaque aile ch. d'une barre d'azur, la barre de l'aile de devant ch. d'une huchet au nat., posé dans le sens de la barre, l'embouchure en haut; 2° un lion iss. d'or, tenant une épée d'arg., garnie d'or. **L.** d'or et d'azur. **D.:** DEO DUCE CAESARI VITAM.

Anselmi — *Bologne.* Tranché d'azur sur or; à deux étoiles (5) de l'un à l'autre.

Anselmo — *Parme.* D'or à une tour de sin., ouv. et aj. de sa.

Ansidei — *Perugia.* De gu. à la bande d'or. **C.:** une patte de lion au nat., tenant une pierre d'or. **D.:** FORTITER ET PRUDENTER.

Antal Edle **von Gyöngvar** — *Hongrie* (An., 7

nov. 1882.) De gu. à un pélican avec ses petits d'arg. dans son aire, soutenu d'un tertre de trois coupeaux de sin.; le champ chapé-ployé d'or, à deux lions de sa., celui à dextre cont. Cq. cour. **C.:** un senestrochère arm. tenant un sabre, au nat. **L.:** à dextre d'or et de sa., à sen. d'arg. et de gu.

Antaldi — *Rome, Pesaro* (Marquis, 1741.) Parti: au 1 d'azur à la croix florencée écartelée d'arg. et de gu., cant. de quatre étoiles d'or, et acc. de quatre quartefeuilles du même, 1 en chef, 2 en flancs et 1 en p.; au 2 de gu. à un demi-vol d'arg.

Antamoro — *Rome.* Bandé d'or et de sa.; au chef d'azur, ch. d'un croiss. d'or et soutenu d'une divise du même.

Antas — *Port.* De gu. à six los. d'arg., rangées en croix (deux en fasce et quatre en pal.)

Antheaume — *Norm.* D'arg. à un heaume d'azur. — *Ou:* D'arg. à une colombe d'azur.

Anthenaise de la Titelière — *Maine.* D'azur à trois chev. d'or.

Anthenot — *Dauphiné.* De gu. à un château de trois tours d'or, ouv. et maçonné de sa.; au chef d'azur, ch. d'un croiss. d'arg. entre deux roses du même.

Anthoine [ou **Antoine**] et **Anthoine des Loges** — *Braine-le-Comte (Hainaut).* De gu. au lion d'or, acc. de huit coquilles d'arg., rangées en orle.

Anthonj — *Aut.* Coupé: au 1 d'azur à un canard sauvage au nat., le vol levé; au 2 d'arg. à trois roses de gu., bout. d'or, tigées et feuillées de sin., posées sur un tertre de trois coupeaux de gu. Brl. de gu., d'arg. et d'azur. **C.:** les meubles du 2, entre un vol coupé, à dextre de gu. sur arg., à sen. d'arg. sur azur. **L.:** conformes aux émaux du vol. — (Nob. d'*Aut.*, mai 1576.) Coupé: au 1 d'azur à un canard sauvage au nat., le vol levé; au 2 de gu. à trois roses d'or, chef de gu., bout. d'or. Cq. cour. **C.:** le canard du 1, entre deux prob., celle à dextre d'azur ch. de deux barres d'arg. et celle à sen d'or ch. de deux bandes de gu. **L.:** à dextre d'or et de gu., à sen. d'arg. et d'azur.

Anthony — *Eger (Bohème.)* (Conc. d'arm., 30 nov. 1571.) Coupé d'or sur azur; au griffon de l'un en l'autre, tenant une branche d'oeillet feuillée de quatre pièces de sin., fleurie de deux pièces de gu. Brl. de gu., d'azur et d'or. **C.:** le griffon, iss., entre un vol, chaque aile tiercée en fasce d'or, d'azur et de gu. **L.:** de gu., d'azur et d'or.

Anthouard — *Bourg.* (Branche aînée.) Coupé: au 1 d'azur à la fasce d'arg., ch. de trois roses de gu.; au 2 d'or à trois écrevisses de gu., posées en pal, rangées en fasce.

Anti — *Milan.* D'azur à une fleur-de-lis d'arg.

Anti-Sola — *Milan.* D'azur à une fleur-de-lis d'arg.

Antici-Mattei (Marquis) — *Rome.* Ec.: aux 1 et 4 d'azur à la bande d'or, acc. de quatre étoiles du même (*Antici*); aux 2 et 3 échiq. d'arg. et d'azur; à la cotice d'arg., br. sur l'échiqueté; au chef du tout, ch. d'une aigle de sa., bq., m. et cour. d'or (*Mattei*.)

Antil de Ligonès — *Lang.* D'azur au lion de gu., acc. de trois dents d'arg., celle en p. accostée de deux fleurs-de-lis du même. **D.:** DEUS, REX, ANCILLA.

Antin (Barons) — *Gasc.* D'azur: aux 1 et 4 de gu. à trois lions naiss. d'arg.; aux 2 et 3 d'arg. à trois tourt. de gu. Sur le tout une clé de sa., cour. du même, posée en pal.

Antoine — *Ile-de-Fr.* D'or à trois écrevisses de gu.

Antoine de Chennevière — *Maine.* D'arg. à deux bandes d'azur; à la bord. de gu.

Antolini — *Bologne.* D'azur à trois tournesols d'or, tigés et feuillés de sin., rangés sur une terrasse du même; au chef du premier, ch. de trois fleurs-de-lis d'or, rangées entre les quatre pendants d'un lambel de gu.

Antonelli — *Aquila, Naples.* D'azur à la fasce de gu., ch. d'une étoile d'arg. et de trois étoiles d'or.

Antonelli — *Bologne.* D'azur à trois fasces de gu., au lion d'arg., br. sur le tout, acc. en chef de trois étoiles (5) d'or, rangées sur l'azur.

Antonelli — *Rome.* D'azur à une sirène au nat., les cheveux épars, nageante sur une mer d'arg., donnant dans une trompe d'or et acc. au canton dextre du chef d'une comète d'arg., posée en bande [Armes du cardinal *Giacomo Antonelli*, secrétaire d'état du pape Pie IX.]

Antonelli — *Italie.* D'azur à un cheval marin d'arg. iss. d'un mont de six coupeaux de sin., mouv. de la p. de l'écu et acc. au canton dextre du chef d'une étoile d'or.

Antonietti — *Italie.* Fascé d'or et de gu.

Antonini — *Bologne.* Losangé d'arg. et de gu.; au chef d'arg., ch. d'un lion iss. de gu., cour. d'or.

Antouj (degli) — *Bologne.* De gu. à une colonne d'arg., accostée de deux chiens affr. au même, coll. de

---

gu., ramp. contre le fût de la colonne et posant les pieds sur son socle.

Antonj Edle **von Lützenfeld** — *Aut.* (An., 8 nov. 1834.) Coupé: au 1 d'azur à une épée au nat., posée en barre, passée dans une couronne de laurier de sin., fruitée de gu.; au 2 d'or au lion d'azur. Cq. cour. **C.:** un lion ramp. d'azur, brandissant une épée. **L.** d'or et d'azur.

Anzaverta — *Milan.* Coupé d'azur sur or; au chef du dernier, ch. d'une aigle de sa., cour. d'or.

Anzola (da) — *Bologne.* De gu. à un lion naiss. d'or, lamp. de gu., acc. de trois fleurs-de-lis du sec.

Aorenso — *Sicile.* Tranché: au 1 d'or à l'aigle ép. de sin., fruitée de gu.; au 2 d'or au lion d'azur. Cq. palmés de sin.

Aoust de Rouvèze — *Maine.* De gu. au lion d'or, tenant trois épis feuillés du même.

Apollini — *Italie.* D'arg. à un laurier arr. de sin., fruité de gu.

Aposa — *Bologne.* Ec. de sin. et de gu.; au lion d'or, lamp. de gu., br. sur le tout; au chef d'azur, br. sur l'écartelé ch. de trois fleurs-de-lis d'or, rangées entre les quatre pendants d'un lambel de gu.

Appel — *Aut.* (Barons, 18 janv. 1860 et 23 mars 1884.) Parti: au 1 tranché, de gu. à un casque taré de profil, doublé d'azur, grillé d'or, sur azur à trois étoiles d'arg., rangées en bande; à la cotice d'arg., br. sur le tranché; au 2 d'azur à un senestrochère, arm. au nat., la main de carn. tenant trois masses d'armes de fer, les têtes en haut. Deux cq. cour. **C.:** 1° un lion iss. et cont. d'arg., cour. d'or, lamp. de gu., tenant de sa patte dextre une grenade de gu., ouv. du même, tigée et feuillée de sin.; **l.:** à dextre d'arg. et de gu., à sen. d'or et d'azur; 2° le senestrochère du 2, reposant sur le coude; **l.:** à dextre d'or et de sa., à sen. d'or et de gu.

Appel — *Holl.* D'azur à une bande d'or, acc. en chef d'un fleur-de-lis du même en p. d'un mouton d'arg., posant la patte sur un tertre de sin. accostée de deux étoiles d'or, mis en bande. **C.:** la fleur-de-lis.

Appel (den) — *Delft.* D'arg. à trois pommes de sin., tigées et feuillées du même, les tiges en bas.

Appeldoorn (van) — *Holl.* D'arg. à deux boutons de rose de gu., accostés, mouv. d'une seule tige feuillée de sin.

Appenthel — *Fribourg.* De gu. à une croix d'or, le pied fendu en chevron et soutenu d'un tertre de trois coupeaux de sin., le sommet de la croix en forme de fer de flèche et l'extrémité des bras crampomnée; le tout cant. de quatre étoiles (5) d'or.

Apples (d') *dit* **Dapples** — *Lausanne.* D'azur à la bande d'or, ch. de trois tourt. de gu. et acc. de deux colombes d'arg. **C.:** une colombe d'arg., la patte dextre levée.

Appleton — *Boston.* D'arg. à la fasce engr. de sin., acc. de trois pommes tigées et feuillées, au nat., les queues en bas. Deux cq., le 2 cour. **C.:** 1° une tête d'éléphant de sa., défendue et oreillée d'or, la proboscide accolée d'un serpent de sin., enforçant sa tête dans la bouche de l'éléphant; 2° trois pommes de pin au nat. **D.:** DIFFICILES SED FRUCTUOSÆ.

Apremont — *Maine.* D'azur à un mont de sin.; à la bord. de sa.

Apremont (d') — *France.* Coupé-enclavé de trois pièces de sin. sur or; au chef d'azur, ch. de trois roses de gu. **S.:** deux lions reg.

Apthorp — *Boston.* Parti-nébulé d'arg. et d'azur; à deux étoiles rangées en fasce, de l'un à l'autre.

Ara (dall') — *Bologne.* Tranché: au 1 d'arg. à une terrasse arr., acc. de trois étoiles (5) d'or, rangées en chef.

Arangio-Giustiniani — *Grèce.* Ec.: aux 1 et 4 d'arg. au lion de gu.; à la barre d'arg., br. sur les bandes; aux 2 et 3 de gu. à une tour d'arg., et au même sur l'azur une aigle iss. de sa.

Aranzi — *Bologne.* D'azur à un arbre arr. de sin., fruité de trois pommes d'or; au chef d'or, ch. d'une aigle ép. de sa.

Arasti ou **Aresti** — *Bologne.* Coupé, d'azur à deux roseaux tigés et feuillés d'or, passés en saut., sur un bandé d'azur et d'arg.; à la fasce d'azur, br. sur le coupé et ch. de trois étoiles (5) d'or.

Araveri — *Bologne.* Bandé d'azur et de gu. de six pièces, chaque bande de gu. ch. d'une étoile (5) d'or; au chef d'or, ch. d'une aigle ép. de sa., surm. d'une couronne.

Arbelles — *Limousin.* D'azur au chev d'arg., acc. de trois croiss. de sin.

Arberatz (Barons) — *Pau.* De gu. à dix merlettes d'arg., placées sur trois rangs en pal.

*Arberg et de Valengin (Comtes d') — *Suisse, Lorr.* (*Branche aînée;* ét. en 1518.) De gu. au pal d'or, ch. de trois chev. de sa. Cq. cour. **C.:** un chapeau piramidal aux armes de l'écu, sommé d'un panache de plumes d'arg. — (*Branche cadette,* en *Belg.;* ét. le 18 mai 1814.) Mêmes armes. **C.:** un buste de vieillard, hab. aux armes de l'écu, coiffé d'un bonnet albanais pareillement aux armes de l'écu.

Arbespinne (l') — *P. de Liége.* D'arg. à un arbre terrasse de sin.

Arbignon — *P. de Valais.* D'azur au saut. d'or, ch. de cinq roses de gu.

Arbonne — *France.* D'azur au chev. d'or, acc. en p. d'une rose d'arg.; au chef d'or, ch. de trois roses de gu.

Arbonnier — *P. de Vaud.* D'or, au chef émanché d'azur. **C.:** une tête et col de cygne d'arg.

Arboresi — *Bologne.* D'arg. à trois collines de sin., mouv. de la p., sommées chacune d'un arbre de sin.; au chef d'azur, ch. de trois fleurs-de-lis d'or, rangées entre les quatre pendants d'un lambel de gu.

Arcagnati — *Bologne.* D'azur à un arbre de sin., accosté de deux chiens affr. d'arg., coll. de gu., ramp. contre le fût, le tout soutenu d'une terrasse de sin.; au chef du premier, ch. de trois fleurs-de-lis d'or, rangées entre les quatre pendants d'un lambel de gu.

Arcangeli — *Bologne.* De sa. à trois pals d'or; au chef du même, ch. d'une aigle de sa.

Arcangues marquis **d'Iranda** — *Béarn.* Ec.: au 1 d'arg. à un arbre arr. de sin., et un lion léopardé de gu., br. sur le fût; aux 2 et 3 d'azur à la croix d'or; au 4 de gu. à trois colombes d'arg., rangées sur une terrasse de sin. Sur le tout d'azur à trois chev. d'or.

Arcas — *Port.* Ec.: aux 1 et 4 d'or à la fasce de gu.; aux 2 et 3 échiq. d'or et de gu. de quatre tires, chacune de trois points.

Arces baron **de Livarot** — *Dauphiné.* D'arg. au fr.-q. d'or; à la cotice comp. d'arg. et de gu., br. sur le tout.

Archer — *P. de Vaud.* D'azur à trois flèches d'or, les pointes en bas.

Archet (de l') — *Neufchâtel.* Coupé d'or sur gu.; à deux arcs tendus, posés en pals, encochés chacun d'une flèche en fasce; lesdits arcs et flèches de l'un à l'autre, 1 en chef et 1 en p.

Archever — *Angl.* De pourpre au chev. d'arg., arqué au-dessous, rempli du second émail.

Archi — *Bologne.* Echiq. d'or et d'or; au chef d'arg., ch. d'une étoile (5) d'or.

Archimbaud — *Prov.* D'or à la bande de gu., ch. de trois molettes d'arg.

Archinard — *P. de Vaud.* D'azur à cinq cotices d'or; à un bras, paré d'une manche blanche, décochant une flèche d'un arc, br. sur le tout.

Arco (dall') — *Bologne.* D'azur à un avant-bras, paré de gu., mouv. du flanc sen., la main de carn. décochant une flèche d'arg. d'un arc du même; cet arc, posé en pal, soutenu d'un mont de trois coupeaux d'arg., mouv. de la p.; au chef du premier, ch. de trois fleurs-de-lis d'or, rangées entre les quatre pendants d'un lambel de gu.

Arco (del) — *Esp.* Les armes de *Tejada de Valdeosera,* sauf que la croix, brochante sur l'écartelé, est d'arg. et que la bordure est ch. de treize tourt. de gu.

Arconciel — *Fribourg.* D'or au lion d'azur.

Ardicelli — *Bologne.* D'azur à trois flammes de gu., 2 et 1; au chef du premier, ch. de trois fleurs-de-lis d'or, rangées entre les quatre pendants d'un lambel de gu.

Ardicini — *Bologne.* D'arg. à un mont de sin., sommé d'une flamme de gu.; au chef d'or, ch. d'une aigle de sa.

Ardieux — *Fribourg.* De gu. à un monde d'azur, cintré et croisé d'or, acc. en chef de deux étoiles (5) d'or; le tout surm. d'un oeil triangulaire d'or, posé au point du chef.

Ardin — *Genève.* De gu. à une tour d'arg., sommée de flammes d'or.

Arditi — *Bologne.* De gu. à deux pals d'arg.; et une flamme au nat., en abime, br. sur les pals; au chef d'azur, ch. de trois fleurs-de-lis d'or, rangées entre les quatre pendants d'un lambel de gu.

Arditi — *Bologne.* Tranché: au 1 de gu. à trois boules d'arg., rangées en demi-orle; au 2 d'arg. à trois tourt. de gu., rangés en bande. A la bande d'or, br. sur le tranché et ch. de trois étoiles (5) de gu.

Arditi (Marquis) — *P. d'Otrante.* D'azur à un phénix d'or.

Ardizzoni — *Bologne.* D'azur à six flammes au nat., mouv. de la p., surm. chacune d'un éteignoir d'or.

ces éteignoirs rangés en fasce; au chef d'azur, ch. de trois fleurs-de-lis d'or, rangées entre les quatre pendants d'un lambel de gu.

Ardulni — *Bologne.* D'arg., émanché en p. de sin. de six pièces, l'émanché surm. d'une flamme au nat.; au chef d'or, ch. d'une aigle de sa.

Ardulni — *Bologne.* Parti: au 1 d'arg. au lion échiq. d'or et de sa., la tête d'or; au 2 fascé d'arg. et de gu.

Arelano — *Port.* D'arg. à deux pals de gu.; à la bord. de sin., ch. de six fleurs-de-lis d'or.

Arena — *Bologne.* D'arg. à un coq au nat., posé sur un mont de six coupeaux de sin., mouv. de la p.

Arents — *Flandre.* De sa. à une roue de gu.

Arentsvelt (van) — *Holl.* D'azur à trois aigles d'arg.

Arents — *Holl.* De gu. à la bande d'azur; au lion d'or, cour. du même, br. sur le tout.

Aresanati — *Bologne.* D'azur à une femme nue, de carn., soutenue d'un canot au nat., flottant sur une mer, tenant de sa main dextre l'antenne d'une voile d'arg., qui flotte au-dessus de sa tête et dont elle tient l'extrémité de sa main sen.; au chef du premier, ch. de trois fleurs-de-lis d'or, rangées entre les quatre pendants d'un lambel de gu.

Arescotti — *Bologne.* De gu. à un chat ramp. d'or, la tête posée de face.

Aresti, v. **Arasti.**

Aretusi ou **Aretusini** — *Bologne.* D'arg. à un sceptre d'or, passé en bande dans une couronne du même; au chef d'azur, ch. de trois fleurs-de-lis d'or, rangées entre les quatre pendants d'un lambel de gu.

Aretusi ou **Aretusini** — *Bologne.* D'azur à la bande d'arg., acc. de deux couronnes à l'antique d'or; et un sceptre d'or, en pal, br. sur la bande; au chef du premier, ch. de trois fleurs-de-lis d'or, rangées entre les quatre pendants d'un lambel de gu.

Arexy — *Toulouse.* D'or à la bande de gu., ch. de trois demi-vols d'arg. et acc. de deux molettes du même; au chef d'azur, ch. d'un soleil d'or.

Arfeni — *Bologne.* D'azur à un vase de couleur terre cuite, rempli de trois grandes feuilles de sin.; au chef du premier, ch. de trois fleurs-de-lis d'or, rangées entre les quatre pendants d'un lambel de gu.

Arfetti — *Bologne.* D'azur à un garçon nu, de carn., cont., décochant une flèche d'un arc du même, vers un peuplier de sin., posé à sen.; le tout soutenu d'une terrasse de sin.; au chef du premier, ch. de trois fleurs-de-lis d'or, rangées entre les quatre pendants d'un lambel de gu.

Arg — *Strasbourg.* Coupé: au 1 d'arg. à une rose de gu., bout. d'or; au 2 d'azur plein. Cq. cour. **C.:** un cor-de-chasse, surm. d'une rose.

Argelati — *Bologne.* D'or à sept carreaux de sa., aboutés en bande; au chef d'azur, ch. de trois fleurs-de-lis d'or, rangées entre les quatre pendants d'un lambel de gu.

Argelati ou **dall'Argelata** — *Bologne.* D'azur à six los. de sa., accolées en bande; au chef du premier, ch. de trois étoiles (5) d'or.

Argelesi — *Bologne.* D'or à douze los. de gu., rangées en trois pals, aboutées.

Argelli — *Bologne.* D'azur au lion de sa.; au chef d'azur, ch. de trois fleurs-de-lis d'or, rangées entre les quatre pendants d'un lambel de gu.

Argence — *Norm.* D'azur à trois bourrelets d'or.

Argence — *Norm.* De sa. à deux fasces d'arg.; au fr.-q. de *Dammartin.*

Argentini — *Bologne.* D'azur à six boules d'arg.; au chef d'azur, ch. de trois fleurs-de-lis d'or, rangées entre les quatre pendants d'un lambel de gu.

Argile (da) — *Bologne.* De gu. à une patte de lion d'arg., la griffe en bas.

Argimondi — *Bologne.* D'arg. à un arbre triplement étagé de sin., terrassé du même.

Argini — *Bologne.* D'azur au lion d'or, lamp. de gu., tenant de ses pattes un miroir carré d'arg., encadré d'or; au chef du premier, ch. de trois fleurs-de-lis d'or, rangées entre les quatre pendants d'un lambel de gu.

Ariatti — *Franche-Comté.* De gu. à une étoile (8) d'or.

Ariatti — *Bologne.* D'arg. à un arbre terrassé de sin., sommé d'un oiseau au nat., surmonté d'une grande couronne à l'antique d'or.

Aricalchi — *Bologne.* De gu. à la bande d'arg.; au chef d'or, ch. d'une aigle de sa.

Arienti — *Bologne.* D'azur à deux demi-vols ados-sés d'or.

Arighetti — *Bologne.* D'azur au lion d'or, lamp.

de gu.; au chef du premier, ch. de trois fleurs-de-lis d'or, rangées entre les quatre pendants d'un lambel de gu.

Arighi — *Bologne.* De gu. à deux fasces d'arg.; au chef du même.

Arighi — *Bologne.* De sa. à trois fasces d'arg.

Aristotelli — *Bologne.* De gu. à deux cygnes affr. d'arg., bq. et m. de sa., posés sur une terrasse de sin., les cols enlacés, les têtes affr.; au chef d'azur, ch. de trois fleurs-de-lis d'or, rangées entre les quatre pendants d'un lambel de gu.

Arlan de Lamothe — *Agénais.* Coupé: au 1 de gu. à la bande d'or; au 2 d'or à un loup pass. de sin.

Arlaud — *P. de Vaud.* D'azur à un arc, posé en fasce, acc. de trois étoiles, 2 en chef et 1 en p., cette dernière surmontant une fasce ondée, le tout d'arg.

Arlotti — *Bologne.* D'azur à trois fleurs-de-lis héraldiques d'or, tigées et feuillées de sin., iss. d'un croiss. montant d'arg. en p.; en chef trois fleurs-de-lis d'or, rangées entre les quatre pendants d'un lambel de gu.

Arlotti — *Pise* (Comtes, 1784.) Parti: au 1 barré d'azur et d'or; au 2 d'azur à trois sceptres fleurdelisés d'or, soutenus d'un croiss. d'arg.

Arlt — *Vienne* (Chevaliers, 27 oct. 1870.) Ec.: au 1 de sa. à deux lancettes d'oculiste au nat., emm. d'arg., passées en saut.; au 2 d'or à un oeil humain, au nat., avec ses sourcils; au 3 de gu. à un livre ouv. au nat., doré sur tranche, sommé d'une coupe d'or, accolée d'un serpent d'arg., se désaltérant dans ladite coupe; au 4 de sa. à un hoyau et un maillet, au nat., passés en saut. Deux cq. cour. **C.:** 1º les meubles du 4, br. sur un panache de trois pl. d'aut., une d'or entre deux de sa.; l. d'or et de sa.; 2º un demi-vol. aux armes du 3; l. d'arg. et de gu. **D.:** PRIMUM HUMANITAS.

Armano — *Bologne.* Coupé de gu. sur sin., le gu. ch. d'un lion naiss. d'arg., mouv. du coupé; au chef d'or, ch. d'une aigle de sa.

Armaroli — *Bologne.* D'or à trois pals de gu.; au chef du premier, ch. d'une aigle de sa.

Armarolo — *Bologne.* D'azur à une armure romaine d'arg., acc. de trois étoiles (5) d'or, rangées en chef.

Armatutti — *Bologne.* D'azur à une croix pattée alésée de gu., acc. de quatre épées d'arg., garnies d'or, appointées dans les angles de la croix; au chef d'or, ch. d'une aigle de sa.

Armbruster — *Strasbourg.* D'arg. au pal de sa., ch. de trois coquilles d'or. **C.:** un vol aux armes de l'écu. **L.** d'or et de sa.

Armelini — *Bologne.* Taillé d'herm. sur azur; à la barre de gu., br. sur le taillé.

Armelozzi — *Bologne.* D'azur à la fasce de gu., acc. de six étoiles (5) d'or, 3 en chef, 1 et 2, et 3 en p., 2 et 1.

Armenville — *Dauphiné.* D'azur au chev. d'or, acc. de trois croix treflées du même.

Armi — *Bologne.* Parti d'azur et de gu.; à la bande d'or, br. sur le tout et ch. de deux croisettes d'arg., posées dans le sens de la bande, 1 en haut et 1 en bas; ladite bande acc. de deux roses, 1 d'or sur le gu. en chef à sen. et 1 de gu. sur l'azur en p. à dextre; au chef de l'écu d'azur, br. sur le parti et ch. de trois fleurs-de-lis d'arg., rangées entre les quatre pendants d'un lambel de gu.

Armi ou dall' Armi — *Bologne.* D'azur à la bande d'or, ch. de trois roses de gu. et acc. de deux étoiles (5) du sec.; au chef d'azur, ch. de trois fleurs-de-lis d'or, rangées entre les quatre pendants d'un lambel de gu.

Armodi — *Bologne.* Ec. d'or et de gu.

Armynot — *Bourg.* D'arg. à la fasce de gu., acc. en chef de deux mouch. d'herm. de sa. et en p. d'une étoile du sec.

Arnaboldi — *Milan.* D'azur au lion d'arg., cour. d'or.

Arnaldy d'Estroa — *Guyenne.* Ec.: aux 1 et 4 de gu. à un fer-à-cheval d'arg., acc. en chef d'un croiss. du même; aux 2 et 3 d'azur, ch. de trois étoiles d'arg. (*Arnaldy*); aux 2 et 3 d'azur à un lion sur l'azur (*Estroa*).

Arnao — *Port.* D'arg. à six lions de sa., 2, 2 et 2.

Arnaud — *Berry.* D'azur à un croiss. d'arg. en chef de deux étoiles d'arg. et en p. d'un croiss. du même.

Arnaud de Sauvecanne — *Prov.* Coupé: au 1 d'azur au léopard de sa.; au 2 d'azur au chev. d'or.

Arnaudy — *Lang.* D'or au chev. de gu., acc. en chef de deux palmes de sin. et en p. d'un rocher de sa.

Arnault — *Alsace.* De sa. à la bande d'or.

Arnault de la Menardière — *Tarbes.* Losangé d'arg. et d'azur; à un faisceau des licteurs de sa., lié d'or, br. sur le tout.

Arnesani — *Bologne.* D'arg. au saut. d'or, cant.

de quatre roses au nat., tigées et feuillees de sin.; au chef d'azur, ch. de trois étoiles (5) d'or.

Arnex — *P. de Vaud.* D'azur semé de petits triangles de sa.; au lion du même, br. sur le tout.

Arnoaldi — *Bologne.* Ec.: aux 1 et 4 de sin. à une rose d'or; aux 2 et 3 d'azur à une rose d'arg. Sur le tout un écusson d'azur, ch. d'une Foi de carn., parée d'or, mouv. des flancs, acc. de trois étoiles (5) d'arg. en chef; ledit écusson entouré d'une bord. de gu., ch. de huit bes. d'or.

Arnod — *P. de Vaud.* D'azur au lion d'or.

Arnoldi — *Bologne.* Coupé d'or sur sa.; au griffon de l'un en l'autre.

Arnault — *Mayenne.* D'azur à trois glands d'or.

Arnault — *Mayenne.* Palé d'arg. et de gu.

Arnuldoni — *Bologne.* D'azur à un peuplier arr. de sin., accosté de deux lévriers affr. d'or, ramp. contre l'arbre et soutenus de ses racines; le tout acc. de trois étoiles (5) d'or, rangées en chef.

Arnusi — *Bologne.* D'azur au cygne d'arg., coll. d'un ruban du même; au chef du premier, ch. de trois fleurs-de-lis d'or, rangées entre les quatre pendants d'un lambel de gu.

Arollanti — *Bologne.* D'or à deux fasces entées d'arg.

Arostini — *Bologne.* D'azur à une licorne ramp. d'arg.; à la fasce de gu., br. sur le tout.

Arpa — *Bologne.* D'azur à trois pals d'or, penchés de sin. à dextre; et trois barres de gu., br. sur le tout, penchées de dextre à sen.

Arpeau — *P. de Vaud.* De gu. à trois encontres de cerf d'arg.; au chef du même, ch. de trois tourt. d'azur. **C.:** un rencontre de cerf d'arg.

Arpegiani — *Bologne.* D'arg. à deux pals d'azur, alternant avec trois étoiles (5) de gu., rangées en barre.

Arpiconi — *Bologne.* D'azur à trois bandes brét. d'or.

Arpinelli — *Bologne.* D'or au chev. de gu.

Arquenay d'Arquenay — *Maine.* D'herm.; au chef de gu.

Arquolesi — *Bologne.* D'arg. à un senestrochère, paré de gu., mouv. du flanc, la main de carn. brandissant une massue au nat.; au chef d'or, ch. d'une aigle de sa.

Arrardi — *Bologne.* Parti d'or et d'azur; au lion parti de gu. sur l'or et d'arg. sur l'azur; au chef d'azur, br. sur le parti et ch. de trois fleurs-de-lis d'or, rangées entre les quatre pendants d'un lambel de gu.

Arrata (dall') — *Bologne.* D'or, mantelé de gu.; au chef d'azur, ch. de trois fleurs-de-lis d'or, rangées entre les quatre pendants d'un lambel de gu.

Arrighi — *Bologne.* D'or à la croix de gu., chaque quartier rempli de cinq points d'or équipollés à quatre de gu. et entouré d'une bordure d'or qui n'embrasse que trois côtés du quartier et ne longe point les flancs de l'écu.

Arrighi — *Bologne.* De gu. à la bande d'azur semée de fleurs-de-lis d'or, posées dans le sens de la bande; au chef d'azur, ch. de trois fleurs-de-lis d'or, rangées entre les quatre pendants d'un lambel de gu.

Arriguzzi — *Bologne.* Fascé-enté d'azur et d'or de six pièces.

Arripe (d') — *Amsterdam,* orig. de *Béarn.* Ec.: au 1 d'or au chev. d'azur, acc. de trois tulipes au nat. (*Arripe*); au 2 d'azur à trois glands d'or, les tiges en haut (*de la Place*); au 3 fascé de gu. et d'or (*Cogombles*); au 4 d'azur à un bourdon de pèlerin d'or, ch. de trois du même, le tout entouré d'une orle dentelée aussi d'or (*Borda de la Borde*). **C.:** un panache. **S.:** deux lévriers au nat., coll. d'or.

Arripe (d') de Lannecaube — *Béarn.* D'azur au chev. d'or, acc. de deux tulipes d'arg. et en p. d'un rocher du même.

Arsan — *Ile-de-Fr.* D'azur à trois étoiles d'or, surmontées d'un cerceau de berceau du même, et acc. en p. d'un croiss. d'arg.

Arthofer — *Aut.* (Chevaliers, 3 janv. 1885.) Ec.: au 1 d'or à un demi-vol cont. de sa., d'une fasce d'arg. surch. d'une croix de gu.; au 2 d'azur à un sauvage iss. de carn., ceint et cour. de lierre, soutenu d'une terrasse rocheuse et tenant une massue de bois sur son épaule; au 3 d'azur à un griffon d'or; au 4 d'or à la bande de sa., ch. d'une étoile d'or. Deux cq. cour. **C.:** 1º l'autrochère arm., tenant une épée en pal, le tout au nat.; ledit dextrochère iss. d'un vol cont. de sa., d'une fasce d'arg., surch. d'une croix de gu.; l. d'or et de sa.; 2º une croix de gu.; l. d'or et de gu. (*lire?*); **D.:** un griffon iss. d'or; l. d'or et d'azur.

Arthuys de Charnisay — *Berry, Nivernais.* D'arg. au chev. brisé de sin., acc. de trois feuilles de

chêne du même, les tiges en bas. **D.:** FRANC AU ROI
JE SUIS.
*Artois (d') de Bournonville -- *Pic., Ile-de-Fr.*
D'azur au saut. dentelé d'arg., acc. en chef et en p.
d'un croiss. du même et à chaque flanc d'une coquille d'or.
Artuisi — *Bologne.* De gu. à une licorne ramp. d'arg.
Arturière — *Norm.* D'or au chev. de sa., ch. de
cinq fleurs-de-lis du champ.
Artusini — *Bologne.* D'azur à la bande d'or, acc.
de deux roses du même; au chef d'azur, ch. de trois
fleurs-de-lis d'or, rangées entre les quatre pendants d'un
lambel de gu.
Arvelos — *Port.* De gu. à cinq étoiles (7) d'or, 2,
1 et 2.
Arx — *Fribourg.* D'or aux lettres R X de sa. en
fasce, acc. en chef d'un A de sa., et en p. d'un tertre
de trois coupeaux de sin.; le champ chaperonné-ployé
d'azur, à deux fers de pique d'arg.
Arzier — *P. de Vaud.* De sa. à trois aigles d'or.
Asani — *Grèce.* De gu. au lion d'or, cour. du même.
Asbóth de Léczfálva — *Hongrie* (Chevaliers, 20
juin 1875.) Les armes d'*Asbóth.* Deux cq. cour. **C.:**
1° le soldat, iss., entre un vol d'arg.; l. d'arg. et de gu.;
2° une tour de deux étages d'arg., entre un vol d'or,
chaque aile ch. d'une grenade allumée au nat.; l. d'or
et d'azur.
Ascani — *Bologne.* D'arg. à deux lions affr. d'or,
lamp. de gu., acc. en chef d'une boule du même.
Aschbach — *Vienne* (Chevaliers, 10 janv. 1875.)
D'azur à la fasce ondée d'arg., ch. d'un poisson nageant au nat. et acc. de trois étoiles d'or. Deux cq.
cour. **C.:** 1° un vol cont., l'aile de derrière d'arg.plein,
l'aile de devant d'azur ch. d'une fasce ondée d'arg.,
surch. d'un poisson nageant cont. au nat.; l. d'arg. et
d'azur; 2° un rocher sommé d'un faucon, le tout au
nat.; l. d'or et d'azur. **D.:** MODUS IN REBUS.
Asconi — *Bologne.* D'arg. à la barre de gu., acc.
de deux tours au nat., les créneaux entaillés, chaque
tour ouv. et aj. de sa. et sommée d'une tourelle au nat.
Ashbourne (Baron), v. **Gibson** baron **Ashbourne.**
Asiès du Faur — *Gasc.* Ec.: aux 1 et 4 d'azur
à la bande d'arg., acc. de deux étoiles d'or (*Asiès*); au
2 d'azur à la croix fleur. d'or, accostée de deux tours
du même; à douze bes. aussi d'or, rangés en orle; au
3 d'azur à deux fasces d'or, acc. de six bes. d'arg., 3
en chef et 3 en p. (*du Faur*). **S.:** deux lions, au nat.
Asinelli — *Bologne.* D'arg. au chev. d'azur.
Asinelli — *Bologne.* D'azur à une tour crén., mouv.
de la p., et un âne, pass. par l'ouverture de la porte,
venant de sen.; la tour sommée d'une autre tour très-
mince et très-haute, percée de trois fenêtres, l'une sur
l'autre, le tout au nat.; en chef trois fleurs-de-lis d'or,
rangée entre les quatre pendants d'un lambel de gu.
Aspettasi — *Bologne.* Parti: au 1 d'azur à deux
barres d'or; au 2 de gu. au saut. d'arg.
*Assandri — *Turin.* Coupé: au 1 d'or à l'aigle de
sa., cour. du champ; au 2 d'or à un château sommé
de deux tours d'arg., ouv. du champ, acc. d'une hache
au nat. entre les deux tours, posée en bande. **C.:** une
aigle iss. de sa., languée de gu.
Assas — *Auv.* D'azur à un coeur enflammé, posé
au centre d'un cercle nébulé et surm. de trois étoiles,
le tout d'or; au chef échiq. d'or et d'azur.
Assas de Mourmoirac — *Lang.* D'azur à une
tour, surm. d'un coeur enflammé et acc. de trois étoiles
rangées en chef, le tout d'or.
Asseburg ou **Asseborg** — *Tangermunde* (Prusse.)
D'arg. à une porte de ville de gu., sommée de trois
toits pointus du même, percée d'une ouverture de porte
de sa., les battants d'arg. ouverts. **C.:** deux crampons
de sa., passés en croix, acc. de trois étoiles d'arg., l'une
soutenue du crampon en pal et les deux autres soutenues des deux extrémités du crampon en fasce.
Asselin — *Ile-de-Fr.* D'azur au chev. d'or, acc. de
trois buires du même.
Asselin de Willencourt — *Paris* (Baron de
l'Empire, 5 août 1812.) D'or à un écusson d'azur, ch.
de trois molettes d'arg.
Assenbergh (van) — *Brab.* De sin. à trois quintefeuilles d'arg.: au chef d'or à une crémaillère de sa.
Assezat de Routeyre — *Auv.* D'azur au chev.
d'or, acc. en chef de deux croiss. d'arg. et en p. de deux
épées du même, passées en saut.
Assheton — *Philadelphie.* Ec.: aux 1 et 4 d'arg.à
une étoile de sa., et un canton du même; aux 2 et 3
d'arg. à une mâcle de sa. et une bord. engr. du même.
C.: un faucheur au nat., tenant une faux en bande.
D.: IN DOMINO CONFIDO.

Assire — *Norm.* D'arg. à trois hures de sanglier
de sa.; au chef du même.
Assonville — *P. de Namur.* D'or au lion de gu.,
arm. et lamp. d'azur.
Astat — *Franche-Comté.* D'or au saut. de gu.
Astelli — *Bologne.* D'or à la fasce brét. de gu.,
acc. de deux roses du même, 1 en chef et 1 en p.
Astesanini — *Bologne.* De gu. à cinq cotices en
barres d'arg.; au chef d'azur, ch. de trois fleurs-de-
lis d'or,.rangées entre les quatre pendants d'un lambel de gu.
Asti — *Bologne.* D'azur à trois faisceaux de piques
d'or, rangés en fasce, liés chacun d'un ruban de gu.
flottant à dextre et à sen.; en chef trois fleurs-de-lis
d'or, rangées entre les quatre pendants d'un lambel de gu.
Astis — *France.* De gu. au lion d'arg.; au chef du
premier, ch. de trois étoiles du sec.
Astolfi — *Bologne.* D'azur à un arbre de sin., senestré d'un coq d'arg., crêté et barbé de gu.; le tout
soutenu d'une terrasse de sin.; au chef d'or, ch. d'une
aigle de sa.
Astramonti — *Bologne.* D'azur à trois barres d'or.
Astrup — *Dan.* (An., 24 août 1810.) D'azur au
chev. d'arg., surm. d'une croisette du même. Cq. cour.
C.: un épi d'or, entre un vol de sa.
Astuto — *Italie.* D'arg. à un serpent de sa., acc.
de trois flammes de gu. en p.
Ataides — *Port.* D'azur à quatre bandes d'arg.
Ath (d') — *Hainaut.* Parti de sa. et d'arg.; à deux
brochets d'arg.
Atienza — Royaume de *Grenade.* Coupé: au 1 de
gu. à une tour sommée de trois tourelles d'or; au 2
parti: a. d'arg. au lion ramp. et cont. au nat., l'une
senestré de gu.; b. d'azur à cinq fleurs-de-lis d'or, 2, 1
et 2. L'écu entouré d'une bord. de sin., ch. de huit
flanchis d'or.
Atougulas — *Port.* De gu. à la croix d'or, cant.
de quatre fleurs-de-lis du même; à la bord. aussi d'or.
Atrisco — *Esp.* (Duc d'*Atrisco* en grand d'Espagne
etc. de 1ère classe, 17 nov. 1704 et 17 avril 1708.) Ec.: au
1 d'arg. d'or et d'azur; au 2 d'or à la croix ancrée et
fleurdelisée de sin.; au 3 de gu. à un sarment de sin.,
3, 3, 3 et 1; au 4 un sarment de sin., pose en
barre. L'écu entouré d'une bord. d'azur, ch. de cinq
fleurs-de-lis d'or,qui est de *Sarmento de Valladares.* **S.:**
deux griffons d'or. *Manteau* de grand d'Espagne,som-
mé de la couronne ducale.
Atrisco (Duc d'), v. **Bauffremont-Courtenay**
et **Sarmiento de Valladares.**
Attendolo-Bolognini (Comtes) — *Milan. Pavie.*
D'azur au lion d'or, lamp. de gu., tenant une branche
de cognassier feuillée et fruitée d'or. **C.:** un Saint-
Michel, tenant de sa main dextre une épée et de sa
sen. une balance.
Atti — *Bologne.* D'azur à une couronne de laurier
de sin., entremêlée de roses de gu.
Atti — *Bologne.* D'azur à un rencontre de boeuf
d'arg., acc. en chef d'un lambel de quatre pendants de sa.
Atti — *Bologne.* D'azur à une fleur-de-lis d'or, acc.
en chef d'un lambel de quatre pendants d'azur.
Atticonti — *Bologne.* D'azur à deux dauphins affr.
d'or, posés en pals, acc. en chef de trois fleurs-de-lis
d'or, rangées entre les quatre pendants d'un lambel de gu.
Attlmayer de Meranegg — *Tirol* (Chevaliers,
18 juin 1874.) Les armes d'*Attlmayer.* Deux cq. cour.
C.: 1° celui d'*Attlmayer*; 2° une aigle iss. de gu., les
ailes ch. de demi-cercles tréflés d'arg.
Attolini — *Bologne.* D'azur à deux épées au nat.,
les pointes en bas.
Auber — *Lang.* D'azur à six bes. d'or.
Auber d'Henouville — *Norm.* De gu. à trois
tréfles d'or. [Le compositeur de musique *Auber* appartenait à cette fam.]
Aubergue — *Aix.* D'azur à une tente d'arg., sommée d'un panache de trois pl. d'aut. d'or, et accostée
de deux lévriers assis et adossés d'arg., la tête retournée vers la tente, le tout soutenu d'une terrasse de sin.
et surm. de trois étoiles mal-ordonnées d'or.
Auberjonois — *Yverdon.* De gu. à un fer-à-cheval, les bouts en bas, acc. de quatre étoiles (5), 1, 2 et
1, et en p. un tertre de trois coupeaux, le tout d'or.
C.: un demi-vol de gu.
Aubert — *Dauphiné.* D'azur à un haubert d'or.
Aubert — *Dauphiné.* orig. du *Dauphiné.* D'or à trois
têtes de chien braque coupées de sa. **C.:** un chien
braque iss. de sa., entre deux pl. d'aut.
Aubert — *Londres.* Ec.: au 1 d'or à trois têtes de
chien braque de sa. (*Aubert*); au 2 d'arg. et d'azur
de six pièces; au chef d'or (*Vesc-Beconne*); au 3 d'arg.
au chev. de sa., ch. de trois roses d'arg.; au 4 d'arg.

au lion de sa., arm. et lamp. de gu., acc. de trois molettes (6) d'azur. **C.:** un chien braque pass. de sa., ayant entre ses jambes de devant un collier, comme s'il était tombé de son cou, dont la chaîne passe entre ses jambes de derrière et se termine par un double noeud, le tout d'or. **D.:** FIDE ET FORTITUDINE.

Aubespine-Sully (Marquis de l') — *France.* D'azur au saut. alésé d'or, cant. de quatre bill. du même.

Aubigné — *Maine.* D'arg. à trois canettes de sa.; au chef de gu., ch. de trois roses du champ.

Aubilly — *Paris.* D'azur à une fasce losangée de gu. et d'or, acc. en chef d'un bouc au nat., mouv. de la fasce.

Aubin de Chavigné — *Anjou.* D'azur à la bande d'arg., ch. de deux aulx de sin.

Aubonne — *P. de Vaud.* De gu. à deux pals d'azur; au chef d'or, ch. d'un lion iss. de sa. Cq. cour. **C.:** le lion iss.

Aubonne — *Lausanne, Nyon, Vevey, Morges.* D'azur à trois pals alésés d'arg., celui du milieu posé en bande. **C.:** un homme iss.. hab. d'un parti d'azur et d'arg., au rabat de l'un en l'autre, tenant une masse à picotons d'arg., en pal.

Aubreby — *Dinant, Bruxelles.* D'azur à trois moutons pass. d'arg. [V. **Auxbrebis**, au *P. de Namur* et en *Holl.*]

Aubugeois de la Ville du Bost — *Poitou.* D'azur à deux molettes d'arg. en chef et un croiss. du même en p. — *Ou:* De sin. à deux chev. d'or.

***Aubusson** — *Marche* (Vicomtes d'*Aubusson*, dès le 9e siècle; ét. au 13e siècle.) D'or à la croix ancrée de gu. **C.:** un buste de More, posé de face, hab. et tort. d'arg., les oreilles garnies de perles. Cri: AUBUSSON!

Aubusson-Beauregard — *Marche* (Et. en 1642.) D'or à la croix ancrée de gu.

Aubusson la Borne — *Marche, Périgord, Limousin* (Et. en 1533.) D'or à la croix ancrée de gu.

Aubusson Castel-Novel, puis **de la Feuillade** — *Périgord, Marche, Norm.* (Marquis de *Castel-Novel* et de *Saint-Paul de Serre*, puis vicomtes d'*Aubusson*, marquis et comtes *de la Feuillade* depuis 1752. Et. le 7 mars 1848.) D'or à la croix ancrée de gu. Cq. timbré d'une couronne ducale. **C.:** un buste de More, posé de face, hab. et tort. d'arg., les oreilles garnies de perles. Cri: AUBUSSON! **S.:** à dextre un griffon d'or; à sen. un lion d'or. *Manteau* et couronne de duc et pair.

Aubusson-Monteil-au-Vicomte — *Marche* (Et. le 13 juillet 1503.) D'or à la croix ancrée de gu.

Aubusson-Villac-Miremont — *Marche* (Marquis de *Miremont*, puis vicomtes d'*Aubusson* et comtes *de la Feuillade* depuis 1725. Et. le 27 janv. 1752.) D'or à la croix ancrée de gu.

Aucaigne de Ste-Croix — *Bourg.* D'azur au chev. d'or, acc. en chef de deux canettes affr. d'arg. et en p. d'un mont de six coupeaux du même, les trois coupeaux supérieurs enflammés de gu.; ledit chev. surm. d'un carreau du sec.

Au-Costé — *Ponthieu.* D'arg. à la bande de sa., ch. de trois alérions du champ et acc. de six bill. du sec. [Une branche a brisé d'un fr.-q. de gu., ch. d'une rose d'arg.]

Audemar — *Grenoble.* De gu. au chev. d'or, acc. en p. d'un rencontre de boeuf du même; au chef d'azur, ch. de trois étoiles d'arg.

Audéric de Basillac et **Audéric de Lastours** — *Bigorre.* D'or (*ou* d'arg.) à un arbre de sin., senestré d'un lion de gu. (*ou* de sa.), ramp. contre le fût; au chef d'azur, ch. de trois étoiles d'or. — *Ou:* Ec.: aux 1 et 4 les armes précédentes; aux 2 et 3 d'azur à un château de trois tours d'arg. (qui est du lambel d'arg.

Audigier — *Vivarais.* D'azur au saut. d'or, cant. de quatre têtes de lion arr. du même. **D.:** 1° AVORUM NON MORITUR VIRTUS; 2° NOI A FALKIMEN.

Augenot — *Liége.* D'azur à deux épées d'arg., garnies d'or, passées en saut.

Augerot — *Béarn.* Ec.: aux 1 et 4 d'azur à trois flanchis d'or; aux 2 et 3 d'arg. à deux lions affr. de gu., soutenant un arbre arr. de sin.

Augier de Crémiers — *Poitou.* D'or à trois croix de sa., rangées en pal.

Augier du Thezeau — *Marche.* De vair, au bâton de gu. — *Ou:* De sa. à trois fleurs-de-lis d'or.

Auli — *Belg.* De gu. à la bande d'arg.

***Ault (d')** — *Ponthieu.* Ec.: au 1 d'azur à la croix ancrée d'or, acc. de trois croiss. d'arg., 2 en chef et 1 en p. (*Ault*); au 2 cinq points d'azur équipollés à quatre d'arg. (*Beauvois*); au 3 d'or à trois chev. de gu. (*Crevecoeur*); au 4 d'arg. à la croix de gu. (*St. Georges?* ou *l'Epine?*). **C.:** un lion iss. de gu. **S.:** deux lions de gu.

Aulte (d'), v. **Daulte.**

Aultre (d') — *Flandre.* De gu. à trois quintefeuilles d'or; à la bord. d'arg. **C.:** une tête et col d'aigle d'or; entre un vol-banneret d'herm.

Aumale (d') — *baron* **van Hardenbroek** — *Utrecht.* Ec.: aux 1 et 4 fascé-ondé d'or et de gu., de huit pièces (*Hardenbroek*); aux 2 et 3 d'arg. à la bande de gu., ch. de trois bes. d'or (*Aumale*). **C.:** 1° deux cordons houppés d'or, posés en chev. renv.; entre un vol aux armes du 1 (*Hardenbroek*); l. d'or et de gu.; 2° une aigle iss. d'arg., sommée d'une couronne royale d'or (*Aumale*); l. d'arg. et de gu.

Aunais (des) — *Maine.* De gu. à cinq étoiles d'arg., 2, 1 et 2.

Aunoy — *Soissonnais.* D'or au chev. de gu., acc. de trois aigles d'azur. bq. et m. de gu.

Ausema — *Frise.* Parti: au 1 d'or à la demi-aigle de sa., mouv. du parti; au 2 d'arg. à deux glands effeuillés en chef, les queues en bas, et un trèfle en p., le tout de sin.

Austel Edle **von Buchenhain** — *Bohème* (An., 20 mars 1881.) D'or à un hêtre arr., sommé d'une aigle ess. de profil, le tout au nat.; à la bord. écartelée de gu. et d'azur. Cq. cour. **C.:** deux tubes de canon d'or, passés en saut., entre un vol, chaque aile écartelée de gu. et d'azur. **L.:** à dextre d'or et de gu., à sen. d'or et d'azur.

Austin — *Etats-Unis.* D'azur au chev. de gu., acc. de trois flèches de sa., les pointes en bas. **C.:** une flèche de l'écu.

Auterive de Chenevières — *Maine.* D'arg. à deux bandes d'azur; à la bord. de gu.

Auteux — *Ponthieu.* D'arg. à deux bandes de sa.

Autris de la Court de la Cardonière — *Dauphiné.* D'azur au pal d'or, ch. de trois chev. renv. de gu.

Autroche — *Bourges.* De gu. à la bande d'arg., acc. de deux lions d'or.

Antroche — *Auv.* De sa. à un crocodile d'or, posé en fasce.

Autroche — *Auv.* D'or à une montagne de gu.

Autroche — *Auv.* De sa. à une montagne de gu.

Autroche — *Auv.* D'azur à trois rochers d'azur, 2 et 1.

Auvé de la Fontaine — *Maine.* D'arg. à une fasce denchée par le bas de gu., acc. en chef de deux étoiles et en p. d'un croiss. du même.

Auvé de Genièbre — *Maine.* De gu. au lion d'arg., acc. de trois étoiles du même.

Auvergne (d') — *Marseille.* D'azur à la croix d'arg., cant. de quatre loups ramp. di même.

Auvray (Baron de l'Empire) — *Maine.* Ec.: au 1 d'azur à un bouclier d'or, ch. d'un écusson d'azur, inscrit du chiffre 40 d'arg.; aux 2 et 3 de gu. à une clé d'arg. en pal; au 4 d'azur à un olivier d'or, fruité d'arg.

Aux (d') ou **Daux** — *Lausanne.* D'azur au chev. d'or, acc. en chef de trois martres (6) du même et en p. d'une rose d'arg.

Auxbrebis — *P. de Liége.* De sa. à la bande coticée d'or. **C.:** un agneau iss. au nat.

Aux-Epaules dit **de Laval** — *Norm., Bourg.* (Princes de l'*Ile-sous-Montréal*, marquis de *Nesle*.) D'or à la croix de gu., ch. de cinq coquilles d'arg. et de seize alérions d'azur (*Montmorency-Laval.*) Sur le tout de gu. à une fleur-de-lis d'or (*Aux-Epaules*).

Auxilhon (Marquis), v. **Gairaud** marquis d'**Auxilhon.**

Auge de Monceaux et **d'Hanvoille** — *Ponthieu.* Echiq. d'or et de gu., à un écusson d'azur, br. sur le tout et ch. d'une fleur-de-lis d'or, acc. d'un écusson d'arg.

Auzay — *France.* D'azur au lion d'or; au chef d'arg., ch. de trois étoiles de gu.

Avalos — *Esp.* Parti: au 1 d'arg. à six tourt. d'azur, rangés en deux pals, au 2 éc.: a. d'or à quatre pals de gu.; b. et c. d'arg. à l'aigle de sa.; d. d'arg. à un ombre de sin. **C.:** une aigle iss. de sa., bq. d'or.

Vantage — *Bourg.* D'azur à trois licornes d'arg.

Avanzari — *Bologne.* D'azur au chev. d'or; à la fasce surm. du chev. et soutenue d'un pal de gu.; le tout acc. en chef d'un croiss. d'arg.

Avanzaroli — *Bologne.* Coupé, d'azur à un croiss. d'arg., sur or plein; à la fasce de gu., br. sur le coupé.

Avanzi — *Bologne.* D'arg. à un arbre arr. de sin., fruité de quatre pièces d'or, 1, 2 et 1; au chef d'or, ch. d'une aigle de sa.

Avanzi — *Bologne.* De gu. au lion d'or, ch. d'une fleur-de-lis de gu., tenant de sa patte dextre une fleur-de-lis d'or, et la tête senestrée d'une autre fleur-de-lis d'or, ces deux fleurs-de-lis rangées sur une même ligne.

Avanzini — *Bologne.* D'arg. à une tête de More; au chef d'azur, ch. de trois fleurs-de-lis d'or, rangées entre les quatre pendants d'un lambel de gu.

Avarna — *Palerme, Naples* (Duc de *Gualtieri,* marquis de *Castania,* baron de *Sicaminò* et de *Grapida*). D'or à la fasce d'azur.

Avazzi — *Bologne.* D'azur au pal d'arg., ch. de deux papillons d'or.

Aveduti — *Bologne.* D'azur à un senestrochère, paré de gu., mouv. du flanc, la main de carn. tenant une corne d'abondance d'or, remplie de trois pommes d'or et de feuillages de sin.

Avelal — *Port.* D'or à trois fasces de gu., ch. chacune de trois étoiles d'arg.

Aveline de la Garenne — *Maine.* D'azur au chev., acc. en chef de deux roses et en p. d'une quintefeuille, le tout d'or.

Avenali — *Bologne.* De gu. à deux barres d'arg., ch. chacune d'un papillon d'or.

Avenches — *P. de Vaud.* De gu. au sanglier sautant d'or. **C.:** le sanglier, iss.

Avene de Fontaine — *Pic.* D'azur au chev. brisé en abîme, acc. de trois gerbes, celle en p. surmontant un croiss., le tout d'or.

Avenenti — *Bologne.* D'arg. à un senestrochère, paré de gu., mouv. du flanc, la main de carn. tenant quatre boules d'or, tigées du même, au-dessus d'une mer au nat. en p.

Aventi — *Bologne.* D'arg. à un soleil rayonnant d'or, mouv. du canton sen. du chef, entouré de nuages au nat., et une mer au nat. en p.

Aventi (Comtes) — *Ferrare.* D'azur au chev. de gu., acc. en chef de deux roses au nat. et en p. d'une tête d'aigle cont. d'or.

Avéres — *P. d'Overyssel.* D'arg. à trois sapins de sin., rangés en fasce, posés sur trois collines du même. **C.:** un vol, coupé alt. d'arg. et d'azur. **L.** d'arg. et d'azur.

Averton — *Maine.* De gu. à trois roses d'herm.

Avesa ou **dall' Avesa** — *Bologne.* Ec. de gu. et de sin.; au lion d'or, br. sur le tout.

Aveynes — *Dauphiné.* D'azur à six lis d'or; au chef de gu., ch. de trois molettes d'arg.

Aviolat — *P. de Vaud.* D'arg. à un rosier tigé et feuillé de sin., fleuri de trois pièces mal-ordonnées de gu., posé sur un tertre de trois coupeaux du sec.

Avogli — *Bologne.* D'azur à trois dents d'éléphant d'arg., mouv. du flanc dextre, l'une sur l'autre, la courbe en bas; au chef d'azur, soutenu d'une divise de gu. et ch. de trois fleurs-de-lis d'or, rangées entre les quatre pendants d'un lambel de gu.

Avogli (Comtes) — *Ferrare.* D'azur à trois dents d'éléphant d'arg., mouv. du flanc dextre.

Avogli-Trotti — *Ferrare.* Ec. de *Avogli* à Ferrare, et de *Trotti.*

Avrambaschits — *Serbie.* D'or au chev., acc. en chef d'une rose et en p. d'un croiss., le tout de gu. **C.:** un griffon iss. de gu., bq. d'or, les pattes de devant du même.

Axelos — *Athènes.* De gu. au griffon d'or.

Aycelin ou **Aycelyn-Listenois** — *Auv., Bourbonnais. Nivernais* (Sires de *Montaigut-sur-Billom,* plus tard Montaigut-Listenois, et de *Chasteldon.* Et. en 1427.) De sa. à trois têtes de lion arr. d'or, lamp. de gu.

Ayent — *P. de Vaud.* D'azur au lion coupé d'or sur gu., tenant un sabre d'or.

Aymard — *France* (Baron de l'Empire, 20 juillet 1808; conf. du titre de baron, 28 mars 1818.) Fuselé d'or et d'azur; à la bord. comp. de sa. et d'arg.

Aymerich (Marquis)—Ile de *Sardaigne.* Ec.: aux 1 et 4 éc. en saut.: *a.* et *d.* d'or à quatre pals de gu.; *b.* et *c.* d'arg. à l'aigle de sa.; aux 2 et 3 d'azur à une tour d'arg., ouv. et aj. de sa., acc. de trois bes. d'arg., rangés en chef.

Aymerich-Ripoll — *Cagliari* (Marquis de *Laconi,* vicomte de *Villamar,* vicomte de *Sanluri,* baron de *Ploaghe.*) Ec.: aux 1 et 4 éc. en saut., d'or à quatre pals de gu., et d'arg. à l'aigle de sa.; aux 2 et 3 d'azur à une tour d'arg., ouv. et aj. de sa., acc. de trois bes. d'arg., rangés en chef.

Aymery — *Dauphiné.* Parti: au 1 d'azur à la barre d'or, acc. de quatre étoiles d'arg., 3 en chef et 1 en p.; au 2 d'arg. à la barre d'azur, acc. de trois têtes de lion arr. de gu., 2 en chef et 1 en p.

Ayneux — *Soumagne* (*P. de Liége.*) D'arg. au lion de gu., tenant un marteau d'azur. **C.:** le lion, iss.

Azambuja — *Port.* D'or à quatre bandes de gu.

Azevedos — *Port.* Ec.: aux 1 et 4 d'or à l'aigle de sa.; aux 2 et 3 d'azur à cinq étoiles d'arg., 2, 1 et 2, à la bord. de gu. ch. de huit flanchis d'or.

Azmar (Edle von) — *Vienne* (An.. 18 sept. 1792.) D'azur à la bande d'arg., acc. en chef d'un lion d'or et en p. de trois croiss. d'or, côtoyant la bande. Deux cq., le 1er cour. **C.:** 1° d'or à la bande d'arg., alt. d'azur et d'arg.; l. d'arg. et d'azur; 2° un lion iss. d'or; l. d'or et d'azur.

Azzoguidi — *Bologne.* De gu. à la bande d'azur, bordée d'arg. et ch. de cinq los. aboutées d'or.

Azzolini — *Bologne.* Parti: au 1 d'azur semé de fleurs-de-lis d'or; au 2 coupé de gu. sur sin.

Azzoni — *Bologne.* Coupé d'or sur azur; l'or ch. d'une aigle ép. de sa., chaque tête cour. d'or.

Azzoporti — *Bologne.* Taillé d'or sur arg.; à l'aigle de sa., bq. d'or, m. de gu., br. sur le taillé.

B

Baak (van) — *Heusden.* D'or à une tour s'élevant d'une mer et sommée d'un falot allumé, le tout au nat. **C.:** le falot, entre un vol.

Baarn (van) — *P. d'Utrecht.* De gu. à trois roses d'arg., bout. d'or; au chef du sec. **C.:** une cuve de gu., cerclée d'or de deux pièces, remplie de pl. d'aut. d'arg.

Babazzi — *Bologne.* D'azur à une tour d'or aux créneaux entaillés, ouv. et aj. de sa., posée sur une terrasse de sin.; au chef du premier, ch. de trois fleurs-de-lis d'or, rangées entre les quatre pendants d'un lambel de gu.

Babouczek (Edle von) — *Aut.* (An., 22 mars 1881.) D'or au saut. d'az. de quatre boules du même. Cq. cour. **C.:** un senestrochère arm., posé sur le coude et tenant une épée, le tout au nat.

Bacares — *Esp.* (Marquis de *Bacares* et comte de *la Puebla del Maestre*). Tiercé en pairle renversé-ployé: à dextre d'arg. à deux cadenas de sa., l'un sur l'autre; à sen. d'or à trois fasces de gu.; et en p. d'or à deux loups cont. au nat., courant l'un sur l'autre. L'écu entouré d'une bord. comp. de sa. et d'arg., chaque compon de gu. ch. d'une tour sommée de trois tourelles d'or, ouv. et aj. d'azur (*Castille*) et chaque com-pon d'arg. ch. d'un lion de gu., cour. d'or (*Léon*). Manteau d'azur, doublé d'herm., sommé d'une couronne ducale.

Baccoglieri — *Bologne.* Bandé de sa. et d'or.

Baccoli — *Bologne.* D'arg. à une patte de lion de sa., en pal, les ongles en haut; à la bord. de sa., ch. de huit bes. d'or.

Baccolini — *Bologne.* D'arg. à un saule de sin., terrassé du même et penché vers dextre.

Bach de Hansberg — *Aut.* (Chevaliers, 5 fév. 1883.) Coupé, d'azur au lion naiss. d'or, tenant une épée d'arg., garnie d'or, sur azur à quatre barres ondées d'arg.; à la fasce de gu., br. sur le coupé. Cq. cour. **C.:** 1° un vol cont. d'azur, chaque aile ch. d'une fasce d'arg.; l. d'or et d'azur; 2° un vol à l'antique d'azur, ch. de quatre barres ondées d'arg.; l. d'arg. et d'azur.

Bachelier — *Maine.* De gu. au croiss. d'or; au chef d'arg., ch. d'un bonnet carré de sa.

Bachelin — *Neufchâtel.* D'arg. au chev. d'arg., acc. en chef de deux étoiles de sa. et en p. d'une fleur-de-lis du même.

Bachelli — *Bologne.* D'azur à la fasce de gu., acc. en chef de trois étoiles (5) rangées d'or et en p. d'un chev. d'or, acc. de trois étoiles (5) du même.

Bachen — *Guyenne.* D'or à un cerf de gu.

Bachiez — *Yverdon.* D'azur au chev. d'or, acc. de trois roses d'arg.

Bachmann — *Dan.* (An.. 16 juillet 1823.) Parti : au 1 d'azur à un sauvage de carn., tenant une massue abaissée et soutenu d'une fasce de gu.; au 2 d'arg à une fontaine en forme de tour, l'eau jaillissante d'une tête de bélier. **C.:** un chevreuil iss.

Bachoué de Barante — *Béarn.* D'or au chev. de gu., acc. en chef de deux colombes de sa. et en p. d'une rose tigée et feuillée du même.

Bacilieri — *Bologne.* Éc. de sa. et d'or.

Bacilouî — *Bologne.* D'azur à un senestrochère, paré de gu., mouv. du flanc, la main de carn. supp. un disque d'or : au chef du premier, ch. de trois fleurs-de-lis d'or, rangées entre les quatre pendants d'un lambel de gu.

Bacinelli — *Bologne.* D'arg. au lion d'or, supp. de sa patte dextre un disque de gu.

Backer (de) — *Delft.* D'arg. à deux têtes de lion de gu., en chef, et une rose du même en p.

Bacouel — *Ponthieu. Armes anc..* De gu. semé de croix recr. d'arg.; à deux bars adossés du même, br. sur le tout. — *Armes mod.:* D'or à trois ancolies d'azur.

Bacourt (Anciens sires de) — *Lorr.* (M. ét. au 15e siècle.) D'arg. au lion de gu., arm., lamp. et cour. d'or. **C.:** le lion de l'écu.

Bacquere (de) — *Holl.* Coupé de gu. sur arg.; le gu. ch. de sept épis effeuillés d'or, mouv. du coupé, posés en éventail.

Badaglia — *Bologne.* D'arg. à l'aigle de sa., bq. et m. d'or.

Badel de Moinsel — *Nyon.* D'azur à la bande d'or, ch. de trois étoiles du champ.

Badini — *Bologne.* D'arg. à deux bras, parés de gu., mouv. des flancs opposés, les mains de carn. tenant ensemble une croix pattée au pied fiché de gu.; au chef d'azur, ch. de trois fleurs-de-lis d'or, rangées entre les quatre pendants d'un lambel de gu.

Badolocchi — *Bologne.* D'azur à la bande de gu., acc. en chef d'un oeil humain au nat.

Badts-Cugnac — *Fl. fr.* D'azur au chev. d'or, acc. de trois trèfles du même.

Bady — *P. de Liége.* D'azur au lion d'or, arm. et lamp. de gu., tenant une clé à l'antique d'or, posée en pal. **S.:** deux lions d'or. arm. et lamp. de gu.

Bady d'Aimeries — *Hainaut.* D'azur au lion d'or, tenant une clé à l'antique du même, posée en pal.

Baers (de) d'Olislagers — *Flandre.* D'azur à trois perches (poissons) courbées d'arg., posées en pals, les deux du chef adossées, celle en p. courbée vers sen.

Baetemans — *Flandre orientale.* De sa. à trois los. d'arg., chacune ch. d'un croiss. de gu.

Baffa — *Bologne.* D'azur à un senestrochère, paré de gu., mouv. du flanc, la main de carn. tenant un cimeterre d'arg., garni d'or; le tout acc. de trois étoiles (5) d'or, rangées en chef.

Bagantoni — *Bologne.* Coupé d'azur sur gu., l'arg. ch. d'une croix latine de gu., accostée de deux lévriers affr. du même, ramp. contre la croix.

Baggi — *Bologne.* D'or à une hure de sanglier de sa., défendue d'arg.

Baggi (da) — *Bologne.* Parti: au 1 d'arg. à la moitié dextre d'une croix pattée de gu., mouv. du parti, le bras horizontal alésé; au 2 d'or à une tête et col de lion de sa., lamp. de gu.

Bagini — *Bologne.* D'azur à une licorne d'arg., couchée devant le fût d'un arbre de sin., fruité de gu.; le tout soutenu d'une terrasse de sin.; au chef d'azur, ch. de trois fleurs-de-lis d'or, rangées entre les quatre pendants d'un lambel de gu.

Baglion de la Dufferie — *Maine.* Les armes de *la Dufferie* qui sont de sa. au chev. d'or, acc. en p. d'un trèfle du même. **D.:** OMNE SOLUM FORTI PATRIA EST.

Baglioni — *Bologne.* D'arg. à une fleur-de-lis de gu.

***Baglioni** (Comtes) — *Perugia.* D'azur à la fasce d'or. **C.:** un dragon iss., les ailes levées, tenant une épée.

Bagnalasta — *Aut.* (Chevaliers, 31 mars 1883.) De gu. à un rameau de laurier feuillé de cinq pièces de sin., fruité au nat., posé dans un tertre de trois coupeaux de sin.; le champ chapé-ployé d'arg., à deux couleuvres ondoyantes en pals de sin. Deux cq. cour. **C.:** 1° un vol cont. d'arg., l'aile de devant ch. d'une couleuvre ondoyante en pal de sin.; 2° un lion iss. de gu., tenant de sa patte dextre un sabre d'arg., garni d'or, et de sa sen. un rameau de laurier fruité. **L.** d'arg. et de gu.

Bagnari — *Bologne.* D'azur à deux bâtons fleurdelisés d'or, passés en saut., acc. en chef d'une rose de gu.; au chef du premier, ch. de trois fleurs-de-lis d'or, rangées entre les quatre pendants d'un lambel de gu.

Bagnarola — *Bologne.* D'azur à une fontaine en forme de vase, jaillissant par deux tuyaux à dextre et à sen. et posée sur une terrasse submergée, le tout d'arg.; l'ouverture du vase rempli de trois lis de jardin d'arg., tigés et feuillés de sin.; au chef du premier, ch. de trois fleurs-de-lis d'or, rangées entre les quatre pendants d'un lambel de gu.

Bagnesi — *Bologne.* Fascé de gu. et d'arg.

Bagneux — *Bret.* D'azur au chev. en chef de deux trèfles et en p. d'un agneau pascal, le tout d'arg.; au chef du premier, ch. de trois étoiles d'arg.

Bagnoli — *Bologne.* Coupé, d'azur, sur arg. à une mer au nat. en p.; à la fasce d'or, br. sur le coupé; l'azur ch. de trois feuilles de tilleul de sin., réunies, de la fasce; au chef d'azur, ch. de trois fleurs-de-lis d'or, rangées entre les quatre pendants d'un lambel de gu.

Bagnoud — *P. de Vaud.* D'azur au chev. d'arg., acc. de trois étoiles (5) du même; au chef de gu., ch. de deux étoiles d'arg.

Baguenault — *France.* D'arg. à la fasce d'azur, ch. d'une perle de sin.

Baguenault — *France.* D'azur à une bague d'or châtonnée d'un rubis, acc. de trois têtes de guenon coupées d'arg.

Baich de Varadje, v. **Baits de Waradia.**

Baignaux de Beaufort — *Maine.* D'azur au chev. d'or, acc. de trois feuilles de groseiller d'arg.

Baigneux — *Maine.* D'azur à une cuvette d'arg.

Bail de Lignières — *Abbeville.* D'azur à trois bars d'arg., mis en fasces.

Baillet — *Anvers, Bruxelles* (Conf. du titre de comte, 10 juin 1846.) D'azur à une voile gonflée, attachée à une antenne posée en fasce, le tout d'or. **S.:** deux aigles reg. de sa., bq., languées et m. de gu.

Baillet — *Ile-de-Fr.* Éc.: aux 1 et 4 d'arg. à la fasce brét. et c.-brét. d'or; aux 2 et 3 de gu. à trois molettes d'arg.

Baillet — *Champ.* D'arg. à un loup-cervier au nat.; au chef d'azur, ch. de deux molettes d'or.

Baillet — *Bourg.* D'arg. à trois chardons de gu., tigés et feuillés de sin., rangés sur une terrasse du même.

Baillet — *Lang.* D'azur au chev. d'arg., acc. dé trois têtes de lion arr. du même, lamp. de sa.

Baillet de Neerlinter — *Brab.* Éc.: aux 1 et 4 de gu. à trois coquilles d'arg. (*Baillet*); au 2 losangé d'or et de gu. (*Craon*); au 3 d'or au lion de sa. (*Flandre*). **C.:** un coq iss. d'arg., crété et barbe de gu.

Baillet de Tortequesne — *Fl. fr.* D'arg. à trois branches feuillées de sin., courbées en forme de couronne.

Baillieu d'Avricourt — *Lyonnais.* De sin. au chev. d'or, acc. de trois fleurs. du même.

Baillod ou Baillods — *Neufchâtel.* De gu. à deux chev. entrelacés d'arg., l'un renv. et mouv. du chef. **C.:** un buste d'homme, hab. aux armes de l'écu.

Baillou — *Maine.* De gu. à trois hures de sanglier de sa., défendues d'arg. **S.:** deux lions, au nat.

Bailly — *Bourg.* D'azur à la fasce d'arg., acc. en chef de trois étoiles rangées d'or et en p. d'un croiss. du même.

Bains — *France.* D'herm. à un croiss. de gu.

Baisi — *Bologne.* D'arg. à une ligne en zigzag de gu., posée verticalement et accostée de six boules du même, rangées en deux pals.

Baisi — *Bologne.* D'azur à trois poissons nageants d'arg., l'un sur l'autre.

Baissy ou Bachy — *Hainaut.* De gu.; au chef d'or, ch. d'un lion naiss. de sa.

Baits de Waradia — *Serbie.* Parti d'or et d'azur; au pélican avec ses petits d'arg. et sa piété de gu., bq. du même, dans son aire au nat., br. sur le parti, le tout soutenu d'un monticule de trois coupeaux de sin., le pélican portant le vol ouv. et abaissé. Cq. cour. **C.:** une colombe d'arg., bq. et m. de gu., le vol étendu, tenant en son bec une croix latine d'or, en bande. **L.** d'or et d'azur.

Bakker — *Frise.* De gu. au pairle d'or, acc. de trois crampons du même [V. **Murray-Bakker.**]

Bal — *Zierikzee.* De chev. alésé, acc. de trois boules d'or, ch. vers le chef de trois grenades de sa., allumées de gu., et acc. de trois étoiles d'arg.: au 2 coupé: *a.* d'arg. à un senestrochère arm., tenant un sabre, le tout

Balachoff — *Russie.* Parti: au 1 de sa. au

de gu.; *b.* de gu. à une botte à revers d'arg., acc. de trois bes. du même.

Balay — *Bourg.* D'azur à un palmier d'or, sur une terrasse de sa.

Balay — *France.* De gu. à la bande d'arg.

Balay — *France.* D'azur à la fasce d'or, acc. de trois bes. d'arg.

Balboni — *Bologne.* D'azur à la fasce vivrée d'or; au chef du premier, ch. de trois fleurs-de-lis d'or, rangées entre les quatre pendants d'un lambel de gu.

Balche — *Etats-Unis.* Fascé d'or et d'azur de six pièces; à la bande engr. de gu., br. sur le tout et ch. de trois los. d'arg. **C.:** un bras arm., tenant trois lances brisées d'arg. **D.:** USUS A PUNCTUM.

Baldacchini-Gargano — *Naples.* Ec.: aux 1 et 4 d'azur à un arbre de sin., surm. de trois étoiles rangées d'or et accosté en p. de deux porcs-épics au nat. (*Baldacchini*); aux 2 et 3 d'arg. à trois bandes de gu., au chef d'or ch. de trois merlettes d'azur (*Gargano*).

Baldemar — *Strasbourg.* D'arg. à la fasce de gu., acc. en chef d'un lion naiss. du même, mouv. de la fasce. **C.:** le lion iss.

Baldi — *Bologne.* D'azur à une pomme de pin d'or, la queue en bas, attachée à un petit chicot du même, posé en barre; au chef du premier, ch. de trois fleurs-de-lis d'or, rangées entre les quatre pendants d'un lambel de gu.

Baldini — *Bologne.* D'azur au saut. de gu., acc. en chef d'une comète, à chaque flanc d'une fleur-de-lis, et en p. d'une étoile (5), le tout d'or; au chef du premier, ch. de trois fleurs-de-lis d'or, rangées entre les quatre pendants d'un lambel de gu.

Balduini — *Bologne.* D'azur à une colonne d'arg., le chapiteau et la base d'or, cour. du même, posée sur une terrasse de sin. et accostée de deux demi-vols affr. et abaissés d'arg.

Balduini — *Bologne.* Coupé d'arg. sur gu., à un arbre arr. au nat., fruité de gu., br. sur le coupé, et accosté de deux lions affr. de l'un en l'autre, ramp. contre le fût, soutenus des racines de l'arbre; au chef d'arg., ch. de trois aigles de sa.

Balduzzi — *Bologne.* D'or du chev. d'azur, acc. de trois boules de gu.; au chef d'azur, ch. de trois fleurs-de-lis d'or, rangées entre les quatre pendants d'un lambel de gu.

Balhan — *P. de Liége.* D'arg. à la barre d'azur, ch. en haut d'un soleil d'or et en bas d'un croiss. figuré cont. d'arg., posé dans le sens de la barre; celle-ci côtoyée de neuf bill. de gu., en chef 2 et 2, en p. 3 et 2; le tout acc. au canton dextre du chef d'un cor-de-chasse de gu. et d'un lévrier courant de sa., accostés.

Balin — *Franche-Comté.* D'azur à la fasce ondée d'arg.

Balique — *Valenciennes.* De gu. à un basilic d'or, cour. du même.

Balk — *Leeuwarden.* D'azur à la fasce d'arg., acc. en chef d'une étoile d'or et en p. de deux glands effeuillés d'arg., accostés, les queues en bas.

Balkaw — *Aut.* (Conc. d'arm., 15 juin 1661.) Ec.: au 1 d'azur à trois étoiles (6) d'arg. rangées en bande; aux 2 et 3 de gu. à deux pals d'azur; au 4 d'azur à trois roses de gu. 2 et 1. **Cq.** cour. **C.:** une étoile (8) d'arg. **L.:** à dextre d'or et d'azur, à sen. d'arg. et de gu.

Balkenende (van) — *Holl.* Coupé: au 1 de sa. à trois aigles d'or; au 2 de gu. à une fleur-de-lis d'arg.

Ballanche — *Neufchâtel.* D'azur au chev., sommé d'une croisette et acc. en p. d'un croiss., le tout d'arg.

Ballanche de Bellevaux — *Neufchâtel.* D'azur à la fasce d'arg., acc. en chef d'une molette (6) du même et en p. d'un croiss. d'or. — *Ou:* D'azur au chev. d'arg., acc. en chef d'une molette (6) d'or et en p. d'un croiss. d'arg.

Ballant — *Brab.* De gu. au chev., acc. en chef de deux molettes et en p. d'un croiss., le tout d'arg.

Ballarini — *Aut.* (Nob. d'*Aut.*, 22 juin 1765.) Coupé: au 1 d'or à l'aigle de sa.; au 2 d'azur au lion léopardé d'arg., posant sa patte dextre levée sur une piramide de trois boules d'or, posées à dextre, le tout soutenu d'une terrasse de sin. **Cq.** cour. **C.:** un lion iss. d'arg., tenant une épée. **L.:** à dextre d'or et de sa., à sen. d'arg. et de gu.

Ballasko (Edle von) — *Bohême* (An., 8 mars 1880.) Ec.: au 1 de gu. à deux épées d'arg., garnies d'or, passées en saut.; aux 2 et 3 coupé d'or sur sa.; au 4 de gu. au croiss. acc. de trois étoiles d'or. **Cq.** cour. **C.:** un senestrochère arm., tenant une épée, le tout au nat. **L.:** à dextre d'or et de gu., à sen. d'or et de sa.

Ballatini — *Bologne.* D'arg. à un tronc d'arbre au nat., poussant deux branches feuillées à dextre et à sen., et sur celle à sen. un oiseau de sa., la tête cont.,

ledit tronc terrassé de sin.; au chef d'azur, ch. de trois fleurs-de-lis d'or, rangées entre les quatre pendants d'un lambel de gu.

Ballay — *Maine.* D'or à la croix ancrée de gu.

Balle ou dalle Balle — *Bologne.* De gu. au chev. d'or, acc. de trois boules d'arg.; au chef d'azur, ch. de trois fleurs-de-lis d'or, rangées entre les quatre pendants d'un lambel de gu.

Ballen — *Abbeville.* De gu. au chev. d'or, acc. de trois trèfles du même.

Ballendonck — *Brab.* Parti: au 1 d'azur à une branche feuillée de sin., posée en pal; au 2 de gu. à la demi-aigle d'arg., mouv. du parti.

Ballens (de) — *P. de Vaud.* D'azur à trois molettes (6) mal-ordonnées d'arg., acc. en p. d'un croiss. du même. **C.:** une molette (6) d'arg.

Ballet — *Dauphiné.* D'azur à un lion de gu., adextré d'une plante de genlèvre du même; au chef d'azur, ch. de trois croiss. d'arg.

Ballet — *Vienne (Dauphiné).* De sin. à trois palmes d'or; au chef du même, ch. de trois roses de gu.

Ballet — *Vienne (Dauphiné).* D'azur à un palmier d'or sur une terrasse de sin.

Balliet — *Limb.* Ec.: aux 1 et 4 de gu. à trois coquilles d'arg.; au 2 losangé de gu. et d'or; au 3 d'or au lion de sa.

Ballif — *P. de Vaud.* D'arg. à la fasce de gu., acc. de deux étoiles (5) du champ, et acc. en chef d'une étoile (3) du sec. et en p. d'un trèfle de sin.

Ballotini — *Bologne.* D'azur à la fasce de gu., supp. une piramide de dix boules d'arg., 1, 2, 3 et 4; au chef du premier, ch. de trois fleurs-de-lis d'or, rangées entre les quatre pendants d'un lambel de gu.

Bally — *Säckingen (Bade).* Coupé: au 1 d'azur à une boule d'arg.; au 2 d'arg. à une emanche de trois pièces de gu., mouv. de la base de l'écu. **C.:** une boule d'arg., entre un vol, de gu. et d'azur.

Balme — *Nice.* De gu. à trois pals d'or; à la fasce de sa., br. sur le tout et ch. d'une palme d'or.

Balotta — *Bologne.* D'azur à un senestrochère, paré de gu., mouv. du flanc, tenant une discipline à trois lanières d'arg., terminées chacune en boule du même, les lanières à sen.; au chef du premier, ch. de trois fleurs-de-lis d'or, rangées entre les quatre pendants d'un lambel de gu.

Balour — *Maine.* D'azur à la fasce d'or, acc. de trois étoiles du même, rangées en chef.

Balsamo-Viperano — *Sicile.* Parti: au 1 coupé d'un parti d'or et de gu., sur azur plein; à un oiseau au nat., br. sur le parti d'or et gu. et soutenu de la ligne du coupé (*Balsamo*); au 2 d'azur à une vipère ondoyante en fasce au nat. (*Viperano*).

Balthasar (de) — *Lorr., Suisse.* Ec.: aux 1 et 4 d'arg. à deux couleuvres ondoyantes en pals de gu., passées en double saut. les têtes adossées; sur azur de gu., ch. d'un lion iss. d'or (*Balthasar*); aux 2 et 3 d'azur à trois triangles d'or, ch. chacun d'une merlette de sa. (*Gacheo*).

Balzani — *Bologne.* D'azur à deux membres de cerf au nat., coupés de gu., passés en saut., les ongles en bas; au chef du premier, ch. de trois fleurs-de-lis d'or, rangées entre les quatre pendants d'un lambel de gu.

Bambaglioli — *Bologne.* De gu. à trois bandes d'herm.; au chef d'azur, ch. de trois fleurs-de-lis d'or, rangées entre les quatre pendants d'un lambel de gu.

Banban — *Liége.* Ec.: aux 1 et 4 d'arg. à trois fusées de gu., appointées en bande; aux 2 et 3 d'arg. à une croisette de gu., entre un vol d'arg.

Banca-Giustiniani — *Gênes, Grèce.* Ec.: aux 1 et 4 d'azur à la bande echiq. d'arg. et de sa., de trois tires; aux 2 et 3 de gu. à une tour d'arg., et un chef d'or, ch. d'une aigle iss. de sa.

Bancel — *Dauphiné.* De gu. à trois flèches d'arg., posées en pal en en saut.; au chef d'azur, ch. de trois étoiles d'or.

Banchetti — *Bologne.* D'or à la bande de gu.; au chef d'azur, ch. de trois fleurs-de-lis d'or, rangées entre les quatre pendants d'un lambel de gu.

Bancken (van) — *Holl.* D'azur à la fasce d'arg., acc. de trois bancs d'or.

Bande (de) — *Luxemb.* Ec.: aux 1 et 4 d'arg. au lion de gu., cour. d'or; aux 2 et 3 d'arg. à une fleur-de-lis de sa. **C.:** un lion iss. de gu., cour. d'or.

Bandel — *Paris.* De gu. au chev. d'or, acc. en chef de deux étoiles d'arg. et en p. d'une croix de Lorraine du même.

Banderet — *P. de Vaud.* De gu. à la croix alésée d'arg.

Banderet — *Suisse*. D'arg. à une tente blanche posée à dextre, le toit conique de gu., senestrée d'un homme d'armes, arm. de toutes pièces, coiffé d'un morion, tenant de sa main dextre une bannière de gu., posée sur son épaule, et appuyant sa sen. sur un bouclier circulaire d'azur ch. d'une croix d'or; le tout soutenu d'une terrasse de sin.

Bandini — *Bologne*. D'azur à quatre chaînes d'arg., posées en saut., mouv. d'un annelet du même en abîme, les deux chaînons supérieurs enfilés d'un filet en fasce d'arg., posé en chef et surm. de trois roses rangées d'arg.

***Bandini-Giustiniani** (Princes) — *Rome*. D'arg. à trois bandes de gu.; au chef d'or, ch. d'une aigle ep. de sa.

Banga — *Leeuwarden*. Parti: au 1 d'or à la demi-aigle de sa., mouv. du parti; au 2 d'arg. à une arbalète au nat.; b. d'azur à un croiss. cont. d'arg.

Banga ou **Bangema de Sers** — *Frise*. Parti: au 1 d'or à la demi-aigle de sa., mouv. du parti; au 2 coupé: a. d'azur à deux glands effeuillés d'or, accostés, les queues en bas; b. d'arg. à trois trèfles de sin. **C.:** un gland effeuillé d'or, la queue en bas; entre deux pl. d'aut., d'azur et d'arg.

***Bangeman-Huygens-Löwendal** — *Dan.* (Comtes de *Löwendal*, 1 mai 1828.) Ec.: aux 1 et 4 de gu. au léopard lionné d'arg., tacheté de sa.; au 2 et 3 d'azur à un château d'arg., ouv. et aj. de sa., et une champagne d'or, ch. de trois coeurs de gu., 2 et 1. Trois cq. cour. **C.:** 1° une tour d'arg.; 2° le léopard du 1, iss.; 3° sept pl. d'aut., alt. d'azur et d'arg., sommées d'une touffe de plumes de héron d'arg.

Banghstee (van) — *Heusden*. Un terrain traversé d'une rivière se dirigeant de dextre à sen.; à dextre de ladite rivière un loup assis et cont. et à sen. un loup arrêté; dans le fond du terrain un louveteau arrêté.

Banier — *Frise*. D'or à une aigle de sa., tenant au bec un ruban de gu., à l'extrémité duquel est attaché une croix pattée du même, posée au canton dextre de la p.

Banne — *Franche-Comté*. Chevronné d'arg. et de gu., de six pièces.

Bannezou — *Maine*. De gu. à une bannière d'or.

Bans — *Bourges*. Ec.: aux 1 et 4 d'azur à cinq étoiles d'arg., 3 et 2; aux 2 et 3 de sin. à trois têtes de serpent d'arg., 2 et 1, et au chef d'or, ch. d'un lion léopardé de sa.

Bans — *Guyenne*. D'azur à une porte ouv. d'arg., acc. de trois étoiles d'or, 2 en chef et 1 en p., et un triangle vidé d'arg., posé en abîme dans l'ouverture de la porte.

Bants — *Franeker*. D'azur à deux glands effeuillés d'or, en chef, les queues en bas, et un trèfle du même en p.

Bañuelos (Comtes) — *Esp.*, *Paris*. D'azur à cinq fleurs-de-lis d'azur, 2, 1 et 2; à la bord. d'herm. **C.:** une fleur-de-lis d'or.

Banzi — *Bologne*. D'or à une croix treflée vidée de gu.

Bar de Roumégoux — *Rouergue*. D'arg. à deux fasces de gu.

***Bar de Vissac** (Comtes) — *Auv.*, *Berry*. *Armes anc.*. D'azur à un bar d'arg., en pal, accosté de six étoiles d'or, rangées en deux pals. — *Armes mod.*. Parti: au 1 de gu. à un croiss. cont. d'arg., acc. de huit étoiles d'or, rangées en orle rond; au 2 d'or au chev. d'azur, ch. de trois étoiles d'or. **S.:** deux bars al nat. *Cri:* BAR SUS BAR. **D.:** INTER SIDERA CRESCET [Une branche portait: De gu. semé d'étoiles d'or; à un croiss. tourné ou cont. d'arg., br. sur le tout. — Une autre branche: De gu. au chev. d'arg.; à la bord. d'or.]

Baracani — *Bologne*. D'azur à deux lévriers ramp. et affr. d'arg., coll. de gu., soutenus d'un mont de trois coupeaux de sin. et tenant chacun une palme du même, ces palmes passées dans une couronne à l'antique d'or en chef, surmontée d'une étoile (5) du même.

Baracca — *Bologne*. D'arg. au chev. de gu., surm. d'une étoile du même; au chef d'or, ch. d'une aigle de sa., bq. et m. d'or.

Baracini — *Bologne*. De gu. à la fasce d'or, acc. de trois fleurs-de-lis du même.

Baragazza — *Bologne*. D'arg. à trois croix pattées de gu.

Baragazza — *Bologne*. Coupé: au 1 d'arg. à une coupe d'or, de laquelle s'élève une croisette au pied fiché de gu.; au 2 échiq. de sa. et d'arg. de trois tires, chacune de six points. Au chef de l'écu d'azur, ch. de trois fleurs-de-lis d'or, rangées entre les quatre pendants d'un lambel de gu.

Baraguay d'Hilliers (Comtes) — *France*. D'arg. à la bande de gu., acc. en chef d'une merlette de sa.;

au chef d'azur, ch. de trois chausse-trapes d'arg. **S.:** deux lions reg. **D.:** FAIS CE QUE DOIS, ADVIENNE QUE POURRA.

Baraldi — *Bologne*. D'azur à la fasce d'or, acc. de trois fleurs-de-lis du même, la fasce ch. d'un mont de trois coupeaux de gu., mouv. du bord inférieur de la fasce.

Barataqui — *Agénais*. D'azur à un dextrochère d'or, tenant une épée d'arg., acc. en chef à dextre d'un croiss. du même et à sen. d'un soleil d'or.

Baratta — *Naples*. D'azur au lion d'or, tenant de chaque patte une fleur-de-lis du même. **C.:** un lion cour. d'or.

Barattieri — *Bologne*. D'azur à la fasce d'arg., acc. de trois dés du même, marqués de 4, 5 et 6 points; au chef d'arg., ch. d'un drapeau de gu. surch. d'une croix d'arg., le drapeau flottant vers sen. et attaché à une lance de tournoi d'or, posée en bande.

Barault-Roullon — *France*. Ec.: aux 1 et 4 de gu. à la croix chev. d'or; aux 2 et 3 d'azur à la croix dentelée d'arg.

Barbadori — *Bologne*. Echiq. de gu. et d'arg.

Barbara — *Sicile*. D'arg. à trois fasces d'azur, acc. de douze fleurs-de-lis du même.

Barbara de Labelloterie marquis **de Boissé-son** — *Lang*. De gu. au croiss. d'arg., embrassé de deux palmes de sin., liées; au chef d'azur, ch. d'un croiss. d'or entre deux étoiles du même.

Barbaro (Marquis) — Ile de *Malte*. Parti: au 1 d'arg. à un cyclamor ou orle rond de gu.; au 2 d'arg. à trois têtes d'ours de sa. **C.:** une tête d'ours de sa. **S.:** deux ours de sa., coll. et enchaînés d'or. **D.:** VI, SANGUINE ET ANIMO.

Barbat du Clozel — *Auv.* D'azur au chev., acc. en chef de deux étoiles et en p. d'une barbe, le tout d'arg.

Barbazat — *Lang*. D'arg. aux lettres P en B d'azur, surmontées d'un coeur de gu. et accostées de deux branches de laurier de sin., les pieds passés en saut.

Barbazzi — *Bologne*. Tranché de gu. sur sin.; à la bande d'or, br. sur le tranché.

Barbauègre d'Estibayre — *Béarn*. Ec.: aux 1 et 4 d'arg. à quatre pals de sa.; aux 2 et 3 de sin. plein.

***Barberie (de la)** — *Norm*. (An., 1611; marquis de *Reffuveille*. M. ét. le 14 avril 1794.) D'azur au lion d'or, tenant une épée d'arg. en pal; au chef d'arg., ch. de trois croiss. de sa. — *Ou:* Ec.: aux 1 et 4 d'arg. à trois croiss. de sa. (*Mercatel*); aux 2 et 3 de gu. à trois coquilles d'or, 2 et 1, surm. d'un dauphin d'arg. (*Poisson du Mesnil*). Sur le tout les armes de famille. **C.:** une licorne iss. **S.:** deux licornes.

Barberin-Barberini — *Aix*. D'azur à trois abeilles d'or.

Barberini-Colonna princes de **Palestrina** — *Rome*. Les armes de *Barberini* sur le tout à trois abeilles d'or.

Barbery (Marquis) — *Toulouse*. D'azur à la barre d'arg.; au chef du même, ch. d'une rose de gu.

Barbes — *Maine*. De gu. à la fasce d'or, acc. de trois croisettes d'arg.

Barbet — *Aix*. De gu. au chev. d'azur, acc. en chef de deux étoiles du même et en p. d'un chien pass. d'arg.

Barbeu-Dubourg — le *Mans*. D'azur à trois coqs d'arg., séparés par une pointe d'or posée entre les deux coqs du chef affr.

Barbey des Granges — le *Mans*. D'azur à un chien barbet pass. d'arg., accosté de deux granges d'or, les portes de sa.; au chef d'or, ch. de trois étoiles d'arg.

Barbier — *Neufchâtel*. De gu. à la fasce d'or, ch. de trois croisettes du même.

Barbier — *Vevey*. D'azur à une verge d'arg., en pal, bq. et feuillée du même, en pal, bq. et feuillée du même, croisé de deux traverses. **C.:** une fleur-de-lis d'arg. entre un vol de gu.

Barbier de Préville — *Ile-de-Fr.* D'azur au chev. d'or, acc. en chef de deux étoiles d'arg. et en p. d'un lièvre d'or, courant sur une terrasse d'arg. *ou* de sin.

Barbieri — *Bologne*. D'or à un dragon aîlé naiss. de gu., mouv. du coupeau supérieur d'un mont de six coupeaux d'arg., iss. de sa.; au chef d'azur, ch. de trois fleurs-de-lis d'or, rangées entre les quatre pendants d'un lambel de gu.

Barbieri — *Bologne*. D'arg. à un renard ramp. de gu., au chef d'azur, br. sur le tout et ch. de trois étoiles (5) d'or; au chef d'azur, ch. de trois fleurs-de-lis d'or, rangées entre les quatre pendants d'un lambel de gu.

Barbin — *Maine*. De gu. à une tête avec une longue barbe d'arg.

Barbot — *Ile-de-Fr.* D'azur au croiss. d'arg., acc. de trois gerbes d'or.

Barbou — *Paris*. D'arg. au chev. d'azur, acc. en

chef à dextre d'un croiss. du même, à sen. d'une étoile de gu., et en p. d'une gerbe du même.

Barbou — *Orléanais.* D'azur au chev., acc. en chef de deux étoiles et en p. d'une gerbe, le tout d'or.

Barbou — *Limousin.* D'azur à une main dextre de carn., parée d'arg., mouv. d'une nuée du même au flanc sen., tenant une palme d'or et un épi du même, passés en saut.

Barbou — *Guyenne.* D'azur à la bande d'arg., acc. de six étoiles d'or, rangées en orle.

Bärbrück — *Franconie.* De gu. à un pont de deux arches d'or, soutenant un ours pass. de sa.

Barbu du Bourg — *Maine.* De gu. à la croix ancrée d'arg.

Barbu (le) de Couperie — *Maine.* De sa. à trois poissons d'or, poses en fasce.

*Bard** — *Auv.* D'azur à une molette d'or, percée de sa.; au chef du sec., ch. d'un lambel de sa., le bord inférieur du chef engrêlé de gu.

Bardeau — *Champ.* De gu. au chev., acc. en chef de deux étoiles et en p. d'un épi et d'un bacinet fleuri, le tout d'or.

Bardeau — *Champ.* D'or à un mulet de sa.; au chef de sin., ch. de deux fers-à-cheval d'arg.

Bardeau — *Maconnais.* D'arg. à un mulet d'azur.

Bardet de Burg — *Auv.* D'azur au chev., sommé d'un lion et acc. de trois étoiles, le tout d'or.

Bardi — *Bologne.* D'or à la barre de gu.

Bardi — *Florence.* D'or à cinq los. de gu., accolées en bande, et acc. au canton sen. du chef d'un château de trois tours de sa.

Bardin de Broyes — *Champ., Norm.* D'azur au chev. d'or, acc. en chef de deux roses d'arg. et en p. d'un lion du sec.

Baressois — *Franche-Comté.* D'azur à trois besans rangés dans une jumelle surmontée d'un soleil, le tout d'or.

Bargelini — *Bologne.* Parti d'or et de gu., au lion de l'un en l'autre; au chef d'azur, br. sur le parti et ch. de trois fleurs-de-lis d'or, rangées entre les quatre pendants d'un lambel de gu.

Barillier — *Neufchâtel.* D'azur à un compas de proportion d'or. — *Ou*, les mêmes armes, le compas acc. de trois étoiles (5) d'or.

Baring baron **Revelstoke** — *Devonshire* (Baron R., 1885.) D'azur à la fasce d'or, acc. en chef d'une tête et col d'ours au nat., emmuselée et bouclée d'or. **C.:** une étoile d'or semée de mouch. d'herm. de sa.; entre un ours au nat., emmuselé d'or, chaque support ch. sur son épaule d'une étoile d'or semée de mouch. d'herm. de sa. **D.:** PROBITATE ET LABORE.

Barisey — *Franche-Comté.* De gu.; au chef d'or, ch. de deux têtes de sa.

Barjac — *Dauphiné.* D'or à trois chev. de gu.

Barkey — *Holl.* D'or à chev. de gu., acc. de trois pattes d'ours d'arg. **C.:** une patte d'ours d'arg., entre deux pl. d'aut.

Barmond — *Prov.* D'or à la barre d'azur, ch. d'un mont d'arg.

Barnabe — *Alsace, Vienne.* Une bande, ch. d'une licorne courante. **C.:** une licorne courante, entre deux prob. ch. chacune d'une fasce.

Barnabò — *Ombrie.* D'azur à trois fasces d'or.

Barnaud — *P. de Vaud.* De gu. à la barre d'arg., ch. d'une fleur-de-lis du champ, posée dans le sens de la barre, et acc. de deux poissons du sec., posés en pals.

Barnouille — *Amsterdam.* D'arg. à trois branches feuillées de sin., posées en pairle.

Barny de Romanet — *Limousin.* D'azur au chev. d'arg., acc. en chef de deux roses d'or et en p. d'un lion du même.

Barolet — *France.* D'azur au chev. d'arg., acc. en p. d'un barillet du même; à l'aigle ép. de gu., br. sur le tout.

Baron — *Tour.* D'azur à un arbre arr. d'or.

Baron — *Dauphiné.* De gu. à une ancre d'or, accolée d'un serpent de sin., sommée d'une colombe d'arg. et accostée de deux croiss. d'arg.; au chef d'azur, ch. de trois étoiles d'or.

Baron de Béthuey — *P. de Vaud.* Coupé: au 1 d'arg. au lion léopardé de gu., surm. d'une étoile (5) du même; au 2 fascé d'azur et d'arg., de six pièces.

Baroncelli — *Bologne.* D'arg. à trois bandes de gu.; au chef d'azur, ch. de trois fleurs-de-lis d'or, rangées entre les quatre pendants d'un lambel de gu.

Baroni — *Bologne.* D'azur au lion d'or, tenant entre ses pattes une boule de gu.; au chef du premier, ch. de trois fleurs-de-lis d'or, rangées entre les quatre pendants d'un lambel de gu.

D'or à trois bannières d'azur; au chef de gu., ch. d'un lion léopardé d'arg. **D.:** VERTU À L'HONNEUR GUIDE.

Barop — *Westphalie.* D'arg. à la bande de gu., ch. d'un ours au nat., pass. dans le sens de la bande.

Barou de la Lombardière de Canson — *Vivarais.* Ec.: aux 1 et 4 d'arg. à trois molettes de gu.; aux 2 et 3 d'arg. à une quintefeuille de gu. **S.:** deux lévriers.

Barozzi — *Grèce.* D'azur au lion de gu.; à la bande d'arg., br. sur le tout.

Barquin — *Prov.* D'azur à la bande d'or, acc. de six bes. du même, rangés en orle.

Barr — *Strasbourg.* De gu. à une fleur-de-lis d'or. **C.:** la fleur-de-lis.

Barrangue — *Ile-de-Fr.* D'azur au chev. d'arg., acc. de trois cogs du même.

Barras — *P. de Liége.* De gu. à la fasce d'or, acc. d'une étoile du même, posée au canton dextre du chef. **C.:** une étoile d'or.

Barras — *Arles.* D'or à un laurier de sin.; au chef d'azur, ch. de trois étoiles du champ.

Barras — *Fribourg.* Coupé: au 1 fascé d'azur et d'arg. de quatre pièces, et un lion naiss. d'azur au coupé, tenant de ses pattes une banderole de sin., flottante à sen., br. sur le fascé; au 2 d'or à deux étoiles d'azur, rangées en fasce.

Barrat — *Maine.* De sa. à trois mains d'or.

Barrat-Montraversier — *Maine.* D'arg. à un fer-de-moulin de sa.

Barré de Lépinière — *Berry.* De gu. à trois bandes d'or.

Barré de St.-Venant — *Orléanais.* D'azur au chev. d'arg., acc. en chef de deux mouch. d'herm. et en p. d'un soleil d'or. **S.:** deux lévriers, au nat.

Barre (de la) — *Hainaut.* D'azur à la fasce, acc. en chef de deux étoiles et en p. d'une frette, le tout d'or.

Barre (de la) — *Maine.* De gu. au chev. d'or, acc. de trois étoiles d'arg.; au chef du sec.

Barre-Conflans (de la) — *Maine.* D'azur au lion d'arg.

Barre-Gueritaude (de la) — *Poitou.* Les armes de de la Barre-Trefflère.

Barre-Hautepierre (de la) — *Anjou.* Ec.: aux 1 et 4 d'or à trois fusées d'azur, rangées en fasce; aux 2 et 3 fascé d'or et d'azur.

Barre (de la) du Plessis — *Maine.* D'azur à trois étoiles d'or.

Barreda marquis de **Casa-Mena** — *Esp.* Ec.: au 1 de gu. à une forteresse d'arg., sommée de trois tours; au 2 d'or à deux loups pass. de gu., l'un sur l'autre; au 3 d'arg. à trois fasces ondées d'azur, acc. en chef de trois tourt. de gu.; au 4 d'arg. à deux arbres de sin., sur une terrasse du même.

Barrelet — *Neufchâtel.* D'azur à deux compas d'or, ouverts en chevron, accostés en chef, et une croix latine renv. du même en p.

Barrellier — *Dauphiné.* De sa. au saut. d'arg., ch. de cinq roses de gu., tigées et feuillées de sin.

Barres — *Ile-de-Fr.* D'or au chev. de gu., acc. en chef de deux roses du même, tigées de sin., et en p. d'une ancre de sa.; au chef d'azur, ch. de trois étoiles d'arg.

Barres (de) — *Vivarais.* D'arg. à trois barres, acc. en chef à dextre d'un croiss. et côtoyées en p. de trois étoiles, le tout de gu.

Barres (des) — *Dijon, Bourg., Franche-Comté* (Marquis de *Mirebeau*, comtes et marquis *des Barres*. M. ét.) D'azur à la fasce d'or, ch. d'une étoile de gu., et acc. de trois croiss. d'arg. Brl. d'or et d'azur. **C.:** un vol d'azur. **L.** d'or et d'azur. **T.:** deux sauvages de carn., ceints et cour. de lierre, arm. de massues.

Barres (des) — *Neufchâtel.* Ec.: aux 1 et 4 d'arg. à une tête et col d'aigle de sa., bq. d'or, languée de gu.; aux 2 et 3 de gu. à trois bandes d'arg. **C.:** la tête et col d'aigle du 1.

Barresi — *Syracuse.* D'or à douze merlettes de gu., 4, 4, 4.

Barret (Comtes) — *Norm.* D'azur à trois fasces d'arg.; au chef d'or, ch. de trois têtes de lion arr. de gu.

Barrez (Comtes) — *Montpellier, Montauban.* D'azur à la bande fuselée d'arg. et de gu.

Barry — *France.* Ec.: aux 1 et 4 d'arg. à trois pals de gu.; aux 2 et 3 d'arg. au loup ramp. de sa.

Barry — *Aut.* (Chevaliers, 9 avril 1878.) Ec.: aux 1 et 4 d'azur à une mer agitée au nat., p. surm. d'une ancre d'arg. avec sa gumène d'or; aux 2 et 3 d'or à une tête et col de cheval de sa., celle du 3 cont. Deux cq. cour. **C.:** 1° un bras, arm. au nat., tenant une ancre en bande; l. d'arg. et d'azur; 2° un cheval iss. de sa.; l. d'or et de sa. **D.**: EISERNE WEHR BEWAHRT DAS MEER.

Barry — *Aut.* (Chevaliers, 5 mars 1883.) Coupé: au 1 d'azur à un vaisseau à trois mâts, vôguant sur une mer, le tout au nat., ledit vaisseau portant un pavillon coupé de sa. sur or, et une banderole de gu.; au 2 d'or à une ancre, br. sur un aviron et une fourche à cinq dents, passés en saut., le tout au nat. Deux cq. cour. **C.**: 1° une tête et col de griffon cont. d'or; 2° une tête et col de griffon d'or. **L.** d'or et d'azur.

Bars (de) — *Holl.* De sa. à la fasce d'arg., acc. de quatorze étoiles (5) d'or, en chef 4 et 3, et en p. 4 et 3.

Bartelot — *France.* De gu. à la croix ancrée d'arg

Barth Edle **von Wehrenalp** — *Aut.* (An., 20 juin 1882.) Coupé; au 1 parti: a. de sa. à un livre ouvert, relié d'or, rougé sur tranche: b. d'azur à une fleur dite *Edelweiss* d'arg.; au 2 de gu. à la croix d'arg. A la fasce d'or, br. sur le coupé. Cq. cour. **C.**: une aigle de sa., chaque aile ch. d'un demi-cercle treflé d'arg., qui s'étend sur l'estomac de l'aigle. **L.**: à dextre d'or et de sa., à sen. d'or et de gu.

Bartholdi — *Paris* (Barons, 30 juin 1830.) Ec.: au 1 d'azur à une epée d'arg., dans une corde du même; au 2 d'arg. à la bande de gu.; au 3 d'arg. plein; au 4 d'azur à deux larmes d'arg. en chef une molette du même en p.

Bartoli — *Bologne.* Ec.: au 1 d'azur à la moitié supérieure d'une étoile de six rais d'or; au 2 d'or à la moitié superieure d'une étoile de six rais d'or; au 3 d'or à deux piles d'azur, mouv. du chef, acc. en p. d'une étoile (5) d'azur; au 4 d'azur à deux piles d'or, mouv. du chef, acc. en p. d'une étoile (5) d'or.

Bartram — *Etats-Unis.* De gu. à un écusson d'or en abime, ch. d'un maillet de sa. et acc. de huit croix pattées d'arg., rangees en orle. Cq. timbré d'une couronne à l'antique d'or. **C.**: une tête et col de bélier d'arg. **D.**: FOY EN DIEU.

Bartuska de Bartavár — *Transylvanie* (An., 13 fév. 1878.) D'azur à un chevalier iss., arm. de toutes pièces au nat., la visière levee, le casque panaché de trois pl. d'aut., une d'arg. entre deux de gu., brandissant de sa main dextre une épée, la sen. appuyée sur sa hanche; ledit chevalier mouv. d'un mur crén. d'arg., occupant la moitié inférieure de l'écu. **C.**: le chevalier iss. **L.** d'arg. et d'azur.

Bartuszka — *Vienne* (An., 27 mars 1724.) Parti: au 1 d'or à la demi-aigle de sa., mouv. du parti; au 2 d'azur au lion d'arg. Au chef de l'écu d'arg., br. sur le parti et ch. d'une fasce d'azur, surch. d'une étoile d'or. Cq. cour. **C.**: un lion iss. d'arg., entre un vol à l'antique, l'aile de derrière coupée d'or sur sa., l'aile de devant coupée d'azur sur arg. **L.** conformes aux émaux du vol. — (Chevaliers du St.-Empire, 27 fév. 1730.) Ec.: aux 1 et 4 d'or à l'aigle de sa., celle du 1 cont.; aux 2 et 3 de gu. au lion d'arg., celui du 3 cont. Au chef de l'écu d'arg., br. sur l'écartelé ch. d'une fasce d'azur surch. d'une étoile d'or. Deux cq. cour. **C.**: 1° l'aigle du 1; l. d'or et de sa.; 2° le lion du 2, iss., entre deux prob. coupées, à dextre d'arg. sur azur, à sen. de gu. sur arg.; **l.** d'arg. et de gu.

Barufaldi — *Rologne.* D'azur à la fasce d'or, acc. en chef d'une étoile du même et en p. d'une flamme de gu.; au chef du premier, acc. de trois fleurs-de-lis d'or, rangées entre les quatre pendants d'un lambel de gu.

*Basballe — *Dan.* (An., 20 mai 1757.) D'azur à la fasce d'or, acc. de trois colombes d'arg. Cq. cour. **C.**: une colombe iss. d'arg., dans l'attitude de l'aigle héraldique; entre deux prob., coupées alt. d'azur et d'arg. **L.**: à dextre d'arg. et d'azur, à sen. d'or et d'azur. **S.**: deux lévriers d'arg. colletés, coll. d'or.

Basciacomari — *Bologne.* Echiq. d'azur et d'or; au chef d'azur, ch. de trois fleurs-de-lis d'or, rangées entre les quatre pendants d'un lambel de gu.

Basenghi — *Bologne.* De gu. au lion d'or.

Basmaison — *Auv.* D'azur au pal d'or, ch. d'un lion de gu. et accosté de six bes. d'or.

Basmout — *Dauphiné.* D'azur à deux couleuvres ondoyantes en pals d'or, passées en triple saut., les têtes adossées; au chef de gu., ch. d'une colombe d'arg.

Bass — *Staffordshire.* De gu. au chev. coticé d'arg., ch. d'une tête de lion naiss. du champ et acc. de trois bes. du nat., chacun d'une fleur-de-lis d'azur. **C.**: un lion iss. de gu., l'épaule ch. de trois annelets d'arg., 2 et 1, la patte dextre appuyée sur un bes. d'arg., ch. d'une fleur-de-lis d'azur. **D.**: BASIS VIRTUTUM CONSTANTIA.

Bassaraba — *Grèce.* D'arg. au lion de sa., lamp. et cour. de gu., à dextr é d'un croiss. d'or et senestré d'une étoile du même.

Basseller — *P. de Liège.* D'arg. à un gland d'or à la coque de sin., tigé et feuillé de deux pièces du même, la tige en bas.

Bassenge — *P. de Namur.* D'azur à deux chev. d'or, acc. de trois croiss. du même, 2 en chef et 1 en p.

Basset — *Dauphiné.* D'azur à la fasce d'arg., ch. de trois roses de gu., bout. d'or, et acc. en chef d'une pomme de pin d'or, feuillée du même, la tige en haut.

Bassi — *Bologne.* D'azur à une licorne ramp. d'arg.; au chef d'or, ch. d'une aigle de sa., cour. d'or.

Bastard (de) de St.-Denis — *France.* Parti: au 1 d'or à la demi-aigle de sa., bq. et m. du champ, diadémée de gu., mouv. du parti; au 2 d'azur à une demi-fleur-de-lis d'or, mouv. du parti. Et un écusson d'herm., posé au point du chef, br. sur le parti.

Bastie de Bez — *Lang.* D'azur à une tour d'or, accostée de deux roses du même.

Bastière (Comtes de la) — *la Rochelle.* De gu. à trois quintefeuilles d'arg.

Batenburg (van) — *Gueldre.* De gu. à un 4 d'or, soutenu de deux soutiens du même, posés en chev. **C.**: un vol d'or.

Bateson baron **Deramore** — *Irl.* (Baronet Bateson de Belvoir, 8 déc. 1818; baron D., nov. 1885.) D'arg. à trois ailes de chauve-souris de sa.; au chef de gu., ch. d'un lion léopardé d'or. **C.**: une aile de chauve-souris de sa. **S.**: deux lions d'or, coll. d'une jumelle de gu., à laquelle est suspendu un écusson, celui à dextre d'arg. ch. d'une aile de chauve-souris de sa., celui à sen. d'herm. ch. d'un corbeau au nat. **D.**: NOCTE VOLAMUS.

Battaglia — *Bologne.* D'or au lion de gu., tenant une épée du même; à la fasce d'arg., br. sur le tout et ch. de trois flanchis de sa.; au chef d'azur, ch. de trois fleurs-de-lis d'or, rangées entre les quatre pendants d'un lambel de gu.

Battaglini — *Bologne.* D'arg. à un B d'or. br. sur une épée du même, posée en bande; au chef d'azur, ch. de trois fleurs-de-lis d'or, rangées entre les quatre pendants d'un lambel de gu.

Battagliuzzi — *Bologne.* D'or à trois fasces de sin., chaque fasce ch. de deux burèles d'or; à l'écu bordé de sin.

Battilaria — *Bologne.* D'arg. à trois pals d'or, ch. chacune de cinq los. et deux demies couchées d'azur, s'entretouchant; au chef d'azur, ch. d'une croisette pattée de gu., entre deux fleurs-de-lis d'or.

Battuti — *Bologne.* D'arg. à la bande d'azur, côtoyée de deux disciplines de gu. à quatre lanières d'or au bout supérieur, chaque lanière terminée en boule à picotons d'or.

Baubela — *Aut.* (Chevaliers, 22 avril 1882.) Parti: au 1 de gu. au lion mariné d'or, coll. et enchainé du même, cont.; au 2 d'or à une touffe de roseaux feuillés au nat., mouv. d'une eau en p. Au chef de l'écu d'azur, br. sur le parti et ch. d'une croix ancrée d'or. **C.**: 1° une aigle iss. d'azur, bq. de gu.; l. d'or et de gu.; 2° un lion iss. d'or, entre un vol à l'antique, l'aile de derrière d'azur plein, l'aile de devant d'azur. ch. de deux bandes de gu.; l. d'arg. et d'azur.

Baud — *Orbe (P. de Vaud).* D'arg. à trois bandes de gu.; au chef d'azur, ch. de trois étoiles (5) d'or.

Bandenet d'Annoux (Comtes — *Bourg.* De gu. au chef d'azur, acc. en chef de deux croiss. d'arg. et en p. d'un lion léopardé du même. **S.**: deux lions, au nat.

Bandier de Croizier — *Champ.* De gu. au saut. d'arg.

Baudrenil — *Bourbonnais, Norm., Pic.* D'arg. à trois coeurs de gu.

Baudry — *P. de Faucigny.* D'azur à trois fleurs-de-lis d'or, rangées en pal, flanquées d'un arc de cercle d'arg.

Bauduin — *Liège.* D'arg. à trois aniiles de sa., n'ayant chacune qu'une seule traverse; au chef d'azur, ch. d'un coeur d'or entre deux étoiles du même. **C.**: un coeur d'or. **L.** d'or et d'azur.

Baudus — *Orléanais.* D'azur à une Foi d'arg., tenant deux épis entrelacés avec un rameau de laurier d'or.

Bauer — *Moravie* (Chevaliers, 29 déc. 1870.) D'azur à la bande d'arg., ch. d'une étoile du champ et de deux abeilles au nat.; la bande en chef d'un soleil figuré d'or et d'un rayon de moulin d'arg. Deux cq. cour. **C.**: 1° un vol cont., l'aile de derrière d'azur, ch. d'une abeille volante au nat., en pal; 2° trois épis d'or, entre deux prob. coupées alt. d'azur et d'arg. **L.** d'arg. et d'azur. **D.**: LABORE AD HONOREM.

Bauer — *Moravie* (Chevaliers, 13 août 1873.) Parti d'azur et d'or; à l'aigle ép. d'or sur l'azur et de sa. sur l'or; à la fasce d'azur, br. sur le tout et ch. d'une rose de gu., bout. d'or et barbée de sin., entre deux faucilles affr. d'arg., emm. d'or. Deux cq. cour. **C.: 1°** une ancre d'or, entre deux prob. coupées d'or sur azur; **l.** d'or et d'azur   2° un vol à l'antique, l'aile de derrière d'or plein, l'aile de devant de sa. ch. d'une faucille d'or; **l.** d'or et de sa. **D.:** ORIGINIS MEMOR.

Bauer — *Vienne* (Chevaliers, 24 juillet 1881.) Coupé: au 1 d'azur à l'aigle d'or; au 2 de gu. à la fasce ondée d'arg. Deux cq. cour. **C.: 1°** une aigle iss. d'or; **l.** d'or et d'azur;   2° un dieu marin de nat. barbu, ceint et couronné de roseaux, assis sur la couronne du casque et tenant de sa main dextre un trident, la sen. appuyée sur sa hanche. **L.** d'arg. et de gu.

Bauer de Bauernthal — *Aut.* (An., 17 mai 1870.) Parti: au 1 d'or à une croix latine de bois, posée sur un tertre de sin. et sommée d'un casque de tournoi au nat., panaché de trois pl. d'aut. de sa.; au 2 de gu. au lion d'or. Cq. cour. **C.:** un lion iss. d'or. **L.** d'or et de gu. **D.:** IM GLAUBEN RUHT DIE KRAFT.

Bauernfeind (Edle von) — *Vienne.* Coupé d'un trait, parti de deux autres, qui font six quartiers: aux 1 et 6 d'or à l'aigle ép. de sa.. chaque quartier du champ; aux 2 et 4 de ... au lion cour. de ..., tenant de ses pattes un faisceau des licteurs romains, le lion du 4 cont.; aux 3 et 5 d'arg. à la fasce d'azur, ch. de trois étoiles d'or. Trois cq. cour. **C.: 1°** le lion ramp. du 4;   2° un panache de trois pl. (d'azur?), ch. d'une étoile d'or;   3° l'aigle ép.

***Bauffremont** (Sires de) — *Lorr., Barrois, Franche-Comté, Bourg.* (Et. en 1416.) Vairé d'or et de gu. **Cri:** BAUFFREMONT AU PREMIER CHRESTIEN! BAUFFREMONT! BAUFFREMONT! *Adage:* LES BAUFFREMONT, LES BONS BARONS. **D.:** DIEU AYDE AU PREMIER CHRESTIEN.

Bauffremont — *Franche-Comté* (Princes du St.-Empire, 1757; ducs et pairs de France, 18 fév. 1818.) Vairé d'or et de gu. **C.:** un flacon en forme de boule aux armes de *Bauffremont*, entre deux cornes de buffle d'or et sommé d'un panache de pl. d'aut. d'arg., qui sortent de son col. **D.:** DIEU AYDE AU PREMIER CHRES-TIEN. *Légende* (en lettres d'arg, sur un listel de sa. bordé de violet:) PLUS DEUIL QUE JOYE. **T.:** deux anges, le buste, les bras et les jambes nus, habillés, celui à dextre d'une robe de couleur jaunâtre, celui à sen. d'une robe blanche, ornés chacun d'une écharpe de pourpre jetée sur le bras extérieur passant derrière le dos, et dont ils tiennent le bout de la main libre. *Manteau* de gu., frangé d'or, doublé d'herm., sommé de la couronne de prince du St.-Empire.

Bauffremont sires de **Buigneville** — *Barrois, Lorr., Franche-Comté* (Et. vers 1450.) Vairé d'or et de gu.; au lambel d'azur en chef.

Bauffremont comtes de **Charny** — *Bourg., Franche-Comté, Lorr., Barrois* (Comtes de *Charny*, 9 juillet 1446 et sept. 1461. Et. en 1472.) Ec.: aux 1 et 4 vairé d'or et de gu. (*Bauffremont*); aux 2 et 3 de gu. à trois quintefeuilles d'or (*Vergy*). Sur le tout de gu. à trois écussons d'arg. (*Charny*.) Brl. d'or et de gu. **C.:** un flacon en forme de boule aux armes de *Bauffremont*, posé entre deux cornes de buffle d'or et sommé d'un panache de pl. d'aut. de sa. qui sortent de son col. **L.** d'or et de gu. **D.:** DIEU AYDE AU PREMIER CHRES-TIEN. *Legende:* PLUS DEUIL QUE JOYE. **S.:** deux griffons.

Bauffremont marquis de **Listenois et d'Arc** — *Franche-Comté, Barrois, Bourg.* (Marquis, 1578.) Ec.: aux 1 et 4 vairé d'or et de gu. (*Bauffremont*); aux 2 et 3 de gu. à l'aigle d'or (*Vienne*); au 5 de gu. à trois têtes de léopard d'arg. (*Aycelin-Listenois.*) Brl. d'or et de gu. **C.:** une tête de lévrier d'arg., languée de gu., coll. du même, bordé, cloue et boucle d'or. **L.** d'or et de gu. **D.:** DIEU AYDE AU PREMIER CHRES-TIEN. *Légende* (en lettres d'arg. sur un listel de sa. bordé de violet:) PLUS DEUIL QUE JOYE. **S.:** deux lévriers d'arg., langués de gu., coll. du même, bordé, cloué et bouclé d'or.

Bauffremont marquis de **Meximieu** — *Franche-Comté, Bourg.* (Marquis de *Meximieu* et de *Listenois*, vicomtes de *Marigny*, 1638; marquis de *Mirebeau*, 1681; marquis de *Marnay* et vicomtes de *Salins*, 1712.) Ec.: au 1 vaire d'or et de gu. (*Bauffremont*); au 2 de gu. à l'aigle d'or, ch. sur son estomac d'un écusson de sa. à trois têtes de léopard d'arg. (*Vienne-Listenois*); au 3 d'azur à dix bes. d'arg. (*Villelume*); au 4 d'azur au chev. d'or (*Gorrevod*). Deux cq., le 1er couvert d'un bourlet d'or et de gu., le 2 timbré d'une couronne du-cale. **C.: 1°** un flacon en forme de boule aux armes

de *Bauffremont*, posé entre deux cornes de buffle d'or et sommé d'un panache de pl. d'aut. d'arg. qui sortent de son col (*Bauffremont*); **l.** d'or et de gu.;   2° une tête de licorne d'arg., accornée, crinée et barbée d'or (*Gorrevod*); **l.** d'or et d'azur. **D.:** DIEU AYDE AU PREMIER CHRESTIEN. **S.:** deux lions d'or au nat.

Bauffremont-Rorthey — *Lorr., Barrois* (Et. au 15e siècle.) Vairé d'or et de gu., brisé d'une bord. d'arg.

Bauffremont sires de **Ruppes** — *Barrois, Lorr., Franche-Comté* (Et. en 1468.) Vairé d'or et de gu.; à la cotice comp. d'arg. et d'azur, br. sur le tout. **C.:** un panache de pl. d'aut. d'arg. **D.:** DIEU AYDE AU PREMIER CHRESTIEN.

Bauffremont barons de **Scey** — *Franche-Comté, Bourg.* (Barons de *Scey-sur-Saône* et de *Sombernon*). Vairé d'or et de gu. **C.:** un flacon en forme de boule aux armes de *Bauffremont*, posé entre deux cornes de buffle d'or et sommé d'un panache de pl. d'aut. d'arg. qui sortent de son col. **D.:** DIEU AYDE AU PREMIER CHRESTIEN. **S.:** deux griffons.

Bauffremont marquis de **Sennecey** — *Franche-Comté, Bourg.* (Souverains de *Vauvillers*, comtes de *Cruzilles*, nov. 1581; marquis de *Sennecey*, juillet 1615; créés, pour une fille, ducs de *Randan* et pairs de France, mars 1661. Et. dans les mâles, en 1641.) Vairé d'or et de gu. Cq. cour. **C.:** une hure de sanglier au nat. **D.:** VIRTUTEM COMITATUR HONOS, IN HONORE SE-NESCE. **S.:** deux griffons d'arg.

Bauffres — *Pic., Norm.* D'azur à trois quarte-feuilles d'arg.

Baugé — *Maine.* D'arg. au saut. de gu., cant. de quatre molettes du même.

Bauldry (de) de Villaines — *Paris, Bourg.* (M. ét.) D'azur au chev. d'or. acc. de trois molettes (6) du même.

Baulmes (de) — *P. de Vaud.* D'arg. à l'aigle ép. d'azur, bq. et m. de gu. **C.:** une tête et col de cygne d'arg.

Baulnes (de) ou **de Balmes** — *Neufchâtel.* D'arg. à l'aigle d'azur, bq. et m. de gu.

Bault — *Maine.* D'azur à un croiss. d'arg., adex-tré d'une palme d'or et senestré d'une épée d'arg., gar-nie d'or.

Bault (le) — *Bourg.* D'azur à un mont d'or, supp. un phénix aux ailes éployées du même, regardant un soleil d'or posé en chef.

Baume (de la) — *Guyenne.* Ec.: aux 1 et 4 d'or au chef d'azur; à l'aigle de sa., br. sur le tout; aux 2 et 3 d'azur à un loup passant d'arg.

Baut — *Gand.* Ec.: aux 1 et 4 de gu. à deux flè-ches d'or, arm. d'arg., passées en saut., les pointes en bas; aux 2 et 3 d'arg. au chev. de sa., acc. de trois hures de sanglier du même. **C.:** les flèches, liées par une cordelière de gu. aux glands d'or.

Bäutner — *Vienne.* D'azur à un croiss. figuré tourné d'or. Cq. cour. **C.:** un vol à l'antique d'or, chaque aile ch. d'une bande d'azur surch. d'un croiss. figuré d'or, posé dans le sens de la bande.

Bauverd — *P. de Vaud.* Coupé: au 1 d'arg. au lion naiss. de gu., mouv. du coupé; au 2 d'azur à trois étoiles (5) d'arg., rangées en fasce.

Bave — *Lille.* D'or à une rose de gu., barbée de sin., bout. du même.

Bavera — *Marsala.* D'azur à un cheval pass., et un bras tenant une massue, mouv. du canton sen. du chef, étendue sur le cheval comme pour le frapper, le tout d'or.

Bavière (de) — *Aut.* (Conc. d'arm., 22 janv. 1575.) Coupé: au 1 parti d'or et de sa., au lion de l'un en l'autre, tenant de sa patte dextre un "bavier" (la partie inférieure d'un casque dit salade, servant à protéger le menton); au 2 bandé d'arg. et de gu., de huit pièces. **L.:** le lion, iss. **L.:** à dextre d'or et de sa., à sen. d'arg. et de gu.

Bavieri — *Bologne.* D'azur à trois étoiles (5) en chef, 1 et 2, et trois oiseaux d'arg., en p., 1 et 2.

Bavieri — *Bologne.* D'arg. à la bande de gu., acc. de deux coquilles du même et ch. d'un lion courant d'or.

Bavius — *Leeuwarden.* Parti: au 1 d'or à la de-mi-aigle de sa., mouv. du parti; au 2 coupé: *a.* d'a-zur à une étoile d'or; *b.* d'arg. à un trèfle de sin.

Bavosi — *Bologne.* D'azur (ou de gu.) à six étoi-es (5) d'or, rangées en orle rond.

Bawama de Collium — *Frise.* Parti: au 1 d'arg. à la fasce d'azur, ch. d'une étoile d'or; au 2 d'or à deux trèfles de gu., l'un sur l'autre. **C.:** trois pl. d'aut., une d'azur entre deux de gu.

Bax — *Heusden.* Un coeur enflammé, percé de deux flèches, passées en saut., les pointes en bas. **C.:** un lion iss.

Bax de Dongen — *Heusden.* D'or à trois gourdes de sa. **C.:** un lion iss.

Bayard de la Vingtrie — *Perche.* D'arg. à un chêne de sin., soutenu de deux rameaux de laurier du même, entrelacés par le bas.

Bayard des Catelais — *Pic.* D'azur à cinq coquilles d'or, 2, 1 et 2.

Bayer — *Vienne* (An., 2 juin 1883.) Parti: au 1 de gu. à une épée d'arg., garnie d'or; au 2 d'or à trois bandes de sa. **C.:** un senestrochère arm., tenant une épée, le tout au nat. **L.:** à dextre d'arg. et de gu., à sen. d'or et de sa.

Bayet — *Dauphiné.* Tiercé en bande: au 1 d'azur plein; au 2 d'or à une étoile d'azur et deux croisettes du même, rangées en bande; au 3 de sa. plein.

Bayle — *Montélimart.* D'azur au chev. d'or. acc. en chef de deux coquilles d'arg. et en p. d'un poisson d'or.

Bayle — *Montélimart.* D'azur à la fasce d'or, acc. en chef d'un lévrier naiss. d'arg., coll. d'or, mouv. de la fasce, et en p. de trois croiss. d'arg.

Bayr de Dürnbach — *Aut.* Ec.: aux 1 et 4 parti d'arg. et de gu., à deux demi-vols adossés de l'un à l'autre; aux 2 et 3 de sa. à deux fasces d'or. Cq. cour. **C.:** deux prob. coupées, à dextre d'arg. sur gu., à sen. d'or sur sa. **L.:** à dextre d'or et de sa., à sen. d'arg. et de gu. — (Chevaliers:) Mêmes armes. Deux cq. cour. **C.:** 1° un homme iss., hab. d'un parti d'arg. et de gu., ceint de l'un à l'autre, rebr. de l'un à l'autre, au rabat de l'un en l'autre, coiffé d'un bonnet albanais d'arg. retr. de gu.; posé entre un vol, de gu. et d'arg., qu'il touche de ses maine; l. d'arg. et de gu.; 2° deux prob., coupées alt. de sa. et d'or; l. d'or et de sa.

Bazignan — *Gasc.* D'azur à une tour d'arg., maçonnée de sa., supportée par deux lions affr. du sec.

Bazil de Framery — *Bret.* De sin. à un chevreuil d'arg., pass. sur une terrasse d'or, acc. en chef de deux graffeux du même.

Bazin de Duillier — *P. de Vaud.* De gu. au lion d'or.

Bazouges — *Bret.* D'azur à trois écussons d'arg.

Bazouges de Boismoreau — *Maine.* D'or à trois fasces de gu.

Bazzanelli — *Bologne.* D'azur au lion d'or, supp. de sa patte sen. une boule du même.

Bazzani — *Bologne.* D'azur à un mont de trois coupeaux, mouv. de la p., surm. d'une tulipe, tigée et feuillée de deux pièces, le tout d'or.

Bazzani — *Bologne.* De gu. à trois pavots d'or, mouv. d'une seule tige feuillée de sin., posée sur une terrasse isolée du même; au chef d'azur, ch. de trois fleurs-de-lis d'or, rangées entre les quatre pendants d'un lambel de gu.

Beati — *Bologne.* D'azur à un arbre terrassé de sin., supp. de sa cime un phénix d'arg. enveloppé de flammes de gu., fixant un soleil de gu., rayonnant d'or, mouv. du canton dextre du chef. Au chef du premier, ch. de trois fleurs-de-lis d'or, rangées entre les quatre pendants d'un lambel de gu.

Beauclair (de) — *Hesse,* orig. de *Champ.* Tranché, de sa. à trois étoiles d'or, rangées en demi-orle, sur or à un croiss. montant figuré d'arg., brochant sur le tranché; à la bande tranchée d'or sur arg., br. sur le tranché (*Ou:* Coupé: au 1 de sa. à deux étoiles accostées d'or; au 2 d'or à un croiss. non-figuré cont. d'arg.) **C.:** un croiss. montant figuré d'arg., supp. une étoile d'or; entre un vol de sa. **L.** d'or et de sa.

Beauclerc — *Tour., Bourg.* (Barons d'*Archères* et de *Rougemont,* marquis de *Mirebeau* et d'*Estiau.* M. ét.) De sa. à trois tours de sin., maçonnées et crénelées d'arg.

Beaufort *dit* **Furfoz** — *P. de Liége.* De gu. au léopard d'or.

Beaulard — *Norm.* D'azur à trois têtes de porc d'or.

Beaulieu (de) — *Norm.* D'azur au chev. d'or, acc. de trois grelots du même.

Beaumont-Péréfixe — *Angoumois.* D'azur au chev., acc. en chef de deux étoiles et en p. d'une rose, le tout d'or.

Beaumont-sur-Vingeanne (Sires de) — *Bourg.* (Comtes de *Dijon* et de *Beaumont,* seigneurs d'*Autrey;* ét., la première race au 11e siècle, la seconde race au 12e siècle.) D'arg. à trois tours de sin., maçonnées et crénelées d'arg.

Beaupin-Beauvallon — *Bourg.* D'arg. à un pin fruité au nat.

Beaupré, v. **Ram van Schalkwyck.**

Beaupré — *Norm.* De sa. au chef d'or, ch. d'un dard de gu.

Beaupré — *Guyenne.* D'azur à trois pals d'or, ch. chacun d'un trèfle de sin.

Beauprez — *Soumagne (P. de Liége.)* D'arg. à une navette de tisserand de gu., posée en pal.

Beaurain — *Abbeville.* De sin. fretté d'or.

Beausire — *P. de Vaud.* D'azur à une couleuvre ondoyante en pal d'arg., la tête à sen., acc. de trois étoiles (5) du même, rangées en chef, la queue du serpent accostée de deux roses de gu., tigées et feuillées d'arg.

Beauvais — *Pic.* Cinq points d'azur, équipollés à quatre d'arg.

Beauvarlet de Bomicourt — *Ponthieu.* De sa. au chev. d'or, acc. en chef de trois étoiles du même et en p. d'un croiss. d'arg. **C.:** un chien iss. de sa., coll. de gu. bordé d'or. **S.:** deux griffons d'or.

Beauvarlet de Drucat — *Ponthieu.* De sa. à la fasce d'arg., acc. en chef de trois étoiles d'or et en p. d'un croiss. du sec.

Beauvisage — *Ponthieu.* D'azur à trois bustes d'homme d'or.

Beccadelli — *Bologne.* D'azur à une main d'aigle d'or.

Beccane (de la) — *Maine.* D'arg. au chev. de sa., acc. de trois cornettes du même.

Beccari — *Bologne.* D'arg. à la bande de sa.

Beccari — *Bologne.* D'arg. à un rosier feuillé de sin., fleuri de trois roses de gu., et surm. de deux oiseaux volants et affr. de sa.; au chef d'azur, ch. de trois fleurs-de-lis d'or, rangées entre les quatre pendants d'un lambel de gu.

Beccari (Comtes) — *Ferrare.* Palé d'azur et d'or de huit pièces; au chev. de gu., br. sur le tout; au chef d'or, ch. d'une aigle de sa.

Beccarini — *Bologne.* D'azur à treize fleurs-de-lis d'or, 3, 4, 3, 2 et 1; au chef d'arg., ch. d'une aigle de sa.

Becchetti — *Bologne.* Coupé d'azur sur gu., à la fasce d'or, br. sur le coupé; l'azur ch. de trois oiseaux de sa., soutenus de la fasce.

Béchard des Sablons — *Norm.* D'or au chev. de gu.

Becherer — *Strasbourg.* De gu. à trois gobelets d'arg., cerclés d'or; à la bord. du même. **C.:** un vol, aux armes de l'écu. — (An., ...) De sa. à trois gobelets d'arg., cerclés d'or. **C.:** un vol aux armes de l'écu.

Bechet (de) — *P. de Liége.* Ec.: aux 1 et 4 d'arg. à deux têtes de bouc accostées de sa., coll. et bouclées d'or; aux 2 et 3 de gu. à deux lions léopardés d'arg., l'un sur l'autre. **C.:** une tête et col de bouc au nat., coll. et bouclé d'or.

Béchillon (Marquis de) — *Poitou, Aunis.* D'arg. à trois coins de sa., rangées en fasce.

Becker (de) — *Brab.* D'arg. à un coeur de gu., acc. de trois étoiles de sin. **D.:** IN ÆTHERE COR.

Becking — *la Haye.* D'or à un chicot en p., posé en fasce, poussant deux feuilles vers le chef, entre lesquelles s'élève une tige englantée de trois pièces mal-ordonnées, le tout de sin. **C.:** les meubles de l'écu.

Becquet — *Ponthieu.* D'arg. fretté d'azur.

Becquet de Sonnay — *Tour.* De gu. à trois chev. d'arg.

Becquin — *Abbeville.* D'azur à trois têtes d'aigle arr. d'or, tenant chacune un *ham* ou hameçon d'arg. dans leur bec.

Bedaulx — *Neufchâtel.* D'azur à la croix d'or, ch. en coeur d'un chev. de gu.; à un tertre de trois coupeaux d'arg. en p., br. sur la croix, les deux coupeaux extérieurs sommés chacun d'une tiercefeuille tigée d'or, accostant le pied de ladite croix.

Bedoja — *Bologne.* D'arg. à un senestrochère, paré de gu., mouv. du flanc sen., la main de carn. tenant trois feuilles de sin.; au chef d'azur, ch. de trois fleurs-de-lis d'or, rangées entre les quatre pendants d'un lambel de gu.

Beeck — *Bologne.* D'azur à un mont de trois coupeaux d'arg., mouv. de la p., sommé d'une fleur-de-lis d'or; au chef du premier, ch. de trois fleurs-de-lis d'or, rangées entre les quatre pendants d'un lambel de gu.

Beeck (van der — *P. de Thorn* (Limb.) D'arg. à la fasce ondée d'azur, acc. de trois poissons du nat. **C.:** un poisson au nat., posé en pal, la tête en haut. — *Ou:* D'azur à trois poissons nageants au nat., l'un sur l'autre.

Beeck-Vollenhoven (van) — *Amsterdam.* Ec.: aux 1 et 4 d'arg.; au chef de gu., ch. d'un lion léopardé d'or; aux 2 et 3 d'arg. au chev. de gu. et une bord. cannelée du même.

Beek — *Holl.,* orig. de *France.* Un tronc d'arbre, senestré d'un écureuil, le tout soutenu d'une terrasse.

Beek (van der) — *Amsterdam.* Ec.: aux 1 et 4

de gu. à une rose d'or: aux 2 et 3 d'azur à une étoile d'arg. A la croix d'arg, br. sur l'écartelé et ch. d'une rose d'or.

Beentsema — *Frise.* De sin. à trois fleurs-de-lis mal-ordonnées d'arg. C.: un oiseau de sa., tenant en son bec une coeur de gu., percé d'une épée d'arg., garnie d'or.

Bees (van) — *Delft.* D'arg. à trois merlettes de sa.

*Beets — *Alkmaar, Harlem, Utrecht.* Parti: au 1 de sa. à trois los. mal-ordonnées d'arg.; au 2 coupé: a. d'azur à deux bourdons de pélerin d'or, passés en saut., surm. d'une hure de sanglier d'arg.; b. de gu. à trois couronnes de feuillage d'arg. C.: un bras de carn., en pal, tenant une couronne de feuillage au nat. [Armes de *Nicolas B.*, célèbre auteur hollandais, né le 13 sept. 1814.]

Beets — *Hoorn.* Parti: au 1 d'arg. à trois feuilles de chêne de sin., rangées en fasce, acc. en chef d'une étoile d'or et en p. d'un croiss. de gu.; au 2 coupé: a. d'arg. à un dextrochère, paré au nat., mouv. du parti, le poing fermé, l'index supp. un faucon au nat.; b. de gu. à deux flûtes traversières au nat., passées en saut. C.: trois pl. d'aut. d'arg.

Beghein d'Aiguerue — *Hainaut.* De gu. au lion léopardé de ....; à la champagne d'arg., ch. de trois trèfles rangés de sa.; le champ ch. de deux franc-quartiers, dextre et sen.: celui à dextre d'azur à trois chandeliers d'église ou encensoirs de ....; celui à sen. coupé: a. d'azur à trois étoiles rangées de ....; b. de gu. au lion de ....

Begnins — *P. de Vaud.* Palé d'or et d'arg., de six pièces; au chev. de sa., br. sur le tout.

Bègue ou **Bégoz** — *P. de Vaud.* De sin. à une oie pass. d'arg.

Beham ou **Behem** — *Vienne.* De sa. à une sirène à deux queues, qu'elle tient de ses mains, posée de front, les cheveux épars, le tout au nat., cour. d'or. C.: la sirène.

Behault (de) — *Hainaut* (1450.) D'azur à trois fasces d'or; au fr.-q. de gu., ch. de cinq fleurs-de-lis d'arg., 2, 1 et 2; l'écu bordé d'une engrêlure d'or. C.: un cygne d'or, le vol levé. L. d'or et d'azur.

Behault (de) — *Hainaut* (1540.) Ec.: aux 1 et 4 d'arg. à trois abeilles d'arg. (*Behault*); aux 2 et 3 de gu. au lion d'arg. (*Ravenne*). C.: une abeille d'arg. L. d'arg. et de gu.

Behault (de) — *Hainaut* (1550.) D'azur à trois fasces d'or, acc. en chef d'un lion léopardé d'or, tenant une épée du même. C.: le lion de l'écu. L. d'or et d'azur.

Behault (de) — *Hainaut* (1570.) D'azur à trois chev. d'or, acc. en chef de deux glands du même. C.: un gland d'or. L. d'or et de sa.

Behault (de) — *Holl.* (1580.) D'azur à la bande de sa., ch. de trois étoiles (6) d'or. C.: une étoile (6) d'or. L. d'or et de sa.

Behault (de) — *Mons* (1595.) D'azur à la fasce d'or, acc. de trois têtes de lion du même, lamp. de gu. C.: une tête de lion de l'écu. L. d'or et d'azur.

Behault (de) — *Mons* (An., 1662.) Coupé: au 1 de gu. à trois grelots rangés d'or; au 2 d'azur au chev. d'or. A la fasce d'or, br. sur le coupé. C.: un grelot d'or. L. d'or, d'azur et de gu. D.: EXCITAT ET FULCIT.

*Behault (de) de Dornon — *Hainaut* (An.,1662, 1678 et 1726; rec. de nob., 19 juin 1827.) D'azur à deux fasces d'or, acc. en abime d'un lion léopardé du même, arm. et lamp. de gu., tenant de sa patte dextre une épée d'arg., garnie d'or. C.: le lion de l'écu, iss. L. d'or et d'azur [Pour *Behault*, à Gand, le casque est cour.; supports: deux lions léopardés d'or.]

Behem — *Vienne* (Conc. d'arm., 8 nov. 1592.) De sa. à un cerf arrêté d'or, sur un tertre de trois coupeaux du même, le coupeau du milieu sommé d'un lis d'arg., tigé de sin. C.: deux prob., coupées alt. d'or et de sa., ornées chacune dans son embouchure d'un lis d'arg.

Béhic — *Paris.* De gu. à trois gerbes d'or, soutenues chacune d'un croiss. d'arg.

Beine — *Liége.* Coupé d'or sur azur, l'or ch. d'un aigle ép. de gu. C.: l'aigle ép., iss.

Beinhelm — *Strasbourg.* Parti d'or et de sa.; à trois fleurs-de-lis, 2 et 1, de l'un à l'autre. C.: une fleur-de-lis partie de sa. et d'or, entre deux prob., d'or et de sa., ornées chacune dans son embouchure d'une plume de paon au nat.

Béjuy — *Dauphiné.* D'arg. à un pin de sin.; au chef de gu., ch. de trois étoiles d'or.

Bekes (van der) — *Gand.* D'azur à la fasce d'arg., ch. de trois canards d'azur, tenant entre leurs pattes une mouch. d'herm. de sa. C.: un canard de l'écu, entre un vol d'arg.

Bel (le) — *Abbeville.* D'azur au chev. d'or, ch. de

trois roses de gu. et acc. de trois molettes d'or. C.: un lévrier iss. S.: deux lévriers. D.: JE SERAI TOUJOURS LE BEL.

Belablère — *Maine.* D'azur au lion d'or.

Belaigne-Bughat — *Auv.* D'or à une rivière ondée d'azur; au chef du même, ch. de trois étoiles du champ.

Belair — *Poitou.* De sa. à un porc-épic d'or.

Belard — *Maine.* De sin. à un bélier d'arg.

Belenot ou **Bellénot** — *Neufchâtel.* D'or à un coeur de gu. en chef, accosté de deux tourt. d'azur, et en p. deux roses du sec., tigées et feuillées de sin., mouv. d'un tertre de trois coupeaux du même.

Belenot ou **Bellénot** — *Neufchâtel.* De gu. à un membre d'aigle d'or, le genou à dextre, la serre en bas, acc. de deux étoiles (5) du sec.; le tout acc. d'une branche de trèfles de sin., mouv. du canton dextre de la p.

Belfaux — *Fribourg.* D'or à une biche pass. de sa., acc. d'une croisette de gu., posée au canton sen. du chef.

Belheim — *Strasbourg.* Palé contre-palé de gu. et d'arg., de trois pièces. C.: un buste d'homme barbu, hab. aux armes de l'écu, coiffé d'un bonnet pointu de gu., retr. d'arg.

Belhomme de Bourlon de Franqueville — *Art.* D'azur, au chef d'or.

Belin — *le Mans.* D'azur à un massacre de cerf d'arg., cant. de quatre étoiles d'or.

Belin de Bera — *le Mans.* D'azur au mouton d'arg., acc. de trois étoiles d'or.

Belin de Langlotière — *Maine.* D'or à la fasce de sa., acc. de trois roses de gu.

Belineau (Comtes du) — *Tour.* D'azur au chev. d'arg., acc. en chef de deux étoiles d'or et en p. d'un croiss. du sec.

Belinzaghi — *Milan* (Comtes, 21 oct. 1875.) Coupé: au 1 de gu. à deux rameaux de laurier d'or, courbés en couronne, les pieds passés en saut., liés d'un ruban du sec., acc. en chef d'une étoile hérissée d'arg.; au 2 d'azur au lion d'or. D.: PER CORTESIA PIU' SPLENDO.

Belisi — *Bologne.* D'azur à une couleuvre ondoyante en pal de sin.; au chef du premier, ch. de trois fleurs-de-lis d'or, rangées entre les quatre pendants d'un lambel de gu.

Bell — *Yorkshire* (Baronet, 21 juillet 1885.) D'arg. à la fasce d'azur, ch. de trois grelots d'or et acc. de trois leurres de faucon du sec. C.: un faucon d'or, tenant en son leurre d'azur et appuyant sa patte dextre sur un soleil d'or. D.: PERSEVERANTIA.

Bell — *Boston.* D'azur à la fasce d'herm., acc. de trois cloches d'or.

Bellac — *Béarn.* De gu. à trois croiss. adossés d'or en abime.

Bellallée — *Maine.* De gu. à trois chiens courants d'arg., l'un sur l'autre.

Bellanger — *Poitou.* D'azur au chev. d'or.

Bellanger — *Maine.* Losangé d'or et de gu.

Bellanger de Remfort — *Anjou.* Ec.: aux 1 et 4 losangé d'or et de gu.; aux 2 et 3 d'azur à la bande d'arg., ch. de trois croix pattées de gu.

Bellanger de Thorigny — *Maine* Ec.: aux 1 et 4 losangé d'or et de gu.; aux 2 et 3 d'azur à la bande d'arg., ch. de trois croix pattées de gu.

Bellangerie (la) — *Maine.* De sa. à un bélier d'arg.

Bellani — *Livourne.* D'or à neuf fleurs-de-lis d'azur, 1, 2, 3, 2 et 1.

Bellaton — *Lyon.* Tranché: au 1 d'or à une épée de sa., acc. de deux étoiles d'azur; au 2 d'azur à une piramide d'arg., maçonnée de sa., ouv. à sen. du même.

Bellavène — *Verdun.* Coupé: au 1 d'arg. à trois étoiles d'azur; au 2 d'azur au chev. d'or. acc. en p. d'une cuirasse d'arg., frangée de gu.

Belle (du) de Chevigny — *Champ.* (Comtes de *Chevigny* au 17e siècle; ducs d'*Atri* et princes de *Melfi*, 1732. Et. en 1754.) D'or, à une bande de fusées de gu., acc. de six fleurs-de-lis d'azur, trois en chef posées 2 et 1, et trois en p., rangées en bande.

Belle — *Dauphiné.* D'azur à trois croiss. d'arg.; au chef d'or, ch. d'un lévrier pass. de gu.

Bellechère — *Norm.* De gu. à un rabot de menusier d'or.

Bellecombe — *Bourbonnais.* D'or à un compas ouvert en chevron de gu.

Bellegarde — *Fribourg.* De sa. au saut. d'arg.

Bellengreville — *Ponthieu.* D'azur à la croix d'or, cant. de quatre molettes du même. C.: un griffon iss. d'or. S.: deux griffons d'or.

Belleperche — *Versailles.* D'arg. au pal d'azur, ch. de trois étoiles d'or.

Belleperche — *Vimeu.* D'arg. à un croiss. de gu.

(armes brisées par les cadets d'un lambel d'azur en chef ou d'une fleur-de-lis d'azur en p.)

Bellerive — *P. de Vaud.* Palé d'arg. et d'azur; à la fasce d'or, br. sur le tout et ch. de trois casques du sec., tarés de trois quarts, la visière baissée.

Belletruche — *Vevey.* Ec.: aux 1 et 4 de gu. plein; aux 2 et 3 d'arg. à deux fasces d'azur. C.: deux cornes de buffle d'arg.

Bellettes — *France.* D'arg. à un arbre au nat., ch. de fruits d'or, accosté de deux belettes naiss. et affr. de gu., tenant des gerbes de sin.

Belletti — *Bologne.* Coupé: au 1 d'azur à une fleur-de-lis d'or; au 2 de gu. à une étoile (5) d'or.

Belletti — *Bologne.* D'or à la fasce de gu., acc. en chef d'une main de carn., en pal, mouv. de la fasce, empoignant une flèche d'arg. en fasce.

Belleval (Marquis) — *Ponthieu. Armes anc..* D'or à la bande coticée d'azur. — *Armes mod.:* De gu. semé de croix recr. au pied fiché d'or; à la bande du même, br. sur le tout.

Bellevaux — *Neufchâtel.* D'azur à la bande d'or, ch. de trois roses de gu. et côtoyée de dix bill. du même, cinq en chef 2 et 3, et cinq en p. 3 et 2. C.: un demi-vol d'azur, ch. de la bande de l'écu.

Bellevoir — *Franche-Comté.* De sa. à deux yeux au nat., en chef, le bas de l'écu semé de larmes d'arg.

Bellier — *Maine.* D'azur au bélier naiss. d'arg., acc. de six monticules d'or.

Bellier de Charmeil — *Grenoble, Valence.* D'or au bélier ramp. de sa.; au chef de gu., ch. de trois roses d'or. S.: deux lions, au nat.

Bellier de la Chavignerie — *Maine.* De sa. au chev. d'arg., acc. de trois gerbes d'or.

Bellier de Villentroy et de Villiers — *Lyon.* D'azur au chev., acc. en chef de deux étoiles et en p. d'une oie, le tout d'or.

Bellincini — *Bologne.* D'azur à la bande d'arg.; au chef du premier, ch. de trois fleurs-de-lis d'or, rangées entre les quatre pendants d'un lambel de gu.

Bellincini-Bagnesi (Marquis) — *Modène, Florence.* D'azur à la fasce d'arg. C.: une aigle ép. de sa., cour. d'or; ou, un dragon ailé de sin., vomissant des flammes.

Belling — *Fribourg.* Coupé: au 1 d'azur à un bélier naiss. d'arg., mouv. du coupé; au 2 d'or (bois de cerf.)

Bellingham — *Boston.* De sa. à trois cors-de-chasse d'arg.

Belliosi — *Bologne.* De gu. au lion d'or, tenant de ses pattes une croix latine du même; au chef d'azur, ch. de trois fleurs-de-lis d'or, rangées entre les quatre pendants d'un lambel de gu.

Bello ou dal Bello — *Bologne.* Ec. en saut. d'arg. et d'azur; à une épée d'arg., garnie d'or, br. sur le tout, la pointe en bas; au chef d'azur, ch. de trois fleurs-de-lis d'or, rangées entre les quatre pendants d'un lambel de gu.

Bellondi — *Bologne.* D'azur au lion d'or, la tête cont.; au chef du premier, ch. de trois fleurs-de-lis d'or, rangées entre les quatre pendants d'un lambel de gu.

Belloni — *Bologne.* Ec.: aux 1 et 4 losangé de gu. et d'arg.; aux 2 et 3 d'arg. à trois pals de gu.

Bellossier ou Bellossy — *Savoie.* D'azur à la bande d'or, acc. de deux étoiles du même; au chef de gu., ch. de trois étoiles d'or.

Belmont — *Franche-Comté.* D'or à l'aigle de gu.

Belmont — *P. de Vaud.* De sa. à la croix d'arg.

Belmont — *New-York.* D'herm. à une tête de biche arr. au nat., tenant dans sa bouche un rameau de laurier de sin.

Belocier de Mauny — *Maine.* D'azur à un coeur d'or, ch. d'une étoile de gu. et acc. de trois glands d'or.

Beltrandi — *Bologne.* D'azur à un arbre de sin., accosté de deux ceps de vigne pamprés du même, fruités chacun d'une grappe de raisins du côté de l'arbre, le tout soutenu d'une terrasse de sin. et acc. d'un soleil de gu., rayonnant d'or, posé au canton dextre du chef.

Beltrani — *Salerne, Trani.* D'azur au chev. d'or, acc. en p. d'un soleil du même.

Belvisi — *Bologne.* D'azur au chev. d'or, acc. de trois têtes de femme de carn., les deux du chef affr. et celle en p. posée de front; au chef du premier, ch. de trois fleurs-de-lis d'or, rangées entre les quatre pendants d'un lambel de gu.

Belmont (van) — *Delft.* Ec.: aux 1 et 4 d'azur à trois flanchis d'arg.; aux 2 et 3 d'azur au vaisseau à l'antique d'or, et au chef du même, ch. d'un lion léopardé de sa. [V. van **Beaumont.**]

Bempde (van den) — *Brab.* D'or à une vache de gu., pass. sur une terrasse de sin.

Benacci — *Bologne.* Parti de sa. et d'arg., à trois

los. couchées de l'un en l'autre, rangées en pal, s'entretouchant et remplissant l'écu.

Bénard — *Tournaisis.* D'azur à trois bes. d'or; au chef de gu., ch. d'une aigle ép. d'or.

Benard — *Norm.* D'arg. à une feuille de varech de gu., accostée de deux croiss. d'azur.

Benard — *Dauphiné.* De gu. à trois fasces d'arg.

*Benard de Lubières marquis de **Roquemartine** — *Auv., Prov.* Ec.: aux 1 et 4 d'or à trois têtes de More, les deux du chef affr., celle en p. renv., tortillées et colletées d'arg., enchaînées ensemble à leur collier par trois chaînes du même, et liées en coeur à un annelet aussi d'arg. (Benaud); aux 2 et 3 de gu. au lion d'or, tenant une fleur-de-lis d'or. (Lubières.)

Benati — *Bologne.* De gu. à trois pals d'azur; au chef d'or, ch. d'une aigle de sa.

Bencivenga — *Bologne.* D'or, à la bordure emanchée d'azur; au chef du même, ch. de trois fleurs-de-lis d'or, rangées entre les quatre pendants d'un lambel de gu.

Bendedei — *Ferrare.* Ec.: aux 1 et 4 d'or à l'aigle de sa.; aux 2 et 3 tranché d'or sur gu., à la bande ondée d'azur, br. sur le tranché. Sur le tout d'azur à trois fleurs-de-lis d'or.

Benedetti — *Corse* (Comte, 5 mai 1869.) D'herm. à la barre d'azur, ch. sur le milieu d'une croisette d'arg., en haut d'un croiss. du même, les cornes dirigées vers le canton sen. du chef, et en bas d'une rose d'or [Armes de *Vincent Benedetti*, ambassadeur de France à la cour de Berlin, en 1870.]

Benéhard — *Anjou.* D'or à trois fasces entées de gu. ▼

Benes de Czerchov — *Hongrie* (An., 8 mars 1882.) Parti: au 1 d'or à la demi-aigle de sa., mouv. du parti; au 2 d'azur à la fasce d'or, acc. en chef d'une étoile du même et en p. d'un soc de charrue au nat. en pal. Cq. cour. C:. un lion iss. d'or, tenant une étoile d'or, garnie d'or. L.: à dextre d'or et de sa., à sen. d'or et d'azur.

Beneton de la Mollère — *P. de Vaud.* De gu. à une molette (6) d'arg.

Benevent — *Lang.* D'arg. à trois bandes de gu.; au chef d'azur, ch. d'un lambel d'or.

Benkner — *Transylvanie* (An., 1509.) D'azur à cerf naiss. au nat., mouv. d'une couronne d'or, le col percé d'une pique, le bois ensanglanté, le tout acc. d'un croiss. d'arg., posé au canton dextre du chef.

Benkner — *Transylvanie* (An., 1517.) D'azur à un griffon naiss. d'or, mouv. d'une couronne du même.

Bennerda — *Frise.* Parti: au 1 d'or à la demi-aigle de sa., mouv. du parti; au 2 coupé: a. de gu. à deux roses accostées d'arg.; b. d'azur à une fleur-de-lis d'or. C.: une licorne iss. d'arg.

Bennet — *Holl.* De gu. à une croisette pattée d'or, acc. de trois étoiles (5) du même.

Bennez — *Fribourg.* D'azur à une grenade d'or, ouv. de gu., tigée et feuillée de sin., la tige en bas.

Benoict — *P. de Vaud.* De sa. à la bande de gu., ch. de trois roses de gu. C.: une rose de gu., entre deux cornes de buffle d'arg.

Benoist — *Hainaut.* D'arg. au lion de sa., arm., et lamp. de gu.

Benoist — *Hainaut.* D'or à trois têtes de More, cour. de sin.; au chef d'azur, ch. de trois étoiles d'arg.

Benoist — *Dauphiné.* D'azur à une colombe volante de haut en bas d'arg.; au chef de gu., ch. de trois étoiles d'or.

Benoist de la Grandière — *Tour.* D'azur à trois étoiles d'arg.; au chef de gu., ch. de trois tours d'arg.

Benorma — *Fribourg.* D'azur à deux pals d'or; au chef de gu., ch. d'une étoile (5) du sec.

Bensérade — *Ponthieu.* Palé d'or et de gu.

Bentamoni — *Italie.* Parti: au 1 d'azur à une main d'arg., tenant un serpent enroulé d'or; au 2 d'azur à deux poissons nageants d'arg., l'un sur l'autre, celui en p. cont., et un cordon d'or en forme de S, passant dans la bouche des deux poissons.

Bentes — *Amsterdam.* Parti: au 1 d'or à la demi-aigle de sa., mouv. du parti; au 2 de gu. à un chev. diminué d'or, acc. de trois bâtons écotés du même, passés en saut.

Benucci — *Toscane.* D'or au croiss. cont. de pourpre.

Benvenuti — *Tirol* (Conf. de nob., 29 avril 1837.) Coupé: au 1 de gu. à un chien naiss. d'arg., mouv. du coupé, coll. d'un collier à picotons de fer; au 2 tranglé d'arg. et de gu.. au-moyen de deux traits horizontaux, de trois traits diagonaux de dextre à sen. et de trois traits diagonaux de sen. à dextre, les triangles montants de gu., les autres triangles d'arg. **Cq.** cour. **C.:** le chien iss.

Béranger d'Herbemont — *Lorr., Champ.* D'azur à trois bandes d'or. **C.:** un pélican avec ses petits dans son aire. **S.:** à dextre un lion, à sen. un lévrier. **D.:** OB AMOREM CRUOR.

Berard de Chazelles — *Paris.* De gu. au lion coupé d'or sur vair, sommé d'une couronne à perles; à la bord. de vair.

Bérardière (de la) — *Maine.* D'arg. à trois biches pass. de gu.

Berault — *Maine.* De gu. à une louve pass. d'arg., acc. de trois coquilles du même.

Bérault de St.-Maurice et de Montmercy — *France, Etats-Unis.* D'azur à un cygne d'arg. sur des ondes au nat., acc. en chef de deux étoiles d'or. **C.:** une main de carn., tenant par la lame et en fasce une épée d'arg., garnie d'or. **T.:** deux sauvages, arm. de massues.

Berchenet — *Franche-Comté.* D'azur à trois cotices d'or.

Berdez — *Vevey.* Coupé: au 1 de sa. à la fasce d'arg., ch. d'un oiseau d'or; au 2 de gu. à quatre pals d'arg.

Bère (de) — *Holl.* D'arg. à deux épées au nat., passées en saut.

Berents — *Amsterdam.* Palé contre-palé d'or et d'azur de quatre pièces.

Berer — *Strasbourg.* D'or au ours ramp. de sa.; à la bord. de gu. **C.:** l'ours, assis sur un coussin de gu.

Beresteyn (van) van Hoffdyck — *Delft.* Ec.: aux 1 et 4 d'or à un ours de sa., emmuselé et doublement enchaîné d'arg., assis sur une dalle carrée d'azur; aux 2 et 3 d'or à six chev. de gu. **Cq.** cour. **C.:** l'ours de l'écu, iss.; entre un vol à l'antique, d'or et de sa.

Berg (de) — *Holl.* Ec.: aux 1 et 4 de gu. à un oiseau d'arg., le vol levé; aux 2 et 3 de sa. au griffon pass. d'or.

Berg (van den) — *Rotterdam.* Ec.: aux 1 et 4 d'azur à une montagne au nat., mouv. de la p.; aux 2 et 3 d'arg. à une tête de mort surmontant deux os de mort, passés en saut., au nat., le tout embrassé par deux rameaux de laurier de sin., courbés en couronne, les sommets liés d'un ruban de gu.; soutenu d'une terrasse au nat.

Berg (van den) — *Liége.* D'arg. à deux lions affr. de gu., jouant de la patte, soutenus d'un tertre de sin. **C.:** les deux lions, ramp. et affr. [*Henry van den Berg,* roi d'armes de la province de Liége, décédé en 1674.]

Bergasse — *Marseille.* D'azur à deux cimeterres d'arg., garnis d'or, passés en saut., acc. en chef de deux gerbes d'or, liées du même. [L'amiral français *Dupetit-Thouars* était fils de *Nicolas Bergasse,* avocat au Parlement, et de N. *Aubert Dupetit-Thouars.*]

Bergelen — *Prov. rhén.* D'or à la fasce d'azur, acc. de trois lions de gu.

Bergen (von) — *Hambourg.* D'azur à un rocher sommé d'une colombe, tenant en son bec un rameau d'olivier, le tout au nat. Trois épis. **L.** d'or et d'azur.

Bergeon — *Neufchâtel.* D'or au pal de gu., accosté de deux étoiles (6) du même et ch. d'un cimeterre d'arg., garni d'or en pal, surmontant un croiss. d'or en p.; au chef d'azur, ch. de deux demi-vols adossés d'arg. **C.:** trois pl. d'aut., une de gu. entre deux d'or; devant trois flèches d'arg., posées en éventail, les pointes en bas. **L.:** à dextre d'arg. et d'azur, à sen. d'or et de sa.

Berger de la Villardière — *Dauphiné.* Tiercé en fasce d'azur, d'arg. et d'azur; l'azur ch. de trois étoiles rangées d'or, et l'arg. d'une brebis de sin.

Berger (le) — *Dauphiné.* D'or à la fasce de sin., acc. de trois étoiles de gu.

Bergerhart — *P. d'Utrecht.* Une barre acc. d'une fleur-de-lis posée au canton dextre du chef.

Bergh (van den) — *Rotterdam.* D'or à deux oiseaux de sa. en chef, et un autre oiseau de couleur brunâtre, le vol étendu, posé en p.

Bergh (van den) — *Holl.* D'arg. au lion de gu.,

arm. et lamp. d'azur. **C.:** le lion, iss., entre un vol d'arg.

Berghuis — *Amsterdam.* Sous un ciel d'azur un château dans le fond, vers lequel conduit un chemin au nat. bordé de gazons de sin., qui supportent tant à dextre qu'à sen. un sapin au nat.; ledit château composé d'un corps de logis de gu., ouv. et aj. de sa., essoré d'un toit d'ardoises et flanqué de deux tours de gu., ouv. de sa., couvertes de toits pointus d'ardoises; le toit dudit corps de logis portant trois tourelles de gu. couvertes de toits pointus; chacun de ces cinq toits pointus sommé d'une girouette d'or tournée à sen.

Bergier — *Lausanne.* D'azur à un agneau pass. d'arg., tenant une houlette du même, posée sur son épaule. **C.:** les meubles de l'écu.

Bergier de Bologne — *Dauphiné.* Ec.: aux 1 et 4 d'azur à trois tours d'arg. (*de Bergier*); aux 2 et 3 d'or à une patte d'ours de sa., posée en bande, montrant les derniers et ch. de six bes. d'or. (*de Bologne*).

Bergkhoffer — *Hesse.* De sa. à un trident d'arg., enm. d'or, posé en bande, et un fléau d'or, posé en barre, passés en saut. **C.:** deux étoiles d'or, l'une supp. l'autre, entre un vol de sa. **L.** d'or et de sa.

Bergkhoffer de Wasserburg — *Hesse* (Nob. du St.-Empire, 24 juin 1707. M. ét.) Ec.: aux 1 et 4 d'azur à un massif de bâtiments au nat., essorés de gu., posés sur un rocher aplati, entouré d'une eau et soutenu d'une terrasse de sin.; au 2 de sa. à deux étoiles d'or, l'une sur l'autre; au 3 de sa. à un fleur d'or, posé en bande, et un trident d'arg., enm. d'or, posé en barre, passés en saut. Sur le tout de sa. à une licorne ramp. d'arg. **Cq.** cour. **C.:** une licorne iss. d'arg. **L.:** à dextre d'arg. et de gu., à sen. d'or et de sa.

Bergler — *Bohême* (Chevaliers, 4 mai 1883.) Parti: au 1 d'arg. à un soldat hongrois sur une terrasse de sin., hab. d'une redingote d'azur bordée d'or, d'un pantalon d'azur, de bottes de sa. et d'un colbac d'azur retr. de fourrure brunâtre, tenant de sa main dextre un sabre et de sa sen. trois flèches au nat., empennées de gu.; au 2 d'azur à une autruche au nat., tenant en son bec un fer-à-cheval et posée sur une terrasse de sin. Au chef de l'écu d'azur, br. sur le parti et ch. de trois étoiles d'arg. Deux cq. cour. **C.:** 1° le soldat du 1, iss.; 2° les meubles du 2. **L.** d'arg. et d'azur.

Bergmüller d'Augustenstein — *Aut.* (An., 25 janv. 1882.) D'or à la bande de gu., ch. d'une étoile du champ et de deux fleurs-de-lis d'arg., posées dans les sens de la bande; celle-ci acc. en chef d'une roue de moulin de sa. et en p. d'un mont de sin., mouv. de la base de l'écu. **Cq.** cour. **C.:** un lion iss. d'or, brandissant une épée. **L.:** à dextre d'or et de gu., à sen. d'or et de sa.

Beringer de Berufels — *Vienne.* Parti de gu. et d'arg.; à un ours ramp. de sa., tenant un marteau du même et br. sur le parti. **C.:** l'ours, iss. **L.** d'arg. et de sa. — (Nob. du St.-Empire, 4 mai 1633.) Ec.: au 1 parti d'arg. et de sa. à un 4 parti de gu. et d'arg.; à un ours ramp. de sa. aux 1 et 4, br. sur le parti et tenant un marteau de fer; aux 2 et 3 coupé d'or et d'arg. à deux demi-vols adossés de l'un en l'autre. **Cq.** cour. **C.:** l'ours, iss., entre un vol à l'antique, l'aile de devant coupée d'or et de sa. et l'aile de derrière coupée d'arg. sur gu. **L.:** à dextre d'or et de sa., à sen. d'arg. et de sa.

Berkel (van) — *Holl. sept.* Ec.: aux 1 et 4 d'arg. à un bouleau terrassé de sin.; aux 2 et 3 de gu. à une croix recr. d'or, et deux plumes à écrire d'arg., passées en saut., br. sur la croix.

Berkman — *Brab.* Ec.: aux 1 et 4 de gu. à une épée d'arg., garnie d'or; aux 2 et 3 d'arg. à un bouleau de sin., terrassé du même.

Berlendis (de) — *Aut.,* orig. de *Bergamo* (Comte polonais, 25 avril 1763.) Parti: au 1 coupé: a. d'azur à une échelle de quatre échelons, élargie par le bas, posee en pal, surm. d'une croisette pattée accostée de deux étoiles, le tout d'or; b. palé d'or, de dix triangles de petits besants d'arg. • •., lesdits triangles rangés: 3, 3 et 1; au 2 d'or à dix étoiles d'or, 3, 3, 3 et 1; au 2 de gu. à un demi-vol cont. d'arg., percé d'une épée d'arg., garnie d'or, en barre, la pointe en bas. **S.:** deux griffons reg. de sa., langués de gu., le bec et les pattes de devant d'or.

Berlendis (de) de Berlenbach — *Aut.* (Barons en *Hongrie,* 9 juillet 1718.) Coupe: au 1 d'azur à une échelle de trois echelons, élargie par le bas, l'échelon supérieur sommé d'une croisette pattée et l'échelle accostée vers le haut de deux étoiles, le tout d'or; au 2 parti: a. d'azur à dix étoiles d'or, 3, 3, 2, et 1; b. d'azur à dix bes. d'arg., 3, 3, 2, 1 et 1.

Berlendis (de) barons de **Berlenbach** — *Aut.* (Barons d'*Aut.* et du St.-Empire, 5 août;1730.) Coupé: au 1 d'azur à une échelle de quatre échelons, élargie par le bas, acc. en chef d'une croisette pattée accostée de deux étoiles, le tout d'or; au 2 parti d'arg. et de gu.

Berlicom (van) — *Rotterdam.* Coupé: au 1 d'arg. au lion naiss. de gu., mouv. du coupé; au 2 d'azur au chev. d'arg.

Berlin — *Strasbourg.* Un pal, ch. de trois ours pass. de sa. **C.:** un buste d'homme, hab. aux armes de l'écu.

Bermont-Moustier — *Franche-Comté.* De gu. au chev. d'arg., ch. de trois aigles de sa.; à une barre d'arg., br. sur le tout.

Bernabé de St.-Gervais — *Anjou.* D'azur à la croix d'or, cant. de quatre colonnes du même.

Bernabei (Comtes) — *Ancône* (Comtes, 10 nov. 1700.) Coupé d'azur sur or; au lion de l'un en l'autre, acc. en chef de trois fleurs-de-lis d'or, rangées entre les quatre pendants d'un lambel de gu. **C.:** une aigle de sa. **D.:** MENS SANA IN CORPORE SANO.

Bernadotte prince de **Pontecorvo** — *Béarn* (Prince de *Pontecorvo*, 5 juin 1806; plus tard roi de Suède.) D'azur à un pont d'arg., somme de deux tours du même et jeté sur une rivière aussi d'arg.; au aigle d'or, cour. du même, posée en chef et surm. de sept étoiles d'or.

Bernard — *Soumagne* (P. *de Liége.*) D'azur au saut. d'or, cant. de quatre croix treflées du même. **C.:** un vol à l'antique, d'azur et d'or.

Bernard — *Montélimart.* De gu. au lion d'or, terrassé par un agneau du même; au chef d'azur, ch. de trois étoiles d'arg.

Bernard — *P. de Vaud.* D'azur au lion d'arg.; à la fasce ondée d'or, ch. de trois étoiles de gu. et br. sur le tout.

Bernard de la Barre de Danne (Comtes). Les armes de **Bernard de Courville.**

Bernard de Bouschet — *Montpellier.* Ec.: aux 1 et 4 d'or à deux chènes de sin., terrassés du même, acc. en chef d'un croiss. de sa.; au chef d'azur, ch. de trois étoiles d'or (*Bernard*); aux 2 et 3 d'azur à deux épées d'or, passées en saut.; au chef d'or, au lion iss. de sa. (*Marréaud*).

Bernard de Courville — *Anjou, Tour.* D'arg. à deux lions léopardés de sa., arm. et lamp. de gu., l'un sur l'autre.

Bernard de la Roche (Comtes). Les armes de **Bernard de Courville.**

Bernard de St.-Michel — *Agénais.* D'or à un chène arr. de sin.; au chef d'arg., ch. de trois mouch. d'herm. de sa.

Bernardeau — *la Rochelle.* De sa. à un chêne d'or.

Bernardeau de Monterban — *Poitou.* D'azur à deux épées d'arg., garnies d'or, passées en saut., les pointes en bas, acc. en chef d'un coeur enflammé d'or et en p. d'un soleil du même.

Bernardi — *P. de Vaud.* De gu. à une étoile (6) d'or en chef et un croiss. d'arg. en p.

Bernardière (de) — *Bret.* D'arg. à la croix de gu.

Bernardon — *Orléanais.* D'arg. à trois chardons au nat., fleuris de gu.

Bernay de Janvre — *Versailles.* D'azur à un phénix sur son immortalité, fixant un soleil posé au canton dextre du chef, le tout d'or.

Berne — *la Rochelle.* Coupé: au 1 d'azur à l'aigle naiss. d'or, mouv. du coupé; au 2 d'arg. à un ours de sa.

Berne — *P. de Vaud.* Taillé d'or sur gu., le gu. ch. d'un ours iss. d'arg., mouv. de la taille du chef.

Berne (de) — *Neufchâtel.* D'arg. à la fasce d'or, bordée de gu.

Berne de Levaux — *Dauphiné.* D'azur au lion d'arg., tenant un rameau de laurier de sin.

Berner-Schilden-Holsten — *Dan.* (Barons, 20 oct. 1816.) Tiercé en pal: au I. parti: a. d'arg. à la demi-aigle de sa., bq. et m. d'or, mouv. du parti; b. d'or à trois fasces de gu. (*Holsten*); au II. d'arg. à trois tourt. mal-ordonnés de gu. (*Berner*); au III. parti: a. d'azur à la tête de More, tort. d'or; b. de gu. à trois étoiles mal-ordonnées d'or; c. d'arg. à une couronne de laurier de sin., liée de gu. en quatre endroits, 1, 2 et 1; et sur le tout de ce parti d'arg. à un loup ramp. au nat. (*Schilden*). Trois cq. cour. **C.:** 1° de *Berner*, point de cimier; 2° trois pl. d'aut., une d'or entre deux de gu. (*Holsten*); 3° trois pl. d'aut., une d'or entre deux d'azur (*Schilden*).

Bernhart — *Vienne.* Ec.: aux 1 et 4 de gu. à la fasce d'arg., ch. d'une tête de More, tort. d'or; la fasce acc. en chef d'une fleur-de-lis d'arg. et en p. d'une étoile du même; aux 2 et 3 d'or à un ours ramp. de sa., soutenu d'un tertre d'arg. et tenant entre ses pattes une

boule d'azur. Cq. cour. **C.:** un vol à l'antique, l'aile de devant aux armes du 1, l'aile de derrière de sa. ch. d'une fasce d'or. **L.:** à dextre d'or et de sa., à sen. d'arg. et de gu.

Berni (Comtes) — *Ferrare.* Coupé: au 1 d'azur à trois croiss. mal-ordonnés d'arg.; au 2 de gu. à une barre de vair, et une patte d'ours de sa., posée en bande, mouv. du canton dextre du chef, la griffe posée sur la barre, celle-ci acc. au canton sen. de la p. d'une étoile (8) d'or.

Bernigaud de Chardonnet — *Bourg.* D'azur à un rencontre de cerf d'arg., fleurdelisé d'or à chaque andouillet.

*Bernini (de) — *Vérone, Padoue* (Conf. du titre de comte, 21 oct. 1819.) Ec.: aux 1 et 4 d'or à l'aigle de sa., Lq. et m. de gu., celle du 1 cont.; aux 2 et 3 au lion de gu.

Bernon — *P. d'Aunis.* D'arg. à un ours pass. de gu.

Bernon — *Dauphiné.* D'azur au chev. d'or, acc. de trois roses d'arg.; au chef de gu., ch. de trois étoiles du sec.

Bernou — *Dauphiné.* De gu. au chev. d'or, acc. de trois étoiles du même; au croiss. d'arg., br. sur la pointe du chev.; au chef d'azur, ch. de trois étoiles d'arg.

Bernou de Puymérigou — *Poitou.* De gu. à quatre roses d'or, 2, 1 et 1.

Bernou de St.-Maurice — *Dauphiné.* D'arg. au chev. d'azur, acc. de trois molettes de sa.; au chef de gu., ch. de trois molettes d'or.

Bernouilly (Comtes) — *Nice.* D'azur à trois ramures d'olivier d'or, en pals, 2 et 1. **S.:** à dextre un lion, à sen. un lévrier enchaîné. **D.:** VALEUR ET FIDÉLITÉ.

Bernstein — *Zittau* (Saxe.) Taillé de gu. sur or; au lion taillé d'arg. sur le gu. et de sa. sur l'or. Brl. d'arg., de gu., d'or et de sa. **C.:** un lion iss. d'arg., entre deux prob. coupées, à dextre d'arg. sur gu., à sen. d'or sur sa. **L.:** à dextre d'or et de sa., à sen. d'arg. et de gu.

*Hernuy — *Castille* (Marquis de *Benameji*, 23 avril 1675.) D'arg. à deux vaisseaux à trois mâts, équipés et habillés, l'un sur l'autre, voguant chacun sur un fascé-ondé d'azur et d'arg.; à la bord. de gu., ch. de huit coquilles d'or. **C.:** un bras, arm. d'arg., la main de carn. tenant une bannière en barre, ladite bannière de gu. ch. de trois fleurs-de-lis d'arg., 2 et 1.

Berra de Pigne (Comtes) — *Savoie.* De gu. à une tour sommée de trois tourelles d'arg.; à la cotice d'azur, br. sur le tout.

Berranger (de) — *Norm.* Gironné d'or, d'azur, de gu. et de pourpre.

Berrien — *France, Holl., New-York.* Ec.: au 1 d'arg. à trois échelles en barres de sa.; au 2 d'arg. à un écureuil assis au nat.; au 3 d'arg. à un arbre de sin.; au 4 d'arg. à trois arbres de sin.

Berset — *Maine.* D'azur à la bande de gu., ch. d'une croix de losanges d'arg.; ladite bande acc. en chef de trois étoiles d'arg., posées en demi-orle, et en p. d'un lion d'arg.

Bersy-Cugy de la Guerrivière — *Maine.* D'arg. à un mont de trois ou de cinq coupeaux en abime, acc. de trois nids et dans chaque nid deux oiseaux iss. et adossés, le tout de sa.

Bert de la Bussière — *Bourbonnais.* De gu. à la bande d'or, ch. en haut d'un lion d'azur. **D.:** NIHIL AGERE POENITENDUM.

Bertall — *Dauphiné.* D'azur à trois têtes de lion arr. d'or, lamp. de de sa.

Berteèche de Menditte — *Pays basque, Bourg.* Ec.: aux 1 et 4 d'azur à une couleuvre d'arg. (*Berterèche*); aux 2 et 3 d'or à un dragon ailé de sin. (*Domec d'Assas*).

Berthault — *Ile-de-Fr.* D'azur à une tête de lion arr. d'or, lamp. de de sa.

Berthe de Villers —*Ile-de-Fr.* D'azur au lion d'arg.

Berthelot barons de **Baye** — *Champ.* D'azur au chev. d'azur, acc. de trois bes. du même, 2 en chef et 1 en p. **S.:** deux lions, arm. et lamp. de sa.

Berthelot de Pleneuf — *Bret.* Les armes de **Berthelot** barons de **Baye.**

Berthelot comtes de **St.-Laurent** — *Canada.* Les armes de **Berthelot** barons de **Baye.**

Berthier de Manessy —*Savoie.* De gu. au saut. d'or, acc. en chef d'un croiss. d'arg. **D.:** SANS BRUIT.

Berthod du Landeron — *Neufchâtel.* De gu. à un tertre de trois coupeaux d'arg., surm. d'une étoile (6) du même.

Berthonnier des Prots — *Bourbonnais.* De gu. au chev. d'arg., acc. d'une gerbe d'or; au chef d'azur, ch. de deux étoiles d'arg.

Berthou — *Bret.* D'or à un oiseau reg. de sa., perché sur une branche feuillée de sin., posée en bande, acc. de trois molettes de sa., 2 en chef et 1 en p. **C.:** un lévrier iss. d'arg., coll. d'or. **S.:** deux lévriers d'arg., coll. d'or.

Berthoud — *Neufchâtel.* D'arg. à une étoile (6) de gu.; au chef d'azur.

Berthoud — *Neufchâtel.* D'azur à un flambeau d'or, allumé de gu., soutenu du coupeau du milieu d'un tertre de trois coupeaux de sin.; les deux autres sommés chacun d'une branche feuillée de sin.; le champ d'azur chaperonné de gu., à deux cloches d'arg., celle à dextre posée en barre et celle à sen. posée en bande.

Berthoud — *Neufchâtel.* Coupé: au 1 d'azur à trois étoiles (5) renversées d'or, 2 et 1, acc. en chef d'un croiss. du même; au 2 de sin. à trois pics de rocher abaissés d'arg. en p.

Berthoud — *Neufchâtel.* D'azur à une épée d'arg., garnie d'or, soutenant une couronne du même.

Berthoud — *Neufchâtel.* D'arg. à un flambeau de gu. (sans flamme), soutenu d'un tertre de sin. et accosté en chef de deux branches feuillées de sin., celle à dextre en barre et celle à sen. en bande.

Berthoult — *Flandre.* D'or à la fasce d'azur.

Bertin du Château — *Norm.* D'azur à la croix pattée et alésée d'arg.; au chef de gu., ch. de trois étoiles d'or.

Bertleff-Maurer (Edle von) — *Aut.* (An., 22 juillet 1882.) Les armes de *von Maurer*, qui sont de gu. à une grue avec sa vigilance d'arg. Cq. cour. **C.:** un vol à l'antique, l'aile de derrière de gu. plein, l'aile de devant d'arg., garnie d'or, posée dans le sens de la bande.

Bertling — *P. de Drenthe.* D'arg. à trois trèfles de sin. **C.:** un trèfle de sin., entre un vol d'arg.

Bertoglio (Comtes) — *Milan.* D'azur à un olivier terrassé de sin., sommé d'une pie au nat. et accosté de deux lévriers blancs, ramp. et affr. **C.:** un lévrier blanc, iss. **D.:** FIDES JUNCTA PACI.

Bertouch-Lehn — *Dan.* (Barons, 13 mars 1819.) Éc.: aux 1 et 4 d'or à un ours de sa., pass. sur une terrasse de sin.; aux 2 et 3 d'azur à trois roses à quatre tiges d'arg. (*Bertouch*). Sur le tout d'arg. au pal d'azur, ch. d'une croix latine d'arg.; et au chef de gu., ch. d'une couronne d'or (*Lehn*). Deux cq. cour. **C.:** 1° un ours iss. et cont. de sa. (*Bertouch*); l. d'or et de sa.; 2° deux prob. d'arg. (*Lehn*); l. d'arg. et d'azur. **T.:** deux sauvages, ceints et cour. de lierre, arm. de massues.

Bertram — *Gand.* D'azur au lion d'or, arm. et lamp. de gu., tenant un sceptre d'or. **C.:** le lion; entre un vol, d'or et d'azur.

Bertrand — *Liége.* D'azur à un griffon d'or.

Bertrand — *Auv.* (An., 6 déc. 1814.) D'azur au chev. d'arg., acc. en chef de deux lézards du même, posés en pals, et en p. d'une croisette d'or.

Bertrand — *Auv.* D'azur au chev. d'or, acc. de trois trèfles du même.

Bertrand — *France.* (Chevalier de l'Empire, 1810.) D'or à deux dragons affr. de sin., soutenant un sabre de cavalerie d'arg., en pal.

Bertrand — *France.* (Chevalier de l'Empire, 3 juillet 1810. M. ét) Parti: au 1 d'or à une comète d'azur en chef, et un palmier de sin., fruité de gu., en p.; au 2 d'azur à un créquier d'or en chef, une épée d'arg., garnie d'or, posée en pal, en p.

Bertrand — *Genève.* D'arg. à un bélier de sa., coll. et clariné d'or, pass. sur une terrasse de sin. au chef d'azur, ch. d'un croiss. du champ entre deux étoiles (5) du même.

Bertrand de Beuvron (Comtes) — *Reims.* Les armes de **Bertrand** marquis de **Beaumont et de Tercillac.**

Bertrand de Boucheporn — *Pays Messin.* Éc.: aux 1 et 4 d'azur à une pomme de pin d'arg., tigée et feuillée du même; aux 2 et 3 de gu. à trois annelets entrelacés d'or, 2 et 1.

Bertrand de Boucheporn — *Lorr.* (Baron de l'Empire, 23 avril 1812.) Éc.: aux 1 et 4 d'azur à trois annelets entrelacés d'or, 2 et 1; aux 2 et 3 d'or à une pomme de pin de sa.

Bertrand (ou **des Bertrands**) **de Briquebec** — *Norm.* D'or au lion de sin., arm., lamp. et cour. de gu.

Bertrand de Crosefon — *Guyenne.* D'or à un arbre de sin., appuyé d'une biche de ...; au chef d'azur, ch. de trois étoiles d'arg.

Bertrand de Greuille — *France* (Chevalier de l'Empire, 18 juin 1809.) Tranché: au 1 d'or à une étoile rayonnante d'azur; au 2 d'azur à un créquier d'or.

'Bertrand de Marimont — *Lorr.* (An., 14 déc.

1510.) Éc. en saut. d'or et d'arg.; à la croix pattée alésée de sa., br. sur le tout.

Bertrand-Massy — *France* (Chevalier de l'Empire, 19 avril 1811.) D'azur à une tour d'arg., aj., ouv. et maçonnée de sa., surm. d'une épée d'arg., garnie d'or, en pal, et adextrée d'un lévrier ramp. et cont. d'or, coll. du même, et senestrée d'un lion arrêté aussi d'or, l'un et l'autre appuyant la patte dextre sur la tour. **D.:** COURAGE ET FIDÉLITÉ, HONNEUR ET TRAVAIL.

Bertrand de la Roche-Henry — *Poitou.* D'arg. à trois merlettes de sa.

Bertrand des Tournelles — *Soissonnais.* De gu. au chev. d'arg., acc. de trois têtes de faucon du même.

Bertrangle — *Tournaisis.* De gu. à trois tours d'or, 2 et 1.

Beruard — *P. de Vaud.* D'arg. à l'aigle ép. de sa., bq. et m. de gu.

Besancenet — *Champ.* (An. 1814.) Coupé: au 1 d'azur à une balance en équilibre d'arg.; au 2 d'or à deux drapeaux de gu., passés en saut., percés d'une épée de sa., posée en pal, la pointe en haut.

Besche ou **Beyche** — *Neufchâtel.* D'arg. à une hache de boucher de sa., emm. de gu., posée en fasce.

Bescomte (le) — *Liége.* D'azur à un paon rouant d'or. **C.:** le paon rouant.

Besencenet — *Neufchâtel.* D'azur à un triangle vidé d'or, acc. en chef de deux étoiles (5) d'or. **C.:** ch. de deux étoiles (5) d'or. **C.:** une coquille renv. d'arg.

Besencenet dit du Locle — *Neufchâtel.* D'arg. à trois tourt. de sa.

Beslinga — *Frise.* D'arg. à deux chicots de sin., passés en saut., acc. de deux coeurs de gu., 1 en chef et 1 en p., celur en p. renv. **C.:** une tête et col d'aigle de sa.

Besse — *Limousin.* D'azur au chev.

Besson — *Dauphiné.* De gu. au lion d'or; au chef d'arg., ch. de deux tourterelles affr. de sa.

Besson — *Neufchâtel.* D'azur à deux enfants (jumeaux, en patois *bessons*) d'arg., affr. et s'embrassant, soutenus des deux coupeaux d'un tertre d'or.

Besson des Blains — *Dauphiné.* De sa. au lion d'arg.; au chef d'or, ch. de trois étoiles d'azur.

Besson dit Pollens — *P. de Vaud.* De gu. à une rose d'azur, bout. d'or.

Besuchet de Saunois — *Paris.* D'azur au chev. d'or, acc. en chef de deux tourterelles d'arg. et en p. d'un chêne d'or, terrassé du même.

Bétancourt — *France.* Parti: au 1 échiq. de sa. et d'arg. (parti de deux traits, coupé de trois, formant douze points); au 2 d'azur à deux fasces de gu. Au chef d'arg., br. sur le parti et ch. d'un lion iss. de sa., cour. d'or.

Bethune d'Arras — *Pic.* De sin. au chev., acc. de trois étoiles, celle en p. surmontant un croiss., le tout d'or.

Betta — *Vérone.* Éc.: aux 1 et 4 de gu. à une hermine d'arg., posée en bande, s'élançant d'une plante de trois feuilles de sin.; aux 2 et 3 parti: a. d'azur à trois pommes de pin d'or; b. bandé d'arg. et d'azur. **C.:** une queue de paon au nat. **D.:** MUS ERMINEA BETAM PEDE COMPRIMIT HERBAM; 2° QUAM PENE FOEDARI VULT MAGIS ILLE MORI; 3° MALO MORI QUAM FOEDARI.

Bettens — *P. de Vaud.* Parti d'arg. et de gu.; à un annelet de l'un en l'autre. **C.:** un buste d'homme, hab. aux armes de l'écu, coiffé d'un bonnet albanais d'arg., retr. de gu.

Betton — *États-Unis.* Éc.: aux 1 et 4 d'arg. à deux pals de sa., ch., chacun de trois croix recr. au pied fiché du champ; aux 2 et 3 de sa. semé de larmes d'or; à trois fers-de-lance d'arg., ensanglantés de gu., br. sur les larmes, 2 et 1. **C.:** un lion iss. d'arg., cour. d'or. **D.:** NUNQUAM NON PARATUS.

Betts — *New-York.* De sa. à la bande d'arg., ch. de trois quintefeuilles de gu. Cq. cour. **C.:** une tête de cerf iss. d'arg., coll. de sa. **D.:** MALO MORI QUAM FOEDARI.

Beuckel — *Flandre.* De gu. à un bouclier ovale d'arg., le nombril à dextre.

Beuf (du) — *Dauphiné.* D'or à une rencontre de boeuf de sa.

Beuning — *Holl.* Parti: au 1 de gu. au lion naiss. d'arg., cour. d'or; au 2 fascé d'or et d'azur de six pièces, chaque fasce d'or ch. de trois flanchis de gu.

Beuns — *Zwolle.* Parti: au 1 une demi-aigle, mouv. du parti; au 2 trois lévriers, l'un sur l'autre. **C.:** un lévrier, iss.

Beurmann (Chevalier de l'Empire) — *France.* D'arg. mantelé d'azur; l'azur ch. à dextre d'une tour d'or, sommée d'une licorne iss. d'arg., et à sen. d'un arbre arr. d'or; l'arg. ch. d'une épée de sa.

Beuvain de Beauséjour — *Norm.* D'azur au saut. d'or, cant. de quatre étoiles du même et ch. d'un boeuf au nat.

Beuvinck — *P. d'Overyssel* (M. ét.) D'azur à deux demi-vols adossés d'arg. **C.:** un vol d'arg.

Beverloo — *Heusden.* D'or à une étrille de gu., le manche en bas. **C.:** l'étrille, entre un vol d'or.

Bevilacqua — *Ferrare* (Comtes de *Bevilacqua* et de *Macastorna;* ducs de *Tornano;* marquis *de la Serra,* etc.) De gu. à un demi-vol abaissé d'arg. **C.:** une tête d'éléphant, accostée d'un demi-vol d'or. **S.:** deux lévriers de gu. **D.:** FORTITER ET FIDELITER. *Manteau* de prince, sommé d'une couronne princière.

Béville — *Neufchâtel.* D'azur à la croix d'arg., acc. en chef de deux fleurs-de-lis d'or et en p. de deux coquilles du sec.

Bex — *P. de Vaud.* D'azur au lion d'or, acc. au canton dextre du chef d'une étoile (5) du même

***Beyaert** — *Holl.* De sa. à trois corbeilles d'or, remplies de flammes de gu. En coeur un écusson d'or; ch. d'une aigle de sa.

Beyeren (van) — *Delft.* De sa. à trois têtes de chien braque d'or.

Beyle — *Dauphiné.* D'arg. au chev. de gu., acc. de trois roses du même; au chef du sec., ch. de trois étoiles du champ.

Biadelli — *Gènes, Corse.* D'azur à une aigle de profil et ess. d'or, cour. du même, surm. de trois étoiles d'arg. et tenant dans ses serres deux épis d'or mouv. d'une terrasse du même.

Bianchi di Lavagna (Comtes) — *Turin, Genève.* Parti : au 1 d'arg. au lion d'azur; au 2 bandé d'arg. et d'azur. **C.:** un chat assis.

Biancoli (Comtes) — *Ravenne.* Ec.: aux 1 et 4 d'arg. à six têtes de griffon au nat., 3, 2 et 1; au chef d'azur, ch. de trois étoiles d'arg.; aux 2 et 3 fascé d'arg. et de gu., au lion d'or, br. sur le fascé .

Bibal — *Agen.* De gu. à une tour d'arg., aj. et maçonnée de sa., acc. en p. d'un croiss. du sec.

Bibesco (Princes) — *Valachie.* Coupé: au 1 d'arg. à l'aigle de sa., cour. d'or, portant dans son bec une croix d'or, dans la patte dextre une épée d'arg., garnie d'or, et dans la patte sen. un sceptre d'or; au 2 parti : *a.* d'azur au chev. d'arg., acc. en p. d'une étoile à six rais d'or; *b.* tiercé en fasce de gu., d'or et d'azur (ou, coupé de gu. sur azur, à la fasce d'or, br. sur le coupe.) **S.:** deux lions. Couronne et Manteau de prince.

Bibus — *Bohême* (Chevaliers, 27 mars 1883.) Ec.: au 1 d'azur à une couronne d'or; aux 2 et 3 d'azur au griffon d'or; au 4 de gu. à deux fleurs-de-lis d'or en chef et une étoile du même en p. Deux cq. cour. **C.:** 1° un vol cont., l'aile de derrière d'or plein, l'aile de devant de gu. ch. d'une bande d'arg. surch. d'une croisette de gu.; **l.** d'or et de gu.; 2° un griffon iss.; **l.** d'or et d'azur.

Bich — *Aosta, Turin* (Barons, 1842.) Ec.: aux 1 et 4 d'azur à une gerbe d'or; au chef d'arg., ch. à dextre d'une tête de chien et à sen. de la partie supérieure d'une tour crén.; aux 2 et 3 de gu. à trois monts d'arg., mouv. de la p., acc. de trois fleurs-de-lis d'arg., rangées en chef.

Bichet — *Franche-Comté.* D'azur à une biche d'or, passante derrière des arbres de sin.

Bichon-Vingerhoedt — *Rotterdam.* Ec.: aux 1 et 4 les armes de *Bichon* (d'*Ysselmonde*); aux 2 et 3 les armes de *Vingerhoedt.* **C.:** un bichon pass. du 1.

Bickhard — *P. de Vaud.* D'azur à deux fleurs-de-lis d'or en chef et une molette (6) en p.

Bidan (le) — *Bret.,* Ile *Bourbon.* D'arg. à la fasce de gu., acc. de trois étoiles du même. **D.:** DROITS DESIRS.

Bidan-Thomas de Saint-Mars (le) — *Bret.,* Ile *Bourbon.* D'arg. à la fasce de gu., acc. de trois étoiles du même. **D.:** DROITS DÉSIRS. — *Ou:* Ec.: aux 1 et 4 les armes précédentes; aux 2 et 3 d'or à la fasce engr. d'azur (*Thomas de Saint-Mars.*)

Biddle — *Etats-Unis.* D'arg. à trois chaudières de saline de sa.; à la bord. du même. **C.:** la tête de sa., coll. d'une couronne d'or. **D.:** DEUS CLYPEUS MEUS.

Biderman — *Fribourg.* Parti d'azur et d'or; à deux croiss. adossés, touchant la ligne du parti, flanqués chacun d'une étoile (5); le tout de l'un à l'autre. — *Ou:* Parti de sa. et d'or; mêmes meubles, de l'un à l'autre.

Bidischini (Edle von), v. **Burgstaller** Edle **von Bidischini.**

Bidoli — *Gratz* (An., 5 juillet 1883.) De gu. à une rivière au nat. en fasce ondée, acc. en chef de deux lances de tournoi au nat., passées en saut., garnies de pennons coupés de sa. sur or, et en p. de trois monts d'arg. Cq. cour. **C.:** un vol coupé alt. d'arg. et de gu.

Blebau — *Gand.* De gu. au chev. d'or, acc. de trois têtes et cols de lévrier du même. **C.:** une tête et col de lévrier d'or.

Bieberstein-Rogalla-Zawadzky — *Belg.* (Rec. de nob. et du titre de baron, 12 avril 1884.) Parti : au 1 d'or à une demi-ramure de cerf de gu.; au 2 d'azur à une corne de buffle d'arg. Cq. cour. **C.:** une corne de buffle d'arg., à dextre, et une demi-ramure de cerf de gu., à sen. **T.:** deux sauvages de carn., ceints et cour. de lierre, appuyés sur leurs massues.

Bieger de Molsheim — *Strasbourg.* De gu. à une demi-aigle d'arg., bq. et m. d'or.

Bichler de Biehlersee — *Aut.* (An. 17 mai 1880.) Ec.: aux 1 et 4 d'or à la demi-aigle de sa., mouv. du parti; aux 2 et 3 parti d'azur et d'arg., à trois pièces de vair, 2 et 1, de l'un à l'autre. **C.:** un lion iss. d'or, tenant de sa patte dextre un sabre et à sen. une grenade de sa., allumée de gu. **L.:** à dextre d'or et de sa., à sen. d'arg. et d'azur.

Bieloselski (Princes) — *Russie.* D'azur à un croiss. d'arg. au milieu d'une croisette pattée d'or, et une eau d'arg. en p., chargée de deux poissons au nat., passés en saut., br. sur l'azur. *Manteau* de pourpre, doublé d'herm., frangé et houppé d'or, sommé de la couronne princière.

Bienassis de Caulson — *Guyenne, Gasc.* D'arg. à un fauteuil de gu., soutenu d'un rocher de dix coupeaux d'or; au chef de gu., ch. de trois étoiles d'or.

Bienne — *Neufchâtel.* Coupé de gu. sur arg.; à deux haches, passées en saut., de l'un à l'autre. **C.:** un demi-vol, aux armes de l'écu.

Bierbaumer — *Holl.* D'arg. à la bande ondée d'arg., ch. d'un trèfle de sin., posé dans le sens de la bande.

Bière — *P. de Vaud.* D'arg. à un pin de sin., mouv. de la p.; à la bord. d'or.

Biest (van der) — *Gand.* Fascé d'or et de gu.; au chef d'arg. au fr.-q. d'arg., br. sur le chef et ch. d'un faisceau de trois feuilles de jonc de sin., lié. **C.:** une tête et col d'aigle de sa.; entre un vol, d'or et de gu.

Bietenheim — *Haute-Alsace.* D'arg. au lion de sa.; à la fasce de gu., br. sur le tout. **C.:** un lion iss. de sa. **L.:** d'arg. et de sa.

Bietenheim — *Brumat* (*Alsace*). Parti d'or et de sa., le sa. ch. au canton sen. du parti d'une étoile (8) d'arg. **C.:** un vol, d'or et de sa., l'aile de sa. ch. d'une étoile (8) d'arg.

Bigault de Granrut — *Berry.* D'azur à trois furets pass. d'arg., surmontant chacune une étoile d'or.

Bigeon de Coursy — *Norm.* D'arg. au chev. de gu., acc. en p. d'un lion du même.

Bigillion — *Grenoble.* D'or à un croiss. d'arg. et une tune du même en p.; au chef d'azur, ch. de trois étoiles d'arg.

Bigodet — *Ile-de-Fr.* D'azur au chev. d'arg., acc. de trois flammes d'or.

Bigot — *Pic.* D'arg. à trois fourmis d'or, l'une sur l'autre.

Bilefeld — *Hesse* Parti: au 1 de gu. à une demi-fleur-de-lis d'arg., mouv. du parti; au 2 de gu. à une hache d'arg., emm. d'or, posée en pal, le tranchant à sen. **C.:** une fleur-de-lis d'arg.

***Bilgerin d'Ebenheim** — *Strasbourg.* Coupé: au 1 d'arg. à une étoile (8) d'arg.; au 2 d'or plein. **C.:** un homme iss., hab. de sa., à l'aile de sa. **L.:** d'arg. au rabat d'arg., coiffé d'un chapeau de sa., retr. d'arg., tenant de sa main dextre un bourdon de sa. en sen. appuyée sur sa hanche.

Billmek von Walssolm — *Moravie* (Chevaliers, 25 mars 1880.) Les armes de *Bilimek* Edle von *Wassolm.* Deux cq. cour. **C.:** 1° celui de *Bilimek* Edle von *Wassolm;* 2° une quartefeuille de sa., entre un vol coupé sur azur. **L.** d'arg. et d'azur.

Billard — *Mayenne.* De gu. à la croix dentelée d'arg.

Billard — *Maine.* D'azur à trois têtes. ennui-gés en chef, trois flammes du même rangées en fasce. et une épée d'arg., posée en pointe.

Billard de Champrond — *Maine.* De gu. à une baïonnette d'arg.

Bille-Brahe-Selby (Comtes) — *Dan.* (Permission de prendre le nom et les armes de *Selby,* 23 juin 1873.) Parti : au 1 les armes de *Brahe;* au 2 les armes de *Selby.* Sur le tout les armes de *Bille.* Trois cq. cour.

C.: 1° le cimier de *Selby* ; 2° celui de *Bille* ; 3° celui de *Brahe.*

Billehé — *Liége.* Ec.: aux 1 et 4 d'azur à la fasce d'or, ch. d'une tête de More, tort. d'arg.; aux 2 et 3 d'arg. à la fasce d'azur, et au lion de gu., br. sur la fasce. **C.:** une étoile d'or.

Billens — *Fribourg.* De gu. à la bande d'or, coticée d'arg.

Billettes — *Holl.* D'or à la croix de sa., cant. de quatre carreaux ou billettes de gu. et ch. de cinq roses d'arg., barbées et bout. d'or.

Billichgräz [anciennement **Khunstl**] — *Carniole* (Barons d'*Aut.* et du St.-Empire, 7 avril 1684.) D'azur à un arc tendu et renversé, en fasce, encoché d'une flèche en pal, la pointe en bas, le tout d'or. Cq. cour. **C.:** un demi-vol coupé d'or sur azur.

Billot — *Tournaisis.* De gu. à la croix d'or; au chef d'herm.

Bilolvishelm — *Strasbourg.* Parti d'or et de sa.; le sa. ch. au canton sen. du chef d'une etoile d'arg. **C.:** une tête et col de chien braque d'arg., l'oreille de sa.

Billotta — *Bénévent.* D'azur au serpent à deux têtes, dont une à la queue, d'or, noué et passe plusieurs fois en saut., les têtes affr.

Bilquin — *P. de Namur.* D'azur à trois triangles d'arg.

Bilt (van der) la Motte — *Zél.* Parti: au 1 un chev., acc. de trois canettes; au 2 les armes modernes de *van der Bilt.*

Binder de Biedersfeld — *Transylvanie* (An., 5 mai 1815.) Coupé: au 1 d'azur à un pélican d'arg. avec quatre petits dans son aire au nat., soutenu d'un tertre de trois coupeaux de sin.; au 2 parti: *a.* d'arg. à un tigre cont. au nat. sur une terrasse de sin.; *b.* de gu. à un tigre au nat. sur une terrasse de sin. **C.:** le pélican avec ses petits dans son aire. **L.:** à dextre d'arg. et d'azur, à sen. d'arg. et de gu.

Binder Edle von Lanzgard — *Transylvanie* (An., 31 oct. 1878.) Coupé: au 1 de sa. au lion léopardé d'or, tenant de sa patte dextre levée une lance d'or en arrêt; au 2 parti: *a.* d'or à un tour de gu., ouv. et aj. de sa., mouv. de la p.; *b.* de gu. à sept épis d'or, 2, 3 et 2, feuillés chacun de deux pièces. **C.:** un vol à l'antique, l'aile de derrière d'or plein, l'aile de devant de sa. ch. d'une étoile d'or. **L.:** à dextre d'or et de sa., à sen. d'or et de gu.

Binder Edle von Monte-Perlic — *Aut.* (An., 26 janv. 1883.) D'azur au lion naiss. d'or, mouv. d'une mer au nat. en p., tenant de sa patte dextre une épée d'arg., garnie d'or, et de sa sen. une ancre d'arg., en pal. Cq. cour. **C.:** le lion iss. **L.:** à dextre d'or et d'azur, à sen. d'arg. et d'azur.

Binder de Sachsenfeld — *Transylvanie* (An., 30 juillet 1742.) Tranché: au 1 de gu. à une épée d'arg., posée en pal, accostée de deux étoiles du même; au 2 d'azur à un homme iss., mouv. d'un rocher de trois coupeaux au nat.; ledit homme hab. du costume national des Saxons de Transylvanie, revêtu d'un surtout d'or à la ceinture de gu., et d'un tablier de gu., coiffé d'un bonnet de fourrure de gu. retr. d'arg., tenant une lampe allumée. **C.:** l'homme iss. du rocher; entre deux prob. coupées, à dextre d'azur sur arg., à sen. de gu. sur or. **L.** conformes aux émaux des prob.

Bindith — *Neufchâtel.* D'azur au chev. alésé, accosté en chef de deux équerres affr., et acc. en p. d'une grande fleur-de-lis, surmontant deux étoiles (5) renv. accostées qui surmontent une petite fleur-de-lis en p., le tout d'or; au chef de gu.

Binnema — *Frise.* Parti: au 1 une demi-fleur-de-lis, mouv. du parti; au 2 coupé: *a.* une rose; *b.* une étoile.

Binol — *Tournai.* Taillé d'azur sur or; à trois annelets, 2 et 1, de l'un à l'autre.

Bioley-Magnon — *P. de Vaud.* D'azur au chev. ondé d'or. **C.:** deux cornes de buffle d'or.

Biolley — *Neufchâtel.* D'arg., au chef d'azur; l'arg. ch. à dextre d'une tête de sa. sommée sur l'angle dextre d'une tourelle du même, ouv. et maçonnée du champ; le tout senestré d'un lion d'or, ramp. contre ladite tour et br de sa tête sur le chef d'azur; la tour et le lion soutenus d'une terrasse de sin.

Biolley (de) — *Neufchâtel.* D'azur au chevron ondé d'or. **C.:** deux cornes de buffle, d'azur.

Bion de Malavagne — *Poitou.* D'azur a trois boucs d'arg.

Bionneau d'Eyrargues (Marquis) — *Prov.* D'azur à la fasce d'or, ch. de deux croiss. de gu. et acc. en chef de deux étoiles du sec. et en p. d'un vol d'arg.

Bionnens — *Fribourg, Yverdon.* D'arg. à l'aigle de sin. **C.:** l'aigle, iss.

Biosse du Plan — *Vivarais, Dauphiné.* D'arg. au saut. d'azur, cant. de quatre quintefeuilles de gu., tigées de sin.

Birch — *France.* Parti: au 1 d'arg. à une amphiptère de sa.; au 2 d'azur à un croiss. tourné d'arg. Au chef de l'écu de gu., ch. sur le parti et ch. d'une trompette d'or, passée en barre dans une couronne de laurier de gu. **C.:** l'amphiptère.

Bischofhein — *Zittau (Saxe.)* Tiercé en bande de sa., d'arg. et de gu.. l'arg. ch. d'une planche de sa., aiguisée aux deux extrémités et posée en bande. Cq. cour. **C.:** un panache de plumes de coq de sa., d'arg. et de gu. **L.:** à dextre d'arg. et de sa., à sen. d'arg. et de gu.

Bittard des Portes — *France.* D'azur à trois étoiles d'or, acc. de deux croiss. d'arg., l'un en chef tourné et l'autre en p. cont.

Bitterl chevaliers **de Tessenberg** — *Styrie* (Chevaliers, 5 fév. 1856 et 3 fév. 1880.) Ec.: aux 1 et 4 d'or à l'aigle de profil de sa., le vol levé; aux 2 et 3 d'azur à un cerf saillant d'arg. sur un rocher penché en bande, le tout au nat. Deux cq. cour. **C.:** 1° l'aigle iss.; **l.** d'or et de sa.; 2° le cerf, iss.; **l.** d'or et d'azur.

Bivort — *Flandre.* D'arg. au lion de gu., possées en saut., acc. en chef d'une rose de sa. **C.:** trois pl. d'aut. d'arg.

Bize — *P. de Vaud.* De sa. à trois poissons nageants d'arg., l'un sur l'autre; à la bande du sec., br. sur le tout.

Bizet — *Maine.* D'or à trois bandes de sa., chacune d'une rose d'arg.

Bizeul — *Anjou.* D'arg. au chev de gu., acc. en chef de deux quintefeuilles d'azur et en p. d'un croiss. de sa.

Bizot du Coudray — *Lorr.* D'arg. à la croix d'azur, cant. de quatre merlettes du même.

Blackwell — *New-York.* Palé d'azur et d'arg.: au chef de gu. **C.:** une tête de dragon de sin., coll. d'herm.

Blaeu — *Amsterdam.* D'arg. au lion de gu.

Blalze — *Neufchâtel.* D'azur à un 4 d'or, le pied croisé d'une traverse et soutenu d'un tertre de trois coupeaux de sin.

Blanc — *Art.. Norm.* D'azur au chev. d'or, acc. de trois quintefeuilles du même; au chef du sec., ch. d'une aigle de sa., cour. d'or.

Blanc — *Bret.* De gu. à trois bandes d'or.

Blanc — *Champ.* D'azur au chev. de sa.; au chef d'azur, ch. de trois bes. d'or.

Blanc — *Auv.* Ec.: aux 1 et 4 de sa. à un cor-de-chasse d'or; aux 2 et 3 d'azur à une tour d'arg., aj. de sa.

Blanc — *Lang.* D'azur à la fasce d'arg., acc. en chef d'une croisette du même, accostée de deux étoiles d'or, et en p. d'un cygne d'arg., soutenu d'une mer du même.

Blanc — *France.* D'azur à trois licornes ramp. d'arg.

Blanc — *France.* De gu. à un senestrochère arm. d'arg., tenant une épée du même, garnie d'or, accostée de deux fleurs-de-lis du même.

Blanc — *Fribourg.* De gu. à une branche tigée et feuillée de sin.. fleurie de trois roses mal-ordonnées d'arg. et posée sur un tertre de trois coupeaux du sec.

Blanc — *P. de Vaud.* Coupé de gu. sur azur; le gu. ch. d'un cygne d'arg., nageant sur la ligne du coupé, acc. de trois étoiles (5) du même, rangées en chef.

Blanc de Blanville — *Dauphiné.* Ec. en saut. d'arg. et d'azur.

Blanc de la Combe — *Lyonnais.* D'azur à un lion d'or et au chev. brisé du même, affr.

***Blanc de Simiane** — *Dauphiné.* Ec.: aux 1 et 4 éc. en saut. d'arg. et d'azur (*Blanc*); aux 2 et 3 d'or semé de fleurs-de-lis d'azur et de tours du même (*Simiane*). **D.:** TOUT VIENT A POINT.

Blanc (du) de Brantes — *Comtat-Venaissin.* D'azur au chev. d'arg., ch. d'une croisette ancrée de gu. et de deux fleurs-de-lis d'azur, et acc. en chef d'une étoile d'or et en p. d'un croiss. d'arg.

Blanc (le) de Cloys — *Champ.* D'or, à la champagne d'azur; l'or ch. d'une aigle ép. de sa., mouv. de la champagne par les cuisses.

Blanc (le) de Guizard — *Guyenne.* Ec.: aux 1 et 4 d'azur à un griffon d'or; au 2 de gu. à un chariot d'or; au 3 d'azur à six cotices d'or.

Blancars — *Neufchâtel.* D'or au lion tranché d'arg. sur au.

Blanchard du Bois — *France.* D'or à la bande d'azur, côtoyée de cinq merlettes de sa., 2 en haut et 3 en bas.

Blanchardière (de la) — *Anjou.* D'arg. au lion d'azur, arm., lamp. et cour. d'or.

Blanchardon — *Maine.* D'azur au lion d'or, tenant une épée d'arg.

Blanchenay — *P. de Vaud.* Coupé : au 1 d'or à un trèfle de gu.; au 2 d'azur à deux roses accostées d'arg.

Blanchère (de la) — *France.* D'azur au chev. d'arg., acc. de trois étoiles du même, celle de la p. surmontant un coeur aussi d'arg.; et un croiss. d'or, posé en chef. **D.:** HAULT ET D'AVANT.

Blanchet — *P. de Vaud.* D'azur à trois roses malordonnées d'arg., tigées et feuillées de sin., posées sur un tertre de trois coupeaux du même.

Blanchet (du) — *Maine.* D'or à un ours ramp. de sa., cour. du champ.

Blanckeroort (van) — *Holl.* D'arg. à une sirène de carn., tenant de sa main dextre un miroir et de sa sen. un peigne, et acc. de trois étoiles de sa., rangées en chef.

Bland van den Berg — *Rotterdam.* D'or à l'aigle ep. de sa. **C.:** un bras arm., tenant une épée. **T.:** à dextre un sauvage, arm. de sa massue; à sen. une licorne d'arg., coll. et enchaînée d'or. **D.:** PRÆMIUM VIRTUTIS BELLICÆ.

Blangermont — *France.* D'azur à la bande d'or, ch. de trois croisettes de gu.

Blanther — *Aut.* (Chevaliers, 18 avril 1883.) Parti: au 1 d'or à un rocher au nat., sommé d'une tour de couleur rougeâtre à double rang de créneaux, ouv. de sa.; au 2 d'azur à une étoile d'or. Deux cq. cour. **C.:** 1° un lion iss. et cont. d'or, tenant une épée; 2° un vol à l'antique, l'aile de derrière d'or plein, l'aile de devant d'azur ch. d'une étoile d'or. **L.** d'or et d'azur.

Blanville — *Dauphiné.* Ec. en saut. d'azur et d'arg.

Blatter — *P. de Vaud.* Losangé d'arg. et d'azur; au chef du premier, ch. d'une rose de gu.

Blaudin du Thé — *Nivernais.* D'azur à un rencontre de cerf d'or.

Blavette — *Maine.* D'or au saut. d'azur.

Blayer de Basricourt — *Neufchâtel.* D'or, au chef émanché de sa.

Blecheret — *P. de Vaud.* D'azur à la fasce d'arg., ch. de trois têtes et cols de lion d'or.

Bleckten — *Zittau (Saxe.)* Parti d'or et de sa.; à deux chev. renv. de l'un en l'autre. Cq. cour. **C.:** deux prob., coupées alt. d'or et de sa.

Blégier de Taulignan (Marquis) — *Comtat-Venaissin.* Ec: aux 1 et 4 de sa. à la croix engr. d'or, cant. de dix-huit bill. du même, cinq dans chaque canton de la p., 2 et 2 (*Taulignan*); aux 2 et 3 d'arg. à deux fasces de gu. (*des Barres*). Sur le tout d'azur à un bélier d'arg., accorné et onglé d'or, acc. en chef d'une étoile du même (*Blégier*). ▾

Bleiweis de Tersteniski — *Carniole* (Chevaliers, 17 juin 1881.) Coupé: au 1 de gu. à une étoile d'or; au 2 d'azur à un croiss. d'or. A la champagne d'arg. Deux cq. cour. **C.:** 1° un vol cont., l'aile de derrière d'arg. plein, l'aile de devant de gu. ch. d'une étoile d'or ; l. d'arg. et de gu.; 2° un vol à l'antique, l'aile de derrière d'arg. l'aile de devant d'azur ch. d'une croiss. d'or; l. d'arg. et d'azur.

*Blesy — *Bourg.* D'or à la fasce de sa., frettée d'arg. et acc. de six coquilles du sec.

Blieck (de) — *Gand.* De gu. à un poisson courbé d'arg.; à la bord. engr. d'or. **C.:** un vol, d'arg. et de gu.

Blin — *Maine.* D'arg. à une quintefeuille d'azur, acc. de trois têtes de bélier de gu.

Blistain (de) — *Liége.* Parti: au 1 d'or au lion d'azur, acc. de trois los. du même; au 2 de gu. à une tour d'arg.

Blixen-Finecke de Dallund — *Dan.* (Barons, 29 oct. 1802.) Ec.: au 1 d'arg. à une aigle étêtée et renv. de sa., et une fasce échiq. de gu. et d'arg., br. sur l'aigle; au 2 d'azur à un foudre de quatre flèches d'or; au 3 de gu. au lion d'or; au 4 d'or à une aigle de profil de sa., reg., les ailes ployées, la patte dextre levée. Sur le tout d'azur à un soleil de douze rayons d'or, duquel s'échappent trois foudres du même en forme de flèches, deux vers les cantons du chef et la troisième vers la pointe. Trois cq. cour. **C.:** 1° une aigle étêtée et renv. de sa., entre deux pennons adossés d'arg.; 2° une tête de More cont., tort. d'arg., percée d'une flèche en barre, la pointe en haut; 3° une tête de More, tort. d'arg., percée d'une flèche d'arg. en bande, la pointe en haut. **T.:** deux sauvages, celui à dextre levant une massue d'arg., celui à sen. tenant un foudre de quatre flèches d'or.

Blocé — *Maine.* D'azur à la croix ancrée d'or.

Block — *Delft.* De sa. à trois bill. couchées d'or.

Block de Santhoven — Prov. d'*Anvers.* D'azur au lion d'or.

Blocquel de Croix de Wismes — *Art.* D'arg. à la croix d'azur (*de Croix*). Sur le tout d'arg. au chev. de gu., acc. de trois merlettes de sa. (*de Blocquel*).

Blois de Roussillon — *Saintonge.* D'arg. à la fasce d'azur, ch. de trois étoiles d'or.

Blom — *Rotterdam.* D'arg. à la fasce de gu., acc. en p. de trois roses du même, 2 et 1. **C.:** un bras, arm. au nat.. tenant une branche au nat., de laquelle pendent trois roses de gu.

Blom — *Leeuwarden.* D'azur à un cheval blanc galopant.

Blonay (Barons) — *Chablais (Savoie).* De sa. au lion d'or, arm., lamp. et cour. de gu. Cq. cour. **C.:** un griffon iss. de sa.

Blond (le) — *Ponthieu.* D'azur au chev. d'arg., acc. de trois roses du même.

Blonde (de) — *Paris.* D'or à trois trèfles de sin.

Blondeau des Ardilliers — *Maine.* Fascé-ondé d'arg. et d'azur, de six pièces; et une ancre d'or, br. sur le tout.

Blondeau de la Masserie. Les armes précédentes.

Blondin de Belesme et **Blondin de St.-Hilaire** — *Ponthieu.* D'or à un daim pass. de sa., acc. en p. de trois trèfles du même.

Blosset de Montvallon — *Dauphiné.* Palé d'or et d'azur; au chef de gu., ch. d'une fasce vivrée d'arg.

Blozizewo-Gajewski — *Pol.* De gu. à une épée d'arg., garnie d'or, accostée de deux croiss. du même, adossés et allongés.

Blumauer Édle von Montanem — *Aut.* (An., 18 oct. 1881.) Coupé: au 1 parti d'arg. et de gu., à deux colonnes d'ordre dorique de l'un à l'autre, soutenues de la ligne du coupé; au 2 d'azur à une ancre d'or sur sa gumène au nat., surm. de deux haches d'armes d'or, passées en saut. Cq. cour. **C.:** un lion iss. d'or, tenant une épée d'arg., garnie d'or; entre un vol à l'antique, l'aile de devant de gu. et l'aile de derrière d'azur. **L.:** à dextre d'arg. et de gu., à sen. d'or et d'azur.

Boarland — *Boston (Etats-Unis).* D'arg. à deux bandes de gu., et un sanglier d'azur, br. sur le tout. **C.:** une lance brisée d'or. **D.:** PRESS THROUGH.

Bobinger — *Fribourg.* Coupé: au 1 d'azur à une étoile (5) d'or; au 2 d'arg. plein.

Bochet (du) — *P. de Vaud.* D'azur à un château de deux tours d'arg., maçonné de sa., ouv. du champ; au chef d'or, ch. d'une aigle de sa.

Bocon — *Padoue.* D'azur à un canard d'arg., tenant en son bec une étoile d'or.

Bocon de la Merlière — *Dauphiné.* De gu. au chev. d'or, acc. de trois roses d'arg.; au chef d'azur, ch. d'un lion léopardé d'or.

Bocq (de) — *Gand.* D'arg. au chev. d'azur, acc. de trois têtes et col de bouc de sa. **C.:** une tête et col de bouc de sa.

Bocqué (du) — *Fl. fr.* D'or à un croiss. de gu.; au chef du même, ch. d'une étoile (6) du champ.

Bocquet de Courbouzon, v. **Boquet de Courbouzon.**

Bodrier — *Marche. Bret.* D'arg., au chef de gu.

*Bodson — *Liége.* Parti: au 1 de gu. au lion d'or; lamp. de gu.; au 2 d'arg. à un cor-de-chasse de gu., lié, vir. et eng. d'or. **C.:** le lion de l'écu. **L.** d'or et de gu.

Boëgel — *Nimègue.* D'or à trois annelets d'or, ayant en bas un ardillon du même.

Boekenoogen — *Holl.* Coupé: au 1 d'azur à un huchet renversé d'arg., vir. du même, eng. et pavillonné de gu., orné de trois annelets d'arg., deux en bas dans la courbe et le troisième à la courbe, l'embouchure à dextre; ledit huchet acc. de trois fleurs-de-lis au pied coupé d'arg., les deux du chef posées en bande et en bas en p. renv.; au 2 d'azur à une étoile de sin. (*ou plutôt trois feuilles arrondies mouv. d'une tige, rangées en forme de trèfle*). Brl. d'azur et d'or. **C.:** une rose de gu., bout. d'or, barbée, tigée et feuillée de sin.; entre un vol d'arg. **L.:** d'or et d'azur.

Boele — *Delft.* D'or à un carrelet (poisson) nageant d'azur.

Boelens — *Rotterdam.* D'or à l'aigle ep. de sa.

Boerlage — *Holl.* Ec.: aux 1 et 4 un lion; aux 2 et 3 trois coquilles.

Boers — *Holl.* De sin. à un cheval galopant d'or.

Boesmans — *Liége.* Ec.: au 1 d'or à trois merlettes de sa.; au 2 d'arg. à trois roses de gu., bout. d'or, barbées de sin.; au 3 d'arg. à trois fleurs-de-lis de sa.; au 4 d'or à cinq fusées de gu., accolées en fasce. **C.:** une merlette de sa.

Boeteman — *Bruges.* Ec.: aux 1 et 4 d'azur à une gerbe d'or; aux 2 et 3 d'arg. à une tour de gu.

Bogdanović (Edle **von**) — *Croatie* (An., 1 avril 1880.) Tiercé en pal d'azur, d'arg. et de gu., l'arg. ch. d'un faucon au nat., perché sur un rocher au nat., mouv. de la p. Cq. cour. **C.:** un faucon au nat., posé dans l'attitude de l'aigle héraldique, le vol abaissé. **L.:** à dextre d'arg. et d'azur, à sen. d'arg. et de gu.

Bohm — *Carlsruhe.* D'azur à un palmier d'arg., terrassé de sin. **C.:** un soleil d'or, entre deux prob.

Böhm — *Aut.* (Chevaliers, 8 mars 1880.) Ec.: aux 1 et 4 d'azur à la croix d'or, ch. d'une étoile du champ; aux 2 et 3 d'or à un cheval cabré de sa., onglé de gu., soufflant des flammes par les narines, chacun de ces quatre talons muni d'un demi-vol abaissé de gu.; le cheval du 3 cont. Deux cq. cour. **C.:** 1° un vol cont., l'aile de derrière d'or plein, l'aile de devant aux armes du 1; **l.** d'or et d'azur; 2° le cheval du 2, iss.; **l.** d'or et de sa.

Böhm Edle **von Kettmannstorff** — *Aut.* (An., 7 mai 1881.) Ec.: aux 1 et 4 de sa. à une tour d'or, ouv. de sa., les battants de la porte ouverts; ladite tour posée sur une terrasse de sin. et sommée d'un dragon d'or aux reflets verdâtres; aux 2 et 3 d'arg. à deux arbres au nat. sur une terrasse de sin.; l'arg. chaperonné-ployé de gu. Cq. cour. **C.:** une étoile d'arg., entre deux prob. coupées, à dextre de sa. sur or, à sen. de gu. sur arg., ornées chacune à l'ext. de trois verges horizontales d'or, dont une dans l'embouchure, celle-ci munie d'une feuille de tilleul pendante d'or et chacune des autres verges munie de trois feuilles de tilleul pendantes d'or. **L.:** à dextre d'or et de sa., à sen. d'arg. et de gu.

Boiceau ou **Boisseau** — *Poitou, P. de Vaud.* D'arg. à un arbre terrassé de sin., acc. en chef de trois étoiles (5) mal-ordonnées d'azur.

Boinod — *P. de Vaud.* D'azur à un pin de sin.

Bois (du) — *Hainaut* (Comte romain, 8 avril 1881.) D'azur à la croix ancrée d'arg.; au chef retrait et denché d'or. **S.:** deux lions reg. d'or, arm. et lamp. de gu. **D.:** ARBOR UNA NOBILIS.

Bois (du) — *Grenoble.* D'azur à trois étriers d'or.

Bois (du) — *Neufchâtel, Tournai.* D'azur à trois fasces d'or.

Bois (du) — *Neufchâtel.* D'arg. à trois sapins de sin., posés sur les trois coupeaux d'un tertre du même; au chef d'azur, ch. d'un arc de sa., posé en fasce.

Bois (du) — *Neufchâtel.* D'azur à une équerre d'arg. dans la position d'un L tourné à dextre; l'équerre soutenue d'un tertre de sa. et acc. de trois étoiles (5) d'or, rangées en chef.

Bois (du) ou **du Boz** — *Neufchâtel.* De gu. à un arbre arr., accosté de deux tulipes tigées et feuillées, le tout d'or; au chef d'azur, ch. d'une étoile d'arg.

Bois (du) — *Vevey.* De sin. à la croix d'arg., accostée en chef de deux étoiles (5) d'or.

Bois (du) du Buisson — *Perche.* D'azur à trois trèfles d'arg.

Bois (du) de Cendrecourt — *Lorr., Franche-Comté.* Parti: au 1 tiercé en fasce: a. de sin. à la bande de d'arg., acc. de cinq glands feuillés d'or; b. denché d'or et d'azur de six pièces; au 3 de gu. à un ecusson d'or (du Bois); au 2 de gu. à une croix. d'or, acc. de trois glands effeuillés du même, les queues en bas (Hennezel).

Bois (du) de la Chablière — *Maine.* D'azur à une tige de rosier de trois branches de sin., fleuries chacune d'une rose de gu.

Bois (du) de Chaillou — *Holl.* De gu. à une tortue d'arg., acc. de trois étoiles d'or en p., rangées en fasce.

Bois (du) de Chambellé — *Maine.* De gu. à la croix pattée alésée d'or, acc. de trois coquilles d'arg.

Bois (du) de Courval — *Pic.* D'arg. à trois fasces d'azur.

Bois (du) de Crancé — *Champ.* D'azur au chev. d'or, acc. de trois glands du même, tigés et feuillés de sin.

Bois (du) d'Espinay — *Maine.* D'or à l'aigle de sa., bq. et m. de gu.

Bois (du) de la Ferté — *Maine.* D'azur à trois arbres d'or, rangés en fasce.

Bois (du) de Luchet — *Mayence.* Ec.: au 1 d'or à une hache d'azur, emm. de gu., posée en bande; aux 2 et 3 de sa. plein; au 4 de gu. à une mandoline au nat., posée en bande, le manche en haut.

Bois (du) de Maquillé — *Bret., Maine.* Coupé-émanché d'arg. sur sa.

Bois (du) de Montulé — *Perche.* D'azur à trois trèfles d'arg.

Bois (du) de St.-Sevrin — *Bret.* D'arg. à trois (ou cinq) pins arr. de sin. **D.:** TOUJOURS VERT BOIS-JAGU.

Bois-Chevallier (du) — *Bret.* D'or à une meule de sa.

Bois-Froux — *Maine.* D'arg. à une bande de fusées de sa.

Bois-Motte (du) — *Maine.* D'azur à trois trèfles d'arg.

Bois-Tesselin (du) — *Norm.* D'azur à trois trèfles d'arg.

Bois-Yvon de Kerbije — *Bret. Armes anc.:* D'or à un arbre arr. d'azur. — *Armes mod.:* D'arg. à une roue de sa., acc. de trois croix pattées du même.

Boisaubin, v. Ram van Schalkwyck.

Boisé de Courcenay — *Guyenne* (Marquis de Fernoel, barons de la Chaume.) D'azur à deux palmiers arr. d'or, enchaînés du même, acc. en chef de six étoiles rangées aussi d'or.

Boisel — *Maine.* De sa. au chev. d'arg., acc. de trois moules du même.

Boisfranc — *Ile-de-Fr.* D'azur à trois épis d'or.

Boisjourdan — *Maine.* D'or semé de fleurs-de-lis d'azur; à trois los. de gu., br. sur le tout.

Boisle (du) — *Maine.* D'or au lion de sa.

Boisot — *Lausanne.* D'or à un tourteau de sa.

Boisse — *Quercy.* Ec.: aux 1 et 4 d'arg. à sept peupliers de sin., soutenus d'une champagne de sa.; au chef d'azur, ch. de trois étoiles d'or; aux 2 et 3 d'arg. au chev. de gu., acc. en p. d'un sabre de cavalerie du même.

Boissat — *Saintonge.* De gu. à un arbre d'arg., senestré d'un lion d'azur, ramp. contre le fût, le tout soutenu d'une terrasse de sin.; au chef d'azur, ch. de trois étoiles d'or.

Boisset-Sauvagère (du) — *Maine.* D'azur à trois étoiles d'arg.

*Boissevain (anciennement **Boussavy de Reclot**) — *Amsterdam,* orig. de *Bergerac.* Parti: au 1 d'arg. à une ancre d'or, acc. en chef de deux étoiles du même; au 2 d'azur à trois arbres de sin., rangés sur une terrasse du même. **C.:** une ancre d'or; entre un vol, d'arg. et d'azur. **D.:** NI REGRET DU PASSÉ, NI PEUR DE L'AVENIR.

Boissinard — *France.* D'azur au saut. d'or.

Boissonnet — *Douai* (Chevalier de l'Empire, 20 août 1809; baron de l'Empire, 15 sept. 1813; conf. de titre, 1863.) Ec.: au 1 d'arg. à une armure de sa.; au 2 d'or plein, ch. d'un canton sen. de gu., surch. d'une épée d'arg., garnie d'or; au 3 de sin. à un rouleau déployé d'arg., sur lequel est dessiné un polygone de d'étoile à six rais); au 4 d'azur à trois étoiles d'arg., 2 et 1, acc. en chef d'un croiss. du même.

Boitel de Dienval — *Paris.* D'azur à trois coqs d'or, crêtés, barbés et onglés de gu., la patte dextre levée.

Boiteux — *Neufchâtel.* D'azur à deux étoiles (5) en chef et un coeur de gu. en p.

Bojardi (Comtes et barons) — *Ferrare.* D'azur au chev. d'azur.

Bôle (du) de Bosle — *Neufchâtel.* De gu. au chev. d'or: au chef d'azur, ch. de trois bes. d'arg.

Boleslawski von der Trenk — *Aut.* (An., 15 oct. 1879.) Ec.: aux 1 et 4 d'arg. à un rencontre de taureau au nat., acc. en p. de deux étoiles d'azur; aux 2 et 3 de gu. à une couronne de laurier de sin. Cq. cour. **C.:** le rencontre de taureau, accosté de deux étoiles d'azur. **L.:** à dextre d'arg. et de gu., à sen. d'arg. et d'azur.

Bolk — *Enkhuizen.* D'azur à la fasce ondée d'arg., acc. de trois poissons nageants du même, 2 en chef et 1 en p.

Bollaert — *Zél.* D'azur à une Fortune de carn., chevelée d'or, tenant de ses deux mains un voile d'arg. au-dessus de sa tête, soutenue d'une boule de sa., flottante sur une mer d'arg.

Bolleine — *Neufchâtel.* D'azur au coeur d'or, enflammé de gu. et accosté en p. de deux étoiles (5) du sec.

Bolman — *Leeuwarden.* Ec.: au 1 d'or à une mi-aigle de sa., mouv. du parti; au 2 de gu. à une tête de boeuf de couleur brunâtre aux cornes blanches, posée de profil; au 3 d'azur à trois pavots d'or; au 4 d'arg. à trois trèfles mal-ordonnés de sin.

Bolognini — *Bologne.* D'or au bouquetin ramp. d'azur, accorné et onglé de gu., ch. sur le corps d'une fleur-de-lis d'or; au chef de trois fleurs-de-lis d'or, rangées entre les quatre pendants d'un lambel de gu. Cq. cour. **C.:** un buste d'homme, chevelé d'arg. **Cri.:** LEAUTE.

Boltz (Comtes de) — *France.* Ec.: aux 1 et 4 d'azur au chev. de gu.; au 2 bandé d'azur et d'or; au 3 d'azur à trois roses d'arg. **Cri.:** TOUJOURS DEVANT! **D.:** LABOR IMPROBUS OMNIA VINCIT.

Bombini — *Cosenza.* D'azur à une croix alésée d'or

acc. de trois étoiles du même, 2 en chef et 1 en p.

Bomin — *Dauphiné.* D'arg. à la bande de gu., ch. d'un Saint-Esprit en forme de colombe d'or, et acc. de six bill. de sin.

Bommard de Nérillac — *Maine.* D'arg. à deux palmes de sin., les pieds passés en saut., acc. en chef d'un coeur enflammé de gu.; au chef d'azur, ch. de trois étoiles d'or.

Bommelaer — *Holl.* D'arg. à trois bombes de sa.

Bommer — *Maine.* D'arg. à la fasce de gu., acc. de trois têtes de lézard du même.

Bon (le) de la Pointe — *Ile de St.-Domingue.* D'arg. à la croix d'azur, ch. d'une fleur-de-lis d'or et cant. de quatre molettes de gu.

Bonaccioli (Chevaliers) — *Ferrare.* Ec.: aux 1 et 4 d'or à l'aigle de sa., cour. du champ; aux 2 et 3 tranché, de sin. à une tête de lion, mouv. de la partition, sur azur plein.

Bonaccorsi (Comtes) — *Macerata.* Coupé d'or sur azur; au griffon de l'un en l'autre; à la bande de gu., br. sur le tout.

Bonaccossi (Comtes) — *Ferrare.* D'or à trois fasces de sa. L'écu posé sur l'estomac d'une aigle ép. de sa.

Bonacossi — *Ferrare* (Comtes du St.-Empire, 1641.) Ec.: aux 1 et 4 d'or à l'aigle de sa.; aux 2 et 3 d'or à trois fasces de gu. L'écu posé sur l'estomac d'une aigle ép. de sa. *Manteau* et couronne princiers.

Bonafos de la Bellinay — *Limousin, Auv.* D'azur à la bande d'arg., côtoyée de cinq bes. du même, 3 et 2.

Bonal (Marquis) — *Agénais.* D'azur à trois étoiles d'or. **D.:** ABSQUE NUBIBUS RUTILAT.

Bonamy de Villemereuil — *Berry, Champ.* D'azur au chev., acc. en chef de deux étoiles et en p. d'une tête de lion arr., le tout d'arg.

Bonand — *Bourbonnais.* De sin. à trois têtes de cerf d'arg.

Bonanno (Barons) — *Syracuse, Aquila.* D'or à un chat pass. de sa. *Manteau* et couronne de prince. **D.:** NEQUE SOL PER DIEM, NEQUE LUNA PER NOCTEM.

Bonatti — *Milan.* D'arg. à deux fasces de gu., acc. en chef d'un château sommé de deux tours du même: au chef aussi de gu.

Bonazzi — *Naples.* D'or à un lis de jardin feuillé et tigé de six pièces, le tout au nat.

Bonazzoli — *Bologne.* D'azur à un demi-boeuf cont. d'arg., mouv. du flanc dextre et soutenu d'une terrasse de sin.; au chef du premier, ch. de trois fleurs-de-lis d'or, rangées entre les quatre pendants d'un lambel de gu.

Bonbaci ou **Bombasi** — *Bologne.* De gu. au saut. d'arg., ajouré en losange et acc. de deux étoiles (5) du sec., 1 en chef et 1 en p.

Boncourt — *Neuchâtel.* De gu. à deux haches d'armes d'arg., passées en saut. **C.:** un buste d'homme, hab. aux armes de l'écu et coiffé d'un bonnet albanais de gu., retr. d'arg.

Bondi — *Bologne.* D'azur à un soleil rose, se levant derrière une terrasse de sin. baignée sur le devant d'une eau au nat.; et en chef une comète d'or et deux étoiles (5) du même, 1 (la comète) et 2 (les étoiles).

Bondonnet — *le Mans.* D'arg. au chev. de gu., acc. en chef de deux trèfles d'azur et en p. d'un porc-épic de sa.

Bonelli (Marquis) — *Naples.* Bandé d'arg. et d'azur.

Bonesi — *Bologne.* D'azur à une tour au nat., accostée de deux boeufs affr. d'or, ramp. contre la tour, le tout soutenu d'une terrasse de sin. et acc. en chef de trois étoiles (5) rangées d'or.

Bonet d'Oléon — *Comtat-Venaissin.* D'or au chev. d'azur, acc. de trois mouch. d'herm. de sa.

Bonetti — *Bologne.* D'azur à la fasce d'or, acc. en chef d'un boeuf naiss. d'arg., mouv. de la fasce et surm. de trois étoiles (5) rangées d'or, et en p. d'un chev. d'or, acc. de trois étoiles (5) du même.

Boneval (van) — *Holl.* D'arg. à une tour de gu., sur une terrasse de sin.

Bonfadini — *Bologne.* D'azur à un mont de trois coupeaux d'arg., mouv. de la p., surm. de trois étoiles (5) mal-ordonnées d'or.

Bonfanti — *Bologne.* D'or au chev. losangé de gu. et d'arg. au moyen d'un trait en chevron et de traits verticaux sur chaque branche; le chev. acc. en chef de deux têtes de femme d'arg. et en p. d'une rose de gu.

Bongarçon — *Besançon.* Les armes de Boncompain.

Bonhôte — *Neuchâtel.* D'azur à trois fleurs-de-lis d'or, posées en pairle, les têtes dirigées vers l'abîme,

acc. de quatre étoiles (6) du sec., 1 entre les deux premières fleurs-de-lis, 2 en flancs et 1 en p.

Bonhôte — *Neuchâtel.* D'azur à un tau, acc. en chef de deux étoiles et le pied accosté de deux coeurs renv., celui à dextre posé en barre et celui à sen. posé en bande, le tout d'or.

Boni — *Bologne.* Parti de gu. et d'azur; au lion d'arg., br. sur le parti.

Bonifaccio — *Bologne.* De sa. au lion d'or; à la fasce d'azur, br. sur le tout et ch. d'une étoile (5) d'or, adextrée d'un B d'arg. et senestree d'un O du même.

Boniface de Fombeton — *Prov.* Ec.: aux 1 et 4 de gu. à trois fasces d'arg. (*Boniface*); aux 2 et 3 de gu. à une tour ouv. et pavillonnée d'or, maçonnée de sa. (*Laidet*).

Bonini — *Bologne.* D'arg. au lion d'or, lamp. de gu.; à la bande du même, br. sur le tout et ch. de cinq fleurs-de-lis d'or, posées chacune en barre.

Bonjour — *P. de Vaud.* D'azur à un soleil d'or. **C.:** trois pl. d'aut., une d'or entre deux d'azur.

Bonjour — *Neuchâtel.* D'azur à un croiss. versé d'or en p., soutenant une croix latine d'arg. dont la trabe est accostée de deux étoiles (5) du sec.

Boniel (Comtes) — *Ferrare.* D'or au lion d'azur, tenant un B d'arg.

Bonn — *Aut.* (Chevaliers, 4 avril 1881.) Parti: au 1 d'azur à la demi-aigle d'arg., mouv. du parti; au 2 d'or à une rose de gu., tigée de sin., feuillée de huit pièces, disposées en quatre paires. Deux cq. cour. **C.:** 1° un lion iss. et cont. d'arg., tenant un sabre d'arg., garni d'or; l. d'arg. et d'azur; 2° la rose tigee et feuillée du 2; entre un vol coupé d'or sur gu.; l. d'or et de gu.

Bonnafos (Barons) — *Poitou.* De sin. à la fasce d'or, acc. en p. d'un agneau d'arg.

Bonnafoux — *Auv.* D'or à une face humaine d'azur.

Bonnaire — *Cambrai.* D'azur au chev. d'or, acc. en chef de deux croix potencées du même, cant. chacune de quatre croisettes aussi d'or, et en p. d'un agneau pascal reg. d'arg.

Bonnaire — *Lille.* D'azur au chev. d'arg., acc. en chef de deux coquilles d'or et en p. d'une rose du même.

Bonnaire de Rozay — *Paris.* D'azur au chev., acc. en chef de deux croix potencées, cant. chacune de quatre croisettes, le tout d'or.

Bonnama ou **Bonnema** — *Frise.* De gu. à la fasce d'or, ch. d'un trèfle de sin. **C.:** une tête et col de cheval d'arg.

Bonne — *Dauphiné.* D'arg. à un orme de sin.; au chef d'azur, ch. d'un rencontre de boeuf d'arg.

Bonne (de) — *Lang.* De gu. à la bande d'or, ch. d'un ours de sa.

Bonneau — *Tour.* D'azur à trois trèfles d'or; au chef du même, ch. d'une aigle ép. iss. de sa.

Bonnebase — *Béarn.* Ec.: aux 1 et 4 de gu. à un croiss. d'arg., au chef de sin., ch. de trois étoiles d'or; aux 2 et 3 d'azur à une tour d'arg., mouv. et maçonnée de sa.

Bonnecorse — *Prov.* D'azur au lion d'or, tenant de ses pattes une tête de cheval du même.

Bonnefoy du Charmel — *Ile-de-Fr.* De gu. au chev., acc. en chef de deux étoiles et en p. d'une gerbe, le tout d'or; au chef d'arg., ch. d'un lion léopardé d'azur. *Cri:* SEUILLY! **D.:** IN OMNIBUS BONA FIDES.

Bonnel-Claverie (de) — *Lang.* De gu. à une clé d'arg., posée en pal.

Bonnel de Claverie de Pradal — Comté de Foix. De gu. à une clé d'arg., posée en pal, le panneton en haut à dextre.

Bonnema, v. **Bonnama**.

Bonnemain — *Bourg.* D'azur à un coeur d'or, enflammé de gu., supporté par deux bras d'arg., mouv. des deux cantons de la p.

Bonnescuelle de Lespinois — *Vendée, Champ.* Ec.: aux 1 et 4 d'arg. au lion de gu.; aux 2 et 3 d'azur à une merlette d'or, percée d'une flèche d'arg.

Bonnet — *Maine.* De gu. à neuf croix recr. d'arg. dont le pied est terminé en mouch. d'herm.; et deux lances du même, posées en chev., br. sur le tout.

Bonnet — *Nivernais.* D'azur à trois fusées d'or, rangées en fasce.

Bonnet — *France.* De gu. au chev. d'or; au chef d'arg., ch. de trois roses du champ.

Bonnet de Paillerets et de Lescure — *Lang.* De gu. au chev. d'or, acc. en chef de deux casques d'arg. et en p. d'une épée d'or, posée en pal, br. sur le chev.

Bonnet-Roussel de Cintray — *P. d'Evreux.* D'arg. au chev. de gu., acc. en chef de deux anilles d'or.

Bonnet de St.-Martin — *Norm.* D'arg. semé de bill. de gu.; au lion du même, br. sur le tout.

Bonnetat — *Maine.* D'or à trois bandes de gu.

Ronnetat — *Maine.* De sa. à un bonnet d'arg.

Bonneton — *Bourbonnais.* D'azur à trois rocs d'échiquier d'or.

Bonneville de Marsangy — *Paris.* D'azur à la fasce, acc. en chef d'une étoile accostée de deux roses, et en p. d'un rencontre de cerf, le tout d'or.

Bonnouvrier — *Maine.* D'arg. à la croix de gu., ch. en coeur d'une quintefeuille d'or.

Bono — *Palerme.* D'azur à l'arche de Noe d'or, posée sur un mont de trois coupeaux du même et surm. d'un arc-en-ciel d'or, de gu., de sin., d'azur et d'arg.

Bono (dal) — *Bologne.* D'azur à la bande de gu., ch. de six étoiles (5) d'or; au chef du premier, ch. d'une rose d'or entre deux fleurs-de-lis du même.

Bono (dal) — *Bologne.* D'azur à un mont de trois coupeaux d'or, mouv. de la p., sommé d'une croix latine de gu., accostée de deux étoiles (5) d'or; au chef du premier, ch. de trois fleurs-de-lis d'or, rangées entre les quatre pendants d'un lambel de gu.

Bonomi — *Bologne.* Coupé d'arg. sur gu.: à deux pattes de lion de sin., en pals et accostées, br. sur le coupé, les ongles en haut et affr.; au chef d'azur, ch. de trois fleurs-de-lis d'or, rangées entre les quatre pendants d'un lambel de gu.

Bont (de) — *Heusden.* Deux fasces brét. et c.-brét., acc. en chef d'un oiseau. C.: un oiseau, entre un vol, br.

Bontemps de Montreuil — *Lorr.* D'azur au chev., acc. en chef d'un raisin et d'une gerbe, et en p. d'une corne d'abondance, le tout d'arg.

Bontems — *P. de Vaud.* Coupé: au 1 d'azur à l'aigle d'or; au 2 d'or à la fasce de gu., et au pal d'arg. br. sur la fasce et ch. d'une grappe de raisins de gu. (sans feuilles), la tige en haut.

Bonvespre — *Neufchâtel.* D'arg. à deux chevrons entrelacés; dont l'un renv. et mouv. du chef, et en coeur une étoile (6); en haut et en bas deux demi-fasces, mouv. de l'intérieur des chevrons; le tout d'or.

Bonvicini — *Bologne.* De gu. a un arbre arr. de sin.; au chef d'or, ch. d'une aigle de sa., cour. d'or, soutenu d'un autre chef d'azur, ch. de trois B d'arg.

Bonvilars — *Neufchâtel.* D'arg. au saut. d'azur; au chef du premier, ch. de trois étoiles (5) du sec.

Bonvino — *Italie.* De gu. plein.

Bonvisin ou **Bonvoisin** — *Fribourg.* D'azur à trois étoiles (5) d'or; au chef d'arg.

Bonvouloir — *Bugey.* D'arg. à un coeur enflammé de gu.

Bonzagni — *Bologne.* Fascé de cinq pièces: d'azur, d'or, d'azur, d'arg. et de sa., la première fasce d'azur ch. de trois étoiles (5) rangées d'or.

Bonzi — *Bologne.* D'azur à trois étoiles (5) mal-ordonnées d'or, et une mer au nat. en p., dans laquelle s'élèvent trois poissons de sin., 2 et 1, les deux premiers affr.

Bonzon — *P. de Vaud.* De gu. à une fleur-de-lis d'or, surmontant un tertre de trois coupeaux de sin., sommé de deux roses d'arg., tigées et feuillées de sin., dans les intervalles des coupeaux.

Boogaert — *Amsterdam.* D'arg. à un cerf de gu., couché dans un pré de sin., devant deux arbres du même que s'élèvent d'une eau d'azur dans le fond, en forme de fasce, plus élevé que celui à dextre.

Boogaert — *Leyde.* De gu. à la bande d'arg., acc. de deux arbres arr. de sin.; ladite bande ch. en haut d'un arbre arr. de sin., posé en bande, et ensuite de six pièces de vair d'azur, 2, 2 et 2, posées dans le sens de la bande.

Boogaert (van den) — *Delft.* Ec.: aux 1 et 4 d'or au lion de sa.; aux 2 et 3 d'arg. au chev. de gu.

Boone — *Alost.* D'azur à trois fèves d'arg., 2 et 1, posées chacune en pal, la courbe à sen.; au chef d'or, ch. d'une aigle iss. de sa.

Boone (de) van Ytegem — *Brab.* D'or à un coq hardi de couleur grisâtre, crêté et barbé de gu., ledit coq cont. sur une terrasse de sin.

Boquis — *P. de Vaud.* D'arg. à l'aigle de sa.

*Borchoven (van ou **van den)** — *Brab.* D'arg. à trois mâcles de gu. C.: un vol d'arg. — Ou: Ec.: aux 1 et 4 d'arg. à trois mâcles de gu.; aux 2 et 3 de sa. à trois maillets penchés d'or. C.: une hure et col de sanglier de sa., défendue d'or.

Borda ou **de la Borde** — *Béarn.* D'azur à un bourdon de pèlerin d'or, ch. d'un croiss. du même; le tout acc. d'une orle dentelée aussi d'or.

Bordani — *Bologne.* D'azur à trois fasces ondées d'arg., acc. en chef d'une étoile (5) du même.

Bordas — *Roussillon.* D'or à un oiseau au nat., accosté de deux arbres de sin. sur une terrasse du même, et acc. en chef d'une maison au nat.

Borde-Caumont (Comtes de la) — *Avignon.* Ec.: aux 1 et 4 d'azur au chev., acc. en chef de deux roses et en p. d'une gerbe, le tout d'or (de la Borde); aux 2 et 3 d'or au lion de gu., à la bande de sa., br. sur le lion et ch. de trois coquilles d'arg. (Seytres-Caumont).

Bordenave d'Abère — *Gasc.* D'azur au chev; d'arg., acc. de trois coqs d'or, les deux en chef affr.. au chef de gu., ch. de trois étoiles d'or.

Borderie (de la) — *Maine.* De sa. à trois los. d'or.

Bordes (de) — *Condomois.* D'or au chev., acc. en chef de deux roses et en p. d'un mont, le tout de gu.

Bordocchi — *Bologne.* D'azur au cerf ramp. d'or, tenant de ses pattes de devant la garde d'or d'une épée de gu., la pointe en bas; le tout acc. de trois étoiles (5) d'or, rangées en chef.

Bordoni — *Bologne.* D'azur au lion d'or, tenant de ses pattes un bourdon de pèlerin d'arg.

Borea (Comtes) — *Lugo, Albenga.* Parti: au 1 d'azur à un Borée, soufflant vers une nuée posée à dextre; au 2 coupé: a. de sin., à la bord. d'arg.; b. d'arg., à la bord. de sin.

Borel — *Lang.* D'azur au chev. d'or, surm. de trois étoiles rangées du même; au chef d'arg.

Borel — *Neufchâtel.* D'azur à trois roses de gu. et en p. d'une étoile (5) du sec.

Borel — *Neufchâtel.* D'arg. au lion de sa., tenant de ses pattes un ou du même en pal, et soutenu d'une terrasse de sin.

Borel — *Neufchâtel.* D'azur au chev. d'or, acc. en chef de deux étoiles (5) du même et en p. d'une rose de gu.

Borel de Lor — *Dauphiné.* D'or à un croiss. d'azur, surm. de deux tours de sa.

Borel barons de Manerbe — *Neufchâtel.* De gu. a la bande de vair, acc. de deux lions d'or.

Borel dit Petit-Jaquet — *Neufchâtel.* D'azur au lion cont. d'or, tenant de sa patte sen. une épée d'arg.

Borel de la Rivière — *Blois.* De gu. à la bande de vair.

Borelli — *Bologne.* D'azur à un mont de trois coupeaux d'or, soutenu d'une terrasse de sin. et somme d'un griffon de sa.; le tout acc. de trois fleurs-de-lis d'arg., rangées en chef.

Borelli — *Bologne.* Coupé: au 1 d'azur à un boeuf naiss. d'or. mouv. du coupé; au 2 d'azur à trois pals d'arg.

Boret (de) — *Tour.* D'azur à trois clés d'arg., les anneaux passés dans un annelet d'or.

Boret (de) — *Gasc. Franche-Comté.* D'azur au pélican d'arg. avec sa piété de gu.

Borghi — *Bologne.* D'azur à une tour carrée d'arg., sans créneaux, cour. et aj. de sa., posée sur une terrasse de sin. et accostée de deux demi-boeufs affr. d'arg., des flancs; au chef d'azur, ch. de trois fleurs-de-lis d'or, rangées entre les quatre pendants d'un lambel de gu.

Borgia — *Bologne.* Coupé de sa. sur azur, l'azur ch. d'un chev. d'arg., surch. de deux roses de gu.; au chef de l'écu d'azur, ch. de trois étoiles (5) d'or.

Borgia del Casale (Marquis) — *Syracuse.* Parti: au 1 de gu. à un arbre terrassé au nat., surm. d'une étoile d'or; le fût de l'arbre percé d'une épée d'arg., garnie d'or, en bande, la pointe en bas (di Lorenzo); au 2 coupé: a. d'or à un boeuf de gu., pass. sur une terrasse de sin.; au 2 d'azur à trois barres d'or (Borgia del Casale).

Borgo (dal) — *Naples.* Coupé de gu. sur arg.; au lion de l'un en l'autre, arm. et lamp. d'or.

Borgognini — *Bologne.* Coupé: au 1 échiq. d'arg. et de sin.; au 2 d'arg. plein.

Borgognoni — *Bologne.* D'azur à un arbre de sin., fruité de quatre pièces de gu., senestré d'un lion d'or, ramp. contre le fût, le tout soutenu d'une terrasse de sin.; au chef d'azur, ch. d'une étoile (5) de sa.

Borgonzoni — *Bologne.* D'arg. à un arbre de sin., accosté de deux lévriers affr. au nat., coll. de sin.; au chef d'azur, ch. de trois fleurs-de-lis d'or, rangées entre les quatre pendants d'un lambel de gu.

Boriani — *Bologne.* D'azur à une Borée de carn., entouré de nuages au nat., pose à un canton sen. du chef, soufflant sur la partie dextre d'une mer au nat. en p. une flèche au nat. en barre, la pointe en bas, qui va aboutir dans ladite mer; au chef d'azur, ch. de trois fleurs-de-lis d'or, rangées entre les quatre pendants d'un lambel de gu.

(orn (van den ou **van der)** — *Holl.* D'azur à un faucon d'arg., chaperonné au nat., perché sur un bâton en fasce d'arg., auquel est suspendu sur le milieu un annelet d'or; le tout acc. en chef de deux coquilles du sec.

Bornand — *P. de Vaud.* D'azur à un monde d'or, cintré de gu., croisé d'arg., br. sur deux flèches d'arg., passées en saut.

Borniol (Comtes) — *Dauphiné, Nivernais, Norm., Prov., Rouergue.* D'azur au chev. d'or, acc. en chef de deux roses (ou étoiles) du même et en p. d'un bœuf d'arg., pass. sur une terrasse de sin.

Borret — *P. de Liége.* D'arg. à une ancre renv. de sa.

Borri — *Bologne.* D'azur au lion d'or, supp. de sa patte dextre une étoile (5) du même et acc. en chef de trois étoiles pareilles, rangées.

Borsari — *Bologne.* D'azur à un dextrochère, paré de gu., mouv. du flanc, la main de carn. tenant une bourse ou sac d'or avec quatre rubans du même, deux à dextre et deux à sen.; au chef d'arg., ch. de trois étoiles (5) d'or.

Borselli — *Bologne.* Parti de gu. et d'arg.; à deux demi-vols adossés de l'un à l'autre.

Borsi — *Bologne.* D'arg. à un bœuf de gu., pass. sur une terrasse de sin. et surm. d'une comète d'or; au chef d'azur, ch. de trois fleurs-de-lis d'or, rangées entre les quatre pendants d'un lambel de gu.

Borthon — *Bourg., orig. d'Angl.* D'azur à un phénix sur son immortalité d'or, fixant un soleil du même, posé au canton dextre du chef.

Borwater — *Anvers.* Une fasce ch. de sept glands effeuillés, 4 et 3, les queues en bas; la fasce acc. de six lions, 3 rangés en chef et 3 rangés en p. **C.:** cinq épis effeuillés.

Bory — *P. de Vaud.* De gu. à un pentalpha d'or, surmontant un tertre de trois coupeaux du même.

Borzaghi — *Bologne.* D'azur à un mont de trois coupeaux d'or, mouv. de la p., soutenant un bœuf ramp. d'arg., tenant de sa patte dextre trois feuilles oblongues d'or; le mont accosté de deux touffes pareilles de trois feuilles d'or, mouv. de la p.

Bos *dit* **Slootingh** — *Delft.* De sa. à un arbre arr. d'arg.

Bosc (du) de la Brière — *France.* D'or à trois chev. de sa., acc. en p. d'une rose de gu.

Bosc (du) de la Romerie — *France.* De gu. à la croix d'arg., cant. de quatre trèfles du même.

Bosch — *Delft.* De sa. à un arbre d'arg., terrassé du même.

Bosch (van den) — *P. d'Utrecht* (M. ét.) Fascé d'or et de sa., de huit pièces; à la bande échiq. de gu. et d'arg., br. sur le tout.

Boscq (du) de Canteloup — *France.* Parti: au 1 d'or à trois fasces de gu.; au 2 d'azur à un loup d'or.

Boscq (du) de Ténac — *France.* D'or à trois arbres de sin., terrassés du même; et un lévrier de sa., pass. au pied des arbres; au chef d'azur, ch. de trois étoiles d'or.

Bösingen — *Fribourg.* Coupé: au 1 d'or à une tête et col de loup de sa.; au 2 de gu. plein.

Bosio — *Bologne.* D'azur à un bœuf ramp. écartelé d'arg. et de gu., tenant de sa patte sen. un listel d'arg., flottant au-dessus de sa tête et ch. des mots: IN DOMINO CONFÈDO, en lettres de sa.

Boskovich — *Serbie.* De gu. à la fasce d'or, ch. d'une couronne de feuillage de sin.

Bosquier — *Hainaut.* D'azur au chev. d'or, acc. de trois étoiles du même.

Bosquillon [d'Aubercourt, de Frescheville, de Jarcis, de Jenlis] — *Pic.* D'azur à trois serpettes d'arg., emm. d'or, posées en pals, 2 et 1; au chef du sec., ch. de trois roses de gu.

Bossancourt — *Champ.* D'arg. au lion de sa., l'épaule ch. d'une étoile d'or.

Bosset — *P. de Vaud.* D'azur à deux roses accostées d'arg., acc. en chef de trois molettes mal-ordonnées d'or et en p. d'un tertre de trois coupeaux du même.

Bossi-Federigotti de Belmonte — *Tirol* (Nob. d'Aut., sous le nom de Edle *von Bosi und Belmonte*, 8 fév. 1786; barons, 11 fév. 1882.) De gu. à un bœuf ramp. d'or, cour. du même, la queue levée. Trois cq. cour. **C.:** 1° une aigle iss. et cont. de gu., cour. d'or; 2° un panache de front, la tête tournée à dextre; 3° un phénix d'arg., langué de gu., iss. de quatre flammes du même. **L.** d'or et de gu. **S.:** deux griffons reg. d'or. **D.:** PRO IMPERATORE ET PATRIA.

Bossilevich de Sakolacz — *Aut.* (Nob. du St.-Empire, 29 août 1791.) D'or à la bande d'azur, ch. d'un croiss. figure, les cornes dirigées vers le canton dextre du chef, et deux étoiles, 1 en haut et 1 en bas, le tout d'or. Cq. cour. **C.:** un senestrochère, arm. d'arg., posé sur le coude, la main de carn. tenant un cimeterre d'arg., garni d'or.

Bosson — *Lausanne.* D'azur à une cloche d'arg., sous battant.

Bossonens — *Fribourg.* Palé d'or et d'azur (ou, d'azur à deux pals d'or); au chef de gu., ch. de trois étoiles (5) d'or.

Bostel — *Wetzlar, orig. de Hambourg.* D'arg. à trois roses de gu., bout. d'or. **C.:** une rose de gu., bout. d'or, entre un vol d'arg.

Botet de la Caze — *Guyenne.* De sin. au lion d'or, percé d'une flèche de gu.; au chef d'arg., ch. de trois étoiles d'azur.

Both de Tauzia — *Guyenne.* Parti: au 1 d'azur au chev. d'or, acc. en chef de deux roses du même et en p. d'un lion d'arg.; au chef de gu., ch. d'un croiss. d'arg., entre deux étoiles du même; au 2 d'azur à trois fleurs-de-lis d'or, rangées en chef, et une limande du même en p.

Botoul — *Tournaisis.* D'herm. à un croiss de gu.

Bottée de Toulmont — *Vermandois.* D'azur à un soleil d'or, acc. de trois cœurs d'arg.

Bottens — *P. de Vaud.* De gu. à la bande d'arg., ch. d'un lion léopardé d'or. **C.:** un lion iss. d'arg.

Bottyken — *P. d'Utrecht.* De gu. à un membre d'aigle d'or, la serre en bas.

Botzen — *P. de Halberstadt.* D'arg. à un cheval pass. de sa., revêtu d'une housse trainante de gu. **C.:** deux prob. tiercées en fasce: de gu., de sa. et d'arg.

Bouais — *Bret.* D'arg. à six glands de sin., aux coques d'azur.

Bouard de Laforest — *Guyenne.* D'arg. au lion de sin., acc. en chef de deux étoiles du même. **D.:** DIEU ET MON ROI.

Bouc (le) — *Maine.* D'arg. à trois pommes de pin mal-ordonnées de sin., les queues en haut.

Boucault — *Anjou.* De gu. au lion d'or.

Bouchard — *Anjou.* D'azur à une étoile d'arg.

Bouchaud — *Prov.* D'azur à un bouc saillant d'arg., accorné d'or, surm. d'un soleil du même. — *Ou:* D'arg. à un bouc saillant de sa., accorné d'or.

Bouchelet de la Fosse — *Fl. fr.* De gu. au chev. d'arg., acc. de trois merlettes du même.

Boucher — *Maine.* D'or à la bande d'azur, ch. de trois étoiles du champ et acc. de trois roses de gu.

Boucher — *Maine.* D'azur à trois fasces d'azur, ch. chacune d'une étoile d'or et acc. de trois roses de gu., 2 en chef et 1 en p.

Boucher (le) — *Maine.* D'or à trois bouches de gu.

Boucher de la Rupelle (Comtes) — *Bourg., Champ.* D'arg. à trois écrevisses de gu., posees en pals, 2 et 1.

Bouchet (du) — *Maine.* D'herm. papelonné de gu. **C.:** un chien ailé au nat., coll. de gu. **S.:** deux chiens ailés au nat., coll. de gu. **D.:** POTIUS MORI QUAM FOEDARI.

Bouchet (du) d'Anglejan — *Principauté d'Orange.* De gu. à une tête de lion au nat.

Bouchet (du) de Mondagron — *Maine.* D'or à trois annelets de sa.

Boucoura — *Athènes.* D'arg. semé de fleurs-de-lis de pourpre.

Boucquel de Beauval — *Arras.* Ec.: aux 1 et 4 de gu. à un écusson d'arg. en abime; aux 2 et 3 d'azur à la fasce d'or. Cq. cour. **C.:** un lion iss. d'or, lamp. de gu. **S.:** deux léopards lionnés d'or.

Boudet — *Paris.* D'azur à la fasce d'or, acc. de trois étoiles du même.

Boudet de Bardon — *Auv.* Ec.: aux 1 et 4 d'arg. au griffon de gu.; aux 2 et 3 d'azur à la fasce d'or, acc. en chef d'une fleur-de-lis d'arg., accostée de deux roses d'or, et en p. d'un sanglier du même.

Boudinot — *Etats-Unis.* D'azur au chev., acc. en chef de deux étoiles et en p. d'un cœur enflammé, le tout d'or. **D.:** SOLI DEO GLORIA ET HONOR.

Boudonville — *Lorr.* D'or à la fasce d'azur, acc. en chef d'un lion naiss. de gu., mouv. de la fasce, et en p. de trois roses de gu., bout. d'arg. Cq. cour. **C.:** le lion iss., tenant une épée d'arg., garnie d'or.

Bouère (de la) — *Maine.* De gu. au lion d'arg., lamp. et cour. d'or.

Bouet (de) — *Dauphiné.* D'azur à un taureau pass. d'or.

Bouet-Willaumez (Comtes) — *Bret.* De gu. à un vaisseau d'arg., hab. et équipé du même, entouré d'un cercle de réflexion divise d'or; au chef du même, chargé d'une épée de sa. en bande d'une ancre d'arg. en barre, passees en saut. **S.:** deux dauphins. **D.:** CONSILIO MANUQUE.

Bouffard de l'Espinay — *Toulouse.* D'azur à une colombe volante d'or, tenant en son bec un rameau d'olivier de sin.

Bougars — *Maine.* De sa. à une bouteille d'or, acc. de trois tasses d'arg.

Bougé — *Maine.* D'azur au chev. d'or, acc. de trois bes. d'arg.

Bougler — *France.* De sin. à une ancre d'arg.

Bougy ou **Blougies** — *P. de Vaud.* D'azur à trois roses d'or, rangées en pal.

Bouharmont — *Soumagne (P. de Liége.)* D'arg. au saut. de gu., acc. en chef d'une rose du même, bout. d'or, barbée de sin. **C.:** un vol à l'antique d'arg.

Bouler — *Dauphiné.* D'or à un boeuf pass. de gu.; au chef d'azur, ch. de trois roses d'arg.

Bouilhac (Comtes) — *Guyenne, Gasc.* D'arg. à la fasce de gu., ch. d'une tige de trois soucis d'or et acc. de trois tiges de trois chardons, fleuries et liées de gu.

Bouille — *P. de Namur.* Coupé: au 1 de sa. à deux B cont. d'or accostés; au 2 d'or à l'aigle ép. de sa.

Bouilliat — *Grenoble.* Tiercé en pal: au 1 d'azur à trois têtes de licorne d'or; au 2 d'or à la croix ancree de gu; au 3 de sa. à un renard ramp. d'or. Au chef d'azur, br. sur le tiercé et ch. de trois molettes d'arg.

Bouissavy de Reclot, v. Boissevain.

Boulanger *dit* **Lovenfosse** — *Soumagne (P. de Liége.)* De sa. à la croix engr. d'or, acc. au 1 canton de trois gobelets d'arg., 2 et 1.

Boulard — *Ile-de-Fr.* De gu. au léopard lionné d'arg., tenant une boule d'or; au chef du même, ch. de deux roses du champ. — (An., 10 fév. 1717.) De gu. au lion léopardé d'arg.; au chef d'or, ch. de deux roses du champ.

Boulard du Port — *le Mans.* D'azur à trois bes. d'or.

Boulard de Vaucelles — *Paris.* D'azur au lion léopardé d'arg.; au chef d'or. ch. de trois roses de gu.

Boulay (de la Meurthe) — *Lorr.* (Comte de l'Empire, 1813.) D'azur à une gerbe de blé d'or, liée du même; à la champagne d'arg., ch. de deux branches, l'une de chêne, l'autre d'olivier, de sin., passées en saut.

Boulengies — *Ypres.* De gu. au saut. de vair.

Boulet (du) de la Boissière — *Valois.* De gu. à un écusson d'or en abime.

Boulet de Colomb d'Hauteserre — *Gasc.* D'azur à un champignon renv. d'arg., le pied en haut ; au chef du suc., ch. d'un tourteau de gu.

Boullenois — *Champ.* D'arg. au chev. d'azur, acc. de trois roses de gu., tigées et feuillées de sin.

Boullerie — *Maine.* D'arg. à six boules de gu.

Boulogne (de) — *Ponthieu.* Ec.: aux 1 et 4 de gu. à un épervier perché d'arg.; aux 2 et 3 de gu. à une licorne d'arg. — *Armes depuis 1700:* D'arg. à la bande de sa., acc. de trois lions de sin., 2 en chef et 1 en p.

Boulond — *Grenoble.* Coupé: au 1 d'azur à trois boules rangées d'or; au 2 de gu. à une belette pass. d'arg.

Bouquet — *P. de Vaud.* D'azur au chev. d'arg., acc. en chef de deux roses d'or et en p. d'un lion du sec.

Rouquet ou **Bucquet** — *P. de Vaud.* D'or au bouquetin ramp. de sa., soutenu d'un tertre de trois coupeaux du même.

Bourdeau — *Limousin.* D'azur à un château d'arg., flanqué de quatre tours rondes, pavillonnées et girouettées du même, bâti sur une eau d'arg., ondée de sa.; ledit château sommé d'une espèce de clocher garni d'une cloche d'arg., surm. d'un lion léopardé d'or.

Bourdeau de Fontenay — *Berry.* De gu. à trois bourdons d'arg.

Bourdin — *Pic.* D'azur à trois têtes de daim d'or (les cadets brisaient d'un chevron d'or). **C.:** un dragon, **S.:** deux dragons.

Bourgault — *Maine.* D'azur à trois tours au nat., posées sur une terrasse de sa.

Bourgeix — *Riom.* De gu. à trois bourses d'or.

Bourgeix — *Auv.* D'azur à trois bourses d'or.

Bourgeois — *Mayenne.* De sa. à un cygne d'or.

Bourgeois — *Lausanne.* D'azur à un monde d'azur, cintré et croisé d'or. **C.:** trois pl. d'aut., une d'arg. entre deux d'azur.

Bourgeois *dit* **Blanc** — *Neufchâtel.* D'or à la moitié inférieure d'une roue de moulin de sa., sans rayons, sommée de deux tiercefeuilles tigées de sin., en chev. renv., et une étoile (6) du sec. entre les deux tiercefeuilles.

Bourgeois de Bonvilars — *Neufchâtel, Yverdon.* D'azur à la fasce d'arg., crén. de trois pièces et maçonnée de sa.; à la bord. d'or. Cq. timbré d'une cou-

ronne murale d'or. **C.:** trois pl. d'aut., une d'arg. entre deux d'azur.

Bourgeois *dit* **Coinchely** — *Neufchâtel.* D'azur à la croix d'or, accostee en chef de deux étoiles du même et en p. de deux coeurs renv. aussi d'or, celui à dextre posé en barre et celui à sen. posé en bande; à un tertre de trois coupeaux de sin. en p., br. sur la croix.

Bourgeois *dit* **Francey** — *Neufchâtel.* De gu. au griffon d'arg. **C.:** une tête et col de cheval d'arg.

Bourgeois *dit* **Francey** — *Neufchâtel.* Parti: au 1 coupé: *a.* d'or au griffon de sa.; *b.* d'azur à une croix alésée d'arg., acc. aux 1 et 4 d'un coeur d'or, posé en bande, celui du 4 renv., et aux 2 et 3 d'une étoile (5) d'or; au 2 de gu. au cheval cabré d'arg. **C.:** une tête et col de cheval d'arg.

Bourgeois de la Tour St.-Quentin (Comtes) — *Franche-Comté.* De gu. à la bande d'or; au canton d'azur.

Bourgevin-Vialart de Moligny — *Champ.* Ec.: aux 1 et 4 d'azur au saut. d'or, cant. de quatre croix potencees du même (*Vialart*); aux 2 et 3 d'azur à la fasce d'arg., ch. de trois roses de gu. et acc. de trois fleurs-de-lis d'or (*Guyard*). Sur le tout d'azur à la fasce d'herm., acc. de trois coquilles d'or (*Bourgevin*). **S.:** deux lévriers.

Bourgknecht — *Fribourg.* Tranché: au 1 de sa. à une étoile (5) d'arg.; au 2 d'arg. à une rose de sa.

Bourgiton — *Prov.* De gu. au donjon crén. de trois pièces au nat., diapré de sa., ouv. et aj. de gu., posé sur une terrasse de sin. et sommé d'un lion iss. de gu. **S.:** deux lions de gu., allumés et lamp. d'arg., la queue passant entre les jambes et fourchée à l'extrémité d'arg.

Bourgogne (Comtes de) — *Franche-Comté* (M. ét.) De gu. à l'aigle ou aigle ép. d'arg.

*Bourgogne (de) — *Lorr.* (An., 17 juillet 1164, et 1343.) De sa. à sept bill. d'or, 3, 3 et 1 ; au chef du même. **C.:** deux cornes de sa., longées à l'extérieur de crêtes d'or. **S.:** deux aigles.

Bourguignon d'Herbigny — *Soissonnais.* De sa. à une flamme de gu., mouv. de la p. de l'écu. **D.:** ARDENS UT IGNIS.

Bouritius — *Leeuwarden.* Parti: au 1 d'or à un arbre terrassé de sin.; au 2 d'azur à trois trèfles d'or, rangés en pal.

*Bourlemont — *Champ., Lorr.* (M. ét. au 15e siècle.) Fascé d'arg. et de gu., de six pièces; au chef d'arg. **Cr.:** BOURLEMONT! **S.:** deux lions.

Bourlon de Chevigné — *Ile-de-Fr.* Ec.: aux 1 et 4 d'or à la bande d'azur, ch. de trois annelets du champ (*Bourlon*); aux 2 et 3 de gu. à quatre fusées accolées en fasce d'arg., acc. de huit bes. du même, 4 en chef et 4 en p. (*Chevigné*).

Bourqueney (Comtes) — *Maine.* De gu. à quatre bandes d'arg. **C.:** une aigle iss. de sa., coll. d'une couronne renv. de sa. **S.:** deux chevaux, au nat.

Bourquin — *Neufchâtel.* D'azur à un arbre d'or, sur un tertre d'arg.; au chef du même, ch. d'une couronne murale de gu., entre deux étoiles (5) du même.

Bourran (Marquis) — *Guyenne.* D'azur à l'aigle ép. de sa.

Boussard — *France.* D'azur au chev., acc. en chef de deux fleurs-de-lis tigées et en p. d'un lion, le tout d'or.

Boussart — *Abbeville.* De gu. à la fasce d'or, acc. de trois têtes de lévrier arr. du même, coll. d'azur (*ou* trois têtes de lion d'or).

Boussens — *P. de Vaud.* D'arg. au lion de sa.; à la bord. comp. de sa. et d'arg.

Boussu (Comtes de), v. **Alsace de Hennin-Liétard.**

Bouta — *Frise.* D'arg. à trois roses de gu.

Boutell — *Angl.* D'arg. à la fasce de sa., acc. de trois coquilles du même. **C.:** une coquille d'azur [Armes du Rév. *Charles Boutell,* auteur du savant ouvrage *Heraldry, historical and popular* (Londres, 1863), où il expose l'histoire du blason anglais depuis ses origines jusqu'à nos jours.]

Boutery — *Ponthieu.* D'arg. à trois gourdes de pélerin renversées de gu., liées d'or.

Boutet (du) — *Champ.* De gu. à trois croiss. d'arg.

Boutet de Monvel — *Paris, Orléans* (Chevalier de l'Empire, 11 sept. 1813.) Parti, de gu. à trois croiss. d'arg., 2 et 1, et d'azur à trois chev. alésés d'or, 2 et 1: à la champagne d'azur, br. sur le parti et ch. du signe des chevaliers de la Réunion, qui est une étoile à douze rais d'or (seul exemple du signe de cet ordre dans les blasons impériaux).

Bouthillier de Rancé — *Maine.* D'azur à trois los. d'or, rangées en fasce.

Bouthillon de la Serve — *Dauphiné, Bourg.*

(An., 1782; barons, 13 mars 1820.) D'or à la bande d'arg., ch. de deux épis de sin., et acc. en chef d'un lion d'or et en p. d'une tour d'arg.

Boutigny-Machault — *Maine.* D'arg. à trois têtes de corbeau arr. de sa.

Boutillon — *Tour.* (An., avril 1672.) D'azur au rocher d'or, mouv. du flanc dextre et surm. d'un lion du même.

Bouttemotte — *Grenoble.* D'or à trois tourt. malordonnés de sa.; le champ chapé d'azur.

Bouttes — *Lang., P. de Vaud.* D'or à trois planchettes de gu., posées chacune en bande, rangées en fasce.

Bouvaincourt — *Ponthieu.* D'arg. à trois fasces de sin. — *Ou:* De sin. à trois fasces d'arg.

Bouverie (de la) *dit de la Salle* — *Tournaisis.* D'arg. à un rencontre de boeuf de gu.

Bouvet — *Maine.* D'or à la bande d'azur, ch. de trois croiss. d'arg.

Bouvier — *Neufchâtel.* Palé d'azur et d'or, de quatre pièces; à la bande d'arg., br. sur le tout et ch. de trois étoiles (5) de gu.

Bouviez (de) St.-Agney — *Ile-de-Fr.* Parti: au 1 coupé: *a.* d'azur à un senestrochère, arm. d'arg., tenant un sabre du même, garni d'or et sortant d'une nuée d'arg., mouv. du parti; *b.* d'or à trois roses de gu., bout. du champ (*Bouviez*); au 2 de sa. au lion d'or, arm. et lamp. de gu., portant sur sa poitrine un écusson d'azur semé de bill. d'or, à la bande d'arg., br. sur ces bill. (*Glymes de Brabant*).

Boux — *P. de Liége.* D'arg. au bouc ramp. de gu., coll. et bouclé d'or, soutenu d'une terrasse de sin., mouv. du canton sen. de la p. **C.:** une tête et col de bouc de gu., coll. et bouclé d'or.

Bouxthay — *Liege.* Ec.: aux 1 et 4 d'arg. au lion de gu.; aux 2 et 3 d'arg. à trois fusees de gu., accolées en fasce. **C.:** le lion, iss.

Bouygues de Boschatel — *Auv.* De sa. a un château d'or.

Bouyn — *Bourg.* Ec.: aux 1 et 4 d'azur au lion d'or; aux 2 et 3 losangé d'arg. et de sa.

Bovart — *Fribourg.* D'arg. à l'aigle de sa., acc. en chef de deux étoiles (5) du même et en p. d'un tertre de trois coupeaux de sin.

Boves — *Pic. Armes anc..* Do gu. à la bande coticée d'or. — *Armes mod..* celles de *Coucy* qui sont fascé de vair et de gu., de six pièces.

Bovet — *Neufchâtel.* De gu. à la fasce ondée d'arg., soutenant un boeuf pass. du même.

Bovi — *Bologne.* D'azur à deux chev. diminués d'or, et trois fleurs-de-lis du même entre ces chev., le premier en pal et les deux autres en barre et en bande; au chef du premier, ch. de trois fleurs-de-lis d'or, rangées entre les quatre pendants d'un lambel de gu.; ce chef surm. d'un autre chef d'or, ch. d'une aigle de sa.

Bowman — *Surrey* (Baronet, 23 janv. 1884.) D'or au chev. de gu., acc. de trois arcs du même en pals, la corde à sen.; le chev. ch. en haut de deux lions affr. d'or et en bas de deux coquilles d'arg. **C.:** un tronc d'arbre au nat. sur un tertre de sin.; la partie supérieure environnée d'un lien de sa., auquel est suspendu au côté dextre un carquois de gu., rempli de flèches d'arg. **D.:** QUONDAM HIS VICIMUS ARMIS.

Box — *Delft.* De gu. à un bélier arrêté d'arg., accorné d'or.

Boyer — *Neufchâtel.* D'arg. au lion léopardé de gu., pass. sur une terrasse de sin.; au chef d'azur, ch. de trois étoiles (5) du champ.

Boylesk — *le Mans.* D'azur à trois flanchis d'or, acc. en chef de deux fleurs-de-lis du meme.

Boys (du) — *Grenoble.* D'azur au saut. d'arg.; au chef du même, ch. d'un lion iss. de gu.

Boysson — *Périgord, Quercy.* D'arg. au chev. de gu., acc. en chef de deux croiss. du même et en p. d'un arbre terrassé de sin.; au chef d'azur, ch. de trois étoiles d'or. **D.:** GARO, QUE FISSO MOUN BOUISSON !

Boytel de Bellancour — *Ile-de-Fr.* D'azur à trois coqs d'or, bq., barbés, crêtés et onglés de gu., la patte dextre levée.

Boyve — *Neufchâtel.* D'azur à un pot à verser, le tuyau à dextre, acc. en chef de deux étoiles (6), le tout d'or.

Boz (du), v. **du Bois.**

Bozonat — *Grenoble.* De gu. au lion d'or; au chef d'azur, ch. d'un croiss. d'arg. entre deux étoiles du même et soutenu d'un filet d'or.

Braam — *Holl.* Une plante de mûre sauvage. **C.:** un vol.

Braaxma — *Leeuwarden.* Parti: au 1 d'or à la demi-aigle de sa., mouv. du parti; au 2 coupé: *a.* d'arg.

à trois trèfles de sa.; *b.* d'or à un compas d'arg., ouvert en chevron.

Bracangelo — *Grèce.* De gu. à trois rencontres de cerf d'arg., cour. d'or.

Bracche — *Maine.* D'azur à une gerbe d'or, liée de gu. **C.:** deux bannières d'azur. ch. chacune d'une bord. engr. d'or. **S.:** deux salamandres reg. de sin., vomissant des flammes.

Brach — *Guyenne.* D'azur à la bande d'or, accostée de deux fusées de sin.

Braconier (le) — *P. de Liége.* Ec.: aux 1 et 4 d'or au lion de gu.; aux 2 et 3 d'arg. à une hure de sanglier de sa., défendue d'arg. **C.:** la hure du sanglier.

Bracorens de Savoiroux (Comtes) — *Savoie.* D'azur au pal d'or. ch. de trois coquilles de sa. **C.:** un bras arm., brandissant une épée. **D.:** AGERE ET PATI FORTIA.

Bradford — *Angl.* De gu. à la fasce d'azur, ch. de trois têtes de cerf d'arg. **C.:** une tête de cerf. **D.:** ESSE QUAM VIDERI.

Bradsky de Laboun — *Bohême, Saxe* (Rec. du titre de chevalier, 19 juillet 1881.) Ec.: aux 1 et 4 d'or à un boeuf pass. de gu., sanglé d'arg.; aux 2 et 3 d'arg.; chapé, à dextre de gu. et à sen. de sa. **C.:** un écran circulaire d'or, orné à l'entour de six pl. d'aut. de gu. et ch. de quatre los. du même, 2 et 2. **L.:** à dextre d'arg. et de sa., à sen. d'arg. et de gu.

Braem — *Nimègue.* Coupé: au 1 trois mûres sauvages; au 2 une roue de six rayons.

Braem — *Fl. fr.* Ec.: aux 1 et 4 coupé-énté d'azur sur arg.; aux 2 et 3 fascé d'or et de sa., de six pièces.

Braems — *Amsterdam.* De gu. à trois têtes et cols de cygne d'arg.

Braganza — *Port.* D'arg. au saut. de gu., ch. de cinq écussons d'azur, surch. chacun de cinq bes. d'arg., rangés en croix.

Braibant — *Tournai.* D'azur à deux étoiles d'or en chef et un croiss. d'arg. en p.

Braillard — *Fribourg.* De gu. à un battant de cloche d'arg., surm. d'une croiss. figuré versé d'or.

Braillard — *Fribourg.* D'azur à trois étoiles (5) d'arg., 2 et 1, et en p. d'un coeur de gu.

Braiteau (Vicomtes de), v. **Papillon** vicomtes de **Braiteau.**

Brakenhausen — *Elbing.* Coupé: au 1 d'azur au chien braque courant de sa., coll. et bouclé d'or. Brl. de sa. et d'or. **C.:** le chien braque, iss. **L.:** à dextre d'or et d'azur, à sen d'arg. et de sa.

Brancadoro (Comtes) — *Lombardie.* D'azur à deux pattes de lion d'or, passées en saut.

Brancucci — *Bologne.* Parti, de sin. à trois barres d'arg.. et d'azur à trois bandes d'or, de telle sorte que les barres et les bandes forment deux chevrons entiers.

Brand — *Neufchâtel.* D'arg. à deux trèfles accostés de sin.; au chef d'azur, ch. de trois étoiles (5) du champ.

Brand — *Neufchâtel.* D'or à un brandon de sa., posé en pal, allumé de gu. au sommet, soutenu d'un tertre de trois coupeaux de sin.; ledit brandon accosté de deux étoiles de gu.

Brand vicomte **Hampden** — *Angl.* (Vicomte *H.*, 4 mars 1884.) Les armes de **Brand-Trevor** baron **Dacre.**

Brandelis de Moré — *Maine.* D'azur à deux chev. d'or, acc. de trois bes. du même, 2 en chef et 1 en p.

Branden (van den) — *Alost.* Parti: au 1 d'arg. à l'aigle de sa.; au 2 de sa. à deux épées d'arg., garnies d'or, passées en saut., cant. de quatre trèfles d'arg. [V. **Cayman.**]

Brandenburg — *Fribourg.* De sa. à un W, enlacé avec un lacs d'amour en losange, les angles noués, termine en haut par un trèfle, le tout d'or.

Brandenburg — *Fribourg.* Parti de gu. et d'arg.; à un boeuf pass. de l'un en l'autre.

Brandes — *Tangermunde* (Prusse). D'arg. à deux fasces de gu., acc. de sept étoiles du même, 2 en chef, 3 entre les fasces et 2 en p. **C.:** sept roses de gu. tigées et feuillées de sin.

Brandt (de) — *Alost.* De sa. à six flammes d'or, 3, 2 et 1.

Brandts — *Holl.* De gu. à une croix pattée d'or et une fleur-de-lis du même, accostées.

Brant *dit* **Spirer** — *Strasbourg.* D'arg. à une roue de moulin de sa., couchée sur un coussin de gu., houppé d'or. **C.:** un homme barbu iss., hab. de gu., tenant de chaque main levée un brandon de sa., allumé de gu. **L.** d'arg. et de gu.

Braquilange — *France*. De gu. à un senestrochère d'arg., tenant une épée du même en barre, garnie de sa.

Brasavola (Comtes) — *Ferrare*. Ec.: aux 1 et 4 d'azur à trois fleurs-de-lis d'or; aux 2 et 3 d'azur à une colombe d'arg., tenant en son bec un rameau d'olivier de sin. et volant au-dessus de flammes de gu. Au chef d'or, br. sur l'écartelé, ch. d'une aigle de sa. et soutenu d'une fasce en divise d'arg.

Braschi-Onesti — *Bologne*. Parti: au 1 de gu. à un aquilon de carn., posé au canton dextre du chef, soufflant sur une plante feuillée de sin., fleurie de trois lis d'arg. sur le côté sen.; cette plante pliant sous la force du vent, et terrassée de sin.; au chef d'arg., ch. de trois étoiles (5) d'or; au 2 d'arg. au lion d'or, tenant de sa patte sen. une pomme de pin de sin., la queue en bas.

Braschi-Onesti duc de Nemi — *Rome*. Ec.: aux 1 et 4 d'or à l'aigle ép. de sa., surm. d'une couronne impériale; aux 2 et 3 d'azur à la fasce d'arg., ch. de trois étoiles d'or et acc. de deux fleurs-de-lis d'arg., 1 en chef et 1 en p. Sur le tout de gu. à un lis de jardin, courbé sous le souffle d'arg. d'un aquilon de carn., mouv. d'une nuée d'arg., et au chef d'arg., ch. de trois étoiles d'or.

Brassa ou **Brassard** — *Fribourg*. Ec. en saut. d'arg. et de gu., l'arg. en chef ch. d'une étoile de gu. et l'arg. en p. ch. d'un coeur du même.

Brattle — *Boston*. De gu. au chev. d'or, acc. de trois haches d'armes d'arg. **C.:** un bras arm., tenant une des haches.

Brault — *Laval* (*Maine*). D'azur à un bras d'or.

Brawe zum Campe — *Han.*, *Francfort s/M*. (Nob. du St.-Empire, 27 janv. 1724.) D'arg. à la fasce de sa., ch. de onze feuilles de tilleul d'arg., 5 et 6, les tiges en bas. **C.:** une colonne d'arg., le bord supérieur d'or, la colonne sommée d'une touffe de douze feuilles de tilleul d'arg., les tiges en bas. posées 1, 3, 4 et 4. **L.** d'arg. et de sa.

Brayer — *Fribourg*. Coupé: au 1 de gu. à trois étoiles (5) rangées d'arg.; au 2 d'azur à trois trèfles de sin., 2 et 1.

Brayer — *Fribourg*. Coupé: au 1 recoupé, de sa. plein, sur un échiqueté de gu. et d'arg. de deux tires; au 2 d'or à deux fleurs-de-lis accostées de gu., et à la moitié inférieure d'une rose à quatre feuilles du même, mouv. du coupé.

Bréchart — *Nivernais*. D'azur à trois bandes d'arg.

Brecht — *Nimègue*. D'or, au chef de gu., ch. de trois los. du champ. **C.:** un chapeau pyramidal d'or, le retroussé aux armes du chef, cour. d'or et sommé d'un panache de plumes de coq de sa.

Brecht de Brechtdenberg — *Transylvanie* (Conf. de nob. 3 août 1860.) De gu. à un écusson circulaire de sin., encadré d'un serpent au nat., se mordant la queue; ledit écusson ch. d'une colombe d'arg., le vol levé, posée sur une terrasse d'un vert foncé et tenant en son bec un rameau de sin. Cq. cour. **C.:** la colombe de l'écu, accostée de deux serpents ondoyants en pals et affr., les queues remontantes passées dans les fleurons de la couronne. **L.:** à dextre d'arg. et de sin., à sen. d'arg. et de gu.

Breckner de Brukenthal — *Transylvanie* (An., 8 juin 1724.) D'azur à un pont de deux arches, bâti de pierres de tailles au nat., sur une eau au nat., et acc. en chef de trois étoiles mal-ordonnées d'or. **C.:** un homme iss., hab. de sin., tenant de sa main dextre abaissée un trident, la sen. appuyée sur sa hanche. **L.:** à dextre d'or et de gu., à sen. d'arg. et d'azur.

Bredy — *France*. D'or à un arbre terrassé de sin. Cq. cour. **C.:** l'arbre. **D.:** DULCE ET DECORUM PRO PATRIA MORI.

Bree (de) — *Norm*. Burelé d'arg. et d'azur; au lion de gu., br. sur le tout.

Breekhout — *P. d'Utrecht*. D'azur à trois bill. couchées d'or.

Breekpot — *Zél.* Un chev., ch. de trois fleurs-de-lis et acc. de trois marmites. **C.:** une fleur-de-lis, entre un vol.

Breen (van) — *Delft*. De sa. à trois lévriers courants d'or, l'un sur l'autre.

Breguet — *Neufchâtel*. Coupe d'azur sur une mer d'arg., agitée d'azur: en chef une étoile (6) d'arg., et un poisson cont. au nat., nageant dans la mer; le tout acc. en p. d'un nertre (?) de trois coupeaux de sin., br. sur la mer.

*Brehler — Bret., orig. d'Anjou. D'arg. à trois olives de sin., tigées et feuillées du même, les tiges en haut. — Ou: De gu. à une rose d'or, acc. de trois coeurs du même.

Breidenbach zu Breidenstein (Barons) — *Hesse*. *Armes portées au milieu du 15e siècle*: Ec.: aux 1 et 4 d'or à deux hameçons à loups (en forme d'arcs) de gu., accostés en pals. et réunis par une traverse du même émail (*Breidenbach*); aux 2 et 3 d'or à un crampon d'azur, posé en forme de Z, ch. de trois trèfles d'arg., ranges dans le sens du crampon (*Diedenshausen*). **C.:** un loup assis au nat., ailé d'or en forme de vol à l'antique, l'aile de devant ch. du meuble du 1. **L.:** à dextre d'arg. et d'azur, à sen. d'or et de gu.

Breil (du) — *Maine*. De gu. au saut. d'arg.

Breil (du) de Salonge — *Maine*. D'arg. au lion d'azur, arm. et lamp. de gu.

*Breinl de Wallerstern — *Bohême* (An., 18 nov. 1835.) De gu. à une étoile d'arg. **C.:** un vol coupé alt. de gu. et d'arg., le gu. à dextre ch. d'une étoile d'arg., et le gu. à sen. ch. d'une croix pattée d'arg. — (Chevaliers, 13 mai 1842.) De gu. à une étoile d'arg. Deux cq. cour. **C.:** 1° un vol coupé de gu. et d'arg., le gu. à dextre ch. d'une étoile d'arg. et le gu. à sen. ch. d'une croix pattée d'arg.; 2° trois pl. d'aut., une d'arg. entre deux de gu.

Bremol — *Maine*. De gu. au lion d'arg.

Brenier de Montmorand — *Dauphiné* (Baron de l'Empire; baron d'*Almeida*, 6 juin 1815; vicomte de *Montmorand*, par Louis XVIII.) Coupé: au 1 d'arg. semé de fleurs-de-lis d'or; au saut. de gu., br. sur le tout et ch. de cinq coquilles d'arg.; au 2 d'arg. à une forteresse de sa., enflammée de gu., ajourée à dextre; au lion d'azur, tenant de ses pattes une épée, posé à dextre de la forteresse.

Brentano-Gnosso (Barons) — *Vienne*. Tiercé en fasce: au 1 d'or à l'aigle ép. de sa., chaque tête cour. d'or; au 2 d'azur à une hotte d'or, adextrée d'un lion cont. du même au nat. et senestrée d'une couleuvre ondoyante en pal de sin., cour. d'or; au 3 d'arg. à trois bandes de gu. **C.:** une aigle iss. de sa., cour. d'or.

Brentano di Tremezzo — *Grand-duché de Hesse* (Rec. de nob. en *Hesse*. 17 avril 1883; en *Italie*, 18 mars 1885.) Tiercé en fasce: au 1 d'or à l'aigle ép. de sa., chaque tête cour. d'or; au 2 d'azur à une hotte de bois, cerclée de trois pièces d'or, adextrée d'un lion cont. d'or et senestrée d'une couleuvre ondoyante en pal d'arg.; au 3 bandé d'arg. et de gu. Cq. cour. **C.:** une aigle iss. de sa., cour. d'or. **L.:** à dextre d'or, de gu., de sa. et d'arg., à sen. d'or. d'azur, de gu. et d'arg.

Brésieaux — *Dauphiné*. Parti: au 1 d'or à trois croix potencées de gu.; au 2 d'or au chev. d'azur, acc. en p. d'un croiss. du même; au chef de gu., ch. de deux étoiles d'arg.

Bresignies — *Maine*. De gu. à trois roses d'arg.

Bressieux — *Dauphiné*. D'or à la fasce écartelée d'arg. et d'azur.

*Bresson duc de Santa-Isabella — *Paris* (Comte, 1835; duc de *Santa-Isabella* et grand d'Espagne, 1847.) D'azur à une flèche de gu., posée en pal, la pointe en bas; au saut. alésé d'or, br. sur la flèche, accosté de deux croiss. du même et ch. sur ses extrémités de quatre étoiles d'azur.

Bretel — *Neufchâtel*. D'arg. à un rabot de sa., posé en barre, acc. de trois étoiles (6) mal-ordonnées de gu.

Bretigny — *P. de Vaud*. D'azur à la bande d'or, côtoyée de six étoiles (5) d'arg. et ch. de trois croisettes de gu., posée dans le sens de la bande. **C.:** un ange iss., hab. d'azur, ailé d'arg., tenant de sa main dextre une croix latine d'or.

Bretinauld de St.-Surin — *Bret.*, *Saintonge*. De sa. à trois aigles de sanglier d'arg., défendues d'or.

Breton (le) — *Maine*. D'arg. à la bande de gu.

Bretoncelles — *Maine*. D'azur au pal d'arg., ch. d'un clou de gu.

Bretonneau de la Bissonnaye — *Tour.* D'arg. à un saule de sin., surm. de trois étoiles rangées d'azur. **D.:** A NAÎTRE OÙ BIEN ÊTRE.

Brett baron *Esher* — *Hertfordshire* (Baron A., 24 juillet 1885.) Ec.: aux 1 et 4 d'or semé de croix au pied fiché de gu., au lion du même, br. sur le tout (*Brett*); au 2 parti d'or et d'arg., à trois têtes de léopard, 2 et 1, de l'un à l'autre (*Wilford*); au 3 d'azur à trois hures de sanglier d'arg. coupées d'arg. (Forbes). **C.:** un lion léopardé de gu. **D.:** VICIMUS

Breuil (du) — *Franche-Comté*. D'azur au lion d'or; au chef de gu., ch. de trois trèfles d'or.

Breuil (du) de Chassenon — *Maine*. D'arg. à la croix ancrée de gu.

Breuil (de) de la Marguillère — *Norm*. D'azur au chev. d'or, acc. de trois croiss. du même

Breuille — *Pau.* Ec.: aux 1 et 4 d'arg. au lion de sa., arm. et lamp. de gu.; aux 2 et 3 d'azur à trois merlettes d'arg. [V. **Bruille.**]

Breul (du) de Sacconney (Comtes) — *Bresse, Bugey.* Ec.: aux 1 et 4 d'or à un griffon d'azur (*du Breul*); aux 2 et 3 d'or à trois fasces de gu.; à l'aigle d'azur, cour. d'or, br. sur les fasces (*Chatard*). C.: un cygne d'arg. Cri: DU BREUL! S.: deux griffons de gu. D.: CELARE DIVINUM OPUS.

Breuvelt — *Holl.* D'or à un chien couché cont. de sa., la tête retournée à dextre, senestré d'un chenil de gu. auquel il est enchaîné par une chaîne d'arg. attachée à son collier du même.

Brezets — *Guyenne.* Parti: au 1 d'arg. à trois brasiers de gu., remplis de flammes du même; au chef d'azur, ch. de trois étoiles d'or; au 2 de sa. d'arg., acc. de quatre croiss. d'or, 3 en chef mal-ordonnés et 1 en p.

Brianson — *Guyenne.* De gu. à trois fasces ondées d'or. S.: deux griffons.

Briant de la Boulardière — *Maine.* D'azur à trois fasces vivrées d'arg.

Brichieri-Colombi — *Florence.* Parti: au 1 d'azur au lion d'or, cour. du même, soutenu d'un mont de trois coupeaux au nat., mouv. de la p., et acc. en chef de trois étoiles mal-ordonnées du sec.; ledit lion senestré d'un soleil aussi d'or (*Brichieri*); au 2 d'azur à trois colombes mal-ordonnées d'arg., celle en chef tenant en son bec un rameau d'olivier de sin. (*Colombi*).

Bridel — *P. de Vaud.* Les armes de *Bridel-Brideri*, sans supports ni devise.

Bridier de Gardempes — *Berry.* D'or à la bande de gu.

Brienne (Anciens comtes de) — *Champ.,* Royaume de *Naples, Grece, Chypre* (Comtes de *Lecce,* ducs de *la Pouille,* rois titulaires de *Sicile,* comtes de *Joppé,* ducs d'*Athènes.* Et. en 1356.) D'azur semé de bill. d'or; au lion du même, br. sur le tout.

Brienne—*Champ.,Jérusalem,Constantinople, Norm.* (Rois de *Jérusalem,* empereurs de *Constantinople,* comtes d'*Eu* et de *Guines.* Et. en 1350.) D'azur semé de bill. d'or; au lion du même, br. sur le tout.

Brienne — *Champ., Bourg.* (Comtes de *Bar-sur-Seine.* Et. vers 1219.) D'azur au lion d'or.

Brienne d'Acre — *Champ., Maine* (Vicomtes de *Beaumont-au-Maine.* Et. en 1364.) D'azur semé de fleurs-de-lis d'or; au lion du même, br. sur le tout.

Brienne-Ramerupt — *Champ.* (Et. en 1250.) Burelé d'azur et d'or; au lion d'or, br. sur le tout.

Brier (de) — *Holl.* Coupé: au 1 éc.: *a.* et *d.* de sin. à un pentalpha d'arg.; *b.* et *c.* d'or au chev. de sa., acc. de trois coeurs de gu.; au 2 éc.: *a.* et *d.* de sin. à deux fleurs-de-néflier accostées d'or; *b.* et *c.* de sa. à une rose de gu.

Briet — *Abbeville.* Armes anc.. De gu. à la croix d'arg., ch. de cinq mouch. d'herm. de sa. D.: MALO MORI QUAM FOEDARI. — *Armes mod.,* qui sont celles de *Lourdel:* D'arg. au saut. de sa., cant. de huit perroquets de sin., bq. et m. de gu., rangés en orle.

Bril — *Delft.* D'azur à un château d'arg., ouv. du champ, composé d'un corps de logis sommé d'un toit pointu et flanqué de deux tours sommées de toits pareils, tous les toits girouettés.

Brillard de Pinsonnière — *Maine.* D'azur à un soleil d'or; au chef d'arg., ch. de trois étoiles de sa.

Brillat-Savarin — *Paris.* D'or à la fasce de gu., acc. en chef de trois roses au nat. et en p. de deux los. de sa.

Brinckerhoff — *Holl., Etats-Unis.* D'arg. à une montagne ronde de trois coupeaux d'azur. C.: un vol parti d'azur et d'arg.

Brindejonc de Bermingham — *Bret.* D'arg. à une tige de jonc arr. de sin., acc. de trois canettes de sa.

Brink — *Holl.* D'arg. au croiss. de gu., acc. de trois têtes de lion du même.

Briois (le) de la Pasture — *Ponthieu.* D'azur au chev. d'arg. acc. de trois bes. d'arg.

Brionet de Givray — *Dauphiné.* D'azur à trois gerbes d'or.

Brisay-Denonville — *Poitou.* Fascé d'arg. et de gu., de huit pièces.

Brisoult — *Orléanais.* D'azur à la croix d'or, acc. aux 1 et 4 d'un lis au nat. et aux 2 et 3 de deux épées en saut. d'arg.

Bristel — *Ponthieu.* D'arg. à la fasce de gu., acc. en chef de trois coqs de sa., bq., m. et crêtés de gu.

Brives — *Auv.* D'or à la bande de gu.

*Broc (Marquis de) — *Anjou.* De sa. à la bande fuselée de cinq pièces aux demies, ou de sept piè-

ces, ou de neuf pièces d'arg. C.: un buste d'ange. T.: deux anges.

Broc — *Fribourg.* D'azur à huit bill. couchées d'arg., 3, 2 et 3; à la barre du même, br. sur le tout.

Broccardi — *Bologne.* De gu. à trois épis effeuillés d'or, mouv. d'une seule tige d'arg.

Brochard — *Maine.* D'azur au chev. d'or, acc. de trois gerbes du même.

Brochard — *France.* De gu. à une fleur-de-lis d'arg.

Brochard — *France.* D'azur au chev. d'or. ch. de trois roses d'arg.; au chef du sec.

Brochardière (de la) — *Maine.* De sa. à une broche d'or.

Brocherieu — *Dauphiné.* D'azur à la croix d'or, cant. de quatre étoiles du même.

Brockenhuus de Löwenhielm — *Dan.* Les armes de *Löwenhielm* qui sont parti: au 1 d'arg. à une tour au nat., s'élevant d'une rivière en fasce; au 2 de gu. au lion au nat., cour. du même. Cq. cour. C.: le lion; entre un vol, coupé alt. d'arg. et de gu.

Brockhausen de Brockhausen — *Transylvanie* (Nob. du St.-Empire, 25 avril 1664.) Parti: au 1 d'or à la demi-aigle de sa., cour. d'or, mouv. du parti; au 2 de sa. à la fasce d'or. C.: une aigle de sa., cour. d'or.

Brocklebank — *Cumberland* (Baronet, 22 juillet 1885.) D'arg. à trois blaireaux au nat., 2 et 1, posés chacun sur une terrasse isolée de sin.; au chef d'azur, ch. de trois coquilles d'arg. C.: un coq d'arg., crêté et barbé de gu., ch. sur la poitrine d'une coquille de sa. et perché sur la stangue d'une ancre de sa., posée en fasce. D.: GOD SEND GRACE.

Brocquet — *Ponthieu.* D'or à trois merlettes de sa.

Broeck (van den) — *Gueldre.* D'or à trois chev. de sa.

Broes — *Holl.* D'arg. à une fleur-de-lis de gu. C.: la fleur-de-lis, entre un vol d'arg.

Broger — *Strasbourg.* D'azur au chev. échiq. d'arg. et de gu. C.: une roue de moulin d'arg. L. d'arg. et de gu.

Brogli — *Bologne.* Coupé: au 1 d'azur à un aquilon de carn., entoure de nuages au nat., posé au canton sen. du chef, soufflant sur d'autres nuages au nat., posés à dextre; au 2 d'or au chev. de gu. A la fasce de gu., br. sur le coupé.

Broize (de la) — *Maine.* D'azur à une brosse d'arg., acc. de trois épées du même.

Brojatsch—*Aut.* (Chevaliers, 17 mars 1880.) D'azur à une étoile d'arg. à la bord. comp. d'arg. et de gu. Deux cq. cour. C.: 1° trois pl. d'aut.: de gu., d'arg. et d'azur; l. d'arg. et d'azur; 2° trois pl. d'aut.: de gu., d'arg. et d'azur; l. d'arg. et de gu.

Bronckhorst — *Zél.* D'or à trois feuilles de houx de sin.

Brondeau de Saulxures — *Bourg.* D'arg. à trois taus ou béquilles de St.-Antoine de sa.

Bronkhorst (van) — *Utrecht, Heusden.* D'or à un cor-de-chasse de gu., l'embouchure à dextre, et trois houppes en forme de glands suspendues à la courbe dudit cor. C.: le cor-de-chasse.

Broqua — *Lang.* Coupé: au 1 de gu. au lion d'or; au 2 d'arg. à un croiss. d'azur.

Brossard — *Maine.* D'arg. à trois bandes de gu.

Brossay — *Maine.* De sa. à la fasce d'arg., ch. de trois brosses du champ.

Brosse (de la) — *Maine.* D'or à la fasce d'azur, ch. de trois étoiles d'arg.

Brosset — *Maine.* De gu. à trois chev. d'arg., acc. de trois merlettes d'or.

Brossier — *Ile-de-Fr.* De gu. à une tour d'or; au chef du même, ch. de trois trèfles de sin.

Brot — *Neufchâtel.* De sa. à trois chev. d'or; au chef du même, soutenu d'un filet d'arg.; passées en saut., acc. en chef et à chaque flanc d'une molette (5) du même et en p. d'une hache d'arg.

Brotet — *Dauphiné.* D'arg. à trois roses d'or.; au chef d'azur, ch. d'un croiss. d'arg.

Brothier — *Angoumois.* D'arg. à quatre fasces de gu., au fr.-q. d'arg., ch. de trois étoiles de gu.

Brothier et Brothier de Lavaux — *Poitou.* D'azur; au chef composé d'arg. et de gu.

Brothier de Rollière — *Poitou.* D'azur au chev., acc. de trois étoiles et en p. d'un croiss., le tout d'or.

Brotonne — *Norm.* D'azur à un croiss. d'arg., surm. d'une étoile du même.

Brottier [Brotty] d'Antioche (Comtes) — *Savoie.* De gu. à trois flanchis d'arg.

Brou de Cuissart — *Pic.* Ec.: aux 1 et 4 d'or à une cotte de mailles d'azur, surm. d'un arc de gu., posé en fasce (*Cuissart*); aux 2 et 3 d'azur à une épée d'arg., garnie d'or, soutenant une couronne royale du même et accostée de deux fleurs-de-lis aussi d'or (*du Lys.*) **D.:** PAR DIEU ET LA PUCELLE.

Broue (de la) — *Auv., Poitou.* D'or à trois corbeaux de sa., bq. et m. de gu. — *Ou:* D'or à trois merlettes de sa.

Broue (de la) de Gandelon — *Quercy.* Ec.: aux 1 et 4 d'or à trois merlettes de sa.; aux 2 et 3 de sa. à une tour d'or, maçonnée de sa. et surm. d'un cordon d'or, passé et repassé en trèfle.

Broue (de la) de Varelles (Marquis) — *Poitou.* D'azur au chev. d'or, acc. en chef de deux coquilles d'arg. et en p. d'une main du même, posée en pal. **D.:** 1° IN MANIBUS DOMINI SORS MEA; 2° CUM VIRTUTE NOBILITAS.

Broussier — *Lorr.* (Barons, 28 mai 1820.) D'azur à une épée d'arg., garnie d'or, accostée de deux étoiles du sec.; au chef d'or, ch. d'un cheval pass. de sa.

Browne — *Boston.* De gu. au chev. d'arg., acc. de trois pattes d'ours du même, 2 et 1, posées en bandes, au chef d'arg., ch. d'une aigle de sa.

*Brue — *Bret.* D'arg. à une rose de six feuilles de gu., bout. d'or. **C.:** la Sainte-Vierge. **T.:** deux anges. **D.:** 1° FLOS FLORUM, EQUES EQUITUM; 2° FLOS FLORUM, VIRGO MARIA. IN TE CONFIDO; 3° IN TE CONFIDO, VIRGO MARIA; 4° TOUJOURS DROIT.

Bruc de la Boutreillaye — *Bret.* Ec.: aux 1 et 4 d'arg. au saut. de sa., ch. de cinq bes. d'or; aux 2 et 3 d'arg. à une rose de six feuilles de gu., bout. d'or.

*Bruc de Malestroit (Marquis) — *Bret.* Ec.: aux 1 et 4 d'arg. à une rose de six feuilles de gu., bout. d'or (*Bruc*); aux 2 et 3 de gu. à neuf bes. d'or (*Malestroit*.) **D.:** QUÆ NUMERAT NUMMOS, NON MALE-STRICTA DOMUS.

Brucamps — *Ponthieu.* De sin. au lion d'or, arm. et lamp. de sa.

Brucan de la Fresnaye — *Norm.* De gu. à un champion, arm. d'arg., tenant une hallebarde d'or.

Brucker — *Hagenau, Strasbourg.* De sa. à une échelle d'arg. **C.:** une échelle d'arg., entre un vol de sa.

Bruel — *Fribourg.* De gu. au saut. d'arg.; au lambel de sa., en chef.

Bruesers — *Francfort s/M.* Taillé d'azur sur arg.; au griffon de l'un en l'autre.

Brueys de Bezue — *Neufchâtel.* D'or au lion de gu.; à la bande d'azur, br. sur le tout et ch. de trois étoiles (5) d'arg.

Brugares — *P. de Liége.* Coupé: au 1 parti: *a.* de vair renversé; *b.* d'arg. à deux feuilles de houx accostées de sin., les tiges en bas; au 2 d'arg. à trois fasces de gu. **C.:** un vol à l'antique d'arg.

Brugerolle de Fraissinette — *Lang.* D'or à la fasce d'azur, ch. de trois étoiles d'arg. et acc. de deux têtes de More, tort. d'arg., 1 en chef et 1 en p. **S.:** deux aigles.

Brugerolle du Latga. Les armes de **Brugerolle de Fraissinette.**

Brugerolle de Vazeille. Les armes de **Brugerolle de Fraissinette.**

Bruges (Anciens châtelains et princes de) — *Flandre.* Fascé d'arg. et de gu., de huit pièces. Cri: BRUGES!

Brugge (van der) — *Holl.* Ec.: aux 1 et 4 d'azur à trois ponts alésés d'une seule arche d'arg., l'un sur l'autre; aux 2 et 3 de gu. à un mont de plusieurs pics d'arg., posé en abime.

Brugghen (van der) — *Gueldre.* D'or à deux épées d'arg., garnies d'or, passées en saut., les pointes en bas; à la fasce d'azur, br. sur le tout.

Bruining — *Leeuwarden.* Parti: au 1 d'or à deux roses de gu. et un criss. figuré montant d'arg. en p.; au 2 de gu. à deux pelles de couleur brunâtre, passées en saut., les manches en bas, liées sur le point d'intersection d'un ruban d'arg. et acc. d'une p. d'une ruche d'or.

Brujas — *Auv.* D'azur au chev., acc. en chef de deux palmes et en p. d'un lion, le tout d'or.

Bruley — *Tours.* D'arg. au chev. d'azur, acc. en chef de deux grenades d'arg., tigées et feuillées de sin., et en p. d'un fer de lance de gu., fûté de sa.

Brumat — *Alsace.* Parti d'or et de sa., le sa. ch. d'une étoile d'arg., posée au canton sen. du chef. Cq. cour. **C.:** un chapeau piramidal aux armes de l'écu, sommé d'une boule d'or. **L.** d'or et de sa.

Brun — *Lang.* D'azur à un coeur d'or, acc. de trois croiss. d'arg.

Brun ou Brünlin — *Strasbourg.* De sa. à un panier d'arg. **C.:** deux prob., de sa. et d'arg.

Brun — *Neufchâtel.* D'azur à la fasce d'arg., acc. en chef d'une étoile (5) du même.

Brun (le) de Neuville — *Ile-de-Fr.* De gu. à la fasce d'arg., acc. de trois coupes couvertes d'or.

Brun (de) d'Oleyres — *Neufchâtel.* D'azur à la fasce d'or, acc. en chef d'une étoile (5) du même.

Brun de Rostaing — *Gévaudan.* D'azur au chev., acc. en chef de deux lions et en p. d'une roue; le chev. surm. d'une fasce qui est surmontée de deux bes.; le tout d'or.

Brun de Villeret — *Lang., Auv.* D'azur à une tour d'arg., acc. en chef d'une étoile d'or accostée de deux croiss. du sec.

Bruneau d'Ornac — *Lang.* Parti: au 1 d'arg. au lion de sin., arm. et lamp. de gu.; au 2 de vair plein.

Bruneau de St.-Auban — *Lang.* D'azur au lion d'or, arm. et lamp. de gu.; au chef du même, ch. de trois étoiles du sec.

Brünek de Hétvár — *Transylvanie* (An., 2 nov. 1841.) Coupé: au 1 parti: *a.* d'or à une fleur-de-lis d'azur; *b.* de gu. à un cheval naiss. d'arg., mouv. du coupe; au 2 d'azur à sept tours d'arg. posées 5 et 2, les portes fermées **C.:** un chevalier iss., arm. de toutes pièces, le casque panaché de trois pl. d'aut., d'arg., de gu. et d'azur, brandissant de sa main dextre une épée et tenant de sa sen. un bouclier de gu. devant son corps, ledit bouclier ch. du chiffre XXX d'or. **L.:** à dextre d'arg. et de gu., à sen. d'or et d'azur.

Brunel — *Lang.* De gu. à trois bes. d'arg.; au chef d'or, ch. d'un coeur du champ.

Brunet — *Grenoble.* D'arg. à un rocher de sin., mouv. de la p., surm. d'une aigle de profil ess. de sa., ses pieds dans un nid du même, la tête cont., regardant un soleil d'or, mouv. de l'angle sen. du chef.

Brunet — *Savoie* (Comtes, 22 fév. 1834.) D'azur au chev. d'arg., acc. en chef de trois étoiles d'or; au chef du même.

Brunet barons de St.-Jean d'Arves — *Savoie.* D'azur au chev. d'arg., acc. de trois étoiles d'or.

Brunet de la Villemorin — *Bret.* De sa. à deux têtes de loup arr. d'arg.

Bruneteau — *Champ.* D'azur au lion d'or, accosté de deux colonnes d'arg. et surm. d'une étoile d'or, chaque colonne cour. aussi d'or.

Brunetière (de la) — *Anjou.* D'herm. à trois chev. de gu.

Brunetti — *Aut.* (Chevaliers en Bohême, 16 janv. 1691; barons en Bohême, 14 nov. 1692.) Parti: au 1 coupé: *a.* de gu. à l'aigle de sa.; *b.* de gu. à la bande échiq. d'arg. et d'azur de trois tires; au 2 tranché, d'azur à trois étoiles d'or rangées en bande, sur un champ brunâtre ch. de trois roses de gu., rangées en bande, tigées et feuillées de sin.; à la bande d'arg. à plomb d'une seule pièce et deux demies d'or, br. sur le tranché. Cq. cour. **C.:** trois pl. d'aut. d'azur. **L.:** à dextre d'or et de couleur brunâtre, à sen. d'or et d'azur.

Brunetti — *Aut.* (Chevaliers en Bohême, 21 mai 1727.) Les armes de *Brunetti* de 1691 et 1692, à la différence que le champ, dans lequel se trouvent les trois roses, est de sa. et que les l. sont de sa. et de gu. à dextre, et d'or et d'azur à sen.

Bruni — *Bologne.* D'arg. à un chicot de sin., posé en bande, poussant trois feuilles de tilleul de gu., 1 à dextre et 2 à sen.

Brunie (de la) — *Marche.* D'arg. à trois merlettes de gu.

Brunisholz — *Fribourg.* D'azur au chev. ployé d'arg., acc. de trois roses du même.

Brunner dit von Wattenwyl — *Berne, Aut.* (Chevaliers autrichiens, 13 nov. 1880.) — De gu. à une fontaine en forme de colonne, s'élevant d'un bassin hexagone et déversant ses eaux par deux tuyaux horizontaux, à dextre et à sen.; la colonne sommée d'une boule ailée; le tout d'arg. Deux cq. cour. **C.:** 1° trois pl. d'aut., une de gu. entre deux d'arg.; 2° un vol à l'antique d'arg.

Brünnheim (Edle von), v. **Kellner Edle von Brünnheim.**

Bruno — *Sicile.* D'azur à la bande d'or.

Brunot de Beyre — *Auv.* D'or à une salamandre de sa., la tête cont., enveloppée de flammes de gu.; au chef d'azur, ch. de trois étoiles d'arg. — (Chevalier de l'Empire, 20 fév. 1812; conf. du titre, 28 mai 1819.) Au 1 de sa. à trois chev. d'or, entrelacés en face, sommés d'une tête de dragon du même, lamp. de gu.; au 2 d'or à une tête d'homme de carn., coiffée d'arg., surm. d'une bombe éclatante de sa., enflammée de gu.

Brunot de Resteau — *Maine.* D'azur au chev. d'or, acc. en chef de deux quintefeuilles d'arg. et en p. d'un lion léopardé du même.

Brunville — *Norm.* D'arg. à trois rateaux de

gu., posés en pals, 2 et 1; au chef d'azur, ch. d'un croiss. d'or.

Brusadori — *Milan.* D'arg. à un château sommé de deux tours de gu., et un bras paré d'azur, iss. de la fenêtre de chaque tour vers dextre et vers sen., tenant chacun un falot allumé au nat.

Brusantini (Comtes) — *Ferrare.* D'azur à une montagne de neuf coupeaux de sin., et un houx du même, iss. d'un brasier de gu. qui sort de la montagne.

Bruscolo — *Bologne.* D'or à trois fasces d'azur.

Bruscolo — *Bologne.* Parti: au 1 coupé d'un échiqueté d'azur et d'arg., sur gu. plein; au 2 fascé d'azur et d'or.

Bruscolo — *Bologne.* Ec.: aux 1 et 4 d'azur au lion d'arg., celui du 1 cont.; aux 2 et 3 fascé d'azur et d'or.

Bruyère (de la) — *Ile-de-Fr.* D'azur au lion d'or, acc. de trois mouch. d'herm. d'arg.

Bruyères — *Pic.* D'or à la croix ancrée de sa.

Bruyn (de) — *Rotterdam.* D'arg. à deux fasces d'azur, acc. d'un cabillaud au nat. entre les fasces; le tout acc. de six étoiles (5) de gu., 3 rangées en chef et 3 rangées en p. **C.:** un vol coupé d'azur sur arg. **L.** d'arg. et d'azur.

Bruyn (de) — *Heusden.* D'arg. à un poisson nageant sur une eau, le tout au nat. **C.:** trois étoiles, posées 1 et 2, entre un vol.

Bruynen — *Delft.* Ec.: aux 1 et 4 d'arg. à la croix ancrée de sa., et un écusson de ...., ch. de trois fleurs-de-lis de ..., br. sur la croix; aux 2 et 3 d'arg. à trois têtes de lion de sa.

Bruyninex — *Holl.* D'or au saut. de gu., cant. de quatre tourt. du même.

Bruys des Gardes — *Bourg.* D'arg. à la bande fascée d'azur et d'or de six pièces.

Bruzek (von) — *Hongrie* (An., 17 avril 1883.) Parti: au 1 d'or au lion cont. de sa., tenant une épée d'arg.. garnie d'or; au 2 d'azur à une grue au nat., le sommet de la tête de gu. tenant sa vigilance au nat. posée sur un tertre de trois coupeaux de sin. et acc. au canton dextre du chef d'un croiss. cont. d'arg. Cq. cour. **C.:** une aigle iss. de sa. **L.:** à dextre d'or et de sa., à sen. d'arg. et d'azur.

Buc (de) — *Guyenne.* D'or au pal de gu., accosté de deux arbres de sin.

Bucco — *Brunswick* (Nob. du St.-Empire, 10 juin 1695.) D'azur à une colombe d'arg., tenant en son bec un rameau d'olivier de sin. et posé sur un tertre d'or; au chef de gu., ch. de trois croiss. versés d'arg. **C.:** un croiss. d'arg. **L.** de gu., d'arg., d'azur et d'or.

Buch — *Fribourg.* D'arg. à un hêtre arr. de sin., surmontant un tertre de trois coupeaux du même.

Buch ou Bucher — *Fribourg.* D'arg. à un tronc écoté au nat., accosté de deux hêtres de sin., le tout soutenu d'un tertre de trois coupeaux du même.

Buchanan de Dunburgh — *Ecosse* (Baronet, 14 déc. 1878.) D'or au lion de sa., acc. en chef de deux têtes de loutre au nat.; en p. d'une quintefeuille de sa.; le tout enclos dans un trécheur fleur. et c.-fleur. de gu. **C.:** un avant-bras, en pal, arm. au nat., tenant un chapeau de tournoi de pourpre, retr. d'herm. **S.:** à dextre un faucon au nat., le vol levé, bq. et longé d'or; à sen. un griffon de sa.; chaque support ch. sur la poitrine de deux rameaux de laurier d'or, courbés en couronne, les pieds passés en saut. **D.:** NUNQUAM VICTUS.

Buchenel — *Neufchâtel.* D'arg. à un sauvage de carn., ceint et cour. de lierre, soutenu d'un tertre de trois coupeaux de sin. et tenant un arbre arr. au nat.; ledit sauvage senestré d'une fleur-de-lis de gu.

Buchenhain (Edle **von**), v. **Austel** Edle **von Buchenhain**.

Bucher (de) — *Dauphiné.* D'azur à un soleil d'or; à la bord. du même.

Bucher d'Ulmenau — *Aut.* (Chevaliers, 10 juin 1881.) Parti: au 1 d'or à la demi-aigle de sa., mouv. du parti; au 2 de gu. à la fasce ondée d'arg., acc. de deux hêtres arr. d'or. en chef et t en p. **C.:** 1° un lion iss. et cont. d'or, tenant entre ses pattes un écusson triangulaire coupé de sa. sur arg.; l. d'or et de sa.; 2° un cerf iss. d'or; l. d'or et de gu.

Buchère — *Ile-de-Fr.* D'azur au chev. d'azur, acc. en chef à dextre d'une étoile du même, à sen. d'un croiss. aussi d'azur, et en p. d'un mouton de sa.

Buchet — *Franche-Comté.* D'azur au chev. alésé d'or, acc. en chef de trois étoiles d'arg. et en p. d'une épée du même, garnie d'or.

Buchner de Morgkersdorff — *Aut.* (An., 1626.) Coupé d'arg. sur gu.; à un bras, arm. au nat., posé en

pal, br. sur le coupé, tenant une épée en barre sur l'arg. **C.:** le bras en pal, tenant l'épée. **L.:** à dextre d'or et d'azur, à sen. d'arg. et de gu.

Buchta — *Aut.* (An., 5 juillet 1882.) Parti: au 1 de gu. à un rocher escarpé d'arg., mouv. de la p., surm. d'un croiss. tourné du même; au 2 d'or à trois galères à rames de sa., l'une sur l'autre. Cq. cour. **C.:** un lion iss. de sa., tenant une épée d'arg., garnie d'or. **L.:** à dextre d'arg. et de gu., à sen. d'or et de sa.

Buchta — *Aut.* (Chevaliers, 4 juin 1882.) Les armes précédentes. Deux cq. cour. **C.:** 1° un lion iss. et cont. de sa., tenant une épée d'arg.; l. d'arg. et de gu.; 2° un vol à l'antique, l'aile de derrière d'or plein, l'aile de devant de sa. ch. d'un croiss. tourné d'arg.; l. d'arg. et de sa.

Buckau [anciennement **Haidler**] **auf Schrittens, Pollerskirchen und Holzmühl** — *Bohème.* Ec.: aux 1 et 4 de sa. au lion d'or, cour. du même; au 2 parti: *a.* coupé, de gu. à deux fasces d'arg., sur un losangé d'or. et de gu.: *b.* d'or à la demi-aigle de sa., mouv. du parti; au 3 parti: *a.* d'or à la demi-aigle de sa., mouv. du parti; *b.* coupé, de gu. au lion d'arg., sur un losangé d'arg. et de gu. Sur le tout d'azur au chiffre F. II. d'or, surm. d'une couronne royale du même. Deux cq., le 2 cour. **C.:** 1° une aigle cont. de sa., cour. d'or, soutenue d'un bonnet archiducal au nat.; l. d'or et de sa.; 2° le lion ramp. du 1; l. d'arg. et de gu.

Bucko de Hirschfeld — *Bohème* (An., 30 oct. 1762.) Ec.: aux 1 et 4 coupé d'arg. sur gu., à un cerf au nat., br. sur le coupé et soutenu d'une terrasse de sin.; aux 2 et 3 d'or à trois roses de sin., tigees et feuillées de sin., mouv. de la p. Cq. cour. **C.:** un cerf iss. au nat. **L.:** à dextre d'arg. et de gu., à sen. d'arg. et de gu.

Budde — *Holl.* D'or à la fasce de gu., ch. de trois fleurs-de-lis du champ et acc. de trois têtes de mouton de sa.

Budetta — *Naples.* D'arg. à la fasce d'azur, ch. de trois étoiles d'or, et acc. en chef d'une aigle de sa., cour. d'or. et en p. de quatorze étoiles de sa., 5, 4, 3 et 2.

Budrioli — *Bologne.* D'azur au lion d'or, supp. de sa patte sen. un masque d'arg., au chef du premier, ch. de trois fleurs-de-lis d'or, rangees entre les quatre pendants d'un lambel de gu.

Buel (am) — *P. de Vaud.* Ec.: aux 1 et 4 d'azur à une fleur-de-lis d'or; aux 2 et 3 d'arg. au chev. d'azur, acc. en chef de deux étoiles (5) d'or et en p. d'un tertre de trois coupeaux du même.

Buffali — *Bologne.* D'azur à une lance de tournoi d'or, en pal, adextrée d'un léopard lionné cont. d'or et senestrée d'un bouc ramp. de sa., la tête posée de front, touchant de leurs pattes de devant la lance, et le léopard appuyant son pied sen. sur l'arrêt de la lance; celle-ci surmontée d'une fleur-de-lis d'or.

Buffière de Lair — *Auv.* D'or à un taureau saillant de gu., acc. en chef d'un lambel d'azur.

Buffoni — *Bologne.* D'azur à la moitié supérieure d'une roue d'or, mouv. de la p. et supportant un griffon d'or; au chef du premier, ch. de trois fleurs-de-lis d'or, rangées entre les quatre pendants d'un lambel de gu.

Bugami — *Bologne.* D'azur à un demi-boeuf au nat., mouv. du flanc sen., soutenu d'une terrasse de sin., la tête posée de front; au chef du premier, ch. de trois fleurs-de-lis d'or, rangées entre les quatre pendants d'un lambel de gu.

Bugatti — *Bologne.* D'azur à deux avant-bras, parés de gu., mouv. des flancs opposés, les mains de carn. tenant ensemble une toile d'arg.. dont les bouts pendent à dextre et à sen.

Bugnet ou Bugniet — *Fribourg.* De gu. à une tige de tilleul arr., feuillée de trois pièces mal-ordonnées, le tout d'arg.

Buglet — *Neufchâtel.* D'arg. à la fasce de sa., acc. en chef d'un monde du même et en p. de trois fasces ondées de sa.

Bühler — *Nuremberg, Fribourg-en-Breisgau* (Conc. d'arm., 21 avril 1622.) D'or à l'aigle de sa., soutenue d'un tertre de trois coupeaux de gu.; le champ chapé d'azur, ch. à dextre et à sen. d'une fleur-de-lis héraldique d'or, tigée du même, et soutenue d'un tertre de trois coupeaux d'arg. Cq. cour. **C.:** l'aigle de sa., soutenue du tertre de gu.; entre un vol d'azur, chaque aile ch. d'une fleur-de-lis d'or. **L.:** à dextre d'or et d'azur, à sen. d'or et de sa.

Buhot de Kersers — *Bourg.* D'azur à trois ancolies d'arg.

Buines — *Ponthieu.* D'azur à trois molettes d'or. **S.:** deux lions, au nat.

Buiret — *Hainaut.* D'or à trois pots de terre de gu.
Buirette — *Art.* D'azur au chev. d'arg., acc. de trois buirettes ou aiguières d'or, les deux du chef affr.
Buis (de) — *Fl. fr.* D'azur à un griffon d'or, surm. d'une étoile du même.
Buisset — *Hainaut.* D'arg. à un arbre d'azur ; à la fasce du même, br sur le tout et ch. de trois étoiles d'arg.; à la bord. denchée d'azur.
Buissière — *Grenoble.* D'arg. au chev. d'azur ; au chef de gu., ch. d'un lion léopardé du champ.
Buisson (du) — *Valenciennes.* Ec. : aux 1 et 4 d'arg. au lion de gu. ; aux 2 et 3 d'arg. à un buisson de sin.
Buissonet — *Holl.* Ec. : aux 1 et 4 d'arg. à cinq arbres rangés de sin., trois plus grands alternant avec deux plus petits ; aux 2 et 3 d'arg. au lion de sa. Sur le tout de sa. (ou d'azur) à deux épées d'arg., passées en saut.
Buissonnier — *Dauphiné.* D'arg. à un buisson de sa., allumé de gu.
***Buissy** — *Ponthieu.* D'arg. à la fasce de gu., ch. de trois fermaux d'or. **C.:** un chien ailé, iss.: deux lévriers d'arg., coll. de gu., bordé d'or. **D.:** ATTENTE NUIT BUISSY.
Bulbacht — *Liège.* Coupé : au 1 d'arg. à trois pals de gu., retraits en chef ; au 2 d'azur plein. **C.:** un renard iss. de gu.
Bulgari — *Bologne.* D'or au lion échiq. de sa. et d'arg.
Bulgarini — *Bologne.* D'azur à un senestrochère, paré d'une étoffe brunâtre, mouv. du flanc, la main de carn. tenant un bâton de commandement d'arg.
Bull — *New-York.* D'azur à une rencontre de boeuf d'arg.; à la bord. du même.
Bullet (Comtes) — *Franche-Comté.* D'azur au chev. d'or, acc. de trois bes. d'arg. **D.:** VIRTUTEM A STIRPE TRAHO.
Bullard — *Fribourg.* Coupé : au 1 d'arg. au lion naiss. d'or, mouv. du coupé, tenant entre ses pattes un monde d'azur, cintré et croisé d'or ; au 2 d'azur à une fleur-de-lis d'or.
Bullo — *Chioggia.* D'azur à un escargot d'or.
Bullyon — *Neufchâtel.* D'azur à trois fasces ondées abaissées d'arg., acc. en chef d'un lion naiss. du même, mouv. de la première fasce.
Bumann — *Fribourg.* Parti : au 1 d'azur à un soc de charrue d'arg., la pointe en haut ; au 2 d'or à une branche feuillée de sin.
Bumann — *Fribourg.* Ec. : aux 1 et 4 parti : a. d'azur à un soc de charrue d'arg., la pointe en haut ; b. d'arg. à un peuplier arr. de sin.; aux 2 et 3 d'or à la fasce de sa., ch. de trois los. couchées d'arg.
Bunodière (de la) — *Bret.* D'azur à la bande d'or, ch. de trois têtes de lion arr. de gu. **D.:** SIC TRES UNUS PRO PATRIA DEBELLAT.
Buoi — *Bologne.* D'azur à un boeuf pass. d'or ; au chef du premier, ch. de trois fleurs-de-lis d'or, rangées entre les quatre pendants d'un lambel de gu.
Buoi (Marquis) — *Bologne, Modène.* Ec. : aux 1 et 4 d'or à l'aigle de sa., cour. du champ ; aux 2 et 3 d'azur à un boeuf d'or, pass. sur une terrasse du même, et au chef aussi d'azur, ch. de trois fleurs-de-lis d'or, rangées entre les quatre pendants d'un lambel de gu.
Buolelli — *Bologne.* D'azur à un boeuf ramp d'arg., posé dans des flammes de gu., mouv. de la p. et acc. en chef de deux étoiles (5) d'or ; au chef du premier, ch. de trois fleurs-de-lis d'or, rangées entre les quatre pendants d'un lambel de gu.
Buona ou **dalla Buona** — *Rologne.* D'azur à la fasce d'arg., ch. d'un mont d'arg., mouv. du bord inférieur de la fasce et deux touffes de trois palmes de sin., mouv. d'entre les coupeaux ; ledit mont surm. d'une comète d'or sur l'or de la fasce.
Buor de Cuissard — *Poitou.* Ec. : aux 1 et 4 d'arg. à trois coquilles de gu.: au canton d'azur (*Buor*); aux 2 et 3 d'or, au chef de sa. ch. de trois crouzilles d'arg. (enceinte de filets) d'arg. (*Cuissard.*)
Buquet — *Lorr.* (Baron de l'Empire, 4 janv. 1811.) Tiercé en fasce : au 1 d'herm. plein ; au 2 de sa. à une étoile d'or ; au 3 d'azur à un cygne d'arg., nageant sur une rivière du même.
Buratti — *Bologne.* Coupé d'or sur azur : à un boeuf ramp. de l'un en l'autre ; au chef d'azur, ch. de trois fleurs-de-lis d'or, rangées entre les quatre pendants d'un lambel de gu.
***Burchi (van der)** van Lichtenberg — *Holl.* Ec. : aux 1 et 4 d'herm. à trois étriles de gu. (*van der Burchi*); aux 2 et 3 d'azur à deux chandelles accostées d'or, allumées du même (*Lichtenberg*). **C.:** une étrille de gu., entre un vol d'herm.

Bure (de) — *Holl.* D'or au saut. écoté diminué de gu.
Bureaux de Pusy — *Franche-Comté.* D'arg. au chev. de gu., acc. en chef de deux étoiles de sa. et en p. d'un croiss. du sec.
Burenstein — *Leeuwarden.* Sous un ciel au nat., un cerf au nat. couché sur une terrasse de sin., devant un bosquet du même, mouv. du flanc sen.
Burg (auf der) — *Fribourg.* D'azur à un château d'arg., maçonné et aj. de sa., ouv. du champ, composé d'un corps de logis flanqué de deux tours, chaque tour surm. d'une étoile (5) d'or, et un croiss. du même entre les tours ; le tout acc. en p. d'un tertre de trois coupeaux de sin.
Burg (van der) — *Heusden.* D'arg. à une tour s'élevant d'une eau dans laquelle nagent trois canettes, le tout au nat. **C.:** une tour, entre un vol.
Burgat — *Bourg., Nivernais.* D'azur à trois fasces d'or, acc. de trois étoiles du même, 2 en chef et 1 en p.
Burgenstein ou **Burgistein** — *Fribourg.* Coupé : au 1 d'arg. à la fasce dentelée de gu.; au 2 de sa. à trois têtes de léopard d'or.
Burghouts — *Delft.* De sa. au lion d'or.
Burgly — *Angl.* D'azur à trois fleurs-de-lis d'herm.
Burgstaller Edle von Bidischini — *Trieste* (An. 13 nov. 1882.) D'or à la bande de gu., ch. d'un fer de lance au nat. en forme de fleur-de-lis, et acc. en chef d'un sapin sur un rocher au nat. et en p. d'une tour au nat. sur un rocher au nat., mouv. de la p. Cq. cour. **C.:** un lion iss. d'or, tenant de sa patte dextre un sabre d'arg. et de sa sen. le fer de lance de l'écu. **L.** d'or et de gu.
Burin du Buisson — *Auv.* Ec. : aux 1 et 4 d'azur à trois étoiles d'or (*Burin*); aux 2 et 3 de gu. à une tour d'arg., maçonnée d'arg. de sa., au loup d'azur, battant à la porte de la tour (*de la Tour d'Aubières.*)
Burky — *Fribourg.* D'or à deux bandes abaissées d'azur, acc. en chef d'un rameau d'olivier de sin., posé en bande.
Burns — *Ecosse.* D'azur à un chêne d'arg., terrasse du même, surm. d'une canne et d'un huchet d'arg., passés en saut. **C.:** une colombe perchée sur un rameau de sin. et surm. des mots : WOODNOTES WILD. **D.:** BETTER WEE BUSH THAN NAE BIELD [Armes du poète *Robert Burns.*]
Burot de Carcouet (Comtes) — *Bret.* D'azur à trois étoiles mal-ordonnées d'or. **D.:** PRO DEO, PRO REGE MORIAMUR.
Bursin — *Dauphiné.* D'arg. à trois pals de gu.; au chef d'azur, ch. de trois étoiles d'or.
Burt — *Gand.* Ec. : aux 1 et 4 d'or à un bouc saillant de sa. ; aux 2 et 3 parti-enclavé d'arg. et d'azur, l'arg. ch. d'une grappe de raisins tigée et feuillée, au nat. — un demi-vol, coupé-enclavé d'arg. et d'azur.
Burteur — *Bourg.* D'azur au chev. d'or, acc. de trois flèches d'arg., les pointes en haut. **T.:** deux Indiens, armés d'arc et de flèche. **D.:** CERTÆ CONTINGERE METAM.
Burthe (de la) — *Gasc.* D'or à un phénix au nat., le vol étendu, sur son immortalité de gu., cour. d'une couronne de fleurs au nat., le tout soutenu de deux rameaux d'olivier de sin., passés en saut. **D.:** IN FUNERE VITA.
Bus (du) — *Ponthieu.* D'azur au chev. d'arg., ch. de trois trèfles de sin. et acc. de trois molettes d'or.
Busancy-Pavant — *Soissonnais.* D'arg. à trois fasces de gu.; au chef échiq. d'or et d'azur.
Busca-Arconati-Visconti — *Milan.* Ec. : au 1 d'azur à l'aigle de sa., au 2 cinq points d'or, equipollés à quatre d'azur ; au 3 d'arg. à un arbre de sin.; au 4 d'arg. à une couleuvre ondoyante en pal de sin., engloutissant un enfant de gu.
Busek — *Bohême* (An. 26 juin 1810.) De gu. à une fleur-de-lis d'arg., acc. de trois étoiles du même. Cq. cour. **C.:** une aigle iss. du même.
Bussek — *Bohême* (An. 28 mai 1537.) Taillé de sa. sur gu., à un cheval cabré d'arg., br. sur le taillé et soutenu de trois pics de rocher de couleur grisâtre, mouv. de la p. **C.:** trois pl. d'aut.: de sa., d'arg. et de gu. — **L.** d'or et de sin.
Bussetti de Moltini — *Aut.* (An., 27 oct. 1880.) Ec. : aux 1 et 4 d'azur à trois boules d'or, rangées en bande ; aux 2 et 3 d'or au lion de gu. Cq. cour. **C.:** un bras arm., tenant une épée, le tout au nat. **L.:** à dextre d'or et d'azur, à sen. d'arg. et de gu.

Bussole ou **dalle Bussole** — *Bologne*. D'azur à la fasce de gu., acc. de trois coupes couvertes d'or.

Busson de Vilaines — *Maine*. D'arg. fretté de sa.

Bussy — *Fribourg*. Ec. d'arg. et d'azur.

Bustamante (de) — *Esp.* Parti: au 1 d'or à treize tourt. de gu. *ou* d'azur, posés 3, 3, 3, 3 et 1; au 2 de gu. à la bande d'or engoulée de deux têtes de dragon de sin. Au chef d'azur, br. sur le parti et ch. de trois fleurs-de-lis d'or. Une bordure d'azur autour de l'écu portant la légende:
VI LAS ARMAS RELUMBRANTES
DE LOS AUGUSTOS BLASONES
DE LOS FUERTES BUSTAMANTES
QUE VIENEN DE EMPERADORES.
Manteau d'azur, bordé d'or, doublé d'herm., sommé d'une couronne de marquis à l'antique. **C.:** un panache de cinq pl. d'aut., deux de gu., une d'azur et une d'arg. — (Cette fam. porte aussi les armes suivantes qui lui viennent de ses alliances ou qui étaient attachées à ses fiefs: Ec.: au 1 d'azur à la croix florencée de gu.; à la bord d'arg., ch. de quatre tours de gu., posées dans les cantons, alternant avec quatre chaudières de sa.: au 2 de sa. à cinq chaudières d'arg., 1 et 2; au 3 de gu. à treize bes. d'arg., posés 3, 3, 3 et 1; au 4 de gu. à quatre fasces alésées d'azur, la première échancrée d'une pièce au bord supérieur, la quatrième échancrée d'une pièce au centre et d'une demi-pièce à dextre). — L'écu posé sur un cartouche d'or, d'où naissent deux mains de carn., soutenant l'écu et br. sur le trait du parti.

Butel de Sainteville — *Blaisois, Poitou, Guadeloupe*. D'azur au chev., acc. de trois étoiles, celle de la p. soutenue d'un croiss., le tout d'arg.

Buter — *Kampen*. D'azur à un cor-de-chasse d'arg., lié de gu.

Buterne — *Hainaut*. De gu. à la fasce, acc. en chef de trois étoiles rangées et en p. de deux coquilles accostées, le tout d'arg.

Buttes — *Neufchâtel*. D'arg. à un tertre de trois pics accostés de sin., surm. d'une rose de gu.; au chef d'or, ch. d'une croisette d'azur.

Buttigheri — *Bologne*. Coupé, d'or à trois poignards d'arg., rangés en fasce, posés chacun en barre, la pointe en bas, sur azur à trois barres de gu.; à la fasce d'arg., br. sur le coupé. Au chef d'azur, ch. de trois fleurs-de-lis d'or, rangées entre les quatre pendants d'un lambel de gu.

Buurstede (van) — *Brab.* D'arg. à un arbre de sin., acc. de trois maisons mal-ordonnées de gu., sommées chacune de trois girouettes du même.

Buvala d'Ubbema — *Frise*. Parti: au 1 d'or à la demi-aigle de sa., mouv. du parti; au 2 coupé: *a.* d'azur à deux clés d'arg., passées en saut.; *b.* de gu. à un coeur d'arg., percé de deux flèches du même, passées en saut., les pointes en bas. **C.:** une aigle de sa.

Buvry — *Zél.* D'or à trois têtes de boeuf de sa.

Buvalda de Tzerckwerdt — *Frise*. D'azur à une fasce coupée de gu. sur or, acc. de cinq oeufs d'arg., posés debout, 3 rangés en chef et 2 rangés en p. **C.:** une tête de Janus au nat., soutenue d'un tronc d'arbre sans écots de sa.

Buwama — *Frise*. Parti: au 1 d'arg. à une cigogne de sa., soutenue d'une champagne échiq. de gu. et d'arg.; au 2 coupé: *a.* d'azur à un croiss. tourné d'arg.; *b.* d'or à une fasce de sin., acc. de trois flèches du même et ch. d'une branche feuillée d'arg., posée en bande. **C.:** la cigogne.

Buwama — *Frise*. Parti: au 1 d'arg. à trois carreaux de gu., 2 et 1, s'entretouchant et formant une fasce mouvante des flancs; les deux carreaux supérieurs soutenant une grue de sa., le vol levé; au 2 coupé, d'azur à un croiss. tourné d'arg., sur or à trois trèfles rangés de sin.; à la fasce de sin., br. sur le coupé et ch. d'une flèche d'arg., posée en fasce. **C.:** une grue de sa., le vol plié.

Buwingha de Holwierd — *Frise*. Parti: au 1 d'or à la demi-aigle de sa., mouv. du parti; au 2 d'azur à trois étoiles d'or, 2 et 1. **C.:** trois pl. d'aut. d'azur, ch. chacune de trois étoiles d'or, rangées en pal.

Buyer — *Franche-Comté*. D'azur au lion léopardé d'arg., tenant entre ses griffes un écusson d'or ch. d'un chêne arr. de sin.

Buyl (van) — *Harlem*. Coupé: au 1 de sin. à une fleur-de-lis d'arg.; au 2 de gu. à une étoile (5) d'or.

Buys — *Holl.* D'arg. à un navire dit *buis*, portant mât et voile, voguant vers sen. sur une mer, le tout au nat.

Buysing — *Leeuwarden*. Parti: au 1 d'or à la demi-aigle de sa., mouv. du parti; au 2 coupé: *a.* d'azur à une tête et col de boeuf d'arg.; *b.* d'arg. à trois fers-à-cheval mal-ordonnés de sa.; les bouts en bas.

Buzemont — *Nimègue*. D'azur à une anille d'arg.

Buzignies — *Hainaut*. D'arg. à la bande bastillée de gu.

Bysling — *Brab.* D'or à cinq branches feuillées de sin., rangées sur une terrasse du même.

Bytere (de) — *Gand*. De sa. à un croiss. d'arg., acc. de trois têtes de lion d'or. **C.:** un bouc iss. de sa., accorné d'or.

C

Cabanel d'Anglure — *Tour.* D'azur à un agneau pascal d'or, tenant une banderole du même, surm. d'une main dextre d'arg., tenant une plume d'or.

Caccia de Romentino (Comtes) — *Novara*. Fascé de gu. et d'arg.

Caccialupi — *Bologne*. D'azur au lévrier ramp. d'arg., coll. de gu.; au chef du premier, ch. de trois fleurs-de-lis d'or, rangées entre les quatre pendants d'un lambel de gu.

Caccianemici — *Bologne*. D'arg. à un ours ramp. de sa.; à la bord. du même, ch. de huit boules d'arg.

Caccianemici dal Orso — *Bologne*. D'arg. à un ours ramp. de sa.

Caceiti — *Bologne*. Coupé-enclavé de deux pièces de gu. sur azur.

Cacheleu — *Ponthieu*. De gu. à trois fasces d'or ; au fr.-q. de sa., ch. d'une bande d'arg., surch. de trois coquilles de pourpre.

Cadaran ou **Caderan** — *Bret.* D'azur à trois cadrans en forme de cilindres d'or, 2 et 1, posés verticalement.

Cadenelli — *Bologne*. D'arg. à la fasce de sa.; au chef d'azur, ch. de trois fleurs-de-lis d'or, rangées entre les quatre pendants d'un lambel de gu.

Cadoret de Beaupréau — *Saintonge*. De gu. au chev. d'or, acc. en chef de deux étoiles d'arg. et en p. d'un croiss. d'or.

Cadorius-Müller — *Ostfrise* (Conc. d'arm., 7 janv. 1691.) D'azur à un coeur de gu., ch. d'une croisette d'or et surm. d'une couronne du même; ledit coeur acc. de cinq fleurs-de-lis d'or, 2 accostant la

coeur, 2 dans les cantons de la p. et 1 en p. **C.:** une colombe au nat., bq. et m. de gu., tenant en son bec un rameau d'olivier de sin.; entre un vol contre-vairé, chaque aile ch. d'une étoile d'arg **L.** d'or, de gu. et d'azur.

Cadwalader — *Etats-Unis*. D'azur à une croisette pattée au pied fiché d'or.

Caem (van) — *Heusden*. Coupé: au 1 trois fleurs-de-lis, 2 et 1; au 2 trois têtes de lion. **C.:** une fleur-de-lis, entre un vol.

Caffin de Mérouville — *Poitou*. De gu. à une cafetière d'arg.

Cagnoli — *Bologne*. De gu. à un lévrier ramp. d'arg. ; au chef d'azur, ch. de trois fleurs-de-lis d'or, rangées entre les quatre pendants d'un lambel de gu.

Cahen d'Anvers — *Paris* (Comte romain.) D'azur au lion d'or, tenant une harpe du même; à la bord. d'arg., ch. de huit bill. d'azur.

Cahouet — *Norm.* (An., 5 mai 1559.) D'azur au saut. denché d'or, cant. de quatre bes. du même; au chef d'or, ch. d'un chev. renv. de gu.

Caignart de Sauley — *Paris*. D'azur à trois chev. d'or, acc. en chef de deux branches de chêne ou glands (les tiges en bas) du même.

Cailhères (Marquis) — *Norm.* D'arg. à trois fasces brét. de sa.

Caillet du Tertre — *Alsace*. D'azur au chev. d'or, acc. de trois cailles du même.

Caire de Chichilianne — *Grenoble*. D'arg. à un pin de sin., terrassé du même ; et un ours pass. au nat., br. sur le fût de l'arbre.

Cairon de Merville — *Norm., Saintonge, Champ.*

(Comtes de *Merville* ou de *Cairon de Merville*. M. ét.) De gu. à trois coquilles d'arg.

Caisier — *Ponthieu*. De sa. à un épervier, posé sur une branche et acc. au canton sen. du chef d'une étoile, le tout d'or ; à la bord. d'arg.

Caissotti di Roubion (Comtes) — *Nice*. D'or à l'aigle de sa., cour. du champ, ch. sur l'estomac d'un écusson coupé d'arg. sur gu., ch. d'un senestrochère, arm. au nat., mouv. du flanc sen. de cet écusson et tenant une massue d'arg. en barre, br. sur le coupé. **D.:** CERTATIM NIL FORTIUS.

Caix de Blainville — *Pic*. Ec.: aux 1 et 4 d'arg. à deux croisettes de gu. en chef et deux flanchis du même en p.; au 2 d'azur à trois fasces d'arg.; au 3 d'or au chev. d'azur, acc. en p. d'un lion de gu., et au chef du même ch. d'un croiss. d'arg. entre deux étoiles du même Sur le tout fascé de vair et de gu.

Caix de Rambures — *Pic*. Ec.: aux 1 et 4 d'arg. à deux croisettes de gu. en chef et deux flanchis du même en p.; aux 2 et 3 d'or au chev. d'azur, acc. en p. d'un lion de gu., et au chef du même, ch. d'un croiss. d'arg. entre deux étoiles du même. Sur le tout fascé de vair et de gu.

Cala — *Sicile*. De gu. à un chien d'arg., coll. d'or.

Calafatenos — *Grèce*. De gu. à trois fusées d'or, rangées en fasce.

Calame — *Neufchâtel*. D'arg. à une ancre de sa., acc. en chef de deux étoiles (5) de gu. **C.:** une étoile (5) de gu.

Calamentoni — *Bologne*. Ec. en saut. d'arg. et d'or; en chef et en p. un pal de gu.

Calamoni — *Bologne*. D'arg. à trois fasces de sin.

Calanchi — *Bologne*. Coupé d'or sur gu.; à la barre de sa., br. sur le tout.

Calanchi — *Bologne*. Coupé d'or sur gu.; à la barre d'arg., br. sur le tout; au chef d'azur, ch. de trois étoiles (5) d'or.

Calanchi — *Bologne*. D'azur à un coeur de gu., sommé d'une petite croix latine du même; le coeur ch. d'un croiss. cont. d'arg.; au chef du premier, ch. de trois fleurs-de-lis d'or, rangées entre les quatre pendants d'un lambel de gu.

Calanchini — *Bologne*. D'azur à un coeur de gu., sommé d'une croisette pattée du même; le coeur ch. d'un croiss. cont. d'arg.

Calavecchio — *Turin*. D'azur à la bande de gu., acc. au canton sen. du chef d'une tête de Janus et au canton dextre de la p. d'une croix de Malte d'or; le tout acc. d'une montagne de trois coupeaux de sin. en p.

Calci ou **Calzi** — *Bologne*. Fasce de gu. et d'arg. de six pièces, la première fasce de gu. ch. d'une étoile (5) d'or.

Calcina — *Bologne*. D'or à la bande de gu.; au chef d'azur, ch. de trois fleurs-de-lis d'or, rangées entre les quatre pendants d'un lambel de gu.

Calckere (de) — *Flandre*. D'azur à deux demi-vols adossés d'or.

Calderani — *Bologne*. D'arg. à une comète d'or, surmontant une mer au nat. en p.; au chef d'azur, ch. de trois fleurs-de-lis d'or, rangées entre les quatre pendants d'un lambel de gu.

Caldora — *Piémont*. Coupé-émanché de quatre pièces d'or sur azur.

Caldwell — *Boston*. Parti-crénelé de gu. et d'arg.; à trois pattes d'ours arr. de sa. **C.:** une main gantelée tenant une patte d'ours.

Calisius de Kalisch — *Bohême*. (An., 19 déc. 1693.) Parti: au 1 de sa. à trois fers de flèche d'or, posés en pairle, mouv. d'un annelet du même en abime et acc. de trois étoiles mal-ordonnées d'arg., une en chef et les deux autres accostant l'annelet; au 2 de sa. à trois bandes d'or. **C.:** les meubles du 1, entre un vol de sa. **L.** d'or et de sa.

Callac (Comtes de), v. **Moraud** comtes de Callac.

Callamatoni — *Bologne*. D'arg. à trois fasces de sin.

Callandrini — *Bologne*. D'azur au saut. d'or, acc. en chef d'un oiseau volant d'arg.; au chef du premier, ch. de trois fleurs-de-lis d'or, rangées entre les quatre pendants d'un lambel de gu.

Callori (Comtes) — *Turin*. Ec.: au 1 d'or à l'aigle de sa.; au 2 bandé d'or et d'azur; au 3 de sin. à une grappe de raisins de gu., pamprée de deux pièces d'arg.; au 4 de gu. à une colonne d'arg., cour. d'or, la base et le chapiteau du même, accolée d'un cep de vigne au nat.

Calori — *Bologne*. De gu. au chev. d'or, acc. de trois étoiles (5) du même.

Calva — *Gênes*. Echiq. de sa. et d'arg.

Calvet-Rognlat (Comtes) — *Rouergue*. D'or à un

chêne de sin., terrassé du même, senestré d'un lion d'azur, arm. et lamp. de gu., ramp. contre le fût; au chef de gu., ch. de trois étoiles d'arg. **C.:** le lion, iss. **S.:** deux lions, au nat. **D.:** OMNES AD UNUM.

Calvi — *Aut*. (Chevaliers, 5 déc. 1879.) Coupé: au 1 d'arg. à l'aigle ép. de sa., bq. et m. d'or; au 2 de sin. à un homme chauve iss., mouv. de la base de l'écu, hab. de sa., au rabat d'arg. Deux cq. cour. **C.:** 1° une aigle à une seule tête de sa., bq. et m. d'or; **I.** d'arg. et de sa.; 2° l'homme iss.; **I.** d'arg. et de sin.

Calvo-Coressio — *Gênes*. Ec.: aux 1 et 4 échiq. d'arg. et de sa.; aux 2 et 3 bandé d'or et d'azur, et un coeur de gu., cour. d'or, br. sur le bandé.

Calvoli — *Bologne*. D'azur à un arbre d'or, terrassé de sin., surm. d'un oiseau volant de sin., fondant sur la cime de l'arbre; au chef du premier, ch. de trois fleurs-de-lis d'or, rangées entre les quatre pendants d'un lambel de gu.

Calzoni — *Bologne*. D'arg. au lion d'or, lamp. de gu., tenant de ses pattes de devant un caleçon du sec.; au chef d'azur, ch. de trois fleurs-de-lis d'or, rangées entre les quatre pendants d'un lambel de gu.

Cam de Vaumoré — *Tour*. D'azur au chev. d'or, acc. en chef de deux moutons d'arg. et en p. d'un lion d'or; au chef de gu., ch. d'un croiss. d'arg. entre deux étoiles d'or.

Camanis — *P. de Vaud*. Parti: au 1 coupé, de gu. à une étoile (5) d'or, sur azur à un croiss. d'arg.; à la fasce d'or, br. sur le coupé; au 2 coupé: a. d'azur à quatre écic. d'arg., 2 et 2; b. d'azur à une tour de gu. Sur le tout de gu. à une croix recr. d'arg.

Camaret — *Dauphiné, Comtat-Venaissin*. De gu. au chev. d'or, acc. de trois croiss. du même.

Camarucci ou **Camaruzzi** — *Bologne*. D'arg. à un senestrochère, paré de gu., mouv. du flanc, étendant la main de carn. vers un petit chien ramp. et cont., coll. de gu., posé au canton dextre de la p.; au chef d'azur, ch. de trois étoiles (5) d'or.

Cambellain — *Ile-de-Fr*. D'azur au chev., acc. en chef de deux étoiles et en p. d'une tête de lion arr., le tout d'or, la tête de lion lamp. de gu.; au chef d'or, ch. de trois fourt. de sin.

Cambourg — *Bret., Limousin*. De gu. à trois fasces échiq. d'arg. et d'azur. **S.:** deux hermines [Maison issue de celle de Cambouf, dont elle porte les armes.]

Camelli Edle von Santalatona — *Aut*. (An., 21 sept. 1880.) D'azur à un chevalier, arm. de toutes pièces, la visière fermée, le casque panaché d'une pl. d'arg. d'arg., brandissant de sa main dextre une épée du même, tenant de sa sen. une rondache de fer et monté sur un boeuf courant au nat. **C.:** le chevalier, iss., tenant l'épée et la rondache. **L.** d'arg. et d'azur.

Camet — *Dauphiné*. D'arg. à la bande d'azur, ch. de trois coeurs d'or; au chef de gu.

Camet de la Bonnardière — *Paris*. D'azur au chev. d'or, acc. de trois cloches d'arg., bataillées de sa.; au chef de gu., ch. d'un croiss. d'azur, entre deux étoiles du même.

Camille — *Lombardie*. D'or à un cheval cabré de sa.

Campagnoli — *Bologne*. D'or à cinq arbres de sin., rangés sur une terrasse du même, l'arbre du milieu le plus élevé et les deux arbres dont il est accosté plus petits.

Campana (van) — *Gand*. D'herm., au chef de gu. **C.:** une tête et col d'aigle de sa., bq. d'or, entre un vol du même.

Campels (de) — *Toulouse, Montauban*. D'or à un chêne de sin., au chef d'azur, ch. de trois étoiles d'arg.

Campeno — *Tournai*. De sa. à une étoile d'or, cant. de quatre croiss. du même.

Camphyn — *Flandre*. D'herm., au chef d'or.

Campi (Comtes) — *Modène, Plaisance*. D'azur à un faisceau de cinq épis d'or, acc. de trois étoiles du même, rangées en chef; à la bord. émanchée d'or sur gu. **C.:** une aigle d'arg., cour. d'or. **D.:** NON SINE CAMPIS.

Campi-Giustiniani — *Gênes, Grèce*. Ec.: aux 1 et 4 d'azur à un vol d'arg.; aux 2 et 3 de gu. à une tour d'arg., ch. d'un croiss. d'or. Sur le tout d'azur à une aigle iss. de sa.

Campi di San Felice — *Modène*. D'azur à un chev. abaissé de gu., ch. d'une coquille d'or, et en chef à dextre d'un dextrochère, paré de gu., tenant trois épis d'or, et à sen. d'un croiss. montant d'or surm. de trois étoiles mal-ordonnées du même. **C.:** une aigle iss. d'arg.

Camporesi — *Bologne*. D'or à deux fasces de gu., et un coq volant au nat., posé en abime entre les fasces.

Campori (Marquis) — *Modène*. Ec.: aux 1 et 4 d'or au chev. d'azur, sommé d'une aigle de sa., cour.

d'or; aux 2 et 3 d'azur à une comète d'or, la queue en bas, acc. de trois étoiles du même, 2 en chef et 1 en p. **C.:** un cerf blanc iss., sommé entre sa ramure d'une comète d'or, la queue en bas; le corps du cerf entouré d'une ceinture de gu., ch. de trois roses d'arg.

Camprincoli — *Bologne.* D'arg. à une tour carrée sans créneaux, au nat., sommée de trois arbres de sin., et dans l'ouverture de la porte un lévrier ramp. d'or, le tout soutenu d'une terrasse de sin.; au chef d'azur, ch. de trois fleurs-de-lis d'or, rangées entre les quatre pendants d'un lambel de gu.

Camps — *P. de Liége.* D'arg. à trois roses de gu., bout. d'or, barbées de sin. **C.:** une rose de l'écu, tigée et feuillée de sin.

Camps de la Carrera — *Catalogne, Venézuela.* D'azur à un chevalier, arm. de toutes pièces, tenant une lance d'arg. et courant sur une terrasse du même, posée à dextre dans l'écu; le tout sur une champagne de sin.

Campucci — *Bologne.* Coupé d'arg. sur sin.; l'arg. ch. d'un arbre de sin., surm. d'un soleil de gu., rayonnant d'or.

Camus de la Guibourgère — *Bourg., Lyonnais, Bret.* D'azur à une étoile d'or, acc. de trois croiss. d'arg.

Camus d'Inourd — *Dauphiné.* D'azur à une étoile d'or, acc. de trois croiss. d'arg.

Camusat (le) de Riancey — *Champ.* D'azur au chev. d'or, acc. de trois têtes de bélier d'arg. **C.:** une fleur-de-lis. **D.:** VIRTUTE ET HONORE.

Camuset — *Bourg.* D'azur à la fasce d'or, acc. en chef d'un arbre d'arg., sur lequel est perché un oiseau du même; ledit arbre accosté de deux croiss. d'arg.; la fasce acc. en p. d'un autre croiss. d'arg.

Canani — *Ferrare.* D'azur au lion d'or; au chef du même, ch. d'une aigle de sa. (*Ou:* Parti: au 1 d'azur à l'aigle d'arg., bq., m. et cour. d'or, qui est d'*Este*; au 2 d'azur au lion d'or, et au chef du même, ch. d'une aigle de sa., qui est de *Canani.*)

Canaris — *Grèce.* D'azur à douze étoiles d'arg.; et trois ancres d'or, en pal et en saut., passées dans la couronne royale de Grèce.

Cancellieri — *Bologne.* Coupé d'or sur azur, à trois fleurs-de-lis, 2 et 1, de l'un à l'autre.

Candini — *Bologne.* D'arg. à un arbre terrassé de sin.; au chef d'azur, ch. de trois fleurs-de-lis d'or, rangées entre les quatre pendants d'un lambel de gu.

Cane — *Tours.* Tiercé en fasce: au 1 de gu. à un croiss., surm. d'une main ouv., le croiss. adextré d'une licorne pass. et senestré d'un tigre ramp., et trois étoiles rangées en chef, le tout d'arg.; au 2 d'or à trois lézards de sin., posés en barres, à dextre, et un arbre de sin. à sen.; au 3 d'azur à un poisson nageant d'arg.

Canestri-Trotti (Comtes) — *Forli.* Parti: au 1 d'azur à un chien d'arg., pass. sur une terrasse de sin., aboyant vers une étoile d'arg., posée au canton dextre du chef (*Canestri*); au 2 coupé d'or sur azur, à une fasce diminuée de sin., br. sur le coupé (*Trotti*). **C.:** un cerf iss. au nat. **D.:** EXCELSIOR USQUE AD ASTRA.

Caneta — *Gênes.* Coupé: au 1 d'azur à un bâton fleurdelisé d'or, en pal, mouv. du coupé; au 2 de gu. plein. — *Ou:* D'or à la fasce échiq. d'arg. et de gu. de trois tires, acc. en chef d'une fleur-de-lis de gu., mouv. de la fasce.

Canevari — *Bologne.* D'azur au chev. d'or, acc. en p. de deux gerbes accostées d'arg.

Caniboni — *Bologne.* D'azur au chev. renv. de gu., bordé d'arg., acc. en chef d'une comète d'or.

Canini — *Bologne.* D'azur à un mont de trois coupeaux de sin., le coupeau du milieu sommé d'une plante de muguets d'arg., accostée de deux lévriers ramp. et affr. du même, coll. de gu., soutenus des deux coupeaux ext.; au chef d'or, ch. d'une aigle de sa.

Cannart (van) d'Hamale — *Bruxelles* (Rec. de nob., 17 juillet 1883.) D'arg. à cinq fusées de gu., accolées en fasce, la seconde fusée surm. d'une merlette de sa. **C.:** une tête et col de bouc d'arg., accornée, barbée, coll. et clarinée d'or. **L.** d'arg. et de gu. **D.:** PER ASPERA AD ASTRA.

Cannegieter — *Frise, Holl.* D'or à trois pignates de gu. **C.:** un vol d'or.

***Cannesson** — *Pic.* D'azur à trois couronnes d'or. **C.:** un cygne ess. **S.:** deux lions. **D.:** SPERO IN DEUM.

Canobi — *Bologne.* D'or à un arbre terrassé de sin., fruité de cinq pièces de gu., 2, 1 et 2; au chef d'or, ch. d'une aigle de sa.

Canongètes de Canecaude — *France.* D'arg. à trois pals de gu.; au chef d'azur, ch. d'une croisette d'arg.

Canonici-Mattei (Marquis) — *Ferrare* (Ducs de

Giove.) Ec.: aux 1 et 4 de gu. au lion d'arg., cour. d'or (*Canonici*); aux 2 et 3 échiq. d'arg. et d'azur; à la bande d'or, br. sur le tout, et au chef du même, ch. d'une aigle de sa. (*Mattei.*)

Cans — *Liége.* D'arg. à trois roses de gu.; l'écu bordé d'or.

Cansaldi ou **Consaldi** — *Bologne.* D'or à un lévrier d'arg., coll. de gu., courant en bande entre deux cotices d'azur.

Cantal de la Manduite — *Norm.* D'arg. au saut. de gu., cant. de quatre mouch. d'herm. de sa. **S.:** deux licornes. **D.:** DIEU EN AYDE.

Cantelli — *Bologne.* Coupé: au 1 de gu. à un lévrier naiss. d'arg., coll. de gu., mouv. du coupé; au 2 parti d'azur et d'or. Au chef de l'écu d'azur, ch. de trois fleurs-de-lis d'or, rangées entre les quatre pendants d'un lambel de gu.

Cantelme des Rollands — *Dauphiné.* Ec.: aux 1 et 4 d'or au lion d'arg.; au lambel d'azur, br. sur le col du lion; au 2 d'or à un loup ramp. d'azur; au 3 d'azur à l'aigle d'arg. Sur le tout de *des Rollands* qui est d'azur à trois pals retraits en chef d'or, et un cor-de-chasse du même en p.

Canter-Camerling — *Holl.* Ec.: aux 1 et 4 d'azur à trois fasces ondées d'arg.; au 2 d'azur à trois étoiles à quatre rais d'or; au 3 de gu. à trois coquilles d'arg.

Canterzani — *Bologne.* D'azur à la barre d'or, ch. de trois étoiles (5) de gu.

Cautfort (van) — *Brab.* Ec.: aux 1 et 4 coupé: *a.* de gu. à une tour d'arg.; *b.* d'arg. au lion de sa., arm. et lamp. de gu., tenant une épée d'azur; au canton d'azur; aux 2 et 3 de sa. à la croix d'arg.

Cantone (dal) — *Bologne.* Parti: au 1 d'azur à un cerf naiss. d'arg., mouv. du parti; au 2 d'arg. à trois barres de gu.

Canzano-Avarna duc de Belviso — *Messine, Naples.* Ec.: aux 1 et 4 de gu. à un château sommé de trois tourelles d'or; aux 2 et 3 fascé d'azur.

Caopena — *Venise, Grèce.* D'or à trois fasces d'arg.

Cap de Pou — *Champ.* De gu. au chev. d'arg., acc. de trois bes. du même, celui en p. soutenu d'une main; au chef d'arg., ch. de trois étoiles de gu.

Capeller — *Aut.* (Nob. du St.-Empire, 30 oct. 1604.) D'or à une chapelle d'arg., ouv. et aj. de sa., essorée de gu., sommée d'une tourelle d'arg., aj. de sa., couverte d'un toit pointu de gu., croisé d'or; la chapelle soutenue d'un tertre de trois coupeaux de sin.; le champ chapé-ployé d'azur, à deux étoiles (8) d'or. Cq. cour. **C.:** la chapelle; entre deux prob. coupées, à dextre et d'azur, à sen. d'arg. et de gu. **L.:** à dextre d'or et d'azur, à sen. d'arg. et de gu.

Capellini — *Bologne.* Coupé: au 1 d'arg. au lion naiss. de gu., mouv. du coupé, tenant de ses pattes un chapeau de sa., panaché à dextre d'une pl. d'aut. de gu.; au 2 de gu. à une étoile (5) d'or. Au chef de l'écu d'azur, ch. de trois fleurs-de-lis d'or, rangées entre les quatre pendants d'un lambel de gu.

Capitaneo — *Naples.* D'azur à cinq barres d'or. **C.:** une Justice, tenant de sa main dextre une épée et de sa. sen. un listel inscrit des mots: SIC ERAT IN FATIS.

Capitani d'Arzago — *Milan, Crème.* Bandé de gu. et d'arg.; au chef d'or, ch. d'une tour de cinq créneaux entaillés de gu., ouv. d'un champ et sommé d'une aigle héral tique de sa., cour. d'or. **C.:** trois pl. d'aut., une de gu. entre deux blanches.

Capitan de Villebonne — *Orléanais.* De gu. au lion d'azur, tenant de ses pattes une tige de lis d'arg.; au chef d'herm.

Capiane barons de Pimbo — *Guyenne.* D'arg. à un pin de sin., accosté de deux lions ramp. et affr. de gu.; au chef d'azur, ch. d'un lion de sa. d'arg. entre deux étoiles d'or.

Capnero — *Bologne.* Coupé d'arg. sur gu., l'arg. ch. d'un oiseau de sa. Au chef de l'écu d'azur, ch. de trois fleurs-de-lis d'or, rangées entre les quatre pendants d'un lambel de gu.

Cappi de Capovicco — *Aut.* (Chevaliers, 5 janv. 1831.) Ec.: aux 1 et 4 d'azur à une senestrochère arm., mouv. du flanc et tenant une épée en barre, le tout au nat., acc. en p. d'un chevron renversé alésé d'arg.; au 3 bandé de gu. et d'azur. Deux cq. cour. **C.:** 1° un vol cont., l'aile de derrière d'or plein, l'aile de devant aux armes du 1; **l.** d'or et d'azur; 2° le senestrochère d'arg., reposant sur le coude; **l.** d'arg. et de gu.

Caprarola — *Bologne.* D'or à la croix pattée alésée d'arg., accostée en p. de deux étoiles (5) du même.

Caravita (Marquis) — *Naples.* D'azur au lion d'or;

à la fasce de gu., br. sur le tout et ch. de trois étoiles d'arg. **C.:** un éléphant iss.

Carayon la Tour — *Gasc., Paris* (Barons, 1819.) D'azur à un bélier cont. d'arg., la tête supportant une croix archiépiscopale d'or (qui est de *Pérignon*, contourné, en mémoire de leur alliance avec cette famille en 1810), acc. en chef à dextre d'une tour d'or. **S.:** deux lévriers. **D.:** FAVRE PLÂ, LAYSSA DIRE.

Carbon (de) de Ferrières et de Prévinquières — *Quercy.* D'azur à la bande d'arg., ch. de trois charbons de gu. — *Ou:* D'azur à un mont d'arg.

Carbonelli — *Monopoli* (Naples.) D'azur à un poisson au nat., nageant sur une mer, et surmonté d'une fasce voûtée d'or, acc. en chef d'un soleil du même.

Carbonelli baron de **Letino** — *Naples.* D'azur au lion d'or, tenant entre ses pattes un croiss. d'arg. et fixant un soleil d'or, posé au canton dextre du chef.

Carcano — *Milan, Rome* (Rec. de nob., 3 juin 1881 et 29 juin 1884.) De gu. à un cygne d'arg., surm. d'une hache du même. emm. d'or, posée en fasce, le tranchant en bas. **C.:** un cygne iss. d'arg. **D.:** SINE MACULA ET NIVE CANDIDIOR.

Carcenac de Bourran — *Rouergue.* D'arg. à deux chaînes de sa., posées en fasces.

Carceri (dalle) — *Vérone, Grèce.* D'arg. à un château crén. de sa., aj. de gu., mouv. du flanc dextre, senestré d'un cerf élancé d'or, le tout soutenu d'une terrasse de sin.; et un bras de carn., iss. de la fenêtre du château et tenant une palme de sin. vers ledit cerf.

Cardaillac (Marquis) — *Bigorre, Quercy, Auv.* D'arg. à la croix de gu.; au chef bastillé d'arg.

Cardelli (Comtes) — *Rome.* D'azur à la bande d'arg., ch. de trois fleurs-de-lis d'or et acc. de deux chardons au nat.

Cardinali — *Bologne.* D'arg. à un chapeau de cardinal de gu., les cordons noués; au chef d'azur, ch. de trois fleurs-de-lis d'or, rangées entre les quatre pendants d'un lambel d'azur.

Cardot de la Burthe — *Guyenne, Franche-Comté.* Les armes de *de la Burthe* qui sont d'or à un phénix au nat., le vol étendu, sur son immortalité de gu., cour. d'une couronne de fleurs au nat., le tout soutenu de deux rameaux d'olivier de sin., passés en saut. **D.:** IN FUNERE VITA.

Caritat de Peruzzi — *France.* Ec.: aux 1 et 4 d'azur à trois poires d'or, les tiges en haut; au 2 d'azur à six croisettes d'arg; au 3 d'or à un casque au nat. **Sur** le tout d'azur à un dragon ailé d'or.

Carlé — *Fribourg.* D'azur au lion d'arg., tenant entre ses pattes une étoile (5) d'or; au chef d'arg., ch. d'une aigle de sa.

Carlier — *Hainaut.* D'arg. à un buste de More, tort. d'arg., couvert d'un manteau de gu., tenant une flèche d'or.

Carlin — *Vienne* (Dauphiné). D'azur à trois flèches d'or, rangées en fasce; au chef de gu., ch. de deux étoiles d'arg.; la flèche du milieu br. sur le chef.

Carlini — *Bologne.* D'arg. au chev. d'or, acc. de trois croiss. du même; au chef d'azur, ch. de trois étoiles (5) d'or.

Carloni — *Bologne.* Losange d'or et de gu.

Carlsen — *Dan.* (An., 4 fév. 1817.) D'arg. à trois roses de gu. Cq. cour. **C.:** une bannière de gu., accostée de douze pennons alt. de gu. et d'arg. **S.:** deux lions coiffés de casques, sommés de sept plumes de faisan.

Carmantrand — *Franche-Comté.* De gu. au chev. d'arg., acc. de trois épis d'orge du même.

Carme de la Bruguière — *Lang.* D'azur à une tour d'arg., sommée d'une colombe du même, tenant en son bec un rameau d'olivier de sin.

Carméjane — *Comtat-Venaissin.* D'or au chev. de gu., acc. de trois flammes du même; au chef d'azur, ch. de trois étoiles d'arg.

Carmentran — *Fribourg.* De gu. à la croix pattée alésée d'arg.

Carminati di Brambilla — *Milan.* Coupé: au 1 parti: a. d'or à l'aigle de sa., cour. du champ; b. d'arg. au lion cont de gu., mouv. du parti; au 2 de gu. à un chariot d'or. **C.:** une tête et col d'aigle de sa. **D.:** SPERO.

Carne d'Embrechies — *Flandre.* D'or à une tête de léopard du même.

Carneux — *Tournaisis.* D'arg.; au chef vairé d'azur et d'or.

Carnot — *Bourg. Armes anc..* D'azur à trois canes d'arg., 2 et 1. — D'azur au chev. d'or, acc. de trois canes d'arg. — D'azur au chev. d'or, acc. de trois merlettes d'arg. — *Armes mod.* (Comte de l'Empire, 1814.) D'azur à trois merlettes d'arg., 2 et 1, acc. en chef d'une étoile du même.

Caron de Fromentel — *Boulonnais.* D'azur à la fasce d'or, ch. d'une chaloupe avec son mât et ses voiles de sa., et acc. en chef d'une balance surmontant un oeil humain et accostée de deux épis feuillés, le tout d'or.

Carpentier-Alting — *Holl.* Un arbre, adextré d'un lion cont. et senestré d'un cerf ramp. **C.:** un cerf iss.

Carpentier (le) de Sainte-Opportune — *Norm.* D'azur à deux poissons d'arg., posés en pals, 1 et 1; au chef de gu., ch. de trois molettes d'arg.

*Carpentin — *Pic.* D'arg. à trois fleurs-de-lis au pied coupé de gu. **C.:** une Renommée tenant une banderole sur laquelle est inscrite la devise: A TOUT. **T.:** un homme et une femme sauvages.

Carpzow — *Zittau* (Saxe). D'arg. à cinq roseaux brunâtres, tigés et feuillés de sin., posés en éventail et mouv. d'une eau d'azur en p. **C.:** les cinq roseaux. **L.** d'arg. et de gu.

Carré de Ste-Gemme — *Saintonge.* D'azur à la croix d'arg., cant. de quatre étoiles du même.

Carré de Malberg — *Lorr.* D'or à la bande échiq. d'arg. et de gu. de trois tires, au moyen de deux lignes diagonales de dextre à sen. et de lignes horizontales.

Carrera (de la) — *Catalogne.* D'or à deux boeufs au nat., traînant une charrue de gu., dans un champ de labour au nat.; au chef d'azur, ch. de trois étoiles (8) d'or.

Carrère de Maynard — *Armagnac.* Ec.: au 1 d'azur à deux poissons nageants d'arg., l'un sur l'autre; au 2 de gu. à trois pommes de pin d'or, 2 et 1, les queues en haut, et au chef de gu., ch. d'une croix d'arg.; au 3 de sa. à un mont isolé de plusieurs pics d'or; au 4 d'or à la fasce de gu., acc. de trois trèfles de sin. Sur le tout d'azur semé de flammes d'arg., et un senestrochère d'arg., mouv. du flanc, br. sur le tout. **T.:** deux sauvages. **D.:** HONOR NON FUROR TIMET.

Carrel — *Fribourg.* D'arg. à une flèche de gu., posée en barre, acc. de deux étoiles (5) d'or, l'une posée au canton dextre du chef et l'autre au canton sen. de la gu.

Carrel — *Neufchâtel.* D'arg. à une flèche de gu., arm. et empennée de sa., la pointe en bas; le champ chaussé-ployé de gu., à deux étoiles (5) d'or.

Carrière (de la) — *Auv.* Ec.: aux 1 et 4 d'azur à la fasce échiq. d'arg. et de sa. de trois tires; aux 2 et 3 d'azur à trois têtes de lion arr. d'or.

Carrion de Calatrava — *Gasc.* D'arg. à une fleur-de-lis d'or, d'où s'élève un épi tigé et feuillé de sin., accostée en p. de deux fers de lance affr. et opposés vers la pointe [V. **Abbadie de Barrau** comtes de **Carrion de Calatrava.**]

Carron — *Vienne* (Dauphiné). D'azur à la fasce d'arg., acc. de huit étoiles d'or, posées en orle, de trois capreaux mal-ordonnés du même.

Carstanjen — *Hongrie,* orig. de la *Prov. rhén.* (Chevaliers autrichiens, 19 juin 1877.) Ec.: aux 1 et 4 d'or à trois fasces de sa.; au 2 d'azur à un chevalier iss., posé de profil, arm. de toutes pièces, le casque panaché de trois pl. d'azur, une d'or entre deux de sa., tenant de sa main dextre une flèche empennée de sa., la main sen. appuyée sur sa hanche; au 3 d'azur à un arbre terrassé de sin. Deux cq. cour. **C.:** 1° un vol cont., coupé alt. d'or et de sa.; l. d'or et de sa.; 2° le chevalier iss.; l. d'arg. et de gu.

Cartier — *Neufchâtel.* Ec. d'or et d'azur.

Carue — *Ponthieu.* D'arg. au saut. de gu., cant. de quatre hures de sanglier arr. de sa.

Caruel de St.-Martin — *Norm.* (Barons, 1819.) Ec.: aux 1 et 4 d'arg. à trois merlettes de sa. à la bord. de gu. (*Caruel*); aux 2 et 3 d'arg. à l'aigle de sa. (*St.-Martin*).

Carutti de Cantogno — *Piémont, Rome.* D'arg. à une carpe nageante de sin. à tête d'azur, acc. de trois étoiles en chef. **C.:** une étoile d'or.

Casali (Marquis) — *Plaisance* (Italie.) Parti: au 1 d'azur au lion d'or, tenant de sa patte dextre une fleur-de-lis de gu.; au 2 de gu. à trois étoiles (8) d'or.

Casanova d'Aruciani — *Corse.* D'azur à une maison d'arg., maçonnée de sa.

Casanove — *Lang.* D'azur à un bras d'or, iss. d'une nue du même, tenant une clé d'arg., soutenue des pattes de devant d'un lion d'or.

Caselli (Marquis) — *Cosenza.* D'azur au griffon d'or, bq. et langué de gu.; en chef d'un lambel de cinq pendants de gu. **S.:** deux griffons d'or, bq. et langués de gu.

Casoni — *Venise* (Marquis, 15 janv. 1660.) Ec.:

aux 1 et 4 d'azur à une fleur-de-lis d'or; aux 2 et 3 d'or à une couleuvre ondoyante en pal de sin.

Casotti (Barons) — *Lecce*. Parti: au 1 d'azur à un croiss. d'arg., acc. de deux étoiles du même, 1 en chef et 1 en p.; au 2 d'arg. à cinq bandes de gu.

Cassa — *Berne*. Ec.: aux 1 et 4 d'azur à trois croiss. d'or; au 2 d'arg. au lion de gu.; au 3 d'herm. à la bande de gu.

Cassin — *Anjou*. D'azur à trois branches feuillées d'or, en pals, 2 et 1.

Cassin baron **de Kainlis** — *Anjou* (Baron de K., 25 avril 1825.) Ec.: aux 1 et 4 d'azur à trois branches feuillées d'or, en pals, 2 et 1 (*Cassin*); aux 2 et 3 d'or à un cerf pass. de gu., ramé de sin., acc. en chef d'un croiss. du même (*Mac Curtain de Kainlis*).

Castaldi — *Bologne*. Coupé d'or sur gu.; au lion de l'un en l'autre.

Castel — *Norm*. De gu. au chev. d'arg., acc. de trois roses d'or.

Castel (du) — *Flandre*. De gu. au lion d'or.

Castellane de Salernes — *Prov*. De gu. à un château sommé de trois tours d'or, la tour du milieu plus élevée que les deux autres, ledit château acc. de trois fleurs-de-lis du sec., 2 en flancs et 1 en p.

Castellaz de Berlens — *Fribourg*. Ec.: aux 1 et 4 d'arg. à trois barres ondées d'azur; à la bande, de gu., br. sur le tout et ch. de trois étoiles (5) d'or; aux 2 et 3 éc. en saut. d'arg. et de gu.

Castellaz de Delley — *Fribourg*. D'arg. à trois barres ondées d'azur; à la bande de gu., br. sur le tout et ch. de trois étoiles (5) d'or.

Castellaz de Gruyères — *Fribourg*. D'arg. à trois barres ondées d'azur; à la bande de gu., br. sur le tout et ch. de trois trèfles à bord, posés dans le sens de la bande.

Castellazzo San Martino — *Piémont*. Ec.: aux 1 et 4 d'azur à neuf los. d'or, 3, 3 et 3, accolées et aboutées; aux 2 et 3 de gu. plein.

Castelli — *Corse*. D'arg. à un château d'azur, surm. d'une aigle de sa. **S.:** deux lions.

Castelli prince **de Torremuzza** — *Palerme* (Prince, 1734.) D'azur à un château sommé de trois tours d'arg., acc. en chef d'une fleur-de-lis du même. **D.:** ALLICIT ET TERRET.

Castelnau d'Essenault — *Gasc.*, *Guyenne*. Ec.: aux 1 et 4 de gu. à un château ouv. d'arg., sommé de trois tours, maçonné de sa. (*Castelnau*); aux 2 et 3 d'or à un coeur de gu., et une bord. du même, ch. de huit bes. d'arg. (*Essenault*.)

Castéras — *Lang*. De gu. à une tour d'arg., ouv., aj. et maçonnée de sa.

Casillard — *Lorr*. (Chevalier de l'Empire, 31 janv. 1810.) D'or au lion de sa.; le champ vêtu de gu.

Castriota-Scanderbech marquis **d'Auletta** — *Naples*. D'or à l'aigle ép. de sa., ch. d'un triangulaire d'azur, ch. d'une étoile d'or.

Castris — *Tournaisis*. D'arg. au chev. de gu., acc. de trois lévriers de sa., les deux du chef affr. et celui en p. pass.

Castromediano di Limburg — *Lecce* (Duc de Morciano, marquis de Caballino.) Tranché-émanché de cinq pièces d'arg. sur gu.

Cat de Cocural — *Rouergue*. Les armes de Cocural, qui sont d'azur à un massacre de cerf d'arg., surm. d'une couronne d'or.

Cate (ten) — *Amsterdam*. D'or à un cerf élancé de gu.

Catellan — *Fribourg*. De gu. à une tour d'or, ouv. et aj. de sa.

Cateux — *Abbeville*. De gu. au saut. d'arg., ch. d'une fleur-de-lis du champ et cant. de quatre merlettes du sec.

Catharin — *Transylvanie* (Nob. du St.-Empire, 2 nov. 1537.) Tiercé en fasce de gu., d'or et de sa.; à un chêne au nat., posé sur une terrasse de sin. en p. et br. sur le tout. **C.:** trois pl. d'aut., une de gu. entre deux de sa. **L.** de sa. et de gu.

Cathol du Deffan — *Auv*. D'azur à un griffon pass. d'arg.; au chef de gu., ch. de trois étoiles d'az.

Cati (Comtes) — *Ferrare*. Ec.: aux 1 et 4 d'or à l'aigle ép. de sa.; aux 2 et 3 fascé de sa. et d'arg. de quatre pièces, la 2e fasce ch. d'une croix recr. alésée de sa., la 3e de deux croiss. d'arg., l'un sur l'autre, et la 4e de deux croiss. de sa., l'un sur l'autre.

Cattani da Diacetto (Diacette ou Adjacette en *France*) — *Florence*, *Lyonnais*. Coupé d'or sur gu.; au lion cour. de l'un en l'autre (*ou*, le lion acc. en chef d'un lambel de gu., le pendant du milieu d'or.)

Cattani da Diacetto Acquaviva d'Aragon — *Florence*, *Lyonnais*, *Basssigny* (Comtes de Château-

villain, 1580; ducs d'*Atri* et princes de *Melfi*, vers 1580.) Ec.: aux 1 et 4 d'or au lion d'azur, lamp. de gu. (*Acquaviva*); aux 2 et 3 parti de trois traits: *a.* d'or à quatre pals de gu. (*Aragon*); *b.* fascé d'arg. et de gu., de huit pièces (*Hongrie*); *c.* d'azur semé de fleurs-de-lis d'or, au lambel de gu. en chef (*Anjou-Sicile-Naples*); *d.* d'arg. à la croix de Jérusalem d'or (*Jérusalem*). Sur le tout des quatre quartiers coupé d'or sur sa., au lion cour. de l'un en l'autre, acc. en chef d'un lambel de gu., le pendant du milieu d'or (*Cattani da Diacetto*). **C.:** un lion iss., coupé d'or sur sa. **S.:** deux lions coupés d'or sur sa.

Cattilusio — *Grèce*. De sa. à la croix d'arg. L'écu posé sur l'estomac d'une aigle ép. de sa., tenant de sa serre dextre un sceptre et de sa sen. une épée.

Caubet de Bardies-Montfa — *Gasc.*, *Lang.*, *P. de Foix*. D'or à un lévrier pass. de gu.; au chef d'azur, ch. d'un croiss. d'or entre deux étoiles du même. **S.:** deux griffons.

Caucheteur (le) — *Ponthieu*. Tranché d'or sur azur; au lion de l'un en l'autre, arm., lamp. et allumé de gu.

Caumont — *Ponthieu*. De gu. semé de croix recr. au pied fiché d'or; à trois molettes du même, br. sur le tout.

Caumont — *Norm*. Ec.: aux 1 et 4 d'arg. à trois merlettes de sa.; aux 2 et 3 d'arg. à six quintefeuilles de gu.

Causse — *Gand*. D'or à la bande de gu., bordée d'arg., ch. d'une épée du même, garnie d'or, et acc. de deux croiss. d'azur; à la bord. engr. de sa.; au chef du même, br. sur la hord. et ch. d'un lion léopardé d'arg., arm., lamp. et cour. d'or; le chef entouré d'une bord. engr. d'or. **C.:** un bras arm., brandissant une épée.

Caussin de Perceval — *Bourg*. D'azur à un coq hardi d'arg., acc. de trois croisettes du même.

Cave (de la) — *Limb*. Un coeur allé; au chef ch. de cinq merlettes.

Caveau de Beauregard — *Holl*. Ec.: aux 1 et 4 d'or à trois canettes au nat.; aux 2 et 3 de gu. à une bande de ..., acc. de trois trèfles de ... Sur le tout de ... à un monde de .... **C.:** une étoile, entre un vol. **T.:** deux Mores, arm. d'un arc et d'une flèche, le carquois sur le dos.

Cavelier de St.-Jacques — *Norm*. D'arg. à la bande d'azur, acc. de six los du même, rangées en orle.

Cavens — *Malmédy*. D'or à une bille de sa., aux étriers d'arg. **C.:** un marteau.

Cavero de Nobradiel — *Esp*. (Comtes, 1660.) Ec.: au 1 d'arg. au lion de gu., acc. d'une étoile du même, celui du 1 cont.; au 2 de *Sicile-Aragon*; au 3 d'or à six roses de gu., vidées d'azur, 3, 2 et 1; sur le tout sur l'autre, et les 4 autres cantonnées; au 4 palé d'azur et d'or. Sur le tout d'azur à deux cloches d'arg. sans battants, et une bord. du même du de la. **D.:** CAMPANAS DE ALSONES YA NON CUMBA-RENT ME.

Cavrois — *Art*. D'or à la fasce cannelée de sa. — (Baron de l'Empire.) Coupé: au 1 d'or à trois étoiles d'azur; au 2 d'azur à un croiss. d'arg.

Cayman — *Alost*. Parti: au 1 d'arg. à l'aigle de sa.; au 2 de sa. à deux épées d'arg., garnies d'or, passées en saut., cant. de quatre trèfles d'or, un à dextre, un à senestre, un en p. et un en chef du même; le tout se parti et ch. du caïman de sin. [V. van den Braude.]

Cazeneuve — *Lang*. De gu. à une maison d'or, aj. et maçonnée de sa.; au chef d'azur, ch. d'un croiss. d'arg., adextré d'un soleil d'or et senestré d'une étoile du même.

***Cazes (de)** duc **de Glücksberg** — *Guyenne* (Duc danois, 12 juillet 1818.) Ec.: aux 1 et 4 de gu. à trois bâtons d'or. posés en pals, 2 et 1, munis chacun en haut et en bas d'un ruban flottant d'azur; aux 2 et 3 d'azur à un château à trois pignons d'or, ouv. et aj. de gu. et posé sur une terrasse de sin. Sur le tout d'arg. à trois fasces de corbeau de sa.

Cazotte-Alcade — *France*. Ec. en saut. de gu. et de sa., et quatre têtes d'aigle arr. d'arg., 1, 2 et 1. Sur le tout un écusson d'arg. à la fasce d'arg., acc. de quatre étoiles du même, 1 en chef, et 3 en p., posées 2 et 1. **D.:** FIDÈLE À DIEU ET À MON ROY.

Cefali (Comtes) — *Ferrare*. Ec.: aux 1 et 4 de gu. au lion d'or, celui du 1 cont.; au 2 parti: *a.* d'azur à une étoile (6) d'or; *b.* d'arg. à une couleuvre d'azur, engloutissante une enfant de sa.; au 3 comme au 2, les compartiments intervertis.

Cellard du Sordet — *Dauphiné*. D'azur au chev. d'or, acc. de trois tours du même.

Céloron — *Tour.*, *Guadeloupe*. D'arg. au chev. de gu., acc. de trois cigales de sin.

Cenci-Bolognetti — *Rome* (Prince de *Vicovaro*, marquis de *Rocca Priora*). Parti: au 1 d'azur à une écharpe d'or, ployée en cercle, les extrémités nouées en saut.; et au milieu de cette écharpe une femme iss., hab. d'or, tenant l'écharpe de ses mains; au chef d'azur, ch. de trois fleurs-de-lis d'or (*Bolognetti*); au 2 tranché-enté de gu. sur arg., à six cross. de l'un à l'autre, rangés en deux bandes, les cornes dirigées vers le canton dextre du chef (*Cenci*). **C.:** une aigle de sa.

Cendrilla — *Esp.* D'azur à huit bes. d'or; à la bord. de gu., ch. de huit tours d'arg.

Centner — *Bohème* (An., 17 fév. 1871.) D'azur à trois branches de chêne, 2 et 1, posées en bandes, feuillées chacune de trois pièces mal-ordonnées et fruitées d'un gland pendant à dextre, au-dessous des feuilles, le tout d'or; à la bord. du même. Cq. cour. **C.:** trois pl. d'aut., une d'or entre deux d'azur.

Centuriona — *Gênes.* D'or à la bande échiq. de gu. et d'arg. de trois tires.

Centurioni-Scotti — *Gênes* (Princes du St.-Empire, 21 avril 1654.) D'or à la bande échiq. d'arg. et de gu. de trois tires. L'écu posé sur l'estomac d'une aigle ép. de sa.

Cerbelli — *Spolète.* Coupé: au 1 d'or à trois fleurs-de-lis de gu.; au 2 d'azur à une tête de veau d'or. A la fasce de gu., br. sur le coupé.

Ceriani-Mayneri — *Valenza*, *Turin* (Comtes, 30 juillet 1881.) D'azur à la fasce échiq. d'or et de gu.

Cermenate (da) — *Milan.* D'azur au pal d'or, accosté de quatre châteaux d'arg.; au chef d'or, ch. d'une aigle ép. de sa., cour. d'or.

Certain de la Meschaussée — *Alsace.* De gu. à une Foi de carn., parée d'azur, tenant un coeur enflammé d'or, et acc. en p. d'une étoile du même.

***Certaines** (Marquis) — *Nivernais.* D'azur à un cerf pass. d'or. **T.:** deux anges. **D.:** FIANCE EN DIEU, FIANCE CERTAINE.

Certe (de la) — *Poitou.* D'azur à un cerf pass. d'or, acc. en p. de trois livres ouv. d'arg., tracés de gu., 2 et 1.

Cès-Caupenne — *Guyenne.* Ec.: aux 1 et 4 de gu. à deux chiens courants d'arg., l'un sur l'autre; au 2 d'arg. à la fasce ondée de gu.; au 3 d'azur au chev. d'or.

Cesare — *Calabre.* D'azur au lion d'or, ramp. contre un pin du même.

Cesbron de la Guerinière — *Tours.* D'or à la croix pattée alésée de sa., acc. de trois trèfles de sin. — *Ou:* D'arg. à deux loups pass. de gu., l'un sur l'autre. — *Ou:* De gu. à un rencontre de boeuf d'or.

Cessillion — *Dauphiné.* D'azur à deux lions affr. d'or.

Cetempesi — *Livourne.* De sin. à une fleur-de-lis d'or.

Ceulen (van) — *Zél.* D'azur à la fasce d'arg., acc. en chef de trois fleurs tigées et en p. d'un bélier.

Chabaille d'Auvigny - *Soissonnais.* D'azur au chev. d'or, acc. de trois étoiles d'arg. **S.:** deux licornes, au nat.

Chabaneix du Chambon — *Périgord, Paris. Armes anc.:* D'arg. à un chêne de sin., englanté au nat., terrassé du sec.; au chef de gu., ch. de trois étoiles d'arg. — *Armes mod.:* Ec.: au 1 d'or au lion de sa.; aux 2 et 3 d'arg. plein; au 4 d'azur à un avant-bras, arm. d'arg., mouv. du flanc sen. à tenant une épée du même, en pal. A un chêne de sin. englanté d'or, sur un tertre de sin., br. sur les partitions. Au chef de l'écu d'azur, br. sur l'écartelé et ch. de trois étoiles d'or. **S.:** deux lévriers.

Chabanel — *Holl.* D'azur au chev. d'or, acc. en p. d'une tour du même; au chef d'arg., ch. de trois têtes de lion du gu.

Chabannais — *France.* D'arg. à deux lions léopardés de sa., arm. et lamp. de gu., l'un sur l'autre. **C.:** une merlette de sa.

Chabannes comtes **de Dammartin** — *Angoumois.* Ec.: aux 1 et 4 de gu. au lion d'herm., arm., lamp. et cour. d'or (*Chabannes*); aux 2 et 3 fascé d'azur et d'arg., à la bord. de gu. (*Dammartin*). Sur le tout de gu. à trois p als de vair; au chef d'azur (*Châtillon*).

Chabert — *Dauphiné.* De gu. à la bande d'arg., ch. de trois rocs d'échiquier d'azur, posés dans le sens de la bande.

Chabert — *Dauphiné.* D'azur à la bande d'arg., ch. de trois rocs d'échiquier de sa., posés dans le sens de la bande; à la bord. potencée et contre-potencée d'arg.

Chabert de Fondville — *Dauphiné, Berry.* D'azur semé de taus d'arg., à la bande du même, br. sur le tout, ch. de trois rocs d'échiquier de sa., posés dans le sens de la bande et acc. en chef d'une molette (8) d'or; au chef d'arg. **D.:** POSTES PORTASQUE REFREGIT.

Chabert-Pontouvrard — *Dauphiné.* Ec.: aux 1

et 4 d'azur à la bande d'arg., enfilant trois couronnes d'or (*Faure-Vercours*); aux 2 et 3 d'arg. à trois rocs d'échiquier de sa. (*Chabert*).

Chablais — *Fribourg.* D'azur au chev., acc. en chef de deux étoiles (5) et en p. d'une gerbe, le tout d'or.

Chabot — *Poitou.* D'azur à deux chabots nageants d'arg., l'un sur l'autre, le second cont.

Chabot — *Savoie, Orléanais, Perche.* D'or à une grande étoile (5) d'azur, ch. d'un château sommé de trois tours d'arg., maçonné de sa. — *Ou:* D'azur à une grande étoile (5) d'or, ch. d'une tour de gu. **S.:** deux licornes. **D.:** COR ET CAPUT CABO.

Chabond — *Dauphiné.* D'azur à une colombe d'arg.; au chef de gu., ch. de deux croisettes d'arg.

Chabres — *Neufchâtel.* Ec.: aux 1 et 4 d'azur au chev. d'or, acc. de trois têtes de cerf du même; aux 2 et 3 d'azur à une croix alésée d'arg. et une bord. de gu.

Chabrières — *Loriol.* D'azur à une ruche d'or, entourée d'abeilles du même. **D.:** RIEN SANS PEINE.

Chabrières — *Dauphiné* (Branche catholique) D'arg. à deux fasces ondées d'azur; au chef de gu., ch. d'une chèvre iss. d'or.

Chabrières — *Dauphiné* (Branche protestante.) D'azur à deux fasces ondées d'azur.; au chef d'or, ch. d'un bouc iss. de sa.

Chagnard — *Grenoble.* D'arg. à un chêne arr. de sin., englanté d'or.

Chagrin de St.-Hilaire — *Alençon.* D'or à trois tourterelles d'azur.

Chaillat — *Dauphiné.* Parti: au 1 de gu. au lion d'or, acc. au canton dextre du chef d'un soleil du même et en p. d'un croiss. d'arg.; au 2 palé d'or et de gu. de six pièces, à la bande d'arg., br. sur le palé et ch. de trois louveteaux d'azur.

Chaillet — *Neufchâtel, Fribourg.* D'azur à deux crampons accostés et adossés d'or.

Chaillet — *Neufchâtel.* De gu. à deux crampons accostés et adossés d'or; au chef d'arg., ch. de trois roses du champ. **C.:** un demi-vol de sa.

Chaillet — *Neufchâtel.* De gu. à deux crampons accostés et adossés d'or; au chef d'azur, ch. de trois étoiles (5) du sec.

Chaise (de la) — *Norm.* De sa. au griffon d'arg.; au chef du même, ch. d'un croiss. de sa.

Chaise (de la) — *Bourbonnais.* D'azur à trois trèfles d'or.

Chaix d'Est-Ange — *Prov.* De gu. au lion d'or, cour. du même.

Chaix de Lavarène — *Clermont.* D'or à un chêne de sin., englanté du premier; au chef d'azur, ch. d'un croiss. d'arg. entre deux étoiles d'or.

Chalambel — *Auv.* (An., 1821.) De sa. à deux lions affr. d'or, soutenant ensemble un île de jardin au nat.

Chalaupka — *Aut.* (Chevaliers, 17 juin 1867.) D'or à un demi-pal d'azur, soutenu d'une fasce du même, le pal ch. d'une étoile d'or et la fasce de deux étoiles du même; le tout acc. en p. d'une abeille au nat. Deux cq. cour. **C.:** 1° un vol cont., coupé alt. d'or et d'azur; 2° un vol ch. à l'antique, coupé cont. d'or et d'azur. **L.** d'or et d'azur. **D.:** TREU UND WAHR.

Challandes — *Neufchâtel.* De sin. au pal d'arg.; à une losange de gu., bordée d'or, br. sur le pal et ch. d'une fleur-de-lis d'or surmontée d'une couronne du même.

Châlon — *Bourg., Franche-Comté* (Comtes d'*Auxerre* et de *Tonnerre.* Et. en 1431.) De gu. à la bande d'or. **C.:** un buste de vieillard, entre un rustique coupé d'or sur gu. **S.:** deux lions; *ou,* deux vieillards; *ou,* deux sauvages.

Châlon — *Bourg., Franche-Comté, Bret., Prov., Etats napolitains* (Sires d'*Arlay*, de *Nozeroy* et d'*Arguel*, princes d'*Orange*, comtes de *Tonnerre*, de *Penthièvre* et de *Charny*, vicomtes de *Besançon*, ducs de *Gravina*, princes de *Melfi.* Et. le 3 août 1530.) De gu. à la bande d'or, brisé d'une étoile de sa. au chef. — *Ensuite:* De gu. à la bande d'or. — *Puis, à partir de 1389:* Ec.: aux 1 et 4 de gu. à la bande d'or (*Châlon*); aux 2 et 3 d'or à un cor-de-chasse d'azur, lié de gu., vir. et eng. d'arg. (*Orange*). Sur le tout cinq points d'or équipollés à quatre d'azur (*Genevois*). — *Et enfin depuis 1500:* Ec.: aux I. et IV. c.-éc.: aux 1 et 4 de gu. à la bande d'or (*Châlon*); aux 2 et 3 d'or à un cor-de-chasse d'azur, lié de gu., vir. et eng. d'arg. (*Orange*). Sur le tout cinq points d'or équipollés à quatre d'azur (*Genevois*); aux II. et III. d'hermine plein (*Bretagne*.) Sur le tout des quatre grands quartiers, d'arg. au lion de gu., arm. et cour. d'or, lamp. d'azur (*Luxembourg*). **C.:** 1° un vol cont. coupé d'or sur gu. (*Châlon*); 2° une ramure de cerf de gu., chaque corne chevillée de cinq pièces (*Orange*). **L.** d'or et de gu. *Adages:* 1° RICHES DE CHÂLON ; 2° ROBERIE DE CHÂLON. **S.:** deux lions.

Châlon — *Bourg.* (Comtes de *Joigny*, barons de *Vitteaux.* Et. en 1512.) Ec.: aux 1 et 4 de gu. à la bande d'or (*Châlon*); aux 2 et 3 d'or à un cor-de-chasse d'azur, lié de gu., vir. et eng. d'or (*Orange.*) Sur le tout cinq points d'or équipollés à quatre d'azur (*Genevois.*) — *Mais le plus souvent:* de gu. à la bande d'or. **C.:** une ramure de cerf de gu., chaque corne chevillée de cinq pièces.

Chairet du Rieu — *Rouergue.* D'or à trois hures de sanglier de sa. — Depuis 1734 les armes de *du Rieu* qui sont d'arg. à trois fasces ondées d'azur ; au chef du même, ch. de trois fleurs-de-lis d'or.

Chaluet — *Dauphiné.* D'or à une rose de gu.

Chaluet — *Dauphiné.* Ec.: aux 1 et 4 d'or à une rose de gu.; aux 2 et 3 fascé d'arg. et de gu.

Chalus — *Auv.* D'azur à trois fasces alésées d'or, bastillées de trois pièces.

Chalvet, v. **Chaluet.**

Chambaud — *Bourg.* (Chevalier de l'Empire, 19 déc. 1809.) D'azur à une cuirasse d'arg., acc. en chef d'une divise d'or, surm. de trois étoiles rangées du même.

Chambéraud — *Dauphiné.* D'or à la bande d'azur, ch. de trois cloches d'arg.

Chambet — *Dauphiné.* De gu. à une belette pass. et cont. d'or sur une terrasse de sin.; au chef d'azur, ch. de trois étoiles d'arg.

Chambon de Marcillac — *Bourbonnais.* Coupe ; au 1 d'or à la fasce de gu., acc. en chef de deux merlettes de sa.; au 2 de sa. à trois chev. d'herm.

*****Chambre** (Comtes de la) — *Savoie, Bresse, Dauphiné* (Vicomtes de *Maurienne.* Et. vers 1460.) *Armes anc..* D'or à un cheval bardé, harnaché de sa. — *Armes mod.:* D'azur semé de fleurs-de-lis d'or; à la cotice de gu., br. sur le tout. **C.:** un paon rouant au nat. **D.:** ALTISSIMUS NOS FUNDAVIT.

Chambre-Seyssel (de la) — *Savoie, Bresse, Dauphiné* (Comtes et marquis de *la Chambre*, vicomtes de *Maurienne*, vidames de *Genève*, marquis d'*Aix* et de *Meximieux*, comtes de *Montréal* et de *Montfort.* Et. en 1660.) D'azur semé de fleurs-de-lis d'or; à la cotice de gu., br. sur le tout.

Chamerlat de Bourassol — *Auv.* D'arg. au chev. de gu., acc. de trois merlettes de sa.

Chamerlat des Guérins — *Auv.* D'or à la fasce denchée d'azur, ch. de trois croiss. d'arg. et acc. en chef d'un lion naiss. de gu., mouv. de la fasce.

Chamerlat des Rochettes. Les armes de **Chamerlat de Bourassol.**

Champ (du) — *Limousin.* D'azur à deux tours accostées d'arg., maçonnées de sa., acc. de trois étoiles du sec., 1 en chef et 2 en flancs ; au chef de gu., ch. d'une croiss. d'arg., surmontané deux étoiles du même.

Champ-Repys — *France.* Tiercé en fasce: au 1 d'azur à un lévrier courant d'arg.; au 2 d'or plein ; au 3 d'arg. à une pointe d'herm.

Champagne-Champlitte-Pontailler (de) — *Champ., Franche-Comté, Bourg.* (Vicomtes de *Dijon.* M. ét.) De gu. au lion d'or, cour. du même.

Champagné-Giffart (Marquis) — *Bret.* Parti : au 1 d'herm., au chef de gu. (*Champagné*); au 2 d'arg. à la croix de gu., ch. de cinq coquilles d'or et cant. de quatre lions d'or, cour. d'or (*Giffart.*)

Champanhet de Sarjas — *Vivarais.* D'azur à un champ de sin., d'où sort un panais (?) d'or ; au chef de gu., ch. de trois étoiles d'or.

Champetier comtes de Ribes — *Paris.* D'azur au chev. d'arg., acc. en chef de deux tours du même. ouv. et aj. de sa. ; d'un lion d'or, tenant une épée d'arg., garnie d'or.

Champion (de) — *Norm.* D'or au lion d'azur; à la bord. de gu.

Champs (des) — *Bret.* D'azur au lion d'or. lamp. de gu., tenant une épée d'arg. **S.:** deux griffons d'or. **D.:** FORTIS, GENEROSUS, FIDELIS.

Champs (des) comtes de Bisseret — *Nivernais.* D'azur au chev. d'or, acc. de trois roses du même.

Champs (de) de St.-Léger comtes de Bréchart — *Nivernais.* Ec.: aux 1 et 4 d'azur à cinq mandragores d'arg. ; au canton d'herm. (*de Champs*); aux 2 et 3 d'azur à trois bandes d'arg. (*Bréchart.*)

Champs (des) de la Vareinne — *Nivernais* (Baron de l'Empire, 1811 ; conf. dudit titre, 1815.) Les armes de **des Champs comtes de Bisseret.**

Champs (des) de Verneix. Les armes de **des Champs comtes de Bisseret.**

Chanaud — *Guyenne.* D'or à trois merlettes de sa.

Chancenay — *Bourges.* D'azur à la fasce d'or,

acc. en chef de deux glands d'arg. et en p. d'un croiss. du même.

Chandler — *Boston (Etats-Unis.)* Echiq. d'azur et d'arg.; à la bande d'arg., br. sur le tout et ch. de trois lions de gu., passant dans le sens de la bande **C.:** un pélican avec ses petits dans son aire.

Chanlaire — *Champ.* D'or à une Foi de carn., parée d'azur et supp. un coeur enflammé de gu., le tout acc. au canton dextre du chef d'une épée de sa., posée en pal, et au canton sen. d'une étoile du même.

Chanoine (le) comte du Manoir de Juaye — *Norm.* D'arg. au chev. de sa., acc. de trois merlettes du même.

Chanrond — *Dauphiné.* D'azur au chev. d'or, acc. de trois étoiles d'arg. **S.:** deux lévriers.

Chantraine — *Liége.* Coupé : au 1 d'arg. à deux ceps de vigne de sin., réunis et poses en chev. renv., pamprés de quatre pièces de sin. et fruitées de trois grappes de raisin, dont deux suspendues aux extrémités et la troisième à la tige réunie des deux ceps ; au 2 d'or à une anille de gu. **C.:** l'anille.

Chaparon de Restoro — *Dauphiné.* Ec.: aux 1 et 4 de gu. au lion d'arg., tenant de ses pattes une masse d'armes du même, en pal ; aux 2 et 3 de gu. au lion d'or et au chef d'azur, ch. de trois étoiles d'or.

Chapat — *Dauphiné.* D'azur au chev. d'or; au chef d'arg., ch. de trois merlettes de sa.

Chape — *Grenoble.* D'arg. à trois têtes de More mal-ordonnées, tort. d'arg ; le champ chapé d'azur.

Chapeau (de) — *Bourg.* D'azur à une Foi d'arg.; au chef d'or, ch. de trois coquilles de gu.

Chapelle (de la) — *Perigord.* Ec.: au 1 d'arg. à la bande de gu., ch. d'une étoile d'or et de deux fermaux ronds du même ; au 2 d'arg. au lion de gu., cour. du même; au 3 d'or à deux lions ramp. de sa., rangés en bande; au 4 d'azur à trois fasces d'or, et à la bande du même, br. sur les fasces. Sur le tout d'azur à une chapelle d'or, soutenue d'une terrasse du même et ouv. du même.

Chapelle (de la) de Carman — *Limousin.* Parti : au 1 d'azur à six fasces d'or ; au 2 d'azur au pal d'arg., accosté de deux têtes humaines. **S.:** deux griffons.

Chapelle (de la) du Hennocq — *Tournaisis.* De gu. à la croix ancrée d'or, cant. de quatre annelets du même.

Chapelles (Barons des) — *Rouen.* De gu. à un croiss. d'or, acc. de trois roses du même.

Chaperon — *Bret., Guyenne.* D'azur à un arbre de sin., et un lévrier courant d'arg., br. sur le pied de l'arbre, le tout soutenu d'une terrasse de sin.; en chef trois étoiles rangées d'arg.

Chaplet (du) — *Norm.* D'azur au chev. d'or, acc. de trois chapelles d'arg.

Chappot de la Chanonie — *Poitou.* De sa. à trois chev., acc. en chef d'une étoile et en p. d'une mouchetature d'herm., le tout d'arg.

Chappotin — *Paris.* D'azur à trois bes. d'or, 2 et 1, acc. en chef d'un lambel d'arg.

Chaptal (de) — *Dauphiné.* De sa. au lion d'arg.

Chapuseau — *Ile-de-Fr.* D'or au chev. d'arg., acc. de trois têtes de More, bandées d'arg.; au chef d'azur, ch. de trois étoiles d'arg.

Chapuys de Montlaville (Barons) — *Bourg.* D'azur au chev. d'or, acc. en p. d'un pélican du même; au chef d'azur, ch. d'une épée de sa., posée en fasce.

Charamel — *Dauphiné.* D'azur à un coeur de gu., percé d'une flèche de sa., arm. et empennée d'azur, en barre.

Charbonneau — *Savoie.* D'azur à un senestrochère d'or, iss. d'une nuée d'arg. et tenant une fronde, ch. d'un caillou du même. **C.:** un homme iss., arm. de toutes pièces, tenant une lance. **D.:** NEC FERRO NEC IGNE.

Charcellay de Bors — *Tour.* D'azur à deux poissons d'azur, nageant dans une mer au nat ; au chef de gu., ch. de trois étoiles d'or.

Chardon de Beauvais-Chenemoireau — *Tour.* D'azur à trois chardons fleuris d'or, tigés et feuillés du même.

Chardon du Ranquet — *Auv.* D'or à une tige de chardon de sin., fleurie de gu., tigé et feuillé du même, accolée d'un croiss. d'or entre deux étoiles du même.

Chardon (de) des Roys — *Auv.* D'or au chev. de gu., acc. de trois chardons tigés et fleuris du même. en chef de deux étoiles (5) du même.

Charles — *Fribourg.* D'azur à une roue d'or, acc. en chef de deux étoiles du même.

Charlety — *P de Vaud.* D'or à quatre bâtons alésés de sa., en pals et accostés, deux des côtés moins longs que les deux autres.

Charlot — *Paris.* D'arg. à un rencontre de buffle de sa., accorné et bouclé d'or; à la cotice de gu., br. sur le tout. **C.:** le rencontre, ch. de la cotice [Descendants illégitimes de *Stanislas Lesczynski.*]

Charlonnie (de la) de la Blotais — *Angoumois.* Coupé: au 1 d'arg. au chev. de gu., acc. de trois étoiles de sa.; au 2 d'azur au chev. d'or, acc. de trois étoiles d'arg.

Charlonnie (de la) de la Blotais — *Limousin.* De sin. semé d'annelets d'arg.; à un héliotrope d'or, tigé et feuillé du même, mouv. de la p.

Charny — *Bourg.* (M. ét.) De gu. à trois écussons d'arg. **C.:** deux cornes de taureau d'arg. **S.:** deux griffons.

Charpentier — *Dauphiné.* De sin. à un massacre de cerf d'or.

Charpentier du Morlez — *Bret.* Parti: au 1 d'azur à deux épées d'arg., passées en saut., les pointes en bas (*Charpentier*); au 2 d'or à un ours ramp. de sa (*St.-Ours*). Au chef de l'écu parti d'or et d'azur, ch. d'une étoile de l'un en l'autre. **C.:** une hermine. **S.:** à dextre un lion, à sen. un ours. **D.:** SINE RUBIGINE.

Charpy — *Grenoble.* D'azur au lion d'or; au chef d'arg., ch. de trois étoiles de gu.

Charrier marquis de Moissard — *Lang.* D'azur à une roue d'or en chef et un château sommé d'une tour d'arg. en p. — *Ou:* Ec.: aux 1 et 4 d'azur à une roue d'or; aux 2 et 3 d'azur à une tour d'arg. **D.:** TURREM VI DEFENSAM

Charrier de la Roche-Juillé — *Lyonnais.* D'azur à une roue d'or, acc. en chef d'un lambel du même. **D.:** SEMPER IN ORBITA.

Charrier de Samboeuf — *Bret.* D'azur à une losange d'or, acc. de trois bes. d'arg.

Charrost-Borré comtes de la Chavanne — *Savoie.* D'or à un palmier de sin.; au chef de gu., ch. d'un lion iss. d'arg.

Charry de Lurcy — *Nivernais.* D'azur à la croix ancrée d'arg.

Chartier (le) de Sédouy (Marquis) — *Norm.* D'azur à la fasce alésée, soutenant deux perdrix et acc. en p. d'un tronc d'olivier, feuillé de chaque côté de trois pièces, le tout d'or.

Charuet — *Dauphiné.* D'arg. à trois flammes de gu., dont mouv. du chef et la troisième mouv. de la p.; au chef d'azur, ch. de trois étoiles d'or.

Charvin — *Neufchâtel.* D'or à une échelle de quatre échelons d'azur, posée en bande, aboutissante dans les cantons de l'écu, et à trois étoiles (6) de gu., posées entre les échelons; ladite échelle acc. de deux croiss. de gu., l'une versée et posée en bande au canton sen. du chef et l'autre montante et posée en bande au canton dextre de la p.; le tout acc. de deux étoiles (6) de gu., l'une posée au point du chef et l'autre en p. de l'écu. **C.:** un ange iss., ailé et hab. d'arg., rebr. de gu., supp. de sa main dextre une étoile (6) d'or et de sa sen. un croiss. montant du même.

Chassaigne — *Auv.* De gu. à une étoile d'arg., acc. de trois cors-de-chasse du même.

Chassaigne (de la) de St.-Paul — *Auv.* Ec.: aux 1 et 4 d'azur à un dauphin cour. d'arg.; aux 2 et 3 d'or à un arbre de sin.

Chassaigne (de la) comtes de Sereys — *Auv.* Ec.: aux 1 et 4 d'azur au dauphin d'or *ou* d'arg., posé en bande, acc. de cinq étoiles d'or (*de la Chassaigne*); aux 2 et 3 d'or à l'aigle de sa.; à la bord. de gu., ch. de dix fleurs-de-lis d'or (*Sereys*.)

Chassanet — *Dauphiné.* D'azur à un chêne d'or, englanté du même.

Chasselas de St.-Gorges — *Bourg.* De gu. à quatre fasces d'or.

Chassignolles — *Prov.* D'arg. à l'aigle cour. de sa.

Chassignolles (de la) — *Bourbonnais.* D'arg. à un rossignol de sa. en chef et un chat du même sur la p.

Chassignolles (de la) — *Auv.* D'arg. à deux ancres de sa., passées en saut.; au chef d'azur, ch. d'un soleil d'or.

Chassin du Guerny — *Bourbonnais, Bret.* De gu. à un lévrier courant d'arg., acc. de trois têtes de lévrier d'or, 2 en chef et 1 en p.

Chassot — *Fribourg.* De sa. à la fasce d'arg., ch. de trois poissons au nat., posés chacun en barre, la tête en bas.

Chastaignier — *la Rochelle.* De sin. semé de rochers d'arg.; au chef de gu.

Chaste — *Dauphiné.* De gu. à une colombe d'arg.; au chef d'azur, ch. de trois étoiles d'or.

Château (du) — *Fl. fr.* D'azur à un château d'arg., ouv. et aj. de sa.

Châteauvieux — *Bourg.* D'azur au chev., acc.

en chef de deux étoiles et en p. d'une quintefeuille, le tout d'arg.

Chateigner — *Poitou.* Coupé d'arg. sur sa.; au chev. renv. de l'un en l'autre, acc. d'un croiss. de sa. sur l'arg. et de deux roses d'arg. sur le sa.

Chateigner — *Saintonge.* De sin. à un rocher d'arg.; au chef de gu.

Châtelet (du) — *Lorr., Barrois, Champ., Bourg.* (Sires *du Châtelet,* marquis *de Trichâteau, du Châtelet,* de *Cirey* et de *Lenoncourt,* souverains *de Vauvillers,* comtes de *Lomont,* créés ducs *du Châtelet* le 2 fév. 1777. M. ét. en 1793.) D'or à la bande de gu., ch. de trois fleurs-de-lis d'arg., posées dans le sens de la bande. **C.:** une aigle iss. au nat., cour. d'or, la tête posée de front, les ailes ch. des armes de l'écu, et tenant en son bec un listel de gu. sur lequel sont écrits, en lettres d'or, les mots: PRINY! PRINY! (*Autre cimier.* un vol à l'antique.) *Cri:* PRINY! PRINY! **S.:** deux aigles au nat., cour. d'or, coll. d'un chapelet de grosses perles au bout duquel est appendu une croix de Lorraine d'or.

Châtelier (de) — *Dauphiné.* D'arg. à un château de gu.

Chatenay — *Neufchâtel.* De sa. à une hache de boucher d'arg., emm. de gu., posée en fasce et cont.

Chatenay — *Neufchâtel.* D'arg. à un griffon naiss. de sa., mouv. d'un tertre de trois coupeaux de sin.; au chef d'azur, ch. de deux roses du champ.

Chatenay — *Neufchâtel.* D'azur au lion d'or, acc. de deux étoiles (3) du même, l'une en chef à sen. et l'autre en p. à dextre.

Chatillon — *Neufchâtel.* D'arg. à la croix de gu. **C.:** un croiss. d'or.

Chatonnaye — *Fribourg.* Tranché: au 1 d'arg. à un coq iss. de gu., mouv. du tranché; au 2 de sa. plein.

Chatry de la Fosse — *Norm.* D'azur au chev. d'arg., ch. d'une molette de sa., et acc. en chef de deux fers-à-cheval d'or et en p. d'une épée d'arg., garnie d'or; au chef de gu., ch. d'un casque de sa. **S.:** deux licornes. **D.:** EN AVANT.

Chau (de la) de Montauban — *Dauphiné.* D'azur à une tour d'arg., maçonnée, aj. et ouv. de sa.; au chef de gu., ch. de trois mouch. d'herm. d'or.

Chandessolle — *Auv.* D'arg. à la fasce de gu., ch. à dextre d'une étoile d'arg. et à sen. d'une croiss. du même, et acc. en chef d'un soleil d'azur et en p. d'un coeur enflammé de gu.

Chaudordy — *Agénais* (Comte romain, 1846.) D'or au pairle d'azur.

Chaudot de Corre — *Vesoul.* D'arg. au chev. de gu., acc. en chef de deux flammes du même et en p. d'une merlette de sa.

Chaudrue de Crazannes — *Saintonge.* De gu. au chev. d'or, acc. en chef de deux étoiles d'arg. et en p. d'un lion du même; au chef d'arg., ch. d'une tête de More.

Chaule — *P. de Douai.* D'arg. à trois lions de sa., arm. et lamp. de gu.

Chaulnes — *Dauphiné.* D'azur au chev. d'or, acc. de trois clous d'arg.

Chaume (de la) — *Nivernais.* D'azur à la fasce d'arg., ch. de trois larmes de sa.

Chaumel — *Guyenne.* D'or à l'aigle ép. de sa.

Chauny — *Soissonnais.* D'arg. à une tour de sa. maçonnée et aj. de sa., acc. de sept fleurs-de-lis d'or, rangées en orle.

Chaupin de la Bruyère — *France.* Coupé: au 1 d'azur au lion d'or, acc. de trois mouch. d'herm.; au 2 de gu. à deux marmottes affr. d'arg.

Chaurand — *Lyon* (Créé baron par le pape Pie IX.) D'azur à une croix latine de gu., bordée d'or, mouv. du bas et accostée de deux fleurs-de-lis d'or; à la champagne d'arg., ch. d'une croisette pattée de sa., suivie des lettres S. P. Q. R. du même. **D.:** SALUS DEO NOSTRO.

Chaussande — *Comtat-Venaissin.* D'azur à trois bandes d'or, acc. en chef d'une étoile de sa.

Chausse ou **Chaucy** — *Fribourg.* De gu. à deux fasces ondées d'arg., acc. en chef d'un lambel de six pendants d'or; à la p. du même. **C.:** d'une fasce ondée de gu.

Chautan de Vercly — *Lorr.* D'azur au chev. d'arg., acc. en chef à dextre d'un soleil d'or et en p. d'une fleur du même.

Chauton — *Guyenne, Gasc.* D'azur au chev. d'or, acc. de trois tortues du même.

Chauvassaignes — *Auv.* D'azur à une chauvesouris d'or; au chef de gu., ch. d'un croiss. de sa., entre deux étoiles du même.

Chauveau de Bourdon — *France.* D'arg. au lion de gu. **D.:** VIS ET AMOR.

Chauveau de Quercize — *Bourg.* D'azur au chev. d'or, acc. en chef de deux branches de chêne entrelacées du même.

Chauveau des Roches — *Poitou.* D'azur au chev. d'or, acc. en chef de deux chauves-souris d'arg.

Chauvot de Beauchêne — *Bourg.* Ec.: aux 1 et 4 d'or au chev. de sa., acc. en chef de deux étoiles d'azur; aux 2 et 3 d'azur à un agneau pascal pass. d'arg.

Chavanne — *P. de Namur.* D'azur à la croix pattée alésée d'arg.

Chaylard (du) — *Guyenne.* D'azur à un vol d'or, accosté de deux tours d'arg., maçonnées de sa. **S.:** deux lions.

Chazallis — *Dauphiné.* De gu. au chev. d'arg., acc. de trois étoiles d'or.

Checkley — *Philadelphie.* D'or au chev. de gu., acc. de trois étoiles du même. **C.:** une étoile de gu.

Chellier (du) — *Flandre.* D'or à trois bandes de gu.; au fr.-q. du même, ch. d'une bande brét. d'arg.

Chemilleret — *Berne.* D'azur à une Fortune de carn., tenant de ses mains un voile d'arg. au-dessus de sa tête et devant son corps, posée sur une boule d'or, ailée d'arg.

Chemilleret — *Neufchâtel.* De gu. à la bande d'or, ch. de trois coeurs du champ, posés dans le sens de la bande.

Chenaux — *Fribourg.* Palé d'arg. et d'azur; à la bande d'arg., br. sur le tout et ch. de trois étoiles (5) d'or.

Chenens — *Neufchâtel, Fribourg.* D'or à un chien pass. de gu.

Chenicourt — *Dauphiné.* D'azur à deux roses tigées d'arg., surm. d'une tête de lion arr. du même.

Chenud — *Dauphiné.* D'azur à deux griffons affr. d'or, soutenus d'une terrasse de sin.; au chef de gu., ch. de trois étoiles d'or.

Chérade comtes de **Montbron** — *Angoumois, Limousin.* D'azur à trois los. d'or. **S.:** deux lions.

Cherfils — *Norm., Ile-de-Fr.* D'azur à la fasce d'or, ch. d'un croiss. de gu. entre deux étoiles d'azur; la fasce acc. en chef de trois arbres d'arg., 2 et 1, et en p. d'un cerf pass. du même. **S.:** deux lévriers d'arg., coll. de gu. **D.:** PARATUS SUM.

Cherlère — *Paris.* De gu. au chev., acc. de trois fers de dard, supp. chacun une rose, le tout d'or.

Chesnard de Laye — *Ile-de-Fr.* D'arg. à un chêne de sin., englanté d'or, ardent à la cime de six flammes de gu., le tronc mouv. d'une flamme du même; au chef d'azur, ch. de trois coquilles d'arg.

Chesne (du) de Courcy — *Champ.* D'arg. à un chêne terrassé de sin., accosté de deux étoiles de gu.

Chesneau — *Art.* De sa. à la bande d'or, acc. de deux chênes arr. du même.

Chessé — *Poitou.* D'arg. au chev. de gu., acc. de trois merlettes de sa.

Cheste (Comte de), v. **Gonzalez de la Pezuela.**

Chetwode — *Boston.* Ec. d'arg. et de gu.; à quatre croix pattées de l'un à l'autre.

Chevalier — *Neufchâtel.* De sin. à trois F d'or.

Chevalier (de) — *Neufchâtel.* Ec.: aux 1 et 4 d'or à la bande de gu., ch. d'un chevron d'arg., la cime vers le canton dextre du chef; ladite bande acc. de deux têtes d'aigle de sa. d'or; aux 2 et 3 d'azur à trois F d'or. **C.:** un chien iss. d'or, langué de gu.

Chevalier (le) de la Martre — *Norm.* D'or à une martre de gu., cour. du même, surm. d'une épée de gu., posée en pal.

Chevaleau de Boisragon (Marquis) — *Poitou.* D'azur à trois roses d'arg.

Chevallier de Sinard (Comtes) — *Dauphiné.* D'azur au chev. d'or. **D.:** JE NE SUIS POINT REPRÉHENSIBLE.

Chevandier de Valdrôme — *Dauphiné, Lorr.* D'arg. à un arbre terrassé de sin.; au chef d'azur, ch. de trois étoiles d'arg.

Chevarrier — *Auv.* D'arg. à la fasce de gu., ch. de trois coeurs d'or et acc. de trois lions de sa., semés de mouch. d'herm. d'arg., arm. et lamp. de gu.

Chevrel de Frileuse — *Paris.* De gu. au chef d'arg.; au lion d'or, br. sur le tout.

Chevrier de Corcelles — *Bresse.* Coupé: au 1 d'arg. à une chèvre saillante de sa.; au 2 d'azur à trois bes. d'or.

Chevrilles — *Fribourg.* Ec.: aux 1 et 4 d'or à quatre otelles de gu., posées en saut.; aux 2 et 3 de gu. à quatre otelles d'or, posées en saut.

Chew — *Etats-Unis.* De gu. au chev. d'or; au chef du même, ch. de trois têtes de léopard du champ. **C.:** une tête de léopard de gu.

Chiari — *Aut.* (Chevaliers, 4 juillet 1871.) D'azur

à la fasce d'or, ch. de deux chevrons couchés et opposés de gu., mouv. des flancs et s'entretouchant de leurs cimes; ladite fasce acc. en chef d'un soleil rayonnant d'or et en p. d'une bande d'arg., ch. d'un lion de gu. et acc. en chef à sen. d'une fleur-de-lis d'arg. et en p. à dextre d'un trèfle du même. Deux cq. cour. **C.:** 1° un soleil rayonnant d'or, entre un vol coupé alt. d'azur et d'or; **l.** d'or et d'azur; 2° une fleur-de-lis d'arg., entre deux prob. coupées alt. d'azur et d'arg.; **l.** d'arg. et d'azur.

Chickley — *Boston.* D'azur au chev. d'or, acc. de trois étoiles du même.

Chieff (del) — *Liége.* D'arg. à un arbre de sin., accosté de deux chèvres affr. au nat., ramp. contre le fût. **C.:** les meubles de l'écu. **L.** d'arg. et de sin.

Chighizola-Vicini (Comtes) — *Toscane, France.* De gu. à une galère d'arg.; au chef d'azur, ch. d'une étoile d'or. **S.:** deux licornes. **D.:** LEALE.

Chimaer — *Holl.* De gu. à la fasce d'or, ch. d'une étoile d'arg., et acc. tant en chef qu'en pointe de deux épées d'arg., garnies d'or, passées en saut.

Chimani — *Aut.* (Chevaliers, 9 août 1862.) Ec.: au 1 de gu. à un faisceau des licteurs au nat., lié en saut. de gu., posé en bande, et une épée, posée en barre, passés en saut.; aux 2 et 3 d'azur à une étoile d'or; au 4 de gu. à un rocher escarpé de couleur blanchâtre. Deux cq. cour. **C.:** 1° trois pl. d'aut., une d'arg. entre deux de gu.; **l.** d'arg. et de gu.; 2° une aigle iss. de sa.; **l.** d'or et d'azur.

Chiretti — *Transylvanie* (An., 7 mai 1834.) Coupé: au 1 d'or à un senestrochère, arm. au nat., le coude reposant sur un tertre de trois coupeaux de sin., la main de carn. tenant une croix latine de sa., chacun des trois bras supérieurs acc. d'une étoile de gu.; au 2 d'azur à une grue avec sa vigilance d'arg., posée sur un morceau de rocher soutenu d'une terrasse de sin.; le champ d'azur chapé-ployé de gu., ch. à dextre et à sen. d'un cerf naiss. au nat., iss. d'une couronne d'or, le cerf à dextre cont. **C.:** une colombe ess. d'arg., tenant en son bec un rameau d'olivier de sin., posée sur un rocher au nat.; entre deux prob. coupées, à dextre d'azur sur sa. et à sen. d'arg. sur gu., ornées chacune dans son embouchure d'une étoile, celle à dextre d'arg. et celle à sen. d'azur. **L.:** à dextre d'or et de sa., à sen. d'azur.

*****Chinot** — *Boulonnais.* D'arg. à trois molettes de gu. **C.:** une tête de licorne. **S.:** à dextre un lion, à sen. un griffon. **D.:** LAUS DEO SEMPER.

Chiré ou **Chiré** — *Poitou, Norm.* D'azur à trois coquilles d'or. **S.:** deux lions.

Choin — *Dauphiné* (Baron de l'Empire, 1811.) D'azur à une étoile d'or; au chef de gu., ch. de trois bes. d'arg.

Choiseul — *Bassigny, Lorr., Franche-Comté, Champ.* D'azur à la croix d'or, cant. de vingt bill. du même, cinq dans chaque canton, 2, 1 et 2.

*****Choiseul-Gouffier** (Comtes) — *Champ., Russie.* D'azur à la croix d'or, cant. de vingt bill. du même et ch. en coeur d'un écusson aux armes de *Gouffier*, qui sont d'or à trois jumelles de sa. **Cri:** A MOI BASSIGNY! **S.:** deux lions d'or. **D.:** VIRTUTIS FORTUNA COMES.

Choisille — *Ile-de-France.* D'arg. à un pivert de sin., acc. de trois molettes de sa.

Cholemer, v. **Colemer.**

Chollet du Bourget — *Savoie.* D'azur au chev. d'or, acc. de trois étoiles d'arg. et surm. d'une couronne du même.

Chollière — *Tours.* D'azur à la bande de gu.

Chomereau de St.-André — *Bourg.* D'or à un chêne arr. de sin.; au chef d'azur, ch. d'un lion léopardé du champ.

Chopin — *Ile-de-Fr.* D'azur au chev. d'or, acc. de trois palmes d'arg. et surm. d'une anémone du même, tigée et feuillée aussi d'arg.

Chossat de Montburon — *Bresse.* D'azur au chev. d'or, acc. en chef de deux croiss. d'arg. et en p. d'une rose du même.

Chosson du Colombier — *Dauphiné.* D'azur au lion naiss. d'or.

Choumeils de St.-Germain — *Auv.* Parti: au 1 d'azur à trois barres d'arg.; au 2 échiq. d'arg. et de sa.

Chousy de Lassaigne — *Fl. fr.* D'azur à trois poissons nageants au nat., l'un sur l'autre, celui du milieu cont.

Chrestien de Beaumini — *Ile-de-Fr.* D'or à deux chevrons d'azur, passées en saut., acc. de trois croiss. du même, 1 en chef et 2 en flancs, et d'une rose de gu. en p.

Christiane — *Soumagne* (*P. de Liége.*) Coupé, d'arg. à trois roses rangées de gu., bout. d'or, sur azur à deux étoiles accostées d'or; à la fasce de gu., br. sur le coupé.

Christiani-Grabienski — *Galicie* (Chevaliers, 7 nov. 1837.) Les armes de **Grabienski** (*Pomian*).

Christiani - Grabienski - Kronauge von Kronwald — *Galicie* (Barons, 28 avril 1868.) Les armes de **Kronauge von Kronwald** qui sont éc.: aux 1 et 4 d'or à l'aigle de sa., languée de gu.; aux 2 et 3 d'azur à une couronne d'or; l'azur chapé-ployé d'arg., à deux molettes de gu. Sur le tout les armes de *Grabienski*, qui sont celles de *Pomian*. Trois cq. cour. **C.:** 1° quatre pl. d'aut.: de sa., d'arg., d'azur et d'or; 2° un bras arm., brandissant une épée, le tout au nat.; 3° une molette (6) de gu., entre un vol coupé alt. de gu. et d'arg. **L.:** à dextre d'or et de sa., à sen. d'arg. et de gu. **T.:** deux chevaliers, arm. de toutes pièces, l'épée à la hanche, la visière levée, le casque panaché de trois pl. d'aut.: de gu., d'arg. et d'azur. **D.:** SOLA VIRTUS NOBILITAS.

Christofle — *Fl. fr.* D'azur au chev., acc. en chef de deux roses et en p. d'une étoile, et un croiss. posé au canton dextre du chef, le tout d'or.

Christol — *Toulouse, Montauban.* D'azur au lion de gu.

Christoph d'Ehrenburg — *Transylvanie* (An., 29 nov. 1701.) De gu. à la fasce d'azur, ch. d'une étoile d'or et acc. en chef d'une colombe d'arg., tenant en son bec un rameau d'olivier de sin., et en p. d'une grue avec sa vigilance, tenant en son bec une bague d'or. **C.:** la grue. **L.:** à dextre d'arg. et de gu., à sen. d'or et d'azur.

Chys (van der) — *Delft.* Ec.: au 1 de sin. à l'aigle ép. d'arg.; au 2 d'arg. à trois croiss. de gu.; au 3 d'or à une étoile de gu.; au 4 d'or à trois mouches de sa. Sur le tout de sin. à trois canettes d'or, bq. de gu.

Cialdini duc de Gaëta — *Italie.* Ec.: au 1 de gu. à l'aigle ép. de sa., chaque tête cour. d'or; au 2 d'or à un arbre de sin. accosté de deux chevaux affr. de sa., ramp. contre le fût, le tout soutenu d'une terrasse de sin.; au 3 d'azur à la barre vivrée d'or, acc. d'une étoile (5) du même, posée au canton dextre du chef; au 4 échiq. d'azur et d'arg. Au chef de sin., br. sur l'écartelé et ch. d'un château flanqué de deux tours d'or, ouv. de sa., le château sommé d'une bannière écartelée (?) de gu., flottant à sen.

Ciantar-Paleologo (Comtes) — *île de Malte.* Bandé contrebandé d'or et d'azur; au chef de gu., ch. d'un oranger au nat., senestré d'un lion ramp. d'or. **C.:** les meubles du chef. **D.:** INGENIO ET PRUDENTIA.

Cicala — *Gênes.* D'azur à six abeilles au nat., 1, 2, 2 et 1. — *Ou:* De gu. à l'aigle d'arg., bq., m. et cour. d'or.

Cicogna — *Milan.* De sin. à une cigogne d'arg., m. de gu., tenant au bec une anguille au nat. et de sa patte dextre levée une vigilance d'arg.; au chef d'or, ch. d'une aigle de sa., cour. d'or.

Cicognara (Comtes) — *Ferrare.* De sin. à une cigogne d'arg., posée sur un mont de trois coupeaux d'or, et acc. d'une fleur-de-lis du même, posée au canton dextre du chef (*ou*, au chef d'azur, ch. de trois fleurs-de-lis d'arg., rangées entre les quatre pendants d'un lambel de gu.)

Cima della Scala, v. **Smeducci.**

Cimiotti — *Aut.* (Chevaliers, 12 déc. 1870.) D'azur à un glacier d'arg., soutenu d'une terrasse de sin.; le champ chapé-ployé d'un écartelé: au 1 de gu. à trois bandes d'arg.; aux 2 et 3 d'or à une demi-aigle de sa., bq. et m. de gu., mouv. du champ; au 4 de gu. à trois boules d'arg., 2 et 1. Trois cq. cour. **C.:** 1° un faisceau des licteurs au nat., lié en saut. de gu., posé en pal entre un vol cont., coupé alt. d'arg. et de gu.; l. d'arg. et de gu.. 2° un lion iss. d'or; l. d'or et de sa. **D.:** CUIQUE SUUM.

Cinque-Quintili (de') (Marquis) — *Rome.* Ec.: au 1 de gu. à trois barres d'or; au chef d'arg., ch. de deux lions affr. de gu., surmontés d'une étoile d'or; au 2 d'azur à un rosier de sin., fleuri et boutonné de gu.; à la fasce d'or, br. sur le rosier et acc. en chef d'une étoile du même; au 3 d'azur à la même fasce, acc. de deux étoiles du même; au 4 de gu. à l'aigle de sa., m. de gu., cour. d'or, acc. de trois étoiles d'or et en p. de trois croiss. d'arg. Sur le tout d'azur au lion d'or, acc. de trois étoiles du même, 1 en chef, 1 entre les pattes du lion et 1 en p.

Cirace — *Savoie.* Fascé d'arg. et d'azur, de six pièces; au chef d'or, ch. d'un écusson parti d'arg. et d'azur. (d'arg.

Circey (Marquis) — *Norm.* De gu. à trois coquilles

Citoys — *Vendée.* D'arg. au chev. de gu., acc. de trois pommes de pin d'azur.

Civalieri — *Piémont.* Ec.: aux 1 et 4 d'azur à une colombe d'arg., volante en bande; aux 2 et 3 palé de gu. et d'or, et au chef d'or, ch. d'une aigle de sa., cour. d'or. **D.:** QUAM CANDIDUS INTEGER.

Cize marquis de Grézy — *Savoie.* D'azur à trois bandes d'or; au lion de gu., arm. d'arg., br. sur le tout et acc. de six étoiles d'arg., rangées en orle.

Clabault — *Ponthieu.* De sin. à une escarboucle pommetée d'or. **C.:** une tête de chien. **S.:** deux chiens de chasse, dits *clabaults.* **D.:** MES FIDÈLES SONT MES CLABAULT.

Clant-Schatter — *Holl., Bois-le-Duc.* Ec.: aux 1 et 4 d'arg. à la bande de sin., ch. de trois poissons au nat., posés en pals (*Clant*); aux 2 et 3 de *Schatter*, qui est c.-éc.: *a.* et *d.* d'arg. au lion de sa., arm. et lamp. de gu. (*Schatter*); *b.* et *c.* d'azur à la bande d'or, ch. de trois croisettes de gu. (*Bakkenes dit Geltsak.*)

Clapasson — *Dauphiné.* De gu. à la croix pattée d'or; au chef d'arg., ch. de trois étoiles d'azur.

Clapier — *Prov.* De gu. à un clabier croisé d'arg.

Clapwyk (van) — *Holl.* D'arg. à un cheval saillant de gu., acc. de trois feuilles de nénuphar de sin.

Claret — *P. de Vaud.* De gu. à deux clés d'arg., posées en pals adossées (*Clant*); aux 2 et 3 de sin. à un oiseaux de sa.

Clark — *Londres* (Baronet, 9 août 1883.) D'or à une fasce de trois rangs de vair, acc. de deux hures de sanglier de sa., 1 en chef et 1 en p., celle en chef accostée de deux croiss. de sa. **C.:** un chasseur iss., sonnant du cor, placé entre la ramure d'un massacre de cerf, le tout au nat. **D.:** FREE FOR A BLAST.

Clarke — *Boston.* De gu. à trois épées d'arg., garnies d'or, rangées en fasce.

Clarke de Rupertswood — *Victoria* (*Australie.*) (Baronet, 29 déc. 1882.) D'or à deux fasces d'azur, acc. de quatre coquilles d'or, 3 rangées en chef et 1 en p.; flanqué en rond d'azur. **C.:** un bras, armé et gantelé au nat., tenant une flèche d'arg., empennée d'arg., en barre, la pointe en bas et trois coquilles d'or, rangées sur le bourlet, devant ledit bras. **D.:** SIGNUM QUÆRENS IN VELLERE.

Clary — *Dauphiné.* D'or au chev. d'azur, acc. de trois roses rangées en fasce; au chef du sec., ch. d'un soleil d'or naiss. du milieu du chef.

Clausel de Coussergues — *Lang.* Parti: au 1 d'azur au lion d'or; au chef du même, ch. de trois étoiles du champ; au 2 de gu. à une tour d'arg., couverte, aj. et maçonnée de sa.

Clauson-Kaas — *Dan.* (An., 24 fév. 1804.) Les armes de *Kaas*, qui sont tranché d'arg. sur gu., le gu. maçonné de sa. et br. par trois créneaux sur l'arg. **C.:** deux lis de jardin d'arg., tigés de sin., feuillés chacun à l'ext. d'une seule pièce de sin.

Claux (du) — *Montélimart.* D'azur à deux clés d'or, passées en saut.; au chef de gu., ch. de trois étoiles d'or.

Clavé-Bouhaben — *Prusse* (An., 2 oct. 1882.) De gu. à deux clés d'arg., suspendues à un anneau du même. **C.:** un vol de gu., ch. de deux clés d'arg., réunies par un anneau du même, les pannetons en bas et tournés à l'extérieur.

Clavel — *Heusden.* Deux colombes affr., tenant ensemble de leurs becs un rameau d'olivier en pal; et au dessous de ces meubles un clou, posé en pal, la pointe en bas.

Clavel — *Vienne* (*Dauphiné*) D'azur à trois clous d'or. — *Ou:* Parti: au 1 d'azur à trois clous d'or; au 2 d'or à trois clous d'azur.

Claybrooke-Hanmer — *Angl., Cambr.* D'arg. à la croix pattée de gu. **C.:** une autruche d'arg., semée de mouch. d'herm. de sa., tenant en son bec un fer-à-cheval de sin.

Cleef(van) — *Holl.* De gu. à trois poissons d'arg., 1 en pal et 2 br. en sautoir.

Cleffen (van der) — *Frise.* Parti: au 1 d'or à la demi-aigle de sa., mouv. du parti; au 2 coupé: *a.* de sin. à une marque de marchand d'arg., en forme de IX, réunis en haut par une traverse; *b.* d'arg. à trois trèfles mal-ordonnés de sin. **C.:** un trèfle de sin., entre un vol. **L.:** d'arg. et de sin.

Clémenceau de St.-Julien — *Poitou.* Coupé: au 1 de gu. à une clé d'azur; au 2 d'arg. à un sceau de gu.

Clément d'Aerzen (Baron de l'Empire) — *Paris.* Ec.: au 1 d'azur à un mont d'arg., surm. d'une tête de cheval coupée d'or; aux 2 et 3 de gu. à trois épées d'arg., garnies d'or, deux posées en saut. et la troisième br. en pal, acc. d'une étoile d'arg., br. sur la lame de l'épée du milieu ; au 4 d'or à deux palmiers de sin., posés sur une terrasse du même. Sur le tout de sa. à un coeur d'arg., enflammé de gu.

Clément de Blavette et de Givry — *Paris. Armes anc.:* De gu. à la fasce d'or. — *Armes mod.*. Coupé, de gu. à un soleil d'or, sur azur à une fleur-de-lis d'or ; à la fasce d'or, br. sur le coupé. **C.:** une main tenant une épée, transperçant un casque de chevalier, sur lequel court un lézard de sin. **S.:** deux lions couronnés. **D.:** SI REGNARE CUPIS, REGNAT CLEMENTIA TECUM.

Clementi — *Vicence* (Chevaliers autrichiens, 5 oct. 1857.) D'azur à la fasce d'arg., acc. en chef de trois étoiles rangées d'or et en p. d'une colombe blanche sur un tertre de sin., tenant en son bec un rameau d'olivier du même. Deux cq. **C.:** 1° trois pl. d'aut., une d'or entre deux d'azur ; l. d'or et d'azur ; 2° trois pl. d'aut., une d'arg. entre deux d'azur ; l. d'arg. et d'azur.

Clementini — *Rome*. D'azur au chev. d'or, acc. en chef de deux étoiles du même et en p. d'une troisième étoile de gu.

Cler — *Chambéry*. D'azur à un soleil d'or.

Clerbois — *France*. Coupé : au 1 de gu. à trois fasces ondées d'arg.; au 2 d'azur à un lévrier courant d'arg.

Clere dit Guy — *Neufchâtel*. De gu. à la croix d'arg., accostée en chef de deux molettes (6) du même. **C.:** un buste d'homme, hab. aux armes de l'écu, tort. de gu.

Clerc (le) — *Hainaut*. D'azur au saut. d'or, cant. de quatre étoiles du même.

Clerc (le) de Pulligny — *Bourbonnais*. D'azur à deux épées d'arg., garnies d'or, passées en saut.; au chef de gu., ch. d'un lion couché d'or, la tête posée de face, tenant un livre ouv., inscrit des mots: PAX TIBI, en lettres de sa.

Clerc (le) de Vaumorin — *Anjou*. Les armes de **le Clerc** marquis de **Juigné**.

Clerck (de) — *Flandre*. De gu. à trois pals d'or ; au chef d'arg.

Clercq (le) — *Holl*. D'azur au chev. d'arg., ch. de trois étoiles de gu. et acc. de trois cygnes démembrés du sec.

Clercq (le) — *Hainaut*. De gu. au chev. d'or, acc. de trois étoiles du même.

Clermont-Tonnerre-Luxembourg — *Dauphiné* (Devenus, le 7 juillet 1631, ducs de *Luxembourg* et de *Piney*, pairs de France, princes de *Tingry* et de *Mortagne-sur-Gironde*, souverains d'*Aigremont*, comtes de *Roussy*, de *Rosnay*, de *Ligny* et de *Brienne*, titres auxquels ils renoncent le 17 mars 1661, en faveur des *Montmorency-Luxembourg*. Et. le 8 juillet 1674.) *Armes avant* 1631 : Ec.: aux 1 et 4 de gu. à deux clés d'arg., passées en saut. (*Clermont*, en Dauphiné); au 2 d'arg. à la croix de Jérusalem d'or (*Jérusalem*); au 3 d'azur semé de fleurs-de-lis d'or, à la bord. de gu. (*Anjou*), (les quartiers 2 et 3 pour le comté de *Tonnerre* qui avait appartenu à Charles de France, roi de Naples, de Sicile et de Jérusalem, comte d'*Anjou*.) — *Ou* quelquefois : de *Clermont* plein. — *Armes depuis* 1631 : Les armes écartelées comme ci-dessus, et sur le tout un écusson d'arg. au lion de gu., arm. et cour. d'or, lamp. d'azur (*Luxembourg*). Et quelquefois éc.: aux 1 et 4 de *Luxembourg*; aux 2 et 3 de *Clermont*. — *Ou:* de *Luxembourg* plein. — Cq. timbré d'une couronne fleurdelisée. **C.:** une tiare papale d'or, doublée de gu. **L.** d'arg. et de gu. **Cri:** CLERMONT ! **S.:** (*avant* 1631 :) deux lions d'or, l'un tenant une bannière aux armes de *France*, l'autre une bannière aux armes du *Dauphiné; — (depuis* 1631 :) deux lions d'or.

Cleroz — *P. de Liége*. D'or au lion de gu. **C.:** le lion, iss.

Clerque (le) — *P. de Liége*. D'arg. à l'aigle de sa. **C.:** un vol à l'antique, d'arg. et de gu.

Clerval — *Norm., Auv.* De gu. à la fasce d'arg., ch. de trois merlettes de sa. et acc. en chef d'un lion léopardé du même.

Cleyne — *Liége*. D'arg. à une botte de sa., éperonnée d'or, acc. en chef d'une fleur-de-lis de gu. **C.:** la fleur-de-lis. **L.** d'arg. et de sa.

Clifford-Kocq — *Delft*. Les armes de **Clifford**, en *Holl*.

Clippele (de) — *Alost*. De gu. à trois massues (le gros bout en bas) ou battants de cloche d'arg. **C.:** un bras arm., tenant une massue ou battant de cloche en barre, le gros bout en haut.

Cliven — *Belg*. D'or au lion d'arg.

Cloeninckx — *Holl*. D'azur à trois fasces de gu.

Cloete — *Cap de Bonne Espérance*. D'arg. à trois demi-vols de gu.

Clonckers — *Leeuwarden*. Ec.: au 1 d'or à la demi-aigle de sa., mouv. du parti; au 2 d'azur à une étoile d'or; au 3 de gu. à une épée d'arg., garnie d'or; au 4 d'or à un lièvre courant et regardant au nat., soutenu d'une terrasse de sin.

Cloos Edle von Cronenthal — *Transylvanie* (An., 7 mai 1780.) Ec.: aux 1 et 4 d'azur à un homme iss., mouv. d'une couronne d'or, hab. de gu. à brandebourgs d'or, coiffé d'un bonnet de gu. retr. de fourrure, ceint épée ; au 2 d'arg. au lion ramp. au nat.; au 3 d'arg. à une chapelle sur un mont entouré d'une rivière, et au pied dudit mont une ville fortifiée ; le tout acc. en chef à dextre d'un soleil d'or et à sen. d'un croiss. d'arg. **C.:** l'homme iss., entre un vol de sa., l'aile dextre ch. d'un soleil d'or et l'aile sen. d'un croiss. d'arg. **L.:** à dextre d'or et d'azur, à sen. d'arg. et de gu.

Clos (du) — *Dauphiné*. D'or à trois flammes de sa.

Closener, Glosener ou **Closemann** — *Strasbourg*. De gu. à la bande d'arg., acc. en chef d'une étoile d'or et en p. d'un croiss. du même.

Clottu — *Neufchâtel*. D'azur à une herse de labour triangulaire d'or.

Cluys (van der) — *Amsterdam*. D'arg. à la fasce échiq. d'azur et d'or.

Cnoop — *Holl*. Parti: au 1 d'azur à deux fleurs-de-lis de sa., l'une sur l'autre; au 2 de gu. fretté d'or. **C.:** une fleur-de-lis de sa., entre un vol d'or.

Cnuut (de) — *Gand*. D'arg. à trois corbeaux de sa. **C.:** un corbeau ess. de sa.

Cocatrix — *P. de Vaud*. Coupé de gu. sur or ; à trois pals de l'un en l'autre. Sur le tout d'azur à un arbre de sin.

Coccapani-Imperiale (Marquis) — *Modène*. Ec.: aux 1 et 4 fascé de gu. et de sin., de quatre pièces; au bélier ramp. d'or, br. sur le tout, ch. d'une aigle de sa. (*Coccapani*); aux 2 et 3 d'arg. au pal d'or, ch. d'une aigle de sa., cour. d'or (*Imperiale*). **C.:** une licorne iss. L'écu posé sur l'estomac d'une aigle ép. de sa.

Cochet ou **Cochez** — *Lille*. Echiq. de gu. et d'arg., chaque point d'arg. ch. d'une tête d'azur.

Cocq — *Delft*. De gu. à un senestrochère arm., tenant un cimeterre et iss. d'une nuée mouv. du flanc, le tout d'or. [V. **Dedel-Cocq.**]

Codde — *Gand*. De gu. à trois massues d'or ; à la bord. du même. **C.:** un sauvage iss. de carn., cour. de lierre, arm. d'une massue.

Coefard de Mazerolle — *la Rochelle*. D'azur à un faucon d'or, grilleté du même, longé de gu.

Coel — *Delft*. D'arg. à une barrière de cinq palissades et deux traverses, la palissade du milieu sommée d'un oiseau, le tout de sa. **C.:** un vol.

Coeln — *Strasbourg*. D'arg. à la bande de gu., ch. de trois couronnes d'or. **C.:** un vol d'arg.; ou, un buste d'homme, hab. aux armes de l'écu.

Coenders — *P. de Groningue*. D'arg. à un arbre de sin., adextré d'un lion cont. de gu. et senestré d'un lion de sa., lesdits lions ramp. contre le fût; le tout soutenu d'une terrasse du sec. [Branche de la fam. *Coenders de Helpen*.]

Coenen — *Montfoort* (*P. d'Utrecht*). D'or à la fasce d'azur, acc. au canton dextre du chef d'un oiseau de sa.

Coetier (de) — *Holl*. D'arg. à trois poules d'eau de sa. **C.:** une poule d'eau de sa.

***Coets van Baggen** — *Holl*. Ec.: au 1 d'arg. à trois quintefeuilles tigées d'or, mouv. d'un coeur du même; au 2 de sa. à un senestrochère, arm. d'or, sortant d'une nuée au nat. et tenant une épée d'arg., garnie d'or; au 3 d'azur au lion d'or, tenant de sa patte dextre une hache d'arg., emm. au nat.; au 4 d'or à trois quintefeuilles tigées d'azur, mouv. d'un coeur de gu., acc. au canton sen. de la p. d'un trèfle de sin. **C.:** un bras. arm. d'or, tenant une épée d'arg., garnie d'or. **L.** d'or et d'azur.

Coeudres (des) — *Neufchâtel*. D'azur à un bâton de commandement, en pal, acc. en p. d'un tertre sommé de deux roses tigées, accostant ledit bâton, le tout d'arg.; au chef de gu., ch. de trois roses d'or.

Coeurdoux — *Bourges*. D'azur à trois palmes de sin. **C.:** une palme de sin.

Coffin — *Canada, États-Unis*. D'azur à trois bes. d'or, acc. de cinq croisettes du même. **C.:** un martinet d'azur, ch. sur la poitrine de deux bes. d'or.

Coffrane, v. **Favre** *dit* **de Coffrane.**

Cogan — *Dauphiné.* De gu. à trois feuilles de chêne d'arg., acc. en chef d'un crois. du même.

Coggeshall — *Boston*, orig. du Comté d'*Essex* (*Angl.*) D'arg. à la croix de sa., cant. de quatre coquilles du même.

Cognaccini comtes de Montalto — *Ferrare.* D'or à deux chaînes de sa., posées en saut. **S.:** deux lévriers d'arg.

Cognet de la Roue — *Fl. fr.* D'or à un arbre terrassé, le pied de l'arbre accosté de deux coins, fichés dans la terrasse, en bande et en barre, le tout de gu.

Cogombles — *Béarn.* Fascé de gu. et d'or.

Coiffier de Ruzé — *Tour.* De gu. au chevron fascé-ondé d'arg. et d'azur de six pièces, acc. de trois lions d'or.

Col (de) — *Montpellier, Montauban.* De sin. à la fasce fuselée d'arg. et de sin.

Colas — *Montélimart.* De sa. au lion d'or, arm. et lamp. de gu.; au chef d'azur, ch. à sen. d'une colombe cont. s'ess. d'arg.

Colaud — *Grenoble.* D'arg. à un bélier sautant d'azur.

Colditz — *Vienne*, orig. de *Leipzig* (Chevaliers, 30 nov. 1881.) Coupé: au 1 d'or au lion naiss. de sa., mouv. du coupé; au 2 d'or à un phenix d'azur, les ailes étendues, s'élevant d'un feu de gu. en p. À la fasce de sa., ch. de trois bandes d'or et br. sur le coupé. Deux cq. cour. **C.:** 1° un vol cont. de sa., chaque aile ch. de trois bandes d'or; 2° un lion iss. de sa. **L.** d'or et de sa.

Colemer, Cholemer ou **Collemer** — *Tournai.* D'arg. semé de bill. de gu.; à trois croiss. du même, br. sur le tout. — *Ou:* De gu. semé de bill. d'or; à trois croiss. d'arg., br. sur le tout.

Colet — *Champ.* D'azur à la bande d'arg., ch. de trois étoiles de gu.

Coligny — *Bresse, Bourg., Auv.* (Seigneurs et comtes de *Saligny*, comtes de *Coligny*; ét. le 14 mai 1694.) De gu. à trois tours d'or. — *Puis:* De gu. à l'aigle d'arg., bq., m. et cour. d'azur. **C.:** une aigle iss. **S.:** deux lévriers d'arg. **D.:** JE LES ÉPREUVE TOUS.

Coligny — *Franche-Comté, Bourg., Bresse* (Barons de *Rahon, Bueuc* et *Loisia*, barons et marquis de *Cressia*, marquis de *Coligny*; ét. au 17e siècle.) De gu. à l'aigle d'arg., m. et cour. d'azur, arm. et languée d'or. **C.:** une aigle iss. d'arg. **S.:** deux lévriers d'arg., coll. de gu. **D.:** JE LES ÉPREUVE TOUS.

Coligny — *Bresse, Bourg., Maine, Bret.* (Comtes de *Laval*, de *Montfort*, de *Quintin* et d'*Harcourt*, vicomtes de *Rennes*, sires de *Rieux*; ét. le 30 déc. 1605.) Les armes de **Coligny** marquis d'**Andelot.**

Coligny marquis d'Andelot — *Bresse, Franche-Comté, Bourg., Bassigny* (Eteints au 17e siècle.) Ec.: aux 1 et 4 de gu. à l'aigle d'arg., bq., m. et cour. d'azur (*Coligny*); aux 2 et 3 de *Montmorency-Laval* qui est d'or à la croix de gu., ch. de cinq coquilles d'arg. et cant. de seize alérions d'azur, et au fr.-q. de *Beaumont-le-Vicomte* qui est azur semé de fleurs-de-lis d'or, et au lion du même, br. sur les fleurs-de-lis. **C.:** une aigle iss.

***Coligny ducs de Châtillon-sur-Loing** — *Champ., Bourg., Franche-Comté* (Ducs de *Coligny*, 18 oct. 1643; ducs de *Châtillon*, 23 fév. 1646; ét. le 25 oct. 1657.) De gu. à l'aigle d'arg., bq., m. et cour. d'azur. **C.:** une aigle iss. **S.:** deux lévriers d'arg. **D.:** JE LES ÉPREUVE TOUS.

Colin de la Brunerie — *France.* De sa. à trois merlettes d'arg.

Collincourt — *Poitou.* D'or à deux lions affr. de gu., acc. de trois trèfles de sin., 2 en chef et 1 en p.; au chef de sa., ch. de trois croiss. d'arg.

Coll — *Art.* Ec.: aux 1 et 4 de gu. à un bras d'arg., posé en saut., tenant une dague du même, la pointe vers le canton dextre du chef; aux 2 et 3 d'azur au chev. d'arg. Sur le tout d'azur à trois colombes d'azur, bq. et m. de gu.

Collas de Chatelperron — *Bourbonnais.* Ec.: aux 1 et 4 d'azur à deux bandes d'or; aux 2 et 3 d'azur à la bande d'azur. — *Ou:* D'or à la bande d'azur.

Collas de Courval — *Norm., Bret.* D'arg. à un serpent ondoyant de sa. ou de gu., en pal; au chef de gu., ch. de trois roses du champ.

Collas de Gournay — *Norm.* Ec.: aux 1 et 4 d'azur à trois fasces d'or; aux 2 et 3 d'arg. à la bande échiq. d'or et d'azur.

Collassion — *Bourbonnais.* D'azur à un gantelet, posé en fasce, acc. de trois trèfles, le tout d'or.

Colleoni — *Milan, Vicence* (Conf. du titre de comte,

14 mai 1825.) Parti d'arg. et de gu., à trois coeurs renversés, 2 et 1, de l'un à l'autre.

Collert van Lynden — *Nimègue.* Un rencontre de cerf, acc. d'une étoile entre la ramure. **C.:** une ramure de cerf.

Collet de Cantelou — *Norm.* D'azur au chev. d'or, acc. en chef de deux molettes du même et en p. d'une main d'arg.

Collier — *Flandre.* D'arg. à la fasce de gu., acc. en chef de trois merlettes de sa., et en p. d'un rencontre de boeuf du sec.

Collier baron Monkswell — *Essex* (Baron *M.*, 1 juillet 1885.) D'arg. au chev. d'azur, ch. de trois branches de chêne feuillées et englantées d'or, en pals, et acc. en chef de deux licornes naiss. saillantes de gu. et en p. d'une tête et col d'éléphant du même. **C.:** un homme iss. de carn., tenant de sa main dextre levée d'arg., englantée d'or, et appuyant sa sen. sur un écusson d'azur, ch. de deux clés d'or, passées en saut. **T.:** deux druides, hab. d'arg., cour. de lauriers de sin., chacun appuyant sa main ext. sur un écusson d'azur, ch. d'une balance en équilibre d'or. **D.:** PERSEVERE.

Collignon d'Ancy — *Lorr.* D'arg. au pal d'azur, ch. d'un annelet du champ.

Collin de Bar comtes de Civry — *France.* Tiercé en fasce: au 1 de sin. à l'aigle d'arg., acc. en p. d'un croiss. du même; au 2 d'arg. plein; au 3 de sa. au lion léopardé d'or. Sur le tout d'azur à une rose naturelle de gu., tigée et feuillée de sin., la tige en haut, acc. en chef de trois bes. rangés d'arg. **S.:** à dextre un lion reg., à sen. une licorne reg.

Colloy — *Soumagne (P. de Liége).* Ec.: au 1 d'arg. à un cep de vigne pampré et fruité au nat., accolé à son échalas; au 2 d'azur à trois étoiles d'or, 2 et 1, acc. en p. d'un demi-cercle de sin., mouv. du coupé; au 3 d'arg. à un arbre terrassé de sin.; au 4 d'or au chef émanché de gu. **C.:** une étoile d'or.

Colocci — *Lombardie* (Marquis, 1745.) De gu. à la bande d'arg., acc. de deux roses du même. **C.:** un léopard. *Manteau* de gu., doublé de vair. — Le tout posé sur l'estomac d'une aigle ép. de sa., cour. d'or. — (Ces armes sont quelquefois écartelées de celles de l'Empire d'Orient, savoir de gu. à l'aigle ép. d'or, cour. du même, concession de Andrea Paleologo, 1483.)

Colomb d'Arcine (Comtes) — *Genève.* Parti: au 1 d'azur à trois colombes mal-ordonnées d'arg.; au 2 de gu. à une tour d'arg. **C.:** un bras, tenant une épée. **D.:** DEO DUCE, COMITE VIRTUTE.

Colombe (de) — *Dauphiné.* D'azur à une colombe ess. d'arg., bq. et m. de gu., tenant en son bec un rameau d'olivier de l'un.

Colombi — *Florence.* D'azur à trois colombes mal-ordonnées d'arg., celle en chef tenant en son bec un rameau d'olivier de sin. [V. **Brichieri-Colombi.**]

Colombier (de) — *Neufchâtel.* De gu. à la croix d'arg., accostée en chef de deux colombes du même. **C.:** une croisette d'arg., entre un vol de gu.

Colombière (de la) — *Dauphiné.* D'azur au chev. d'or, acc. de trois colombes d'arg.

Colombino — *Sienne.* D'azur à un filet en croix d'or, cant. de quatre colombes affr. du même.

Colonges — *Auv.* D'azur à la fasce d'or, ch. de trois têtes de lion arr. du même.

Colonia (de) — *Prov.* De sa. à une colonne d'or.

Colonna d'Istria (Comtes) — *Ile de Corse.* Les armes de **Colonna-Ceccaldi.**

Coltelli de Roccamare — *Dalmatie* (An., 26 mai 1873.) Coupé de gu. sur azur, à la fasce diminuée d'arg., br. sur le coupé; le gu. ch. d'un lion naiss. d'or, mouv. de la fasce et tenant de sa patte dextre trois glaives flamboyants d'arg., réunis en une seule garde en forme de trèfle; l'azur ch. d'un bloc de rocher au nat., de forme à peu-près carrée, s'élevant d'une mer au nat. Cq. cour. **C.:** le lion iss. **L.:** à dextre d'or et de gu., à sen. d'arg. et d'azur.

Comans van der Nyenburg — *Alkmaar.* Gironné d'azur et d'or de douze pièces; et un écusson de gu. en abîme, br. sur le gironné et ch. d'une hache d'arg., le fer au nat., le tranchant à dextre.

Combault d'Auteuil (Comtes) — *Ile-de-Fr.* D'or à trois merlettes de sa.; au chef de gu., ch. à dextre d'un écusson aux armes de *Bourbon ancien* qui sont d'or au lion de gu., entouré d'une orle de huit coquilles d'azur.

Combel — *France.* D'azur au chev. d'or, acc. en chef de deux étoiles du même et en p. d'une oie d'arg.

Comiers — *Dauphiné.* D'arg. au saut. d'azur, cant. de quatre roses d'arg.

Commun (du) — *Neufchâtel.* D'azur à un pois-

son d'or, nageant sur une mer d'arg. en p., acc. de trois
étoiles (5) du sec., rangées en chef.
Compalgnet, v. **Courtelary** dit **Compalgnet**.
Compagnot de Bercenay — Nivernais. D'azur
au lion d'or, arm. et lamp. de gu., et ch. de trois molettes de sa.
Comper (Edle **von**) — Aut. (An., 2 août 1764.)
Parti d'arg. et de gu., à un dextrochère et un senestrochère opposés, mouv. des flancs, parés de l'un à l'autre, tenant ensemble une couronne de feuillage de l'un
à l'autre, br. sur le parti. Cq. cour. **C.:** un ours iss.
au nat., tenant de sa patte dextre une couronne de
feuillage de sin.
Comptour — Auv. D'or semé de fleurs-de-lis d'a-
zur ; au chef du même, ch. de trois étoiles d'or et d'un
lambel de gu. brochant.
Comte (le) de Bez et de Souvré — Maine,
Norm. D'arg. au chev. de gu., acc. de trois mouch.
d'herm. de sa.
Conan — Guyenne. D'arg. à trois roses de gu.
Concin — Florence. D'azur à un rocher de trois
coupeaux d'or, sommé de trois pl. d'aut. d'arg. **C.:**
trois pl. d'aut. d'arg.
Concina — Venise (Comtes vénitiens ; chevaliers
autrichiens, 30 mars 1790,) Ec : au 1 failli en coupant,
failli en partant et recoupé vers sen., de gu. sur arg.;
aux 2 et 3 d'or à la barre d'azur, ch. de trois alérions
d'arg., posés dans le sens de la barre, et acc. de deux
roses d'azur ; au 4 d'arg. à un V de sa., posé en bande.
Sur le tout un écusson coupé, cour. d'or : a. d'azur au
lion naiss. d'or, cour. du même, mouv. du coupé ; b.
de gu. à une étoile (8) d'or. Trois cq. cour. **C.:** 1° un
homme iss., hab. de gu., coiffé d'un chapeau de sa.,
retr. d'azur, tenant de sa main dextre un V de sa. et
de sa sen. une rose d'azur ; 2° un lion iss. d'or, cour.
du même ; 3° un demi-vol d'azur. **I.** d'or et d'azur.
Concina (de) — Frioul (Comtes, 25 août 1780 ;
marquis, 5 sept. 1826.) Ec.. au 1 parti-enclave de gu.
et d'arg.; aux 2 et 3 d'or à la barre d'azur, ch. de trois
aigles d'arg. et acc. de deux roses d'azur ; au 4 d'arg.
à un V de sa., posé en bande. Sur le tout parti : a.
d'azur au lion d'or; b. de gu. à une étoile d'or.
*Concini — Arezzo, Florence (Comtes de Penna).
Ec.: aux 1 et 4 d'azur à un rocher de trois coupeaux
d'or, sommé de trois pl. d'aut. d'arg.; aux 2 et 3 d'arg.
à quatre chaines de sa., posées en saut., mouv. d'un
annelet du même au coeur en chef d'or. ch. d'une
aigle ép. de sa. Cq. cour. **C.:** trois pl. d'aut. d'arg.
Condat — Auv. D'arg. à un coq de sa., crété, bq.
et m. d'or.
Conestabile della Staffa (Comtes) — Perugia.
D'azur à un dauphin nageant sur une mer, le tout au
nat., acc. en chef de trois fleurs-de-lis d'or. rangées entre les quatre pendants d'un lambel de gu. **C.:** un
sauvage iss., tenant un trident.
Conforto — Italie. De gu. à trois coeurs d'or; au
chef du même, ch. d'une aigle iss. de sa., cour. d'or.
Conlac — France. D'arg. à la croix nillée de sin.
de sa.
Coninck — Holl. sept. D'arg. à trois demi-vols
de sa.
Connelly ou **Conolly** — Paris, orig. d'Irl. Ec.:
aux 1 et 4 d'arg. au saut. engr. de sa., ch. de cinq coquilles d'or ou d'arg.; aux 2 et 3 de gu. à trois poissons nageants d'arg., l'un sur l'autre.
Connerstat, v. **Cunnerstedt.**
Conquéré de Monbrison — Gasc. D'arg. au
chev. d'azur, acc. de trois merlettes de sa.
Conrad — Transylvanie (Au., 1 avril 1610.) D'a-
zur à un homme, hab. de gu., tenant de sa main dextre une force et de sa sen. un rameau d'olivier de sin.
Conradé — Holl. Parti : au 1 d'azur à une demi-
roue de ..., mouv. du parti ; au 2 de gu. à trois épées
rangées en fasce, celle du milieu la pointe en bas. **C.:**
un bras arm., tenant une épée.
Conradt-Eberlin — Dan. (An., 30 août 1783.)
Parti : au 1 d'arg. à un senestre ramp. de sa., tenant
de ses pattes de devant une flèche d'azur ; au 2 d'arg.
à un mur de gu., supp. un homme. arm. de toutes pièces, tenant de sa main dextre une épée et de sa sen.
un bouclier. Cq. cour. **C.:** l'homme armé.
Conring — Tangermunde (Prusse.) D'arg. à un
senestrochère, paré d'azur, mouv. d'une nuée et tenant
une bague d'or. **C.:** un vol.
Contales — Flandre. D'azur au chev. d'or, acc. de
trois étoiles du même et ch. d'un tourteau de gu. et de
deux cross. du même.
Conte (le) — Montbrison. D'arg. à trois molettes
de sa.; au chef d'azur, ch. d'un lion léopardé d'or.
Conti (Comtes) — Faenza. D'arg. à un palmier de
sin., fruité de trois pièces d'or, pose sur un mont de

trois coupeaux du sec., et acc. en chef d'une étoile (8)
d'or, surmontant une couleuvre ondoyante en fasce
de sin.
Contin di Castelseprio (Comtes) — Venise. D'arg.
à un château sommé de deux tours de gu., ouv. et aj.
de sa., l'arc de la porte, la corniche et les contreforts
d'arg.; le château surm. d'un lion léopardé au nat., tenant une épée d'azur, garnie d'or, et supp. de son dos
une aigle héraldique de sa., cour. d'or. **D.:** FIDES ET
LABOR.
Convers — Neufchâtel. D'azur à la bande ondée
d'arg. *
Convers — Neufchâtel. De gu. à la bande ondée
d'arg., acc. de deux étoiles (5) du même ; et en p. un
tertre de trois coupeaux de sin.
Convers — Neufchâtel. D'azur au pal de gu., ch.
d'un coeur d'or, le pal adextré d'une étoile du même
et senestré d'un C aussi d'or ; à un tertre de trois coupeaux de sin., en p., br. sur le pal.
Conyne (de) — Gand. De sa. au chev. d'arg., ch.
de trois étoiles de gu. et acc. de trois roitelets d'or. **C.:**
un vol, d'arg. et de gu.
Cook — Boston. D'or au chev. échiq. d'azur et
d'or, acc. de trois quintefeuilles du sec. **C.:** une tête
de licorne d'or, entre un vol d'arg.
Cool (de) — Bailleul (Fl. fr.) De sin. à trois choux
d'arg.
Coorse — Zél. Une fasce, acc. en chef de dix
étoiles, 1, 2, 3 et 4, et en p. d'une fleur-de-lis.
Copin de Miribel (Comtes) — Grenoble. D'azur
au chev. engr. d'or, acc. de trois bes d'arg.; au chef
du même, ch. d'un lion léopardé de sa., arm. et lamp.
de gu.
Copius — Frise. De sa. à la fasce d'arg., acc. en
chef de deux étoiles d'or et en p. de trois roses du même, 2 et 1. **C.:** un vol de sa.
Coppès dit de **Havine** — Tournai. D'or à la
bande de gu., ch. de trois coquilles du champ.
Coppesze — Amsterdam. De gu. à une roue de
moulin d'or.
Coppie — Grenoble. D'or au chev. d'azur, acc. de
trois pies de sa., les deux du chef affr.
Coppin du Bonnet — Dauphiné. D'azur au chev.
ergr. d'arg., acc. de trois bes. du même ; au chef du
sec., ch. d'un lion léopardé de sa.
Coquet de Genneville — Rouen. D'azur à dix
rocs d'échiquier d'or.
Corbet (de) — Tour. De gu. à la fasce d'arg.,
acc. de trois merlettes du même.
Corbier (Comtes) — Limousin. Ec.: aux 1 et 4 d'a-
zur à un besant d'or ; aux 2 et 3 coupé d'or sur gu.
C.: une fleur-de-lis d'or.
Corbusier — P. de Liége. D'azur à la fasce d'or,
acc. de deux fleurs-de-lis du même, 1 en chef et 1 en
p. **C.:** une fleur-de-lis d'or.
Cordero de Montezemolo (Marquis) — Turin.
Coupé : au 1 d'azur une arbalète d'or, accostée de
deux étoiles du même ; au 2 d'azur bandé de six bandes
C.: un coeur d'or gu., enflammé au nat. **D.:** AIME DIEU.
Cordier — Hainaut. D'or au chev. de gu., acc. en
chef de deux grappes de raisins d'azur, tigées et feuillées de sin., et en p. d'un croiss. d'azur.
Cordier — Vimeu (An., nov. 1387.) D'azur à un
cor-de-chasse d'or, acc. de trois étoiles d'or.
Cordier de Ribeauville — Fl. fr. D'or au chev.
de gu., acc. en chef de deux grappes de raisins d'azur,
tigées et feuillées de sin., et en p. d'un croiss. d'azur.
Cordova de Lizaur — Guipuzcoa. D'azur à un
arbre de sin., acc. de deux loups pass. de sa., l'un devant
la autre derrière le fût ; à la bord. de sa., ch. de huit
coquilles d'arg.
Cordova-Zuleta — Navarre. D'or à la bande
d'azur, ch. de trois étoiles (8) du champ, et acc. de deux
loups pass. au nat. L'écu pose sur la croix de Calatrava.
Corelli (Marquis) — Romagne. D'or à un coeur de
gu., à la fasce d'arg., ch. de trois croisettes de gu. et
br. sur le tout, acc. de trois étoiles de gu. et de trois fleurs-de-
lis d'or.
Coressio-Cornaro — Grèce. Ec.: aux 1 et 4 de
sa. à l'aigle ép. d'or, languée de gu., surm. de la couronne impériale byzantine et tenant de chaque serre
une épée d'arg.; aux 2 et 3 bu:elé d'arg. et d'azur, au
lion de gu., arm., lamp. et cour. d'or, br. sur le burelé.
Coressio-Giustiniani — Grèce. Ec.: aux 1 et 4
de sa. à l'aigle ép. d'or, languée de gu., surm. de la
couronne impériale byzantine et tenant de chaque serre
une epee d'arg.; aux 2 et 3 de gu. à une tour d'arg.,
bandé d'or et ch. d'une aigle iss. de sa. Sur le tout
bandé d'or à un coeur de gu.; à un coeur de gu., cour. d'or, br.
sur le bandé.

Corgenay — *Neufchâtel.* De gu. à un cygne d'arg. **C. :** une tête et col de cygne d'arg.

Corica — *Messine.* D'azur à un soleil d'or, se couchant dans une mer au nat.

Corioni — *Bologne.* Coupé: au 1 d'azur au lion naiss. d'or, mouv. du coupé et supp. de sa patte sen. un coeur de gu.; au 2 palé de gu. et d'or. A la fasce de gu., br. sur le coupé.

Corlier de Coursac — *Limousin.* D'arg. à deux chev. brisés de gu.

Corlieu—*la Rochelle.* De gu. à trois cornettes d'arg.

Cormier de la Picardière — *Tour.* D'arg. à la fasce, supp. un pélican et acc. en p. d'un coeur, le tout d'azur.

Cornac (de) — *Lang.* Parti: au 1 de gu. à un arbre arr. d'or; au 2 de gu. au lion d'arg. Au chef de l'écu échiq. d'arg. et de sa., br. sur le parti.

Cornaro (Edle von) — *Aut.* (An., 20 mai 1858.) Coupé: au 1 de gu. à un griffon pass. d'or; au 2 parti: *a.* de gu. à quatre pals d'arg.; *b.* d'azur à neuf étoiles d'or, 4, 3 et 2. acc. en p. d'un chien d'or, la tête posée de front, couché sur un bouclier ovale d'or. et tenant une épée d'arg., garnie d'or, appuyée contre son épaule. Cq. cour. **C. :** trois pl. d'aut. : de gu., d'or et d'azur. **L. :** à dextre d'or et de gu., à sen. d'or et d'azur.

Cornaro — *Aut.* (Barons, 26 fév. 1879.) Coupé: au 1 de gu. à un griffon pass. d'or; au 2 parti d'or et d'azur, à une étoile de l'un en l'autre, surmontant un croiss., aussi de l'un en l'autre. Cq. cour. **C. :** une aigle ép. de sa., bq. d'or, surm. d'une couronne du même. **L. :** à dextre d'or et de gu., à sen. d'or et d'azur. **S. :** deux lions ailés d'or, les ailes abaissées.

Cornellies de Vieuxbourg — *Norm.* De gu. à une tour d'arg., ouv. et hersée d'or.

Cornemont — *Fl.fr.* D'azur à un cheval cabré de gu.

Cornet — *Fribourg.* De gu. à un cor-de-chasse d'arg., eng. et lié d'or.

Corogna (da) — *Venise, Grèce.* D'azur à un X d'or, surm. d'une croisette du même.

Corpataux — *Fribourg.* Ec. en saut. d'arg. et de gu.

Corporandy — *Nice.* De gu. à deux huchets d'arg.; au chef d'azur, ch. de trois étoiles d'arg.

Corrado — *Salerne.* Coupé, d'or à un coeur enflammé de gu., sur azur au lion d'or; à un burèle d'arg., br. sur le coupé.

Corrard de Bréban — *Champ.* D'arg. à trois têtes de faucon arr. de sa.

Corrard des Essarts. Les armes précédentes.

Correa-Leite — *Italie.* Parti: au 1 de gu. à trois los. d'or, 3, 2, 3, 2 et 3; au 2 de sin. à trois fleurs-delis d'or. **C. :** deux bras, arm. d'arg., liés ensemble de gu.

Corry de Dunraven — *Irl.* (Baronet, sept. 1885.) De gu. au saut. engr. d'arg., acc. en chef d'une rose du même, à chaque flanc d'un chardon tige et feuillé au nat., et en p. d'un trèfle d'or. **C. :** un coq au nat., ch. sur la poitrine d'un trèfle d'or. **D. :** VIGILANS ET AUDAX.

Corserey — *Fribourg.* Ec. d'azur et de gu.

Cortalliod dit du Ruz — *Neufchâtel.* De sa. à une fleur-de-lis d'or, surm. d'une croisette pattée du même.

Corte ou **da Corte** — *Bologne.* Palé de gu. et de sin.; au lion ramp. au nat., tenant une fleur-de-lis d'or, br. sur le palé; au chef d'arg., ch. d'une aigle de sa., cour. d'or.

Cortebrand — *Holl.* Ec.: aux 1 et 4 d'arg. au lion de gu.; aux 2 et 3 de sin. à une fleur d'arg.. tigée et feuillée du même. **C. :** le lion, iss.

Cortes-Alvarez-Sotomayor — *Iles Baléares, Catalogne.* Ec.: aux 1 et 4 de gu. à un mur crén. d'arg., maçonné de sa.; aux 2 et 3 d'or à trois coeurs de gu. (qui est de *Cortes*).

Cortyl de Wytshove — *Fl. fr.* D'azur à la fasce d'arg., acc. en chef de deux étoiles du même et en p. d'un mont de trois coupeaux d'or. **C. :** une étoile d'arg.

Corvi — *Bologne.* Coupé: au 1 d'azur à un soleil rayonnant de couleur rose; au 2 d'or à un corbeau volant de sa.

Corvolini — *Bologne.* D'arg. à une branche de sin. en pal, feuillée à dextre et à sen. et supp. de son sommet un corbeau de sa., le vol levé.

Corvolini — *Bologne.* D'azur à un senestrochère, arm. d'arg., mouv. du flanc, la main de carn. tenant une masse d'armes d'arg. en pal; la tête de cette masse accostée de deux étoiles (5) d'or, et une troisième étoile (5) d'or au-dessous du manche.

Cos — *Ile de Mayorque.* De gu. à un ours pass. d'or, la tête surm. d'une fleur-de-lis du même.

Cospi — *Bologne.* D'or à la bande de sin., acc. en haut d'un seau au nat., posé sur la bande.

Cospi — *Bologne.* D'or à la bande d'azur, acc. en chef d'un mont isolé de trois coupeaux de gu.

Cost (van der) — *Delft.* Coupé: au 1 d'or à un arbre terrassé de sin.; au 2 de sin. à un esturgeon nageant d'arg.

Costa — *Bologne.* D'azur au chev. d'or, acc. en chef de deux roses de gu.: et une côte humaine d'arg., en pal, la pointe en bas, posée en chef et br. sur le chev.; au chef d'or, ch. d'une aigle ép. de sa., surm. d'une couronne d'or.

Costa di Carrù (Comtes) — *Turin.* D'azur à cinq bandes d'or. **C. :** une tête de lion ailée, d'or. **D. :** DE JOUR EN JOUR.

Costabili (Marquis) — *Ferrare.* Ec.: aux 1 et 4 d'or à l'aigle de sa.; aux 2 et 3 coupé d'arg. sur sa. **C. :** une tête de cheval.

Costabili-Containi — *Ferrare* (Comtes de l'Empire français et marquis romains.) Ec.: au 1 d'azur à un miroir d'arg., le manche accolé d'un serpent qui se mire dans la glace; au 2 d'azur à une table d'arg. et un compas ouv. d'or, les pointes sur la table; au 3 de gu. à cinq pavots d'or, liés ensemble et posés en éventail; au 4 d'azur à deux bandes d'arg. Sur le tout éc.: *a.* et *d.* d'or à l'aigle de sa.; *b.* et *c.* coupé d'arg. sur sa.

Costay — *Dauphiné.* D'arg. à trois mouch. d'herm. de sa.

Coste-Maucune (la) — *Dauphiné.* D'or au chev. de sa., acc. en p. d'une étoile d'azur; au chef d'azur, ch. de trois croiss. d'arg.

Costello [anciennement **Angulo**] — *Angl.* D'or à trois los. de gu., accolées en fasce. **C. :** un faucon au nat.

Coster — *Holl.* D'azur à une fasce diminuée d'arg., à laquelle est suspendue une clochette du même. **D. :** DEI MORTE.

Coster — *Holl.* D'azur à un verre, acc. de trois merlettes. **C. :** le verre.

Costerus — *Delft.* D'or au lion de gu.

Costes (des) — *Neufchâtel.* D'or à trois petites collines basses de sin., 2 et 1.

Cotenburg — *Kampen.* Coupé: au 1 d'arg. à trois merles au nat.; au 2 d'or à un tronc coupé et écoté au nat., posé en fasce.

Cothérel — *Dauphiné.* D'azur au chev. d'arg., acc. en chef de deux étoiles d'or et en p. d'un lion du même.

Cotonnay — *Dauphiné.* De gu. à une croix latine. d'or, plantée dans un mont de sin. et surm. d'un soleil alésé d'or.

Cotta Castel San Pietro — *Milan.* De gu. à l'aigle ép. de sa., surm. d'une couronne d'or, acc. en chef des lettres S. P. Q. R. de sa., rangées en demicercle, et ch. sur sa poitrine d'un écusson ovale d'azur surch. d'une cotte d'armes d'arg.

Cottens — *Fribourg.* D'or au chien ramp. de gu., coll. d'or.

Cotzhausen — *Prov. rhén.* Parti de trois traits: au 1 de gu. à un paysan tenant un fléau, le tout d'arg.; au 2 d'or à une demi-ramure de cerf de sa., acc. de trois molettes d'azur; au 3 d'azur au chev., acc. en chef de deux croisettes et en p. d'un croiss., le tout d'or (*Turck*); au 4 coupé: *a.* d'or à une tête et col de cheval de sa.; *b.* d'or plein (*Gangell*). **C. :** le paysan du 1, iss.

Coudenbrouck (van) — *Flandre.* De gu. à trois épées d'arg., garnies d'or, posées en bandes, les pointes en bas, rangées en barre, acc. au canton sen. d'une étoile d'or.

Coudenhove (Barons de) — *Lorr.*, orig. de *Brab.* D'or à la bande ondée de gu. Cq. cour. **C. :** une hure de sanglier de sa., allumée de gu., défendue d'arg. **S. :** deux griffons.

Coudert — *Marche, Saintonge.* D'azur au chev. d'or, acc. en p. d'un agneau pass. d'arg.; au chef d'azur, ch. de trois flammes de gu.

Condray (du) — *Dauphiné.* D'or à un coudrier arr. de sin., ch. de trois fruits d'or et acc. en chef de deux croix recr. de gu.

Coue (de la) de Marivault — *France.* Palé d'arg. et d'azur de six pièces: au fr.-q. d'arg., ch. d'un lion de sa. **D. :** OÙ TU DOIS, MEURS.

Coulars — *Abbeville.* D'azur à l'aigle d'or, bq. et m. de gu.

Coulaud — *Dauphiné.* D'or à un coq de gu., perché sur un olivier arr. de sin.; au chef d'azur, ch. de trois étoiles d'or.

Coulon — *Leeuwarden.* D'arg. à trois faucons malordonnés au nat., cour. d'or, le premier soutenu d'une terrasse isolée de sin., les deux autres posés sur une terrasse de sin. à la p. de l'écu.

Coulon — *Neufchâtel.* D'or à deux fasces de gu.;

au chef d'azur, ch. d'une colombe d'arg., posée en pal, la tête en bas, le vol étendu. **C. :** un demi-vol de sa.

Couperus — *Leeuwarden.* Parti : au 1 d'or à la demi-aigle de sa., mouv. du parti; au 2 de gu. à un dauphin au nat. nageant sur une eau au nat. et supp. de son dos un pot à fleurs d'or duquel s'élèvent trois glands du même, chacun tigé et feuillé de deux pièces aussi d'or; le tout acc. en chef d'une colombe volante et cont. d'arg., tenant en son bec un rameau d'olivier de sin.

Cour (de la) — *Dauphiné.* D'arg. à un chêne de sin., posé sur une terrasse du même; au chef d'azur, ch. de trois étoiles du même.

Cour (de la) de Bretteville — *Norm.* D'azur à la barre d'or, acc. de deux bes. du même.

Courboin — *Dauphiné.* De sin. à un cor-de-chasse d'or, lié de gu.; au chef d'arg., ch. de trois canettes de sa.

Courcelle, v. **Ram van Schalkwyck.**

Courcelles — *France.* De gu. à trois lions d'or. — *Ou :* D'herm. à deux bars adossés de gu. — *Ou :* Ec.: aux 1 et 4 de gu. à trois lions d'or; aux 2 et 3 d'herm. à deux bars adossés de gu.

Couret de Villeneuve — *Quercy.* D'azur à trois lévriers pass. d'arg. **C.:** une aigle iss. **S.:** deux aigles d'or. **D.:** LE DROIT.

Courières (de) — *Flandre.* De gu. à deux étoiles d'arg., rangées en barre entre deux cotices d'arg.

Courlier — *Poitou.* D'azur au pal d'arg.

Court (le) de St.-Aigue — *Ile-de-Fr.* D'azur au lion d'or, lamp. de gu.; au chef du sec., ch. de trois étoiles du champ.

Courtade — *Auv.* D'or à un cerf courant de gu.

Courte (de) — *Tour.* D'azur à la fasce d'or, acc. en chef d'une cotice d'arg. accostée de deux bes. du même, et en p. d'un autre bes. du même.

Courteille (Comtes) — *Alençon.* De gu. à trois étoiles d'or.

Courtelary *dit* **Compaignet** — *Neufchâtel.* De gu. à la bande d'arg., ch. de trois feuilles de tilleul du champ, posées dans le sens de la bande, les tiges en bas.

Courtenay, Empereurs de *Constantinople* — *Orléanais, Bourg., Belg.* (Comtes de *Nevers,* d'*Auxerre* et de *Tonnerre,* marquis de *Namur,* empereurs de *Constantinople;* ét. en 1285.) De gu. à la croix d'or, cant. de quatre bes. du même, vidés du champ, ch. chacun d'une croisette et accompagnés de quatre croisettes aussi d'or.

Courtenay (Princes de), comtes de *Cézy,* anciennement **Courtenay-Chevillon**— *Orléanais, Senonais, Bourg.* (M. ét. le 7 mai 1730.) D'or à trois tourt. de gu., brisé d'une croiss. du même en coeur et d'un lambel en chef (*Courtenay-Chevillon.*) — *Puis:* Ec.: aux 1 et 4 d'azur à trois fleurs-de-lis d'or; à la bord. engr. de gu. (*Courtenay moderne*); aux 2 et 3 d'or à trois tourt. de gu., acc. en chef d'un lambel d'azur (*Courtenay ancien.*) — *Enfin:* Ec.: aux 1 et 4 d'azur à trois fleurs-de-lis d'or; à la bord. engr. de gu. (*Courtenay moderne*; aux 2 et 3 d'or à trois tourt. de gu. (*Courtenay ancien.*) Brl. d'or et d'azur. Couronne fleuronnée et fleurdelisée de prince du sang. **C.:** une double fleur-de-lis d'or. **L.:** à dextre d'or et d'azur, à sen. d'or et de gu. **T.:** deux anges, hab. de robes de drap d'argent, les bras et les jambes nus.

Courtenay-Arrablay — *Orléanais* (Ét. vers 1540.) D'or à trois tourt. de gu., brisé d'un croiss. d'azur en coeur.

Courtenay-Bléneau — *Orléanais, Champ.* (Ét. en 1655.) D'or à trois tourt. de gu. — *Puis:* Ec.: aux 1 et 4 d'azur à trois fleurs-de-lis d'or; à la bord. engr. de gu. (*Courtenay moderne*); aux 2 et 3 d'or à trois tourt. de gu. (*Courtenay ancien.*)

Courtenay-Bondoufle — *Ile-de-Fr.* (Ét. en 1392.) De gu. au chev. d'or, ch. de trois tourt. de gu. et acc. de trois lions du sec.

Courtenay-Bontin — *Orléanais, Champ.* (Ét. en 1578.) D'or à trois tourt. de gu., brisé d'un croiss. d'azur en coeur; à la bord. comp. d'arg. et de gu.

Courtenay, comtes de **Cézy,** v. Princes de **Courtenay.**

Courtenay-Champignelles — *Orléanais, Champ.* (Ét. en 1472.) D'or à trois tourt. de gu. (acc. jusqu'en 1285 d'un lambel à cinq pendants d'azur en chef.)

Courtenay du Chesne et Montcelart — *Orléanais, Norm.* (Ét. en 1671 ou 1692.) D'or à trois tourt. de gu., brisé d'une côtice de gu. en barre.

Courtenay-Chevillon — *Orléanais.* D'or à trois tourt. de gu., brise d'un croiss. du même en coeur et d'un lambel d'azur en chef [V. Princes de **Courtenay.**]

Courtenay la Ferté Loupière — *Orléanais, Champ.* (Ét. en 1562.) D'or à trois tourt. de gu., acc. en chef d'un lambel d'azur.

Courtenay-Tanlay — *Bourg.* (Ét. en 1383.) D'or à trois tourt. de gu., acc. en chef d'un lambel de cinq pendants d'azur.

Courtenay-Yerre — *Ile-de-Fr.* (Ét. vers 1390.) D'or à trois tourt. de gu., acc. en chef d'un lambel de cinq pendants de sa.

Courtial — *Montpellier, Montauban.* D'or à deux lions affr. de gu., soutenant de leurs pattes un coeur du même.

Courtiamble — *Bourg.* (M. ét.) De gu. à trois étoiles (6) d'arg.

Courtin de Pomponne — *Bourg.* Ec.: aux 1 et 4 d'azur à trois croise. d'or (*Courtin*); aux 2 et 3 d'azur au chef d'or (*Pomponne ancien*).

Courtion — *Fribourg.* D'or à une anille d'azur; le champ vêtu en ovale de gu.

Courvoisier-Clément — *Neufchâtel.* D'azur à un coeur d'or, soutenu d'un tertre de sin. et acc. en chef de deux étoiles (5) d'arg.

Courvoisier-Vezin — *Neufchâtel.* D'azur à un coeur d'or, surm. d'une étoile (5) du même, et accosté de deux branches feuillées d'arg.

Cousandier — *Neufchâtel.* D'azur à un coeur d'or, soutenu d'un tertre de trois pics d'arg. et acc. en chef de deux étoiles (5) du sec.; au chef de gu., ch. de trois croisettes d'arg.

Cousandier — *Neufchâtel.* D'azur à la fasce d'or, ch. de trois croisettes de gu., et acc. en chef de deux étoiles (5) d'arg. et en p. d'un coeur du sec.

Cousin — *Flandre.* D'arg. à la fasce de sa., acc. de trois merlettes du même.

Cousin de la Tour-Fondue (Comtes) — *Berry, Bourbonnais.* D'azur à une Foi d'arg. **C.:** un lion iss., tenant un cimeterre. **D.:** FIDES EXERCITIUM.

Coustis de la Rivière — *Tour.* D'azur à un besant d'arg., acc. de trois étoiles du même.

Couteulx (le) de Canteleu et de Molay (Comtes) — *Norm.* D'azur au chev. de gu., acc. de trois trèfles de sin.

Coutures (des) — *Guyenne.* D'azur à deux épées d'arg., garnies d'or, passées en saut.; au chef den-telé d'or.

Couturier (le) de St.-Jame — *Maine.* D'arg. à trois merlettes de sa.

Couvert *dit* **Monvert** — *Neufchâtel.* Coupé: au 1 d'azur à une étoile (5) d'or; au 2 d'or à deux pals d'azur.

Couvet — *Ile-de-Fr.* D'arg. à un chien de sa., pass. sur une terrasse de sin.; au chef d'azur, ch. de trois étoiles d'or.

Couwenhoven (van), v. **van Egmond van Couwenhoven.**

Couyer de la Chesnardière — *la Rochelle.* De gu. à une cognée d'arg.

Coye de Castelet — *Prov.* D'azur à la bande, acc. en chef d'un coq et en chef d'une gerbe, le tout d'or.

Crachtwyk van Deuverden — *Utrecht.* Les armes de **van Deuverden.**

Crahay — *P. de Liége.* D'arg. à deux ceps de vigne courbés, mouv. d'un petit chicot en fasce, pampés chacun de deux feuilles à l'extérieur, les sommets et terminés chacun en une grappe pendante, le tout au nat.; au chev. de gu., br. sur le tout et ch. d'une fleur-de-lis de gu. **C.:** la fleur-de-lis.

Crahay *dit* **Legro** — *P. de Liége.* D'arg. à deux ceps de vigne de sin., pampés du même, passés en triple saut., fruités de quatre grappes au nat.; au 1 d'un échalas de sin., accosté de deux renards ramp. et affr. de gu., touchant de la bouche les deux grappes plus basses; le tout soutenu d'une terrasse de gu. **C.:** un renard iss. au nat.

Cramer — *Aut.* (Chevaliers, 8 mars 1882.) Coupé d'azur sur sa., au griffon d'or, br. sur le coupé. Deux cq. cour. **C.:** 1° un griffon iss. et cont. d'or; l. d'or et d'azur; 2° un vol à l'antique, l'aile de derrière d'or plein, l'aile de devant de sa., ch. d'une étoile d'or et d'une rose du même, l'une sur l'autre; l. d'or et de sa.

Crapez d'Hangouwart — *Fl. fr.* De sa. à l'aigle d'arg., bq. et m. d'or.

Craponne de Villard — *Prov.* Ec.: aux 1 et 4 d'or à un chicot en pal d'arg.; aux 2 et 3 de gu. à la bande d'or, ch. d'un chien de sa.

Crance — *Brab.* D'or à la bande sa., ch. d'une licorne courante d'arg.

Creeft (de) — *Liége* (Rec. de nob., 25 sept. 1882.)

D'arg. à trois lions de sa., arm., lamp. et cour. à l'antique de gu. **C.:** un lion de l'écu, 1ss. **T.:** deux sauvages de carn., ceints et cour. de lierre, appuyés sur leurs massues.

Cremona (Comtes) — *Ferrare.* D'azur à la bande d'or, ch. d'un rameau d'olivier de sin. et acc. en chef d'un croiss. d'arg. et en p. d'une étoile d'or.

Crescenzi — *Bologne.* D'azur au lion d'or, tenant une épée d'arg., soutenu d'un mont de trois coupeaux de sin., mouv. de la p.; au chef du premier, ch. de trois fleurs-de-lis d'or, rangées entre les quatre pendants d'un lambel de gu

Crescimbeni — *Bologne.* D'or au léopard lionné de gu. ou de sa., tenant entre ses dents un renard au nat., en fasce.

Crésecques — *Art.* D'azur à trois tierces d'or; au chef du même.

Crespellani — *Bologne.* D'azur à une tour d'arg. sommée de trois créneaux entaillés, ouv. et aj. de sa.

Crespi — *Bologne.* D'azur à la fasce de gu., acc. en chef des lettres O C du meme; au chef d'or, ch. d'une aigle de sa., cour. d'or.

Crespi — *Bologne.* D'azur à une cloche d'arg., accostée de deux lions affr. d'or, ramp. contre la cloche; au chef du premier, ch. de trois fleurs-de-lis d'or, rangées entre les quatre pendants d'un lambel de gu.

Cressac de Bachelerie — *Périgord, Limousin, Poitou, Lorr., Auv.* D'or à un monde de gu., cintré et croisé d'arg. et accostée de trois fleurs-de-lis d'or, 2 à dextre, rangées en orle et 1 plus grande à sen.

Cressier — *Fribourg, Neufchâtel.* De gu. à la fasce d'or, acc. en chef d'une fleur-de-lis au pied coupé d'arg., mouv. de la fasce, et en p. d'une étoile (5) aussi d'arg.

Cressler — *Neufchâtel.* Bandé d'argent et d'or; au chef du premier, ch. d'une étoile (5) du sec.

Creus (Comtes) — *Iles Baleares, Catalogne, Biscaye, Murcie.* Parti de trois traits, coupés d'un autre, qui fait huit quartiers: au 1 coupé: *a.* d'azur à la croix d'arg.; *b.* de gu. à la bande d'azur bordée d'or, ch. de trois croisettes d'arg., posées dans le sens de la bande (*Creus*); au 2 d'azur à l'aigle d'or, cour. du même (*Camps*); aux 3 et 4 coupé: *a.* d'azur à un soleil d'or; *b.* de gu. à une tour d'or (*Soler*); au 5 d'azur à une tour d'or, sur un rocher au nat., surmontée d'une croix fleuronnée d'arg. et accostée de trois fleurs-de-lis d'or, 2 à dextre, rangées en fasce et 1 plus grande à sen. (*Ximenez*); au 6 d'arg. à quatre fasces d'azur (*Ventayol*); aux 7 et 8 coupé: *a.* d'azur à sept étoiles d'or, rangées en orle, celle de la pointe plus grande et à huit rais, les autres à six rais; *b.* d'arg. à deux bras, parés de gu., mouv. des flancs de l'écu et tenant chacun une palme de sin., ces palmes passées en saut. (*Sanz.*) **T.:** deux sauvages, armés de massues. **D.:** 1° IN HOC SIGNO VINCES (*Creus*); 2° CON SOL FUERON Y VOLVIERON Y LA BATALLA VENCIERON (*Soler*).

Creutz — *Pays-Bas.* D'or à la croix de gu., accostée en p. de deux croisettes pattées du même.

Creutzer — *Palatinat* (Nob. du St.-Empire, 4 oct. 1783.) Ec.: aux 1 et 4 d'azur à une étoile d'arg.; aux 2 et 3 de gu. au lion d'or. A la croix d'arg., br. sur l'écartelé. **C.:** 1° une croix d'arg., sommée d'une étoile du même; 2° le lion, iss.

Crignon — *Abbeville.* De gu. au chev. d'or, acc. de trois grillons du même.

Criquillion — *Hainaut, Brab.* De sa. à un sauvage 1ss., acc. de trois fleurs-de-lis d'arg., 2 en chef et 1 en p. **C.:** le sauvage 1ss., entre un vol.

Crisolini — *Romagne.* D'azur à trois tours d'arg. sur une terrasse de sin., acc. de trois abeilles d'or, rangées en chef. **D.:** TRIPLICI SECURITATE.

Crispi comtes de **Montalto** — *Ferrare.* D'azur à la fasce d'arg., acc. en chef de deux C d'arg.; au chef d'or, ch. d'une aigle de sa.

Cristiani — *Bologne.* De gu. à l'aigle ép. d'or, chaque tête cour. du même, portant sur son estomac un écusson d'azur, ch. de trois coquilles d'arg.; au chef d'azur, ch. de trois fleurs-de-lis d'or. rangées entre les quatre pendants d'un lambel de gu.

Cristiani — *Bologne.* Parti: au 1 d'une demi-aigle d'arg., cour. d'or, mouv. du parti; au 2 de gu. à trois coquilles d'or. Au chef d'azur, br. sur le parti et ch. de trois fleurs-de-lis d'or, rangées entre les quatre pendants d'un lambel de gu.

Cristion de Mutzig — *Strasbourg.* De gu. à trois croiss. d'arg. **C.:** une meule de moulin, soutenue d'un coussin.

Cristofori — *Bologne.* Coupé d'azur sur gu., au saut. de l'un en l'autre, acc. de deux roses d'or, 1 en chef sur l'arg. et 1 en p. sur le gu.; à la bord. d'or,

ch. de quatre roses de gu. dans les cantons, alternant avec quatre écrevisses du même, celle en chef en fasce, dirigée vers sen., celle en p. en fasce, dirigée vers dextre, celle au flanc dextre en pal, la tête en haut, et celle au flanc sen. en pal, la tête en bas; au chef d'azur, ch. de trois fleurs-de-lis d'or, rangées entre les quatre pendants d'un lambel de gu.

Croce — *Bologne.* Ec. de gu. et d'arg.; à la croix écartelée de gu. et d'arg., br. sur l'écartelé, séparée des quartiers de gu. par un filet d'arg.

Croci — *Bologne.* D'azur à un arbre arr. de sin., dont le feuillage s'étend en haut, à dextre et à sen.

Crocq (du) — *Delft.* Parti: au 1 d'or à une roue de gu. en chef, et trois cotices du même en p.; au 2 d'azur à trois cors-de-chasse d'arg., liés d'or, 2 et 1, acc. en chef d'une étoile d'or.

Crocquet de Savense — *Pic.* D'arg. à trois roses d'azur.

Croiset van Uchelen — *Holl.* Ec.: aux 1 et 4 d'or à un chêne de sin., fûté au nat., fruité de six pièces d'or, disposées 1, 2 et 3 (*Uchelen*); aux 2 et 3 de gu. à trois lions léopardés d'or, l'un sur l'autre (*Croiset.*) **C.:** 1° le chêne (*Uchelen*); 2° un lion iss. de gu. (*Croiset.*)

Croix (de la) — *Nivernais, Périgord, Angoumois.* D'arg. à la croix pattée d'azur; au lion de gu., la patte dextre posée sur la croix.

Cronenthal (Edle von), v. Cloos Edle von Cronenthal.

***Croockewit** — *Amsterdam, Rotterdam.* D'azur à deux houlettes (ou piques) d'or, passées en saut., et deux huchets en pals du même, accostés et affr., br. sur le tout, les embouchures en haut. **C.:** un vol d'azur. **L.** d'or et d'azur.

Croquoison — *Ponthieu.* D'arg., au fr.-q. de gu.

Cros de Murat — *Bourbonnais.* D'arg. à trois chev. de gu. (une branche brisait d'un lambel d'azur.) **C.:** un lévrier 1ss. de sa. **Cri:** MURAT!

Crotti (Comtes) — *Crémone.* D'or au lion de sa., lamp. de gu., tenant entre ses dents un listel d'arg. inscrit des mots SERVA MANDATA et supp. de sa patte sen. un mont de trois coupeaux de sin. **C.:** une aigle de sa., languée de gu. **D.:** VIRTUS NON INDIGET.

Crotti de Costiglole (Comtes) — *Turin.* D'azur à trois pals d'arg., au chef de gu., ch. de trois coquilles d'or. **C.:** une aigle 1ss. de sa. **S.:** deux lions reg. d'or, lamp. de gu.

Croutelles de Liguemarre — *Norm.* D'azur à l'aigle d'or, bq. et m. de gu.; au chef du même, ch. d'un croiss. d'arg. entre deux étoiles d'or.

Croze — *Prov.* D'azur à trois pals, abaissés sous une trangle du même, surm. de trois étoiles, rangées en chef, le tout d'or.

Crozet — *Comtat-Venaissin.* D'azur à trois croisettes d'arg., 2 et 1, acc. de trois étoiles mal-ordonnées d'or.

Crublier de Fougères — *Berry.* D'arg. à un pin terrassé de sin.

Crullius — *Amsterdam.* Tranché d'azur sur or; à une feuille de nénuphar de l'un en l'autre.

Csekelez — *Hongrie* (Comtes, 1864.) D'azur au lion d'or, soutenu d'une terrasse de sin. et tenant de ses pattes un roseau au nat., tigé et feuillé de sin. Deux cq. cour. **C.:** 1° le lion, iss. et cont.; **l.** d'or et d'azur; 2° une cigogne au nat., bq. et m. de gu., tenant de sa patte dextre levée un caillou; **l.:** à dextre d'or et de gu., à sen. d'azur et d'arg. **S.:** deux griffons d'or. **D.:** DONA DEI DONO.

Cuechi-Cartari — *Bologne.* D'or à un tronc d'arbre au nat., poussant à dextre et à sen. une feuille de sin., et posé sur un mont de trois coupeaux d'arg., mouv. de la p., les deux coupeaux ext. sommés chacun d'une rose au nat., tigée et feuillée de sin.; celui tenant sommet du corbeau de sa., tenant en son bec une feuille de tilleul de gu., tigée de sin.; au chef d'azur, ch. de trois fleurs-de-lis d'or, rangées entre les quatre pendants d'un lambel de gu.

Cuchet — *Dauphiné.* D'arg. à la croix de sin., cant. de quatre porcelots de sa.

Cuchet — *Dauphiné.* D'azur au chev. d'or; au chef de gu., ch. de six porcelots d'arg.

Cudié de Kamonshagora — *Croatie* (Chevaliers, 13 sept. 1883.) D'azur à un mont escarpé au nat.; aux 2 et 4 d'azur à une tour de gu., supp. une hampe de couleur brunâtre en pal, mouvant de gu., sommée d'un croiss. montant d'or. Deux cq. cour. **C.:** 1° une aigle 1ss. et cont. de gu.; **l.** d'or et d'azur; 2° les meubles du 2; **l.** d'or et de gu.

Cuiseaux (Sires de) — *Bresse, Franche-Comté* (Sires de *Vire-Châtel* et de *Clairvaux.* M. ét. dans le courant du 14e siècle.) D'arg. à trois chev. de gu.

Cuiseaux-Clairvaux (Sires de) — *Franche-Comté* (M. ét. au commencement du 14e siècle.) D'arg. à trois chev. de gu., brisé en chef d'un lambel à trois ou quatre pendants du sec.

Cuissart — *Pic.* D'or à une cotte de mailles d'azur, surm. d'un arc de gu., posé en fasce [V. **Brou de Cuissart.**]

Culixrode (van) — *Brab.* Burelé de sa. et d'or, de douze pièces; au chef du premier, ch. d'une fleur-de-lis d'arg. et d'une merlette d'or.

Cultri — *Bologne.* D'azur à huit boules d'arg., rangées en orle rond; au chef du premier, ch. de trois fleurs-de-lis d'or, rangées entre les quatre pendants d'un lambel de gu.

Cunnerstedt ou **Connerstat** — *P. de Magdebourg.* De gu. à une licorne d'or, coll. de sa. C.: la licorne, iss.

Cunéo d'Ornano (Marquis) — *Corse.* Parti: au 1 d'arg. à deux lions affr. de gu., enfonçant un coin de sa. dans un bloc du même, le tout soutenu d'une terrasse de sin.; au 2 de gu. à une tour d'or.

Cupelli — *Bologne.* D'azur à un mont de trois coupeaux de sin., mouv. de la p. et surm. de trois gobelets mal-ordonnés de gu.; au chef du premier, ch. de trois fleurs-de-lis d'or, rangées entre les quatre pendants d'un lambel de gu.

Cuppellini — *Bologne.* D'azur à trois coupes d'or; au chef du premier, ch. de trois fleurs-de-lis d'or, rangées entre les quatre pendants d'un lambel de gu.

Cuppellini — *Bologne.* D'azur à un senestrochère, paré de gu., mouv. du flanc, la main de carn. supp. une coupe d'arg.; et une serviette blanche jetée sur l'avant-bras.

Cuppi — *Bologne.* D'arg. à un bouquetin ramp. de gu.

Cuppini — *Bologne.* De gu. à trois coupes d'or; au chef du même, ch. d'une aigle ép. de sa., surm. d'une couronne d'or.

Cureau de la Chambre — *Maine.* D'arg. au chev. d'azur, acc. de trois flammes de gu.

Curialti — *Bologne.* D'arg. à un arbre de cinq branches disposées en éventail, posé sur une terrasse, le tout de sin.

Curioni — *Bologne.* Coupé d'arg. sur sa.; au lion d'or, br. sur le coupé et soutenant de sa patte sen. un coeur de gu.

Curli — *Gênes.* D'or à l'aigle de sa. C.: l'aigle, iss. **D.:** PENETRABILI VISU.

Cursol — *Guyenne.* D'azur à la fasce d'or, acc. en chef d'un soleil du même, posé à dextre, d'un croiss. d'arg., posé à sen., et en p. d'un lion léopardé d'or, surm. d'une étoile d'arg.

Curti — *Hesse* (M. ét. le 15 janv. 1823.) D'arg. à un lion de sin. à deux têtes adossées, lamp. de gu.; à la bord. d'azur, et un canton d'arg., br. sur la bord.; le canton ch. d'une main sen. appaumée de gu. et la bord. de deux fleurs-de-lis d'or, mouv. du champ, l'une au canton sen. du chef et l'autre en p. renv. Brl. de sin. et d'arg. C.: une aigle de profil de sa., cont., le vol ouv. et abaissé. **L.** d'arg. et de sin.

Curti — *Venise* (Baron du St.-Empire, 4 janv. 1665.) Coupé: au 1 parti: *a.* d'arg. à un lion de sin. à deux têtes adossées, lamp. de gu.; *b.* de gu. à un château flanqué de deux tours de gu., ouv. et aj. du champ, sommé d'une aigle héraldique de sa. entre les tours;

au 2 barré de gu. et d'arg., de six pièces. Au chef de l'écu d'or, br. sur le parti et ch. d'une aigle de sa., cour. d'or. Deux cq. cour. **C.:** 1° une aigle cont. de sa., cour. d'or; **l.** d'arg. et de sin.; 2° le lion à deux têtes, iss., tenant de sa patte dextre un compas d'or, ouv. en chev., les pointes en haut; **l.** d'or et de gu.

Cusance — *Franche-Comté* (Sires de *Cusance*, barons de *Belvoir* et comtes de *Champlitte*; ét. au 17e siècle.) D'or à l'aigle de gu., bq. et m. d'azur. **C.:** une tête d'aigle de gu. *Adage:* GENTILLESSE DE BELVOIR. **S.:** deux griffons d'or.

Cussoir — *Gand.* Coupé: au 1 parti: *a.* de gu. à la croix d'arg.; *b.* d'arg. au saut. de gu.; au 2 de sa. au lion d'arg. A la fasce d'or, br. sur le coupé. **C.:** une fleur-de-lis d'arg.; entre un vol, d'arg. et de gu.

Custis — *Etats-Unis.* D'arg. à l'aigle de sa.

Cuveller — *P. de Namur* (Rec. de nob. le 1 d'azur à une fleur-de-lis de gu.; aux 2 et 3 d'azur à trois équerres d'or, posées ⌐. **L.:** à dextre d'arg. et de gu., à sen. d'or et d'azur.

Cuzzani — *Bologne.* Tiercé en fasce: au 1 d'azur à deux étoiles accostées d'or; au 2 de sa. à un lévrier naiss. d'arg.; au 3 d'arg. à trois cornes de chamois de sa., rangées en fasce.

Cyril de Kirschfeld — *Bohême* (Con. d'arm., 7 avril 1588.) Les armes de **Hlama de Kirschfeld.**

Czervenka Edle von Sebsthal — *Aut.* (An., 24 août 1882.) Ec.: au 1 d'azur à une galère au nat. sur une mer au nat., ladite galère portant un pavillon coupé de sa. sur or, surm. d'une banderole coupée de sa. sur or; au 2 de gu. à une pile de boulets de sa. sur une terrasse de sin.; au 3 de gu. à une caisse de tambour d'or, entourée de cercles triangiés de sa. et d'or; ladite caisse br. sur deux drapeaux coupés de sa. sur or, les hampes brunâtres passées en saut.; au 4 d'azur à un bras arm. au nat., en pal, tenant une épée d'arg., garnie d'or. Cq. cour. **C.:** le bras du 4. **L.:** à dextre d'arg. et d'azur, à sen. d'arg. et de gu.

Czeschka Edle von Hohenhorst — *Aut.* (An., 10 août 1883.) Parti de gu. et de sin.; à deux épées d'arg., garnies d'or, passées en saut., br. sur le parti; au 1 un sabre engainé de sa. à bouterolle d'or, le sabre garni et croisé d'or, br. en pal sur les épées. Cq. cour. **C.:** une aigle iss. de sa. **L.:** à dextre d'or et de sin.

Czibulka — *Aut.* (Chevaliers, 15 janv. 1882.) Ec.: au 1 d'or à la demi-aigle de sa., mouv. du parti; au 2 parti de sin. et de sa., à deux épées d'arg., garnies d'or, passées en saut. et br. sur le parti; au 3 d'azur à trois sapins au nat., rangés sur une terrasse de sin.; au 4 d'or au lion de sa., tenant une épée d'arg., garnie d'or. Deux cq. cour. **C.:** 1° une aigle iss. de sa.; **l.** d'or et de sa.; 2° un lion iss. d'or, tenant une épée d'arg., garnie d'or; **l.** d'or et de sin.

Czlharz Edle von Lauerer — *Aut.* (An., 2 avril 1882.) Parti: au 1 coupé d'azur sur azur; à un faucon au nat., br. sur le coupé et posé sur un château au nat.; au 2 de sa. à trois bandes d'or. Cq. cour. **C.:** un lion iss. d'or, tenant une épée d'arg., garnie d'or. **L.:** à dextre d'arg. et d'azur, à sen. d'or et de sa.

D

Dachs — *Strasbourg.* D'or à un blaireau au nat., cour. d'or. Brl. de sa. et d'or. **C.:** un panache de plumes de coq, parti de sa. et d'or. **L.** d'or et de sa.

Dachstein — *Strasbourg.* D'arg. à un arbre au nat. **C.:** deux prob., d'arg. et de sa.

Dady de la Reynière — *le Mans.* D'azur à un triangle vidé d'or, acc. en chef de deux étoiles d'arg. et en coeur d'une croisette du même.

Daelman — *Brab.* D'or au chev. d'azur, acc. en chef de deux roses du même et en p. d'une plante de sin., fleurie de trois pièces de gu.

Daelmans — *Flandre.* D'arg. au chev. de sa., acc. en chef de deux croiss. de gu. et en p. d'une étoile (5) du même.

Daguet — *Fribourg.* D'azur au pal d'arg., ch. en chef d'un cerf d'azur, et en p. d'une étoile (5) du même.

Daigremont — *Pic.* D'azur au chev. d'or, ch. sur le cime d'une mâcle de gu.

Dalnesi — *Bologne.* D'azur à quatre pals d'or.

Dalbenden — *P. de Cologne* (Nob. du St.-Empire, 27 fév. 1791.) Ec.: aux 1 et 4 d'azur à trois étoiles d'or; aux 2 et 3 d'or à un canard sauvage volant de sa., celui du 3 cont. Cq. cour. **C.:** un homme iss., hab. d'azur, rebr. d'or, au rabat du même, coiffé d'un bonnet albanais d'azur, retr. d'or, tenant une épée d'arg., garnie d'or. **L.:** à dextre d'or et d'azur, à sen. d'or et de sa.

Dalbis de Gissac — *Lang.* D'azur à un cygne

pass., acc. en chef d'un croiss. accosté de deux étoiles, le tout d'arg.

Dalcché de la Rive de Desplanel — *Béarn.* D'azur à un griffon pass. d'or; à la bord. de gu., ch. de huit étoiles d'or.

Dalen — *Brab.* Coupé: au 1 d'or à un sauvage iss. de carn., ceint et cour. de lierre, tenant de sa main dextre une massue, posée sur son épaule et de sa sen. un bouclier ovale d'azur, à nombril du même; au 2 de sa. à trois étoiles (5) d'or.

Dalen (van) — *Gand.* De sa. à la bande d'or, acc. de deux mesures à blé du même, cerclées d'arg.; à la bord. engr. du sec. **C.:** un vol, d'or et de sa.

Dalle (de) — *Champ.* Coupé: au 1 bandé d'or et de gu., de huit pièces; au 2 de gu. à trois membres d'aigle d'or.

Dallemagne — *Neufchâtel.* D'arg. à un tertre de trois pics de sin., celui du milieu sommé d'un trèfle à tige allongée du même et chacun des deux autres d'une rose de gu., tigée et feuillée de sin.; le trèfle accosté de deux coeurs de gu.

Dalmas — *Dauphiné.* D'azur au chev., acc. de trois roses tigées et feuillées, le tout d'or; au chef du même, ch. de trois molettes de sa.

Dam (van) — *Rotterdam,* orig. d'*Utrecht.* D'arg. à un arbre au nat., et un sanglier de sa., br. sur le fût, le tout soutenu d'une terrasse de sin. **C.:** un vol, d'arg. et de sin. **L.** d'arg. et de sin.

Dam (van) — *Holl., Etats-Unis.* D'azur à une montagne ou dune d'or, soutenue d'une barrière au nat., et une rivière en p.

Dambrines de Ramecourt — *Pic.* D'arg. au saut. engr. de gu., acc. d'un croiss. de sa. en chef, et de trois étoiles du même, 2 en flancs et 1 en p.

Damiette — *Ponthieu.* D'arg. au chev. de gu., acc. en p. d'une épée du même.

Danckaert — *Flandre.* D'azur à la fasce échiq. d'arg. et de sa. de trois tires, acc. en chef à dextre d'une étoile (5), à sen. d'un croiss., et en p. d'une rose, le tout d'or.

Dancourt — *France.* D'herm. à deux bars de gu.

Dandini de Sylva (Comtes) — *Rome.* Tranché d'azur sur or; à trois étoiles rangees en bande, de l'un en l'autre; au chef d'or, ch. d'une aigle de sa.,cour. d'or.

Dandreau — *Ile-de-Fr.* D'azur à une cloche, acc. en chef à dextre d'un croiss. et à sen. d'une étoile, le tout d'arg.

Daniel de Lagasnerie — *France.* D'azur à un coq d'arg., acc. en chef de deux étoiles d'or et en p. d'un croiss. du sec.

Danieli — *Bologne.* Coupé d'azur sur sin., l'azur ch. d'un lion naiss. d'or, lamp. de gu., tenant dans ses pattes un livre ouvert d'arg., ch. sur l'une page des mots: LIBRI | APER | TI, et sur l'autre page du mot: SUNT, en lettres de sa.

Daniolli — *Bologne.* D'or à trois étoiles (5) de gu.; au chef d'arg., ch. d'une croix de gu.

Dannemand — *Dan.* (An., 4 fév. 1830; comtes, 3 oct. 1839.) De gu. à la croix d'arg. Sur le tout d'or à deux épées d'arg., garnies d'or, passées en saut. et br. sur une couronne de laurier de sin.

Danzetta — *Perugia* (Barons, 1834.) D'azur à une étoile d'or.

Danzi — *Bologne.* De gu. au chev. d'azur, ch. de trois étoiles (5) d'or.

Danzi — *Bologne.* D'azur à un dextrochère, arm. d'arg., mouv. du flanc, la main de carn. empoignant un sceptre d'or, en barre; le tout acc. en chef de trois étoiles (5) mal-ordonnées d'or.

Darbou de Castillon — *Ile-de-Fr.* D'azur à un coq d'or; au chef du même, ch. de trois trèfles de sin.

Darcy — *Champ.* De gu. au lion d'or. acc. de trois flèches d'arg., empennées d'or.

Dard (Barons) — *Toulouse, Montauban.* D'or à trois fers de dard de sin.

Dardani — *Bologne.* D'azur au chev. d'arg., acc. de trois fleurs-de-lis d'or.

Dardel — *Neufchâtel.* De gu. à deux barres d'or; au chef d'azur, ch. d'une fleur-de-lis d'arg.

Dardel — *Neufchâtel.* D'azur à une anille d'or, br. sur une couleuvre ondoyante en pal d'arg., et accostée de deux roses du sec.; en p. un tertre de trois coupeaux de sin.

Dardel — *Neufchâtel.* D'azur à deux haches d'armes passées en saut., accostées de deux étoiles (5) renv., et accompagnée en p. d'une fleur-de-lis et en chef de trois los. et deux demies accolées en fasce et touchant les flancs de l'écu; le tout d'or.

Dardel (de) — *Neufchâtel.* D'azur à trois los. et deux demies d'or accolées en fasce et touchant les

flancs de l'écu, acc. en chef de deux haches d'armes du même, passées en saut., et en p. d'un croiss. d'arg. **C.:** un lion iss. d'or.

Dareau de Laubadère — *Bourges.* D'azur à trois javelines d'arg., posées en pals, les pointes en bas.

Dargnies — *Ponthieu.* D'arg. à trois fasces d'azur.

Dassevael — *Holl.* Une fasce ondée, acc. de trois chiens. **C.:** un chien iss.

Datj de Prentzio — *Aut.* (Conc. d'arm., 29 juillet 1560.) Ec.: aux 1 et 4 d'or à la demi-aigle de sa., cour. d'or, celle du 1 mouv. du parti et celle du 4 mouv. du flanc sen.; aux 2 et 3 barré de gu. et d'arg. de six pièces. **Cq. cour. C.:** deux mains d'aigle accostées et celle à sen. br. sur celle à dextre; la main d'aigle à dextre ayant la patte de sa. et l'aile tranchée d'or sur sa.; celle à sen. ayant la patte d'or et l'aile barrée de gu. et d'arg. de six pièces. **L.:** à dextre d'or et de sa., à sen. d'arg. et de gu.

Dattari — *Bologne.* D'azur à un arbre terrassé de sin.; au chef d'azur, ch. de trois fleurs-de-lis d'or, rangées entre les quatre pendants d'un lambel de gu.

Datz — *Leeuwarden.* D'arg. à un bouc ramp. de sa., soutenu d'une terrasse de sin. et tenant entre ses pattes un bonnet albanais renv. d'or.

***Daudé d'Alzon et de Lavalette** — *Lang.* D'azur à un chêne d'or, accosté de deux lions affr. du même, ramp. contre le fût; au chef de gu., ch. d'un croiss. d'arg. entre deux étoiles du même. — (Conf. de nob. et an. en tant que de besoin, avril 1727.) De gu. au lion d'arg., cour. d'or, tenant une fleur-de-lis du même. **D.:** DEO DATUS.

***Daudé du Poussey** — *Lyonnais* (Maintenue de nob., 1755.) Les armes de **Daudé**, du mois d'avril 1727.

Daudé de Tardieu de la Barthe — *Toulouse.* Les armes de *Tardieu de la Barthe,* qui sont d'azur au chev. d'or, acc. en chef de deux épis du même, penchés dans le sens du chev., et en p. d'un croiss. emm. d'or.

Daufresne de la Chevalerie — *Bruxelles.* D'or à un frêne de sin., terrassé du même

Daulte ou d'Aulte — *Suisse* (Branche aînée:) D'azur à la croix pattée alésée d'arg., acc. en p. d'un croiss. d'or, surmontant un tertre de trois coupeaux de sin. — *New-York* (Branche cadette:) D'azur à la croix pattée alésée, acc. en p. de deux étoiles (5) et en p. d'un croiss., surmontant un tertre de trois coupeaux, le tout d'or. (Les deux branches ont pour cimier un croiss. d'or, et quelquefois une étoile d'or.)

Daurée — *Guyenne.* D'azur à la croix d'or, cant. de quatre croisettes du même.

Dautrif ou Dautrive [anciennement d'Autrives ou d'Hauterive] — *P de Namur.* D'or à la bande de gu. — *Puis:* D'or à trois quintefeuilles de gu.

Daux, v. d'Aux.

Dave — *P. de Namur.* De gu. à la fasce d'or, le bord supérieur denché, acc. en chef de deux roses d'arg. et en p. d'un lévrier courant du même, coll. de gu., bordé et boucle d'or.

Davene de Roberval (Comtes) — *Paris.* D'azur au chev. d'or, acc. de trois gerbes du même, celle en p. soutenue d'un croiss. d'arg.

David (de) — *France* (Marquis de *Lastour* et de *Chaslu,* comte des *Etangs,* barons de *St. Hilaire.*) D'arg. à trois coquilles de sin. **D.:** IMPATIENS PUGNAE.

Davie — *Boston.* D'arg. au chev. de sa., acc. de trois étoiles de gu. **C.:** un agneau pascal pass. d'arg.

Davillier (Barons) — *France.* D'azur à huit bes. d'or, rangés en orle; au fr.-q. senestre de gu., ch. d'une fleur-de-lis au pied coupé d'arg.

Davilliers — *Paris.* De gu. à trois têtes d'aigle arr. d'arg., languées de sa.

Davin ou Dauven — *P. de Namur.* Ec.: au 1 d'arg. à quatre bâtons de sa., pommetés d'or, 2 en fasce et les 2 autres mis en pal vers les premiers; au 2 d'or fretté de sa.; au 3 de gu. à trois étriers d'arg.; au 4 d'arg. à deux léopards de gu., l'un sur l'autre.

Davity — *Dauphiné.* De gu. à une tour sommée d'une tourelle d'arg., maçonnée et portillée de sa., posée sur une terrasse de sin.

Davy de Chavigné — *France.* D'azur à trois cygnes d'arg., acc. du même, ch. d'une croix alésée de sa.

Deane — *Boston* (*Etats-Unis*). De gu. au léopard couché d'or; au chef de gu. à trois croiss. du champ. **C.:** un lion iss. d'or, tenant un croiss. de gu.

Debely — *Neufchâtel.* D'azur au chev. d'or, acc. en p. d'une fleur-de-lis du même.

Decker — *Holl.* Coupé: au 1 d'azur à un oiseau d'arg., bq. et m. de gu.; au 2 d'arg. à un arbre terrassé de sin.

Dedel-Cocq — *Delft.* Ec.: au 1 de gu. à un senestrochère arm., tenant un cimeterre et iss. d'une nuée, mouv. du parti, le tout d'arg. (*Cocq*); au 2 de sin. à trois fleurs-de-lis d'or (*Dedel*); au 3 de sin. à un castor ramp. au nat. (*van Beveren*); au 4 d'arg. à trois oiseaux de sa.

Dedio comte **de Bresse** — *France.* Fascé d'or et de gu.

Defaas — *P. de Liége.* D'or au lion de gu., tenant de ses pattes de devant une planchette carrée de sa. **C.:** un lion iss. de gu.

Degrés (des) — *Fribourg.* D'azur au lion d'or.

Delachaux — *Neufchâtel.* D'azur au chev. d'or, acc. de trois étoiles (5) d'arg.

Delacoste (Marquis) — *Fl. fr.* De gu. au lion d'or, à la bande engr. d'arg., br. sur le tout et ch. d'une côtice d'azur.

Delbrouck — *Liége.* D'arg. à une couleuvre d'azur en pal, la queue remontant et faisant sautoir avec le corps; la partie inférieure de l'écu remplie de flammes de gu. **C.:** la couleuvre.

Delcour — *Soumagne (P. de Liége.)* De gu. à trois colombes d'arg., 2 et 1, les deux du chef se becquetant.

Delémont — *Neufchâtel.* D'arg. à deux demi-vols adossés de gu. **C.:** un bonnet de gu. à deux cornes, retr. d'arg.

Deleval — *Soumagne (P. de Liége.)* Coupé: au 1 d'arg. à trois têtes de More, tort. d'arg., 2 et 1, les deux du chef affr.; au 2 d'azur à trois flèches d'or, posées en pals, rangées en fasce, celle du milieu la pointe en bas. **C.:** une tête de More cont., tort. d'arg.

Delfan de Belfort — *Orléanais.* De gu. au saut. d'arg.; au chef de sin., ch. de trois rocs d'échiquier d'or.

Delft (van der) de Gysenborch — *P. d'Anvers.* De gu. à six étoiles d'or.

Delimarkovits — *Serbie.* De sin. à un senestrochère, paré d'arg., rebr. de gu., mouv. du flanc, tenant un cimeterre d'arg., garni d'or, et acc. en p. d'une croisette pattée d'or. Cq. cour. **C.:** le bras, iss. de la couronne. **L.** d'arg. et de sin.

Dellerée — *Liége.* D'arg. à trois merlettes de gu. **C.:** une merlette de gu.

Delmas — *Guyenne.* D'or à un mât de navire de sa., girouetté d'or.

Delpech de Frayssinet — *Rouergue, Lang.* D'azur au lion cont. d'or, grimpant sur une montagne d'arg., mouv. du bas de l'écu; au chef de gu., ch. de trois étoiles d'arg. **S.:** deux lions. **D.:** PLUS FORT QUE LA FORCE.

Delrue ou **de le Rue** [dit **de Beempte, de Marienhove, de Meulbeke,** etc.] — *Tournaisis.* D'azur à trois fasces abaissées d'or, acc. en chef de deux fleurs-de-lis d'arg., mouv. de la première fasce.

Deluze — *Neufchâtel.* De gu. au chev., acc. en chef de deux étoiles (5) et en p. de deux fleurs-de-lis accostées, le tout d'or.

Demainville [anciennement **Cogniard**] — *Paris.* De gu. au lion d'arg.

Demont — *Soumagne (P. de Liége.)* D'azur à un homme de profil, hab. au nat., coiffé d'une casquette, soutenu d'une terrasse de sin., tenant une arbalète tendue et visant une étoile d'arg., posée au canton dextre du chef. **C.:** une étoile d'arg.

Denais de Fontenelle — *Anjou.* D'arg. au chev. de sin., ch. de trois bes. d'arg. **D.:** QUI BIEN FERAI, BIEN TROVERAI.

Denicourt — *Dauphiné.* D'arg. à un chêne de sin., englanté d'or; au chef de gu., ch. de trois molettes d'or.

Denisot — *Maine, Perche.* D'azur à trois épis de blé d'or, 2 et 1.

Denny — *Philadelphie.* De gu. au saut. d'arg., cant. de douze croisettes pattées du même.

Dentami — *Bologne.* De gu. à une étoile à huit rais d'or, tous les rais courbés de dextre à sen.

Denys de Gardi — *Liége.* De gu. à un griffon d'or.

Depierre — *Neufchâtel.* D'azur à un cheval pass. d'arg., acc. au canton sen. du chef d'une étoile (6) d'or.

Dequeireaux — *Auv.* D'or à un aviron d'arg., posé en bande.

Deramore (Baron), v. **Bateson** baron **Deramore.**

Derx — *Harlem.* D'or à une tête d'éléphant au nat., posée de profil. **D.:** PRO DEO ET REGE.

Descaules — *Ponthieu.* D'arg. à la fasce de gu., ch. de trois bes. d'or.

Deschamps — *Liége.* D'arg. à un coeur de gu., surm. d'une croix du même.

Deschamps dit d'Artois — *Liége.* D'arg. à trois merlettes de gu. **C.:** une merlette de gu.

Deschamps de Boishébert — *Norm.* D'arg. à trois perroquets pass. et cont. de sin., bq. et onglés de gu.

Deschamps de Riel-dessus, barons *de la Villeneuve* — *Champ., Bourg.* D'azur à trois chardons d'or.

Desiderij — *Bologne.* D'azur à neuf los. d'arg., accolées en bande.

Desjardins — *Pic., Vermandois.* D'azur au chev. d'or, acc. en chef de deux étoiles d'arg. et en p. d'un croiss. du même.

Desloges — *Tours.* D'azur à une tour d'arg., maçonnée de sa., soutenue d'un croiss. du sec.

Desmaistres — *Tournaisis.* D'azur au chev. d'or, acc. en chef de deux étoiles d'arg. et en p. d'une cigogne au nat.

Desmanet d'Erquenne — *Hainaut* (Rec. de nob., 2 oct. 1883.) De gu. au lion d'or, arm., lamp. et cour. d'arg., ch. la houppe de la queue du même; à la bord. d'arg., ch. de huit flammes d'or. **C.:** le lion, iss. **L.** d'or et de gu.

Desmier comtes **d'Archiac** — *Poitou.* Ec.: aux 1 et 4 c.-éc. d'azur et d'arg. à quatre fleurs-de-lis de l'un à l'autre; aux 2 et 3 de gu. à trois pals de vair, au chef d'or.

Desmier marquis de **St.-Simon** — *Poitou.* Ec. d'azur et d'arg.; à quatre fleurs-de-lis de l'un à l'autre.

Desmolins — *Tournaisis.* Ec.: aux 1 et 4 d'arg. à la fasce d'azur, ch. de trois meules de moulin d'or et acc. en chef de deux anilles de sa. et en p. d'un marteau de meunier du même; aux 2 et 3 d'azur à trois étoiles d'or, celle en p. cométée en barre.

Desmont de Plantadis — *Champ.* De gu. à trois quintefeuilles d'arg.

Despaigne de Bostenay — *Norm.* D'arg. à la bande engr. de gu., ch. d'une étoile d'or et acc. en chef de trois mouch. d'herm. de sa., 2 et 1, et en p. de deux trèfles accostés de sin.

Despeisses de la Plane — *Lang.* D'arg. à la bande d'azur, ch. de trois têtes de licorne d'or. **D.:** AUX ARMES NE SAUROIS FAILLIR.

Despine (Barons) — *Savoie* De gu. au chev. d'or, acc. de trois roses d'arg., bout. du sec.

Desrobert — *Ponthieu.* Ec.: aux 1 et 4 d'azur à une croix de Lorraine, cant. d'une tête de loup, d'une croix et de deux trèfles, le tout d'or (*Desrobert*); aux 2 et 3 d'or à trois tourt. de gu. (*Amenval*).

Dessel (van) — *Leeuwarden.* D'or à un arbre terrassé de sin.; à la fasce de gu., br. sur le feuillage de l'arbre et ch. de trois bes. du champ.

Destar — *Toul.* D'azur à une aigle de profil ess. d'or, posée sur un globe du même, cerclé d'azur, et fixant un soleil du sec., mouv. du canton dextre du chef.

Destrem de St.-Christol — *Lang.* D'or au chev. de gu., acc. en chef de deux étoiles du même et en p. d'une colombe au nat., tenant en son bec un rameau d'olivier de sin.

Dethon — *P. de Namur.* D'arg. au lion de sa., cour. d'or.

Deuilhé de St.-Projet — *Lang.* D'arg. à trois branches d'oeillet fleuries de gu., tigées, feuillées et terrassées de sin.; au chef d'azur, ch. d'un croiss. d'arg. entre deux étoiles d'or.

Deuse de Carmain — *Lang.* D'arg. à trois bes. d'or, 2 et 1.

Deuse de Négrepelisse — *Lang.* Ec.: aux 1 et 4 d'arg. au lion d'azur, acc. de huit tourt. de gu., rangés en orle; aux 2 et 3 de gu. à deux fasces d'or.

Devot de Brecourt — *Lyonnais.* D'azur au chev. d'or, ch. d'une pomme de pin de gu.

Dewez — *Aut.* (Barons, 13 sept. 1881.) D'or au chev. d'azur, acc. en chef de deux demi-aigles de sa., mouv. des flancs du chev., et en p. d'une colombe blanche volante, bq. et m. de gu., tenant en son bec une rose de gu., tigée et feuillée de sin. Cq. cour. **C.:** une aigle ép. iss. de sa. **L.:** à dextre d'or et de sa., à sen. d'or et d'azur. **S.:** deux aigles de sa., le vol levé.

Deynaert — *Gand.* Coupé d'or, sur un fascé-ondé d'herm. de sa.; à la fasce de gu. br. sur le coupé et ch. de trois los. d'azur. **C.:** un vol d'or.

Dherde — *Gand.* D'azur à une fleur-de-lis d'arg. **C.:** la fleur-de-lis.

Diacon — *Neufchâtel.* Coupé: au 1 d'azur à quatre étoiles (6) d'arg., 2 et 2; au 2 d'arg. à un tertre de trois coupeaux de sin., chargé de sin. de deux coupeaux extérieurs surmontant une palme du même.

Diaz da Fonseca, v. **da Fonseca.**

Dicke (Barons **von der**) — *Alsace.* D'or à six fleurs-de-lis de gu. **C.:** une fleur-de-lis de gu.

Dickinson — *Philadelphie.* D'azur à la fasce d'herm.

acc. de deux lions léopardés d'or, 1 en chef et 1 en p. **C.:** un lion iss. parti d'herm. et d'azur.

Diday — *Dauphiné.* D'azur au chev. d'or, acc. de trois colombes d'arg., les deux du chef affr.; au chef d'or, ch. d'un soleil de gu.

Didier — *Grenoble.* D'azur au chev. d'or, acc. de trois têtes de lion arr. d'arg.

Didier — *Grenoble.* Parti: au 1 d'azur au chev. d'arg., acc. de trois têtes de lion arr. d'or, lamp. de gu.; au 2 d'or au chev. de gu., acc. de trois larmes de sa., celle de la p. soutenue de trois flammes de gu., mouv. de la p.

Didon — *Dauphiné.* D'arg. au lion naiss. de gu., tenant un guidon du même, ch. d'une fleur-de-lis d'arg.

Diedenshausen — *Hesse* (M. ét.) D'or à un crampon d'azur, posé en forme de Z, ch. de trois trèfles d'arg., rangés dans le sens du crampon.

Diesse — *Fribourg, Neufchâtel.* De gu. au saut. d'arg., ch. de cinq feuilles de tilleul du champ, posées dans le sens du saut., les tiges en bas. **C.:** 1° une roue de moulin d'arg.; 2° deux prob. d'arg., ornées chacune à l'ext. de deux feuilles de tilleul de gu.

Dieterich — *Transylvanie* (Barons, 21 avril 1750.) Éc.: aux 1 et 4 de gu. à un taureau pass. de sa., accorné d'arg., la patte dextre de devant du même; aux 2 et 3 coupé d'or sur gu., l'or ch. d'un loup naiss. de sa., mouv. du coupé. Sur le tout losangé d'arg. et de sa., à la cotice de gu., br. sur le losangé. **C.:** 1° le taureau du 1, cont.; l. d'or et de gu.; 2° un lion iss. de gu., cour. d'or, tenant une clé; l.: à dextre d'arg.et de gu., à sen. d'or et de sa.; 3° le loup iss.; l. d'or et de sa.

Dijols (Barons) — *Île-de-Fr.* De sa. à une épée d'or, garnie d'arg.

Dijon de Cumane — *Dauphiné.* D'arg. à dix joncs de sin., posés sur une terrasse du même.

Dille — *Louvain.* D'arg. à la fasce de gu., ch. de deux têtes de chèvre (*ou* trois têtes de belier) du champ.

Dimmer — *Holl.* D'arg. à la bande de sa. **C.:** un vol.

Dinegro — *Gênes.* D'arg. à trois fleurs-de-lis d'azur; au chef emanché de trois pièces et deux demies de gu.

Dingemans — *Holl.* D'or à un rencontre de boeuf de gu.

Dingsheim ou **Digensheim** — *Strasbourg.* Coupé: au 1 d'azur au lion naiss. d'or, cour. du même, lamp. de gu., mouv. du coupé; au 2 d'arg. plein. **C.:** un buste d'homme à tête de griffon de sa., sommée de deux cornes de bouquetin du même ; le buste hab. d'un coupé d'azur sur or; *ou*, un demi-vol aux armes de l'écu; *ou*, le lion iss. du 1.

Dini — *Bologne.* Parti d'un trait, coupé de deux autres, qui tient six quartiers: aux 1, 4 et 5 d'or à une rose de gu.; aux 2, 3 et 6 d'azur plein.

Diotefè — *Bologne.* D'azur à un mont de cinq coupeaux d'arg., mouv. de la p., sommé d'une fleur-de-lis d'or et acc. en chef d'un lambel de quatre pendants de gu.

Dispan de Floran — *Gasc.* D'arg. au lion de gu.

Disson — *Bourg.* De gu. à quatre bandes d'arg.

Disuard — *Dauphiné.* Éc.: aux 1 et 4 d'arg. au saut. d'azur, cant. de quatre quintefeuilles de gu.; aux 2 et 3 d'azur à trois los. d'or. Sur le tout coupé d'arg. sur or, l'arg. ch. d'un lion naiss. de sa.

Dittel — *Aut.* (Chevaliers, 31 mai 1881.) D'azur à la fasce ondée d'arg., acc. en chef d'une main de carn. tenant une lancette au nat., emm. de sa., et en p. d'une plante d'arnica (*arnica alpina*) au nat., fleurie d'une seule pièce et terrassée de sin. Deux cq. cour. **C.:** 1° un bâton d'Esculape au nat., entre un vol d'azur, chaque aile ch. d'une fasce ondée d'arg.; 2° la plante d'arnica, entre un vol d'azur. **L.** d'arg. et d'azur. **D.:** AUXILIARE.

Dividoni — *Milan.* Fascé de sa. et d'arg., de huit pièces.

Doäzan (Barons) — *France.* D'or à une fasce diminuée d'azur, acc. en chef de six étoiles du même, 1, 2 et 3, et en p. d'un pélican dans son aire au nat. (*ou*, le pélican en champ d'or et un chef d'azur ch. de trois étoiles d'arg.)

Dodson baron **Monk-Bretton** — *Sussex* (Baron M., 4 nov. 1884.) D'arg. à la fasce nébulée de gu., acc. de six fleurs-de-lis de sa., rangées 3 en chef et 3 en p., et ch. d'une épée d'arg., garnie d'or, posée en fasce. **C.:** deux pattes de lion de gu., passées en saut., les griffes en bas. **T.:** deux femmes, hab. d'une draperie, chacune appuyant la main sur un bouclier, celui à dextre ch. d'une balance en équilibre et celui à sen. d'un bâton d'Esculape. **D.:** BENIGNO NUMINE ENISUS.

Doens — *Gand.* De gu. à un devidoir d'or. **C.:** le meuble de l'écu.

Doesburgh (van) — *Utrecht.* D'azur à une marque d'arg., en forme de sautoir très-délié, les extrémités supérieures réunies par une traverse, les extrémités inférieures crampponées vers le haut; ladite traverse reunie au point d'intersection des branches du sautoir au moyen d'un filet perpendiculaire; le tout acc. de quatre étoiles d'arg., 1 en chef, 1 en p. et les deux autres soutenues des crampons inférieurs du sautoir. **C.:** une étoile d'arg.; entre un vol, d'azur et d'arg.

Doffegnies — *Holl.* D'azur à un lion iss. de sa., acc. de trois étoiles (5) de ... **C.:** un lion iss.

Dolge — *Mons* (*Hainaut.*) D'azur à une gerbe d'or, acc. en chef de trois étoiles rangées du même.

Doissin — *Dauphiné.* D'azur à la bande d'arg., ch. de trois molettes de sa.

Dolcini — *Bologne.* D'azur à trois couronnes à l'antique d'or; au chef du premier, ch. de trois fleurs-de-lis d'or, rangées entre les quatre pendants d'un lambel de gu.

Dold — *Strasbourg.* D'arg. à la bande de gu., ch. de trois roses d'arg., bout. d'or. Cq. cour. **C.:** une queue de paon au nat.

Dolens — *Gand.* D'azur à un chêne d'or, terrassé de sin.; au sanglier d'or, pass. au pied dudit chêne. **C.:** les meubles de l'écu.

Dolfi — *Bologne.* D'or au saut. d'azur, ch. de neuf étoiles du champ et acc. en chef d'un soleil de gu.; au chef du premier, ch. de trois bandes d'azur, surch. chacune d'une étoile (5) d'or.

Doljoli — *Milan.* D'azur à une aigle de sa., surmontant un vase à deux anses d'or.

Dolmières — *Toul.* De sa. à une galère d'arg.

Dolois — *Gand.* D'azur à une galère d'arg. sur des flots du même; au chef d'azur, ch. de trois étoiles d'or.

Domart — *Ponthieu.* D'arg. au chev. de gu., acc. de trois merlettes de sa.

Domdidier — *Fribourg, Neufchâtel.* D'azur à un griffon naiss. d'or, mouv. d'un tertre de trois coupeaux de sin.

Domec d'Assas — *Pays basque.* D'or à un dragon ailé de sin.

Domqueur — *Ponthieu.* D'or au chev. de gu. **S.:** deux lévriers. **D.:** INTER MILITES.

Don de Céplan — *Lang.* D'azur au chev. d'arg., acc. en p. d'une cloche d'arg.; au chef de gu., ch. d'un croiss. d'arg. entre deux étoiles d'or.

Donan — *Dauphiné.* D'arg. à un chêne arr. de sin.; au chef d'azur, ch. de trois étoiles d'or.

Dondini — *Bologne.* D'azur à trois plantes de buis feuillées chacune de cinq pièces de sin., 1, 2 et 2, rangées sur une terrasse du même; au chef du premier, ch. de trois fleur-de-lis d'or, rangées entre les quatre pendants d'un lambel de gu.

Doninga — *Frise.* D'azur à un croiss. cont. d'arg., posé à dextre, senestré d'une étoile d'or, accompagnée en chef d'un gland effeuillé du même, la queue en bas et en p. d'une fleur-de-lis d'or. **C.:** une fleur-de-lis d'or.

Donzelli — *Bologne.* D'azur au lion de gu.; au chef d'azur, ch. de trois fleurs-de-lis d'or, rangées entre les quatre pendants d'un lambel de gu.

Donzellini — *Bologne.* D'arg. au lion de gu., tenant une fleur-de-lis d'or; à la fasce du même, penchée en bande, br. sur le tout; au chef d'azur, ch. de trois fleurs-de-lis d'or, rangées entre les quatre pendants d'un lambel de gu.

Doquin de St.-Preux — *Champ.* D'or à la bande de gu., ch. d'un lévrier d'arg., coll. d'or. **D.:** SEMPER ET UBIQUE.

Dor — *Cambrai.* D'azur à trois coquilles d'or.

Dor — *Prov.* De gu. à une balance d'arg., trébuchante à sen., le plateau dextre ch. d'un monde d'azur et le plateau sen. ch. d'une bourse d'or.

Dorbec de la Boulaye — *Norm.* D'azur au saut. ailed d'or.

Doré de Brouville — *Lorr.* Parti: au 1 d'azur à la fasce d'or; au lion de gu., br. sur le tout et acc. de deux molettes d'arg. en chef (*Doré*); au 2 d'azur à la bande de gu., ch. d'une croix de Saint-Louis d'arg.; la bande acc. en chef d'une épée d'or, en pal, abaissée sous deux casques rangés du même, et en p. d'une tour d'arg. (*concession du grand-duc de Toscane.*) **S.:** deux lévriers d'arg., coll. d'or. **D.:** ROBORE, FIDE, VIRTUTE.

Doresmieulx — *Ponthieu.* D'azur au chev. d'arg., acc. de trois molettes du même et ch. de trois croix au pied treflé de gu.

Dormus — *Aut.* (Chevaliers, 8 mai 1867.) D'azur au lion d'or, tenant de sa patte dextre un sabre d'arg., garni d'or, et de sa sen. un faisceau de flèches d'arg., lié de gu.; au chef d'or, ch. de trois cyprès arr. de sin. Deux cq. cour. **C.:** 1° le lion, iss.; 2° un cyprès de sin., entre un vol coupé d'or sur azur. **L.** d'or et d'azur.

Dorsner de Dornimthal — *Transylvanie* (An., 4 juin 1823). Ec.: aux 1 et 4 d'or à une rose naturelle, tigée et feuillée; aux 2 et 3 d'azur à un rocher blanc, mouv. du parti, entouré d'une couronne de laurier de sin. **C.:** une étoile d'or, entre deux pl. d'aut., de gu. et d'azur. **L.:** à dextre d'arg. et de gu., à sen. d'or et d'azur.

Dortet — *Montpellier, Montauban*. D'arg. à trois cyprès de sin. sur une terrasse de sa.; au chef d'azur, ch. d'un croiss. d'arg. entre deux étoiles d'or.

Dortsman — *Leeuwarden*. Ec.: au 1 d'or à la demi-aigle de sa., mouv. du parti; au 2 de gu. à un sablier d'arg.; au 3 d'arg. à une rose au nat., tigée et feuillée de sin.; au 4 d'azur à un cygne d'arg. nageant dans une eau au nat.

*****Dottenstein** — *Alsace*. D'or à l'aigle de gu., bq. et m. d'azur. Cq. cour. **C.:** une queue de paon au nat.; *ou*, un chapeau piramidal de gu., sommé de cinq plumes de paon au nat.

Dottore (dal) — *Bologne*. D'arg. à un bonnet de docteur de sa.; au chef d'azur, ch. de trois fleurs-de-lis d'azur, rangées entre les quatre pendants d'un lambel de gu.

Double — *Ile-de-Fr*. *Armes anc.:* De sa. à la bande d'or. — *Armes mod.:* Vairé d'or et de gu.; à la fasce d'herm., br. sur le tout. **C.:** une tour d'arg. **S.:** à dextre un petit gris, à sen. une hermine. **D.:** NEC IMPAR DUOBUS.

Doucet — *Fl. fr*. D'azur au lion d'or, lamp. de gu.

Doueppe (de la) du Fougerais — *Poitou*. De gu. à quatre clous d'arg., appointés en saut.

Douglas (Comtes) — *Bourg*. D'arg. à un coeur de gu., surm. d'une couronne royale d'or; au chef d'azur, ch. de trois étoiles d'arg.

Douglas-Scotti (Comtes) — *Plaisance* (*Italie*.) D'azur à la bande d'arg., acc. de deux étoiles d'or.

Douillet — *Tournaisis*. De gu. au chev. d'arg., acc. de trois cloches du même, celle en p. plus grosse que les deux autres.

Doulbec de la Bouglise — *Norm., Pic*. D'or à un chêne de sin., englanté de sa.; au chef de gu., ch. de deux épées d'arg., passées en saut., accostées de deux étoiles du même.

Doulx (le) de Melleville — *Paris, Norm*. D'azur à trois têtes de perdrix arr. d'or, bq. de gu.

*****Dourlens** — *Pic*. *Armes anc.:* D'arg. au chev. de gu., sommé d'une croisette du même; ledit chev. acc. en chef de trois trèfles de sa. et en p. d'une tête de cerf de sa. — *Armes depuis 1700:* D'azur au chev. d'or, acc. en chef de deux trèfles du même et en p. d'un lion d'arg., arm. et lamp. d'or.

Dousset — *Dauphiné*. D'azur à une abeille d'or; au chef d'azur, ch. de trois roses de gu.

*****Douville de Maillefeu** (Comtes) — *Norm., Pic., Paris*. Ec.: aux 1 et 4 d'azur à trois étoiles d'arg.; aux 2 et 3 de gu. à une tour d'arg., ouv. et aj. de sa., surm. de deux guidons d'or. **D.:** FAC BENE NOMINARIS.

Doyens — *P. de Namur*. D'arg. à trois renards pass. de gu., 2 et 1.

Dragonetti (Marquis) — *Naples*. D'arg. à la fasce de gu., supp[?] un dragon de sin., langué et allumé de gu., et en p. trois bandes de gu.

Draguignan — *France*. De gu. à un dragon d'arg.

Drasche de Wartinberg — *Aut*. (Barons, 13 août 1883.) Ec.: aux 1 et 4 d'or à un rocher escarpé de couleur brunâtre sommé d'une haute tour de guet de gu. à double rang de créneaux, ouv. et aj. de six pièces d'azur, 2, 2 et 2, hersée d'or; aux 2 et 3 de gu au lion d'or, arm. et lamp. d'azur. Sur le tout de sa. à un maillet d'or en bande et un ciseau du même en barre, passés en saut Trois cq. cour. **C.:** 1° une chouette cont. au nat., entre un vol cont., l'aile de derrière d'or plein, l'aile de devant de sa. ch. d'une abeille d'or; 2° les meubles du 1, entre deux prob. coupées, à dextre d'or sur sa., à sen. d'azur sur or, à l'antique, l'aile de derrière d'or plein, l'aile de devant de sa. ch. d'une fleur-de-lis d'or. **L.:** à dextre d'or et de sa., à sen. d'or et de gu. **S.:** deux lions d'or, arm. et lamp. d'azur. **D.:** JUSTUS ET TENAX.

Draudt de Val-Tione — *Transylvanie* (Chevaliers, 16 sept. 1867.) Parti: au 1 de gu. au lion cont. d'or, la poitrine percée d'une flèche d'arg., brandissant de sa patte dextre un sabre; au 2 trois cyprès au nat., rangés sur un tertre de sin. Au chef de l'écu d'azur, br. sur le parti et ch. de trois étoiles d'arg. Deux cq. cour. **C.:** 1° le lion du 1, iss.; l. d'or et de

gu.; 2° un vol à l'antique coupé alt. d'azur et d'arg.; l. d'arg. et d'azur. **D.:** FRANGAS NON FLECTAS

Drevetière (de la) — *Dauphiné*. De sin. à quatre écureuils d'arg., 2 et 2; au chef du même, ch. de trois grenades ouv. de sin.

Dreyzehn — *Strasbourg*. Coupé: au 1 palé de gu. et d'or, de six pièces; au 2 de gu. à une roue d'or.

Driessche (van den) — *Gand*. D'azur à une gerbe d'or, soutenue d'une terrasse de sin. **C.:** les meubles de l'écu.

Driessen — *Groningue*. Deux crampons passés en saut., les quatre crocs affr., acc. de deux oiseaux, 1 en chef et 1 en p., et de deux croiss. tournés, 1 a dextre et 1 à sen.

Droguat — *Grenoble*. D'arg. au lion de sa.; au chef d'azur, ch. de trois étoiles d'or.

Droit (le) — *Paris*. De gu. à la fasce d'arg., ch. de trois lions de sa. et acc. de trois molettes d'or.

Dronryp — *Amsterdam*. D'arg. à la fasce d'azur, ch. d'un lion léopardé du champ.

Drouas — *Bourg*. D'arg. au chev. d'or, acc. de trois fers de lance du même; au chef du premier, ch. de trois molettes de sa.

Drouet de Montgermon — *Bret*. De gu. à une rose d'or, acc. de trois coeurs du même.

Drouin comte **de Rocheplatte** — *Orléanais*. Parti d'arg. et de sa.; au lion naiss. de l'un en l'autre.

Drouhart — *Brab.*, orig. de *Bourg*. D'or au chev. de sa., acc. de trois escargots de gu.; au chef d'arg., ch. de trois bes. d'or.

Drouot — *Aut*. (Chevaliers, 22 nov. 1881.) Ec.: au 1 d'arg. à la croix alésée de gu.; au 2 de sa. à un griffon d'or, tenant de chaque patte un tampon d'imprimeur du même, les tampons appliqués l'un sur l'autre; au 3 de sa. à une abeille d'or; au 4 de gu. à une eau sur le devant, avec un pont d'or conduisant à un château d'arg. dans le fond, flanqué de deux tours couvertes de toits pointus girouettés, ledit château ouvert de sa. avec des battants de porte d'or, la herse levée du même, et deux avant-murs dextre et sen., touchant les flancs. Deux cq. cour. **C.:** 1° au vol cont., les ailes tranchées alt. d'arg. et de gu.; l. d'arg. et de gu.; 2° l. d'or et de sa.

Drouot de Corgirnon — *Lorr*. De gu. à une biche d'or, surm. d'un croiss. d'arg., sommé d'un laurier de sin.

Drouyn de Lhuys — *Paris*. Ec.: aux 1 et 4 d'azur à une bande d'or, acc. de six étoiles du même, rangées en orle; aux 2 et 3 d'azur à une gerbe d'or, accostée de deux croiss. montants du même. Sur le tout de gu. à un arbre de sin.

Droz — *Neufchâtel*. D'arg. à trois croix ancrées de gu.

Droz dit Busset — *Neufchâtel*. Cinq points d'arg. équipollés à quatre d'azur, le premier point d'arg. ch. d'une étoile (5) de gu.

Droz des Villards — *Franche-Comté*. D'arg. à trois croix ancrées de gu. — *Ou:* D'azur à trois trèfles d'arg.

Druard — *Valenciennes*. De sa. à une gerbe d'or, enflammée de gu.; à la fasce d'azur, br. sur le tout et acc. de deux foudres d'or, mouvants du chef et pointés vers le haut de la gerbe.

Drucat — *Ponthieu*. D'azur fretté d'arg.

Druet — *Hainaut*. Coupé: au 1 d'arg. à trois lions ramp. de gu., rangés en fasce; au 2 d'azur à une sirène au nat., tenant de sa main dextre un miroir ovale et se peignant de la sen.; ladite sirène acc. de trois étoiles d'or, 2 en chef et 1 en p.

Drunen (van) — *Holl*. D'azur à une fleur-de-lis d'arg., acc. de trois étoiles du même.

Druotte — *Pic*. D'azur au lion d'arg., arm. et lamp. d'or, acc. de trois couronnes du même.

Druyf — *Enkhuizen*. Ec.: aux 1 et 4 d'or à une grappe de raisins au nat., pamprée de deux pièces de sin., la tige en haut; aux 2 et 3 d'or à trois los. pommetées de gu. Sur le tout d'azur à trois raisins brét. et c.-brét. de gu.

Dubied — *Neufchâtel*. Coupé: au 1 d'azur à une fasce ondée abaissée d'arg., surm. d'une fleur-de-lis d'or accostée de deux étoiles (5) du même; au 2 trois sapins de sin., posés chacun sur un tertre du même mouv. de la p.

Dubois de Fresnoy — *Art., Pic*. D'or à la fasce de sa.

Dubois de Seble — *Ile-de-Fr*. Ec.: aux 1 et 4 d'or à trois merlettes de sa.; aux 2 et 3 d'arg. à la bande de gu.

Duboys de la Ramière — *Guyenne*. D'azur au saut. d'or, cant. de quatre étoiles d'arg.

Duboz — *Lang.* D'azur au chev. d'or, acc. en chef de deux lévriers affr. d'arg., supp. une étoile du même.

Duc — *France.* D'or à la bande de gu., ch. d'un duc (oiseau) au nat.

Duchassaing — *Gasc., Guadeloupe.* D'arg. à un châtaigner de sin., fruité d'or.

Duché de Bricourt — *Champ.* D'or à un cerf de gu.

Duché de Grivelle — *Alsace.* Losangé d'arg. et de sin.

Duchemin de Chasseval — *Orléanais.* D'herm. au chev. d'azur.

Duchemin de Gresse — *Maine.* D'arg. au lion de sa.; au chef d'azur, ch. de trois bes. de ...

Duchemin de Vaubernier — *Maine.* De gu. à la fasce d'or, ch. d'une duc (chouette) de sa.

Ducher de Boisredon — *Berry.* D'arg. à trois bandes de gu.

Duclos de Bouillas — *Toulouse.* D'azur à la fasce d'arg., acc. en chef de deux coquilles du même et en p. d'une aigle d'or.

Ducroquet de Becordel — *Champ.* D'arg. à trois roses d'azur.

Ducros de St.-Germain — *Lang.* D'or à un sanglier de sa.

Duding — *Fribourg.* D'arg. à trois roses de gu., tigées du même.

Duens — *Fribourg.* D'arg. au chev. ployé de gu., acc. de trois roses du même.

Duens — *Fribourg.* De gu. à une roue de moulin d'arg. — *Ou:* De gu. à trois roues de moulin d'arg.

Dücsberg — *P. de Munster.* D'arg. à un coeur de gu., ailé de sa., soutenu d'un mont de trois coupeaux d'azur.

Dufour (Comtes) — *Lorr.* D'azur à une étoile d'arg., acc. de trois croiss. d'or.

Dufour-Vernet — *Genève.* D'arg. à un feu allumé de gu., le champ semé de trèfles de sin.; au chef d'azur, ch. d'un croiss. d'arg.

Dugo — *Fribourg.* De gu. à un soc de charrue d'arg., la pointe en haut, acc. en chef de trois étoiles mal-ordonnées d'or.

Dujardin — *Liége.* Ec.: aux 1 et 4 d'arg. à un arbre terrassé de sin.; aux 2 et 3 d'arg. à trois roses de gu., bout. d'or, barbées de sin.

Dulk — *P. de Groningue.* D'arg. à une fleur-de-lis de gu., acc. de trois étoiles du même, rangées en chef.

Dumas de Bossuge — *Lang.* De gu. à un taureau d'or, pass. au pied d'un chêne à deux branches d'arg., passées en saut.

Dummer — *Boston.* D'azur à trois fleurs-de-lis d'or; au chef du même, ch. d'un lion iss. d'azur. **C.:** un lion iss. d'azur, tenant une fleur-de-lis d'or.

Dumont — *P. de Dinant.* D'azur à deux léopards d'or, l'un sur l'autre.

Dunod de St.-Maclou — *Norm.* D'azur au chev. d'or, acc. de trois merlettes du même; en chef une divisée d'or, surm. de trois roses d'arg.

Dunzenheim — *Strasbourg.* De gu. à la fasce d'arg., acc. de trois roses du même. **C.:** deux oreilles d'âne, d'arg. et de gu.

Dunzenheim — *Strasbourg.* Coupé: au 1 de sa. à une fleur-de-lis d'arg.; au 2 d'or plein. **C.:** une demi-fleur-de-lis d'arg. **L.** d'or et de gu.

Dunzenheim — *Strasbourg.* Coupé: au 1 de sa. à une fleur-de-lis d'arg.; au 2 d'or plein. **C.:** une fleur-de-lis d'arg. **L.** d'arg. et de sa.

Dupenglesser — *Holl.* Parti: au 1 d'azur à une marmite d'or; au 2 d'azur à deux côtes d'or.

Duplessis de Pouzillac (Barons, 1818.) De sin. au chev. d'arg., acc. en chef de deux coeurs d'or et en p. d'une gerbe du même.

Dupper — *Dordrecht.* D'or à l'aigle de sin., bq. et m. de gu. **C.:** un vol.

*Dupré de St.-Maur** — *Orléanais.* Parti: au 1 d'azur à la bande d'or, ch. de trois cosses de pois de sin.; au 2 d'arg. à la fasce de sin., acc. de trois trèfles du même.

Dupuy — *Grenoble.* D'or à une tête de lion arr. de gu.; au chef d'azur, ch. de trois étoiles d'or.

Duque — *Esp.* D'azur à la lettre D d'or; au chef du même, ch. de deux cornettes de gu., passées en saut. et ch. chacune de la même lettre. **C.:** un bâton d'or, en pal, soutenant un double guidon de gu. ch. de la même lettre D d'or.

Durand — *Dauphiné.* De gu. au chev. d'arg., ch. d'un coeur du champ et acc. en p. d'un croiss. du sec.; au chef d'azur, ch. d'une croix pattée de gu.

Durand de Chiloup — *Roannais.* D'azur au chev. d'or, acc. en chef de trois étoiles rangées d'arg. et en p. d'une croix fleuronnée du même.

Durand de Fontmagne — *Paris.* Parti: au 1 d'azur à un vaisseau hab. d'arg., voguant sur des nuées du même et portant au couronnement de la poupe le mot FAUSTA; au 2 d'or à un mont de sin., mouv. du flanc dextre, acc. au canton dextre du chef d'une étoile de gu. Au chef d'or, br. sur le parti et ch. d'une ancre de sa., accolée de sa gumène de gu.

Durand de Pisieux — *Maine, Perche.* D'or à une flèche de sa., armée d'arg., posée en pal, tortillée d'une couleuvre d'azur, languée de gu.

Durand de Prémorel — *Comtat-Venaissin, Luxemb.* (Inc. dans la nob. belge, 11 mai 1883.) D'azur à l'aigle ép. d'arg.; au chef d'or, ch. d'une hure de sanglier de sa., défendue d'arg. Cq. cour. **C.:** la hure de sanglier. **L.** d'arg. et d'azur. **D.:** DURE MAIS N'ENDURE.

Durant de la Pastellière — *Bret., Poitou.* D'arg. au chev. d'azur, acc. de trois grenades tigées et feuillées au nat., les tiges en bas.

Durey de Vieuxcourt — *Bourg., Paris.* Ec.: aux 1 et 4 de sa. à un rocher d'arg., surm. d'une croisette du même (*Durey*); aux 2 et 3 d'azur à trois gerbes d'or (*du Blé*.)

Durieux — *Ile-de-Fr.* D'azur au chev. d'or, acc. en chef de deux flanchis d'arg. et en p. d'un épi du sec.

Düring-Rosenkrantz — *Dan.* (Barons, 24 sept. 1845.) Les armes de *Rosenkrantz*, qui sont gironné de gu. et d'azur, ch. dans les girons du 1 forment les 2e et 3e quartiers du lion d'arg., cour. d'or, celui du 3 cont.; à la bande échiq. de sa. et d'arg., br. sur l'écu. Sur le tout les armes de *Düring*, qui sont d'arg. à la fasce d'azur, acc. de trois rencontres de bélier de gu., accornés d'or. **C.:** 1° une plume de paon au nat., entre deux prob. coupées, d'azur et d'azur sur un échiqueté d'arg. et de sa., sem. d'un échiqueté d'arg. et de sa. sur ... ; les prob. ornées chacune à l'ext. de quatre plumes de paon au nat., dont une dans l'embouchure (*Rosenkrantz*); 2° un rencontre de bélier de gu., accorné d'or, entre deux prob. tiercées en fasce d'arg., d'azur et de gu. (*Düring*.) **S.:** à dextre un lion d'or de gu.; à senest. une licorne d'arg.

*Dürmenz** — *Alsace.* D'azur à une bague d'or, châtonnée d'un rubis. **C.:** la bague, soutenue d'un coussin d'azur aux quatre houppes de gu. aux angles, mouvantes de boutons d'or. **L.** d'or et d'azur.

Dürningen — *Strasbourg.* D'arg. au chev. de gu., acc. de trois étoiles de sa. **C.:** une tête et col d'aigle d'arg.; ou, une tête et col de boeuf aux armes de l'écu, accornée de gu., vomissant des flammes.

Dürre — *Strasbourg.* D'arg. à trois roses de gu., bout. d'or; à la bord. d'azur. Cq. cour. **C.:** deux cornes de buffle d'arg., ornées chacune à l'ext. de trois roses de gu. **L.** d'arg. et de gu.

Durutte — *Belg.* (Rec. de nob. et du titre de baron, 30 juillet 1883.) Ec.: au 1 d'or au chev. de gu., acc. de trois merlettes de sa.; au comble du même; au 2 de gu. à une épée d'arg., garnie d'or; au 3 d'or au chev. de gu., acc. de trois roses au nat., tigées et feuillées de sin.; au 4 d'arg. semé de fleurs de lin d'azur, boutonnées d'or. Cq. cour. **C.:** un bras, paré de gu., tenant une épée d'arg., garnie d'or. **L.:** à dextre d'or et d'azur, à senest. d'arg. et de gu.

Dusaert — *Gand.* Ec.: aux 1 et 4 de sa. à trois têtes de lion d'or; aux 2 et 3 d'arg. au saut. de gu., ch. d'une étoile d'or. **C.:** trois palmes de sin., liées d'arg.

Dusart — *Holl.* D'azur à la barre d'or, ch. d'un lion d'arg.

Dusoul — *Tour.* D'azur au chev. d'or, acc. en chef de deux quintefeuilles et en p. d'un cygne, le tout d'or.

Dusseldorp (van) — *Holl.* D'or à la fasce de sa., acc. en chef d'une croisette pattée de gu. et en p. de deux chevr. du sec.

Duteczyński — *Galicie.* (Chevaliers, 13 nov. 1880.) Coupé, d'azur à deux croiss. figurés adossés d'or, sur gu. à un senestrochère arm., tenant une épée en barre, au nat.; à la fasce d'or, br. sur le coupé. Deux cq. cour. **C.:** 1° un vol cont., d'azur et d'or; l. d'or et d'azur; 2° un cheval bai, iss.; l. d'or et de gu.

Dutheil de la Rochère (Comtes) — *Prov.* D'or, au chef d'azur; au lion de gu., arm., lamp. et cour. de sa., br. sur le tout.

Dütschmann *dit* **Richter de Hundsfelden** — *Alsace.* Coupé: au 1 d'or à un boeuf de gu., accorné d'arg.; au 2 de gu. à deux bandes d'arg. **C.:** la tête du boeuf. **L.** d'arg. et de gu. [V. *Richter dit Dütschmann.*]

Duvergier de Hauranne — *Toulouse, Rouen.* D'arg. à trois pals d'arg.; au chef d'or, ch. de trois mouch. d'herm. de sa. **S.:** deux lions.

Duvignau — *Bret.* D'arg. à la bande, acc. de

deux lions, surm. chacun d'une étoile, le tout de gu.

Duvoisin — *Neufchâtel.* D'azur à trois bâtons d'arg. en pals, 2 et 1, le sommet en forme de croisette pattée. **C.:** un coq d'or, tenant de sa patte levée un bâton de l'écu.

Duyfvoet — *Holl.* Une fasce, acc. en chef de trois colombes rangées, et en p. de trois étoiles, 2 et 1.

Duyn (van) — *Holl., New-York.* Éc.: aux 1 et 4 de gu. à la croix d'or; aux 2 et 3 d'arg. à trois tourt. de gu. **C.:** une tête de biche d'arg.

Dyel de Graville — *Norm.* D'arg. au chev. brisé de sa., acc. de trois trèfles d'azur.

Dykstra — *Leeuwarden.* De gu. au chev. de sin., ch. de deux lions ramp. et affr. d'or.

Dyxstra — *Leeuwarden.* Parti: au 1 d'or à la demi-aigle de sa., mouv. du parti; au 2 coupé: *a.* d'arg. à trois trèfles de sin.; *b.* d'arg. à une marque de marchand de sa., en forme d'un 4, recr. d'une traverse, sommé d'un annelet et le pied fendu en chev.

Dziekónski (Comtes) — *Pol.* De gu. à une arche de Noé d'arg. (représentée par une tour sur une barque), sommée d'une colombe du même, tenant en son bec un rameau d'olivier de sin.; le tout adextré d'un fer-à-cheval d'arg., les bouts en haut, acc. d'une croisette d'or entre ses branches, et senestré d'un croiss. d'arg. surm. d'une étoile d'or.

E

Ebelinger — *Wurt.* Echiq. d'arg. et d'azur. **C.:** un vol aux armes de l'écu.

Eberard (Comtes) — *France.* D'or au lion d'azur.

Eberlin de Rottenbach — *Aut.* (Nob. du St.-Empire, 24 janv. 1609.) Coupé: au 1 de gu. à trois lampes antiques d'arg., allumées au nat., rangées en fasce; au 2 d'or au lion de gu. Cq. cour. **C.:** un lion iss. de gu. **L.** d'or et de gu.

Echerny — *Neufchâtel.* D'azur à trois bandes d'arg.; au chef du même, ch. de trois tourt. de gu.

Echlin — Irl. (Baronet, 17 oct. 1721.) Éc.: aux 1 et 4 d'or à une galère antique de sa., les voiles ferlées; aux 2 et 3 de gu. à la fasce échiq. d'arg. et d'azur de trois tires. Au chef d'arg., br. sur l'écartelé et ch. d'un cerf courant, poursuivi d'un lévrier, le tout au nat. **C.:** un bouledogue pass. au nat. **D.:** RUMOR ACERBE TACE.

Echten (van) — Harlem. Parti: au 1 coupé: *a.* d'azur à une fleur-de-lis d'arg.; *b.* d'arg. à une étoile (5) d'or (van Buyl); au 2 d'arg. à une cloche d'azur (Klock.) **C.:** une fleur-de-lis d'arg.

Eck (van) — *Holl.* D'arg. au lion de sa., acc. à dextre de cinq tourt. du même, rangés en demi-orle.

Eck de Kelheim — *Bav.* D'azur à la fasce d'arg., ch. d'une rose d'or. Cq. cour. **C.:** un chev. d'arg., sommé d'une rose d'or; entre deux prob. d'azur, chacune ch. d'une fasce d'or et ornée dans son embouchure de trois pl. d'aut., une d'or entre deux d'azur. **L.** d'or et d'azur.

Eckstein d'Ehrenegg (Marquis) — *Alsace.* D'or à un griffon de sa. **C.:** le griffon iss., entre un vol de sa. **S.:** deux griffons. **D.:** UT LAPIS ANGULARIS, SIC CONSTANS ET FIRMUS MANEBO.

Eeckawert — *Frise.* Parti: au 1 d'or à la demi-aigle de sa., mouv. du parti; au 2 coupé: *a.* d'arg. à trois glands effeuillés de sin., les queues en bas; *b.* de gu. à une patte de lion en barre d'or, mouv. du canton dextre de la p., les ongles en haut.

Eelhout — *Holl.* D'or à un cerf de gu., s'élançant d'une terrasse de sin. dans le canton sen. de la p., qui supporte un bosquet de sin., mouv. du flanc sen. de l'écu.

Eertvelde — *Holl.* D'arg. à la bande de gu, ch. de trois maillets d'arg.

Effrem — *Naples.* D'azur au lion d'or, acc. en chef d'un lambel de cinq pendants de gu.; à la bande du même, br. sur le tout et ch. de trois palmes d'or, posées dans le sens de la bande.

Egekh zu Randegkh und Eisenhofen — *Bav.* Éc.: aux 1 et 4 d'azur à la fasce d'arg., ch. d'une rose d'or (Eck de Kelheim); aux 2 et 3 d'arg. à trois bandes d'azur (Saill.) Sur le tout d'arg. à trois forces de sa., posées en bandes, rangées en barre (Eisenhofen). Trois cq., le 1 cour. **C.:** 1º un chev. d'arg., sommé d'une rose d'or; entre deux prob. d'azur, chacune ch. d'une fasce d'or et ornée dans son embouchure de trois pl. d'aut., une d'or entre deux d'azur; **l.** d'or et d'azur; 2º un chapeau piramidal d'arg., ch. de trois forces de sa., chacune posée en bande, l'une sur l'autre; le chapeau cour. d'or et sommé d'un panache de plumes de coq de sa.; **l.** d'arg. et de sa.; 3º un vol à l'antique aux armes du 2; **l.** d'arg. et d'azur.

Eger (von den) — *P. de Dusseldorf.* D'or au chev. de sin., acc. de trois paires de tenailles d'écrevisse de gu., chaque paire posée en pal. **C.:** une paire de tenailles d'écrevisse de gu., posée en pal; entre un vol, de gu. et d'or.

Egerten — *Berne.* D'arg. au lion de sa.: à la fasce de gu., br. sur le tout.

Egger — *Carinthie* (An., 1733; barons, 23 août 1760 et 31 mai 1766.) Éc.: aux 1 et 4 d'arg. à une tour de gu., aj. de sa., ouv. du champ, sommée d'un toit pointu d'azur; aux 2 et 3 d'azur à la barre ondée d'arg., acc. de deux roses d'or. Sur le tout d'or au griffon d'azur.

Eglise (d') — *Fribourg.* De gu. à un monde d'azur, cintré et croisé d'or soutenu d'un tertre de sin. et accosté de deux fleurs-de-lis d'or; au chef du même, ch. d'une aigle de sa.

Eglise (d' et de l') — *la Rochelle.* Parti d'azur et d'arg.

Egmond (van) van Couwenhoven — *Holl.* D'azur à trois fasces d'or, ch. chacune de cinq flanchis de gu.. les flanchis des deux premières fasces cachés à-demi par un fr.-q. aux armes d'*Egmond*, qui sont chevronné d'or et de gu. de douze pièces; et un buste de More de sa., hab. de gu., au rabat d'arg., tort. du même aux bouts flottants, posé entre les 2e et 3e fasces.

Ebenheim — *Alsace.* Parti: au 1 d'arg. à trois chev. de gu.; au 2 de sa. à trois roses d'arg., bout. d'or, rangées en pal. Cq. cour. **C.:** un chapeau piramidal de gu.; **l.** à dextre d'arg. et de gu., à sen. d'arg. et de sa.

Ehrenborn (Edle von), v. **Fischer Edle von Ehrenborn.**

Ehrenquell (Edle von), v. **Weisenborn Edle von Ehrenquell.**

Eichelberg — *Strasbourg.* D'or à la fasce de sa., acc. en p. d'un tertre de trois coupeaux du même. **C.:** un vase d'azur, du même, duquel sort une queue de paon au nat.

Eichler d'Auritz — *Zittau* (Saxe) (Nob. de Bohème, 20 fév. 1606.) Parti d'or et de sa.; à deux chicots de l'un à l'autre, posés en chev. et fruités chacun à l'ext. de trois glands et feuillés à l'intérieur de trois feuilles de chêne. Cq. cour. **C.:** un vol, l'aile dextre aux armes du 2, et l'aile sen. aux armes du 1, les chicots posés en chev.

Eiffert — *Holl.* D'azur à une ruche d'or, surm. de quatre abeilles du même, volant vers la ruche.

Eimannsberger — *Aut.* (Chevaliers, 14 sept. 1880.) Coupé de gu. sur or; au lion coupé d'or sur gu. et de sa. sur l'or, soutenu d'un tertre de trois coupeaux de sin., brandissant un sabre d'arg., et acc. en chef à dextre d'un croiss. cont. d'arg. et à sen. d'une étoile d'or. Deux cq. cour. **C.:** 1º un vol cont., l'aile de derrière d'or plein, l'aile de devant de gu. ch. d'un lion cont. d'arg.; **l.** d'or et de gu.; 2º un lion cont. de gu., brandissant un sabre d'arg., garni d'or; **l.** d'or et de sa.

Einhofen ou Eysenhouer — *Nuremberg* (Conc. d'arm., 19 fév. 1543.) De sa. à la bande d'or, ch. de trois fers-à-cheval au nat., posés dans le sens de la bande, les bouts en bas. **C.:** un vol aux armes de l'écu sur l'aile dextre la bande est transformée en barre.)

Eissersdorff — *Aut.* (Conc. d'arm., 13 janv. 1504.) Coupé d'arg. sur un mur crén. d'azur, maçonné de sa.; l'arg. ch. d'un lion naiss. de sin., cour. d'or, mouv. du mur. **C.:** le lion iss.

Eitelberger d'Edelberg — *Aut.* (An., 22 oct. 1835.) Coupé: au 1 d'azur à un soleil rayonnant d'or, se levant derrière la pente d'un mont de sin.; au 2 de gu. à une épée d'arg., garnie d'or, posée en fasce, la pointe à sen., surm. d'un compas d'or, ouv. en chevron. **C.:** quatre pl. d'aut. d'azur, d'arg., d'arg. et de gu. **L.:** à dextre d'or et d'azur, à sen. d'arg. et de gu.

Elbenstein — *Alsace.* De gu. à la fasce d'arg.; à la bord. d'azur. **C.:** deux prob. de ru. d'arg., ch. chacune d'une fasce d'arg. **L.** d'arg. et de gu.

Elie de Beaumont — *Norm.* (An., 29 mai 1461.) D'azur au chev. d'arg., acc. de trois glands d'or.

Elio — *Navarre* (Marquis de *Vesolla*, prince de *la Fidélité*.) De gu. au lion d'arg.; au chef d'azur, ch. de trois étoiles du sec. [*François Xavier Elio*, général, gouverneur de Valence, condamné à mort par le gouvernement revolutionnaire et exécuté le 7 sept. 1822.]

Els (van) dit **Haas** — *Gueldre.* De sa. à la fasce d'arg., acc. en chef de deux étoiles d'or.

Elsbach — *Fribourg.* D'or à trois roses de gu., tigées du même.

Elst (van) — *Holl.* D'arg. à trois cors-de-chasse de gu., les embouchures à dextre.

Emans — *P. de Liége.* D'arg. à trois pins de sin., et un cerf arrêté de gu., br. sur le fût du pin de milieu; le tout soutenu d'une terrasse de sin. **C.:** un pin de sin.

Emans — *P. de Liége.* Coupé: au 1 de sin. à une gerbe liée, au nat.; au 2 d'arg. à une charrue (sans roues) au nat. **C.:** la gerbe

Emden (van) — *P. de Groningue.* D'or à trois coeurs de gu. (*ou*, ces armes écartelées d'arg. à un cerf de gu., sautant par-dessus un tronc d'arbre). **C.:** un coeur de gu., entre un vol d'or.

Emmanuele marquis de **Villablanca** — *Palerme.* De gu. au lion d'or, cour. du même, tenant de ses pattes une bannière d'arg. ch. d'une croix de gu., flottant à sen., acc. des mots: SIGNIFER VIS ET CLEMENTIA, rangés en orle; à la bord. comp. de seize pièces d'arg. et de gu., chaque compon d'arg. ch. d'un lion de gu., et chaque compon de gu., ch. d'une main ailée d'or, tenant une epée d'arg. en pal.

*Empire-Germanique (*Nouvel*). D'or à l'aigle de sa., bq. et m. de gu., sommée de la nouvelle couronne impériale aux rubans flottants à dextre et à sen. d'arg. bordés d'or, frangés du même aux extrémités. L'aigle portant sur son estomac un écusson d'arg., ch. d'une aigle de sa., sommée d'une couronne royale d'or, les ailes ch. de demi-cercles treflés du même, et l'estomac ch. d'un écusson écartelé d'arg. et de sa.; tenant de sa serre dextre un sceptre d'or dont le sommet porte une petite aigle de sa., cour. d'or, et de sa serre sen. un monde d'or.

Endecott — *Massachusetts.* D'arg. à la fasce de gu., ch. d'un dragon pass. d'or et acc. de trois los. du sec. **C.:** une tête de lion arr. d'arg.

Endrion — *Fribourg.* D'azur au chev. d'or, acc. en chef de deux roses d'arg. et en p. d'une ancre du même.

Engel — *Aut.* (Nob. du St.-Empire, 17 déc. 1739; chevaliers, 9 juillet 1851.) D'or à un ange sur une terrasse d'azur, les cheveux blonds épars, ailé d'azur, hab. d'une dalmatique partie de gu. et d'azur, tenant une épée d'arg., garnie d'or. Deux cq. cour. **C.:** 1° un lion iss. d'or, tenant de ses pattes un pennon de gu.; entre un vol de sa.; l. d'or et de gu.; 2° cinq pl. d'aut., alt. d'or et d'azur; l. d'or et d'azur.

Engelcke — *Rotterdam.* Coupé: au 1 d'arg. à un corbeau de sa., tenant en son bec une bague d'or; au 2 de gu. à trois annelets d'or, 2 et 1, entrelacés. **C.:** le corbeau tenant la bague, entre deux pl. d'aut. (*ou*, deux cornes de boeuf.)

Engelgraaff — *Delft.* D'or à la bande d'azur, acc. de deux lions de gu.; la bande ch. en haut d'un croiss. d'arg., les cornes dirigées vers le canton dextre du chef.

Engelhart de Hasslbach — *Aut.* (Conf. de nob., 14 nov. 1537.) D'arg. à un tronc écoté et arr. de sa. Cq. cour. **C.:** le tronc, devant un panache de onze pl. d'aut. d'arg.

Enghien — *Hainaut, Brab., Champ.,* Royaume de *Naples, Grèce, Chypre* (Sires d'*Enghien* et de *Ramerupt*, ducs titulaires d'*Athènes*, comtes de *Brienne* et de *Conversano.* M. ét. au 15e siècle.) Gironné d'arg. et de sa. de dix pièces, chaque giron de sa. ch. de trois croix recr. au pied fiché d'or, les pieds dirigés vers le coeur de l'écu. — *Puis:* Ec.: aux 1 et 4 d'*Enghien*; aux 2 et 3 d'azur semé de bill d'or, au lion du même, br. sur le tout (*Brienne*). **C.:** trois tourt. de gu., celui du milieu posé sur les deux autres, sommés d'un panache d'or; entre un vol d'arg. **S.:** deux griffons; *ou*, deux lions.

Eugis (d') — *Liége.* D'azur au sautr. d'or, cant. de quatre croix recr. du même. **C.:** une croix de l'écu.

Engrant — *Hainaut.* D'arg. au chev. de gu., acc. de trois têtes d'aigle arr. de sa.

Enlart de Guémy — *Fl. fr.* D'or à dix los. de sa., 3, 3, 3 et 1.

Enrick (van) — *Nimègue.* De gu. à une feuille de nénufar d'arg., la tige en bas.

Epagnier — *Neufchâtel.* D'azur à une fleur-de-lis d'arg.; au chef du même, ch. de deux étoiles (5) du champ.

Epen (van) — *Holl., Indes orientales, Amérique, Australie.* D'azur à deux barres d'or, alternant avec trois flanchis du même, rangés en bande. **C.:** un flanchis d'or; entre un vol, d'azur et d'or. **L.** d'or et d'azur. [*Variantes:* D'azur à deux barres d'or, acc. de cinq flanchis du même, 1, 3 et 1. — D'azur à deux barres d'or, acc. de cinq étoiles (5) du même, 1, 3 et 1. **C.:** une étoile (5) d'or; entre un vol coupé alt. d'azur et d'or.]

Ependes — *Fribourg.* D'azur, au chef d'or ch. d'une croisette du champ; l'écu ch. d'une bacelette de gu., posée en bande, br. sur le chef.

Epfig — *Hagenau* (*Alsace*). Coupé d'azur sur arg.; au lion de gu., br. sur le coupé. **C.:** un buste d'homme barbu, hab. aux armes de l'écu, la tête munie de deux oreilles d'âne, celle à dextre d'azur et celle à sen. de gu. **L.** d'arg. et de gu.

*Erard de Ray (Comtes) — *Norm.* D'azur à trois pattes d'aigle d'or, les serres en bas, chacune empoignant un bâton noueux du même, en bande. **C.:** un griffon iss.

Erhard — *Fribourg.* Coupé: au 1 recoupé, d'azur sur un échiqueté de gu. et d'arg. de trois tires; au 2 d'azur à trois fleurs-de-lis d'or, 2 et 1, acc. en chef d'une rose d'arg.

Ersel — *Neufchâtel.* D'arg. à une hache de boucher de sa., emm. de gu., posée en fasce, le manche à dextre, et acc. en haut d'une étoile de gu. et en bas d'un coeur du même; à un tertre de trois pics de sin. en p.

Erstein — *Alsace.* D'or à trois épées de sa., la garde d'arg., boutonnée du même, rangées en fasce, les pointes en bas. **C.:** deux épées de l'écu.

Erstein dit **Epfig** — *Alsace.* Coupé: au 1 de sa. à une étoile (8) d'or; au 2 d'arg. plein. **C.:** un chapeau piramidal de sa., ch. d'une fasce d'arg., retr. du même et sommé de plumes de coq de sa. **L.** d'or et de sa.

Erteveld (van) — *Flandre.* D'arg. à un cerf cont. de gu., ramé d'or.

Escalier de Ladevèze — *Vivarais.* D'azur à une échelle d'or; au chef de gu., ch. de trois molettes d'or. **D.:** NUNQUAM RETRO.

Eschelles (d') — *Tour.* Echiq. d'or et de gu.

Eschweller — *P. de Juliers.* D'azur à la croix d'arg., ch. de quatre coquilles d'azur.

Esclories — *Hainaut.* D'arg. au chev. de gu., acc. de trois mâcles du même.

Eselfeld — *Franconie.* D'arg. à un âne de gu., pass. sur une terrasse de sin.

Esher (Baron), v. **Brett** baron *Esher.*

Espagniol — *Fribourg.* D'or à la croix d'azur, ajourée en carré et cant. de quatre croiss. de gu.

*Esperonnière (Marquis de l') — *Anjou.* D'herm. fretté de gu.

Esplau de Lamaestre — *Guyenne.* D'azur à trois epis d'or sur une terrasse de sin., et une nuée d'arg., mouv. du chef, d'où laquelle tombe une pluie d'or.

Espinasse (d') — *Dauphiné.* D'or au lion d'azur, cour. du même.

Espinosa — *Esp., Italie.* Ec.: au 1 d'or à l'aigle ép. de sa.; au 2 d'arg. à un dextrochère, paré de gu., soutenant avec la main une tête de More coupée; à la bord. de gu., ch. de huit flanchis d'arg.; au 3 d'azur au lion d'or, ramp. sur un buisson d'aubépine; à la bord. de gu., ch. de huit flanchis d'arg.; au 4 d'or à l'aigle ép. de sa.; à la bord. d'azur, ch. de huit feuilles d'aubépine d'arg. [Armes du cardinal *Diego de Espinosa*, grand-inquisiteur, mort en 1572.]

Esplvent de la Villeboisnet marquis de la **Prévalaye** — *Bret.* D'azur à trois lévriers courants d'arg., coll. de gu., bouclé et cloué d'or (*Thierry de la Prévalaye*). En coeur un écusson aux armes d'*Esplvent de la Villeboisnet* qui sont d'azur à une molette d'or, acc. de trois croiss. du même.

Espote — *Dauphiné.* D'or à une aigle ess. de sa., sur un tertre de sin.; au chef d'azur, ch. de trois croisettes d'arg.

Esprit — *Béziers.* D'arg. à l'aigle de sa., bq. et m. de gu.; au chef d'azur, ch. de trois flanchis du champ [*Jacques Esprit*, mort le 6 juillet 1678, membre de l'Académie française.]

Esquille — *Pau.* D'arg. à une quille d'azur, en pal.

Essarts (des) — *Norm.* De gu. au chev. d'or, acc. de trois croiss. d'arg.

Essautier — *Prov.* D'azur à trois fasces ondées d'arg.; au chef d'or, ch. de trois roses de gu.

Essen (Comtes **von**) — *St. Petersbourg.* De sa. à un cheval d'arg., courant devant un pin de sin., le tout soutenu d'une terrasse du même; au chef d'or, ch. d'une aigle ép. naiss. de sa., chaque tête sommée d'une couronne impériale, l'aigle surm. d'une troisième couronne impériale et ch. sur sa poitrine d'un écusson triangulaire de gu., bordé d'or.

Essenault — *Gasc., Guyenne.* D'or à un coeur de gu.; à la bord. du même, ch. de huit bes. d'arg.

Essertine — *Norm.* D'azur à trois roses tigées, mouv. d'un croiss.; au chev., br. sur les tiges et surm. d'une étoile; le tout d'or.

Estanger (d') — *Caen.* D'arg. au chev. de gu., acc. de trois roses du même.

Estavayer-Font — *Fribourg.* Palé d'or et de gu.; au chef d'arg., ch. de trois roses du sec.

Estavayer-Gorgier — *Fribourg.* Palé d'arg. et d'azur; à la bande de gu., br. sur le tout et ch. de trois étoiles (5) d'or.

Estavayer-Montagny — *Fribourg.* Palé d'or et de gu.; au chef du premier.

Estave — *Bourges.* De sin. à la bande d'or.

Este (Barons **d'**) — *Paris.* D'azur à l'aigle d'arg., arm. d'or.

Estève de Pradel — *Paris.* Ec.: au 1 d'azur à un temple grec; au 2 de gu. à une étoile d'arg.; au 3 de gu. à un lévrier pass. et cont. d'arg., coll. du même; au 4 d'azur à une tête d'Isis d'or.

Estève de Rouquette (Barons) — *Lang.* Les armes de **Estève de Pradel.**

Estienne du Bourguet — *Prov.* Les armes de **Etienne de Villemus.**

Estignard, v. **Etignard.**

Estourmf (de l') — *Norm.* D'azur à une fontaine d'arg., surm. d'un renard couché du même.

Estourneau de la Touche — *Poitou.* D'or à trois chev. de sa., acc. de trois étourneaux du même, 2 en chef et 1 en p.

Estroa — *Guyenne.* D'or à deux léopards de gu., l'un sur l'autre [V. **Arnaldy d'Estroa.**]

Etershem (van) — *Holl. sept.* D'or à un fusil de la Toison d'or, de sa.

Etignard de Lafaulotte de Neuilly — *Bourbonnais.* D'azur à deux roses d'arg., l'une sur l'autre.

Etoile (de l') — *Ponthieu.* D'azur à trois molettes d'or, posées aux trois premiers quartiers, et un besant du même au quatrième. **C.:** une molette, entre un vol-banneret. **S.:** deux lions.

Eudes — *Norm.* D'or au lion coupé d'azur sur gu.

Eugenj — *P. d'Ancône.* D'azur au lion naiss. d'or, mouv. d'un mont de trois coupeaux de sin.

Eumorfopoli — *Grèce.* De sin. à trois têtes de lion arr. d'or.

Eurre — *Dauphiné.* D'arg. à la bande de gu., ch. de trois étoiles du champ.

Eurre de Brottin — *Dauphiné.* Parti: au 1 d'arg. à la bande de gu., ch. de trois étoiles du champ; au 2 coupé: *a.* d'azur à une tour d'arg., maçonnée de sa.; *b.* de gu. au lion léopardé d'or.

Eurre de la Roche — *Dauphiné.* D'azur à la fasce vivrée d'or, acc. de trois roses d'arg.

Evard — *Neufchâtel.* D'azur au chev. d'or, ch. d'un coeur de gu. et acc. en chef de deux roses du même.

Evard ou **Evarre** — *Neufchâtel.* De gu. à une marque de marchand de sa., en forme de trident.

***Everts** — *Bois-le-Duc.* D'azur au chev. d'arg., br. sur deux flèches du même, passées en saut. **C.:** une flèche d'arg., iss., entre un vol à l'antique, d'arg. et d'azur.

Evinger de Boldogháza — *Transylvanie* (An., 2 oct. 1806.) D'azur à un palais sur une terrasse de sin.; ledit palais composé d'un corps de logis et de deux ailes; le corps de logis, percé d'une porte et accosté de deux colonnes, est sommé d'une pyramide sommée d'une étoile d'or; les balcons des ailes sont percés de niches, ornées de statues; le tout acc. en chef de trois étoiles mal-ordonnées d'or. **C.:** trois étoiles mal-ordonnées d'or, entre un vol d'azur. **L.** d'or et .d'azur.

Eynoutz — *Zél.* D'arg. à un arbre sec et arr. au nat.

Eyraud — *Dauphiné.* D'azur à une colombe volante en bande d'arg., tenant en son bec un rameau d'olivier de sin.; au chef d'or, ch. de trois roses de gu.

Eyril de Kirschfeld — *Bohème* (Conc. d'arm., 7 avril 1588.) Les armes de **Hlama de Kirschfeld.**

Eysinga (ancien) — *Frise.* D'or à l'aigle ép. de sa., ch. sur l'estomac d'un écusson de gu. au lion d'or ou d'or au lion de gu.

F

Fa (von) — *Transylvanie* (An., 23 juin 1792.) Coupé: au 1 parti: *a.* d'or au lion cont. de gu.; *b.* de gu. à un senestrochère, tenant un sabre, le tout au nat.; au 2 d'azur à un arbre terrassé de sin., le fût accolé d'un serpent d'arg., ledit arbre surm. d'un soleil d'or et accosté de deux étoiles du même. **C.:** le senestrochère, entre un vol de sa. **L.:** à dextre d'or et de gu., à sen. d'arg. et d'azur.

Fabbroni — *Marradi (Italie.)* D'azur à trois épées d'arg., les pointes en bas, appointées dans une fleur-de-lis d'or; au chef du même, ch. de trois marteaux de sa.

Fabbroni-Notaro — *Florence.* Les armes précédentes.

Fabini ou **Fabinyi** — *Transylvanie* (An., 23 janv. 1840.) Ec.: aux 1 et 4 de gu. à quatre fasces ondées d'arg.; aux 2 et 3 d'azur à un soleil d'or, figuré. **C.:** le soleil. **L.:** à dextre d'or et d'azur, à sen. d'arg. et de gu.

Fabre — *Auv.* D'or à un cimeterre de gu., posé en fasce. **S.:** deux lions. **D.:** ENSE FABER.

Fabri — *Bologne.* Ec.: aux 1 et 4 d'azur à trois croiss. d'arg.; aux 2 et 3 d'azur à trois têtes d'homme de carn., posées de profil, coiffées de bassinets d'arg. Sur le tout taillé-denché de gu. au tour d'or.

Fabri de Berthy — *France.* D'azur au chev. renv. d'arg., acc. en chef d'un pélican d'or et en p. de trois autres petits pélicans aussi d'or.

Fabricius de Hermannsfeld — *Transylvanie* (An., 8 juin 1724.) Ec.: aux 1 et 4 de gu. à un membre d'aigle, tenant une épée; aux 2 et 3 d'azur à une tige feuillée de trois trèfles mal-ordonnées d'or, sur un tertre de sin. **C.:** un membre d'aigle iss., la serre en haut, tenant une épée brisée. **L.:** à dextre d'or et de gu., à sen. d'or et d'azur.

Fabricius de Löwenburg — *Aut.* (An., 8 août 1653.) Ec.: aux 1 et 4 coupé: *a.* d'or à une tour d'arg., ouv. et aj. du champ; *b.* d'azur à une tour d'arg., ouv. et aj. du champ; aux 2 et 3 tiercé en fasce d'arg., d'azur et de gu.; au lion d'or au tout, soutenu d'un tertre de trois coupeaux d'arg. et tenant entre ses pattes une fleur-de-lis de gu., br. sur l'arg. et l'azur. Deux cq. cour. **C.:** 1° un lion ramp. et cont. d'or, tenant dans ses pattes une fleur-de-lis de gu.; entre un vol d'arg., chaque aile ch. d'une fasce d'azur; **l.** d'arg. et de gu.; 2° un vol d'azur, chaque aile ch. d'une fasce d'arg. et d'or; **l.** d'or et d'azur.

Fabricius de Santhorst — *Harlem.* Ec.: aux 1 et 4 d'or à la croix ancrée de gu.; aux 2 et 3 d'azur à une écrevisse d'arg., en pal. Sur le tout éc.: *a.* et *d.* de gu. à trois croiss. d'arg.; *b.* et *c.* d'arg. à trois croiss. de gu. (Ou: le surtout parti: *a.* d'or à deux saumons adossés de gu.; *b.* coupé, de gu. à trois croiss. d'arg., sur arg. à trois croiss. de gu.) Brl. de gu. et d'or. **C.:** l'écrevisse, en pal. **L.** d'or et de gu.

Fabry — *Neufchâtel.* D'arg. à une tour de gu., ouv. et aj. de sa., posée sur un tertre de trois pics d'arg.

Fabvre ou **Favre** — *Neufchâtel.* D'arg. à un fer-à-cheval de sa., les bouts en bas, acc. en chef de deux étoiles (6) de gu. et en p. d'un tertre de trois coupeaux d'arg.

Fabvre ou **Favre** — *Neufchâtel.* D'arg. à la bande d'azur, passée dans trois fermaux carrés d'or, l'ardillon posé dans le sens de la bande: celle-ci acc. de deux étoiles (5) de gu., l'une au canton sen. du chef et l'autre au canton dextre de la p., et de trois annelets d'azur, 2 posés aux flancs de l'écu et 1 en p.

Facchenetti — *Bologne.* D'arg. à un pommier arr. au nat., fruité de gu., le pied coupé.

Facci — *Bologne.* De gu. à un palmier arr. de sin.,

accosté de deux lions affr. d'or, ramp. contre le fût; au chef d'azur, ch. de trois fleurs-de-lis d'or, rangées entre les quatre pendants d'un lambel de gu.

Facci — *Bologne.* D'azur à un mont de trois coupeaux d'or, isolé en p., surm. d'une tête d'homme de carn., de profil, les épaules hab. de gu.; le tout cant. de quatre étoiles (5) d'or; au chef d'or, ch. d'une aigle de sa.

Faci — *Piémont.* D'azur à un monstre ayant le buste, les bras et la tête d'un homme, arm. d'une cuirasse et d'un casque, avec des ailes et des pattes de dragon, le tout au nat., posé sur un mont d'arg., mouv. de la p.

Facioli — *Bologne.* D'or à la croix de gu., cant. de quatre croisettes d'azur; au chef du même, ch. de trois fleurs-de-lis d'or, rangées entre les pendants d'un lambel de gu.

Faffelin — *Ponthieu.* D'or à deux lions adossés de sa.

Fagioli — *Bologne.* Ec. d'or et d'azur.

Fagnani — *Bologne.* Parti: au 1 d'or à la demi-aigle de sa., cour. du champ, mouv. du parti; au 2 d'or à trois bandes de sa.

Fagnani — *Bologne.* De gu. à la bande d'azur. bordée d'arg., et ch. de quatre los. aboutées d'or.

Faille (de la) — *Delft, Rotterdam, Gouda, Hoorn.* De sa. au chev. d'or, ch. de trois fleurs-de-lis d'azur et acc. en chef de deux têtes de lion affr. d'or et en p. d'une tête de léopard du même, bouclée d'azur [V. **Muller de la Faille.**]

Falvre du Bouvot — *Franche-Comté.* D'azur à une colombe d'or, tenant en son bec un rameau d'olivier.

Falvre d'Esmans — *Bourg.* D'or à trois boîtes couvertes de gu.

Faix-Candale — *Bourges.* D'azur à trois têtes de léopard d'or.

Falaguasti — *Bologne.* Coupé: au 1 bandé d'azur et d'arg. de quatre pièces; au 2 d'azur à un pot d'arg., rempli de deux roses de gu., tigées et feuillées de sin. Au chef de l'écu d'or, ch. d'une aigle de sa.

Falangola — *Sorrente.* D'or au lion coupé de gu. sur sin.

Falcon de Longevialle — *Auv.* D'azur à un faucon de sa.

Falconi — *Bologne.* D'azur à un faucon volant au nat., empiétant une colombe; au chef du premier, ch. de trois fleurs-de-lis d'or, rangées entre les quatre pendants d'un lambel de gu.

Falconi — *Bologne.* De gu. à une patte de faucon d'or, la serre en bas.

Falconnet — *Dauphiné.* D'arg. à un faucon de gu., grilleté d'or, perché sur un tronc de chêne de sin., mouv. de la p. et poussant une branche feuillée de sin. à dextre.

Faletti (Comtes) — *Ferrare.* Coupé: au 1 d'or au lion léopardé de gu.; au 2 de gu. à trois bes. d'or.

Falk — *Aut.* (Chevaliers, 3 mai 1861.) D'azur au pal de gu., ch. d'une épée d'arg., garnie d'or. Deux cq. cour. **C.:** 1° un vol, chaque aile aux armes de l'écu; 2° trois pl. d'aut., une d'azur. entre deux de gu. **L.** d'arg. et de gu.

Falk — *Budapest* (Chevaliers, 5 août 1879.) Ec.: aux 1 et 4 d'azur à un faucon d'or, tenant en son bec une bague châtonnée du même, le faucon du 1 cont.; aux 2 et 3 d'or d'azur. A la barre de gu., br. sur les écartelures et ch. d'une étoile d'or et de deux fleurs-de-lis d'arg., posées dans le sens de la barre. Deux cq. cour. **C.:** 1° le faucon du 1; l. d'or et d'azur; 2° un griffon iss. d'or, bq. et ailé de gu., les pattes de devant du même, tenant de chaque patte un tampon d'imprimeur de sa., emm. d'or, les tampons appliqués l'un sur l'autre; l. d'or et de gu.

Falk — *Fribourg.* D'arg. à trois bandes de sa.

Falke — *Aut.* (Chevaliers, 9 juin 1874.) De gu. à un faucon d'arg., le vol ouv. et abaissé, chaperonné de sa., le chaperon bordé d'or et sommé d'un leurre de plumes de héron d'arg. Deux cq. cour. **C.:** 1° un lion iss. et cont. d'arg.; 2° le faucon. **D.:** JAGET DEM GUTEN NACH.

Falret de Tuite — *Quercy.* Ec: aux 1 et 4 de sa. au chev. d'or; à une faux de gu., br. sur le tout, le fer en haut à dextre (*Falret*); aux 2 et 3 c.-éc. d'arg. et de gu. (*Tuite*). Cri.: ALLELUIA! **D.:** FALCE MALUROS METO.

Falsen-Zutphen-Adeler (Barons) — *Dan.* (Adjonction du nom de *Falsen*, 24 déc. 1867.) Les armes de *de Zutphen-Adeler*, le surtout coupé: a. les armes de *Adelaer*; b. les armes de *Falsen.* Des casques augmentés d'un quatrième casque, portant le cimier de *Falsen.*

Falvard — *Auv.* D'arg. à un arbre de sin.. surm.

d'une corneille de sa. et acc. de trois merlettes de gu., 1 et 2.

Falzacappa — *Lombardie.* D'azur au lion d'or, surm. d'un lambel d'arg. et acc. de trois fleurs-de-lis du même, dont deux rangées entre les pendants du lambel et la troisième posée au flanc sen.

Fangor — *Galicie* (Chevaliers, 31 janv. 1883.) De gu. au lion d'or, soutenu d'une colline de sin., brandissant un sabre d'arg. et acc. en chef de deux étoiles d'or. Deux cq. cour. **C.:** 1° cinq pl. d'aut., alt. de gu. et d'or; 2° un bras arm., brandissant un sabre, le tout au nat., entre un vol coupé alt. de gu. et d'or. **L.** d'or et de gu.

Fani-Ciotti (Comtes) — *Viterbo.* D'azur à la fasce, acc. en chef d'une fleur-de-lis et en p. d'une colonne tronquée, le tout d'arg.; à la bord. d'or.

Fanneau de la Horie — *Norm.* Coupé: au 1 d'arg. à la croix alésée d'azur; au 2 d'azur à trois larmes renversées d'or, posées à dextre, accompagnées à sen. d'une fleur-de-lis du même.

Fantini — *Bologne.* D'azur à la fasce d'or, acc. en chef de deux têtes d'homme adossées de carn. et en p. d'une rose de quatre feuilles de gu.; au chef du premier, ch. de trois fleurs-de-lis d'or, rangées entre les quatre pendants d'un lambel de gu.

Fantuzzi — *Bologne.* D'azur. à un éléphant de sa., sellé et sanglé d'or, la trompe abaissée, portant sur son dos une tour de sa., ouv. et aj. de quatre pièces d'azur. et sommée de trois tourelles de sa., aux créneaux entaillés.

Farjon de Besson — *France.* Parti: au 1 d'azur à trois bes. d'or, rangés en pal; au 2 de gu. à deux anses d'arg., l'une sur l'autre. Sur le tout de *Farjon* qui est tranché d'arg. sur sa.

Farkas de Hemenau — *Transylvanie* (An., 25 juillet 1820.) D'azur à un loup cont. au nat., couché sur une terrasse de sin., la tête retournée à dextre, tenant sous ses pattes de devant un bouclier circulaire de fer, bordé d'or, et un sabre au nat., br. sur ledit bouclier en barre; le tout acc. en chef d'une étoile d'or, dardant six rayons d'or vers le loup, chaque rai en forme d'éventail. Cq. cour. **C.:** cinq pl. d'aut., alt. d'azur et d'or.

Farmer — *États-Unis.* De sa. au chev. d'arg., acc. de trois saisons du même, allumées de gu. Cq. cour. **C.:** un basilic pass. dardant des flammes de gu. **D.:** ESTO VIGILANS.

Fasanini — *Bologne.* D'azur à un faisan au nat., le vol ouv., passant sur une terrasse de sin.; au chef du premier, ch. de trois fleurs-de-lis d'or, rangées entre les quatre pendants d'un lambel de gu.

Fasano (Marquis) — *Naples.* D'azur à un faisan au nat., soutenu d'une couronne d'or à neuf perles, posée sur un mont au nat., le tout acc. en chef de trois étoiles d'or.

Faton de Favernay (Comtes) — *Pic.* D'azur à la croix d'arg.

Fatta (Barons) — *Palerme.* D'azur à l'aigle d'arg., acc. de trois étoiles d'or, rangées en chef. **D.:** FACTA NON VERBA.

Fauche — *Neufchâtel.* D'or à deux flèches de sa., passées en saut.; et un grand écusson d'azur, br. sur le tout, ch. de trois têtes de licorne d'arg., les deux premières affr. Brl. d'azur et d'arg. **C.:** un vol de sa.

Faucogney (Sires de) — *Franche-Comté* (Vicomtes de *Vesoul.* M. ét.) *Armes anc.:* D'arg. à l'aigle ép. d'arg. — *Armes mod..* D'or à trois bandes de gu.

Faucogney St.-Loup — *Franche-Comté* (Sires de *St.-Loup.* M. ét. au 16e siècle.) D'or à trois bandes de gu., brisé d'un lambel à trois pendants de gu. en chef.

Faucogney-Villersexel—*Franche-Comté, Bourg.* (Sires de *Villersexel* et de *Clairvaux.* M. ét. au 13e siècle.) D'or à trois bandes de gu., brisé d'un lambel à cinq pendants d'azur en chef.

Faucogney-Villersexel la Roche — *Franche-Comté, Bourg.* (Sires de *Villersexel* et de *Clairvaux,* comtes de *la Roche.* M. ét. au 15e siècle.) Les armes de la *Roche-en-Montagne:* Cinq points d'or équipollés à quatre d'azur. **C.:** une tête de vieillard de carn., la barbe longue et les cheveux épars. **S.:** deux cygnes, *ou,* deux aigles, au nat.

Fauconier — *Soumagne (P. de Liège.)* D'arg. à un faucon au nat., perché sur un tertre de sin.

Fauconnet de Vildé — *Paris.* D'arg. à une gerbe de sin.; au chef d'azur, ch. de trois étoiles du champ.

Faulconnier — *Tournai.* Ec.: aux 1 et 4 d'arg. à un faucon de sa., langué, chaperonné, m. et longé de gu., grilleté d'or, la tête cont.; aux 2 et 3 d'arg. à trois bandes de sa., et un écusson d'arg., br. sur les bandes et ch. d'un lion de gu., arm. et lamp. d'azur. **C.:** une main dextre au nat., supp. un faucon pareil à celui de l'écu.

Faure — *Neufchâtel.* D'azur à une bande d'arg., passée dans trois couronnes d'or.

Faure (du) — *Dauphiné.* Parti: au 1 d'arg. au lion de sa., tenant une épée de gu.; au 2 d'azur à trois bandes d'or; au chef d'arg., ch. d'une cloche de sa.

Faurez (du) — *Dauphiné.* D'arg. à trois sapins arr. de sin.

Fava — *Bologne.* Fasce-enté de sin. et d'arg. de six pièces; au chef d'or, ch. d'un lévrier courant d'arg., coll. de gu.

Favarger [anciennement **Favergier**] — *Neufchâtel.* D'azur à une croix latine d'or, soutenue d'un triangle vidé du même; en p. un tertre de trois coupeaux de sin.

Favari — *Bologne.* Coupé d'or sur gu.; à un arbre arr. de sin. de trois branches, chaque branche feuillée de trois pièces mal-ordonnées, br. sur le coupé. Au chef de l'écu d'azur, ch. de trois fleurs-de-lis d'or, rangées entre les quatre pendants d'un lambel de gu.

Favergier — *Neufchâtel.* D'azur à la croix ancrée d'or; au chef du même, ch. de trois tourt. de sa.

Favier de la Chomette — *P. de Velay.* D'arg. au chev. d'azur, acc. de trois fèves d'or, posées chacune en pal; au chef d'azur, ch. de trois merlettes d'or.

Favier du Noyer de Lescheraine (Barons) — *Savoie.* De gu. à une grue d'arg. avec sa vigilance d'or; au chef d'azur, ch. de trois bandes ondées d'arg.

Favre — *Fribourg.* De gu. à un fer-à-cheval d'arg., les bouts en bas, accosté de deux étoiles (5) d'or, surm. d'un croiss. versé du même et acc. en p. d'un tertre de trois coupeaux de sin.

Favre — *Romont (Fribourg.)* D'azur à un fer-à-cheval, les bouts en bas, acc. en chef d'un chev. alésé et en p. d'un marteau en bande et d'une paire de tenailles en barre, passés en saut., le tout d'arg.

Favre, v. Fabvre.

Favre-Bulle — *Neufchâtel.* D'azur; au chef d'arg., ch. d'une rose de sa.

Favre dit de Coffrane — *Neufchâtel.* D'azur au lion léopardé d'or, acc. de deux croisettes du même, 1 en chef et 1 en p.; au chef d'or, ch. d'une aigle iss. de sa.

Favre dit de Thielle — *Neufchâtel.* D'or à la bande d'azur.

Favrel — *Malines.* D'arg. à neuf couronnes à l'antique d'azur, 3, 3 et 3, acc. en p. d'un lion léopardé de sa., arm. et lamp. de gu.

Fayolle — *Dauphiné.* D'azur à deux palmes d'or, passées en saut.

Fayolle — *Dauphiné.* D'azur au lion d'arg.; au chef d'or, ch. d'une croix recr. au pied fiché de gu.

Febei — *Rome.* Ec.: au 1 de gu. à un V d'or, posé en bande; au 2 d'azur à un soleil d'or; au 3 d'azur à une étoile d'or; au 4 de gu. aux lettres V E d'or, entrelacées et posées en bande.

Fébure (le) d'Argence — *Tournaisis.* D'arg. à une loutre de sa., sur une terrasse de sin.; au chef d'azur, ch. de deux roses d'arg.

Fébure (le) de Vatimesnil — *Norm.* D'azur à un cor-de-chasse d'arg., l'embouchure à dextre, cant. de quatre molettes (6) d'or. **S.:** deux lévriers.

Febvre (le) — *Tournai.* De gu. au chev. d'or, acc. en chef de deux quintefeuilles d'arg., percées d'or, et en p. d'un maillet penché d'arg. [Branche cadette de la famille des barons *le Febvre*, de la création du 3 oct. 1825.]

Febvre (le) de Grosriez — *Ponthieu.* D'azur à la fasce d'arg., acc. de trois étoiles du même; au chef d'azur, ch. de deux pals de gu., alternant avec trois merlettes de sa. (La branche cadette brise, en invertissant dans le chef les émaux des pals et des merlettes.) **S.:** deux lions.

Fechler (Chevaliers de) — *P. de Liége.* De sin. à la fasce d'arg.

Feder — *Tirol* (Chevaliers, 12 oct. 1883.) Ec.: au 1 de gu. au chev. d'arg.; au 2 d'azur à une grue d'arg. avec sa vigilance, sur une terrasse de sin.; au 3 d'or à un vieillard iss., mouv. du bas, hab. de sa., rebr. d'or, au rabat du même, coiffé d'un chapeau de sa., retr. d'or, tenant de sa main sen. un compas ouvert, les pointes en haut, et de sa dextre, appuyée sur sa hanche, un rouleau de papier; au 4 d'or à une rivière au nat., en fasce ondée. Deux cq. cour. **C.:** 1° un pelican d'arg., entre un vol de gu., chaque aile ch. d'un chev. d'arg.; **l.** d'arg. et de gu.; 2° l'homme du 3 iss., sauf qu'il tient le compas de sa main dextre et le rouleau de papier de sa sen.; **l.** d'or et d'azur.

Federici — *Bologne.* D'azur à une étoile à six rais de gu., chaque rai terminé en fleur-de-lis du même; au chef du premier, ch. de trois fleurs-de-lis d'or, rangées entre les quatre pendants d'un lambel de gu.

Fegely — *Fribourg.* De gu. à un oiseau d'arg. (ou, les mêmes armes, à la bord. d'or.)

Fegersheim — *Strasbourg.* De gu. à la fasce d'or; à la bord. d'arg. Cq. cour. **C.:** un chapeau piramidal de gu., retr. d'or, sommé d'une boule d'or portant trois plumes de paon au nat.

Feichknecht. v. Fequenet.

Feifalik — *Aut.* (Chevaliers, 28 avril 1880.) De gu. au griffon d'or, ailé de sa., acc. au canton dextre d'une étoile du sec.; à la fasce d'arg., br. sur le tout et ch. de sept los. d'azur. Deux cq. cour. **C.:** 1° un griffon iss. d'or, ailé de sa.; **l.** d'or et de gu.; 2° un vol à l'antique de gu., ch. de la fasce de l'écu; **l.** d'arg. et d'azur. **D.:** UNENTWEGT.

Feici — *Italie.* De gu. à la croix d'azur, ch. de cinq étoiles d'arg.

Feiciani — *Bologne.* D'azur à trois chev. d'or; au chef du premier, ch. de trois fleurs-de-lis d'or, rangées entre les quatre pendants d'un lambel de gu.

Feicini — *Bologne.* D'or à une tige arr. feuillée de cinq pièces, 1, 2 et 2, le tout de sin.

Feiki — *Aut.* (Chevaliers, 2 juin 1882.) Coupé: au 1 parti: a. d'or à une plante de tabac au nat., garnie de fleurs roses, sur une terrasse de sin.; b. de sa. à un livre ouvert, relié d'or, rouge sur tranche; au 2 d'azur à la bande d'or, ch. d'un faisceau des licteurs au nat., posé dans le sens de la bande. Deux cq. cour. **C.:** 1° une aigle iss. de sa.; **l.** d'or et de sa.; 2° une chouette au nat.; **l.** d'or et d'azur.

Feisenberg — *Aut.* (An., 13 mai 1879.) Coupé: au 1 d'arg. à trois bandes de gu.; au 2 d'azur à un rocher escarpé au nat. Cq. cour. **C.:** un lion iss. d'arg., brandissant un sabre. **L.:** à dextre de gu., à sen. d'arg. et d'azur.

Feisenhorst (Edle von), v. Mach Edle von **Felsenhorst.**

Feltz — *P. de Vaud, France,* orig. de *Hesse-Darmstadt.* Coupé, d'or à l'aigle de sa., sur arg. à trois quintefeuilles de gu., 2 et 1; à la fasce bastillée d'une pièce et deux demies de gu., br. sur le coupé. **C.:** l'aigle.

Fenouillot de Falbaire — *Aix.* D'azur au chev., acc. en chef de deux annelets et en p. d'une tige de fenouil au nat.

Fentzel — *Aut.* (Conc. d'arm., 14 janv. 1530.) Taillé d'or sur sa. **C.:** deux prob., celle à dextre barrée de sa. et d'or de six pièces, celle à sen. bandée d'or et de sa. de six pièces.

Fenzi von Baumgarten zu Grueb — *Aut.* (Barons, 17 déc. 1799.) Taillé d'or sur sa.; au lion de l'un en l'autre. Cq. cour. **C.:** un lion coupé de sa. sur or. **S.:** deux lions d'or.

Fequenet — *Neufchâtel.* Palé de gu. et d'or; au chef du dernier, ch. d'un boeuf pass. du premier.

Fequenet — *Neufchâtel.* D'or à un boeuf de gu., pass. sur un tertre de trois coupeaux de sin. et acc. en chef d'une croisette du sec.

Feranti — *Bologne.* D'azur à deux fasces d'arg.; au chef de gu.

Ferantini — *Bologne.* D'azur à trois coupeaux de montagne d'arg., accostés, mouv. de la p., sommés chacun d'une verge d'or; au chef du premier, ch. de trois fleurs-de-lis d'or, rangées entre les quatre pendants d'un lambel de gu.

Ferguson — *Holl.,* orig. d'*Ecosse.* D'azur à un fermail ovale d'arg., acc. de trois hures de sanglier du même. **C.:** une abeille volante d'or, au-dessus d'un chardon tigé et feuillé, au nat. **D.:** BELIEVE, LOVE, HOPE.

Feriolles — *Ile-de-Fr.* D'arg. semé de roses de gu.; au chef d'azur, br. sur le tout et ch. de trois lions d'or, arm. et lamp. de gu.

Fermé de Chesneaux — *Saumur.* D'arg. au lion de gu.; au chef d'azur, ch. de trois bes. d'or.

Fernandez de Córdova marquis de **Canillejas** — *Asturies.* Parti: au 1 d'azur à un arbre de sin., et deux loups pass. de sa., l'un devant et l'autre derrière le fût; à la bord. de sa., ch. de huit coquilles d'arg. (*Córdova de Lizaur*); au 2 tiercé en fasce: a. de sin. à un casque d'arg., grillé et liseré d'or, taré de profil; b. d'or à trois coupeaux de sin.; c. d'azur à une tour d'or.

Fernelmont — *P. de Namur, Limb.* D'arg.: au chef emanché de trois pièces de gu.

Ferniani (Comtes) — *Faenza.* D'or à l'aigle de sa., cour. du champ, acc. en p. d'une mer au nat.

Ferrand-Puginier — *Lang.* D'azur à un senestrochère d'arg., mouv. d'une nuée du même et tenant un rameau de laurier d'or, en barre; le tout acc. de trois étoiles d'or, 2 en chef et 1 en p, celle-ci surmontée d'un croiss. d'arg.

Ferrant de Fontorte — *Auv.* Ec.: aux 1 et 4 d'or au lion de sa.; aux 2 et 3 d'azur à trois coquilles d'or.

Ferrari — *Innsbruck* (Chevaliers, 28 juillet 1883.) Coupé: au 1 d'or au lion naiss. de gu., mouv. du coupé, tenant de ses pattes un faisceau des licteurs au nat., lié de gu.; au 2 fascé de gu. et d'or de six pièces. Deux cq. cour. **C.:** 1° un lion iss. cont. de gu. et 2° un lion iss. de gu., supp. ensemble le faisceau des licteurs. **L.** d'or et de gu.

Ferrari — *Bologne.* D'arg. au lion d'azur, lamp. de gu.

Ferrari — *Modène.* De gu. à trois chev. d'arg.; à la fasce d'azur, br. sur le tout et ch. de trois étoiles d'or; au chef du même, ch. d'une aigle de sa.

Ferrari comtes de Romans — *Lyonnais, Bresse.* D'azur au lion d'or, cour. du même. **S.:** deux lions, ou, deux lévriers au nat. **D.:** FERREA RARO RIDENT.

Ferrariis (de) — *Naples.* De gu. à la croix d'or, accostée en chef de deux fleurs-de-lis d'arg. et en p. de deux roses du même.

Ferrer — *Ile de Mayorque.* D'or à trois jumelles en bandes de gu.

Ferri — *Bologne.* D'azur à huit boules d'arg., 2, 3, 2 et 1, posées au centre de l'écu.

Ferrière (de) — *Champ.* D'azur à cinq tourt. d'azur.

Ferrière (de) — *la Rochelle.* D'or à six écussons de gu.

Ferron de Félines — *Dauphiné.* Ec.: aux 1 et 4 de gu. au lion d'or; aux 2 et 3 d'azur à un tronc écoté d'or, posé en bande.

Festenwall (Edle **von**), v. **König** Edle von **Festenwall.**

Fetter de Fehdenfeld — *Transylvanie* (An., 28 juin 1822.) Coupé: au 1 parti: *a.* de gu. à un senestrochère, arm. au nat., tenant une épée; *b.* d'or à une couronne de laurier de sin., fruitée de gu.; au 2 d'arg. au lion de gu., couché sur une terrasse de sin. Cq. cour. **C.:** le senestrochère. **L.:** à dextre d'arg. et de gu., à sen. d'or et de gu.

Feuille (de la) — *Ile-de-Fr.* Ec.: aux 1 et 4 d'arg. au dragon ailé et couché de sa., langué, écaillé et allumé de gu.; aux 2 et 3 de gu. à la croix d'arg.

Fèvre (le) de Grosriez, v. **le Febvre de Grosriez.**

Fèvre (le) de Milly — *Ponthieu.* De sa. au chev. d'arg., ch. de trois roses de gu. **S.:** deux lions.

Fèvre (le) de St.-Remy — *Ponthieu.* De gu. au saut. d'arg., cant. de quatre aigles du même.

Fex — *Dauphiné.* D'azur à un galion d'arg., sur une mer du même, agitée d'azur, et soutenu de deux dauphins adossés d'or, le mât du navire surm. d'une étoile d'or et accosté de quatre autres étoiles du même, 2 de chaque côté, l'une sur l'autre.

Flamenghi — *Bologne.* D'azur à quatre bandes brét. d'arg.

Flandrini — *Bologne.* D'azur à un soleil de gu., rayonnant d'or, en chef, et un scorpion de gu., en pal, la tête en haut, en p.

Fiaschi — *Ferrare* (Comtes de *Breno*; marquis.) Ec.: aux 1 et 4 d'or à l'aigle ép. de sa.; aux 2 et 3 de gu. à un *fiasco* (flacon. bouteille) d'arg. Sur le tout d'arg. à trois grappes de mûres de sa., feuillées de sin.

Fibbia — *Bologne.* Tiercé en fasce: au 1 d'or à l'aigle de sa., bq. et m. de gu.; au 2 d'azur à un lévrier naiss. d'arg., coll. de gu., mouv. du bas; au 3 d'or à deux fermaux ronds de fer, accostés, les ardillons de gu. en pal. Cq. cour. **C.:** une aigle iss. de sa., cour. d'or, tenant du bec (soutenu de son aile dextre) un livre ouvert d'arg., rouge sur tranche. **L.:** à dextre d'or et de sa., à sen. d'arg. et d'azur.

Fidedy de Lavergne de Fontbonne — *Auv.* D'azur à une lyre antique d'or, en chef, soutenue d'une épée en pal, du même, garnie d'arg.

Fiers — *Harlem, la Haye.* D'azur au chev. de gu., acc. en chef de deux oiseaux d'arg. et en p. d'un melon d'or.

Fiers — *Gand.* De gu. à la fasce engr. d'arg., acc. de trois pots flambants d'or. **C.:** un pot de l'écu; entre un vol, d'arg. et de gu.

Fiers — *Gand.* D'arg. à un buste de More, hab. de gu., au rabat d'or, tort. d'azur. **C.:** le buste de More.

Flessi — *Bologne.* Parti d'or et d'azur. Au chef d'azur, br. sur le parti et ch. de trois fleurs-de-lis d'or,

rangées entre les quatre pendants d'un lambel de gu.

Fievel — *Hainaut.* D'or au chev. de gu., acc. de trois roses du même.

***Filangeri** — *Naples* (Prince de *Satriano*, duc de *Taormina*). D'arg. à la croix d'azur. Cq. cour. **C.:** un pelican avec ses petits d'arg. L'écu posé sur l'estomac d'une aigle ép. de sa., surm. d'une couronne impériale.

Filangieri — *Naples* (Prince d'*Arianello*.) Les armes de **Filangeri.**

Filardi — *Bologne.* D'azur à un soleil de gu. à huit rais ondoyants, chaque rai terminé en étoile (5) de gu.

Filippa — *Piémont.* Echiq. de sa. et d'or.

Filippi — *Vienne* (Nob. du St.-Empire, 26 janv. 1610.) Ec.: aux 1 et 4 de gu. à un dragon à deux pattes d'or, à reflets de sin.; aux 2 et 3 barré d'azur et d'or. Cq. cour. **C.:** le dragon, iss. **L.:** à dextre d'or et d'azur, à sen. d'azur et de gu.

Filippi — *Italie.* D'azur à une colombe volante, tenant en son bec un rameau d'olivier. le tout d'arg., acc. en chef d'un lambel de quatre pendants de gu.

Filistorf — *Fribourg.* Coupé d'azur sur arg.; au cheval cabré de l'un en l'autre.

Fillenbaum — *Aut.* (Nob. du St.-Empire, 30 août 1637; conf. de nob., 10 avril 1756.) Ec.: aux 1 et 4 d'azur à un monticule de sin., sommé d'un arbre du même; aux 2 et 3 de gu. à un homme, arm. de toutes pièces, tenant de sa main dextre une flèche, la pointe en bas, la sen. appuyée sur sa hanche. **C.:** l'homme du 2. entre un vol coupé, à dextre de gu. sur arg., à sen. d'or sur sa. **L.:** à dextre d'or et de sa., à sen. d'arg. et de gu. — (Chevaliers autrichiens, 1 déc. 1764.) Ec.: aux 1 et 4 d'arg. à un arbre terrassé de sin.: aux 2 et 3 comme les 2 et 3 des armes de 1756. Enté en p. d'or à l'aigle de sa., cour. d'or. Deux cq. cour. **C.:** 1° l'homme du 2, entre un vol coupé, à dextre de gu. sur arg., à sen. d'or sur sa.; **L.** d'arg. et de sa.; 2° l'aigle de la pointe entée: **L.** d'arg. et de gu.

Filipetti — *Bologne.* D'azur à trois coupeaux de montagne isolés d'or, rangés en p., sommés chacun d'un arbre de sin.; au chef du premier, ch. de trois fleurs-de-lis d'or, rangées entre les quatre pendants d'un lambel de gu.

Filippi — *Bologne.* D'arg. à la fasce d'or, acc. de trois croiss. de sin.

Filippini — *Bologne.* D'arg. à un mont isolé de trois coupeaux de sin. en p., sommé d'un arbre du même.

Filipucci — *Bologne.* De gu. à un senestrochère, arm. d'arg., mouv. du flanc, tenant une rondache d'arg., ch. des lettres P F de sa.; au chef de sin., surm. d'un autre chef d'arg., ch. d'une aigle de sa.

Fillol — *Dauphiné.* D'or à la fasce de gu., ch. de trois hures de sanglier arr. d'arg.

Filocamo — *Reggio.* Tiercé en fasce d'azur, d'or et d'arg., l'azur ch. d'une étoile d'or.

Finfe (Barons de) — *Champ.* D'arg. à la croix de gu., cant. de quatre têtes de More, tort. du champ. **S.:** deux ours.

Finlay — *Etats-Unis.* D'arg. au chev. de gu., acc. de trois quintefeuilles du même. **C.:** un sanglier pass. d'arg.

Fiolitsch Edle **von Fluggau** — *Aut.* (An., 20 sept. 1882.) Parti de sa. et d'or; à un senestrochère, arm. d'or, br. sur le parti, brandissant une épée d'arg., garnie d'or. Cq. cour. **C.:** un vol à l'antique, l'aile de derrière d'or plein, l'aile de devant de sa., ch. de trois étoiles, 2 et 1, du premier. **L.:** à dextre d'or et de sa., à sen. d'or et de gu.

Fiorani — *Bologne.* Palé d'arg. et de sin.

Floravanti — *Bologne.* D'azur à un arbre arr. de sin.; au chef de sin. ch. d'une aigle de sa.

Fioravanti — *Bologne.* D'azur au lion d'or, soutenu d'un mont de six coupeaux d'arg., mouv. de la p., et tenant de ses pattes une branche de rosier tigée et feuillée de sin., fleurie à dextre de deux pièces de gu.; au chef du premier, ch. de trois fleurs-de-lis d'or, rangées entre les quatre pendants d'un lambel de gu.

Flore (dal) — *Bologne.* D'arg. à une fleur de gu., tigée et feuillée de quatre pièces de sin.

Fiorenzi (Comtes) — *Romagne.* D'azur à la fasce d'arg., supp. un lion léopardé cont. d'or; le tout acc. en chef de trois fleurs-de-lis d'or, rangées entre les quatre pendants d'un lambel de gu. **D.:** VELOX CONSILIUM SEQUITUR POENITENTIA.

Fiorenzi — *Bologne.* De gu. à deux tiges de sin., fleuries chacune au sommet de deux lis de jardin d'arg., lesdites tiges passées en saut. dans une couronne d'or; au chef d'azur, ch. de trois fleurs-de-lis d'or, rangées entre les quatre pendants d'un lambel de gu.

Florenzola — *Bologne.* De gu. à un chat ramp. d'or, la tête posée de front, tenant de ses pattes un bâton d'arg., le sommet terminé en crochet à dextre.

Fiori — *Bologne.* D'arg. à deux roses de gu., tigées et feuillées de sin., accostées ; à la croix de gu., br. sur le tout, chaque bras ch. d'une étoile (5) d'or ; au chef d'azur, ch. de trois étoiles (5) d'or.

Fiorini (Chevaliers) — *Ferrare.* D'azur à deux roses de gu., tigées et feuillées de sin., accostées et passées dans une couronne d'or.

Fiorioli della Lena— *Padoue.* Parti : au 1 d'arg. à un dextrochère, paré de sin., tenant trois rameaux d'olives du même, feuillés aussi de sin.; au 2 d'azur à une sirène de carn., acc. en chef de trois étoiles rangées d'or, et d'un soleil du même, mouv. du canton dextre du chef.

Fiscali — *Bohème* (Chevaliers, 18 avril 1883.) D'or au saut. d'azur, cant. de quatre feuilles de chêne de sin., les tiges en bas. Deux cq. cour. **C.:** 1° un vol cont., chaque aile coupée d'or sur azur ; l. d'or et d'azur: 2° un vol à l'antique, chaque aile coupée d'or sur sin.; l. d'or et de sin. **D.:** SILVARUM CULTURA.

Fischer — *Aut.* Parti d'azur et d'or; à une ancre sans trabe d'arg., br. sur le parti et accostée de deux dauphins en pals de l'un à l'autre, les têtes en bas. **C.:** l'ancre, renversée, accostée de deux dauphins en pals, à dextre d'azur et à sen. d'or, les têtes en haut; le tout entre un vol d'azur. **L.** d'or et d'azur.

Fischer Edle von **Ehrenborn** — *Transylvanie* (An., 30 janv. 1822.) Coupé: au 1 parti : *a.* de gu. à une fleur-de-lis d'arg.; *b.* de sin. à une tête de Turc au nat.; au 2 azur à un pêcheur, hab. d'une veste brunâtre et d'un haut-de-chausses d'arg., coiffé d'un bonnet albanais, tenant un filet à manche, posé sur son epaule; ledit pêcheur passant dans le fond d'un pré de sin., traversé par une rivière en fasce. Cq. cour. **C.:** un vol de sa. **L.:** à dextre d'arg. et de gu., à sen. d'arg. et de sin.

Fischer d'Erlach — *Aut.* (An., 1705.) Coupé: au 1 d'azur à une boule ailée d'or, cour. du même; au 2 un bras accolé d'un serpent. À une bande de ..., ch. de six étoiles d'or et br. sur le coupé. — (Barons, 1735, sans prédicat d'*Erlach*.) Ec.: aux 1 et 4 d'or à la bande de sa., ch. d'une boule d'or et de deux étoiles du même ; ladite bande acc. de deux demi-vols de sa.; aux 2 et 3 d'arg. à un dauphin nageant sur une mer, le tout au nat. Sur le tout d'azur à une sirène de carn., cour. d'or. **C.:** 1° un demi-vol cont. de sa. ; 2° la sirène; 3° le dauphin.

Fish — *Angl., New-York, Massachusetts.* De sa. au chev. ondé d'arg., acc. de trois fleurs-de-lis du même. **C.:** une tête de dragon arr. de sa. **D.:** DEUS DABIT.

Fisker — *Dan.* (An., 5 mai 1797.) Coupé: au 1 parti : *a.* d'azur à un mur de gu.; *b.* d'or à une ancre et un mousquet, passés en saut., br. sur un canon; au 2 d'arg. à un dauphin de sa. dans une eau au nat., surm. de trois étoiles d'or, et 1. Cq. cour. **C.:** une étoile d'or, entre deux drapeaux danois.

Fisseau — *Hainaut.* Ec.: aux 1 et 4 d'or à trois lévriers pass. de sa.; aux 2 et 3 de gu. à la fasce d'arg.

Fiume (dal) — *Bologne.* D'arg. à la fasce de sin., acc. en chef de deux cerfs naiss. et affr. d'or, mouv. de la fasce, et en p. d'un canot de sa. sur une eau au nat.; au chef d'azur, ch. de trois fleurs-de-lis d'or, rangées entre les quatre pendants d'un lambel de gu.

Flagg [anciennement de **Flegg**] — *Norm., Angl., Etats-Unis.* Parti d'or et d'arg.; au chev. de l'un en l'autre. **C.:** deux pattes d'ours au nat., passées en saut., et chargées d'une couronne de laurier de sin.

Flameng (le) — *Abbeville.* De sa. à un croiss. d'or, surm. d'une flamme de gu.; le tout acc. en chef d'un lambel d'or.

Flameng (le) — *Abbeville* (An., fév. 1387.) De sa. à la bande d'or, ch. d'une quintefeuille de gu. et acc. en chef d'un croiss. d'or.

Flandre (de) — *Bellefontaine (P. de Namur.)* De gu. au chev. d'herm., ch. d'un écusson d'or au lion de sa.

Flandy — *Dauphiné.* D'or; au chef d'azur, ch. de trois bes. d'arg.

Fleichmann — *Fribourg.* De gu. à un homme iss., arm. de toutes pièces d'arg., coiffé d'un bassinet du même, supp. de sa main dextre une étoile (5) d'or et de sa sen. un croiss. du même.

Fleurelles — *Tour.* D'arg. à une croix de Lorraine de gu.

Fleury (de) — *Tour.* D'azur à trois bes. d'or; au chef de gu. fretté d'or.

Fleury — *Neufchâtel.* De gu. à une fleur-de-lis d'or.

*Flinsch — *Leipzig, Francfort s/M.* Ec.: aux 1 et

4 d'or à un ours pass. de sa., coll. d'arg.; aux 2 et 3 de gu. à la bande d'arg., ch. de trois étoiles d'azur. **C.:** deux pennons adossés, celui à dextre coupé de sa. sur or, celui à sen. coupé de gu. sur arg., les hampes de gu., armées d'or. **L.:** à dextre d'or et de sa., à sen. d'arg. et de gu.

Florio — *Dalmatie* (Chevaliers, 7 juin 1880.) Ec. de gu. et d'azur; à la croix d'arg., br. sur l'écartelé, cant. de quatre fleurs-de-lis d'or. Deux cq. cour. **C.:** 1° un vol cont., l'aile de derrière d'arg. plein, l'aile de devant de gu., ch. d'une ancre d'or; l. d'arg. et de gu.; 2° un senestrochère, arm. au nat., tenant une épée; entre un vol à l'antique, l'aile de devant d'azur et l'aile de derrière d'or; l. d'or et d'azur.

Flotte — *Dauphiné.* Losangé d'arg. et de gu. ; au chef d'or.

Flotte de Montauban — *Dauphiné* (Comtes de la Roche des Arnauds.) Ec.: aux 1 et 4 losangé d'arg. et de gu.; au chef d'or (*Flotte*); aux 2 et 3 d'azur à trois tours d'or, ouv. du champ (*Montauban*.)

Flour de St.-Genis (Comtes) — *Dauphiné.* D'or à une tour de gu., aj. et maçonnée d'arg.

Floyd de Treguilb — *Bret.* D'arg. au chev. de sa., acc. de trois corneilles du même.

Fluggau (Edle von), v. **Fiolitsch** Edle von **Fluggau.**

Fluhe (auf der) ou **de Supersaxo** — *P. de Vaud.* Ec.: aux 1 et 4 de gu. à un tertre de trois coupeaux de sin., surm. d'une couronne d'or; aux 2 et 3 de sa. au lion d'or, soutenu d'un tertre de trois coupeaux de sin.

Flye (de la) — *Delft.* D'azur à un navet feuillé d'arg.; au chef d'or, ch. de trois oiseaux de sa.

Foache — *Norm.* (An., 1764; barons, 1822.) D'azur à un cimeterre d'arg., posé en pal.

Fochi — *Bologne.* D'azur à un feu de gu., en p., surm. d'une comète d'or entre deux étoiles (5) du même.

*Focke — *Amsterdam*, orig. de *Hesse.* D'arg. à une fasce échiq. d'azur et d'arg. de deux tires, acc. en chef de trois étoiles rangées de gu. et en p. de trois fasces ondées d'azur. — Ou: D'arg. à une fasce échiq. d'arg. et d'azur de trois tires, acc. en chef de trois étoiles rangées de gu. et en p. d'une mer au nat.

Foglia (dalla) — *Bologne.* Ec. en saut.: en chef de gu. à une étoile (5) d'or; à dextre d'azur à une feuille de vigne d'or; à sen. d'or à une feuille de vigne d'azur; en p. d'arg. à une feuille de vigne de gu., toutes les feuilles les tiges en bas.

Fogliani — *Bologne.* D'azur à une tour d'arg., ouv. et aj. de sa.; au chef du premier, de trois fleurs-de-lis d'or, rangées entre les quatre pendants d'un lambel de gu.

Fogliani — *Bologne.* Coupé d'arg. sur gu.; à un arbre arr. de sin. de trois branches, chacune feuillée de trois pièces mal-ordonnées. Au chef de l'écu d'or, ch. d'une aigle de sa.

Foix (de la maison de *Grailly*) — *Suisse, Foix, Bigorre, Guyenne, Gasc., Navarre, Aragon* (Comtes de *Bigorre* et de *Comminges*, vicomtes de *Béarn*, princes de *Viana*, vicomtes de *Castelbon* et de *Marsan*, rois de *Navarre*, ducs de *Nemours*, de *Gandia* et de *Peñafiel*, pairs de France. M. ét. en 1483.) Ec.: aux 1 et 4 d'or à trois pals de gu. (*Foix*); aux 2 et 3 d'or à deux vaches de gu., accornées, coll. et clarinées d'azur, l'une sur l'autre (*Béarn.*) — Puis: Ec.: aux 1 et 4 de gu. à une chaine d'or, en triple orle, en croix et en saut. (*Navarre*); au 2 de *Foix*; au 3 de *Béarn.*

Foix — Comté de *Foix, Guyenne, Gasc., Navarre* (Vicomtes de *Narbonne*, comtes d'*Estampes*, de *Pardiac* et de *Beaufort*, ducs de *Nemours*, rois titulaires de *Navarre*, pairs de France. Et. en 1512.) Ec.: aux 1 et 4 de *Foix*; aux 2 et 3 de *Béarn.*

Foix — Comté de *Foix, Guyenne, Gasc., Champ.* (Vicomtes de *Lautrec* et de *Villemur*, comtes de *Comminges* et de *Beaufort*. Et. en 1540.) Ec.: aux 1 et 4 de *Foix*; aux 2 et 3 *Béarn.* Sur le tout d'or à deux lions léopardés de gu., arm. et lamp. d'azur, l'un sur l'autre (*Bigorre.*) — Puis: Ec.: aux 1 et 4 de *Foix*; au 2 de *Béarn*; au 3 d'azur à la croix pattée de gu. (*Comminges.*)

Foix — *Suisse, Guyenne, Gasc., Aragon* (Comtes de *Benauges*, de *Longueville*, de *Candale* et d'*Astarac*, vicomtes de *Meille* en Aragon; barons de *Gurson*, seigneurs de *Grailly*, captaux de *Buch*. Et. en 1572.) Ec.: aux 1 et 4 de *Foix*; aux 2 et 3 de *Béarn*, brisé jusqu'au milieu du 15e siècle d'un lambel à cinq pendants de sa., chaque pendant ch. de cinq coquilles d'arg. **D.:** QUI M'AIMERA, JE L'AIME.

Foix-Candale — *Guyenne, Gasc., Aragon, Auv.,*

Bourg. (Comtes de *Gurson*, de *Fleix* et de *Candale*, marquis de *Trans*, vicomtes de *Meille*, captaux de *Buch*, ducs de *Randan* et de *Foix*, pairs de France, marquis de *Sennecey*. Et. le 22 fév. 1714.) Ec.: aux 1 et 4 de *Foix*; aux 2 et 3 de *Béarn*. L'écu brisé jusqu'en 1572 d'un surtout d'azur, ch. d'une fleur-de-lis d'or. Cq. cour. **C.:** un griffon iss. d'or. **Cri:** NOTRE-DAME BIERNE **ou** BÉARN! **S.:** deux griffons d'or. **D.:** LONGE LEVIS AURA FERET. *Manteau* de duc et pair, sommé de la couronne ducale.

Foix-Candale — *Guyenne, Gasc., Condomois* (Barons *de Donazit* et *du Lau*. M. ét.) Ec.: aux 1 et 4 de *Foix*; aux 2 et 3 de *Béarn*. A un filet en barre d'azur, br. sur l'écartelé.

Folesani — *Bologne.* D'azur à deux léopards couchés et adossés d'or, celui à dextre br. sur celui à sen., attachés chacun par une chaîne d'or à une tête de léopard du même en chef; au chef du premier, ch. de trois fleurs-de-lis d'or, rangées entre les quatre pendants d'un lambel de gu.

Folicaldi (Comtes) — *Rome.* D'azur à la fasce de gu., ch. de trois fleurs-de-lis d'or et acc. en p. d'une foulque au milieu de plantes aquatiques au nat.

Folin de la Fontaine — *Norm.* D'arg. à deux bandes de gu.

Folkershausen — *Ostfrise.* D'azur à une aigle d'or.

Follenius (Edle **von**) — *Aut.*, orig. de *Giessen* (*Hesse*) (An., 8 avril 1885.) De gu. à un poulain cabré d'arg. Cq. cour. **C.:** le poulain, iss.

Folleo — *Piémont.* D'or à un arbre de sin.; au chef d'azur, ch. de trois étoiles d'or.

Folly — *Fribourg.* D'azur à deux équerres d'or, passées en saut., acc. en chef d'un croiss. du même et en p. d'un oiseau d'arg., posé sur un tertre de trois coupeaux de sin.

Fonchesne — *Dauphiné.* D'or à la bande de gu., ch. d'une colombe d'arg.

Fongarini — *Bologne.* D'azur à trois champignons de gu. (celui du milieu plus élevé), rangés sur une terrasse de sin. et surmontés de trois étoiles (5) mal-ordonnées d'or; le tout acc. d'un soleil de gu., rayonnant d'or, mouv. du canton dextre du chef.

Fonseca (da) et **Diaz da Fonseca** — *Amsterdam*, orig. d'*Esp.* D'azur à cinq étoiles d'or, 2, 1 et 2.

Fönss de Hindsgavl — *Dan.* (An., 18 mai 1804.) Les armes de *Fönss de Lovenholm*. **S.:** deux aigles au nat., le vol ouv. et abaissé.

Fönss de Lovenholm — *Dan.* (An., 29 janv. 1801.) Ec.: au 1 d'or à deux fasces d'azur, acc. d'une rose de gu. en abime; au 2 de gu. à une grue reg., avec sa vigilance, au nat; au 3 d'azur à un lion au nat., couché dans une île de sin., entourée d'eaux au nat.; au 4 d'arg. à un chêne terrassé au nat. Cq. cour. **C.:** une étoile (5) d'or, entre un vol de sa. **S.:** deux chevaux couleur isabelle.

Font (de) — *Fribourg.* De gu. à une molette (6) d'arg.

Fontaine — *Fribourg.* D'azur à une fontaine d'arg., jaillissante du même; au chef de gu., ch. de deux étoiles (5) d'or.

Fontaine (de) — *Lille.* Ec.: aux 1 et 4 d'azur à une fontaine d'or (*Fontaine*); aux 2 et 3 d'azur à un lacs d'amour d'or, en forme de croix (*du Hot*).

Fontaine (de la) — *France.* D'azur à trois cors-de-chasse d'arg., liés d'or.

Fontaine de Biré — *Maine, Anjou.* D'azur au chev., acc. en chef de deux trèfles et en p. d'une gerbe, le tout d'or.

Fontaine de Mervé — *Maine, Anjou.* Les armes de **Fontaine de Biré**.

Fontaine (de) de Santes (Comtes) — *Paris.* Parti: au 1 de gu. au lion d'arg. (*Wallincourt*); au 2 d'azur à une fontaine d'or (*Fontaine*).

Fontaines — *Ponthieu.* D'or à trois écussons de vair (que les branches cadettes ont brisé tantôt d'une bord., tantôt d'un lambel, tantôt d'un croiss., le tout de gu.) **C.:** un lévrier iss. **S.:** deux lévriers au nat., coll. de gu.

Fontaines (de) — *Norm.* D'azur à la croix ancrée d'arg.

Fontaines (des) d'Azincourt (Comtes) — *Douai.* D'or à trois pals d'azur; à une tour d'arg., maçonnée de sa., br. sur le tout du milieu.

Fontaines (de) de Boiscard — *Norm.* D'arg. au chev. de sa., acc. de trois mouch. d'herm. du même.

Fontaines (des) de la Croix — *Fl. fr.* D'or à trois pals d'azur; à une tour d'arg., maçonnée de sa., br. sur le pal du milieu.

Fontaines de St.-Victor — *Maine, Norm.* D'azur à la croix ancrée d'arg.

Fontana ou **Fontanesi** — *Ferrare.* D'azur à une fontaine d'or, jaillissante d'arg.

Fontanelli — *Bologne.* D'azur à la bande échiq. à plomb d'arg. et de gu. de trois tires, côtoyée de quatre roses d'or; au chef du premier, ch. de trois fleurs-de-lis d'or, rangées entre les quatre pendants d'un lambel de gu.

Fontanelli — *Modène* (Marquis de *Fubino* et de *San Donnino*). Ec.: aux 1 et 4 d'azur à trois fleurs-de-lis d'or; aux 2 et 3 de gu. à la bande échiq. d'arg. et d'azur, côtoyée de quatre roses d'azur. Sur le tout d'or à l'aigle ép. de sa., cour. d'or.

Fontenailles — *Tour.* D'or à un écusson d'azur ch. d'un écusson d'arg. surch. d'un troisième écusson de gu.

Fontenay — *Bourg.* D'azur à un cheval pass. d'arg.; au chef de gu., ch. de trois étoiles d'or.

Fontréaulx — *Guyenne, Angoumois, Poitou, Limousin.* D'arg. à la fasce abaissée de gu., surm. d'un soleil du même. **D.:** A FRONTE LUX.

Forcel — *Ile-de-Fr.* Parti d'or et d'azur; à la bande de gu., br. sur le tout.

Forest de Quadorville — *Fl. fr.* Coupé: au 1 d'or au lion de gu., tenant de ses pattes une banderole du même; au 2 d'azur à trois merlettes d'arg.

Foresti — *Bologne.* De gu. à trois bandes d'arg.; au chef d'or, ch. d'une aigle de gu., cour. d'or.

Forestier — *Fribourg.* De sin., d'azur, de gu. et de sin.; à un bras d'arg., mouv. du canton sen. du chef, br. en barre sur l'écartelé et tenant une pique d'or, br. en bande sur ledit écartelé.

Forestier (de) — *Suisse.* Parti: au 1 coupé de sin. sur gu.; au 2 d'azur plein. A un senestrochère d'or, mouv. du flanc sen., et tenant une flèche d'or en bande, la main br. en abime sur la division et la flèche br. sur le sin. et l'azur.

Forestrie (de la) — *Anjou.* D'or au chev. de gu., ch. de trois molettes d'arg. et acc. de trois feuilles de hêtre de sin.

Forge de Rochefort — *Lang.* De gu. à trois trèfles d'or.

Forgemol de Bostquénard — *Marche* (An., mai 1775; vicomtes, juin 1829.) D'azur à la fasce d'arg., ch. de deux molettes (6) de gu. et acc. en p. de deux demi-vols adossés d'arg.

Formet — *Dauphiné.* De gu. au lion d'arg.; au chef d'azur, ch. de trois étoiles d'or.

Formon — *France.* D'arg. à un cerf élancé au nat., soutenu d'une champagne de sin. et acc. en chef de deux oiseaux aussi au nat., volant en bande et rangés en fasce.

Formy (de) de la Blanchetée — *Corfou, Nice.* De sin. à une fasce d'arg., haussée dans l'écu et ch. à dextre d'une étoile (5) d'azur; en p. un pont de deux arches de gu., s'élevant d'une eau au nat.; l'espace entre le côté sen. du pont et le flanc sen. de l'écu rempli d'une terrasse au nat., portant un arbre au nat., dont le feuillage de sin. broche sur la fasce d'arg. à sen.

Fornachon — *Neuchâtel.* D'azur à une coupe couverte d'arg., accostée de deux étoiles (5) renv. du même, et acc. en p. d'un tertre de trois coupeaux de sin.

Forne — *Dauphiné.* D'azur à un four d'arg., maçonné et portillé de sa., enflammé de gu.

Forquet — *Dauphiné.* D'azur au chev. d'arg., acc. de trois coquilles du même; au chef aussi d'arg., ch. d'un corbeau de sa.

Forrer — *Schaffhausen.* De gu. à une pile d'arg., chargée d'un arbre arr. de sin.

Forst — *Zittau (Saxe).* Coupé: au 1 d'or au lion naiss. de gu., cour. d'or, mouv. du coupé; au 2 de gu. à trois roses d'or, bout. d'azur. **C.:** le lion iss.

Forstall [anciennement **de Forestier**] — *Norm., Irl.* De sa. à trois épines d'arg., la pointe en bas. **D.:** IN CORDA INIMICORUM REGIS.

Förster — *Strasbourg.* De sa. à une corne de bouquetin fascée d'arg. et de gu. de huit pièces; à la bord. d'or. **C.:** la corne du bouquetin de l'écu. **L.:** d'arg. et de gu., ou d'or et de gu.

Forster — *Prague* (Chevaliers, 10 juin 1881.) Parti: au 1 d'azur à une ramure de cerf du... ; au 2 d'or à une aigle de sa. Deux cq. cour. **C.:** 1° la ramure du 1; **l.** d'or et d'azur; 2° l'aigle du 2; **l.** d'or et de sa.

Fort (le) — *Liége.* Ec.: aux 1 et 4 d'arg. à cinq fusées de gu., accolées en fasce, touchant les bords du quartier; aux 2 et 3 d'or à trois merlettes de sa. **C.:** une tête et col de bouc au nat., coll. et bouclée d'or. [*Jean Gilles le Fort*, roi d'armes de la province de Liége, décédé en 1752.]

Fortuny — *Ile de Mayorque.* D'arg. à cinq tourt. de sa., 2, 2 et 1.

Foscarini — *Venise, Lecce.* Ec.: aux 1 et 4 d'azur à trois fleurs-de-lis d'or; aux 2 et 3 d'or à huit fusées d'azur, accolées en bande. Au chef de l'écu de gu., br. sur l'écartelé et ch. du lion de St.-Marc d'arg. L'écu entouré d'une bord. de sa., séparée du champ par une filière d'or.

Fossé d'Arcosse — *Lang.* D'azur à trois fasces d'arg. émanchées d'or.

Fossenet — *Neufchâtel.* D'azur au lion, tenant entre ses pattes un 4 et acc. d'une rose au canton dextre de la p., le tout d'or.

Foster — *Boston.* D'arg. au chev. de sin., acc. de trois cors-de-chasse de sa., liés de gu. C.: un bras arm., tenant une lance au nat.

Fouache de Boulan d'Halloy — *Pic.* D'azur au lion d'or, arm et lamp. de gu.

Fougères — *Marseille.* D'or; au chef émanché de gu. de trois pièces.

Fougères (Marquis) — *Bret., Auv., Guadeloupe.* Ec.: aux 1 et 4 de sin. à un boucliér d'arg., ch. d'une triple branche de fougère d'azur; aux 2 et 3 de sin. au saut. d'arg., ch. de trois trèfles de gu.

Fougeroux de Campigneulles — *Tournaisis, Fl. fr.* D'arg. à l'aigle ép. de sa., et trois rameaux de sin. issants entre les deux têtes de l'aigle.

Foulers de Relingue (Comtes) — *Fl. fr.* Ec.: au 1 d'azur à une épée d'arg., garnie d'or; au 2 de sin. à un étrier d'or; au 3 de gu. à un pélican d'arg.; au 4 de sa. à un boucliér d'arg.

Foulhouse (de la) — *Auv.* D'arg. à une étoile d'or en chef et un croiss. du même en p.

Fountaine — *Angl.* D'or à la fasce de gu., acc. de trois têtes d'éléphant de sa. C.: une tête d'éléphant d'or.

***Fouquet** comtes de Chalain — *Bret., Angoumois* (Vicomtes, nov. 1650; comtes, déc. 1657.) D'arg. à un écureuil de gu.; à la bord. du même, ch. de six fleurs-de-lis d'or.

Fouquet du Lusigneul — *Norm.* De gu. à deux chev. d'arg., acc. de trois coquilles du même, 2 en chef et 1 en p.

Fourment (de) — *France.* D'azur au chev. d'arg., acc. en chef d'un croiss. du même et d'une étoile d'or, et en p. d'une gerbe de blé du dernier.

***Fourmestraulx de Wazières** — *Tournaisis* (An.. 1623 et 1670.) Ec.: aux 1 et 4 d'or à l'aigle ép. de gu. (*Fourmestraulx*); aux 2 et 3 d'or à un cors ramp. au nat., tenant de ses pattes une branche d'arbre, courbée et émondée, de gu. C.: l'aigle ép. **L.** d'or et de gu.

Fournier — *Grenoble.* De gu. à un agneau passcal d'arg., le banderole ch. d'une croix d'azur; au chef d'azur, ch. d'un croiss. d'arg. entre deux étoiles du même.

Fournier — *Vienne (Dauphiné.)* De sa. à six bes. d'arg.; au chef du même, ch. de trois étoiles de gu.

Fournier — *Fribourg.* Parti: au 1 de gu. à la demi-aigle d'arg., mouv. du parti; au 2 palé d'or et de gu., de quatre pièces. Au chef de l'écu d'or, br. sur le parti et ch. d'une aigle iss. de sa.

Fournier dit Egter — *Holl.* D'azur à une boule d'arg., ailée du même, acc. en chef de deux étoiles (8) d'or et en p. d'une mer au nat.

Fowle — *Boston.* D'arg. à trois arbres au nat.

Fraboulet de Kerleadec — *Bret.* De gu. à deux haches d'armes adossées d'arg.; au chef d'or.

Fracheboud — *Fribourg.* De gu. au chev. d'arg., acc. de trois feuilles de tilleul de sin., posées en barre, la tige en bas.

Fragner (Edle von) — *Aut.* (Nob. d'*Aut.* et du St.-Empire, 28 janv. 1788.) Fuselé en bande d'arg. et de sin.; à une ombre de lion, br. sur le tout. Cq. cour. **C.**: trois pl. d'aut., une d'arg. entre deux de sin.

Fraigneux — *Soumagne* (P. de *Liége.*) Coupé: au 1 de gu. à un fer-de-moulin d'or; au 2 d'arg. à un arbre terrassé de sin. C.: le fer-de-moulin.

Fraipont — *Liége.* D'arg. à un agneau au nat., pass. devant trois coupeaux de sin., le tout soutenu d'une terrasse du même. C.: un peuplier de sin.

Fraipont — *Liége.* Coupé: au 1 et 4 d'arg. à trois pals de sa.; au 2 d'arg. à un coq de sa., cour. d'or; au 3 d'or à la croix de gu.

Franceschi — *Toscane.* D'azur à la bande d'arg., ch. de trois lions léopardés de gu.

Francesco (de) — *Palerme.* Coupé: au 1 d'azur à un dauphin d'arg. nageant dans une mer houleuse du même, agitée de sa., surm. d'une aigle d'or, cour. à l'antique du même; au 2 d'or à trois barres de gu., à la fasce diminuée du même, br. sur les barres.

Franchi de' Cavalieri — *Rome.* Tierce en pal: au 1 d'azur à deux bandes ondées d'azur; au 2 de gu. à

une tour d'arg., acc. en p. de trois boules d'or; au 3 d'azur à la bande d'or, acc. en chef de trois étoiles du même, rangées en demi-orle, et au chien ramp. d'arg., br. sur la bande; au chef d'or, ch. d'une aigle de sa., cour. d'or. **D.:** VIRTUS FORTUNA POTENTIOR.

Franchi-Verney comte della Valletta — *Turin* (Comte, 3 juin 1860.) Ec.: aux 1 et 4 d'or à une tour de gu., à cinq créneaux entaillés, ouv. et aj. de sa. (*Franchi*); aux 2 et 3 d'azur à un mont de trois coupeaux d'or, chaque coupeau sommé d'une fleur-de-lis du même (*Verney*.) **C.:** une aigle ép. iss. de sa., bq. et allumée de gu., chaque tête cour. d'or. **S.:** deux griffons au nat. **D.:** IN TE, DOMINE, SPERAVI.

Franck — *Strasbourg.* Coupé: au 1 recoupé-nébulé d'azur sur or; au 2 d'or à un fer-à-cheval de sa., les bouts en bas. A la fasce de sa., br. sur le coupé.

Franck — *Aut.,* orig. de *Mühlhausen* (Chevaliers, 17 juillet 1773.) De gu. à une montagne de trois coupeaux d'or, cour. au milieu d'une couronne d'or incrusté de pierreries. Deux cq. cour. **C.:** 1° le monde, chaque pomme prob. coupées, à dextre d'arg. sur azur, à sen. de gu. sur or; 2° quatre pl. d'aut.: d'azur, d'arg., de gu. et d'or. **L.** d'or et de gu.

François (le) des Courtis — *Tour., Poitou.* D'azur à une tour d'arg., ch. de trois mouch. d'herm. de sa., 2 et 1; ladite tour accostée de deux fleurs-delis d'arg. et acc. en p. d'une croisette du même.

Franconin dit Sauret — *France* (Baron de l'Empire, 1810.) D'or à une forteresse à cinq bastions de sa., ch. en coeur d'une rose de gu.; au chef d'azur, ch. de trois étoiles d'or.

Francopoulo — *Grèce.* D'arg. à l'aigle ép. d'or, ch. sur son estomac d'un écusson de sa., surch. d'une fleur-de-lis d'or.

Francovich de Bersez — *Fiume* (Chevaliers, 29 fév. 1880.) D'or à un pont de trois arches de gu., jeté sur une eau au nat., et acc. en chef d'une aigle iss. de sa., mouv. dudit pont. Deux cq. cour. **C.:** 1° une aigle iss. de sa., la tête sommée d'une étoile d'or; **l.** d'or et de sa.; 2° un vol à l'antique, l'aile de derrière de gu. plein, l'aile de devant d'arg. ch. d'une croix de Jérusalem de gu.; **l.** d'arg. et de gu.

Francq — *Brab.* D'azur à une couronne d'or, acc. de quatre étoiles du même, 1 en chef, 2 en flancs et 1 en p.

Frank de Franckhstein — *Transylvanie* (Nob. de *Bohême*, 19 oct. 1685.) De sa. à deux lions affr. d'or, cour. du même, soutenus d'une terrasse de sin. et supp. ensemble une couronne de laurier du même. **C.:** un lion iss. d'or, cour. du même, supp. de ses pattes un fer, aussi d'or; entre deux cornes de buffle coupées alt. d'or et de sa. **L.** d'or et de sa.

Frank dit de la Rosche — *P. de Trèves* (Nob. du St.-Empire, 31 août 1775.) Ecartelé au moyen d'une ligne horizontale et d'une ligne en forme de $\int$ tirée du canton sen. du chef au canton dextre de la p.: au 1 de gu. à un rocher escarpé de sin.; aux 2 et 3 d'azur à une étoile (8) d'or; au 4 d'or à un lévrier courant et cont. de sa. A la fasce d'arg., br. sur l'écartelé et ch. de trois $\int$ de sa. Cq. cour. **C.:** un vol à l'antique de sa., chaque aile ch. d'une bande d'arg., surch. de trois $\int$ de sa. **L.:** à dextre d'arg. et de gu., à sen. d'or et d'azur.

Franklin — *Etats-Unis.* D'arg. à la bande de gu., acc. de deux têtes de lion arr. du même et ch. d'un dauphin nageant d'arg. et de deux merlettes ou perroquets du même. **C.:** une pomme de pin, entre deux rameaux de sin. **D.:** EXEMPLUM ADEST IPSE HOMO.

Franquini — *P. de Liége.* Coupé: au 1 d'azur à trois fleurs-de-lis rangées d'or; au 2 d'arg. à une merlette de gu.

Frantzen — *Transylvanie* (Chevaliers en *Bohême*, 31 déc. 1686.) Coupé: au 1 de gu. au griffon d'or; au 2 d'azur au Pégase ramp. d'or. Brl. d'azur et de gu. **C.:** un vol, d'arg. et d'or. **L.:** à dextre d'or, à sen. d'azur, sur gu. à dextre d'or et de gu., à sen. d'or et d'azur.

Fratema — *Frise.* De gu. au lion d'or.

Frayer — *Grenoble.* D'or ou d'arg. à deux serpents ondoyants en fasce, celui de dessous cont., surmontés d'un chev. alésé, le tout de sa.

Freddi — *Bologne.* Coupé d'arg. sur sa., l'arg. ch. d'un lion iss. de sa., mouv. du coupé.

Fredryex — *Brab.* Coupé: au 1 parti: *a.* d'arg. à la fasce brét. et c.-brét. de gu.; *b.* d'arg. à un arbre

de sin., posé sur une terrasse d'or; au 2 d'azur à un
arbre d'or.

Fremin du Sartel — *Fl. fr.* D'arg. à trois lions
de sa.; au chef d'azur, ch. de trois bes. d'or.

Frene (de) — *P de Liége.* Parti: au 1 d'arg. à
un frêne terrassé de sin.; au 2 d'arg. au lion de gu.
C.: le frêne.

Fréneville *dit* **du Gard** — *Neufchâtel.* D'azur
à trois canettes d'arg., bq. et m. de gu.

Fresnay — *Norm.* D'arg. au chev. d'azur, la cime
ch. de trois bes. mal-ordonnés d'or; le chev. acc. en
chef de deux étoiles de sin. et en p. d'un lion de sa.,
arm. et lamp. de gu.

Fresne (de) — *Paris.* Coupé, d'or au lion léopardé
de sa., sur azur à trois coquilles d'arg.; à la fasce du
même, br. sur le coupé.

Fresnet — *Dauphiné.* D'or à deux lions affr. de
gu., supp. de leur patte un casque de sa., taré de front.

Fressoye (de la) — *Ponthieu.* Ec.: aux 1 et 4
d'or au chev. de sa., acc. de trois merlettes du même;
aux 2 et 3 fascé d'or et de sa.

Fretin — *Tournaisis.* Bandé d'arg. et d'azur.

Freudenius — *Delft.* D'azur à cinq tulipes d'arg.,
tigées et feuillées de sin., 2, 1 et 2.

Freypoet — *Prov. rhén.* De gu. semé de bill. d'arg.;
au lion d'or, br. sur le tout.

Freytag ou **Frytag** — *Fribourg.* D'arg. à un
arbre de sin., sur un tertre de trois coupeaux du même.

Frezza duc **de San Felice** — *Rome, Naples,
Gaëte.* D'azur à trois fasces entées d'or; au chef du
même, ch. de trois fleurs-de-lis du champ.

Frick (Comtes) — *Paris.* Ec.: aux 1 et 4 d'arg. à
un loup ramp. de gu.; au 2 d'or à une biche de gu.,
pass. sur un rocher de trois coupeaux du même; au 3
d'arg. à deux aigles de sa., l'une sur l'autre.

Friedrich de Friedenberg — *Prague* (Nob.
d'*Aut.*, 17 janv. 1753.) Ec.: aux 1 et 4 d'azur au lion de
gu., cour. du champ, celui du 1 cont.; aux 2 et 3 d'a-
zur à une tête de Turc au nat., au turban d'arg., celle
du 3 cont. **C.:** un bras, tenant une épée, entre un vol
coupé, à dextre d'or sur azur, à sen. de gu. sur or. **L.:**
à dextre d'or et de gu., à sen. d'or et d'azur.

Friedrich de Stromfeld — *Aut.* (An., 24 juillet
1824.) Ec.: au 1 de sin. à trois bombes d'or, allumées
au nat.; au 2 d'arg. à un cheval de sa.; au 3 d'azur au
chev. d'arg.; au 4 de gu. à un senestrochère arm., tenant une épée, le tout au nat. Cq. cour. **C.:** le senestrochère, entre deux prob. coupées, à dextre de gu. sur
arg., à sen. d'arg. et de gu. — (Chevaliers, 21 oct. 1860.)
Mêmes armes Deux cq. cour. **C.:** 1° le senestrochère;
l.: à dextre d'or et de sin., à sen. d'arg. et d'azur ; 2°
deux prob., coupées alt. de gu. et d'arg.; **l.** d'arg. et
de gu.

Friess ou **Friss** — *Fribourg.* De sa. à une croix
latine, le pied en forme de chevron; la croix accostée
de deux croiss. affr. et acc. en p. d'une losange; le
tout d'or.

Frighiani — *Bologne.* D'or à trois chev. de gu.;
au pal d'azur, br. sur le tout et ch. de trois étoiles
(5) d'or.

Frioud ou **Fryo** — *Fribourg.* De sin. à la fasce
d'or, ch. de trois trèfles du champ.

Frizzardi — *Bologne.* D'azur à un senestrochère,
paré de gu., mouv. du flanc, la main de carn. décochant une flèche en fasce d'un arc en pal, le tout au
nat.; au chef du premier, ch. de trois fleurs-de-lis d'or,
rangées entre les quatre pendants d'un lambel de gu.

Frochaux — *Neufchâtel.* Parti: au 1 d'azur au
lion cont. d'or, soutenu d'une fasce abaissée du même;
au 2 d'or à la bande d'azur, et deux demi-fasces du
même, mouv. du parti et aboutissantes dans la bande.

Fröhlich von Elmbach und Groara — *Aut.*
(Chevaliers, 5 juin 1879.) Parti: au 1 d'azur à un chevalier entre deux fasces d'arg., ledit chevalier arm. de
toutes pièces d'arg., coiffé d'un casque fermé du même,
monté sur un cheval blanc galopant, houssé de gu.,
bordé d'or, bridé de gu., et tenant une lance en arrêt,
garnie d'un pennon de gu. ch. d'une fasce d'arg.; le
tout acc. de deux étoiles d'or, l'une au-dessus de la
première et l'autre au-dessous de la seconde fasce; au
2 de gu. à un dextrochère, arm. au nat., mouv. du
parti, la main gantelée tenant un sabre d'arg., la pointe
entourée de cinq étoiles d'or, ledit sabre fendant la
hampe d'un drapeau fascé de gu., d'arg. et d'azur. Deux
cq. cour. **C.:** 1° un griffon iss. d'arg., tenant une épée
d'or en pal; **l.** d'arg. et d'azur; 2° une aigle iss. de
sa.; **l.** d'or et de gu.

Froment (de) — *Neufchâtel.* D'azur à une gerbe d'or.

Froment de Bouailles — *Norm.* De gu. à trois
coquilles d'arg.

Fromentel — *France.* De gu. à trois étoiles d'arg.

Frontenex — *Neufchâtel.* Cinq points d'arg. équipollés à quatre de gu.

Fronti — *Bologne.* Ec.: aux 1 et 4 d'azur à un listel d'arg. en fasce, les bouts pendants; aux 2 et 3 tranché-denché d'arg. sur or et au chef d'azur ch. de trois
fleurs-de-lis d'or, rangées entre les quatre pendants d'un
lambel de gu.

Frontorio — *Bologne.* D'arg. à une femme nue,
de carn., iss. par les genoux de la p. de l'écu, ceinte
d'une toile de gu., les bras croisés sur sa poitrine; au
chef d'azur, ch. de trois fleurs-de-lis d'or, rangées entre les quatre pendants d'un lambel de gu.

Frost — *Angl.* D'arg. au chev. de gu., acc. de trois
trèfles d'azur. **D.:** E TERRA AD COELUM.

Frost — *Boston.* D'arg. au chev. de gu., acc. de
trois trèfles de sin.

Fucci — *Bologne.* D'azur à une fasce de gu., penchée en bande, ch. d'une pièce de monnaie d'arg. portant l'empreinte d'un buste d'homme et accostée de
deux chev. couchés alésés d'or, les sommets dirigés
vers ladite monnaie; la fasce acc. de deux lions sau-
tants d'or, 1 en chef et 1 en p.

Füger de Rechtborn — *Aut.* (An., 3 avril 1818;
chevaliers, 31 oct. 1880.) D'or à un ange, hab. d'arg.,
portant un baudrier en bande de gu., soutenu d'une
terrasse de sin. et tenant de sa main dextre levée une
couronne de laurier du même et de sa main sen. étendue une palme aussi de sin. Deux cq. cour. **C.:** 1° une
aigle iss. d'or, br. sur azur; 2° une panthère iss. au nat.
(couleur jaunâtre). **L.** d'or et de gu.

Führer Édle von **Vadmezö** — *Hongrie* (An., 11
mai 1880.) Ec.: au 1 parti: *a.* d'arg. à deux barres de
gu.; *b.* de gu. à une demi-roue d'arg., mouv. du parti ;
aux 2 et 3 d'azur au lion d'or, tenant d'une patte un
sabre au nat. et de l'autre un serpent ondoyant en pal
de sin., la tête tournée vers le lion; le lion du 3 cont.;
au 4 parti: *a.* d'arg à deux barres de gu.; *b.* de gu. à
une demi-fleur-de-lis d'arg., mouv. du parti. Cq. cour.
C.: un vol à l'antique, l'aile de derrière de gu. ch. de
la moitié dextre d'une roue d'arg., qui semble mouvoir
de l'aile de devant, celle-ci aux armes du 4. **L.:** à
dextre d'arg. et de gu., à sen. d'or et d'azur.

Fülek Édle von **Wittinghausen und Szath-
márvár** — *Hongrie* (Nob. de *Hongrie*, 16 juin 1878.)
Les armes de Fülek Édle von Wittinghausen.

Funck de Senffenau — *Styrie* (Conf. de la nob.
du St.-Empire, 6 févr. 1753.) D'arg. au lion de sa. ayant
une tête d'homme barbu et à moustaches, d'or, cour.
du même, la patte dextre et la jambe dextre d'or. Cq.
cour. **C.:** le lion de l'écu, iss., entre un vol d'azur,
l'aile dextre ch. d'une bande d'or et l'aile sen. d'une
barre du même, la bande et la barre ch. chacune de
trois tourt. de gu. **L.** d'or et de sa.

Funo (da) — *Bologne.* De gu. à trois chev. renv.
d'arg.; au pal du même, ch. d'un lion de sin., br. sur
le tout.

Furfoz, v. **Beaufort** *dit* **Furfoz.**

Furlani — *Bologne.* D'arg. à trois chev. d'azur.

Furlani — *Bologne.* D'or à un senestrochère, paré
d'azur, mouv. du flanc, la main de carn. empoignant
un pendulum, tiré de sa verge verticale terminé
en boule aplatie; au chef d'azur, ch. de trois étoiles
(5) d'or.

Furni ou **Forni** — *Bologne.* D'azur à trois losanges et deux demies d'or, accolées en fasce, acc.
de trois étoiles (5) du même, 2 en chef et 1 en p.; au chef
du premier, ch. de trois fleurs-de-lis d'or, rangées entre les quatre pendants d'un lambel de gu.

Furno — *Fribourg.* D'azur à la croix d'arg., ch.
de cinq fours (en forme de ruche) de sa.

Fürsen-Bachmann — *Schleswig* (An., 16 juillet
1823.) Les armes de *Bachmann* en *Dan.*, diplôme du
16 juillet 1823.

Fürstenbusch — *Hongrie* (Conf. de nob., 18 janv.
1690.) Ec.: au 1 d'arg. à trois chênes de sin. englan-
tés d'or et posés chacun sur une colline de sin.; au 2
de sin à trois fleurs-de-lis d'arg., 2 et 1; au 3 de sin.
à trois hures de sanglier cont. de sa., 1 et 2; au 4
d'arg. à trois crampons de sa., 1 et 2. Sur le tout coupé: *a.* d'arg. à une aigle ép. naiss. de sa., surm. d'une
couronne impériale; *b.* de gu. plein. Deux cq. cour.
C.: 1° les meubles du surtout *a.*; **l.** d'arg. et de gu.;
2° un chêne de sin.; **l.** d'arg. et de gu.

Fusari — *Bologne.* D'azur à un mont de trois coupeaux de sin., mouv. de la p., chaque coupeau sommé
d'un peuplier d'or; au chef du premier, ch. de trois

fleurs-de-lis d'or, rangées entre les quatre pendants d'un lambel de gu.

Fusselet — *Dauphiné*. D'azur au chev. d'or, acc.

en chef de deux trèfles du même et en p. d'un château sommé d'une tour d'arg., ledit château soutenu d'un trèfle du sec.

G

Gaal de Gyula — *Hongrie*. D'azur au lion d'or, tenant une épée dont il se perce la gueule. **C.:** le lion de l'écu, iss. **L.:** à dextre d'or et d'azur, à sen. d'arg. et de gu.

Gabala — *Grèce*. D'azur au soleil d'arg., accosté de deux palmes de sin.

Gabbe (de la) — *Lorr*. D'azur à un lèvrier pass. d'arg.; au chef du même, ch. de deux étoiles d'azur. **C.:** le lévrier, iss.

Gaberel — *Neufchâtel*. De gu. au croiss. d'arg., acc. de trois roses du même, bout. d'or; à la bord. émanchée d'azur sur or. **C.:** un lion iss. d'or, supp. de sa patte dextre un croiss. d'arg. **L.** d'arg. et de gu.

Gaborit de la Brosse — *Poitiers*. D'arg. à cinq mouch. d'herm. de sa., 2, 1 et 2.

Gabrielli — *Bologne*. De gu. à la bande de sin., acc. de deux étoiles d'or; au chef d'azur, ch. de trois fleurs-de-lis d'or, rangées entre les quatre pendants d'un lambel de gu.

Gabrielli — *Bologne*. Parti d'arg. et de gu., à deux lévriers ramp. et affr. de l'un à l'autre, colletés encore de l'un à l'autre; au chef d'azur, br. sur le parti et ch. de trois étoiles (5) d'or.

Gabriozzi — *Bologne*. D'or à trois bandes d'azur.

Gabussi — *Bologne*. D'azur à un arbre arr. de sin., fruité de gu., sommé d'un oiseau de sa.; au chef du premier, ch. de trois fleurs-de-lis d'or, rangées entre les quatre pendants d'un lambel de gu.

Gacheo — *Suisse*. D'azur à trois triangles d'arg., ch. chacun d'une merlette de sa.

Gadi — *Bologne*. D'azur à un arbre arr. de sin., surm. d'un oiseau de sa. en chef de sa., volant vers la cime, le fût accolé d'un serpent de sin.; au chef du premier, ch. de trois fleurs-de-lis d'or, rangées entre les quatre pendants d'un lambel de gu.

Gady — *Fribourg*. D'azur à la bande d'arg., ch. d'un coeur de gu., posé en pal, et de deux étoiles (6) du même.

Gady — *Fribourg*. Coupé: au 1 d'or au lion d'azur; au 2 de sin. plein.

Gaggi — *Bologne*. En chef et 1 en p.; au chef du premier, ch. de trois coupeaux de sin., mouv. de la p. et sommé d'un oiseau au nat.; au chef d'azur, ch. de trois fleurs-de-lis d'or, rangées entre les quatre pendants d'un lambel de gu.

Gaggi — *Bologne*. D'or à un arbre de sin., le pied du fût accosté de deux corneilles affr. de sa., le tout soutenu d'un mont de trois coupeaux de sc., mouv. de la p.; au chef d'azur, ch. de trois fleurs-de-lis d'or, rangées entre les quatre pendants d'un lambel de gu.

Gagliardi (Marquis) — *Naples*. D'arg. à la bande de sin., acc. de deux coquilles de gu. **C.:** un cygne d'arg. **S.:** deux griffons d'or. **D.:** BELLIGERANS BELLO ET IN PACE FAMOSA.

Gagnabé de la Tailbède — *Gasc*. D'arg. à un trèfle d'azur, acc. de trois coeurs de sa.

Gagnebin — *Neufchâtel*. D'azur à trois roses d'arg. **C.:** une rose d'arg.

Gagnebin — *Neufchâtel*. D'azur à la croix d'or, accostee en haut de deux roses d'arg. et en bas de deux étoiles (5) du même.

Gaillard — *Dauphiné*. D'azur à un dromadaire effaré d'or.

Gaillard — *Dauphiné*. D'azur au coq d'or, bq., barbé et m. de gu.; au chef d'arg., ch. d'un croiss. de sa.

Gaillard de Blairville — *Fl. fr.* D'arg. à deux fasces de sa., acc. de six quintefeuilles du même, 3, 2 et 1.

Gaillard de Dionnerie — *Poitou*. D'arg. à la fasce d'azur, ch. de trois étoiles d'or.

Gaillard d'Embreville — *Ponthieu*. D'azur au chev. d'arg., acc. de trois croix pattées du même. **C.:** un lévrier iss. **S.:** deux lévriers.

Gairaud marquis d'Auxilhon — *Lang*. Ec.: au 1 de gu. à trois roues de huit rayons d'arg., acc. au point du chef d'une colombe volante d'or (*Auxilhon*); au 2 de gu. à trois pommes de pin, les queues en bas (*Pins*); au 3 d'azur à un croiss. d'arg.; au chef d'or, ch. d'un lion iss. de gu. (*Gairaud*); au 4 de gu. à la

croix alésée d'arg. (*Blanes*). **T.:** deux sauvages de carn., tenant chacun une bannière de gu. ch. d'une roue de huit rayons d'arg., la bannière de dextre s'appuyant sur un bouclier circulaire aux mêmes armes.

Gairaud de Lasserre — *Lang*. D'azur à un croiss. d'arg.; au chef d'or, ch. d'un lion iss. de gu.

Galanti — *Bologne*. D'azur à un mont de trois coupeaux d'or, mouv. de la p. et sommé d'un coq de sa., crêté et barbé de gu., acc. d'un soleil de gu., rayonnant d'or, mouv. du canton dextre du chef.

Galassi — *Bologne*. D'or à un coq d'arg., crêté et barbé de gu., passé sur une terrasse de sin.; au chef d'azur, ch. de trois fleurs-de-lis d'or, rangées entre les quatre pendants d'un lambel de gu.

Galeazzi — *Bologne*. D'azur à un coq d'arg., crêté et barbé de gu., posé sur un mont de trois coupeaux du sec., mouv. de la p., et acc. de trois étoiles (5) d'or. rangées en chef.

Gallen de Chabon — *Dauphiné*. D'azur au lion d'or; à la fasce de sin., br. sur le tout et ch. de trois bes. d'arg.

Galin — *Dauphiné*. D'azur à un coq d'arg., crêté et barbé de gu.

Gallandre — *Neufchâtel*. D'arg. au saut. de sa.; à la croix de gu., br. sur le tout.

Gallé ou **Gallee** — *Gueldre*. De gu. à un dé d'arg., montrant trois surfaces, la surface supérieure marquée de six points de sa., rangés en barre, celle à dextre de trois points rangés en bande, et celle à sen. de cinq points, 2, 1 et 2.

Galleani ou **Galleano** (Marquis et comtes) — *Turin, Lodi, Mentone*. Coupé: au 1 de gu. au lion léopardé d'or au chef; au 2 barré d'or et d'azur. **D.:** DEO DANTE; ou: FRANGAR NON FLECTAR.

Galinkamp — *Holl*. D'or à trois glands, tigés et feuillés de deux pièces, posés sur une terrasse isolée, le tout de sin., chacune des six feuilles ch. d'une noix de galle au nat.

Gallesi — *Bologne*. D'azur à la fasce coupée de gu. sur arg., acc. de quatre têtes de coq d'arg., 3 rangées en chef et 1 en p.; au chef du premier, ch. de trois fleurs-de-lis d'or, rangées entre les quatre pendants d'un lambel de gu.

Gallet — *Abbeville* (An., 1634) D'azur au chev. d'or, ch. de trois roses de gu.

Galletti (Comtes) — *Florence*. Tranché d'arg. sur sa.; l'arg. ch. d'un coq de sa., pass. sur la partition; au chef d'or, ch. d'une aigle de sa. **D.:** VIRTUTI SOLLICITUS.

Galletti de Gangimini — *Messine* (Barons, 1783.) Les armes de **Galletti de Platamone**.

Galletti de Platamone — *Palerme* (Prince, 21 mars 1672.) D'or à un chêne arr. de sin., adextré d'un coq de gu., crêté, barbé, bq. et m. de gu., et surm. d'une aigle de sa.

Galley — *Fribourg*. Coupé, d'azur à la croix latine d'or, accostée de deux étoiles du même, sur gu. au chev. d'or, la croix et le chev. réunis.

Galley — *Fribourg*. De gu. à une croix latine de sa., le pied terminé de deux triangles vidés du même, accostés et s'entretouchant; le tout acc. de trois étoiles (5) d'arg., 2 en chef et 1 en p.

Galli — *Bologne*. D'azur à un coq au nat., posé sur un mont de trois coupeaux de couleur brunâtre; le coq adextré d'une étoile (5) d'or; au chef du premier, ch. de trois fleurs-de-lis d'or, rangées entre les quatre pendants d'un lambel de gu.

Galli — *Bologne*. D'azur à la fasce d'or, acc. en chef de trois étoiles (5) rangées du même et en p. d'un coq de sa., crêté et barbe de gu., posé sur une terrasse de sin.

Galli — *Bologne*. Coupé d'azur sur or, l'or ch. d'un mont de trois coupeaux de sin., mouv. de la p.; sommé d'un coq au nat., br. sur le coupé, ledit coq adextré de trois fleurs-de-lis d'or, rangées entre les quatre pendants d'un lambel de gu.

Galli della Loggia (Comtes) — *Turin*. D'arg.

à trois bandes de sa.; au chef du premier, ch. d'un coq du sec. L'écu entouré d'une bord. comp. d'arg. et de sa. **D.:** SEMPER VIGILANS; OU: AIME ET COMBAT DE MESME.

Galliani — *Bologne*. De gu. à une colonne de marbre blanc, soutenue d'une terrasse de sin. et sommée d'un coq d'arg., crêté et barbé de gu.

Gallin — *Dauphiné*. D'azur à un coq d'or, crêté, barbé et onglé de gu.

Gallinari — *Bologne*. De sa. à un coq d'arg., crêté et barbé de gu., sur une terrasse de sin.; au chef d'azur, ch. de trois fleurs-de-lis •d'or, rangées entre les quatre pendants d'un lambel de gu.

Galliot — Franche-Comté, Namur. D'azur à une galiote (vaisseau) d'or.

Galliot — Namur. D'azur à une galiote d'or. — (An., 29 août 1750.) D'azur semé de fleurs-de-lis d'or; au lion du même, arm. et lamp. de gu., br. sur le tout. **C.:** le lion, iss.; entre un vol d'azur semé de fleurs-de-lis d'or.

Gallois — *Holl*. D'azur à deux aigles de profil affr. au nat., acc. en p. de trois ruches, 1 et 2.

Gallois — *Paris*. D'arg. à un coq de sa., crêté, barbé et onglé de gu., cour. d'or.

Gallot — *Neufchâtel*. De sa. à une ancre d'or, accostée de deux étoiles (5) du même.

Galluzzi — *Bologne*. D'or à un coq au nat.; au chef d'azur, ch. de trois fleurs-de-lis d'or, rangées entre les quatre pendants d'un lambel de gu.

Galluzzi — *Bologne*. D'azur à un coq d'arg., crêté et barbé de gu., sur une terrasse de sin.; au chef du premier, ch. de trois fleurs-de-lis d'or, rangées entre les quatre pendants d'un lambel de gu.

Galtung — *Dan*. (Conf. de nob., 23 août 1648.) D'arg. à un sanglier ramp. de sa. **C.:** le sanglier, iss.

Galuin — *Dauphiné*. De gu. à un coq d'or, crêté, barbé, onglé et éperonné de gu., écrasant un raisin d'arg. duquel coule un moût exprimé du même.

Galvani — *Bologne*. D'azur à un coq au nat., sur une terrasse de sin.; au chef d'arg., ch. d'une aigle de sa.

Galvani — *Bologne*. Coupé: au 1 recoupé d'arg. sur gu.; au 2 d'azur à un coq d'arg., crêté et barbé de gu.

Gama — *Bologne*. D'azur à l'aigle de sa., cour. d'or, ch. sur l'estomac d'un écusson circulaire d'arg., surch. d'une équerre ┌ de sa.; au chef du premier, ch. de trois fleurs-de-lis d'or, rangées entre les quatre pendants d'un lambel de gu.

Gambach — *Fribourg*. Ec.: aux 1 et 4 de gu. à la fasce d'or; aux 2 et 3 d'azur à une fleur-de-lis d'or.

Gambach — *Fribourg*. Ec.: aux 1 et 4 parti d'azur et d'arg., à une fleur-de-lis de l'un en l'autre; aux 2 et 3 de gu. à la fasce d'or, ch. de trois P de sa.

Gambacorta — *Bologne*. D'arg. à trois bandes de sa.; au lion d'or, br. sur le tout.

Gambalonga — *Bologne*. D'azur à une jambe humaine de carn., coupée à la cuisse, le pied en bas; à la barre de gu., br. sur le tout et ch. en haut d'une comète d'arg., posée dans le sens de la barre, et en bas d'un croiss. d'arg., les cornes dirigées vers le canton sen. du chef.

Gambalonga — *Bologne*. Parti: au 1 d'arg. à un chev. couché d'azur, mouv. du flanc dextre, acc. de trois têtes de chien de sa., 1 en chef, 1 en p. et 1 entre les branches du chevron; au 2 papelonné d'herm.

Gambari — *Bologne*. D'arg. à une écrevisse de gu., au chef d'azur, ch. de trois fleurs-de-lis d'or, rangées entre les quatre pendants d'un lambel de gu.

Gambari — *Bologne*. D'arg. à trois écrevisses de gu., en pals, 2 et 1.

Gambarini — *Bologne*. D'arg. à cinq écrevisses de gu., en pals, 3 et 2.

Gammel — *Hongrie* (Chevaliers, 16 mai 1883.) Coupé: au 1 d'or au griffon naiss. de sa., mouv. du coupé, brandissant une épée d'arg., garnie d'or; au 2 bandé de quatre pièces d'arg., de gu., d'or et de sa. Deux cq. cour. **C.:** 1° le griffon du 1, iss.; l. d'or et de sa.; 2° un vol à l'antique, bandé de quatre pièces de sa... d'or, de gu. et d'arg.; l. d'arg. et de gu.

Gandini — *Bologne*. Coupé d'or sur azur, l'or ch. d'un lévrier naiss. au nat., coll. de gu., mouv. du coupé. Au chef de l'écu d'azur, ch. de trois fleurs-de-lis d'or, rangées entre les quatre pendants d'un lambel de gu.

Gandolfi — *Bologne*. D'azur à un cygne d'arg., le col lié près de la tête d'un ruban du même, acc. en chef d'une comète d'or, accostée de deux étoiles (5) du même.

Gandolfi — *Bologne*. Parti de sa. et d'arg.; à deux lévriers ramp. et affr. de l'un à l'autre. Au chef de l'a-

zur, br. sur le parti et ch. de trois fleurs-de-lis d'or, rangées entre les quatre pendants d'un lambel de gu.

Gandoni — *Bologne*. Tranché d'arg. sur gu.; à la bande de sa., br. sur le tranché et ch. de quatre boules d'arg.; à la bord. de sa., ch. de huit boules d'arg.

Ganteimi d'Ille — *Prov*. Ec.: aux 1 et 4 d'or au lion de gu., tenant de ses pattes une croix fleuronnée d'azur; aux 2 et 3 de gu. à deux triangles vidés d'or, entrelacés en forme d'étoile, soutenue d'un rocher d'arg. au milieu d'une mer d'azur. **C.:** un phénix enveloppé de flammes. **D.:** LEO NON EXPAVESCIT.

Gapany — *Fribourg*. D'arg. à une étoile (5) de gu. en abime, et deux croiss. du même dans les cantons de l'écu, le tout rangé en bande, les cornes des croiss. dirigés vers le canton dextre du chef.

Garbagni — *Bologne*. D'or à trois fasces de gu., acc. en chef d'une aigle de sa.

Garbieri — *Bologne*. D'or à un mont de trois coupeaux d'arg., mouv. de la p. et sommé d'un corbeau de sa., le vol levé; en chef une bande retraite et une barre retraite, tous deux aussi de gu. et ch. chacune d'une fleur-de-lis d'arg., posées dans le sens de la bande et de la barre; le tout acc. au point du chef d'une étoile (5) d'arg.

Garcia del Salto — *Esp*. De sin. à une tour d'arg., sommée d'une aigle iss. du même et senestrée d'un lévrier d'arg., ramp. contre la tour; à la bord. de gu., ch. de huit flanchis d'arg.

Garcin-Batallières — *Dauphiné*. Ec. d'or et d'azur; à la fasce d'arg., br. sur l'écartelé et ch. d'une molette de sa., accostée d'un A et d'un B du même.

Garde (de la) — *Ponthieu*. D'azur à une tour crén. de quatre pièces d'or, maçonnée et aj. de sa., sommée de trois flammes del d'arg., mouv. d'entre les créneaux.

Garde (de la) — *Dauphiné*. Parti: au 1 d'arg. au chev. de sa., ch. d'une étoile et acc. en p. d'une main de carn., tenant une épée d'or; au 2 d'arg. à un oranger de sin., surm. d'une étoile d'azur.

Gardembois — *Alsace*. Parti: au 1 d'or à un arbre de sin., acc. en chef de deux étoiles de gu.; à la bande d'azur, br. sur le tout et ch. de deux gardons d'arg.; au 2 de gu. à un rameau d'olivier d'arg., lequel est perché sun un loriot du même.

Gardin (du) — *Tournai*. De sa. à la croix ancrée d'or, acc. de huit bill. du même, 2 à chaque canton, l'une sur l'autre.

Gardin (du) — *Norm., Prov*. D'azur à l'aigle d'arg., bq. et m. de gu., fixant un soleil d'or, posé au canton dextre du chef.

Gardin de Terneyrieu — *Dauphiné*. D'arg. à trois pals de sa.; au chef de gu., ch. de trois étoiles d'or.

Gardiner — *Etats-Unis*. D'arg. au chev. de sa., acc. de trois cors ou huchets du même.

Gardini — *Bologne*. D'azur à trois épis de sin., tigés du même, feuillés chacun de quatre pièces d'or, les épis rangés en fasce.

Gardini — *Bologne*. D'azur à un mont de trois coupeaux d'or, sommé d'un coq d'arg., crêté et barbé de gu.; au chef du premier, ch. de trois fleurs-de-lis d'or, rangées entre les quatre pendants d'un lambel de gu.

Garelli — *Bologne, Aut*. D'or à un sanglier naiss. au nat., mouv. d'une eau au nat. en p. D'arg. à un sanglier au nat. — (Comtes, vers 1714.) Ec.: aux 1 et 4 d'azur à une tour de gu., ouv. du champ, aj. de sa.; aux 2 et 3 coupé: a. d'arg. à une hure et col de sanglier cont. au nat., mouv. du coupé; b. de gu. à la fasce d'arg.

Garfagnini — *Bologne*. Tranché d'or sur sin.; à une large bande, tranchée de gu. sur or, br. sur le tranché.

Garganelli — *Bologne*. D'arg. au chev. de sa., acc. de trois tourt du même; au chef d'azur, ch. de trois étoiles (5) d'or.

Garganti — *Bologne*. Tiercé en fasce de gu., de sin. et d'azur; au chef d'azur, ch. de trois fleurs-de-lis d'or, rangées entre les quatre pendants d'un lambel de gu.

Gari — *Ile de Majorque*. Parti: au 1 de gu. à trois tours d'arg.; au 2 d'azur à trois fasces ondées d'arg.

Garibaldo-Giustiniani — *Grèce*. Ec.: aux 1 et 4 d'arg. au lion de gu.; aux 2 et 3 de gu. à une tour d'arg., et un cor de chasse, d'une aigle iss. de sa.

Garimberti — *Bologne*. D'azur à un griffon d'or, soutenu d'un mont de trois coupeaux du même, mouv. de la p.; au chef du premier, de trois fleurs-de-lis d'or, rangées entre les quatre pendants d'un lambel de gu.

Garisendi — *Bologne*. De gu. à trois annelets concentriques d'arg.

Garisendini — *Bologne.* De gu. à deux barres d'or, retraites en chef, et une barre d'arg., retraite en p.

Garmiswyl — *Fribourg.* D'arg. à la bande d'azur, ch. d'un soc de charrue du champ, pose dans le sens de la bande, ledit soc ch. d'une étoile (5) d'azur.

Garnier — *Dauphiné.* De gu. à une gerbe d'or, liée du même.

Garnier du Gadz — *Dauphiné.* D'or à trois roses de gu., 2 et 1, acc. en chef d'un croiss. d'azur.

Garnier de la Roche — *Martinique.* Gironné d'or et de gu., de huit pièces.

Garofall — *Bologne.* D'azur au griffon d'or; au chef du premier, ch. de trois fleurs-de-lis d'or, rangées entre les quatre pendants d'un lambel de gu.

Garrati — *Bologne.* Ec. d'or et de gu.; au lion d'azur, lamp. de gu., br. sur le tout.

Garreau du Planchat — *Auv.* D'azur à trois annelets d'arg.

Garuffi — *Bologne.* D'azur à la bande d'arg., ch. d'un château flanqué de deux tours au nat., posé dans le sens de la bande, mouv. du bord inférieur; ladite bande acc. en chef d'une fleur-de-lis d'arg. et en p. d'une jambe humaine de carn., coupée à la cuisse, le pied en bas.

Garzaria — *Bologne.* D'azur à un arbre arr. d'or; au chef du premier, ch. de trois fleurs-de-lis d'or, rangées entre les quatre pendants d'un lambel de gu.

Garzoni — *Bologne.* D'azur à un mont de trois coupeaux d'or, mouv. de la p., chaque coupeau sommé d'un épi feuillé du sec.

Garzoni — *Bologne.* Parti: au 1 coupé d'arg. sur sa.; au 2 d'or à trois bandes de sa.

Gaspari — *Bologne.* D'arg. à un tronc terrassé, poussant deux feuilles, à dextre et à sen., le tout de sin., acc. en chef d'un oiseau volant au nat., posé en barre, la tête en bas, fondant sur le tronc.

Gasperini — *Bologne.* D'azur à un tronc terrassé, poussant deux feuilles, à dextre et à sen., le tout de sin., le tronc surm. d'une étoile d'or; au chef du premier, ch. de trois fleurs-de-lis d'or, rangées entre les quatre pendants d'un lambel de gu.

Gasselin de Bompart — *Orléanais.* De gu. à la fasce d'or, ch. de trois têtes et cols de coq de sa., acc. en chef de deux coqs d'arg. et en p. d'un lion du même.

Gasser — *Valais.* Coupé-penché d'or sur arg., à une fasce de gu., bordée d'arg., penchée de dextre à sen. et br. sur le coupé; l'or ch. d'une rose d'arg., accostée de deux étoiles (5) du même, et l'arg. d'une coupe d'or, posée sur le coupeau du milieu d'un tertre de sin.

Gassner — *Valais.* De sin. à une fleur-de-lis, acc. en chef de deux étoiles (6) et en p. d'un tertre de trois coupeaux, le tout d'or.

Gaston — *Art.* De gu. à trois bes. d'arg.; au chef parti: *a.* d'azur semé de fleurs-de-lis d'or, à la bord. comp. d'arg. et de gu. (*Bourgogne moderne*); *b.* bandé d'or et d'azur, à la bord. de gu. (*Bourgogne ancien*).

Gathy — *Soumagne* (P. de Liége.) Coupé: au 1 d'arg. à trois roses de gu., bout. d'or, barbées de sin., rangées en fasce; au 2 d'arg. à une force de sa., les bouts en haut. **C.:** une rose de gu., bout. d'or, barbée de sin., tigée et feuillée du même.

Gatian de Clérembault — *Tour.* D'azur à une sphère d'or, surmontant un croiss. d'arg.

Gatoie — *Soumagne* (P. de Liége.) D'arg. à trois fasces d'azur: au lion de gu., cour. d'or, br. sur le tout. **C.:** le lion, iss.

Gatschet — *Berne.* D'azur à un soleil d'or.

Gatti — *Romagne.* D'or à un chat effarouché de sa., posé sur un mont de trois coupeaux de sin., mouv. d'une rivière en p.

Gatti — *Bologne.* D'azur à un chat au nat., pass. sur une terrasse de sin., la tête posée de front, tenant entre ses dents une souris au nat.; au chef du premier, ch. de trois fleurs-de-lis d'or, rangées entre les quatre pendants d'un lambel de gu.

Gattini (Comtes) — *Matera* (la Pouille.) D'azur à un chat ramp. d'arg., tenant entre ses dents une vipère au nat., et soutenu d'un tertre de trois coupeaux de sin.; le tout acc. en chef d'un lambel de trois pendants de gu. **D.:** IN UMBRIS RADIANT.

Gattis — *Calabre.* Coupé: au 1 d'or à un chat de sa., acc. en chef d'un lambel de quatre pendants de gu.: au 2 d'azur à trois bandes d'or.

Gauchat — *Neufchâtel.* D'azur à un coq hardi d'or.

Gaucher de Meslay — *Maine.* D'or à huit merlettes de sa., rangées en orle.

Gaudard — *Fribourg.* De gu. à trois soleils d'or.

Gaudart d'Allaines — *Orléanais, Bourg.* De gu. au lion cour., acc. de cinq fleurs-de-lis. 4 dans les can-

tons et 1 en p., le tout d'or. **T.:** deux *Jeanne d'Arc.* **D.:** SPE ET FIDE.

Gaudenti — *Bologne.* D'or à une croisette pattée de gu., surm. d'une étoile (5) du même; le tout acc. de deux têtes de chérubin au nat., 1 en chef et 1 en p.

Gaudenzi — *Bologne.* D'azur à sept étoiles d'or, 3, 3 et 1. acc. en chef d'un croiss. d'arg.

Gaudet — *Neufchâtel.* D'azur à un croiss. d'arg., br. sur le pied d'un 4 d'or; et une balance d'or, trébuchante à dextre et br. sur ledit pied au-dessus du croiss.; le tout acc. en p. d'une étoile (5) d'or.

Gaudi — *Bologne.* D'or à une croix latine pattée de gu., accostée en bas de deux bras opposés, parés du sec., les mains de carn. touchant la croix; au chef d'azur, ch. de trois étoiles (5) d'or.

Gaudini — *Bologne.* D'arg. à un sautoir ancré diminué de sa.

Gaudiosi duc de Canosa — *Calabre* (Rec. du titre de duc. 17 déc. 1851.) D'or à deux fasces de gu., ch. de deux écussons d'arg.; lesdites fasces abaissées sous une sirène à deux queues, au nat., cour. d'or. L'écu timbré d'une couronne royale.

Gaulier des Bordes — *Tour.* Coupé: au 1 d'or à trois croiss. d'azur; au 2 de gu. au chev. d'arg.

Gaulier de la Grandière — *Tour.* D'azur à deux étoiles d'arg.; au chef de gu., ch. de trois tours d'arg. (*Benoist de la Grandière.*) Sur le tout d'azur au chev. d'or, acc. en p. d'un croiss. du même (*Gaultier.*)

Gaultier de Blauzat — *Auv.* D'arg. à un cheval pass. de sa.

Gaultier de Rontaunay — *Bret.* D'arg. à un houx arr. de sin.; au fr.-q. de gu., ch. d'une croix dentelée d'arg.

Gautier de Charnacé — *Ile-de-Fr.* D'or au chev. d'azur, acc. de trois étoiles du même, celle en p. surmontant une rivière aussi d'azur.

Gavasetti — *Bologne.* D'azur à un coq d'arg., crêté et barbé de gu., posé sur une terrasse de sin., courbant sa tête vers la terrasse; au chef du premier, ch. de trois fleurs-de-lis d'or, rangées entre les quatre pendants d'un lambel de gu.

Gay — *Valais.* D'azur à deux croiss. adossés d'arg. en chef, acc. de trois étoiles (5) d'or. 2 entre les cornes des croiss. et 1 au-dessous des croiss.; en p. un tertre de trois coupeaux de sin.

Gayant — *Dauphiné.* D'azur à trois croiss. los. d'or.

Gayraud de la Candésie — *Gasc.* (M. ét. au milieu du 18e siècle.) D'azur au chev. de sa., acc. de trois canettes du même.

Gazzola (Comtes) — *Plaisance* (Italie.) D'azur à trois monts accostés d'or, sommés le premier d'une palme de sin., le deuxième d'une étoile d'or de sin. étoile du même, et le troisième d'un chêne au nat.

Geep (de) — *Holl.* Deux anguilles ondoyantes en fasces, l'une sur l'autre, et une eau en p. **C.:** une anguille iss.

Geep (de) — *Bergues-sur-le-Zoom.* Coupé: au 1 parti: *a.* d'or à un arbre terrassé de sin.; *b.* d'or à trois fasces de gu.; au 2 d'or à un renard de gu., courant sur une terrasse de sin.

Geilperger de Geilperg — *Aut.* (An., 21 fév. 1692.) Ec.: aux 1 et 4 de gu. à trois fleurs-de-lis parties chacune d'or et de sa.; aux 2 et 3 de sa. au griffon d'or, soutenu d'un tertre de trois coupeaux de sin. et tenant deux flèches passées en saut., le griffon du 2 les tenant de sa patte dextre et celui du 3, cont., les tenant de sa patte dextre abaissée. Sur le tout de sa. à un L d'or, posé au centre d'une couronne de laurier de sin. Cq. cour. **C.:** un griffon iss. d'or, tenant de ses pattes une rose de gu., bout. d'or, tigée et feuillée de sin. **L.:** à dextre d'or et de sa., à sen. d'arg. et de gu.

***Geldhouwer** — *Harlem.* Coupé: au 1 d'azur à un main appaumée de carn., mouv. du flanc sen. et chargée de quatre bes. d'or, 1, 2 et 1; au 2 d'azur à un chaperon d'or, chaperonné, longé et grilleté du même. **C.:** le faucon.

Gélinard ou Gellinard — *Poitou.* Ec.: aux 1 et 4 d'azur à trois palmes d'or. en pals, rangées en fasce; aux 2 et 3 c.-éc. d'or et de gu. **S.:** deux lions d'or, arm., lamp. et cour. du gu.

Gelini — *Bologne.* Parti, de gu. à un mont de trois coupeaux d'or, et d'or à un mont de trois coupeaux de sin. les monts mouv. de la p.; au 2 d'arg., br. sur le parti, posant un pied contre chaque mont.

Gellas — *Lyon.* D'azur au chev., acc. en chef de deux étoiles et au-bas d'un lion, le tout d'or.

Gellas — *Lyon.* Taillé d'arg. sur gu., l'arg. ch. d'un ours naiss. de sa., mouv. du taillé.

1250 Supplément.

Genestet de Planhol — *Lang.* D'azur à un coeur d'or, ailé du même. **S.:** deux lévriers.

Genet de Chatenay — *Pic.* D'arg. au chev. d'azur, acc. en chef de deux étoiles de gu. et en p. d'un genêt (plante) de sin.

Gennari — *Bologne.* D'azur à une licorne naiss. d'arg., mouv. d'un gabion du même et acc. en chef d'une étoile (5) d'or.

Gennaro — *Naples.* Coupé: au 1 d'or au lion naiss. de gu.; au 2 de gu. au chev. d'or.

Gensefuss — *Strasbourg.* D'or à la fasce de sa., ch. de deux ou de trois boules d'arg.

Gensefuss — *Strasbourg.* D'azur à une patte d'oie d'or. **C.:** le meuble de l'écu.

Gentil de Baichis — *Toulouse.* D'arg. à la croix losangée d'arg. et de sin.

Gentile — *Naples* (Comtes de *Lesina* et de *Civita.*) De gu. au lion d'or; au chef chaussé de sin.

Gentili — *Bologne.* D'azur à un arbre arr. de sin., acc. en chef d'une comète d'or, accostée de deux étoiles (5) du même.

Geoffroy d'Antrechaux — *Prov.* Parti: au 1 d'or à l'aigle de sa.; au 2 de sin. à un lévrier ramp. d'arg. Au chef d'azur, br. sur le parti et ch. de trois étoiles d'or.

Gerardi — *Soiron (P. de Liége.)* D'arg. à deux lions affr. de sa., tenant ensemble deux lattes (pièces de bois) de gu., passées en saut. et clouées au point d'intersection de cinq clous d'or, 2, 1 et 2. **C.:** un lion iss. de sa.

Gerardi — *Bologne.* D'azur à un chat ramp. au nat., la tête posée de front; à la bande de gu., br. sur le tout.

Gerardi — *Bologne.* Ec. d'arg. et de sa., à quatre fleurs-de-lis de l'un à l'autre, et une cinquième fleur-de-lis en abîme, de l'un en l'autre.

Gérault [Géreaux] de Langalerie — *Angoumois.* De gu. à une tour d'arg., ouv. et maçonnée de sa., acc. de trois molettes du sec.

Geremia — *Marseille.* D'or à un cerf ailé de sa.; au chef d'azur, semé de larmes d'arg.

Geremia de' Geremei (Marquis) — *Naples.* D'arg. à sept fleurs-de-lis de gu., rangées en trois pals, 2, 3 et 2. **C.:** une fleur-de-lis de gu. *Cri:* GEREMEI! **D.:** NON NENT.

Geremei — *Bologne.* D'azur à neuf fleurs-de-lis d'or, 1, 2, 3 (les deux fleurs-de-lis ext. mouv. des flancs), 2 et 1.

Geremel — *Bologne.* D'or à une aigle au nat., le vol étendu, perchée sur un dragon ailé sans pattes de sin., couché sur le dos; au chef d'azur, ch. de trois fleurs-de-lis d'or, rangées entre les quatre pendants d'un lambel de gu.

Gering — *Berne.* D'azur à trois socs de charrue d'arg., les pointes en bas, soutenus des trois coupeaux d'un tertre d'or.

Gerlach — *Copenhague.* D'or à la fasce d'arg., ch. de deux trèfles de sin. **C.:** un trèfle de sin., entre un vol.

Gerlach — *Silésie.* Coupé: au 1 de sa. à une sirène au nat., les bras étendus; aux 2 et 3 échiq. de sa. et d'arg. **C.:** la sirène, entre un vol coupé alt. d'arg. et de sa.

Gerlach — *Stuttgart* (Conc. d'arm., 21 nov. 1602.) D'arg. à un cerf ramp. et cont. au nat., soutenu d'un tertre de trois coupeaux de sin. et tenant entre ses pattes une roue de moulin d'or, percée d'un crampon d'arg., posé en barre. **C.:** le cerf iss. et cont., mouv. d'un tertre de trois coupeaux de sin. et tenant la roue et le crampon; entre deux prob. de sa. **L.:** d'or et de sin.

Gerlach — *Wurt.* Une bande, ch. d'une masse d'armes et acc. de deux pommes de grenade. **C.:** un pèlerin iss., revêtu d'un manteau et coiffé d'un chapeau, tenant de sa main sen. une croix.

Gerlach — *Wetzlar.* D'arg. à la fasce de gu., ch. de trois roses du champ. **C.:** trois roses entre deux prob.

Gerlach — *Vienne* (Conc. d'arm., 2 juin 1558.) De sa. au chev. alésé d'or, la cime touchant au bord supérieur de l'écu; le chev. acc. de trois fleurs-de-lis d'or. **C.:** une fleur-de-lis d'or, entre un vol coupé alt. d'or et de sa.

Gerlach de Gerlachheim — *Hongrie* (An., 13 sept. 1871.) De gu. au lion d'or, soutenu d'un tertre de trois coupeaux de sin. et tenant de ses pattes une hallebarde d'arg., le fût rayé d'or et de sa. Cq. cour. **C.:** un vol coupé alt. de gu. et d'or. **L.:** d'or et de gu.

Gerlacher de Gerlachberg — *Aut.* (An., 9 juillet 1841.) Coupé: au 1 parti: *a.* de gu. à deux tubes de canon d'or, passés en saut.; *b.* d'azur à un senestrochère, arm. d'arg., iss. d'une nuée au nat., mouv.

du flanc et tenant une épée en barre, le tout acc. d'une étoile d'arg., posée au canton dextre du chef; au 2 d'or à trois monts accostés de sin., mouv. de la p. Cq. cour. **C.:** quatre pl. d'aut.: d'or, de gu., d'arg. et d'azur. **L.:** à dextre d'or et de gu., à sen. d'arg. et d'azur.

Germain — *Ile-de-Fr.* D'azur à la fasce d'or, ch. de trois los. et deux demies de gu.

Germini — *Bologne.* Tranché: au 1 d'arg. à l'aigle de sa., cour. d'or; au 2 de gu. à trois étoiles (5) d'or, rangées en bande.

Gerold — *Vienne* (Chevaliers, 7 août 1876.) Parti: au 1 d'or à la demi-aigle de sa., mouv. du parti; au 2 de gu. à la fasce d'arg., ch. d'un esponton d'arg. en pal, br. sur la fasce, le fût de sa. cloué d'or, houppé d'or et de gu. **C.:** 1° un griffon iss. de sa., ailé d'or, les pattes du même, tenant deux tampons d'imprimeur de sa., emm. de gu., appliqués l'un sur l'autre; l. d'or et de sa.; 2° un vol à l'antique de gu., chaque aile ch. d'une fasce d'arg., cette fasce ch. sur l'aile de devant d'une rose de gu., bout. d'or, tigee et feuillée de sin.; l. d'arg. et de gu.

Gerstenkorn de Rhonau — *Bohème* (Chevaliers, 16 fév. 1883.) Tranche: au 1 de gu. à un faisceau de trois épis feuillés d'or, posés en bande; au 2 d'azur à un terrain au nat. sur le devant, et une rivière au nat. en fasce dans le fond, de laquelle s'élève un mont de trois coupeaux d'arg. A la bande d'or, br. sur le tranché et ch. d'une épée de sa., posée dans le sens de la bande. Deux cq. cour. **C.:** 1° un vol cont., l'aile de derrière de sa. plein, l'aile de devant d'or, ch. d'une épée de sa. en pal; l. d'or et de sa.; 2° un chevalier iss., arm. de toutes pièces au nat., le casque panaché de trois pl. d'aut., tenant d'or entre deux de gu., tenant de sa main dextre trois épis feuillés d'or, la sen. appuyée sur sa hanche; l. d'or et de gu.

Gervais — *Ile-de-Fr.* D'azur à trois annelets d'or; à la bordure de douze demi-annelets du même.

Géry — *Art.* D'arg. à la fasce de sa., acc. de trois aigles du même.

Gessi — *Bologne.* D'azur à un chicot, accosté de deux lions affr., le tout soutenu d'un mont de six coupeaux, mouv. de la p., le tout d'or; au chef du premier, ch. de trois fleurs-de-lis d'or, rangées entre les quatre pendants d'un lambel de gu.

Gesso — *Bologne.* D'arg. à deux ancres accostées à quatre becs de sa., les ancres sans trabe: au chef de gu., ch. d'un lion léopardé d'or.

Gesso — *Bologne.* Coupé, d'azur au lion naiss. d'or, mouv. du coupé, et de gu. à deux ancres d'arg. à quatre becs, passées en saut., les ancres sans trabe; à la fasce d'arg., br. sur le coupé. Au chef de l'écu d'azur, ch. de trois fleurs-de-lis d'or, rangées entre les quatre pendants d'un lambel de gu.

Geusel — *Nuremberg.* D'azur à une fleur-de-lis d'arg., la feuille centrale d'or.

Gey — *Holl.* D'or à trois aigles ép. de sa.

Gey van Pittius — *Holl.* Ec.: aux 1 et 4 d'or à trois aigles ép. de sa., au 2 de gu. à une épée d'arg., garnie d'or; au 3 d'azur à un puits avec son appareil d'arg., le puits posé le sen.: au 4 d'arg. à une table carrée de couleur brunâtre soutenue de quatre pieds, et supp. trois épis effeuillés d'or. (Les quartiers 3 et 4 contiennent les armes de *Pittius*.) Brl. d'or, de gu. et d'azur. **C.:** un vol à l'antique de sa. **L.:** à dextre d'or et de sa., à sen. d'arg. et d'azur.

Geydan — *Grenoble.* D'arg. à deux cornettes d'azur, passées en saut., acc. en chef et en p. d'une étoile du même, et à dextre et à sen. d'une rose de gu.

Ghedini — *Bologne.* D'arg. à la fasce échiq. d'arg. et de gu., acc. en p. d'une fleur-de-lis aussi d'arg.; au chef d'azur, ch. de deux fleurs-de-lis d'arg.

Ghedini — *Bologne.* D'arg. à la fasce d'or, bordée-ondée de sin. et ch. d'une plante d'arg. en fasce, la tige à dextre; au chef d'azur, ch. de trois étoiles (5) d'or.

Gheili — *Bologne.* Coupé d'arg. sur or, l'arg. ch. d'un coq au nat.

Gherardi — *Bologne.* D'azur à une fasce d'arg., haussée dans l'écu, acc. en chef de trois étoiles (5) rangées d'or et en p. de deux sangliers ramp. et affr. d'arg., surmontés chacun d'une étoile (5) d'or.

Gherri — *Bologne.* D'azur à un arbre de sin., senestré d'un petit renard ramp. d'arg., le tout soutenu d'une terrasse de sin. et acc. en chef de trois étoiles (5) mal-ordonnées d'or.

Ghiacchini — *Bologne.* D'arg. à un senestrochère, paré de gu., mouv. du flanc, la main de carn. empoignant un arbre arr. de sin.; au chef d'azur, ch. de trois fleurs-de-lis d'or, rangées entre les quatre pendants d'un lambel de gu.

Ghiezzi — *Bologne*. D'azur au chev. d'or, acc. de trois étoiles du même et ch. de deux lézards de sin., posés dans le sens du chev.; au chef du premier, ch. de trois fleurs-de-lis d'or, rangées entre les quatre pendants d'un lambel de gu.

Ghino — *Bologne*. D'arg. au lion d'or, tenant de ses pattes une corne de sa., le sommet en bas; au chef d'azur, ch. de trois fleurs-de-lis d'or, rangées entre les quatre pendants d'un lambel de gu.

Ghirardacci — *Bologne*. D'or à la croix cannelée d'azur, cant. de quatre étoiles (5) du même.

Ghirardelli — *Bologne*. De sa. à trois barres brét. d'or.

Ghirardelli — *Bologne*. Coupé: au 1 d'azur au lion naiss. d'or, lamp. de gu., mouv. du coupé, acc. de trois étoiles (5) du sec., rangées en chef; au 2 d'or à trois bandes de gu.

Ghiselli — *Bologne*. Coupé: au 1 d'azur au lion naiss. d'or, mouv. du coupé et tenant de ses pattes une fleur-de-lis du sec.; au 2 d'or à trois fleurs-de-lis d'azur, 2 et 1.

Ghisi — *Grèce*. D'arg. au bouc ramp. de gu., acc. de trois étoiles du même.

Ghisilardi — *Bologne*. Tiercé en fasce: au 1 d'arg. plein; au 2 d'azur à trois bandes d'or; au 3 de gu. plein.

Ghisilieri — *Bologne*. D'or à trois bandes de gu.

Ghisla — *Bologne*. De sa. à six roses de gu.

Ghyselbrecht (de) de Hallewaerde — *Hainaut*. D'or à une fasce, acc. en chef d'un oiseau, et en p. d'une étoile et d'une coquille, le tout de sa.

Giacinto — *la Pouille*. De gu. à une jacinthe fleurie au nat.

Giacobazzi (Comtes) — *Modène*. D'azur à la fasce de gu., acc. en chef de trois étoiles d'or et en p. d'un mont de trois coupeaux d'arg., surm. de trois fleurs-de-lis d'or.

Giacobbi — *Bologne*. D'azur à un mont de six coupeaux d'arg., mouv. de la p., sommé d'une croix de Lorraine de gu., surmontée d'une fleur-de-lis d'arg.

Giacobbi — *Bologne*. D'azur à un mont de six coupeaux de gu., isolé dans l'écu, surm. d'une couronne d'or.

Giacomazzi — *Bologne*. D'azur à un senestrochère, paré de gu., mouv. du flanc, la main de carn. empoignant un arbre arr. de sin.; au chef du premier, ch. de trois fleurs-de-lis d'or, rangées entre les quatre pendants d'un lambel de gu.

Giacomelli — *Bologne*. D'azur à cinq roses de gu., 2, 2 et 1, acc. en chef d'une fleur-de-lis d'or.

Giaconello — *Bologne*. D'or à cinq roses de gu., 2, 2 et 1, acc. en chef d'une fleur-de-lis d'azur.

Gialongo — *Sicile*. Parti: au 1 d'or à l'aigle de sa., cour. du champ; au 2 de gu. à un château sommé de trois tours d'arg.

Giani baron **de Volpo** — *Lombardie* (Baron, 3 janv. 1704.) Coupé: au 1 d'arg. à une aigle ép. de sa., chaque tête cour.; au 2 d'or, ch. sur la poitrine d'un L du même; au 2 parti: *a*. bandé d'arg. et de gu. de huit pièces; *b*. d'arg. à un mont de sin., sommé d'une tour au nat., ouv. et aj. du champ. Enté en p. d'arg. à une colline de trois coupeaux de sin., sommée d'une couronne d'or, de laquelle s'élève une croix de Lorraine d'arg.

Giannone — *Lombardie*. Tiercé en fasce: au 1 d'azur à une fleur-de-lis d'arg.; au 2 d'azur à une barre d'or; au 3 d'azur à une rose d'arg.

Giardini — *Bologne*. D'azur à la fasce d'or, ch. d'un chev. de gu., et acc. en chef d'une étoile (5) d'or accostée de deux fleurs-de-lis du même, et en p. de deux roses d'azur, tigées et feuillées de sin., passées en saut. et surmontant une étoile (5) d'or.

Giavarini — *Bologne*. De sa. au lion d'or, tenant de ses pattes une masse d'armes du même; au chef d'azur, ch. de trois fleurs-de-lis d'or, rangées entre les quatre pendants d'un lambel de gu.

Gibelli — *Bologne*. Coupé de gu. sur arg., à trois boules, 2 et 1, de l'un à l'autre. Au chef de l'écu d'or, ch. d'une aigle de sa., cour. d'or.

Gibetti — *Bologne*. Coupé: au 1 d'azur à un senestrochère, paré d'une étoffe grisâtre, mouv. du flanc, la main de carn. tenant une flèche d'arg., en barre, la pointe en bas; le tout acc. en chef de trois roses rangées d'or; au 2 d'arg. à trois barres d'azur.

Gibolet — *Berne*. Ec.: aux 1 et 4 d'azur à une fleur-de-lis d'arg.; aux 2 et 3 de gu. à une croix latine d'or, iss. d'une couronne du même, posée sur un tertre d'arg.

Gibson baron **Ashbourne** — *Irl*. (Baron *A.*, 4 juillet 1885.) D'herm. à trois clés d'azur, posées en fasces, l'une sur l'autre, les pannetons en bas, acc. de

trois trèfles de sin., rangés en chef. **C.:** un pélican, le vol lancé, avec ses petits, au milieu de roseaux, le tout au nat. **T.:** à dextre une femme représentant la Grâce, tenant de sa main dextre une épée abaissée; à sen. la Justice, tenant de sa main dextre une balance en équilibre, et de sa sen. une épée; chaque tenant ch. sur la poitrine d'un trèfle de sin. et posé sur un faisceau des licteurs, posé en fasce. **D.:** PANDITE COELESTES PORTAE.

Giequel des Touches (Marquis) — *Bret*. D'azur au chev. d'arg., ch. de cinq coquilles de sa. et acc. de trois quintefeuilles du sec.

Giez (de) ou **Digier** — *Neufchâtel*. De sa. à une croix latine d'arg. br. sur un S du même, le tout soutenu d'un tertre de trois coupeaux de sin.

Gigli — *Bologne*. D'azur à la fasce d'or, acc. de trois fleurs-de-lis d'arg.; au chef du premier, ch. de trois fleurs-de-lis d'or, rangées entre les quatre pendants d'un lambel de gu.

Gigli — *Bologne*. D'azur au chev. de gu., acc. de trois fleurs-de-lis d'or.

Giglioli (Comtes) — *Ferrare*. Coupé d'or sur sa.; à l'aigle coupée de sa. sur l'or et d'arg. sur l'or.

Gignoux de Bernède — *Montpellier, Montauban*. D'azur à un arbre, adextré d'un rocher et senestré d'un cerf, le tout d'or.

Gilbault — *Lorr*. D'azur à la bande d'herm., acc. en chef d'une étoile d'arg. et en p. d'une rose du même.

Gilbert de Gourville — *France*. D'azur à trois roses d'arg.; au chef du même, ch. d'un croiss. de sa. entre deux étoiles du même.

Gillebert — *Norm*. D'or à trois merlettes de sa.

Gilles de la Bérardière — *Anjou* (Barons de la Barbée, 1752.) D'arg. à trois biches pass. de gu., 2 et 1.

Gilles de Fontenailles — *Anjou, Tour*. Les armes de **Gilles de la Bérardière**.

Gilpin — *Etats-Unis*. D'or à un sanglier pass. de sa. **C.:** un bras arm., tenant un rameau de laurier de sin. **D.:** DICTIS FACTISQUE SIMPLEX.

Gilquin — *Holl*. Ec.: au 1 d'or à la croix de sa.; au 2 d'or à une fleur-de-lis de gu.; au 3 de gu. à une herse de labour d'or; au 4 d'azur à trois éperons, 2 et 1, posés chacun en barre. **C.:** la fleur-de-lis.

Gils (van) — *Holl*. D'arg. à deux fasces brét. et c.-brét. de gu.

Gilson — *P. de Liège*. D'arg. à la fasce de gu., acc. en chef de trois merlettes de sa., 2 et 1, et en p. d'une fontaine de deux bassins superposés de sa., jaillissante de plusieurs traits. **C.:** une merlette de sa.

Gilst (van) — *Holl*. D'or à une couronne d'épines au nat., acc. en p. de deux fleurs-de-lis d'arg. **C.:** une fleur-de-lis d'arg.

Ginestet de Seneuge — *Ile-de-Fr*. D'azur à un coeur d'or, ailé d'arg., soutenu d'un croiss. du même.

Gioacchini — *Bologne*. D'azur à un senestrochère, paré de gu., mouv. du flanc, la main de carn. empoignant un arbre arr. de sin.; le tout accc. en chef de trois étoiles (5) rangées d'or.

Giocondo — *Basilicate*. D'azur à un chien au nat., assis sur une terrasse de sin.; à la p. ch. d'une aigle de sa., cour. d'or.

Gioppi de Türkheim — *Trente, Mantoue, Padoue*. Parti: au 1 coupé: *a*. d'azur à une étoile (7) d'arg.; *b*. de gu. à une tour de gu. aux créneaux encaillés, maçonnée, ouv. et aj. de sa., posée sur une terrasse au nat.; au 2 d'azur à un coupé ramp. de sa. **D.:** PRO REGE ARMATUS.

Giordani — *Bologne*. D'azur à un pont de trois arches au nat., ouvertes d'arg., et une eau coulant par ses arches vers sen.; l'azur ch. de trois fleurs-de-lis d'or, rangées entre les quatre pendants d'un lambel de gu.

Giordano duc **d'Oratino** — *Naples* (Duc, 10 août 1720.) Coupé: au 1 d'arg. à l'aigle ép. iss. de sa., chaque tête cour.; au 2 de gu. mouv. du coupé, ch. sur la poitrine d'une croix pattée d'or et acc. entre les deux têtes d'une couronne impériale; au 2 d'azur à deux arbres de sin., rangés sur une terrasse du même. A la fasce de gu., ch. de trois étoiles d'or, br. sur le coupé.

Giordi — *Bologne*. D'azur à trois roses de gu., tigées et feuillées de sin., rangées sur une terrasse du même; la rose à sen. surm. d'un oiseau volant d'arg.; au chef du premier, ch. de trois fleurs-de-lis d'or, rangées entre les quatre pendants d'un lambel de gu.

Giorgi — *Bologne*. Parti d'arg. et d'azur, au boeuf de l'un à l'autre, soutenu d'une terrasse de sin.; au chef d'or. br. sur le parti et ch. d'une aigle de sa.

Gips — *Dordrecht*. Ec.: aux 1 et 4 de gu. à trois

croiss. d'arg.; aux 2 et 3 coupé: *a.* d'arg. au chev. de gu., ch. de trois glands d'arg.; *b.* d'or à trois trèfles de sin., rangés en fasce. **C.:** un croiss. d'arg.

Giraldi (Marquis) — *Ferrare.* D'azur au chev. d'or, surm. d'un dextrochère de carn., paré de gu., la main fermée, l'index levé, et acc. de trois têtes de pucelle de carn., chevelées d'or.

Girard de Soubeyran — *Poitou.* D'azur à trois chev. d'or.

Girard de Vezenobre et de Châteauvieux — *Montpellier.* D'azur à une tour sommée de trois tourelles d'arg., aj., maçonnée et portillée de sa.; au chef de gu., ch. d'une étoile d'or, adextrée d'un lion naiss. du même et senestrée d'un croiss. versé d'arg.

Giraut — *Maine.* D'arg. à deux loups de gu., l'un sur l'autre.

Girot de Langlade — *Auv.* (An., 1827.) Ec.: au 1 d'azur à trois étoiles d'or; au 2 de gu. à une balance d'arg., nouée de sa.; au 3 de gu. à un cerf cont. d'arg., sur une terrasse du même; au 4 d'azur à un triangle d'or ch. de trois étoiles de gu., adextré d'un mât d'arg., senestré d'une colombe du même, bq., m. et allumée de gu., et acc. en p. d'une tête de cheval d'arg.

Giry — *Gasc.* D'azur à une escarboucle d'or.

Giusino — *Palerme* (Duc de *Belsito,* marquis *delli Magnisi,* baron de *Casalgiordano.*) Parti: au 1 d'azur à un pin de sin. sur une terrasse au nat., senestré d'un lion d'or, cour. du même et acc. au canton dextre du chef d'une comète d'or (*Giusino*); au 2 d'azur à un bourdon de pèlerin d'or, adextré de trois coquilles du même, rangées en pal, et senestré d'une palme de sin. (*Romeo.*)

Giustignana — *Gênes.* De gu. à un château d'arg., duquel s'élèvent trois tours, ouv. et aj. de sa.; au chef d'or, ch d'une aigle iss. de sa., cour. d'or.

Giustini — *Ombrie.* D'arg. à deux branches de sin., passées en saut.

Givry — *Bourbonnais.* D'azur à l'aigle d'arg., bq. et m. d'or.

Gieser — *Aut.* (Conc. d'arm., 5 juillet 1606.) D'or à la bande coticée de sa., la bande ch. d'un lion du champ. Cq. cour. **C.:** un lion iss. d'or, entre deux prob. coupées alt. d'or et de sa.

Glindt (van der), v. **Hendriks** *dit* **van der Glindt.**

Gloede — *Pom.* (Nob. du St.-Empire, 3 avril 1754.) D'arg., coupé au moyen d'un filet en fasce d'azur; en chef un coeur de gu., enflammé au nat.; en p. une colombe d'arg., bq. et m. de gu., tenant en son bec une feuille d'olivier de sin., et perchée sur un tronc au nat., terrassé de sin. Brl. d'arg., d'azur, d'or et de gu. **C.:** le coeur enflammé, entre une ramure de cerf au nat. **L.:** à dextre d'arg. et de gu., à sen. d'or et d'azur.

Glymes de Hollebecque — *Hainaut* (Nob. du titre de comte, 28 oct. 1883.) D'azur semé de bill. d'or; à la bande d'arg., br. sur le tout. **C.:** deux coutelas affr. d'herm. **S.:** à dextre un griffon d'or, à sen. un lion du même. *Manteau* de gu., doublé d'herm., frangé et houppé d'or, armorié sur les courtines et sommé d'une couronne à cinq fleurons, fourrée d'un bonnet d'herm.

Godard d'Aucour comte de **Plancy** — *Ile-de-Fr.* (Comte, 28 mai 1809.) Coupé: au 1 parti: *a.* d'azur à un mur crén. d'or, surm. d'une branche de chêne du même, en bande; *b.* reparti, d'un échiqueté d'or et d'azur, et d'azur à une louve arrêtée d'or, acc. en chef de deux bill. d'azur. (*Lebrun de Plaisance.*)

Godart — *Art.* (Baron de l'Empire, 15 août 1809.) Parti: au 1 d'azur à un palmier de sin.; au 2 d'azur à un vaisseau d'or, soutenu d'une mer d'arg. chargée d'un banc de sa. du même, à la partition.

Godart — *Ile-de-Fr.* D'or à la bande d'azur, ch. de trois défenses de sanglier d'arg.

*Godart du Planty (Marquis) — *Art.* D'arg. au chev. d'azur, acc. de trois étoiles du même. **S.:** deux lions reg. **D.:** QUI ME CHERCHE ME TROUVE.

Godeffroy — *Hambourg.* D'azur à une main, gantelée d'or, supp. un faucon du même, acc. en chef de deux étoiles d'arg. en p. de trois croiss. entrelacés du même. **C.:** un faucon d'or, le vol étendu. **S.:** deux lions d'or, lamp. de gu.

Godefroy — *Norm.* D'azur au chev. d'arg. acc. en chef de deux croiss. d'or et en p. d'une tête du même; à la fasce émanchée de gu. sur arg., br. sur le tout.

Gödertheim — *Strasbourg.* Parti d'or et de sa.; au chev. de l'un en l'autre. **C.:** un buste d'homme, hab. aux armes de l'écu; *ou,* une tête iss., hab. aux

armes de l'écu, les bras remplacés par deux prob., celle à dextre de sa. et celle à sen. d'or.

Godet de la Riboullerie — *Poitou.* Parti: au 1 d'azur au chev. d'or, acc. en chef de deux croisettes ét en p. d'un vase, le tout d'or; au 2 d'azur à une tour d'or, ouv. et aj. de sa., acc. en chef d'une croisette d'or, accostée de deux étoiles d'arg., et en p. d'un croiss. du même.

Godin — *Soumagne* (*P. de Liége.*) D'or à une anille de sa. **C.:** l'anille.

Goekoop — *Holl.* D'arg. à un mouton d'or sur une terrasse de sin.

*Goes (Haak van der) — *Holl.* (An., 19 janv. 1884.) De sa. à trois têtes et cols de bouc d'arg., accornées d'or. **C.:** une tête et col de bouc de l'écu, entre deux plumes de faisan d'arg. **S.:** deux boucs reg. d'arg., accornés d'or [Permission d'omettre le nom de *Haack,* par arrêté royal du 13 janv. 1885.]

Goetschaep — *Nimègue.* De sa. à un mouton ramp. d'arg.

Goez — *Wurt.* Parti: au 1 de gu. à une colonne supportant un vase rond d'arg.; au 2 d'azur à une sirène, tenant un annelet et reposant sur un piédestal, le tout d'arg. A la champagne de l'écu de sin., br. sur le parti. Cq. cour. **C.:** un annelet d'arg., entre un vol du même.

Goffart — *Soumagne* (*P. de Liége.*) D'arg. à un arbre de sin., senestré d'un lion de sa., ramp. contre le fût; le tout soutenu d'une terrasse de sin. **C.:** un lion iss. de gu.

Gogh (van) — *Amsterdam.* Barré de gu. et de sa., de six pièces; au lion d'or, br. sur le tout; au chef d'azur, ch. d'un faucon volant d'arg.

Gohin de Charne — *Tour.* Ec.: aux 1 et 4 d'azur à la croix treflée d'or; aux 2 et 3 d'arg. à l'aigle ép. de gu.

Gois (le) comtes d'**Avranches et de Chester** — *Norm., Angl.* De gu. semé de croisettes d'or; à une tête de loup arr. d'arg., br. sur le tout [Primitivement d'azur à une tête de loup arr. d'arg.: c'est ainsi que portait *Hugues le Loup,* comte d'Avranches et de Chester, neveu du Conquérant.]

Gomzé (de) — *P. de Liége.* D'arg. à trois enclumes de sa., 2 et 1, celle en p. soutenue d'une terrasse isolée de sin., de laquelle s'élèvent deux branches de chêne de sin., accostant l'enclume, feuillées de sin., englantées d'or, passant en saut. entre les trois enclumes et embrassant les deux enclumes du chef.

Gondier de Craye — *Nivernais.* D'arg. à deux merlettes de sa., l'une sur l'autre.

Gonella — *Turin* (An., 16 déc. 1845.) Coupé, d'arg. au lion léopardé de gu., sur or à trois bandes de gu.; à la fasce du même, br. sur le coupé. Au chef de l'écu d'azur, ch. de trois étoiles d'or.

Gonnon — *Guyenne.* D'or au chev. de gu.; au chef d'azur, ch. de trois étoiles d'arg.

Gonod d'Artemarre — *Bourg.* D'azur au chev. d'or, acc. de trois croiss. d'arg.

Gontard — *Aut.* (An., 22 mai 1883.) Coupé: au 1 d'azur à un gond de porte de fer, posé en fasce; au 2 d'azur à un soleil d'or, se couchant derrière un tertre de trois coupeaux de sin. Cq. cour. **C.:** un soleil d'or. **L.** d'or et d'azur.

Gonzalez de la Pezuela comte de **Cheste** — *Castille* (Comte, 2 déc. 1838.) D'or à la bande d'arg., acc. en p. d'un éperon d'or, posé en fasce, la molette à sen. **S.:** deux hermines au nat. **D.:** POTIUS MORI QUAM FOEDARI.

Goor — *Gueldre.* Tranché-ondé d'or sur azur: à trois roses de gu., 2 et 1, celle en chef à dextre et celle en p. br. sur le tranché.

Goot (van der) — *Holl.* Ec.: aux 1 et 4 de gu. à une étoile d'or; aux 2 et 3 de ... au même. **C.:** l'étoile, entre un vol.

Gorce (de la) — *Fl. fr.* Parti: au 1 d'azur à un croiss. d'arg., en chef et un lion du même en p.; au 2 reparti: *a.* de gu. à la demi-aigle d'arg. en chef, mouv. de la partition dextre, à la demi-croix pattée d'or en p., mouv. de même; *b.* d'azur à une demi-aigle et d'azur de huit pièces.

Gordan — *Aut.* (Conc. d'arm., 1597.) Coupé: au 1 d'azur à un pélican naiss. d'arg., avec sa piété de gu., mouv. du coupé et acc. de trois étoiles d'arg. rangées en chef; au 2 d'arg. à un brandon de sa., posé en fasce, écoté de cinq pièces, trois en haut et deux en bas, allumé de gu. dans ces cinq endroits, ainsi qu'au bout dextre, les trois flammes supérieures penetrant dans le 1 et touchant au corps et aux ailes du pélican. **C.:** le pélican naiss., mouv. du brandon allumé en fasce, et surm. d'une étoile d'or; entre deux prob. coupées, à dextre d'azur sur or. à sen. de gu. sur arg., chacune ornée dans son embouchure d'une étoile d'or. **L.:** à dextre d'arg. et de gu., à sen. d'or et d'azur.

Gordan de Kornthal — *Aut.* (Nob. autrichienne, 7 juillet 1614.) Parti: au 1 les armes de *Gordan* de 1597; au 2 coupé d'azur sur or, à deux têtes de dragon de l'un à l'autre, vomissantes des flammes de gu., 1 en chef et 1 en p., celle-ci cont. Cq. cour. **C.** et **L.** ceux de 1597.

Gordon-Lennox duc de *Richmond* et de *Gordon* — *Angl.* (Baron *Settrington*, comte de *March* et duc de *Richmond*, 9 août 1675, titres dans la pairie d'*Angl.*, baron *Methuen de Torbolton*, comte de *Darnley* et duc de *Lennox*, 9 sept. 1675, titres dans la pairie d'*Ecosse;* comte de *Kinrara* et duc de *Gordon*, 13 janv. 1876, titres dans la pairie du *Royaume-Uni;* duc d'*Aubigny* en *France*, janv. 1683—84.) Quatre grands quartiers: A, B, C et D. — A. et D. aux armes des ducs de *Richmond*, qui sont: éc.: aux I. et IV. c.-éc.: d'azur à trois fleurs-de-lis d'or (*France*), et de gu. à trois léopards d'or, l'un sur l'autre (*Angleterre*); au II. d'or au lion de gu., arm. et lamp. d'azur, enclos dans un double trêcheur fleur. et c.-fleur. de gu. (*Ecosse*); au III. d'azur à une harpe d'or, cordée d'arg. (*Irlande*.) Ces quatre quartiers entourés d'une bord. comp. de seize pièces d'arg. et de gu., chacun des huit compons d'arg. ch. d'une rose de gu. Sur le tout des quartiers, de gu. à trois fermaux d'or (duché d'*Aubigny*). — B. et C. aux armes des ducs de *Gordon*, ét. le 28 mars 1836, qui sont éc.: au I. d'azur à trois hures de sanglier d'or (*Gordon*); au II. d'or à trois têtes de lion de gu. (*Badenoch*); au III. d'or à trois croiss. de gu., enclos dans un double trêcheur fleur. et c.-fleur. du même (*Seaton*); au IV. d'azur à trois quintefeuilles d'arg. (*Fraser*).—Deux cq., le 2 cour. **C.:** 1° un léopard d'or, cour. de gu., orné d'un collier comp. d'arg. et de gu., chaque compon d'arg. ch. d'une rose de gu.; le léopard soutenu d'un chapeau de tournoi de gu., retr. d'herm. (cimier des ducs de *Richmond*); 2° une tête et col de cerf au nat., ramée d'or, posée de front, surm. du *Cri:* BY-DAND! (cimier des ducs de *Gordon*.) **S.:** à dextre une licorne d'arg., accornée, onglée et crinée d'or; à sen. une antelope d'arg., accornée et onglée d'or; ornées chacune d'un collier comp. d'arg. et de gu., chaque compon d'arg. ch. d'une rose de gu. **D.:** EN LA ROSE JE FLEURIS.

Gorge (de) — *France.* D'arg. à la bande de sa., ch. de trois têtes d'aigle du champ.

Gosset de la Rousserie — *Norm.* Losangé d'arg. et d'azur.

***Gossler** — *Prusse* (Nob. du Royaume de *Westphalie*, 27 fév. 1813; rec. de nob. en *Prusse*, 6 fév. 1816.) Ec.: au 1 échiq. d'arg. et de gu.; au 2 d'or à un bonnet de sa., retr. d'herm.; au 3 d'arg. à l'aigle de sa., bq. et m. de gu., cour. d'or; au 4 d'azur à un faisceau des licteurs au nat. Sur le tout d'arg. à trois roses mal-ordonnées de gu., bout. d'or. **C.:** trois roses de gu., bout. d'or., tigées de sin., mouv. d'un chicot au nat., posé en fasce.

Gossmar — *Strasbourg.* D'arg. à un perroquet de sin., bq. et m. de gu., posé sur un rocher (grès des Vosges) au nat. Cq. cour. **C.:** les meubles de l'écu, le perroquet coll. de sn. et tenant en son bec une branche feuillée de sin. **L.** d'arg. et de sin.

Goszweiler — *Schaffhausen.* D'or à une grappe de raisins au nat.

Göttlicher de Bartenthal — *Croatie* (Chevaliers, 7 mars 1883.) Parti: au 1 d'or à la demi-aigle échiquetée de gu. et d'azur, mouv. du parti; à la fasce de gu., br. sur le tout et ch. de trois étoiles d'arg.; au 2 de sa. à un chevalier, arm. de toutes pièces au nat., tenant de sa main dextre une palme de sin., la sen. appuyée sur une épée d'arg. Deux cq. cour. **C.:** 1° une aigle iss. échiquetée de gu. et d'azur; **l.** d'azur et de gu.; 2° un bras, arm. au nat., tenant une palme de sin.; **l.** d'or et de sa.

Gottsponner — *Valais.* Ec.: aux 1 et 4 d'azur à un oiseau de gu.; aux 2 et 3 d'azur à un rosier de sin., posé sur un tertre du même et fleuri de trois pièces mal-ordonnées de gu.

Goudal de Lagoudalie — *Guyenne, Gasc.* Ec.: aux 1 et 4 d'azur à trois fasces d'or; aux 2 et 3 d'arg. à trois merlettes de sa.; au chef d'azur ch. de trois croiss. d'arg.

Goupil de Bouillé — *Tour.* D'azur à trois merlettes d'arg., 2 et 1, et un croiss. du même en p.; au chef d'or.

Gouwenberg — *Amsterdam.* D'azur à un mont d'or, somme d'une branche du même.

Gouy — *Tournai.* Ec.: aux 1 et 4 d'or à une fleur-

de-lis de gu.; au chef de sa., ch. de trois coquilles d'arg.; aux 2 et 3 d'azur à trois cors-de-chasse d'or, les embouchures à dextre.

Gouy — *Velay.* Ec.: aux 1 et 4 d'arg. à deux broyes d'azur, l'une sur l'autre, acc. en chef d'un croiss. du même; aux 2 et 3 d'azur au lion d'or, lamp. de gu.

Gouyon — *Bret., Norm.* (Marquis et comtes de *Matignon*, comtes de *Gacé* et de *Montmartin*.) Ec.: aux 1 et 4 d'arg. au lion de gu., cour. d'or (*Gouyon*); au 2 d'azur à trois fleurs-de-lis d'or; à un lambel d'arg. en chef et un bâton du même, posé en bande (*Orléans-Longueville*); au 3 d'azur à trois fleurs-de-lis d'or, et un bâton de gu., posé en bande (*Bourbon Saint-Pol.*). **D.:** LIESSE À MATIGNON.

***Gouyon** duc de *Feltre* — *Bret.* (Duc de *Feltre*, juillet 1864.) Les armes de *Clarke* du de *Feltre*, qui sont de gu. à trois épées d'arg., garnies d'or, posées en pals, rangées en fasce.

Gouzillon de Kermeno — *Bret.* Ec.: aux 1 et 4 de gu. à trois mâcles d'arg. (*Kermeno*); aux 2 et 3 d'or à la fasce d'azur, acc. de trois colombes du même, bq. et m. de gu. (*Gouzillon*.)

Goya-Barras (Barons) — *Valence* (*Esp.*) D'arg. à deux montagnes accostées au nat., un soleil iss. d'or entre les montagnes.

Goyon — *Auv.* D'azur à deux goujons d'or, aux têtes, nageoires et queues d'arg., acc. en chef d'un croiss. du même.

Graaf (de) — *Holl.* D'azur à un croc d'arg., le fer en bas, cant. de quatre étoiles du même.

Graeff (de) van Polsbroek — *Holl.* (Noblesse néerlandaise, 10 mars 1885.) Ec.: aux 1 et 4 de gu. à une bêche d'arg., le fer en haut; aux 2 et 3 d'azur à un cygne d'arg., bq. et m. de gu. Cq. cour. **C.:** la bêche, iss. de la couronne, le fer sommé de trois plumes de paon au nat. **L.** d'arg. et de gu. **S.:** deux cygnes d'arg., bq. et m. de gu., reg., vol ouv. et abaissé. **D.:** MORS SCEPTRA LIGONIBUS ÆQUAT.

Graeme — *Philadelphie.* D'arg. à la fasce crén. de trois pièces de gu., ch. d'un oiseau du champ et acc. en chef d'une rose de gu. accostée de deux coquilles de sa., et en p. de trois piles d'or, mouv. de la fasce vers la base.

Graf de Gaderthurn — *Tirol* (Chevaliers, 23 avril 1883.) Coupe: au 1 d'arg. à l'aigle naiss. de gu., bq. d'or, mouv. du coupé; au 2 d'azur à une houe d'or, le fer en haut, embrassée de deux rameaux de laurier d'or, fruités du même, les pieds passés en saut. Deux cq. cour. **C.:** 1° l'aigle iss.; **l.** de gu. et d'arg.; 2° les meubles du 2; **l.** d'or et d'azur. **D.:** LABOR NOBILITAT.

Graffschafft — *Westphalie.* D'arg. au lion naiss. de gu., cour. d'or, iss. d'un tertre de trois coupeaux de sin., mouv. du canton sen. de la p. Cq. cour. **C.:** le lion iss.

Grailler — *Montélimart.* D'or à trois corneilles cont. de sa.

Granche (de la) — *Ile-de-Fr.* Ec.: aux 1 et 4 d'or à un chardon de sin., tigé et feuillé du même, fleuri de gu.; aux 2 et 3 de gu. à un croiss. d'arg.

Grandeff de Guilloteau (Comtes) — *Norm.* D'azur à l'aigle d'or, chaque tête cour. du même.

Grand-Gérard (le) dit le Jeune — *Liége.* D'or à trois clefs de gu.

Grandis — *Valais.* Coupé: au 1 d'arg. à une guérite de gu., accostée de deux lions ramp. et affr. d'or, posant leurs pattes de devant sur le toit de ladite guérite; au 2 d'arg. à un tertre de trois coupeaux de sin. en p.

Grandner — *Tirol.* D'arg. à trois roses de gu., rangées en fasce, et deux cantons senestres de gu., l'un en chef et l'autre en p.

Grandsagno — *Berry.* De sa. à une fasce de fusées d'arg.

Grandsault-Lacoste — *Guyenne.* De sa. à deux étoiles d'arg., acc. en chef d'une couronne à nœud du même.

Granier — *Dauphiné.* De gu. à la croix ancrée d'or; au chef d'azur, ch. de trois étoiles d'arg.

Gränizer de Gräntzenstein — *Bohême* (Nob. autrichienne, 14 juin 1711.) D'azur à un arbre arr. de sin., les racines brochantes sur une terrasse d'or. Cq. cour. **C.:** un homme iss., hab. et tortillé d'azur, cont. d'or, tenant de sa main dextre l'arbre arr., la sen. appuyée sur sa hanche. **L.** d'or et d'azur.

Grant (vicomte de *Caen* et comte de *Vaux*) — *Ecosse, Norm.* (M. ét.) Ec.: au 1 d'or au lion de gu., enclos dans un double trêcheur fleur. et c.-fleur. du même (*Ecosse*); au 2 d'herm. au chev. de gu., ch. de trois couronnes à l'antique d'or (*Quetteville*); au 3 d'arg. à la fasce d'azur, acc. de trois coqs au nat., 1 en chef et 2 en p., celui en chef tenant une branche de sin. dans sa patte dextre (*Grant* vicomte de *Caen*); au 4 parti: *a.* d'or à la fasce échiq. d'azur et d'arg. de trois tires, à la bande de gu.. br. sur la fasce (*Stuart*); *b.* de gu. à trois léopards d'or. l'un sur l'autre (*Angleterre*). Sur le tout des grands quartiers, de gu. à trois couronnes à l'antique d'or (*Grant*). **C.:** un volcan vomissant des flammes, au nat. *Cri.* STAND SURE, ou STAND FAST. **T.:** deux sauvages, arm. de massues. **D.:** QUINICH BAS ALPIN. Deux bannières croisées derrière l'écu, celle à dextre aux armes des vicomtes de *Caen*, celle à sen. aux armes de *Grant*.

Grant de Blairfindy — *Ecosse, Canada, France*. De gu. au lion naiss. d'arg., acc. de trois couronnes à l'antique d'or. — *Ou*: Parti de gu. et d'azur; à trois couronnes à l'antique d'or. **C.:** une montagne en flammes. **D.:** STAND SURE.

Grant de Blairfindy baron **de Longueuil** — *Ecosse, Canada* (Conf. du titre en *Angleterre*, 4 déc. 1880.) D'azur à trois roses d'arg.; au chef de gu. d'un croiss. d'arg. accosté de deux étoiles d'or (*le Moyne de Longueuil*.) En coeur un écusson de gu., ch. d'un lion naiss. d'arg.. acc. de trois couronnes à l'antique d'or (*Grant de Blairfindy*.) **C.:** une couronne en flammes (*Grant*). **T.:** à dextre un sauvage tenant une massue; à sen.. un Indien tenant une flèche. **D.:** STAND SURE.

Gras — *Norm.* De gu. au lion d'arg.

Gras de Vaubercey (Comtes le) — *Champ.* Ec.: aux 1 et 4 d'azur à trois rencontres de cerf d'or; aux 2 et 3 d'azur à trois roseaux d'or, tigés et feuillés du même. mouv. d'une eau d'arg. et surm. chacun d'un besant d'or; au chef vairé d'azur et d'or. **S.:** deux lions. **D.:** NE VARIETUR.

Grasern Edle **von Strandwehr** — *Aut.* (Chevaliers autrichiens, 10 mai 1777; conf. dudit titre, 12 fév. 1883.) Ec.: au 1 d'arg. à l'aigle cont. de sa., la poitrine ch. des lettres M T d'or; au 2 d'azur au chev. d'arg., acc. en chef de deux faucilles adossées d'arg., emm. d'or. en p. d'une étoile d'or; au 3 d'azur à un bloc de minerai de cuivre, au nat, mouv. du bas; au 4 d'arg. à cinq feuilles de tabac de sin.. mouv. d'une seule tige. Deux cq. cour. **C.:** 1° une étoile d'or. entre un vol de sa.. l. d'arg. et de sa.; 2° une épée d'arg., garnie d'or, entre deux prob. coupées, à dextre d'arg. sur sa.. à sen. d'azur sur arg.; l. d'arg. et d'azur.

Gravenhorst-Lövenstierne — *Ile de St.-Thomas, Dan.* (Conf. sous le nom de *Lövenstierne*, 29 fév. 1872.) Les armes de *Lövenstierne*, de la création du 31 déc. 1714.

's Gravenpolder — *Holl.* D'azur à une étoile d'arg., acc. de cinq roses d'or, 2 en chef, 2 accostant l'étoile et 1 en p.

Gravina di Sant' Elisabetta (Princes) — *Palerme, Naples.* Coupé: au 1 d'azur à deux bandes d'or, acc. au canton sen. du chef d'une étoile (10) d'arg.; au 2 d'azur à la bande échiq. d'arg. et de gu. **C.:** un oiseau d'arg. **D.:** SPERO.

Graziadei — *Bologne.* D'azur à trois los. d'arg., accolées en fasce.

Grazioli (Ducs) — *Rome.* Ec.: au 1 d'azur à un vol d'arg.; au 2 d'azur à l'aigle d'or. bq. et m. de gu.; au 3 d'arg. à une massue à picotons d'or; au 4 de sin. à un bouc ramp. d'arg.

Green Mac Larren — *Ecosse, Etats-Unis.* D'arg. à une frette de gu., clouée d'or; au chef de sa. ch. d'un cerf pass. d'or, entre deux molettes (5) du même. **C.:** au bras, paré de gu. et d'or, tenant une branche de chêne de sin. **D.:** AUT VIAM INVENIAM, AUT FACIAM.

Grégoire — *Lang.* D'azur à l'aigle d'or, fixant un soleil du même.

Gregorio — *Messine.* Parti-crénelé d'arg. et de sa.

Greiffenfels — *Salzbourg* (An., 9 avril 1748.) De gu. à un rocher grisâtre, mouv. du flanc dextre et de la base de l'écu, le flanc dudit rocher composé de trois pics superposés; à sen. dans l'écu un casque de tournoi d'acier, doublé de gu., taré de profil, portant un cimier un griffon iss. d'arg., cour. d'or, appuyant sa serre sen. sur le second pic du nat, la serre dextre levée; l'écu bordé d'or.

Grellet des Prades de Fleurelles (Comtes) — *Tour.* D'arg. à une croix de Lorraine de gu. (*Fleurelles*.) Sur le tout de *Grellet de la Deyte* qui est éc.: *a.* et *d.* de sin. au lion d'arg., arm., lamp.et cour. d'or, acc. de sept ecrots du même, rangés en orle; *b.* et *c.* de gu. à trois grelots d'or. 2 et 1, et au chef d'arg. ch. d'un croiss. d'azur accosté de deux étoiles du même. Sur le tout du tout de *des Prades*, qui est d'azur semé de marguerites d'arg., au lion du même, arm., lamp. et cour. d'or. **C.:** une lionne (*ou* une licorne) iss. d'arg.,

présentant une croix de Lorraine de gu. et un grelot d'or. **S.:** à dextre un lion au nat.; à sen. une licorne au nat., coll. de gu. **D.:** 1° DUC IN ALTUM; 2° GRESLE EST, MAIS CROISTRA.

Grendel — *Holl.* Coupé: au 1 d'or à une vertenelle de sa., posée en fasce; au 2 de gu. à trois étoiles d'or, 2 et 1.

Grenières — *Ile-de-Fr.* D'azur au chev. d'arg., ch. de trois merlettes de gu. et acc. en chef de deux croiss. d'or et en p. d'un lion du même.

Gresiaco (de) — *Valais.* De gu. à un chamois d'arg., pass. sur un tertre de trois pics d'or et acc. en chef d'une couronne du même.

Greslé — *Ile-de-Fr.* D'or à un olivier de sin.; au chef d'azur, ch. de trois étoiles d'or.

Greuningen (van) — *Holl.* De gu. à un château au nat. **C.:** trois pl. d'aut.

Greve (de) — *Holl.* Ec.: aux 1 et 4 d'arg. à une croix latine pattée et alésée de sa.; aux 2 et 3 d'or à la fasce de sin., acc. en chef d'une fleur-de-lis de gu.

Grevencop-Castenschiold — *Dan.* Ec.: au 1 d'arg. à un cerf élancé au nat., derrière un arbre de sin.; au 2 d'or à une maison de gu.; au 3 d'azur à six flanchis d'arg., au 4 d'arg. à quatre fasces de gu. (*Castenschiold* ou *Castenskiold*.) Sur le tout coupé: d'azur à trois étoiles (5) mal-ordonnées d'arg., sur gu. à la fasce ondée d'arg.; à la fasce d'or, br. sur le coupé (*Grevencop*.) Cq. cour. **C.:** un griffon iss. d'arg. (*Grevencop*.) **S.:** deux griffons d'arg.

Greylox — *Valais.* De gu. à un bouquetin ramp. de sa., soutenu d'un tertre de trois coupeaux d'or et acc. en chef de deux étoiles (5) du même.

Grimaud de Besque — *Dauphiné.* D'azur à trois têtes de chameau d'or, coll., clarinées et emmuselées d'arg.

Grimoard — *Périgord.* De gu. à deux bars adossés d'arg., acc. de deux fleurs-de-lis d'or. **C.:** un loup iss.

Grimouard — *Angoumois.* D'azur à la fasce de gu., acc. en chef de deux aigles ép. d'or et en p. d'un lion léopardé du même.

Grobbée — *Holl.* Trois annelets. **C.:** un annelet, entre un vol.

Groignard — *Cherbourg.* De gu. à trois hures de sanglier de sa.

Grôly — *Valais.* D'azur à un rencontre de cerf de sa., acc. de trois étoiles (6) mal-ordonnées d'or.

Groote (de) — *Flandre.* D'arg. à la bande de gu., acc. en chef d'une hache d'armes et en p. d'une fleur-de-lis. Cq. cour. **C.:** une aigle iss.

Gros de Beler — *Guyenne.* De gu. à deux chev. d'arg.; au chef d'azur, ch. de trois étoiles d'or.

Grosmenil — *Norm.* De gu. à trois fermaux d'arg.

*Grouchy (Marquis) — *Norm.* D'or fretté d'azur (*Grouchy.*) Sur le tout d'arg. à trois trèfles de sin. (*Escorcheboeuf*.)

Grün — *Aut.* (Chevaliers, 24 avril 1875.) Coupé: au 1 parti: *a.* d'azur à un oiseau volant, posé sur la tête en bas, au-dessus d'un champ de blé sur une terrasse, le tout au nat.; *b.* d'or à un globe terrestre de couleur blanche. avec ses méridiens; au 2 d'arg. à une charrue dans un champ de labour, le tout au nat. Deux cq. cour. **C.:** 1° un Pégase iss. d'arg., ailé d'or; l. d'or et d'azur; 2° une chouette au nat., la tête sommée d'une étoile d'or; l. d'or et de gu.

Gründorf de Zebegényl — *Hongrie* (Chevaliers, 5 janv. 1860.) D'or à la croix d'azur, ajourée en carré et chaque bras chargé de deux pièces de vair d'arg., mouvantes des bords de l'écu; la croix acc. aux 1 et 4 d'une aigle de sa., au 2 d'une grenade allumée au nat., posée en barre, et au 3 d'une tour embrasée au nat., soutenue d'une terrasse de sin. Deux cq. cour. **C.:** 1° un demi-vol cont. coupé d'or sur sa.; l. d'or et de sa.; 2° un demi-vol coupé d'azur sur azur; l. d'azur et de gu.

Grunelius — *Bav.* (Barons, 3 sept. 1883.) De gu. à un palmier d'or, posé sur un tertre de trois coupeaux du même. Cq. cour. **C.:** un bras de gu., tenant une palme d'or, en fasce.

Grünenberg — *Haute-Alsace.* D'arg. à une montagne isolée de six coupeaux de sin. Cq. cour. **C.:** la montagne, sommée d'une queue de paon au nat.; *ou*, un demi-vol aux armes de l'écu.

Grünenberg — *Alsace.* Tranché: au 1 d'or au lion naiss. de gu.; au 2 losange d'azur et d'arg. Cq. cour. **C.:** un lion iss. de gu. **L.** d'or et de gu.

Gruner — *Brême.* D'arg. à trois plantes de laurier de sin., sur une terrasse du même. **C.:** une plante de laurier de sin., en un vol d'arg.

Grünwald-Lenzelin — *Strasbourg.* Parti d'or et de sa.; à la bande de gu., br. sur le tout. **C.:** un demi-vol aux armes de l'écu. **L.** d'or et de sa.

Grünzweig von Eichensleg — *Styrie* (An., 29 oct. 1877.) Parti d'arg. et de gu.; à une branche de chêne, feuillée de cinq pièces de sin., alternant avec quatre glands d'or, br. sur le parti; à la fasce partie d'azur et d'or, br. sur le tout et ch. de trois étoiles, les deux extérieures de l'un à l'autre et celle du milieu de l'un en l'autre. Cq. cour. **C.:** une épée d'arg., garnie d'or, entre deux prob. coupées, à dextre d'arg. sur gu., à sen. d'azur sur or, chacune ornée dans son embouchure de trois feuilles de chêne de sin. **L.:** à dextre d'arg. et de gu., à sen. d'or et d'azur. (d'arg.

Gruter (de) — *Rotterdam*. De gu. à trois huchets d'arg.

Gruyters (de) — *Liége*. De sa. à trois fasces d'or. **C.:** une aigle.

Gualengo — *Ferrare* (Marquis de *Burana*.) Ec.: aux 1 et 4 d'or à l'aigle ép. de sa.; aux 2 et 3 d'azur à la bande d'or, acc. de deux lions du même.

Guaragnol — *Dauphiné*. D'azur à une tête et col de cerf coupée d'or; au chef d'arg., ch. de trois roses de gu.

Guarini (Comtes) — *Ferrare*. Ec.: aux 1 et 4 d'arg. à la croix de Jérusalem d'or; aux 2 et 3 d'arg. à trois fasces d'azur, abaissées sous une aigle ép. du même, m. et cour. d'or.

Guarini (Comtes) — *Forli*. D'or à l'aigle de sa., cour. du champ, br. sur trois fasces de sa. **D.:** SEMPER AD ALTA [A cette fam. appartenait l'auteur du *Pastor Fido*.]

Guarnotta (Barons) — *Esp., Sicile.* D'azur à trois montagnes au nat.; au chef de gu., soutenu d'une divise d'or et ch. d'une étoile (8) d'or.

Guazzo-Sola — *Vicence*. Les armes de **Guazzo.**

Guchot — *Valais*. D'arg. à une botte de gu., posée sur le coupeau du milieu d'un tertre d'or, chacun des deux autres coupeaux supp. une tulipe d'or, tigée et feuillée de sin.; le tout acc. en chef d'une étoile (6) d'or.

Guédon — *Ile-de-Fr.* D'azur à sept gerbes d'or, 2, 3 et 2; au chef de gu., ch. d'un soleil d'or.

Guémin — *Dauphiné*. D'azur à trois pommes de pin d'or, 2 et 1, posées chacune en barre, les tiges en haut.

Guéneau de Montbeillard — *France*. D'arg.; au chef d'azur, ch. de trois étoiles d'or.

Guens — *Gand*. De sa. à un serpent d'arg., roulé deux fois sur lui-même, posé en pal, la langue en dard; au chef d'arg., ch. de trois merlettes de sa.

Guerey — *Champ*. D'azur à deux roses d'or en chef et un croiss. d'arg. en p.

Guérillot — *Franche-Comté*. De gu. à trois trèfles d'arg.

Guérin — *Grenoble*. D'arg. au chev. d'azur, acc. en p. d'une rose de gu.; au chef d'azur, ch. de trois étoiles d'or.

Guérin de la Houssaye — *Norm.* Ec.: aux 1 et 4 d'azur à un senestrochère, arm. d'arg., mouv. du flanc, tenant une épée d'arg., garnie d'or, en barre; aux 2 et 3 de sa. au lion d'or, arm. et lamp. de gu. **D.:** FIDELITATE ET ARMIS.

Guerraty — *Valais*. D'arg. à un arbre arr. de sin., fûté d'or, et deux glands du même suspendus au feuillage, à dextre et à sen.

Guerrier de Dumast — *Lorr.* (Barons, 27 sept. 1817.) Parti: au 1 d'azur à la fasce d'or, acc. de deux croiss. d'arg., 1 en chef et 1 en p.; au 2 de gu. à trois épis d'or, 2 et 1. **T.:** deux guerriers au nat., armés à l'antique.

Guerrier (le) de Saulx — *Bourg., Franche-Comté* (Seigneurs de *Courtivron* et du *Meix*; ét. au 16e siècle.) D'azur au chev. d'or, arm. et lamp. de gu.

Guestier — *Norm.* D'azur au chev., acc. en chef de deux fers de lance renversés et en p. d'une tour, le tout d'arg.

Guffroy de Rosemont — *Pic.* D'arg. au chev. écartelé de gu. et d'or.

Guglielmi — *Rome* (Marquis de *Valentina*, comte d'*Antognolla*.) D'azur à un obélisque de gu. sur son piédestal d'arg., sur d'un casque du même portant en cimier une aigle de sa. et accosté de deux fleurs-de-lis d'or.

Guichon de Granpont — *Paris*. D'azur à une licorne saillante d'arg.

Guidelli (Comtes) — *Modène*. Ec.: aux 1 et 4 d'azur au lion écartelé en sautoir d'arg. et de gu.; au chef d'azur, ch. de trois fleurs-de-lis d'or, rangées entre les quatre pendants d'un lambel de gu.; aux 2 et 3 de gu. au lion d'or. **C.:** 1° un demi-vol mêlé de gu. et d'arg.; 2° une femme iss., les cheveux d'or, hab. d'azur et d'arg., tenant de sa main sen. un listel inscrit du mot CIRCUMSPICE; 3° un dragon ailé de sin.

Guihou — *Paris*. De sin. au lion d'or.

Guilabert de la Valette — *Pays Chartrain.* D'azur à un dauphin d'or, cour. du même.

Guilhe de Villers — *Bret.* D'azur au chev. d'or, de trois fers de lance d'arg.; au chef du même, ch. trois molettes (6) de gu.

Guillard de Fresnay — *Norm.* Ec.: aux 1 et 4 de gu. à deux bourdons de pèlerin d'or, posés en chev., acc. de trois monts ou montjoyes d'arg. (*Guillard*); aux 2 et 3 d'arg. au chev. d'azur, la cime ch. de trois bes. mal-ordonnés d'or; le chev. acc. en chef de deux étoiles de sin. et en p. d'un lion de sa., arm. et lamp. de gu. (*Fresnay*). **D.:** IN FIDE STA FIRMITER.

Guillemeteau — *Angoumois*. D'azur au lion d'or, acc. de trois molettes (6) du même.

Guillet de Blanchette — *France*. D'or au lion au nat.; au chef bastillé de gu.

Guillet de la Brosse — *Bret.* D'azur au saut. d'arg., acc. en chef d'un croiss. du même, à chaque flanc d'une étoile d'or et en p. d'une canette du même. **T.:** deux sauvages.

Guillet de la Platrière — *Dauphiné*. Ec.: aux 1 et 4 d'azur à trois têtes de léopard d'or, cour. à l'antique d'arg.; aux 2 et 3 de gu. semé de fleurs-de-lis d'or, à la bande d'arg., br. sur les fleurs-de-lis.

Guillier — *Ile-de-Fr.* D'arg. au chev. d'azur, acc. de trois mâcles du même.

Guillier de Souancé (Comtes) — *Perche*. Les armes des comtes *Mortier* qui sont ec.: aux 1 et 4 d'or à une tête et col de cheval de sa., celle du 1 cont.; aux 2 et 3 d'azur à un bras, arm. d'or, mouv. du flanc, tenant une épée. Au lambel br. sur les deux premiers quartiers, de l'un en l'autre. Sur le tout d'azur au chev. d'or, surm. d'un casque cont. du même, et acc. de trois roses d'arg., tigées du même, au chef d'arg., ch. d'un lion ramp. de gu. **S.:** deux lions. **D.:** FAIRE SON DEVOIR.

Guillon de Rochecotte — *Maine, Tour.* (Marquis, 1767.) D'azur à un agneau pascal pass. d'or, avec sa croix du même, ornée d'une banderole de gu.; acc. de deux étoiles d'or en chef.

Guillon de Valbray. Les armes de **Guillon de Rochecotte.**

Guillotelot de Mazères — *Guyenne.* Ec.: aux 1 et 4 d'azur au lion d'or; aux 2 et 3 de gu. à une épée d'arg., garnie d'or. Sur le tout d'azur à la croix alésée de gu., acc. en p. de deux étoiles du même. **D.:** MON DIEU, MON HONNEUR ET MON ROI.

Guinness de Castleknock — *Irl.* (Baronet, 27 mai 1885.) Les armes de **Guinness** baron **Ardilaun,** sans supports.

Guisencourt — *France*. D'arg. à deux fasces de sin.

***Guiton-Villeberge-Crescent** — *Norm., Bret.* (Vicomtes, 28 oct. 1826.) D'azur à trois rocs d'échiquier d'arg. **S.:** deux lions. **D.:** DIEX AYE.

Gulinelli — *Ferrare* (Comtes de *Monte Santo*.) De gu. au lion d'or, ramp. contre un obélisque d'arg., posé à dextre, le tout soutenu d'une terrasse de sin.; à la fasce voûtée d'or, br. sur le tout.

Gundelfingen zu Phin — *Aut.* (Nob. du St.-Empire. 6 déc. 1561.) D'azur au griffon d'or. Cq. cour. **C.:** le griffon, iss.

***Gundelfinger** — *Zittau* (Saxe) (Conc. d'arm., 2 nov. 1561.) Coupé: au 1 d'azur à une fleur-de-lis d'or; au 2 d'arg. à une fleur-de-lis d'azur. **C.:** une fleur-de-lis d'or. **L.** d'or et de gu.

Guntern — *Aernen* (*Valais*). D'azur à une équerre d'or, senestrée d'une étoile (5) du même, et en p. un tertre de trois coupeaux de sin.

Guntern ou de Pileo — *Valais*. D'azur à trois pics de rocher accostés d'arg., mouv. de la p., acc. en chef d'une étoile (6) du même.

Günther — *Zittau* (Saxe) (Nob. du St.-Empire, 29 nov. 1589.) D'or à la bande de sa., ch. de trois étoiles du champ. Cq. cour. **C.:** un bouc iss. d'arg.

Güntherodt — *Saxe* (Barons du St.-Empire, 22 mai 1610.) Ec.: au 1 d'azur à une chouette au nat., cour. d'or, le vol ouv. et abaissé, perchée sur un chicot de sa., coupé au côté sen. d'or, posé en fasce; le tout acc. au canton sen. du chef d'une étoile d'or; au 2 de gu. à un vol à l'antique de sa.; au 3 de gu. à un chicon cont. d'arg., coll. et bouclé d'or, assis sur un coussin carre de sa., houppé d'or aux angles; au 4 d'or à une fleur-de-lis d'arg. en chef, acc. de trois roses de gu., bout. d'or, en p. Deux cq. cour. **C.:** 1° un lion iss. et cont. de sa., brandissant de sa patte sen. un cimeterre et tenant de sa dextre une tête de Turc par le chicot, coupé d'or et de gu.; 2° les meubles du 1, sauf que l'étoile est posée à dextre de la tête de la chouette et que le chicot est coupé d'or à dextre; l. d'or et de sa.

Gurisi — *Bologne*. Coupé: au 1 d'arg. à une comête de gu., accostée de deux têtes de More affr., tort. d'arg.; au 2 de gu. à deux bandes d'azur. Au chef de l'écu d'azur, ch. de trois fleurs-de-lis d'or, rangées entre les quatre pendants d'un lambel de gu.

Guseck (Edle von) — *Aut*. (An., 12 déc. 1868.) Taillé: au 1 d'arg. à une bécasse volante au nat., posée en bande, la tête en bas; au 2 d'azur à un sapin au nat. sur une colline rocheuse au nat., recouverte de mousse, le sapin surm. de trois étoiles mal-ordonnées d'or. A la barre d'or, br. sur le taillé. Cq. cour. **C.:** une bécasse ess. au nat. **L.:** à dextre d'arg. et d'azur, à sen. d'or et d'azur.

Gustin de Hermée — *Liége*. De gu. à la fasce de sa., ch. d'un croiss. d'or et acc. de trois étoiles du même. **C.:** une étoile d'or. **L.** d'or et de gu.

Gutierrez comtes d'Osilo — *Castille*. Parti: au 1 de gu. à trois lézards cont. de sin., en fasces, l'un sur l'autre; au 2 de sin. au lion d'or, et à la bande d'or, engoulée de deux têtes de dragon de sin., br. sur le lion; le 2 entouré d'une bord. de gu., ch. de huit flanchis d'or.

Guy (de) — *Dauphiné*. D'arg. à un chêne de sin.

Guy de Ferrières — *Ile-de-Fr*. D'arg. à trois fermaux ronds de gu., l'ardillon en fasce; au chef d'or.

Guyard — *Champ*. D'azur à la fasce d'arg., ch. de trois roses de gu. et acc. de trois fleurs-de-lis d'or.

Guyard de St.-Julien — *Prov*. Ec.: aux 1 et 4 d'azur à l'aigle ép. de sa., chaque tête cour. d'or; aux 2 et 3 de sa. à une rose d'or. Sur le tout de gu. à un senestrochère arm., tenant une épée, le tout au nat. Trois cq. cour. **C.:** 1° l'aigle ép.; l. d'or et d'azur; 2° le senestrochère du surtout, reposant sur le coude; l. d'arg. et de gu.; 3° une rose coupée d'or sur sa.; l. d'or et de sa.

Guymont — *Ile-de-Fr*. D'azur au chev. d'or, acc. de trois étoiles du même; au chef de gu., ch. de trois étoiles d'arg.

Guynot de Boismenu — *Bret*. De gu. à trois merlettes d'arg.; au chef d'or. **D.:** LIBENTER.

Guyomart de Préaudet — *Bret*., Ile de *France*. De gu. au chev., acc. en chef de trois coquilles rangées et en p. d'une rose, le tout d'arg. **S.:** deux griffons.

Guzzi — *Bologne*. D'arg. à la bande d'azur, ch. d'un coeur de gu. et acc. de deux étoiles (5) d'or.

Gybland (van) — *Holl*. Ec.: aux 1 et 4 d'arg. à une roue de sa.; aux 2 et 3 d'azur à deux échelles d'or, passées en saut.

Gyöngyvár (Edle von), v. **Antal** Edle **von Gyöngyvár**.

Gyseling — *Holl*. D'or au chev. de gu., acc. de trois perroquets de sin., bq. et m. de sa.

Gysenstein — *Berne*. De gu. au lion naiss. d'arg., mouv. de trois pierres du même entassées, 1 et 2.

H

Haan (de) — *P. de Namur*, orig. de *Holl*. D'azur à un coq, accosté de deux étoiles et acc. d'une autre étoile en p., le tout d'or.

Haas — *Alsfeld (Hesse)*. D'or à un lièvre ramp. au nat. Brl. d'or et de sa. **C.:** un vol à l'antique d'or, chaque aile ch. d'une force de sa., en pal, les bouts en haut. **L.** d'or et de sa.

Haas (de) — *Delft*. D'arg. à la fasce de sa., acc. de trois crânes de boeuf du même.

Haas de Kattenburg — *Aut*., orig. de *Hesse* (An., 5 juillet 1885.) Coupé: au 1 d'azur au lion naiss. fascé d'arg. et de gu. de six pièces, arm. et lamp. d'or; au 2 d'arg. à une étoile de gu., soutenue d'un croiss. versé du même. Cq. cour. **C.:** le lion iss. **L.:** à dextre d'arg. et d'azur, à sen. d'arg. et de gu.

Haasz de Grünenwaldt — *Hongrie, Russie* (Nob. du St.-Empire, 26 août 1653.) Ec.: aux 1 et 4 d'arg. à trois roses de gu.; aux 2 et 3 de sa. au lion d'or, tenant un drapeau coupé d'arg. sur gu., le lion du 3 cont. **C.:** un senestrochère arm., tenant une épée, le tout au nat., entre un vol couché, à dextre d'or sur sa., à sen. d'arg. sur gu. **L.** conformes aux émaux du vol.

Haefkens — *Grol (Gueldre.)* D'azur à un entounoir d'or, le tuyau en bas.

Haege (ten) — *Utrecht*. Coupé: au 1 d'arg. à une roue de huit rayons de sa. (roue de la fortune), sur laquelle sont liées trois personnes de gu., une à dextre, une à sen. et une en bas, tandis qu'une quatrième personne de gu., placée de front, est assise sur la partie supérieure de la roue; au 2 d'or à trois poissons nageants au nat., 2 et 1.

Haeght (van) — *P. de Louvain*. D'arg. à un écusson de gu. en abîme, cant. de quatre étoiles du même et ch. de trois fleurs-de-lis du champ.

Haensbergen — *Holl*. Ec.: aux 1 et 4 gironné d'or et de sa., chaque giron de sa. ch. de trois étoiles d'or, 2 et 1; aux 2 et 3 d'arg. à un croiss. de gu.

Haesbeek — *Amsterdam*. D'or à la fasce ondée de gu., acc. en p. d'un trèfle de sa.

Haffener de Vürdenheim — *Alsace*. De sa. à un lièvre d'arg. **C.:** deux prob. coupées d'azur. et d'arg.

Haffringues — *Lille*. D'azur à la fasce, acc. en chef de trois étoiles rangées et en p. d'un oiseau, le tout d'or.

Hage — *Strasbourg*. Coupé d'or sur sa., à deux léopards de l'un à l'autre, 1 en chef et 1 en p. **C.:** un lion assis d'or.

Hagen — *Valais*. Coupé: au 1 d'azur à une croix tréflée d'arg.; au 2 d'arg. à trois roses de gu., tigées et feuillées de sin., posées sur les trois coupeaux d'un tertre de gu.

Haitsma-Muller — *Frise*. De gu. à trois coquilles d'arg. **C.:** une coquille d'arg., entre un vol coupé de gu. sur arg.

Hallabarter — *Valais*. De gu. à un senestrochère, paré d'arg., mouv. du flanc, la main de carn. tenant une hallebarde d'or, le fer d'arg., le tranchant à sen., le bois accosté en p. de deux étoiles (6) d'or.

Halle — *Strasbourg*. De sa. à une roue de moulin d'arg.; à la bord. d'or. **C.:** une roue de moulin d'arg. **L.** d'or et de sa. (*Ou:* la roue de moulin d'or.)

Halle — *Bâle*. De gu. à la bande d'arg., ch. de trois boules du champ. **C.:** un buste d'homme, hab. de gu., tort. d'arg.

Haller von Hallerstein zu der Alben und Hornegg — *Aut*. (Barons du St.-Empire, 25 juin 1656.) Ec.: aux 1 et 4 d'arg. à un leurre de faucon, en forme de croissant montant de gu., chaque bout sommé d'une plume de paon au nat.; aux 2 et 3 d'azur à un faucon au nat., perché sur une potence de bois, mouv. du bas, le faucon du 3 cont. Sur le tout tranché de gu. sur arg., le gu. ch. d'un cerf au nat., élancé dans sa course du tranché. Trois cq. cour. **C.:** 1° le meuble du 1; 2° un cerf iss. au nat., entre un vol, l'aile dextre tranchée de gu. sur arg. et l'aile sen. taillée des mêmes émaux; 3° les meubles du 2. **L.** d'arg. et de gu.

Haller von Hallerstein — *Aut*. (Nob. du St.-Empire, 5 fév. 1684.) Ec.: aux 1 et 4 d'arg. à une Fortune de carn. à la chevelure blonde, les cheveux épars, posée de profil, soutenue d'une boule d'azur et tenant d'une main levée et de l'autre abaissée un voile flottant de gu.; la Fortune du 1 cont.; aux 2 et 3 d'azur à une tourterelle au nat. sur un tertre rocheux au nat., tenant en son bec une pièce de monnaie d'arg., dite *Heller*; la tourterelle du 3 cont. Sur le tout de gu. à une ancre d'arg., posée en barre. Cq. cour. **C.:** un ancre d'arg., posée en pal, entre un vol coupé, à dextre d'arg. sur azur, à sen. d'or sur arg. **L.** d'arg., d'azur et de gu.

Haller von Hallerstein — *Aut*. (Nob. du St.-Empire, 24 fév. 1728.) Les armes de *Haller von Hallerstein* d'après le diplôme du 5 fév. 1684, sans surtout. Cq. cour. **C.:** une ancre d'arg., posée en pal, entre un vol coupé. **C.:** à dextre de gu., à sen. d'azur, sur azur. **L.** conformes aux émaux du vol.

Haller von Hallerstein — *Transylvanie* (Comtes en *Transylvanie*, 15 janv. 1713.) Ec.: aux 1 et 4 de gu. à un giron d'arg., rempli de sa., mouv. du haut du flanc dextre et touchant le bord opposé (*Haller*); aux 2 et 3 coupé: *a*. d'or, chaussé-ployé de gu.; *b*. d'arg. au lion léopardé de sa. (*Hallerstein*). Deux cq. cour. **C.:** 1° un buste de More cont., hab. de gu., tort. d'arg.; entre deux prob. d'arg., ornées chacune dans son embouchure d'une plume de paon au nat. (*Haller*); **l.** d'arg. et de gu.; 2° une demi-ramure de cerf à dextre, et à sen. un demi-vol aux armes du 2 (moins le lion léopardé) (*Hallerstein*); **l.** d'or et de gu.

Hallett — *New-York*. D'or à la bordure d'azur, et trois tourt. du même, bordés de gu., brochant, un à dextre, un à sen. et un en p.; une bande dentelée de gu., br. sur le tout; et enfin, un chef denché de sa., couvrant la bordure en chef. **C.:** un lion iss. et cont., tenant un des tourt. **D.:** COMME JE TROUVE.

Halling — *Dan.* (An., 17 déc. 1783.) D'arg. au chev. de gu., ch. de deux lions ramp. et affr. d'or et acc. de trois aigles de sa. **C.:** un lion iss. d'or.

Halloy (de) — *P. de Namur.* D'arg. à trois roses de gu.

Halloy (de) de Waulsort — *P. de Namur.* Les armes précédentes.

Hals — *Holl.* D'arg. à la fasce de sa., acc. de trois aigles naiss. du même, 2 et 1.

Hamaeckers — *Holl.* De sin. à la fasce de gu., acc. de sept étoiles d'or, 3 rangées en chef, et 4 en p., posées 3 et 1.

Hambro — *Londres* (Barons danois, 6 oct. 1851.) D'azur au chev., acc. en chef de trois annelets rangés et en p. d'un lion léopardé, le tout d'or; à la bord. aussi d'or, clouée du même. Sur le tout un écusson de gu., timbré d'une couronne à sept perles et ch. d'une croix d'arg. Deux cq. le 1 cour.; le 2 sommé d'un brl. d'or et d'azur. **C.:** 1° un lion iss. de gu., tenant une hache d'arg.; 2° une aigle d'or, semée d'annelets de fer et tenant de sa serre sen. un croiss. d'azur. **T.:** à dextre un sauvage, tenant une massue posée sur le sol; à sen. une aigle d'or, au vol levé. **D.:** IN DEO.

Hamelet de la Roche-Mayet — *Maine.* D'azur à trois gerbes d'or.

Hamer — *Zél.* (Nob. du St.-Empire, 18 oct. 1607.) Les armes de **de Witt-Hamer.**

Hamming — *Holl.* Ec.: aux 1 et 4 d'arg. à trois jambons de gu.; au 2 d'or à un cerf élancé de gu.; au 3 d'or à un cor-de-chasse d'azur, lié de gu., en chef, et deux têtes de boeuf de sa. en p. Sur le tout d'arg. à une paire de ciseaux de sa., posée en bande.

Hampden (Vicomte), v. **Brand** vicomte **Hampden.**

Hämrich (Edle von) — *Bav.* (Nob. du St.-Empire, 12 déc. 1712.) De sa. au griffon d'or, cour. du même, tenant de sa patte sen. abaissée un marteau d'arg. et soutenu d'une terrasse de sin.; le champ chapé-ployé: à dextre d'arg. à une aigle cont. de sa., cour. d'or, à sen. d'azur à un rocher de trois coupeaux d'arg., surm. de trois étoiles mal-ordonnées d'or. Deux cq. cour. **C.:** 1° un griffon iss. et cont. d'or, cour. du même, tenant de sa patte levée un marteau d'arg. **l.** d'arg. et de sa.; 2° une aigle iss. de sa., cour. d'or; **l.** d'arg. et d'azur.

Hane (de) — *Gand.* Ec.: aux 1 et 4 d'or à un coq de sa., barbé et crêté de gu.; aux 2 et 3 d'arg. à un écureuil au nat.; au chef d'azur, ch. de trois roses d'arg., bout. d'or, barbées de sin. **C.:** un jeune homme iss. de carn., chevelé d'or, tenant de chaque main une torche allumée au nat.

Hanekuyk — *Holl.* D'arg. à un coq de sa., sur une terrasse de sin.

Hanicq — *Holl.* D'arg. à un coq de gu.

Hannema — *Holl.* Ec.: au 1 d'azur à trois croiss. d'arg.; au 2 d'or à un trèfle de sin.; au 3 d'or à une main dextre appaumée de gu., surm. d'une hache diminuée alésée de sa.; au 4 d'azur à une fleur-de-lis d'arg.

***Hanon** [ou **Hanon de Louvet**] — *Braine-le-Comte* (Hainaut), *Nivelles* (Brabant). Cette famille porte aussi: Ec.; aux 1 et 4 d'azur au chev. d'arg., acc. en chef de deux étoiles d'or et en p. d'une clé du même, en pal, le panneton en haut à dextre, ladite clé surmontant une troisième étoile d'or; aux 2 et 3 d'arg. à une étoile (5) d'or; au trois houppes de gu. **C.:** un lion iss. d'or; *ou*, une étoile d'or. **L.** d'arg. et d'azur. **D.:** ESTO QUOD ES.

Haran-Borda — *Béarn.* Parti: au 1 d'arg. à la croix de sin., cant. de quatre coquilles de sa., au 2 d'azur à un oiseau d'arg.

Hardy (le) de Beaulieu — *Brab.* Ec.: aux 1 et 4 d'azur à trois fleurs-de-lis d'or; à la bord. comp. de gu. et d'arg.; aux 2 et 3 d'arg. au chev. de gu., acc. en p. d'une épée d'azur, garnie d'or. **D.:** FORTUNE AYDE LE HARDY.

Harmand d'Abancourt — *Paris.* Coupé: au 1 d'azur à huit étoiles d'or, rangées en orle; au 2 de sin. à un pélican avec ses petits d'or.

Harroy, v. **Houyet** dit **Harroy.**

Hartlieb — *Aut.* (Chevaliers en *Bohême*, 26 avril 1723; barons autrichiens, 9 déc. 1882.) Ec.: aux 1 et 4 d'azur au lion naiss. d'or, cour. du même, tenant de sa patte dextre un coeur de gu., enflammé au nat.; le lion du 1 cont.; aux 2 et 3 de sa. à une étoile d'or.

Trois cq. cour. **C.:** 1° le lion iss. du 1; 2° un chevalier iss., arm. de toutes pièces au nat., liséré d'or, la visière levée, le casque panaché de trois pl. d'aut., d'azur, d'or et de sa., tenant de sa main dextre une épée d'arg., garnie d'or. en pal, la sen. appuyée sur sa hanche; 3° un vol à l'antique, l'aile de derrière d'or plein, l'aile de devant de sa. ch. d'une étoile d'or. **L.:** à dextre d'or et d'azur, à sen. d'or et de sa. **S.:** deux lions reg. d'or, lamp. de gu. **D.:** ANTE OMNIA HONOR.

Hartmann — *Sion* (*Valais.*) D'or à une arbalète de gu., en pal, la manivelle de sa. à sen.

Hartmann — *Valais.* Ec.: aux 1 et 4 d'arg. au lion d'arg., celui du 1 cont.; au 2 d'arg. à un homme iss., cour. à l'antique d'or, hab. d'une tunique de gu., mouv. du coupé et tenant de sa main dextre une épée, en barre, la sen. appuyée sur sa hanche; au 3 d'arg. à un homme iss. cour. à l'antique d'or, hab. d'une tunique de gu., mouv. d'un tertre de sin. et tenant de sa main dextre un sceptre d'or en bande, la sen. appuyée sur sa hanche.

Hartogh — *Holl.* D'or à un arbre de sin., et un cerf élancé de gu., br. sur le fût, le tout soutenu d'une terrasse du sec. **C.:** un cerf iss. de gu., tenant entre ses pattes une épée d'arg., garnie d'or, la pointe en bas. **L.** d'or et de gu.

Hartogh (den), v. **van Rodenburgh.**

***Hartsinck** — *Amsterdam.* D'arg. à trois fasces ondées d'azur; au chef de gu., ch. d'un croiss. d'or. Brl. d'arg. et d'azur. **C.:** un lion iss. de gu., tenant de ses pattes une branche d'épines de sin. **L.** d'arg. et de gu. [V. **Boon-Hartsinck** et **van Marselis-Hartsinck.**]

Harzé (de) — *Liége.* Ec.: aux 1 et 4 d'or à l'aigle ép. de sa., arm. et languée de gu.; aux 2 et 3 d'arg. au lion de gu., cour. d'or. **C.:** l'aigle ép. **L.** d'or et de gu.

Hasbach — *Bialystok* (*Russie*.) Ec. d'azur et d'arg. **C.:** un demi-vol aux armes de l'écu.

Haso — *Valais.* De gu. à un lièvre naiss. d'arg., mouv. d'un tertre de trois pics de sin.

Hassler — *Valais.* D'azur à un épi effeuillé de sin., accosté de deux branches feuillées du même, le tout posé sur le coupeau du milieu d'un tertre de sin. et acc. en chef d'une roue de six rayons d'or sans jante.

Hastier de la Jolivette — *Bourbonnais.* D'azur à un croiss., acc. de trois étoiles du même.

Haton de la Goupillière — *Tours.* D'azur à l'aigle cour., acc. de trois étoiles, 1 en chef et 2 en flancs, et embrassée de deux palmes, les pieds passés en saut., le tout de sa.

Hauenstein, v. **Howenstein.**

Hauff — *Wurt.* (Nob. du St.-Empire, 24 juillet 1604.) De sa. à une fasce, acc. en chef d'un croiss. iss., arm. de la fasce, et en p. d'un tertre de trois coupeaux, le tout d'or. Cq. cour. **C.:** un cerf élancé d'or [Armes du littérateur *Wilhelm Hauff*, né le 29 nov. 1802, décédé le 18 sept. 1827.]

Haulet — *Liége.* Parti de sa. et d'or; à un soleil de l'un en l'autre.

Hault (de) — *Philippeville* (Namur). Ec.: aux 1 et 4 d'azur au lion d'or; aux 2 et 3 d'azur à un croiss. d'arg.

Hault (de) — *Bouchain* (Fl. fr.) D'azur au chev. d'arg., acc. en chef de deux roses d'or et en p. d'un lion morné du même.

Hault (de) de Malaviller. Les armes de **de Hault de Saucy.**

Hault (de) de Rancourt. Les armes de **de Hault de Saucy.**

Hault (de) de Saucy — *P. de Trèves.* D'azur à trois pattes de lion d'or, 2 et 1.

Hanmesser de St.-Pilt — *Strasbourg.* Coupé de sin. sur arg.; à la bande de gu., br. sur le tout. **C.:** un demi-vol tiercé en bande d'arg., de gu. et de sa. **L.** d'arg. et de gu.

Haumesser de Vendenheim — *Strasbourg.* Palé d'azur et d'arg. de quatre pièces; à la fasce vivrée de gu., br. sur le tout. **C.:** deux prob. fascées d'azur et d'arg., à sen. d'arg. et d'azur. **L.** d'arg. et d'azur.

Hauregard (de) — *Liége.* Ec.: aux 1 et 4 d'arg. à une merlette de sa.; aux 2 et 3 d'azur au chev. d'or, acc. de trois étoiles du même.

Haus — *Aut.* (Barons du St.-Empire, 26 juillet 1802.) D'arg. à une maison de gu., essorée d'or, percée de cinq fenêtres carrées du même, rangées en même ligne; ladite maison soutenue d'un mur de neuf créneaux de gu., maçonné de sin., percé d'une porte du même et posé sur une terrasse de sin. Trois cq. cour. **C.:** 1° une chouette cont. d'or; 2° une aigle de sa., cour. d'or; 3° un lévrier iss. d'arg., langué et coll. de gu. **L.** d'arg. et de gu. **S.:** deux lévriers d'arg., langués et coll. de gu. **D.:** IN VIRTUTE DECUS.

Haus von Hausen — *Aut.* (An., 6 mars 1797.) D'azur à une rivière en fasce ondée d'arg., ch. de trois poissons nageants au nat., et acc. en chef d'une étoile d'or et en p. d'une maison d'arg., ouv. et aj. de sa., essorée de gu., sommée de deux cheminées d'arg. et posée sur une terrasse de sin. Cq. cour. **C.:** un senestrochère arm., posé sur le coude, tenant une épée en barre, le tout au nat.; entre un vol d'azur. **L.** d'or et d'azur. — (Barons en *Liechtenstein*, 14 août 1884.) D'azur à une rivière en bande ondée d'arg., agitée de sin., ch. de trois poissons au nat., posés dans le sens de la bande; celle-ci acc. au canton sen. du chef d'une étoile d'or et en p. à dextre d'un château crenelé sommé de trois tours crén. d'arg., celle du milieu plus élevée, ouv. et aj. de sa., posé sur une terrasse de sin. Cq. cour. **C. et L.** anciens.

Hausser (Edle **von**) — *Vienne*, orig. de Francfort s/M. (An., 20 juillet 1884.) Coupé: au 1 parti: *a.* de gu. à la demi-aigle d'arg., bq. et m. d'or, mouv. du parti, l'aile ch. d'un demi-cercle treflé d'or; *b.* d'arg. à un tertre de trois coupeaux de sin., sommés chacun d'un cyprès du même; au 2 de sa. à un croiss. versé d'or, surmonté d'une étoile du même. Cq. cour. **C.:** une aigle iss. d'arg., bq. d'or, chaque aile ch. d'un demi-tréflé du même. **L.:** à dextre d'arg. et de gu., à sen. d'or et de sa.

Haussmann (Baron) — *Paris.* Ec.: aux 1 et 4 d'azur à une tour d'arg., ouv. et aj. de gu., maçonnée de sa., posée sur un terrasse de sin.; au 2 de gu. à une epée d'arg., garnie d'or; au 3 de gu. à une grappe de raisins, tigée et feuillée, au nat., et une fasce d'arg., br. sur la tige. A la croix d'or, br. sur l'écartelé. Sur le tout un écusson d'azur, bordé d'or, ch. de deux épées d'azur, passées en saut., les pointes en bas.

Haussonville (Sires **de**) — *Lorr.* (Barons de *Turquestein* et d'*Essey-les-Nancy.* Et, au 17e siècle). D'or à la croix de gu., frettée d'or. **C.:** un cygne au nat. **S.:** deux cygnes au nat.

Haut (de) de Sigy — *Paris.* D'azur à un ferde-moulin d'or, accosté de deux épis feuillés et tigés du même, se croisant à la pointe de l'écu. **D.:** TANTUM PRODEST QUANTUM PROSUNT.

Hauterive de Villesecq — *Guyenne, Gasc.* D'or à la bande de gu.; au chef d'azur, ch. de trois étoiles d'arg.

Hauteville — *Norm.* D'arg. à trois fasces de sa.; à la bord. de gu.

Hauwart — *Strasbourg.* D'or à une tête et col d'ours de sa. **C.:** un écran décagone aux armes de l'écu, les angles ornés de boules de gu.; ledit écran soutenu d'un coussin de gu.

Havemeyer — *New-York.* De sa. à la fasce d'or, acc. de trois étoiles du même. **C.:** deux bras arm., posés en chev., tenant une épée d'arg. en pal.

Hawkins — *Boston.* D'arg. au chev. de sa., ch. de cinq fleurs-de-lis d'or. **C.:** une patte de derrière de lion, reposant sur un tertre de sin.

Hawthorne — *Etats-Unis.* D'arg. au chev. de gu., acc. en chef de deux quintefeuilles du même et en p. d'un arbre d'aubépine (*hawthorn*) de sin. **C.:** une antelope iss. au nat. **D.:** STABO.

Hay des Nétumières — *Bret.* De sa. au lion morné d'arg.

Haye (de la) — *P. de Liége.* Parti: au 1 d'arg. à un cerf ramp. de gu.; au 2 de gu. à la fasce d'azur, acc. en chef de trois fleurs-de-lis d'arg., 2 et 1, et en p. de onze bes. d'arg., 4, 3 et 4. **C.:** le cerf, iss. :

Haye (de la) — *Liége, Bruxelles, Luxemb.* D'arg. à un arbre de sin., posé sur une terrasse du même, cette terrasse chargée de trois perdrix de gu., 2 et 1. **C.:** un arbre de sin.

Haye (de la) — *Champ., Ile-de-Fr., Pic.* Coupé au 1 parti de trois traits chevronné et contre-chevronné de gu. de l'un en l'autre; au 2 d'azur à trois chev. dentelés d'or. **S.:** deux lions. **D.:** EN BON ESPOIR.

Hayer — *Aut.* (Conc. d'arm., 28 janv. 1533.) D'azur à un genêt (cheval) iss. d'arg., mouv. d'un tertre de trois coupeaux d'or et acc. en chef de deux étoiles du même. Brl. d'azur et d'or. **C.:** une tête et col de genêt d'arg., entre deux prob. d'or. **L.** d'or et d'azur.

Hayer de Guttenfels — *Aut.* (Nob. du St.-Empire, 19 mars 1725.) Coupé: au 1 parti: *a.* de gu. à une étoile d'or; *b.* d'or au chev. ployé de gu., ch. au 2 d'azur à un homme, tenant de sa main dextre un maillet levé et de sa sen. un marteau, agenouillé devant un rang de montagnes au nat., mouv. du flanc dextre et soutenu d'une terrasse au nat.; ledit homme hab. de

sa., coiffé d'un bonnet du même, la collerette et culotte d'arg., les bas de gu., les souliers de sa. Deux cq. cour. **C.:** 1° une étoile d'or; entre deux prob., coupees alt. de gu. et d'or; l. d'or et de gu.; 2° l'homme iss., tenant de sa main dextre une hache au nat., la sen. appuyée sur sa hanche; l. d'arg. et d'azur. — (Chevaliers du St.-Empire, 7 fév. 1726.) Ec.: au 1 de gu. à une étoile d'or; aux 2 et 3 comme au 2 des armes de 1725; au 4 d'or au chev. ployé de gu. Deux cq. cour. Les deux **C.** des armes de 1725, avec leurs lambrequins. — (Barons du St.-Empire, 10 janv. 1727.) Ec.: aux 1 et 4 comme au 2 des armes de 1725; aux 2 et 3 d'or au chev. de gu., ch. sur la cime d'une étoile d'or, d'un griffon pass. de sa., celui du 3 cont.

Haynau — *Saxe-Cobourg-Gotha* (Barons, 3 juillet 1878.) Ec.: aux 1 et 4 d'or au lion fascé d'arg. et de gu. de neuf pièces, cour. d'or; aux 2 et 3 d'arg. à trois chev. de sa. Cq. cour. **C.:** deux prob. d'arg., chacune ornée dans son embouchure de trois feuilles de tilleul d'or et à l'ext. de quatre verges horizontales du même, avec trois feuilles de tilleul aussi d'or, suspendues à chaque verge. **L.:** à dextre d'or et de gu., à sen. d'arg. et de sa.

Haynes — *Etats-Unis.* D'or à la fasce de gu., ch. de trois bes. d'or et acc. en chef d'un lévrier courant au nat. **C.:** une aigle d'or. **D.:** AUT VINCERE, AUT MORI.

Haynes ou **Hayes** — *Massachusetts.* D'arg. à trois croissants fasces-ondés d'azur et de gu. **C.:** une cigogne, prenant son essor, au nat.

Hayr — *Cologne.* D'arg. à trois têtes et cols de boeuf de sa.

Hayweghen — *Limb.* D'arg. un sauvage de carn. sur une terrasse de sa., ceint et cour. de lierre, tenant de sa main dextre une massue posée sur son épaule, la main dextre posée sur un casque placé sur un rocher. Brl. d'arg. et de gu. **C.:** le sauvage, iss., portant de sa main sen. la massue et de sa dextre un arc et flèche d'arg. **L.** d'arg. et de gu.

Hazlehurst — *Angl.* D'arg. au chev. de gu., ch. de trois los. d'or et acc. de trois hiboux de sa.; au chef d'azur, ch. de trois branches de laurier d'arg. **C.:** un écureuil tenant une branche de noisetier fruitée, le tout au nat.

Hébert — *Paris.* D'azur à un cerf d'or, pass. sur une terrasse du même.

Hébrard de Villeneuve — *Auv.* D'arg. à deux lions léopardés de sa., arm. et lamp. de gu., l'un sur l'autre. **D.:** VOLUNTAS ET FIDES.

Hecke (van) — *Gand.* Ec.: aux 1 et 4 d'azur à trois têtes de pavot d'or; aux 2 et 3 d'arg. à trois merlettes de sa. **C.:** une merlette de sa.; entre un vol, d'or et d'arg.

Heckenhoeck — *Holl.* Coupé: au 1 d'arg. à un ours de couleur brunâtre, sur une terrasse de sin.; au 2 d'arg. à une barrière de prairie d'azur, soutenue d'une terrasse de sin.

Heckers — *Kampen.* D'arg. à trois cors-de-chasse d'or, liés de gu.

Hedemann — *Lunebourg* (Nob. du St.-Empire, 15 janv. 1653.) Ec.: au 1 de gu. à deux trèfles d'or, les tiges passées en saut.; au 2 d'azur à deux carpes nageantes d'arg., l'une sur l'autre; au 3 d'azur à une flèche d'arg., la pointe en bas; au 4 de gu. à un trèfle d'or, mouv. d'un petit chicot du même, posé en fasce. Deux cq. cour. **C.:** 1° trois trèfles d'or, tiges allongées d'or; l. d'azur et d'or; 2° trois pl. d'aut., une d'azur entre deux d'arg.; l. d'arg. et d'or.

Heeck — *Harderwick* (Gueldre). Un chev., acc. de trois merlettes. **C.:** une merlette, entre un vol à l'antique.

*Heer (de)** — *Harlem.* D'azur à la fasce d'arg., le bord supérieur cannelé de trois pièces; la fasce acc. en chef de deux colombes du sac., bq. de gu., volantes en fasce et tenant chacune en son bec un rameau d'olivier de sin., en pal; et en p. d'un grelot d'or, dans l'anneau duquel est passé un bâton écoté de couleur brunâtre en fasce.

Heester — *Amsterdam.* Parti: au 1 d'arg. au lion de sa.; au 2 d'arg. à trois arbres de sin., rangés en perspective.

Hegermann-Lindencrone — *Dan.* (An., 2 mai 1818.) Ec.: aux 1 et 4 d'arg. à deux tilleuls au nat., passés en saut. et surm. d'une couronne d'or; aux 2 et 3 tranché d'azur sur or, au lion de l'un en l'autre. Sur le tout un écusson d'or, cour. du même et ch. d'un héron pass. au nat., tenant de sa patte sen. une boule. Cq. cour. **C.:** une tour d'azur, entre un vol d'arg. **S.:** à dextre un lion reg. d'or; à sen. un griffon reg. de sa.

Helder — *Aut.* (Chevaliers, 16 mai 1869.) Coupé d'or sur azur; à un arbre de quatre branches de sin., terrassé du même, br. sur le tout, acc. en chef entre les deux branches supérieures d'une aigle héraldique de couleur brunâtre. Deux cq. cour. **C.:** 1º et 2º un vol à l'antique, l'aile de derrière d'azur et celle de devant d'or, le 1er cimier cont. **L.** d'or et d'azur. **D.:** NEC TEMERE NEC TIMIDE.

Helligenstein — *Strasbourg.* D'azur au chev. d'or, acc. de trois fleurs-de-lis d'arg. **C.:** une corne de bouquetin d'azur ou d'or, le sommet terminé en fleur-de-lis; *ou*, un buste d'homme, hab. d'or, au rabat d'azur, coiffé d'un capuchon du même.

Heilly-Pisseleu (Marquis) — *Pic.* Ec.: aux 1 et 4 d'arg. à trois lions de gu. (*Pisseleu*); aux 2 et 3 de gu. à une bande de cinq fusées et deux demies d'arg. accolées (*Heilly*). **S.:** deux licornes.

Heilmann — *Strasbourg.* Tranché: au 1 échiq. en bande de sa. et d'arg.; au 2 d'or plein. **C.:** un buste d'homme, hab. de sa., coiffé d'un bonnet du même, retr. d'arg.

Hein — *Bohème* (Conc. d'arm., 7 sept. 1612.) De gu. au lion d'or, soutenu d'une terrasse rocheuse d'arg. Cq. cour. **C.:** le lion ramp., tenant de sa patte dextre trois roses de gu., mouv. d'or, tigées et feuillées de sin.; entre deux prob., coupées alt. d'or et de gu. **L.** d'or et de gu.

Heinderiex — *Gand.* Ec.: aux 1 et 4 d'arg. à la fasce d'or, ch. de trois chev. rangés de sa. et acc. en chef de trois merlettes du même (*Heindericx*); aux 2 et 3 de gu. à la bande de vair (*de la Barre.*) **C.:** un cygne d'arg., le vol levé.

Heinegg (Edle von), v. **Heintschel Edle von Heinegg.**

Heintschel Edle von Heinegg — *Bohème* (An., 12 avril 1883.) Coupé: au 1 d'azur à la bande d'or; au 2 d'or à un trèfle de quatre feuilles de sin., tigé du même. L'écu entouré d'une bord. de sa., ch. de six étoiles d'or, 1 en chef, 2 à chaque flanc l'une sur l'autre, et 1 en p. Cq. cour. **C.:** un vol à l'antique, l'aile de derrière coupee d'or sur azur, l'aile de devant coupée d'or sur sa. **L.:** à dextre d'or et d'azur, à sen. d'or et de sa.

Heinzmann — *Valais.* Parti: au 1 de sa. à la demi-aigle d'arg., mouv. du parti; au 2 bureté d'or et de gu.

Heister (van) — *Ruremonde, Sittard.* D'arg. à un chêne de sin.

Heldt — *Nuremberg.* De sa. à la bande d'arg., ch. d'une flèche de gu.

Helfenstein [anciennement **Wasselnheim**] — *Alsace.* De gu. à la fasce d'arg.; à la bord. d'azur.

Helfenstein *dit* **Steinbach** — *Alsace.* D'or à l'aigle d'azur, bq. et m. de gu. **C.:** l'aigle, iss.

Hellebach — *Nuremberg.* D'azur à une rivière d'arg. en fasce ondée, acc. de trois étoiles d'or.

Hellenbach — *Hongrie* (Barons du St.-Empire, 24 sept. 1702.) Ec.: aux 1 et 4 d'or à l'aigle de sa., cour. du champ, celle du 1 cont.; aux 2 et 3 d'arg. au lion de gu., cour. d'or, celui du 3 cont. Sur le tout un écusson d'arg., cour. d'or et ch. d'un rocher de trois coupeaux escarpes d'arg., mouv. de la p., acc. en chef à dextre d'un soleil d'or et à sen. d'un croiss. tourné d'arg. Deux cq. cour. **C.:** 1º l'aigle du 1, iss.; **l.** d'arg. et de gu.; 2º le lion du 2, iss., tenant entre ses pattes le rocher du surtout; le lion accosté de deux prob. coupées, à dextre d'azur sur or, à sen. de gu. sur arg., celle à dextre ornée dans son embouchure d'un soleil d'or et celle à sen. dans son embouchure d'un croiss. tourné d'arg.; **l.** d'or et de sa.

Hellin — *Art.* D'azur au chev. d'or, acc. en p. d'un porc, épic du même.

Hellot de Bonnemare — *Rouen.* D'arg. au chev. de gu., acc. de quatre étoiles du même.

Helluy — *Tournaisis.* D'arg. à la fasce de sin., ch. de trois étoiles (6) d'or et acc. de trois roses de gu., tigées et feuillées de sin. **C.:** une étoile (8) d'or. Brl. d'arg. et de gu. **L.** d'arg. et de gu.

Helm (van den) — *Amsterdam.* D'azur à un casque de tournoi d'arg., tare de front.

Helmers — *Amsterdam.* D'arg. à trois timons de gouvernail de sa., posés en fasces, l'un sur l'autre.

Helmich — *Holl.* De gu. à un casque d'azur, grillé d'or.

Hende (van den) — *Alost.* D'or à trois oiseaux de sa. **C.:** un oiseau de sa.

Hendriks *dit* **van der Glindt** — *Holl.* De gu. à l'aigle d'arg.

Hengst (van) — *Amsterdam.* D'arg. à un cheval saillant au nat., soutenu d'une terrasse. **C.:** le cheval, iss.

Henn de Henneberg-Spiegel — *Bohème* (Permission d'ajouter le nom de *Spiegel*, 24 déc. 1835.) Les armes de **Henn de Henneberg.**

Hennekeler (van) — *Gueldre.* D'arg. à deux fagots accostés, soutenus de manches en forme de tau, le tout de sa.

Hennet de Bernoville — *Paris.* D'azur à trois roses d'arg.

Henneveld — *Holl.* Coupé: au 1 deux poules passantes; au 2 semé de besants ou de tourteaux.

Hennixdael — *Namur.* De sa.; au chef d'arg., ch. de trois oiseaux de sa., bq. et m. de gu. [V. **Hinnisdael.**]

Henrard — *P. de Liége.* Ec.: aux 1 et 4 d'arg. à un coeur de gu., br. sur deux flèches au nat., passées en saut., les pointes en bas; aux 2 et 3 d'arg. à un cygne au nat., nageant sur une eau au nat. **C.:** un cygne démembré au nat.

Henry — *Auv.* (dép. *Puy-de-Dôme*). D'or au chev. d'azur, acc. de trois merlettes de gu.

Hentschel de Gutschdorf — *Aut.* (Chevaliers en *Bohème*, 31 oct. 1668.) Ec.: au 1 parti: *a.* d'or à la demi-aigle de sa., bq. et m. d'or, languée de gu., mouv. du parti, l'estomac ch. d'un demi-croiss. montant d'arg., mouv. du parti; *b.* coupé: *b.* un vol, sur arg., à une fleur-de-lis de l'un ou l'autre; au 2 coupé: *a.* d'azur à un griffon pass. d'arg., tenant entre ses pattes de devant un casque de tournoi d'arg., doublé de gu., tare de profil; *b.* d'azur chapé d'arg., à trois étoiles, 2 et 1, de l'un à l'autre; au 3 parti: *a.* de sa. à une fleur-de-lis d'or; *b.* de gu. au lion cont. d'azur, cour. d'or; au 4 les armes de *Fischer* qui sont parti d'azur et d'or; à une ancre sans trabe de fer, br. sur le parti, et accostée de deux dauphins en pals de l'un à l'autre, les têtes en bas. Deux cq. cour. **C.:** 1º une fleur-de-lis partie de gu. et d'arg., entre deux prob. coupées, à dextre d'or sur sa., à sen. de gu. sur arg.; l. d'or et de sa.; 2º un Samson assis, posé de front, hab. d'azur, les pieds nus au nat., la chevelure et la barbe d'or, forçant la mâchoire d'un lion blanc, iss. de la couronne entre les jambes du Samson; l. d'arg. et de gu.

Henzen — *Valais.* D'azur à une fasce crén. d'une pièce et deux demies de gu., acc. de trois étoiles (6) d'arg., celle en p. surmontant un croiss. du même.

Herault de Hautcharmoy — *Silésie.* Les armes de *von Kayser*, en *Prusse*, an. le 28 fév. 1731.

Herbst — *Dan.* (An., 9 mars 1820.) Parti: au 1 de gu. à trois étoiles d'or, rangées en pal; au 2 d'azur à une harpe d'or. **Cq.: C.:** deux prob. d'arg. **S.:** à dextre un lion reg. au nat., cour. d'or; à sen. un cerf reg. au nat.

Heecke (van den) — *Brab.* De gu. à trois tours d'arg., ouv. et aj. du champ, hersées de sa.

Heredia (Marquis et comtes) — *Aragon.* Parti: au 1 éc.: *a* et *d.* de gu. à trois fasces d'arg.; *b.* et *c.* d'azur à cinq roses naturelles d'arg., feuillées du même, les tiges en haut, 2, 1 et 2; au 2 d'azur au lion d'or, cour. du même; le champ chapé-ployé aussi d'azur, à deux tours à deux étages d'arg. [*Juan Fernandez de H.*, grand-maître de Rhodes 1376—1397, et *Pedro de H.*, fondateur de la ville de Carthagène, à la Nouvelle-Grenade. 1533.]

Hérens — *Valais.* D'azur à un bélier d'arg., pass. sur une terrasse de trois pics de sin. et acc. en chef de deux étoiles (6) d'or.

Hériguer — *Douai.* Ec.: aux 1 et 4 d'arg. au lion d'azur; aux 2 et 3 d'azur au pilon d'or.

***Herklots** — *Holl., Allem., Indes anglaises.* D'arg. à un Hercule cont., à dextre, assommant une hydre à sen., le tout au nat., sur une terrasse. **C.:** un Hercule iss., la massue posée sur son épaule. **L.** d'arg. et de sa. **D.:** FERIO, TEGO.

Herman [plus tard **Wimpffen**] — *Nuremberg* (Conc. d'arm., 8 août 1555.) De gu. à un bélier ramp. et cont. d'arg., accorné et onglé d'or. **C.:** le bélier, iss. et cont., entre deux prob. de gu., ornées chacune à l'ext. de quatre verges horizontales auxquelles sont suspendues des feuilles de tilleul de sin., 1, 2, 2 et 3; une autre feuille de tilleul de sin. dans l'embouchure de chaque prob.

Hermans — *Limb.* Ec.: aux 1 et 4 d'azur à une colline d'arg., sommée d'un oiseau au nat.; au 2 de gu. d'azur, au 3 d'arg. à une fleur-de-lis de gu. **C.:** une chouette au nat.

Herold — *Aut.* (Nob. du St.-Empire, 10 avril 1559.) D'azur à un pal parti de gu. et d'azur, soutenu d'une fasce coupée de gu. sur arg., ucc. en p. d'un éléphant au nat., la trompe abaissée, recouvert d'une housse, ch. de l'inscription (sur trois lignes): ALIT HONOS HEROEN.

Herremberger — *Strasbourg.* D'arg. à une tige de sin., posée sur un tertre de trois coupeaux de gu.

Herreng — *Lille.* De gu. à un dauphin d'arg., sur une mer du même, acc. de trois étoiles d'or, rangées en chef.

Herry de Maupas — *Tour.* D'or au lion de sa.

Hert — *Hesse* (Nob. du St.-Empire, 19 juillet 1758.) D'azur à une colombe d'arg., bq. et m. de gu., tenant en son bec deux glands effeuillés de sin. par la tige, les glands vers le chef en forme de chev. renversé; ladite colombe soutenue d'un coeur d'or. **C.:** un jeune homme iss., hab. d'arg., au rabat d'or, ceint et rebr. du même, chevelé aussi d'or, portant aux épaules des ailes levées d'arg., supp. de sa main dextre étendue une colombe d'arg., bq. et m. de gu., la sen. appuyée sur sa hanche. **L.:** à dextre d'arg. et d'azur, à sen. d'or et d'azur.

Hertenstein — *Berne.* Parti: au 1 d'arg. à deux barres d'azur; au 2 de gu. à une étoile d'or, posée en chef.

Hertoghe (de) — *Gand.* De gu. à une tour d'or, sur une terrasse d'azur. **C.:** un hibou, au nat.

Herwaarden (van) — *Dordrecht.* D'azur à une truble (filet) d'arg. en chef, le manche de bois posé en fasce et dirigé vers sen.; et en p. un gril carré en fasce à tre pieds d'arg., le manche de bois posé en fasce et dirigé vers sen., et sur ledit gril une perche (poisson) au nat., en fasce, la tête en bas. Brl. de gu. et d'arg. **C.:** la perche, en pal, la tête en haut; entre un vol, d'azur et de gu.

Hese (van) — *P. de Waes.* D'arg. au chev. de gu., acc. de trois gerbes de roseaux au nat., liées du sec.

Hess — *Aut.* (Nob. du St.-Empire, 30 oct. 1593.) Tranché: au 1 d'azur au griffon d'or, tenant de ses pattes un poignard d'arg., garni d'or, en bande; au 2 tiercé en pal de gu., d'arg. et d'or. Cq. cour. **C.:** une femme iss. de carn., chevelée d'or, tenant au-dessus de sa tête une voile d'arg., dont elle empoigne l'antenne de sa main dextre et l'extrémité de sa main sen.: entre un vol, l'aile dextre d'azur au dossier d'or, l'aile sen. de gu. plein. **L.:** à dextre d'arg. et de gu., à sen. d'or et d'azur.

Heur (d') dit Oranus — *P. de Liége.* D'arg. à trois coeurs de gu. **C.:** une couleuvre ondoyante en fasce au nat.

Heurard de Fontgalland — *Dauphiné.* D'azur à un bélier d'arg. d'arg., broutant une branche de laurier de sin. et surm. d'une étoile d'or.

Heuschling — *Louvain.* D'azur à la bande de gu., ch. de trois étoiles d'arg. **C.:** une étoile d'arg. **L.** d'or et de gu. **D.:** NUNQUAM SINISTRE.

Heuslin d'Ormoy — *Soissonnais.* D'arg. à deux merlettes de sa. en chef et une quintefeuille de gu. en p.

Heusy (d') — *P. de Namur.* D'or à deux branches de sin., entrelacées en pal, accostées de deux lions affr. de gu., cour. d'or: à la champagne de gu.

Hevin de Navarre — *Aut.* (Chevaliers; conf. de nob., 17 mai 1864.) D'arg. à trois croiss. de gu. Cq. cour. **C.:** une épée d'arg., garnie d'or, en barre, sur une flèche au nat., arm. de sa., en barre, passées en saut., la flèche empennée de telle manière que la plume à dextre est de gu. ch. d'une raye en barre d'arg., et la plume à sen. d'arg. ch. d'une raye en bande de gu.

Heyden (van der) — *Gand.* De gu. à la fasce d'or, ch. d'une pensée au nat. et acc. de trois roses d'arg., bout. d'or, barbées de sin., et une étoile d'or posée entre les deux roses du chef. **C.:** une aigle iss. de sa.

Heyden (van der) à Blisia — *P. de Liége* (Barons du St.-Empire, 15 mars 1696.) D'arg. à trois huchets de gu., eng. et vir. d'or, l'embouchure à dextre, accompagnés en abîme d'une quintefeuille d'azur, bout. d'or. **S.:** deux lévriers d'arg., coll. de gu., bordé et bouclé d'or, tenant chacun une bannière, celle à dextre d'or à l'aigle de sa., celle à sen. aux armes de l'écu.

Heydweiller — *Palatinat.* Ec.: aux 1 et 4 de gu. à la bande d'arg.; au 2 d'azur à trois étoiles d'....; au 3 d'azur à un homme, arm. de toutes pièces, tenant une flèche.

Heyer (van den) — *Dieupart (P. de Liége).* D'arg. à la croix de sa. Sur le tout d'arg. à une merlette de gu. **C.:** la merlette.

Heyl (von) zu Herrnsheim — Grand-duché de *Hesse.* D'azur à une clé d'or, posée en bande, l'anneau en forme de losange, le panneton en haut à dextre, acc. de deux fleurs-de-lis d'arg., 1 au canton sen. du chef et 1 au canton dextre de la p. Cq. cour. **C.:** un dragon ailé iss. de sin., rehaussé d'or, posé de profil, vomissant des flammes de gu., le dos longé d'une crête du même, les ongles et les crocs des ailes aussi de gu.,

tenant de sa patte dextre la clé en pal, le panneton en haut à dextre. **L.:** à dextre d'arg. et d'azur, à sen. d'or et d'azur. — (Barons, 1886.) Mêmes armes. Cq. cour. **C.:** le dragon iss. posé de front, la tête de profil, les pattes étendues à dextre et à sen., tenant de sa patte dextre la clé en pal. **L.:** à dextre d'arg. et d'azur, à sen. d'or et d'azur. **S.:** deux dragons ailés et reg. de sin., rehaussé d'or. le dos longé d'une crête de gu., les ongles et les crocs des ailes aussi de gu., la queue terminée en dard du même. **D.:** LABOREMUS.

Heyligers — *Indes néerlandaises.* D'arg. à une croix de chevalier de gu. de quatre branches. **C.:** la croix, entre un vol à l'antique, d'arg. et de gu.

Heyman — *Gand.* D'or au chev. de sa., acc. de trois merlettes du même et ch. de trois étoiles du champ. Cq. cour. **C.:** une merlette de sa., entre un vol coupé alt. d'or et de sa.

Heymans — *Delft.* Ec.: aux 1 et 4 d'azur à une fleur-de-lis d'arg.; aux 2 et 3 d'or à une rose de gu.

Hez (del) dit du Moulin — *Liége.* D'arg. bordé d'or en chef d'arg., à un coeur un écusson coupé de sa. sur arg., acc. de trois merlettes de gu., 2 et 1.

Hibert — *Lang.* De sa. à une molette (6) d'arg., enclose dans un double trêcheur fleur. et c.-fleur. de sin. **D.:** BOUTE-AVANT.

Hibou — *Dauphiné.* D'azur à trois roses d'or, rangées en fasce, acc. en chef d'un hibou d'arg. et en p. d'un croiss. du même.

Hickisch — *Bohême* (Chevaliers, 10 déc. 1868.) Parti de sa. et de gu.; à un mur crén., br. sur le parti, parti d'or et d'arg., ouv. d'un parti d'or et d'arg., l'ouverture accostée de deux fenêtres rondes d'or et d'arg., le tout surm. de trois étoiles mal-ordonnées, la première partie d'or et d'arg., les deux autres d'or et de sa. Deux cq. cour. **C.:** 1º un vol, cour. alt. d'or et de sa.; **l.** d'or et de sa.; 2º trois pl. d'aut.; une d'arg. entre deux de gu.; **l.** d'arg. et de gu. **D.:** RECHT ÜBER MACHT.

Hiel (van der) — *Delft.* D'or au saut. de sa., acc. en chef d'un membre d'aigle de gu., la serre en bas. à chaque flanc d'une fleur-de-lis de gu. et en p. d'une, arbalète de sa., en pal, ledit membre d'aigle percé de deux flèches d'arg., passées en saut., les pointes en bas.

Hilgers de Hilgersberg — *Cologne* (Nob. autrichienne, 17 mars 1823.) Parti: au 1 de sin. au lion d'or; au chef d'azur, ch. d'une couronne à l'antique d'or; au 2 d'arg. à une épée au nat., la poignée en bas. **C.:** le lion iss. Cq. cour. **C.:** des mots: PRO HONORE ET PATRIA, en lettres d'or. Cq. cour. **C.:** cinq pl. d'aut.. d'or, d'azur, d'arg., de gu. et d'or. **L.:** à dextre d'or et d'azur, à sen. d'arg. et de gu.

Hill — *Angl.* D'azur à une colline d'arg. et un soleil levant d'or derrière la colline à dextre; au chef d'or, ch. d'une tête de dragon de sa., entre deux couronnes à l'antique de gu. **C.:** un bras arm., tenant un poignard, le tout au nat. **D.:** ESSE QUAM VIDERI.

Hill-Trevor baron Trevor — *P. de Galles* (Baron T., 5 mai 1880.) Ec.: aux 1 et 4 taillé d'herm. sur or, l'or semé de mouch. d'herm. de sa.; au lion d'or, br. sur le taillé (*Trevor*); aux 2 et 3 de sa. à la fasce d'arg., ch. de trois coquilles de gu. et acc. de trois léopards d'or (*Hill*). **C.:** 1º un dragon ailé de sa. (*Trevor*); 2º une tête et col de renne de gu., ramée d'or (*Hill*)

Hillegheer — *Gand.* D'or à deux tridents de sa., passés en saut., les dents enfoncées dans une mer d'arg. à la p. de l'écu. **C.:** un bras arm., brandissant un trident de sa.

Hilleprandt (Edle von) — *Aut.* (Nob. d'*Aut.,* 13 déc. 1790.) Ec.: aux 1 et 4 d'or à l'aigle de sa.; aux 2 et 3 d'azur à un bras, paré de gu., rebr. d'arg., mouv. du flanc, tenant un brandon de sa., allumé sur les côtés. Cq. cour. **C.:** le brandon, en pal, entre un vol de sa. **L.:** à dextre d'or et de sa.; à sen. d'arg. et de gu.

Hillern-Flinsch — *Freiburg (en Breisgau)* (An., 20 fév. 1884.) Parti: au 1 de gu. à une colonne d'arg., sommée d'une colombe blanche cont., tenant en son bec un rameau d'olivier de sin.; au 2 d'azur à trois bandes d'or, au 2 d'azur à six étoiles du même entre les bandes, 3, 2, 1. Cq. cour. **C.:** les meubles du 1, la colombe tournée à dextre; entre deux prob., celle à dextre de gu. ch. d'une fasce d'arg., celle à sen. d'or ch. d'une bande d'azur. **L.** conformes aux émaux des prob.

Hilst (van) — *Limbourg.* D'azur à un annelet d'arg.; au chef émanché de trois pièces du même. **C.:** un bonnet d'azur ch. d'un annelet d'arg., le retroussé formé d'un émanché de trois pièces d'arg., mouv. du bas; le bonnet sommé de cinq pl. de faisan. **D.:** AETERNA RECTIS.

Hilst (van) — *Anvers.* De sa. à un annelet d'arg.; au chef émanché de trois pièces du même. **C.**: un annelet d'arg.

Hinchman — *Angl., Etats-Unis.* D'arg. au chev. de sa. bordé d'or et acc. de trois cors-de-chasse de sa., liés de gu.; au chef de sa., ch. de trois lions d'arg. **C.:** un lion iss. d'arg., soufflant dans un des cors de l'écu. **D.:** SEMPER FIDELES.

*Hingenau — *Styrie* (Nob. du St.-Empire, 5 oct. 1812; barons autrichiens, 13 juin 1736. M. ét.) Ec.: au 1 d'or à une loutre naiss. et cont. au nat., cour. d'or, mouv. d'une eau au nat. et tenant entre ses dents un poisson; aux 2 et 3 d'azur à trois lis de jardin d'arg. aux étamines d'or, tigés et feuillés de sin., posés sur une terrasse du même; au 4 d'or au lion de gu., cour. d'or, tenant entre ses pattes une rose d'arg., barbée de sin. Sur le tout d'arg. à l'aigle de sa., cour. d'or, ch. sur son estomac d'une représentation miraculeuse de Marienzell en Styrie (un écusson d'arg. en forme de coeur, la partie superieure enrichie de, d'une image de la Sainte-Vierge portant sur son bras l'enfant Jésus, hab. de gu.; ledit écusson entouré de rayons d'or.) Trois cq. cour. **C.:** 1° la loutre iss. du 1, avec le poisson; 1. d'or et de gu.; 2° l'aigle du surtout; 1. d'arg. et de sa.; 3° le lion du 4, iss.; 1. d'arg. et d'azur.

Hobrink — *Amsterdam.* D'azur à sept boules d'or, 1, 1, 3, 1 et 1.

Hobwar — *Soumagne (P. de Liége.)* Ec.: aux 1 et 4 d'arg. à cinq fusées de gu., accolées en fasce, touchant les flancs du quartier; aux 2 et 3 d'arg. à un oiseau de sa., sur une terrasse de sin. **C.:** un oiseau de sa.

Hochfelder — *Alsace.* De sa. au chev. plové d'or. **C.:** un buste de vieillard, hab. aux armes de l'écu.

Hocht — *Maeseyck.* De sa. à une herse triangulaire d'azur, renversée, acc. de trois étoiles mal-ordonnées du sec. **C.:** une étoile d'azur; entre un vol, d'azur et d'arg.

Hocke — *Aut.* (Barons autrichiens, 24 avril 1762.) D'or à l'aigle de sa., cour. du champ. **C.:** l'aigle, entre deux prob. coupées alt. d'or et de sa.

Hodenpyl — *Delft.* D'or à trois perroquets de gu.

Hoeben — *Delft.* D'arg. à une merlette de sa.

Hoemakers — *Holl* D'arg. à deux épées de sa., passées en saut., acc. de trois chapeaux du sec., 2 en chef et 1 en p.

Hofdyk — *Alkmaar.* De sin. à une colonne d'or [Armes de M. *W.-J. Hofdyk*, né le 27 juin 1816, littérateur néerlandais.]

Hoff (im) — *Valais.* D'arg. à un bélier de gu., tenant une croix latine du même, posée sur son épaule, pass. sur un tertre de trois coupeaux de sin.; le tout acc. en chef de deux étoiles (5) d'or.

Hoff-Rosencrone — *Dan.* (Barons, 3 fév. 1812.) Ec.: au 1 d'or à deux bandes d'arg., ch. chacune de trois étoiles d'or; au 2 d'azur à un Pégase naiss. d'arg.; au 3 coupé: *a.* éc. d'azur et d'arg.; *b.* d'arg. à trois étoiles d'or; au 4 d'arg. au pal de gu., ch. de trois étoiles d'or. Sur le tout un écusson d'arg., cour. d'or et ch. de trois roses de gu. Deux cq. cour. **C.:** 1° deux bras arm., les mains de carn. empoignant un boulet de canon de sa.; 2° une étoile d'or, entre un vol de sa. **S.:** à dextre un ours branché, à sen. un cheval d'or.

Hoffmann Edle von Hofmannsthal — *Aut.* (An., 18 juillet 1835.) Ec.: au 1 d'or à une aigle de profil au nat. perchée sur un rocher au nat. et tenant de sa patte sen. levée un faisceau de six flèches d'arg.; au 2 d'azur à un autel d'arg.; au 3 d'azur à un livre relié de gu., doré sur tranche, supp. les tables de la loi d'arg.; au 4 d'or à une feuille de mûrier de sin., posée en bande, et ch. d'un ver à soie au nat. Cq. cour. **C.:** une ancre d'arg., entre un vol coupé alt. d'or et d'azur. **L.:** à dextre d'or et d'azur, à sen. d'arg. et d'azur.

Hoffmann Edle von Wendheim — *Aut.* (An., 7 avril 1850.) Coupé: au 1 d'azur à une branche de chêne fruitée de sin., mouv. du coupé; au 2 d'arg. à deux fasces de sin. Cq. cour. **C.:** quatre pl. d'aut.: d'or, d'azur, d'arg. et de sin. **L.:** à dextre d'or et d'azur, à sen. d'arg. et de sin.

Höger Edle von Högern — *Aut.* (An., 15 janv. 1625; chevaliers autrichiens, 11 janv. 1718.) Ec.: aux 1 et 4 d'azur à un griffon naiss. d'or, mouv. d'une haie d'osiers du même, soutenue d'un tertre de trois coupeaux de sin.; aux 2 et 3 de sa. chaussé-ployé d'or, à

trois étoiles mal-ordonnées de l'un à l'autre. A la fasce d'arg., bordée de gu., br. sur l'écartelé. Deux cq. cour. **C.:** 1° trois pl. d'aut.. une d'or entre deux de sa.; 1. d'or et de sa.; 2° un griffon iss. d'or; 1.d'arg. et de gu.

Hohenloch — *Strasbourg.* D'or à deux fasces vivrées de sa. **C.:** deux prob. d'or, ch. chacune d'une fasce vivrée de sa. et ornee dans son embouchure d'une plume de paon au nat.

*Holbein de Holbeinsberg — *Aut.* (Conf. de la nob. du St.-Empire, 1 oct. 1612.) Coupé: au 1 parti d'or et de sa., à un rencontre de buffle bouclé, surm. d'une étoile, le tout de l'un en l'autre; au 2 de sa. à un senestrochère, paré d'or, tenant une boîte arrondie d'or, doublée de gu. et remplie de diamants. Ec.: meubles du 1. — (Conf. de nob., 24 avril 1756.) Ec.: au 1 et 4 parti de sa. et d'or, à un rencontre de buffle bouclé. surm. d'une étoile, le tout de l'un en l'autre; aux 2 et 3 de sa. à un bras, posé en fasce, arm. d'or, la main de carn. tenant une boîte arrondie d'or, doublée de gu. et remplie de diamants, le bras du 2 mouv. du flanc sen. et le bras du 3 mouv. du flanc dextre. Cq. cour. **C.:** les meubles du 1, entre un vol de sa. **L.:** d'or et de sa.

Holck — *Dan.* (An., 19 avril 1810.) Parti: au 1 d'arg. à deux chev. de gu., au 2 de gu. à une demi-fleur-de-lis d'arg., mouv. du parti. Au pal d'azur, br. sur le parti. Cq. cour. **C.:** un bras, arm. d'arg., tenant une épée du même, garnie d'or.

Hollingworth — *Etats-Unis.* De sa. à la bande d'arg., ch. de trois feuilles de houx (*holly*) de sin. **C.:** un cerf couché et reg. d'herm.

Holset (van) dit *Oost* — *Limb.* D'arg. à la croix denchée de sa.

Holsten-Charisius (Barons) — *Dan.* Parti: au 1 de *Holsten* qui est reparti: *a.* d'arg. à la demi-aigle de sa., bq. et m. d'or, mouv. du parti; *b.* d'or à trois fasces de gu.; au 2 les armes de *Marselis* qui sont éc.: *a.* d'azur à deux tubes de canon d'arg., passés en saut., surm. d'une couronne d'or; *b.* de gu. à une colonne d'arg., cour. d'or, accolée d'un serpent du même; *c.* de gu. à un homme d'armes, arm. au nat., la visière baissée, tenant de sa main dextre une lance de tournoi d'arg., posant la main sen. sur un bouclier ovale d'or; *d.* de gu. à un cor-de-chasse d'or, l'embouchure à dextre; et sur le tout de ces quartiers d'arg. à une tour de gu. Deux cq. cour. **C.:** 1° trois pl. d'aut., une d'or entre deux de gu.; 2° deux prob. de gu.; **S.:** à dextre une aigle de sa., bq. et m. d'or, le vol ouv.; à sen. un lion d'or, lamp. de gu.

Holsten-Lehn-Charisius (Barons) — *Dan.* Ec.: aux 1 et 4 d'arg. au pal d'azur, ch. d'une croix latine d'arg.; au chef de gu., ch. d'une couronne d'or (*Lehn*); au 2 de gu. à une colonne d'or, sommée d'une fleur-de-lis du même et accolée d'un serpent d'arg., la tête à sen. (*Charisius*); au 3 les armes ecartelées avec le surtout de *Marselis* (comme dans les armes de *Holsten-Charisius*.) Sur le tout de l'écu parti: *a.* d'arg. à la demi-aigle de sa., bq. et m. d'or, mouv. du parti; *b.* d'or à trois fasces de gu.; ce surtout timbré d'une couronne à trois perles. Trois cq. cour. **C.:** 1° trois pl. d'aut., une d'or entre deux de gu. (*Holsten*); 2° trois bannières d'or, ch. chacune des deux têtes et cols d'une aigle ép. de sa. (*Marselis*); 3° six meubles du 2 (*Charisius.*) **S.:** deux aigles reg. de sa. **L.:** d'or et de gu.

Holtscheid — *Westphalie.* De gu. à la bande d'or, nob. du St.-Empire, 1 oct. 1684.) au chef de sa., mouv. des deux nuées, ran gés en orle; la bande ch. d'un écusson d'arg., surch. d'une croix de sa. **C.:** un vol.

Holte (ten) — *Epe (Gueldre).* Une croix ancrée.

Homan — *Holl.* De sin. à l'azur à une crémaillère d'arg.; au 2 d'arg. à trois feuilles de rosier de sin., les tiges en bas.

Hombergk (von) zu Vach — *Hesse* (Nob. du St.-Empire, 15 avril 1780.) D'or à un mont de trois coupeaux d'azur, pose en abime. Cq. cour. **C.:** deux prob., coupées alt. d'or et d'azur. — (Ren. de nob., 18 juillet 1825.) D'or à un mont de trois coupeaux de sin., posé en abime. Cq. cour. **C.:** deux prob., coupées d'or et de sin.

Homme (l') de la Pinsonnière — *Anjou.* D'or au chev. de sa. acc. de trois trèfles du même et ch. de deux epis du champ.

Homo — *France.* De sin. au chev. d'arg., acc. en chef de deux gerbes d'or, posées en chev., et en p. d'une tour du sec.; au chef d'azur, ch. d'une colombe d'arg., volant à sen. **D.:** IN OBSCURITATE FELICITATE.

Hond van den Bosch — *P. de Juliers, Limb.* De sin.; au chef d'arg., ch. d'un lévrier courant de sa.

Hondius — *Holl.* Ec.: aux 1 et 4 d'or à un lévrier assis de sa., coll. de gu., appuyant sa patte dextre sur un globe terrestre d'azur sur pied d'or, le tout soutenu d'une terrasse de sin.; aux 2 et 3 d'azur à cinq annelets d'arg., 2, 1 et 2. **C.:** les meubles du 1. **L.:** à dextre d'or et de sa., à sen. d'arg. et d'azur.

Honoré du Locron — *Douai.* De gu. à un croiss. d'or. acc. de six croisettes fleuronnées au pied fiché du même, 3 en chef, 2 en flancs et 1 en p.

*Hontoy — *Tournaisis.* De gu. à une oie d'arg., bq., m. et cell. d'or. — *Ou :* D'arg. à une oie de sa., bq., m. et coll. d'or.

Hooghwey (van) — *Amsterdam.* D'arg. à un cerf ramp. de gu.

Hoogstad — *Holl.* De ... au saut. d'or, cant. de quatre coeurs du même, les pointes dirigées vers l'abîme. **C.:** une losange, entre un vol.

Hoorn (van) — *Amsterdam.* Ec.: au 1 d'or à trois cors-de-chasse de gu., liés du même: aux 2 et 3 d'arg. au lion de gu.; au 4 d'or à cinq fusées accolées de gu., touchant les bords du quartier.

Hopkinson — *Philadelphie.* D'arg. au chev. de gu., de trois los. de même. **C.:** de trois étoiles rayonnantes (6) du sec. **C.:** un lion iss. d'arg. **D.:** SEMPER PARATUS.

*Hordyk — *Dordrecht. Delft. Variante:* Ec.: aux 1 et 4 de gu. à la fasce d'arg; aux 2 et 3 d'azur à trois croiss. d'or.

Horen (van) *dit* **Tyldonck** — *Brab.* D'or à deux huchets vir. d'arg., passés en saut., les embouchures en bas.

Hornberg — *Alsace.* D'or à un tertre de trois coupeaux de sa., soutenant deux huchets du même.

Hornlin — *Strasbourg.* D'arg. à une tour de sa., surm. d'un huchet de gu. **C.:** un buste de More, hab. de gu., les oreilles remplacées par deux cornes d'élan d'arg. **L.** d'arg. et de gu.

*Horst (ter) — *P. d'Overyssel, Groningue.* D'or à une ancre de sa. **C.:** l'ancre.

Horst (van der) — *Amsterdam.* D'arg. à la croix ancrée de gu.

Hortal — *Dauphiné.* D'azur au chev. d'arg., acc. de trois ortolans cont. du même.

Hostel — *Bugey.* Palé contrepalé d'or et de gu.

Hoston — *Hainaut.* D'azur à deux houssoirs d'or, passés en saut.

Houbraken — *Brab.* D'arg. à trois fers-de-moulin de sa.

Houdemont ou **Houdimont** — *Namur, Hainaut.* De gu. à la bande coticée d'arg.

Houdyk — *Holl.* D'azur à cinq coquilles d'arg., 2, 1 et 2.

Houplines — *P. de Lille.* De sa., au chef d'arg.

Houssaye — *Paris.* De gu. à deux fasces d'or; et trois têtes de dragon d'arg., languées d'or, rangées entre ces fasces. **S.:** deux lions [Armes de M. *Arsène Houssaye*, directeur du Théâtre Français].

Housset — *Soumagne (P. de Liége.)* Parti: au 1 d'arg. à trois feuilles de houx de sin., 2 et 1, les tiges en bas, acc. en p. d'un poisson nageant au nat.; au 2 d'arg. au lion de sa., cour. d'or. **C.:** une feuille de houx de sin., la tige en bas.

Houten (ten) de Lange — *Holl.* D'or au griffon de gu., arm. et lamp. d'azur.

Houten (van) — *Amsterdam.* De sin. à un arbre d'arg. de deux branches, posé sur une terrasse d'arg. **C.:** l'arbre, iss.

Houtman — *Zél.* D'azur à la fasce d'arg., acc. de trois chicots du même, posés en fasces, 2 en chef et 1 en p.

Houwald — *Souabe.* De gu. à un portail ouv. d'or, accosté de deux sapins arr. du même.

Houweeken — *Brab.* D'azur à une étoile (5) d'or en chef et un croiss. du même en p.

Houwen — *Limb.* D'arg. à une tige de trèfle de sin.; à la fasce de gu., br. sur le tout. Bri. d'arg. et de gu. **C.:** la tige de trèfle, iss. **L.** d'arg et de gu.

Houwer — *Delft.* D'azur à un rencontre du boeuf d'arg., accorné d'or.

Houwinck — *Holl.* Parti: au 1 d'or à la demi-aigle de sa., mouv. du parti; au 2 d'azur à un crampon d'arg., croisé de deux petites traverses du même, en bandes, l'une sur l'autre.

Houyet *dit* **Harroy** — *P. de Liége.* D'or à la bande comp. d'arg. et de sa. de huit pièces.

Hovaer — *Holl.* Ec.: au 1 de sin. à deux épées d'arg., garnies d'or, passées en saut.; au 2 d'or à six bill. de gu., 3 et 2; au 3 d'or à la fasce, acc. en chef de deux étoiles et en p. d'un croiss., le tout de gu.; au 4 de sin. au lion d'or.

Howenstein ou **Hauenstein**—*Strasbourg.* Coupé

d'azur sur sa.; à cinq los. d'arg., accolées en fasce, br sur le coupé. **C.:** une los. d'arg., entre deux prob. coupées d'azur sur sa., ch. chacune d'une los. d'arg., br. sur le coupé. **L.** d'arg. et d'azur.

Hoyer — *Bergzabern (Alsace).* D'arg. à trois croiss. de gu.

Hoyer — *Lubeck* (Nob. du St.-Empire, 8 août 1542.) Coupé de gu., sur un tertre de trois coupeaux de sin.; sur le coupé; à la fasce échiq. de gu. et d'arg. de trois tires, br. sur le tout. **C.:** une tête et col d'aigle de sa., bq. d'or, languée de gu. **L.** d'or et de gu.

Hoyer — *Aut.* (Nob. du St.-Empire. 14 janv. 1633.) De gu. à une grue d'arg., bq. et m. d'or, avec sa vigilance du sec., sur un tertre de trois coupeaux de sin.; le gu. chapé-ployé de sa., à deux lions affr. d'or, lamp. de gu. Cq. cour. **C.:** la grue sur le tertre; entre un vol coupé, à dextre d'arg. sur gu., à sen. d'or sur sa. **L.:** à dextre d'or et de sa., à sen. d'arg. et de gu.

Hoyer — *Bohème* (Chevaliers autrichiens, 18 janv. 1772 ; chevaliers du St.-Empire, 7 juillet 1792.) Parti: au 1 de gu. à une corne d'abondance d'or en pal, remplie de fleurs du même; au chef d'azur, soutenu d'une trangle ondée d'arg. et ch. de trois étoiles d'or; au 2 coupé: *a.* d'arg. à trois bandes d'azur ; *b.* d'azur au lion d'arg., lamp. de gu. Deux cq. cour. **C.:** 1° une étoile d'arg.; entre un vol coupé, à dextre d'azur sur sin., à sen. d'or sur gu.; **l.** d'or et de gu.; 2° un lion iss. d'arg., lamp. de gu., entre deux prob. d'arg., ch. chacune de trois fasces d'azur ; **l.** d'arg. et d'azur.

Huard de Verneuil — *Berry.* D'azur à six coquilles d'arg.; au chef ondé du même.

Huber — *Valais.* D'azur à un T de gu., accosté de deux étoiles (5) d'or et acc. en p. d'un tertre de trois pics de sin.

Huberland (d') — *Tournaisis.* D'or à un sanglier de sa., allumé et défendu d'arg., pass. devant un arbre de sin., le tout soutenu d'une terrasse du même.

Huberti — *Soumagne (P. de Liége.)* D'arg. à la fasce, acc. en chef de trois étoiles rangées et en p. d'un lion, le tout de gu. **C.:** une étoile de gu.

Hubin (Edle von) — *Aut.* (An., 22 janv. 1874.) D'or au saut. de gu., cant. de quatre étoiles d'azur. Cq. cour. **C.:** un vol à l'antique, l'aile de derrière d'or plein, l'aile de devant de gu., chargée d'une grenade allumée au nat. **L.:** à dextre d'or et de gu., à sen. d'or et d'azur.

Hubin — *Aut.* (Chevaliers, 20 juillet 1870.) D'or au saut. de gu., cant. de quatre étoiles d'azur. Deux cq. cour. **C.:** 1° un lion iss. et cont. d'or; **l.** d'or et de gu.; 2° un vol à l'antique, l'aile de derrière d'or plein, l'aile de devant d'azur chargée d'une grenade allumée au nat.; **l.** d'or et d'azur. **D.:** SEMPER PARATUS.

Hubin — *Aut.* (Barons, 18 juin 1879.) Ec.: aux 1 et 4 de gu. à un rouleau de parchemin, posé en bande, déroulé à demi, auquel pend un sceau d'or; aux 2 et 3 coupé d'or sur sa., à une aigle de l'un en l'autre. Sur le tout d'or au saut. de gu. Deux cq. cour. **C.:** 1° un lion iss. et cont. d'or; **l.** d'or et de gu.; 2° un vol à l'antique coupé, l'aile de derrière de sa. sur or, l'aile de devant de sa.: **l.** d'or et de sa. **S.:** deux griffons reg. d'or. **D.:** LABORE ET GRATIA.

Hueck — *Westphalie.* D'arg. à un crampon de gu., croisé d'une traverse du même sur le milieu du fût. **C.:** un vol.

Huet (im) — *Valais.* D'arg. à un tronc d'arbre de gu., mouv. de la p., acc. en chef de trois étoiles (6) d'or.

Hugenholtz — *Holl.* D'arg. à un arbre triplement étagé de sin., terrassé du même. **C.:** l'arbre.

Hugo — *Paris.* Ec.: au 1 d'azur à une épée d'arg., garnie d'or, la pointe en bas, acc. en chef de trois étoiles mal-ordonnées du sec.; au 2 de gu. à un pont de trois arches d'arg., soutenu d'une eau aussi d'arg. et br. sur une forêt du même; au 3 de gu. à une couronne murale de quatre créneaux d'or; au 4 d'azur à un cheval cabré d'or [Armes de *Victor Hugo.*]

Hugo — *Valais.* D'azur à un mont de trois coupeaux escarpes d'or, s'élevant derrière trois pics de rocher d'arg., mouv. de la p.; le tout acc. en chef de deux étoiles (6) d'or.

Hugonin de la Barthe — *P. de Carcassonne* (Conf. de nob., 18 janv. 1815.) D'arg. à la fasce d'azur, ch. de deux fers-à-cheval d'arg., les bouts en bas; et un arbre terrassé de sin., br. sur le tout. [V. **Huguenin.**]

Huibers ou **Hulberts** — *Putten (Gueldre).* Cinq poissons en pals, 3 et 2. **C.:** un vol à l'antique; *ou,* une aigle iss.

Huisinga — *Amsterdam.* Coupé: au 1 de sa. à

une cuirasse d'or ; *b.* d'or à trois clous de sa., les pointes en bas, disposés en éventail.

Hulle (van) — *Gand.* De gu. au chev. d'or, acc. de trois monts de sin. **C.:** un mont de sin.

Hulse (van) — *Gand.* D'or à un arbre terrassé de sin. **C.:** l'arbre.

Hulsebosch — *Holl.* D'arg. à sept fleurs de gu., alternant avec six autres fleurs du même, tigées de sin., posées sur un tertre du même ; le tout acc. en chef de trois roses de gu., 2 et 1, encloses dans un annelet de sin.

Hulsbuys — *Nimègue.* D'or à un dextrochère, paré de gu., rebr. d'arg., la main de carn. tenant trois feuilles de sin.

Humbert — *Ile-de-Fr.* Ec.: aux 1 et 4 de gu. à la fasce d'arg., acc. en chef de deux étoiles d'or et en p. d'un lévrier pass. du même ; aux 2 et 3 d'azur au chev. d'or, acc. de trois colombes du même, tenant chacune en son bec un rameau d'olivier de sin.

Humbrecht — *Strasbourg.* D'or au chev. de sa., ch. de trois fleurs-de-lis d'arg. **C.:** un buste d'homme, hab. aux armes de l'écu. **L.** d'or et de sa.

Humbrcht — *Strasbourg.* D'or à la bande de gu., ch. de trois annelets d'arg. **C.:** la bande de l'écu, entre deux prob. d'or ; *ou*, un vol aux armes de l'écu. (*Ou*, la bande de sa., ch. des annelets.)

*****Humières (Comtes)** — *Rouergue. Armes anc.:* Ec.: aux 1 et 4 d'or à un arbre terrassé de sin., et un lévrier courant de gu., br. sur le fût de l'arbre; aux 2 et 3 d'arg. à trois bandes de sa. — *Armes mod.:* D'azur à la bande d'or.

Huneburg — *Alsace.* Coupé de sa. sur or. **C.:** deux têtes et cols de cygne d'arg., bq. d'or. — *Puis:* Coupé : au 1 de sa. à deux têtes et cols de cygne adossées d'arg., bq. de gu.; au 2 d'or plein. **C.:** deux têtes et cols de cygne d'arg., bq. de gu. **L.** d'or et de sa.

Hunweiler — *Alsace.* D'azur à la bande vairée d'arg. et de gu. **C.:** une jeune fille iss., chevelée d'or, hab. de gu., la tête tort. de sa., les mains jointes; *ou*, une queue de paon au nat. **L.** d'arg. et de gu.

Huse — *Boston.* D'arg. à une étoile (16) de gu. **C.:** trois arbres de sin.

Hutchinson — *Massachusetts.* Parti de gu. et d'azur; au lion d'arg., br. sur le parti et acc. de onze croix potencées d'or, rangées en orle. Cq. cour. **C.:** un dragon iss. d'azur. **D.:** NON TIBI SED LOTI.

Huth (von) — *Dan.* (An., 25 janv. 1776.) D'azur à un buste d'homme, hab. de gu., coiffé d'un chapeau conique de sa. **C.:** le meuble de l'écu.

Hutscher — *Holl.* De sa. à trois canots de gu. **C.:** un vieillard iss., hab. de sa., ch. sur la poitrine d'un canot de gu. **L.** d'arg. et de gu.

Huvino — *Ile-de-Fr.* D'or à trois têtes de lion d'azur, lamp. et cour. de gu.

Huygens — *Schiedam.* D'arg. à un lièvre au nat., courant sur une terrasse de sin. **C.:** le lièvre, iss. **L.** d'arg. et de sin.

*****Huysinga** — *Frise.* Parti : au 1 d'arg. à la demi-aigle sa., mouv. du parti ; au 2 tiercé en fasce de gu., d'arg. et d'azur, l'arg. ch. d'une étoile (8) d'or. **C.:** une aigle iss. de sa. **L.:** à dextre d'arg. et de sa., à sen. d'arg. et de gu.

I

Iberg — *Strasbourg.* Bandé d'or et de sa. **C.:** deux prob., d'or et de sa.

Iddesleigh (Comte d'), v. **Northcote** comte **d'Iddesleigh.**

Iergen — *Valais.* Ec.: aux 1 et 4 d'arg. à un trèfle d'azur ; aux 2 et 3 d'azur à une potence d'or, surmontée d'une traverse du même.

Ildaris (de) — *Naples.* D'azur à deux bandes d'or, acc. de deux roses d'arg.

Ildaris (de) — *Naples* (Comtes du St.-Empire, 1722.) Ec.: aux 1 et 4 d'arg. à l'aigle de sa.; aux 2 et 3 d'or à la fasce de gu. Sur le tout d'azur à deux bandes d'or, acc. de deux roses d'arg. **C.:** une aigle iss. de sa.

*****Illens** — *Fribourg, Lausanne.* De gu. au saut. d'or. **C.:** un dogue iss. d'arg., coll. et bouclé d'or. **D.:** AVEC LE TEMPS [De cette famille sont sorties les *Mestral de Rue;* v. ce nom.]

Imbiani — *Bologne.* D'azur au lion d'or, lamp. de gu., tenant dans ses pattes une tour crén. d'arg., ouv. et aj. de sa.; au chef du premier, ch. de trois fleurs-de-lis d'or, rangées entre les quatre pendants d'un lambel de gu.

Immink — *Holl.* D'or à une étoile (8) de sa. en chef et un trèfle de sin. en p. Brl. de sin. et d'or. **C.:** une étoile (8) de sa. **L.** d'or et de sin.

Imperatore — *Naples.* D'azur à un croiss. d'or, surm. d'une étoile du même.

Imyeghem (van) — *Gand.* D'azur au griffon d'or, tenant de sa patte dextre un poignard d'arg., garni d'or, et de sa sen. un bouclier de sa., ch. d'une croix ancrée d'arg **C.:** un homme iss., hab. de gu., au rabat d'or, coiffé d'un turban d'arg.

Indovini — *Bologne.* D'azur à une comète d'or en chef et un compas d'arg., ouv. en chev. renv., en p.

Ingengadem — *P. de Clèves.* D'arg. à trois fasces de gu.

Inghelvert — *Flandre.* D'arg. au chev. de gu.

Inslnger — *Amsterdam.* Ec.: aux 1 et 4 de gu. à une sirène de carn., se peignant de la main dextre d'un miroir qu'elle tient de sa sen., le tout soutenu d'une barque de sa.; au 2 d'arg. à l'aigle ép. de sa., l'estomac ch. d'un écusson d'arg.; au 3 d'arg. et au 5 de gu., au lion cont. d'or, br. sur l'arg. et le gu., fixant un soleil d'or posé au canton sen.; au 4 échiq., la première tire de gu., d'azur d'arg., d'azur, d'azur et d'arg., la deuxième tire d'arg., de gu., d'azur, etc.; la troisième d'azur, d'arg., de gu. etc.; la quatrième de gu. d'azur, d'arg. etc.; au 6 d'arg. à trois roses d'azur.

Irgens-Bergh — *Dan.* (An., 7 déc. 1824.) Parti : au 1 coupé: *a.* les armes de *Westerwick* (qui sont éc.: aux 1 et 4 de gu. à une morue sans tête d'arg. posée en pal, accostée de deux couronnes du même ; au 2 d'or à la fasce de gu.; au 3 coupé d'azur sur un mer au nat. de laquelle s'élèvent trois fleurs d'arg., br. sur l'azur); *b.* d'arg. à la fasce de gu., acc. de trois trèfles de sin.; au 2 d'arg. à trois monts accostés de sa., et une fasce de gu., br. sur les monts. Cq. cour. **C.:** trois monts accostés de sa. au chef d'arg. mal ordonné d'une aigle de profil de sa., le vol étendu.

Isappini — *Bologne.* D'azur à trois arbres de sin., fruités de sa., celui du milieu plus élevé, rangés sur une terrasse de sin.; au chef du premier, ch. de trois fleurs-de-lis d'or, rangées entre les quatre pendants d'un lambel de gu.

Isigny — *Norm.* D'or à la croix de sa., cant. de quatre merlettes du même.

Isimbardi (Marquis) — *Milan.* Ec.: aux 1 et 4 d'arg. à une fleur-de-lis d'or; aux 2 et 3 d'azur à trois étoiles d'or.

Island de Beaumont — *Poitou.* D'arg. à deux fasces de gu., acc. de trois étoiles d'azur, rangées en chef.

Isnard — *Dauphiné.* De gu. au chev. d'or, acc. de trois colombes d'arg.

Isola (dall') — *Bologne.* De gu. à une tour d'arg., ouv. de sa., posée sur une terrasse de sin.; à la bande d'azur, br. sur le tout et ch. de trois dauphins d'arg.; au chef d'arg., ch. d'une aigle de sa., cour. d'or.

Interlana — *Gênes.* De sa. au lion d'arg., arm et lamp. de gu., cour. d'or.

Inviziati — *Piémont.* Fascé d'or et de gu., de quatre pièces. **C.:** une licorne iss. **S.:** deux lions. **D.:** HINC GENEROSA PROPAGO.

Ippolito (Marquis d') — *Naples.* Parti d'un trait, coupé de deux autres, qui font six quartiers: au 1 d'arg. à une tour de gu., accostée de deux lions ramp. et affr. d'or, le tout soutenu d'une barque de sa.; au 2 d'arg. à l'aigle ép. de sa., l'estomac ch. d'un écusson d'arg.; au 3 d'arg. et au 5 de gu., au lion cont. d'or, br. sur l'arg. et le gu.

Isolani — *Bologne.* D'arg. au lion de sa., arm. et lamp. de gu.; à la fasce de gu., br. sur le tout.

Iwema — *Groningue, Frise.* Coupé: au 1 d'azur à un croiss. d'or, acc. de trois étoiles du même; au 2 d'arg. à un coeur de gu., cour. d'or, percé de deux flèches d'arg., passées en saut.

J

Jacini (Comtes) — *Cremône, Milan.* D'azur à un château d'arg., ouv. et aj. du champ, les créneaux entaillés, sommé de deux tours crén. de la même sorte, acc. en chef d'un soleil d'or, accosté de deux étoiles d'arg.; le château soutenu d'une champagne barrée de gu. et d'or. **C.:** un soleil d'or, entre un vol coupé, à dextre d'or sur gu., à sen. d'azur sur arg. **D.:** QUOD ME SUSTULIT SUSTINEAT.

Jacobi von Ehrencron — *Hesse-Darmstadt* (Nob. du St.-Empire, 12 nov. 1676.) D'azur à deux bourdons de pèlerin de sa., passés en saut., accostés de deux roses (*ou* coquilles) d'or. Sur le tout un écusson timbré d'une couronne à neuf perles, le cercle environné d'un chapelet de perles qui fait trois tours (*Ehrencrone*, couronne d'honneur, allusion au prédicat); ledit écusson tiercé en pal: *a.* de gu. au lion cont. d'or, cour. du même; *b.* d'or à la bande d'azur, ch. de trois fleurs-de-lis d'or, posées chacune en pal; *c.* de gu. à un chevalier, arm. de toutes pièces, la visière levée, le casque panaché de trois pl. d'aut., une d'or entre deux d'azur, revêtu d'un baudrier divisé d'azur sur or, la main dextre devant la poitrine tenant une épée d'arg., garnie d'or, la sen. appuyée sur la hanche; celui-ci lier posé sur une terrasse de sin. Cq. cour. **C.:** un vol coupé à dextre d'azur sur or, à sen. de sa. sur or. **L.** conformes aux émaux du vol.

Jacqmart — *P. de Liége.* De sa. seme de fleurs-de-lis d'or; au fr.-q. d'arg., ch. d'une anille de sa.

Jacquemet de St.-Georges — *Bourg., Dauphiné.* D'or au lion d'azur, arm. et lamp. de gu. **C.:** le lion, iss.

Jager — *Amsterdam.* Parti d'arg. et d'azur; à un huchet de l'un en l'autre, vir. d'or.

Jager-Gerlings — *Harlem.* Ec.: aux 1 et 4 d'azur à un chasseur sonnant d'un huchet et acc. de deux chiens, le tout au nat. (*Jager*); aux 2 et 3 coupé: *a.* de sa. à un navet d'arg., feuillé de sin., la queue en bas; *b.* de gu. à trois grelots d'or, 2 et 1 (*Gerlings*). **C.:** le navet.

Jaghere (de) — *Gand.* De sa. à deux lévriers courants d'arg. en chef et un chien braque courant d'or en p.; le tout acc. en chef d'un buste de vierge de carn., posé de face, hab. d'or, chevelé du même, portant au cou et attaché à un ruban de gu., un cor-de-chasse d'arg., eng. et vir. d'or. **C.:** le buste de vierge; entre un vol, d'or et de sa.

Jakobi (Edle von) — *Aut.* (Nob. autrichienne, 21 oct. 1805.) D'arg. à un lion au nat.; le champ chapé-ployé d'azur, à deux étoiles d'arg. Cq. cour. **C.:** une étoile d'arg., entre un vol d'azur. **L.** d'arg. et d'azur.

James baron **Northbourne** — *Kent* (Baronet *James de Langley*, 30 juin 1791; baron *N.*, 5 nov. 1884.) De gu. à un dauphin nageant d'or. **C.:** une autruche d'arg., bq. et m. d'or. **S.:** deux aigles d'arg., le vol -ouv. et abaissé, coll. de gu., portant suspendu un écusson des armes au dit collier. **D.:** J'AIME À JAMAIS.

Jametel (de) — *Ile-de-Fr.* (Comte romain, 8 juin 1886.) D'azur à la bande d'or, acc. en chef de deux hermines d'arg. et en p. d'un lion d'or. **C.:** un dextro-chère, tenant un poignard. **S.:** à dextre un lion, à sen. une licorne. **D.:** ACTA NON VERBA.

Jannart — *Tournai.* D'or au chev. de gu., acc. de trois hures de sanglier de sa., défendues d'arg.

Janney — *Etats-Unis.* D'herm. à la bande de gu., coticée du même. **C.:** un gantelet d'arg., soutenant un faucon au nat. **D.:** DUCIT AMOR PATRIÆ.

Janselme — *Dauphiné.* D'azur à un soleil d'or.

Janssens — *P. de Waes.* Parti: au 1 d'or à trois trèfles de sin.; au 2 de gu. à quatre chev. d'arg.

Janua — *Valais.* De sin. à un buste de Janus, hab. de sin., mouv. de la p., les visages d'arg., chaque tête colletée de gu. et cour. à l'antique d'or.

Japelli — *Bologne.* De gu. à un cheval d'arg., pass. sur une terrasse de sin. et acc. en chef d'une étoile (5) d'or.

Jas — *Pays-Bas.* Trois aigles ép.

Jaumar de la Carrera — *Barcelone.* Parti: au 1 d'or à deux fasces de gu., acc. de deux étoiles (8) d'azur, 1 en chef et 1 en p., et entre les fasces d'une main sen. appaumée de carn., les doigts en haut (*Jaumar*); au 2 d'or à deux boeufs au nat., traînant une charrue de gu., dans un champ de labour au nat.; et au chef d'azur, ch. de trois étoiles (8) d'or (*de la Carrera*).

Javersy — *France.* De gu., au chef d'herm.

Jay — *Grenoble.* D'azur à trois geais d'or.

Jay — *Etats-Unis,* orig. du *Poitou.* D'arg. au chev. d'azur; au chef du même, ch. de trois merlettes du champ. **C.:** une tête de cormoran.

Jayr — *Bourg.* D'or à trois geais d'azur.

Jelmi — *Bologne.* D'azur au lion d'or, lamp. de gu., tenant de ses pattes une masse d'armes d'arg.; au chef du premier, ch. de trois fleurs-de-lis d'or, rangées entre les quatre pendants d'un lambel de gu.

Jeoffroy — *Ile-de-Fr.* De gu. à un coq d'arg.; au chef d'azur, ch. de deux étoiles d'or.

Jeofroy — *Grenoble.* D'azur à une Foi d'arg., sortant de deux nuées du même mouv. des flancs de l'écu, acc. en chef de trois étoiles rangées d'or et en p. d'un croiss. du sec.

Jeszensky de Nagy-Jeszen — *Hongrie* (Barons, 3 janv. 1865.) Ec.: aux 1 et 4 d'or à la demi-aigle de sa., mouv. du parti: aux 2 et 3 de gu. à un cavalier en costume hongrois, orné de brandebourgs d'or, aux bottes de sa., éperonnées d'or, coiffé d'un colbac d'azur retr. de fourrure, brandissant un sabre et monté sur un cheval pommelé galopant, bridé de gu., houssé de sin. bordé d'or. Sur le tout d'or à un ours pass. au nat., la tête retournée, devant un arbre au nat., le tout soutenu d'un tertre de trois coupeaux de sin. et acc. de deux bras, parés de gu., iss. d'une nuée au nat., ou canton du, du chef et enfonçant un couteau de chasse d'arg., emm. de sa., dans le dos du-dit ours, le sang jaillissant de la blessure. Deux cq. cour. **C.:** 1° une aigle cont. de sa., cour. d'or; l. d'or et de sa.; 2° un ours iss., au nat., tenant de ses pattes une palme de sin.; l. d'arg. et de gu. **D.:** RECTE FACIENDO NEMINEM TIMEAS.

Jeune (le) de Holkeux — *Liége.* D'arg. au chev. d'azur, ch. de cinq bes. d'or et acc. en p. d'une merlette de sa. **C.:** une merlette de sa. **L.** d'arg. et d'azur.

Jirus (Edle von) — *Prague.* (An., 30 juillet 1883.) Parti: au 1 d'or à un sapin de sin., fûté de gu., terrassé du sec.; au 2 de gu. à un bâton d'Esculape d'or. **C.:** une tête et col de cerf au nat. **L.** d'or et de gu.

Jobart — *Barros.* D'azur à la bande d'or, ch. de trois flammes de gu.

Jochmus de Cotignola — *Aut.* (Barons, 31 janv. 1860.) De gu. à une colonne d'arg., cour. d'or, sur son piédestal du sec., la couronne supp. un petit socle sur lequel repose une autre couronne d'or; la colonne accostée de deux lions affr. d'or, ramp. contre le fût; le tout soutenu d'une terrasse de sin. Cq. cour. **C.:** un homme barbu iss., coiffé d'un bonnet albanais de gu., retr. du même; ledit homme hab. d'arg., les avant-bras nus de carn., appuyant la main sen. sur sa hanche et tenant de sa dextre une pique d'or, houppée d'arg., armée de sa., en bande. **L.** d'or et de gu. **S.:** deux lions d'or, tenant chacun un étendard turc (queue de cheval de sa., flottant à dextre et à sen., attachée à une hampe d'or, sommée d'un croiss. du même). **D.:** BARRAITA S' SCHÄMIJJAH MUZAFFIR (*Tu as glorieusement libéré la Syrie*, ou bien: *Victorieux en Syrie*), en caractères turcs.

Jodon de Villeroche — *Maine, Soissonnais* (Chevaliers d'*Hezenoy*, 1810.) Tiercé en barre: au 1 d'azur à une ancre d'arg., posée en barre, sommée d'une colombe cont. d'or, tenant en son bec un rameau d'olivier du même; au 2 de gu. au signe des chevaliers: au 3 d'arg. à une branche d'olivier et une branche de chène de sin., croisées par la tige.

Jonckheer — *Holl.* D'arg. à un arbre arr. de sin., à un serpent au nat. noué autour du pied du fût; à un écusson de cinq points d'or équipollés à quatre de gu., br. sur le fût. Brl. d'arg. et de gu. **C.:** un vol, d'arg. et de gu. **L.** d'arg. et de gu.

Jongbloet — *Bommel* (*Gueldre*). De sa. à une fleur-de-lis d'arg., accostée de deux roses du même et acc. en chef d'une rose d'or.

Jongh (de) — *Amsterdam.* Ec.: aux 1 et 4 de gu. à trois cors-de-chasse d'arg.; aux 2 et 3 d'arg. à un oiseau de sa.

Jongh (de) — *Enkhuizen.* De sa. à un griffon d'arg.

Jongh (de) — *Enkhuizen.* D'azur à une licorne marinée d'or, soutenue de trois fasces ondées du même. Cq. cour. **C.:** une licorne iss. d'arg., tenant une bannière d'azur frangée d'or, attachée à une lance du même, posée sur son épaule [V. **de Jongh van Persyn.**]

Jonghe (de) — *Gand.* De gu. au chev. renv. d'arg., acc. de trois quintefeuilles mal-ordonnées d'or. **C.:** un vol, d'arg. et de gu.

Joordens — *Delft.* De gu. à trois chev. d'or, acc. de trois annelets du même, 2 en chef et 1 en p.

Jordan — *Valais.* D'or à trois sapins de sin., posés sur les trois pics d'un tertre du même, les fûts enlacés d'un ruban de gu. en fasce.

Joris — *Valais.* D'azur à un mont de six coupeaux d'or, mouv. de la p., les deux coupeaux extérieurs du bas sommés chacun d'un peuplier de sin.; le tout acc. de trois étoiles (5) mal-ordonnées d'arg.

Josephs — *Holl.* D'azur à une oie pass. d'or.

Josselin (de) de Jong — *Holl.* Ec.: aux 1 et 4 d'or à une tête d'homme d'azur, posée de profil (*de Jong*); aux 2 et 3 de gu. à une force d'arg., les deux bouts en haut, surm. d'une étoile d'arg. (*de Josselin.*) **C.:** la tête du 1; entre un vol à l'antique, d'or et d'azur. **L.:** à dextre d'or et d'azur, à sen. d'arg. et de gu. **S.:** deux lions. au nat.

Jost — *P. de Vaud.* D'azur à trois pics de rocher accostés de sin., mouv. de la p., surm. d'une étoile d'or.

Jost — *Valais.* D'azur au saut. diminué alésé de gu., acc. de trois étoiles (6) d'or, 1 en chef et 2 en flancs du saut.; en p. un tertre de trois coupeaux d'arg.

Joubart de l'Orme — *Holl., Utrecht.* De sin. à un griffon d'arg.

Joubert — *Grenoble.* D'arg. à un coeur de gu. duquel sortent trois roses du même, tigées de sin., surmontées d'une couronne de fleurs-de-lis d'or.

Joubert — *Dauphiné.* D'or à une ancre de sa.; au chef d'azur, ch. de trois étoiles d'or.

Jourdant — *P. de Liége.* Parti d'arg. et d'or, au pal de gu., br. sur le parti; l'arg. ch. d'une paire de ciseaux de sa., les pointes en bas, et l'or de trois fleurs de chardon d'arg. aux gousses et tiges (sans feuilles) de sin. **C.:** une fleur de chardon d'arg., la gousse de sin., tigée et feuillée du même.

Jouvé — *Grenoble.* D'arg. à un foudre de gu., lié d'or, ailé de sa., posé en pal.

Jouy — *Dauphiné.* D'or à la croix de gu.

Judici — *Bologne.* D'or à un arbre arr. de sin.; au chef d'azur. ch. de trois fleurs-de-lis d'or, rangées entre les quatre pendants d'un lambel de gu.

Juel-Brockdorff — *Dan.* (Barons, 25 fév. 1812.) Ec.: aux 1 et 4 d'azur à un mitre épiscopal, soutenu d'une couronne d'or; aux 2 et 3 d'or à l'aigle de sa., bq. et m. de gu. Sur le tout coupé: *a.* d'azur à trois fasces ondées d'arg., acc. en chef d'une étoile (6) d'or (*Juel*); *b.* parti, d'azur à un poisson volant d'arg., posé en bande (*Brockdorff*), et d'or à la bande de gu., ch. de trois coquilles d'arg., posées dans le sens de la bande (*Vittinghoff.*) Cq. cour. **C.:** deux bras de carn., hab. jusqu'aux coudes d'azur, les mains tenant ensemble une étoile d'or.

Julémont — *Soumagne* (*P. de Liége.*) Ec.: aux 1 et 4 d'or au lion de gu., tenant de ses pattes un pennon fendu du même, flottant à sen., la hampe au nat.; aux 2 et 3 d'or à une gerbe de sin., liée au nat. **C.:** le lion du 1, iss.

Julier — *Valais.* Coupé: au 1 d'or à l'aigle de sa., cour. du champ; au 2 d'azur à une ruche, adextrée d'une étoile (6) et senestrée d'un lion, le tout d'arg., le lion cour. d'or.

Jullien de Prunay — *Ile-de-Fr.* D'azur à la fasce d'arg., de trois croisettes d'azur, et acc. en chef de deux bes. d'or et en p. d'une gerbe du même.

Jundanville — *Aut.* D'arg. à trois bandes d'azur, supp. chacune d'un corbeau de sa., en bande; au fr.-q. d'arg., ch. de trois fasces d'azur. **C.:** trois pl. d'aut., une d'arg. entre deux d'azur.

Jung — *Strasbourg.* D'or à un vol abaissé de sa. **C.:** une femme iss.

Jungbluth — *Gueldre.* Un paysage dessiné selon les lois de la perspective: à dextre une tour, et un chemin sinueux partant de ladite tour se dirigeant vers sen. du chef, illuminé par un soleil mouvant du même canton; le tout au nat.

Junquières — *France.* D'azur au chev. d'arg., acc. en chef de deux étoiles d'or et en p. d'une gerbe du même.

Juntiboni — *Bologne.* Losangé en bande d'or et de sa.; à la bande d'or, br. sur le tout et ch. d'un boeuf de sa., passant dans le sens de la bande.

Juste — *Brabant* (*Saxe*) (Conc. d'arm., 1394.) Parti: au 1 d'or à la barre d'arg., ch. d'une branche feuillée de cinq pièces de sin., posée dans le sens de la barre; au 2 d'azur à deux bandes d'arg., ch. chacune d'une branche feuillée de cinq pièces de sin., posées dans le sens des bandes. Brl. d'or et d'azur. **C.:** un jeune homme iss., hab. d'un écartelé d'or et d'azur, cent de sin., posé entre deux prob. coupées alt. d'or et d'azur qu'il empoigne de ses mains, chaque prob. ornée dans son embouchure d'une branche feuilléede cinq pièces de sin. **L.** d'or et d'azur.

Justiniani (Ducs de) — *Esp.*, orig. d'*Italie.* Coupé: au 1 d'or à une aigle naiss. de sa., cour. du champ, mouv. du coupé; au 2 de gu. à une tour d'or. L'écu posé sur une croix de Calatrava.

Jutininge — *Valais.* De sa. au chev. de gu.; à une chaine d'or, posée en orle, br. sur le tout.

K

Kadig — *Aut.* (Conc. d'arm., 13 oct. 1576.) De sa. à une rose de gu., bout. d'or, barbée de sin., posée en chef, et la moitié inférieure d'une roue d'or, en p. **C.:** un homme barbu iss., hab. de gu., bout. d'or, ceint de sa., coiffé d'un chapeau de gu., soutenant de chacune de ses mains levées la moitié inférieure d'une roue, celle à dextre d'or et celle à sen. de sa. **L.** d'or et de sa.

Kage — *Strasbourg.* D'arg. à deux pals d'azur; à la fasce vivrée de gu., br. sur le tout. **C.:** un écran à quatorze flancs, aux armes de l'écu, orné de douze plumes de paon au nat.

Kaller (Edle **von**) — *Moravie* (An., 28 fév. 1883.) De gu. à deux épées d'arg., garnies d'or, passées en saut.; au chef d'or, ch. d'une aigle iss. de sa., bq. de gu. Cq. cour. **C.:** l'aigle iss. **L.:** à dextre d'arg. et de gu., à sen. d'or et de sa.

Kaiser — *Linz* (*Aut.*) De sa. à une couronne impériale d'or. acc. de trois écussons d'arg.

Kaiser de Trauenstern — *Aut.* (An., 13 mai 1821.) Coupé: au 1 parti: *a.* d'azur au chien braque ramp. d'arg., coll. et bouclé d'or; *b.* d'arg. à trois ruches mal-ordonnées au nat., chacune acc. en haut et aux flancs de cinq abeilles volantes au nat., les têtes dirigées vers la ruche; au 2 de gu. à un mur crén.

d'arg., occupant la moitié inférieure, et sommé d'une tour crén. d'arg., aj. de deux pièces de sa.; ledit mur percé d'une porte et soutenu d'un tertre de trois coupeaux de sin. Cq. cour. **C.:** trois pl. d'aut. d'arg. **L.** d'arg. et d'azur.

Kalb — *Strasbourg.* D'or au chev. de gu., ch. de trois fleurs-de-lis de sa. **C.:** un homme iss., hab. de sa., coiffé d'un bonnet du même, retr. d'or, portant dans son bras sen. un bâton d'or. **L.** d'or et de sa.

Kalbermatten — *Sion* (*Valais*). Parti: au 1 coupé: *a.* d'arg. à un T de sa., acc. de trois chaussetrapes d'or, 2 en flancs et 1 en p.; *b.* de sa. à un taureau ramp. d'or; au 2 d'or à la barre d'azur, ch. en haut d'une fleur-de-lis d'or, posée en bande, et en bas d'une fleur-de-lis d'or, posée dans le sens de la barre.

Kalbermatten — *Viége, Rarogne* (*Valais*). Tiercé en pairle renversé ployé: à dextre d'azur à un T d'arg.; à sen. d'or à une tour d'azur; en p. d'arg. à un taureau sautant de sa., acc. d'un trèfle de sin., posé au canton dextre de la p.

Kämpfen — *Valais.* D'azur à un écusson d'arg., sommé d'une croisette d'or et soutenu d'un tertre de trois coupeaux de sin.

Kanneglesser — *Bohème* (An., 3 mai 1724.) Coupé: au 1 parti: a. de sa. au lion au nat.; b. d'arg. à trois bandes de gu.; au 2 d'azur à trois pignates d'arg., 2 et 1, posées chacune en bande. Brl. de sa., d'or, de gu. et d'arg., et deux rubans flottants à chaque extrémité, à dextre d'or et de sa., à sen. de gu. et d'arg. **C.:** le lion au nat., iss. **L.:** dextre d'or et de sa., à sen. d'arg. et de gu.

Kanter (de) — *Holl.* D'azur au chev., acc. en chef à dextre d'une croisette pattée, à sen. d'un croiss. cont. et en p. d'une coquille, le tout d'or (*ou*, le chev. d'or et les autres meubles d'arg.) **C.:** un croiss. montant d'or.

Kapteyn — *Holl.* De gu. à deux fleurs-de-lis d'arg. en chef et un poisson nageant du même en p. **C.:** une fleur-de-lis d'arg.

Karl — *Vienne* (Chevaliers, 24 mai 1878.) Coupé d'azur sur arg.; à un griffon de l'un en l'autre, brandissant un sabre au nat. Deux cq. cour. **C.:** 1º le griffon coupé d'arg. sur azur, tenant le sabre; 2º un vol à l'antique, l'aile de derrière d'arg. et l'aile de devant d'azur.

Karstensteyn — *Amsterdam.* Parti: au 1 d'or au lion de sa.; au 2 de gu. à deux têtes de cerf au nat., l'une sur l'autre.

Kat (de) — *Dordrecht.* Coupé: au 1 d'arg. à deux monceaux carrés de pierres, celui à dextre de gu. et celui à sen. de sin., posés sur le devant d'une terrasse au nat., soutenue de la ligne du coupé; au 2 d'or à une charrue de gu., sur une terrasse de sin. **C.:** un vol coupé, à dextre d'arg. sur sin., à sen. d'or sur gu. **L.** conformes aux émaux du vol.

Kathrein d'Andersill — *Tirol* (Conc. d'arm., 10 déc. 1643.) D'azur à un griffon d'arg., soutenu d'un mont d'or et tenant entre ses pattes la moitié sen. d'une roue d'or. **C.:** le griffon, iss. **L.:** à dextre d'or et d'azur, à sen. d'arg. et d'azur. — (Chevaliers, 4 mai 1872.) D'arg. à une cascade au nat., entre deux rochers aussi au nat., mouv. des flancs; le champ chapé-ployé: à dextre de gu., ch. d'une plume à écrire d'or, posée en barre; à sen. de sa. ch. d'un griffon d'arg., langué de gu., tenant entre ses pattes la moitié sen. d'une roue d'or. Deux cq. cour. **C.:** 1º trois pl. d'aut., une d'or entre deux de gu.; l. d'or et de gu.; 2º le griffon, iss.; l. d'arg. et de sa.

Kattmann — *Bohème* (Nob. du St.-Empire, 12 avril 1610.) Coupé: au 1 parti d'arg. et de gu.; à un chevalier iss., br. sur le parti, arm. au nat., au baudrier de sin. noué sur la hanche sen., la visière levée, le casque panaché de trois pl. d'aut., de gu., d'arg. et d'or, tenant de sa main dextre une épée d'arg., garnie d'or, posée sur son épaule, la sen. appuyée sur sa hanche; au 2 de sa. chapé d'or, à trois fleurs-de-lis, 2 et 1, de l'un à l'autre. Cq. cour. **C.:** le chevalier iss., entre deux prob. coupées, à dextre d'or sur sa., à sen. de gu. sur arg., ornées chacune dans son embouchure de trois plumes de paon au nat. **L.:** à dextre d'or et de gu., à sen. d'or et de sa.

Kautt — *Bohème* (An., 28 oct. 1668.) De gu. à une chouette d'arg., cour. d'or, le vol étendu, perchée sur un chicot au nat., posé en fasce; le champ chapé-ployé de sa., à deux lions affr. d'or, cour. du même. Cq. cour. **C.:** la chouette (sans chicot.) **L.:** à dextre d'or et de sa., sen. d'arg. et de gu.

Keerbergen (van) — *Holl.* Echiq. de gu. et d'or; au chef d'or, ch. de trois fleurs-de-lis de gu.

Keerskorf — *Gueldre.* D'azur à la fasce brét. et c.-brét. d'or. **L.:** une queue de paon au nat.

Kegel — *Flandre* (Conc. d'arm., 7 mars 1549.) D'azur à trois clous d'arg., appointés en pairle, acc. de trois étoiles mal-ordonnées d'or. **C.:** un lion iss. d'azur, cour. d'or, tenant de sa patte dextre une étoile du même et de sa sen. un clou d'arg., la pointe en bas. **L.** d'or et d'azur.

Kegel — *Aut.* (Conc. d'arm., 1 juin 1544.) D'azur à trois quilles d'or, posées sur les trois coupeaux d'un tertre de sin. **C.:** un More iss., hab. de sa., au rabat d'or, bout., ceint et rebr. du même, le front bandé d'arg. aux rubans du même flottant à sen., supp. de sa main dextre une quille d'or, la sen. appuyée sur sa hanche. **L.** d'or et de sa.

Kellen (van der) — *Holl.* Un monde, surm. d'une étoile (5).

Keller — *Vienne* (Chevaliers, 12 juin 1882.) De sa. à un tertre de trois coupeaux d'or, celui du milieu escarpé et chargé jusqu'au coeur de l'écu; ledit tertre surm. de deux lions affr. d'or. Deux cq. cour. **C.:** 1º un lion iss. d'or; 2º un vol à l'antique, l'aile de derrière de sa. plein, l'aile de devant d'or, ch. d'un pal de sa., surch. d'une épée d'arg., garnie d'or.

Kellner Edle von Brünnheim — *Aut.* (An., 4 déc. 1883.) Ec.: aux 1 et 4 échiq. de gu. et d'or; au 2 de gu. à un niveau de maçon d'arg., posé entre les branches d'un compas ouvert d'or, en chev. renv.; au 3 d'arg. à la croix alésée de gu. A la bande d'azur, br. sur les écartelures et ch. de deux fleurs-de-lis d'or. Cq. cour. **C.:** trois pl. d'aut.: d'azur, d'or et de gu. **L.:** à dextre d'or et d'azur, à sen. d'arg. et de gu.

Kellner de Treuenkron — *Aut.* (Chevaliers, 8 oct. 1872.) De sa. à trois couronnes d'or; au chef de sa. même, ch. d'une aigle ép. iss. de sa. Deux cq. cour. **C.:** 1º un vol cont., l'aile de derrière d'or plein, l'aile de devant de sa. ch. d'une couronne d'or; 2º un lion iss. d'or, tenant une épée d'arg., garnie d'or.

Kemmen — *Amsterdam.* De sin. plein; au chef d'azur, soutenu d'une fasce d'arg. et ch. d'un cygne démembré du même.

Kemp (van der) — *Holl.* Coupé: au 1 de gu. à un lévrier courant d'or; au 2 de gu. à trois chev. renv. d'arg.

Keppenbach — *Alsace.* D'or à un membre d'aigle de sa., onglé de gu., la serre en bas. **C.:** le meuble de l'écu; *ou*, un membre d'aigle d'arg., onglé de gu.; *ou*, un buste d'homme barbu, hab. d'un coupé de sa. sur or, coiffé d'un bonnet parti d'arg. et de gu., environné d'un tortil d'or aux extrémités flottantes; *ou*, un buste d'homme, hab. d'or, coiffé d'un chapeau conique de gu., retr. d'arg.

Kerchove (de) — *Gand* (Rec. de nob., 22 janv. 1884.) Echiq. d'arg. et d'azur; au chef d'or, ch. d'une colombe volante d'azur, bq. de gu., tenant en son bec un rameau d'olivier de sin. Cq. cour. **C.:** une aigle iss. d'or. **L.:** d'or et d'azur. **D.:** ENDURER POUR DURER.

Kersten — *Holl.* Parti: au 1 d'or à la demi-aigle de sa., mouv. du parti; au 2 de gu. à la barre d'or.

Kertzvelden — *Strasbourg.* Coupé: au 1 d'or à une étoile de sa.; au 2 d'azur plein. **C.:** une étoile de sa., entre deux prob. coupées d'arg. et d'azur.

Kessel — *Holl.* De gu. à un navet d'arg., feuillé de sin., la queue en bas.

Kessel — *Bohème* (An., 28 déc. 1573.) D'azur au lion au nat., tenant entre ses pattes une boule d'azur. Brl. d'azur et d'or. **C.:** la boule, entre un vol, l'aile dextre taillée d'or sur azur, l'aile sen. tranchée d'azur sur or. **L.** d'or et d'azur.

Kessel — *Palatinat* (Nob. du St.-Empire, 15 mars 1777.) De sa. à la fasce, acc. de deux chaudrons à cornière, 1 en chef et 1 en p., celle en chef accostée de deux étoiles, le tout d'or. Cq. cour. **C.:** un vol à l'antique de sa., chaque aile ch. d'une fasce d'or.

Ketele — *Flandre.* D'arg. à trois chaudrons de sa., rangés en pal, celui du milieu accosté de deux étoiles de gu.

Keulen (van), Buys van Keulen et **Hulst van Keulen** — *Amsterdam.* Coupé: au 1 de sa. à une couronne à cinq fleurons d'or; au 2 de sa. à un tonneau d'or, posé en barre. **C.:** un vol de gu. **L.** d'or et de gu.

Keun — *Holl.* D'arg. à une cigogne au nat., sur une terrasse de sin.

Keyser — *Schiedam.* D'arg. à un empereur, posé de front, cour. d'une couronne impériale, vêtu en habit de cérémonie, revêtu d'un manteau doublé d'herm., tenant de sa main dextre un sceptre et supp. de sa sen. un monde, le tout au nat.

Keyzer (de) — *Holl.* Une fasce, acc. de trois couronnes impériales. **C.:** une couronne impériale.

Khössler de Khösslern — *Aut.*, orig. d'*Esthone* (Nob. de *Hongrie*, 30 mars 1706; chevaliers d'*Aut.* et du St.-Empire, 26 avril 1712.) Ec.: aux 1 et 4 d'or à l'aigle de sa., cour. du champ, celle du 1 cont.; au 2 de gu. à un rocher de trois coupeaux d'arg., mouv. du bas, le coupeau du milieu sommé d'une couronne d'or, de laquelle s'élèvent deux pl. d'aut., d'azur et d'arg.; au 3 de gu. à un rocher de trois coupeaux d'arg., mouv. du bas, le coupeau du milieu soutenant un lion ramp. et cont. d'or, cour. du même, tenant entre ses pattes un morceau de rocher d'arg. Sur le tout d'azur à trois marmites sans pieds ni cornières d'arg., 1 et 2. Cq. cour. **C.:** un lion iss. d'or. cour. du même, tenant entre ses pattes un morceau de rocher d'arg.; le lion accosté de deux pl. d'aut., d'azur et d'arg. **L.:** à dextre d'or et de sa., à sen. d'arg. et de gu.

Kiel (van) — *Province d'Anvers.* Coupé: au 1 d'arg. à une quille de navire d'or. (la charpente d'un navire), posée en fasce; au 2 de sa. à deux chicots d'or, passés en saut. **C.:** un lion iss. d'arg., tenant de ses pattes sur l'épaule dextre les chicots en saut.

Kielsdonck (van) — *P. d'Anvers.* De sa. au lion d'or.

Kimyzer — *Holl.* Trois ceps de vigne, 2 et 1.

King-Tenison comte de **Kingston** — *Irl.* (Baronet, 27 sept. 1682; baron *Kingston de Rockingham*, 13 juillet 1764; vicomte *Kingsborough*, 15 nov. 1766; comte de *Kingston*, 25 août 1768; baron *Erris*, 29 déc. 1800; vicomte *Lorton*, 28 mai 1806 ; titres dans la pairie d'*Irl.*) Éc.: aux 1 et 4 de gu. à la fasce engr. d'or, ch. de trois croix recr. au pied fiché de sa. et acc. de deux têtes de léopard du sec., 1 en chef et 1 en p., percées chacune d'une fleur-de-lis d'azur en pal (*Tenison*); aux 2 et 3 de gu. à deux lions affr. d'arg., tenant entre leurs pattes une main dextre appaumée du même, en pal (*King*.) Deux cq., le 2 cour. **C.:** 1º une tête de léopard d'or percée d'une fleur-de-lis d'azur en pal, et br. sur une croix recr. au pied fiché de sa., en bande, et une crosse épiscopale du même, en barre, passées en saut. (*Tenison*); 2º une main de carn., en pal, les troisième et quatrième doigts recourbés. **S.:** deux lions coupés d'arg. sur gu., cour. de gu. **D.:** SPES TUTISSIMA COELIS.

Kirchen (zur) — *Valais.* De gu. à un édifice en forme de pignon, flanqué de deux tours sommées de coupoles, le tout d'arg., ouv. et aj. de sa., mouv. de la base de l'écu ; au chef d'azur à la croix d'or.

Kister — *Lorr.* (Baron de l'Empire, 29 juin 1808 ; conf. dudit titre, 21 juin 1817.) Éc.: au 1 d'or au chev. d'azur, acc. de trois étoiles du même ; au 2 de gu. à une épée d'arg., garnie d'or; au 3 de gu. à un faisceau des licteurs d'arg., la hache tournée à sen.; au 4 d'or au lion d'azur, tenant un drapeau du même.

Kiszling — *Vienne.* (Chevaliers, 5 juillet 1883.) D'or à la fasce d'azur, ch. d'une étoile du champ, et acc. en chef d'un lion naiss. de sa., mouv. de la fasce, brandissant de sa patte dextre une épée d'arg., garnie d'or, et supp. de sa sen. un caillou d'arg.; la fasce acc. en p. d'une aigle ép. d'azur. Deux cq. cour. **C.:** 1º le lion iss., cont.; **l.** d'or et de sa.; 2º un vol à l'antique, l'aile de derrière d'or plein, l'aile de devant d'azur ch. d'une étoile d'or ; **l.** d'or et d'azur.

Klad — *Amsterdam, Utrecht.* D'arg. à trois flèches d'arg., 2 et 1, les pointes en bas, acc. en chef d'une étoile d'or.

Klamberg — *Holl.* Un lion naiss., mouv. de la mer en p. et tenant de sa patte dextre une couronne à l'antique.

Klapwyk (van) — *Delft.* D'arg. à trois croiss. de sa.

Kleber — *Nuremberg.* De gu. à un poisson nageant d'arg., supp. de son dos une tige de trois feuilles de tilleul mal-ordonnées de sin.

*Klein — *Lorr.* (Comte de l'Empire, 18 mai 1808.) De gu. à un senestrochère arm., mouv. du flanc, tenant une épée en pal, le tout d'arg.; au pal d'or, br. sur le tout ch. de trois chev. de sa. — (Comte-pair, 31 août 1817.) Mêmes armes, sauf que le pal est d'arg. **D.:** HONOR ET PATRIA.

Kleinpenning — *Holl.* D'azur à trois bes. d'arg., marqués d'une empreinte.

Klemmen — *Holl.* Une grappe de raisins, acc. de deux croiss. **C.:** la grappe de raisins.

*Klenze — *Bav.* (An., 27 mai 1833.) Coupé: au 1 d'arg. à une boule d'or, sommée d'une croix de sa., et deux crampons du même, passés en saut. et br. sur la croix; au 2 d'azur à un pélican avec quatre petits, au nat. dans son aire. **C.:** une étoile d'or, entre un vol d'arg., chaque aile ch. des meubles du 1.

Klesseu — *Tangermunde* (*Prusse*.) De gu. à trois étoiles d'or, 2 et 1, et en p. un croiss. figuré du même ; l'écu bordé aussi d'or. **C.:** trois pl. d'aut. de gu. **L.** de gu. et d'azur.

Klette d'Utenheim — *Strasbourg.* De sa. à la bande d'or. **C.:** une tête de vieillard aux cheveux gris flottants en guise de lambrequins, cour. d'or, ladite tête mordant dans le bourlet du casque, de sorte que la mâchoire inférieure n'est pas visible.

Kleyn — *la Haye.* Une ancre, surm. d'un compas, ouv. en chev. **C.:** le compas.

Klinkenberg — *Utrecht.* D'or au lion de gu. arm. et lamp. d'azur, acc. en chef d'un lambel à trois pendants d'azur. **C.:** un vol.

Klock — *Harlem.* Une cloche d'azur.

Klocke — *Westphalie.* D'azur à trois cloches d'or, 2 et 1. **C.:** les trois cloches, 2 et 1, entre deux prob. d'azur.

Klopper — *Harlem.* De gu. à trois maillets d'or.

Kluppel — *Holl.* D'azur à trois massues d'or, 2 et 1, les têtes en bas. **C.:** une massue d'or, la tête en haut, entre un vol d'arg. **S.:** deux lions au nat. **D.:** SEMPER TENAX.

Klusen (zen) — *Valais.* De gu. à un monde d'or, cintré d'azur, sans croix.

Knaeps — *Brab.* D'arg. au chev. de gu., acc. en chef de deux bustes d'enfant, hab. de gu., le visage de carn., coiffés de chapeaux ronds d'or, et en p. d'un trèfle d'azur.

Kneusel-Herdliczka — *Aut.* (Chevaliers, 25 fév. 1883.) D'or à la bande d'azur, ch. de trois ancres avec leurs gumènes d'or, posées dans le sens de la bande ; celle-ci acc. en chef d'une tourterelle volante au nat. et en p. d'une tour de gu., ouv. du champ, posée sur un rocher au nat. s'élevant d'une mer. Deux cq. cour. **C.:** 1º une ancre d'or, en pal, entre deux prob. coupées d'arg. sur gu.; 2º trois pl. d'aut., une d'or entre deux d'azur. **L.** d'or et d'azur. **D.:** POST NUBILA PHOEBUS.

Kniphorst — *P. de Drenthe.* D'arg. à une barque au nat., voguant vers sen., portant un mât avec une voile carrée à dextre et une voile triangulaire à sen., et sur la poupe un petit pavillon, flottant à sen.

Knips — *Holl.* D'azur à une canette d'or, posée sur une terrasse de sin. et tenant en son bec une anguille d'or, posée en barre, la tête en bas.

Knoblauch — *Thun* (*Suisse*.) De gu. à une tête au nat. voguant vers sen. (?) — (?)

Knoblauch — *Thun* (*Suisse*.) De gu. à une tête au nat. ... d'ail d'arg., feuillée de sin., soutenue d'un tertre de trois coupeaux du même. Brl. de gu. et d'arg. **C.:** un lion iss. d'or, tenant dans ses pattes la tête d'ail de l'écu. **L.** d'arg. et de sa.

Knobloch — *Strasbourg.* De sa. à un phéon d'or, posé en bande. **C.:** deux prob. de sa.

Knobloch — *Berne.* D'or à une tête d'ail d'arg., feuillée de sin., soutenue d'un tertre de trois coupeaux du même. **C.:** les meubles de l'écu. **L.** d'or et de sa.

Knoerzer — *Wurt.* (An., 3 juillet 1884.) Parti : au 1 d'or à un corbeau de sa., soutenu d'un tronc d'arbre au nat.; au 2 d'azur à trois étoiles (5) d'arg., 1 à dextre et 2 à sen., l'une sur l'autre. Cq. cour. **C.:** un cheval iss. de sa., entre deux prob. d'or. **L.** d'or et de sa.

Knol — *Delft.* D'or à une étoile d'or, acc. de trois navets feuillés d'arg., les queues en bas.

Koch — *P de Vaud*, orig. de *Bade*. D'or à la barre ondée de pourpre.

Koch — *Suède* (An., nov. 1803.) D'azur à la bande d'arg., ch. d'une croisette de ..., et acc. en chef de trois roses d'arg. et en p. de deux croiss. affr. de ... **C.:** une colombe tenant en son bec un rameau d'olivier; entre un vol.

Kocq — *Delft.* D'or à un coq de gu.

Kocx — *Delft.* D'azur à trois oiseaux d'arg.

Koechlin — *Mulhouse.* D'or à une grappe de raisin de pourpre, pamprée de sin., le fruit pendant et br. sur une serpette au nat., posée en fasce. Brl. d'or et d'azur. **C.:** la grappe de raisin de l'écu. **L.** d'or et d'azur.

Koenig (de) — *Saxe, France.* D'azur à une couronne d'or. **C.:** deux prob. d'arg.

*Koetsveld (van) ou Hermans van Koetsveld — *Amsterdam.* D'or à la fasce de gu., ch. de cinq los. d'or, acc. de trois los. d'azur.

Kœlin de Königshofen — *Strasbourg.* D'azur à deux fasces d'arg., ch. de cinq fleurs de gu., 3 et 2.

Kohle — *Zittau* (*Saxe*) (Conf. d'arm., 28 fév. 1594.) Coupé : au 1 d'azur à un chamois naiss. au nat., mouv. du coupé ; au 2 de gu. plein. Brl. de gu. et d'arg. **C.:** le chamois iss. **L.** d'arg. et de gu.

Kok — *Holl.* D'arg. à trois coqs de sa., crêtés et barbés de gu.

Kolb von Frankenheld — *Aut.* (An., 11 oct. 1813.) D'or au lion d'azur. Cq. cour. **C.:** trois épis d'or.

Kolderup-Rosenvinge — *Dan.* (An., 9 juillet 1811.) Coupé : au 1 de *Rosenvinge* (un pal d'arg.; au 2 de sin. à une couronne d'épines de roses au nat.). À la fasce d'or, br. sur le coupé.

Kolhaes — *Bohème* (Nob. du St.-Empire, 20 déc. 1647.) Parti : au 1 coupé: *a.* d'or à un chevalier, arm. de toutes pièces, les jambes écartées, le casque panaché de trois pl. d'aut., d'arg., tenant de sa main dextre un pistolet en pal, la sen. appuyée sur la hanche ; *b.* d'azur à une fleur-de-lis d'or; au 2 d'azur à la bande d'arg., ch. d'un lévrier de sa., courant dans le sens de la bande; celle-ci acc. de deux cors-de-chasse de gu., liés et vir. d'arg. Cq. cour. **C.:** un faucon au nat., le vol levé, entre quatre feuilles de chou de sin. **L.:** à dextre d'or et d'azur, à sen. d'azur et d'or.

Kolk (van der) — *Amsterdam.* De sin. à trois épis d'or, rangés en fasce, posés sur un tertre d'or.

König — *Hagenau, Strasbourg.* Tranché-vivré d'or sur sa. **C.:** un buste d'homme, hab. aux armes de l'écu, cour. d'or.

König — *Strasbourg.* D'azur à la fasce ondée d'arg.,

acc. en chef de deux étoiles d'or et en p. d'une couronne du même. **C.:** un jeune homme iss., hab. d'azur au rabat d'or, supp. de chaque main une étoile d'or.

König Edle von Festenwall — *Aut.* (An., 25 août 1883.) Parti: au 1 d'or à la demi-aigle de sa., mouv. du parti; au 2 d'azur à la fasce d'or, ch. d'une étoile d'azur et acc. de deux fleurs-de-lis d'or, 1 en chef et 1 en p. Cq. cour. **C.:** un lion iss. d'or, tenant une épée d'arg., garnie d'or. **L.:** à dextre d'or et de sa., à sen. d'or et d'azur.

Koocker (de) — *Amsterdam.* Parti: au 1 d'or à la demi-aigle de sa., mouv. du parti; au 2 d'or à trois carquois de sa., liés de rubans de gu. et remplis de flèches empennées d'or, les carquois posés chacun en barre et rangés en pal.

Koolhaas — *Holl.* Coupé: au 1 d'or à un lièvre accroupi au nat., adextré d'un chou rouge, le tout soutenu d'une terrasse de sin.; au 2 d'arg. à trois étoiles de gu. Brl. de sin. et d'or. **C.:** un lièvre iss. au nat. **L.** d'or et de sin.

Koopers — *Delft.* D'azur à une Fortune tenant de ses deux mains un voile au-dessus de sa tête et posé sur un dauphin nageant sur une mer, le tout d'arg.

Koppler d'Inngau — *Aut.* (Chevaliers, 22 mai 1883.) Coupé, de sa. au lion naiss. d'or, tenant de ses pattes un faisceau de licteurs au nat., lié de gu., sur gu. à trois fleurs-de-lis d'arg., 2 et 1; à la fasce ondée d'arg., br. sur le coupé. Deux cq. cour. **C.:** 1° un lion iss. et cont. d'or; l. d'or et de sa.; 2° un vol à l'antique de gu., l'aile de devant ch. d'une roue d'or, l'aile de derrière d'arg. plein; l. d'arg. et de gu.

Kopriva (Edle von) — *Bohème* (An., 24 avril 1879.) Coupé: au 1 d'arg. à une tête et col de cerf au nat.; au 2 d'azur à deux épées d'arg., garnies d'or, passées en saut. Cq. cour. **C.:** trois pl. d'aut., une d'arg. entre deux d'azur. **L.** d'arg. et d'azur.

Kopriwa von Reichsberg und Nestelthal — *Aut.* (Nob. d'*Aut.* du St.-Empire, 10 mars 1653.) Ec.: aux 1 et 4 d'arg. à la bande de gu., ch. d'une masse d'armes de fer, posée dans le sens de la bande; aux 2 et 3 d'azur à un agneau ramp. d'arg., tenant entre ses dents une petite tige feuillée de sin. Sur le tout un écusson de gu., cour. d'or et ch. d'un pairle renv. d'arg. Cq. cour. **C.:** l'agneau, iss. **L..:** à dextre d'arg. et de gu., à sen. d'azur et d'argent.

Koprziva de Nesselfeld — *Bohème* (Nob. autrichienne, 12 janv. 1759.) Ec.: aux 1 et 4 d'arg. à la demi-aigle de sa., mouv. du parti; aux 2 et 3 de gu. à un senestrochère arm., tenant une épée, le tout au nat. Cq. cour. **C.:** une plante d'ortie de sin., entre un vol coupé, à dextre d'arg. sur sa., à sen. de gu. sur arg. **L.** conformes aux émaux du vol.

Korda (Edle von) — *Transylvanie* (An., 12 oct. 1869.) Parti: au 1 de gu. à un bâton d'Esculape d'or, le serpent de sin.; au 2 d'azur à une tente d'arg., liée de cordons de gu., ouverte sur le devant de sa., posée sur une terrasse de sin. et sommée d'une bannière coupée d'arg. sur gu., flottant vers sen. Cq. cour. **C.:** trois pl. d'aut.: de gu., d'arg. et d'azur. **L.:** à dextre d'arg. et de gu., à sen. d'azur et d'azur.

Kosjek — *Aut.* (Chevaliers, 15 avril 1870; barons, 10 janv. 1880.) D'azur à la bande d'arg., acc. en chef de trois étoiles d'or, 2 et 1, et en p. d'un croiss. figuré cont. d'arg. Trois cq. cour. **C.:** 1° un vol cont. d'or; l. d'or et d'azur; 2° une queue de paon au nat.; l. d'arg. et d'azur; 3° un lion iss. d'or; l. d'or et d'azur.

Kössler — *Aut.* (Conc. d'arm., 22 août 1567.) Coupé d'azur sur gu.; au griffon d'arg., br. sur le coupé, tenant de sa patte dextre une grappe de raisins au nat. et acc. en p. à dextre d'un chaudron sans carnière d'or, rempli de grappes de raisins au nat. **C.:** le griffon, iss. **L.:** à dextre d'arg. et d'azur, à sen. d'arg. et de gu.

Kössler — *Aut.* (Conc. d'arm., 2 sept. 1577.) Coupé d'or sur sa., au cheval cabré de l'autre, soutenu d'un rocher de trois coupeaux d'or en p. **C.:** un cheval iss. de sa., entre deux prob. coupées d'or et de sa.

Kowách de Hort et de Rigylcza — *Hongrie* (An., 26 mars 1613.) D'azur à la champagne d'or; à la fasce d'azur, br. sur la division et ch. de trois têtes de Turc coupees au nat., dégouttantes de sang.; le gu. ch. d'un chevalier iss., arm. de toutes pièces, mouv. de la fasce, brandissant de sa main dextre une épée, la sen. appuyée sur sa hanche. **C.:** le chevalier iss. **L.:** à dextre d'or et d'azur.

Kraeyvanger — *Delft, Indes néerlandaises.* D'or à une flèche de gu., posée en pal.

Krag-Juel-Wind-Arenfeldt (Barons) — *Dan.* Coupé: au 1 tiercé en pal: *a.* de gu. à deux ancres d'arg., passées en saut. dans une couronne d'or; *b.* parti de gu. et d'arg., à deux clés de l'un en l'autre; *c.* coupé d'un parti d'arg. et de gu., sur azur plein; au 2 parti: *a.* comme au 1c.; *b.* comme au 1a. Sur le tout coupé: au 1 parti: *a.* d'or à une tête et col de cheval cont. de sa., bridée d'arg.; *b.* d'azur à trois fasces ondées d'arg., acc. en chef d'une étoile d'or; au 2 d'arg. à trois oiseaux de sa. **S.:** deux chevaux de sa.

Krag-Juel-Wind-Frils (Comtes) — *Dan.* Ec.: aux 1 et 4 d'azur à deux clés d'or, passées en saut. dans une couronne du même: aux 2 et 3 de gu. au lion d'or, cour. du même. Sur le tout un écusson cour., éc.: *a.* et *d.* d'or à une fasce d'azur, soutenant un écureuil de gu.; *b.* d'azur à trois fasces ondées d'arg., acc. en chef d'une étoile d'or; *c.* d'arg. à trois oiseaux de sa. Sur le tout du tout d'or à une tête et col de cheval de sa., bridée d'arg. Trois cq. cour. **C.:** 1° un écureuil de gu., soutenu d'une fasce d'azur, entre deux prob. coupées alt. de gu. et d'azur; 2° un cheval de sa., bridé d'arg., iss. d'un gabion d'or; l. d'or et de sa.; 3° deux bras de carn., hab. jusqu'aux coudes d'azur, les mains tenant ensemble une étoile d'or; l. d'arg. et d'azur. **S.:** deux chevaux de sa.

Kramer — *Nuremberg.* D'azur à un arbre d'or, terrassé du même.

Kratochwile de Löwenfeld — *Bohème, Moravie, Silésie* (Chevaliers en *Bohème*, 19 oct. 1764.) D'or à la fasce échiq. d'azur et d'arg., au lion de gu., br. sur le tout. Deux cq. cour. **C.:** 1° trois roses de gu., tigées et feuillées de sin.; entre deux prob. coupées d'arg. sur azur; l. d'or et de gu.; 2° un vol à l'antique, l'aile de devant de gu. et l'aile de derrière d'or; l. d'arg. et d'azur.

Krauchthal — *Berne.* D'arg. à la bande de gu., acc. de deux roses du même.

Krebser — *Strasbourg.* Coupé: au 1 d'azur à une rose d'arg., bout. d'or; au 2 d'or plein. **C.:** un huchet de gu., vir. d'or, br. sur une rose d'arg., bout. de gu., tigée et feuillée de sin. **L.** d'or et d'azur. — *Ou:* Coupé: au 1 d'azur à une rose d'arg., bout. d'or; au 2 d'or plein. **C.:** un buste d'homme, hab. de sa., ch. sur la poitrine à dextre d'une croix de Lorraine de gu., coiffé d'un chapeau de sa., retr. de gu. **L.** d'arg. et de sa. — *Ou:* Coupé: au 1 d'arg. à une rose d'azur, bout. d'or; au 2 d'or plein Cq. cour. **C.:** la rose de l'écu. **L.** d'arg. et d'azur.

Kreig — *Valais.* D'azur à une colombe d'arg., le vol levé, posée sur un tertre de trois coupeaux de sin., et acc. en chef d'une fleur-de-lis d'arg., accostée de deux étoiles (5) du même.

Krieger — *Pays-Bas.* D'azur à un cheval de .... caparaçonné et bridé de ..., monté par un chevalier arm. de toutes pièces.

Krieger — *Dan.* (An. 14 fév. 1797.) Coupé: au 1 parti: *a.* d'azur à un pélican pass. au nat., tenant de sa patte dextre un boulet de fer; *b.* d'arg. à trois rivières en bandes d'azur; au 2 de sin. à une massue et une épée au nat., passées en saut., acc. de trois boulets de fer, 1 en chef et 2 en flancs. **C.:** un trident, accosté de drapeaux danois.

Krolauft — *Zittau* (*Saxe.*) Tranché d'arg. sur gu.; à la bande d'or. br. sur le tranché et ch. de trois membres d'aigle d'or, coupés de gu., posés chacun en barre, la serre en bas. **C.:** un lion iss. d'or. **L.:** à dextre d'arg. et de sa., à sen. d'or et de gu.

Kromme (de) — *Delft.* D'azur à un cor-de-chasse d'arg., lié et vir. de gu., l'embouchure à dextre, acc. en chef de deux trèfles d'or, et en p. de trois étoiles du même. 2 et 1.

Kronauge Edle **von Kronwald** — *Galicie* (An., 24 août 1796; chevaliers, 14 mai 1818.) — Ec.: aux 1 et 4 d'or à l'aigle de sa. languée de gu.; aux 2 et 3 d'azur à une couronne d'or; l'azur chapé-ployé d'arg., à deux molettes (6) de gu. Cq. cour. **C.:** une molette (6) d'or, gu., entre un vol coupé alt. de gu. et d'arg.

Kros — *Holl.* D'or à trois crémaillères de sa. **C.:** une crémaillère de sa.

Krulmel — *Amsterdam.* D'arg. au lion de gu., tenant de sa patte sen. un flambeau allumé du même.

Kruyck — *Delft.* D'azur à une pignate d'arg.

Kruyk — *Schiedam.* D'azur à une cruche sans anse d'or, acc. en p. de deux feuilles de nénuphar renv. de sin., celle à dextre posée en bande et celle à sen. en bande.

Kruysse — *Zél.* D'arg. à la croix de Jérusalem d'or. **C.:** une croisette, entre un vol.

Kruysse (van der) — *Holl.* Une croix, cant. de quatre étoiles (5). **C.:** une étoile (5), entre un vol.

Küchel de Küchelsberg — *Alsace.* Ec. : aux 1 et 4 d'arg. à une roue de charrue de gu. *(Küchel)*; aux 2 et 3 d'arg. à la croix d'azur, acc. au 1 d'une étoile de gu. *(Schenk d'Oberehnheim).* **C.:** une tête et col de chien braque d'arg , languée de gu., coll. du même. **L.:** à dextre d'arg. et d'azur, à sen. d'or et de gu.

Kuïthan ou **Kuythan** — *Westphalie.* D'arg. à un senestrochère, paré de gu., iss. d'une nuee d'azur mouv. du flanc, la main de carn. tenant une coupe couverte d'or. **C.:** un pélican avec ses petits dans son aire.

Kuntschen — *Valais.* Ec.: aux 1 et 4 d'azur à un monde d'or, cintré et croisé de sa.; aux 2 et 3 de gu. à une étoile (5) d'or, le raï inférieur à dextre terminé en flamme du même.

Kuonen — *Valais.* D'azur à une croix de Lorraine de gu., posée sur un tertre de trois coupeaux de sin., accostée de deux étoiles (6) d'or et surmontée d'une étoile pareille.

Kurnagel — *Strasbourg.* D'or à un tertre de trois coupeaux de sin., supp. une coupe de gu.

Kurtzbek ou **Kurtzböck** (Edle von) — *Vienne* (Nob. d'*Aut.*, 22 nov. 1776.) D'azur au griffon d'or, la tête retournée, tenant dans ses pattes un collier de chainons d'or, auquel est suspendue une médaille du même; au chef d'or, ch. de trois étoiles d'azur. Cq. cour. **C.:** un panache de trois pl. d'aut. de sa , entouré d'une couronne de chêne d'or. **L.** d'or et d'azur. — (Chevaliers d'*Aut.* et du St.-Empire, 18 avril 1786.)

Mêmes armes, augmentées d'un 2e cq. cour.; cimier: un demi-vol coupé d'or sur azur, l'or ch. d'une étoile d'arg., et l'azur d'une médaille d'or. **L.** des deux cq., d'or et d'azur.

Kuse — *Strasbourg. Armes anc.:* D'azur à deux pals de sa.; à la bande de gu., br. sur le tout et ch. de trois fleurs-de-lis d'arg. Cq. cour. **C.:** une fleur-de-lis d'arg. **L.** d'arg. et de gu. — *Armes mod.:* D'or à la bande de gu., ch. de trois fleurs-de-lis d'arg. **C.:** un demi-vol, aux armes de l'écu. **L.** d'arg. et de gu.

Küttolsheim — *Alsace.* D'arg. au griffon de gu., bq. et m. d'or. **C.:** la tête du griffon. — *Ou:* De gu. au griffon d'arg., bq. et m. d'or. **C.:** le griffon, iss. — *Ou:* De sin. à la fasce d'arg., acc. en chef d'une étoile du même. **C.:** deux prob., de sin. et d'arg. — *Ou :* Coupé: au 1 de gu. fretté d'arg.; au 2 d'or plein. **C.:** un buste d'homme, hab. aux armes de l'écu, coiffé d'un bonnet conique de sa., retr. d'arg., sommé d'un panache de plumes de coq de sa. **L.** d'arg. et de gu.

Kuyzer (de) — *Zél.* De gu. à la fasce d'arg., acc. de trois coquilles du même.

L

Laar (van de) — *Holl.* Ec.: aux 1 et 4 d'arg. à trois lions de ...; aux 2 et 3 de gu. à trois étoiles d'arg.

Labbé — *Lorr., Flandre* (An., 16 fév. 1609 ; comtes de *Morvilliers*, 21 sept. 1725; comtes de *Coussy*,15 août 1736; marquis de *Casteau*, comtes de *Bellefourrière*, 1751.) Ec.: au 1 échiq. d'or et de gu. de cinq tires *(du Quesnoy)*; au 2 de sa. à trois tours d'arg., ouv. et aj. du champ, maçonnées de gu. *(la Vaulx)*; au 3 de sa. semé de fleurs-de-lis d'or *(Bellefourrière)*; au 4 d'or à une bande ondée de gu. et une bord. cannelée du même *(Coudenhove).* Sur le tout de gu. à deux bourdons de pèlerin d'or, passés en saut. *(Labbé).* **C.:** un lion iss.

Labory — *Grenoble.* Coupé: au 1 d'arg. à un coeur de gu.; au 2 d'azur au lion naiss. d'or.

Laboulie (de) — *Ile-de-Fr.* D'azur à deux chev. d'or, acc. de trois étoiles d'arg., 2 en chef et 1 en p.

Labourmène (Comte) — *Paris, Norm.* Ec.: aux 1 et 4 d'arg. à trois têtes de More, tort. du champ; aux 2 et 3 de sin. à trois fasces alésées d'or. **D.:** BIEN FAIRE, LAISSER DIRE.

Labruzzi — *Rome.* Parti: au 1 d'azur à trois tours accostées d'or, celle du milieu plus élevée; au 2 de gu. à une colonne d'arg., la base et le chapiteau d'or, cour. du même. **D.:** FIDELIS ET UNA.

Laburthe — *Gasc.* Ec.: aux 1 et 4 de gu. à une tour d'arg.; aux 2 et 3 d'or à un loup courant de sa. Sur le tout d'azur à un dauphin d'or, cour. du même.

Lach — *Holl.* D'azur à un soleil de seize rayons ondoyants d'or.

Lacretelle — *Lorr.* (An., 3 août 1822.) Parti: au 1 d'azur à une palme d'or (en forme des broderies du costume officiel des membres de l'Institut); au 2 d'arg. à un buron de sa., posé en bande, la tête à sen.

Laderchi (Comtes) — *Ferrare.* D'or au chev. renv. de sa., bordé d'arg.

Laegh (de) — *Holl.* D'arg. à trois roses de sa., bout. d'or, barbées de sa.

Laere (van) — *P. d'Anvers.* De gu. à trois casques d'arg.

Lafarge (de) — *France.* D'azur à trois étoiles d'or, 2 et 1, en croiss. d'arg. en p.

Laffi — *Bologne.* D'arg. et de gu., au pal écartelé de gu. et d'arg., br. sur lettel écartelé; en chef deux fleurs-de-lis br. à dextre et à sen. les bords du pal, de l'un en l'autre; ledit pal ch. en bas d'une fleur-de-lis de l'un en l'autre ; à la fasce d'arg., br. sur le tout et ch. de deux los. et deux demies aboutées de gu.

Laffon de Ladébat — *France, Louisiane.* D'azur à une fontaine d'arg., jaillissante du même, accostée vers le chef de deux ancres aussi d'arg. et surmontée d'un soleil d'or. **S.:** à dextre un lion, à sen. une aigle.

Laffoy — *Tournaisis.* Parti d'or et de sa.

Laffitte de Lajoannenque — *Gasc.* Parti : au 1 d'azur à une montagne de six coupeaux d'arg.,surm. d'un croiss. du même *(Lafitte);* au 2 d'azur à une tour d'or *(Montagut).*

Lagger — *Valais.* D'azur au chev. d'or, acc. de trois étoiles (5) du même, celle en p. surmontant un tertre de trois coupeaux de sin.

Laghi — *Bologne.* Coupé d'azur sur une mer au nat., l'azur ch. d'une étoile (5) d'or ; à la fasce d'arg., br. sur le coupe.

Lajani — *Bologne.* D'arg. au griffon de gu.; au chef du même.

Lalatta (Marquis) — *Parme.* D'arg. à trois bandes d'azur; au chef d'or, ch. de trois boules de sa.

Lalle-Varrages (de) — *Dauphiné.* D'arg. à une marmite de sa.; au chef d'azur, ch. d'une étoile d'or.

Lalou — *P. de Namur.* De gu. au lion d'or.

Lama — *Bologne.* De gu. à un senestrochère, arm. d'arg., mouv. du flanc, la main de carn. tenant un poignard d'arg., garni d'or, en pal; au chef d'or, ch. d'une aigle de sa., cour d'or.

Lambardi (Comtes) — *Arezzo.* D'arg. à l'aigle de gu., chargée de trois fasces d'or et cour. du même; au chef d'azur, ch. de trois fleurs-de-lis d'or, rangées entre les quatre pendants d'un lambel de gu.

Lambardi — *Bologne.* D'arg. à une mer au nat. en p., surm. d'une étoile (5) d'or.

Lambert — *Dauphiné.* D'arg. à une branche de rosier de sin., posée en barre, fleurie de trois pièces de gu.; au chef d'azur, ch. de trois étoiles d'or.

Lambertacci — *Bologne.* D'or à l'aigle de sa. l'aigle de sa., br. sur le tout.

Lamberti — *Bologne.* D'azur à un chat ramp d'arg., la tête posée de front, tenant de ses pattes un compas d'or, ouv. etc. renv.; au chef d'azur, ch. de trois fleurs-de-lis d'or, rangées entre les quatre pendants d'un lambel de gu.

Lambertini — *Bologne.* D'arg. à un chat ramp. d'or, la tête posée de front; au chef de gu.

Lambertini — *Bologne.* D'azur au lion d'or, acc. en chef d'une croisette pattée d'arg., accostée de deux étoiles (5) d'or.

Lambertini — *Bologne.* Coupé de gu. sur azur; à un chat ramp. d'or, br. sur le coupé, la tête posée de front.

Lambien — *Valais.* De gu. à un agneau d'arg., pass. sur un tertre de trois pics de sin., mouv. de la p., et acc. en chef de deux étoiles (6) d'or.

Lambruck — *Amsterdam.* D'azur à un arbre sec d'or.

Lameri — *Bologne.* D'or à deux ours brunâtres, ramp. et affr.

Lamet — *P. de Liége.* Ec., d'arg. au lion de sa., et d'arg. semé de fleurs-de-lis de gu.; à la croix de gu., br. sur l'écartelé. Sur le tout d'arg. à un gland d'or à la coque de sin., tigée et feuillée de deux pièces du même, la tige en haut. **C.:** un lion iss. de sa., lamp. de gu., cour. d'or.

Laminne (de) — *Liége* (Rec. de nob. et du titre de chevalier, 11 mai 1883.) Coupé, d'or à trois roses rangées de gu., sur arg. à trois glands rangés d'or, tigés et feuillés de sin.; à la fasce ondée de sin., br. sur le coupé. Deux cq. cour. **C.:** 1° une rose de gu.; 2° un gland de l'écu.

Lamme — *Zél., Flandre.* D'azur au chev. d'arg., acc. de trois agneaux pass. du même.

Lamon — *Valais.* De gu. à un chev. sommé d'une croisette et acc. de trois étoiles (6), le tout d'or, l'étoile en p. surmontant un tertre de trois coupeaux de sin.

Lamsing — *Holl.* D'arg. à la bande d'azur.

Lamsveerde — *Amsterdam.* D'arg. à la bande d'azur, acc. de deux têtes de lion de gu.

Lana — *Bologne.* Ec. de gu. et d'azur, à quatre roses de l'un à l'autre.

Lana — *Bologne.* D'or à la bande, acc. en chef d'un B et en p. d'un L, le tout de gu.; au chef d'azur, ch. de trois fleurs-de-lis d'or, rangées entre les quatre pendants d'un lambel de gu.

Lana (dalla) — *Bologne.* Ec. de gu. et de sin., à quatre roses de l'un à l'autre; au pal d'arg., br. sur l'écartelé et ch. de six ballots d'or, l'un sur l'autre, liés chacun d'une corde en croix de sa.; et au chef d'azur, ch. de trois fleurs-de-lis d'or, rangées entre les quatre pendants d'un lambel de gu.

Lanci — *Bologne.* De gu. à un boeuf ramp. d'arg., tenant de ses pattes une lance de tournoi d'or en pal et appuyant son pied dextre sur l'arrêt de la lance; au chef d'azur, ch. de trois fleurs-de-lis d'or, rangées entre les quatre pendants d'un lambel de gu.

Landa — *Bologne.* Ec. en saut., d'azur à une étoile (5) de gu., et de gu. à une étoile (5) d'azur; au saut. d'or, br. sur l'écartelé en sautoir.

Landarini — *Bologne.* Coupé: au 1 d'or à un homme iss., posé de profil, mouv. du coupé, hab. de sa., les yeux bandés d'arg., les deux bras avancés, mouv. de sa main sen. une fleur-de-lis d'arg.; au 2 de sin. à la fasce de gu. Au chef de l'écu d'azur, ch. de trois fleurs-de-lis d'or, rangées entre les quatre pendants d'un lambel de gu.

Landeschi — *Bologne.* De gu. au chev. renv. de sin., bordé d'azur.

Landi — *Bologne.* D'azur à la bande d'or, ch. de trois aigles de sa., posées dans le sens de la bande, et acc. au point du chef d'une étoile (5) d'or et en p. de trois arbres de sin., rangés sur une terrasse du même, l'arbre du milieu plus élevé.

Landi — *Bologne.* D'azur à un mont de six coupeaux d'arg., sommé de deux branches de lis tigées et feuillées de sin., fleuries chacune de trois pièces malordonnées d'arg.; le tout acc. en chef d'une comète d'or.

Landi — *Bologne.* De gu. au chev. d'azur, ch. de trois roses d'arg.; au chef d'azur, ch. de trois fleurs-de-lis d'or, rangées entre les quatre pendants d'un lambel de gu.

Landini — *Bologne.* D'or à un mont de trois coupeaux d'arg., mouv. de la p., sommé d'un arbre de sin.; au chef d'azur, ch. de trois fleurs-de-lis d'or, rangées entre les quatre pendants d'un lambel de gu.

Landry — *Ile-de-Fr.* D'arg. au lion de sa.; au chef d'azur, ch. de deux étoiles d'or.

Landucci — *Bologne.* D'azur au chev. d'or, acc. en chef d'une étoile (5) d'or et en p. d'un mont de trois coupeaux de sin., mouv. de la p. et surm. d'une étoile (5) d'or entre les branches du chev.

Lanfranchi — *Bologne.* Parti de sa. et d'arg.; à une petite étoile (5) de l'un en l'autre; au chef d'azur, br. sur le parti et ch. de trois fleurs-de-lis d'or, rangées entre les quatre pendants d'un lambel de gu.

Lang — *Valais.* D'azur à un fer de flèche d'arg. en pal, percé en forme de quartefeuille et soutenu d'une terrasse au nat.; ledit fer accosté de deux étoiles (6) d'arg.

Lange (de) — *Delft.* De gu. au chev. d'or, ch. de deux étoiles de sa. et acc. de trois glands effeuillés du sec., les queues en bas; au chef d'or, ch. d'une aigle iss. de sa.

Lange (de) — *Holl. sept.* D'arg. à un griffon ramp. de couleur brunâtre. **C.:** un vol.

Lange (de), v. **ten Houten de Lange**.

Langelerie — *Art.* D'azur au saut. d'or, cant. de quatre bill. du même.

Langenhagen — *Holl.* Ec.: aux 1 et 4 d'arg. au chev. de gu., acc. de trois étoiles du même; aux 2 et 3 d'or au lion de sa.

Langenhove (van) — *Flandre orientale.* D'azur à la fasce brét. et c.-brét., acc. en chef de deux couronnes à trois fleurons et en p. d'une étoile, le tout d'or. **C.:** une étoile d'or.

Langlois — *Tour.* Ec.: aux 1 et 4 d'or à une fleur-de-lis d'azur; aux 2 et 3 d'azur à une rose d'or [Armes du pape *Urban IV.*]

Langlois — *Bologne.* Ec.: aux 1 et 4 d'azur à trois bourdons de sin., arm., lamp. et cour. de gu.; aux 2 et 3 d'azur à trois lis d'or mouv. d'un coeur du même, et au chef d'arg. ch. de trois étoiles de gu.

Lannoy du Petit-Cambrai — *Fl. fr.* Ec.: aux 1 et 4 d'arg. à trois lions de sin., arm., lamp. et cour. de gu.; aux 2 et 3 d'azur à une étoile (6) d'or en chef et une montagne de deux coupeaux de sin. en p.

Lauza — *Naples* (Princes de *Trabia*.) D'or au lion de sa., cour. du même; à la bord. comp. d'or et de gu.

Lanze (dalle) — *Bologne.* D'azur à une fleur-de-lis d'or; au chef du même, ch. d'une aigle de sa., cour. d'or.

Lanzi — *Bologne.* D'azur à un guidon flottant à dextre, attaché à une lance de tournoi, le tout d'arg.

Lanzirotti — *Sicile.* Parti: au 1 de gu. à cinq casques des joûtes d'arg., 2 et 2, les deux du chef et les deux de la p. affr.; au 2 d'arg. à cinq lances de tournoi de gu., posées en fasces, l'une sur l'autre, chaque lance brisée sur le milieu. Au chef d'arg., br. sur le parti et ch. d'une aigle de sa., cour. d'or. L'écu posé sur l'estomac d'une aigle de sa., cour. d'or.

Lanzoni — *Bologne.* D'azur à un senestrochère, arm. d'org., mouv. du flanc, la main de carn. tenant une lance de tournoi en pal; au chef du premier, ch. de trois fleurs-de-lis d'or, rangées entre les quatre pendants d'un lambel de gu.

Lapi — *Bologne.* D'azur au chev. de gu., acc. de trois étoiles (5) d'or; au chef du premier, ch. de trois fleurs-de-lis d'or, rangées entre les quatre pendants d'un lambel de gu.

Lappi — *Bologne.* D'or à trois fasces ondées de sin.; au chef du premier, ch. de deux feuilles de vigne de sin. opposées, les tiges à dextre et à sen.

Lardenoy — *Liége.* Coupé: au 1 parti : *a.* de gu. à un marteau d'or, cour. du même, *b.* d'arg. à un arbre terrassé de sin.; au 2 d'arg. au léopard lionné de gu. **C.:** un lion iss. de sa.

Lardner — *Etats-Unis.* De gu. à la fasce de sa., ch. d'une rivière d'arg. et acc. de trois têtes de loup du même. **D.:** MEDIOCRIA FIRMA.

Laren (van) — *Holl.* D'or à l'aigle de sa., ch. d'un écusson de gu., surch. d'un lion d'arg.

Larguier de la Garde — *Lang.* Les armes de **Larguier des Bancels**.

Lasson — *Dan.* (An., 27 avril 1863. M. ét. le 18 avril 1864.) Ec.: aux 1 et 4 d'azur à deux grues au nat., tenant chacune sa vigilance; aux 2 et 3 d'azur à une force au nat. Sur le tout de gu. à une tête de Janus de carn. Deux cq., chaque casque portant au col un médaillon d'or empreint d'une tête de Janus. **C.:** 1° et 2° une grue avec sa vigilance, tenant en bec une couronne d'or.

Lateur — *Gand.* Tranché de sa. sur arg.; le sa. ch. d'un demi-sautoir vidé d'or; au chef d'arg., ch. de trois flanchis de sa. **D.:** NEC ULCISCOR NEC OBLIVISCOR.

Latfeur — *Flandre.* D'azur à la bande d'or, acc. de deux étoiles d'arg.

*****Latterer de Lintenburg** — *Aut.* (An., 13 juin 1816; chevaliers, 21 août 1851.) Parti: au 1 d'azur à un senestrochère, arm. au nat., tenant un cimeterre d'arg.; au 2 de gu. au lion au nat. A une pointe entée d'or, s'élevant jusqu'au coeur de l'écu et ch. d'une tour au nat. sur une terrasse du même, acc. de trois têtes de Turc au nat., coiffées de turbans d'arg. à fond de gu.; 1 en chef et 2 en flancs. Deux cq. cour. **C.:** 1° trois lis de jardin, tigés et feuillés de sin.; l. d'or et d'azur; 2° un lion iss. de gu.

Laubegeois — *Douai.* D'azur à la fasce d'arg., acc. en chef d'une fleur-de-lis accostée de deux étoiles d'or et en p. d'une rencontre de boeuf, le tout d'or. **D.:** DE L'AUBE JOY LE COQ CHANTERA.

Laubenheimer — *Hesse.* D'azur à une branche de chêne feuillée de cinq pièces d'or, 1, 2 et 2, accostée de deux tours d'arg., ouv. et aj. de sa., soutenues d'une terrasse de sin. **C.:** la branche de chêne. **L.** d'arg. et d'azur.

Lauerer (Edle von), v. **Cziharz** Edle **von Lauerer**.

Laurenti — *Bologne*. D'or à un arbre de sin., accosté de deux lévriers affr. au nat., ramp. contre le fût, le tout soutenu d'une terrasse du sec.

Laurentius — *Harlem*. D'or à trois rameaux de laurier de sin., plantés dans une terrasse du même.

Laurenzi — *Bologne*. Tranché, d'arg. plein, sur un palé de gu. et de sa. de six pièces.

Laurière (Marquis) — *Guyenne*. De gu. à trois tours d'arg., maçonnées de sa., 2 et 1, acc. en chef d'un lion léopardé d'or.

Lauverdy — *Ile-de-Fr*. D'azur au chev. d'or, percé de deux flèches d'arg., en saut.; au chef de gu., ch. d'une aigle d'or, fixant un soleil du même, posé au canton dextre.

Lavaggi (Marquis) — *Rome*. D'azur à un pin arr. de sin., fruité d'or, senestré d'un lion ramp. de gu. et acc. en chef de trois étoiles rangées d'or.

Lavalee (de) — *Hesse*, orig. de *Bourg*. (Chevaliers du St.-Empire, 3 nov. 1709.) D'azur à la fasce d'arg., acc. en chef d'un lambel de trois pendants losangé d'arg. et de sa., et en p. d'une rose d'arg., bout. d'or. Brl. d'azur et d'arg. **C.:** un vol d'azur, chaque aile ch. d'une fasce d'arg. **L.** d'arg. et d'azur.

Lavernot — *Ponthieu*. D'azur à deux fasces d'arg., acc. de deux croiss. du même, 1 en chef et 1 en p. — (An., 14 mai 1607.) Les armes de *Paschal* qui sont d'or à la bande d'azur, ch. d'une fleur-de-lis du champ.

Lavilléon (Barons) — *Lyon*. Parti: au 1 d'arg. à un pin de sin.; au 2 d'azur au lion d'arg. **D.:** MOULT ME TARDE.

Lawes de Rothamsted — *Hertfordshire*(Baronet, 19 mai 1882.) D'or flanqué en rond d'azur; au chef nébulé du sec., ch. de trois étoiles rayonnantes du premier. **C.:** une hermine au nat., passant sur un tronc d'arbre au nat., poussant une branche à l'extrémité dextre, le tout soutenu d'une terrasse de sin. **D.:** POUR LA FOI.

Lawrence — *New-York*. D'arg. à la croix écotée de gu. **C.:** une queue de poisson d'arg. **D.:** QUAERO INVENIO.

Lazara (Comtes) — *Padoue*. Ec.: au 1 d'or à l'aigle ép. de sa., bq., m. et cour. d'or; au 2 d'azur à trois fleurs-de-lis d'or, 2 et 1; au 3 de gu. à une tour sommée de trois tourelles d'or; au 4 d'azur à cinq boules d'or, 2, 2 et 1, acc. en chef d'un tourteau aussi d'azur ch. de trois fleurs-de-lis d'or, 2 et 1. Sur le tout de *Lazara* qui est parti d'or et d'azur, à deux demi-vols abaissés et adossés de l'un à l'autre.

Lazari — *Bologne*. De gu. à un chicot d'or, posé en fasce, poussant en haut trois touffes de trois feuilles chacune de sin.; au chef chargé de trois fleurs-de-lis d'or, rangées entre les quatre pendants d'un lambel de gu.

Lazari — *Milan*. D'or à trois tours de gu.

Lazarini — *Bologne*. D'azur à une tour d'or, ouv. et al. de sa.; au chef du premier, ch. de trois fleurs-de-lis d'or, rangées entre les quatre pendants d'un lambel de gu.

Lazzari — *Bologne*. D'arg. à un lévrier au nat., coll. de gu., poursuivant un lièvre au nat. sur une terrasse de sin., penchée de dextre à sen.; au chef de gu., ch. de trois fleurs-de-lis d'or, rangées entre les quatre pendants d'un lambel de gu.

Leazari — *Bologne*. De gu. à six boules d'arg.; au chef du même.

Lechleitner — *Pays-Bas*. D'or à un bouc de sa., langué de gu.

*Leembruggen — *Holl*. D'arg. à un homme, hab. d'azur, coiffé d'un chapeau de sa., tenant une épée haute, monté sur un cheval au nat., pass. sur un pont de gu. de deux arches, maçonné de sa., s'élevant d'une rivière. **C.:** un bras arm., brandissant une épée. **L.** d'arg. et de gu.

Leest — *Brab*. Parti: au 1 d'arg. à l'aigle de gu.; au 2 d'azur à une quartefeuille d'arg., acc. de trois fleurs-de-lis du même.

Leete — *Boston*. D'arg. à la fasce de gu., acc. de trois paquets d'allumettes de sa., allumées au nat. **C.:** trois tridents en pal d'arg.

Leeuwen (van) — *Delft*. D'or au lion de gu., tenant de sa patte dextre un plomb de maçon (poids de plomb attaché à une ficelle) et colleté d'un lambel d'azur, dans lequel la queue est passée; le tout cantonné de quatre coeurs d'azur, les pointes dirigées vers les cantons de l'écu; à la bord. engr. de gu.

Leewe — *Amsterdam*. D'arg. à un lion pass. au nat.

Lefebvre d'Ivry — *Perche*. D'azur au chev. d'arg.

Legipont — *P. de Liége*. D'arg. à deux lions affr., accostant une croix treflée et acc. de deux croisettes, 1 en chef et 1 en p., le tout de gu. **C.:** un lion iss.

---

de gu., supp. de sa patte dextre une croisette du même.

Legnani — *Bologne*. Coupé: au 1 de gu. au lion léopardé d'or; au 2 d'arg. à un arbuste arr. de gu. Au chef de l'écu d'or, ch. d'une aigle de sa., cour. d'or.

Legro, v. **Crahay dit Legro**.

Legros de Laqueusne — *Bourbonnais*. D'azur semé de fleurs-de-lis d'or; au lion d'arg., br. sur le tout. **S.:** deux lions reg.

Lehner — *Valais*. De sa. à un monde d'or, cintré d'arg., sommé d'un fer de flèche d'or, le fût croisé d'une traverse du même.

Leibrecht — *Nuremberg*. Coupé: au 1 d'or à une tête de More, tort. d'arg.; au 2 de sa. à deux bâtons fleurdelisés d'arg., mouv. en forme de chev. renv. d'un tertre de trois coupeaux d'or.

Leiterberg — *Alsace*. D'arg. à deux échelles de gu., passées en saut. **C.:** une corne de buffle de sa., ornée de plumes d'arg.

Lejéas (Comtes) — *Bourg*. De gu. au chev. d'or, acc. en chef de deux étoiles du même.

Lellèvre de Staumont (Chevaliers) — *P. de Namur*. Ec.: aux 1 et 4 d'azur au chev. d'arg.; au chef d'or, ch. d'une aigle iss. de sa.; aux 2 et 3 d'azur au chev. d'or, acc. de trois étoiles du même. Cq. cour. **C.:** l'aigle iss. **S.:** à dextre un lévrier reg., à sen. un lion reg.

Lelli — *Bologne*. Tranché-denché d'azur sur or, l'azur ch. d'une fleur-de-lis du sec.

Lemercier — *Ile-de-Fr*. D'arg. au chev. d'azur, acc. en chef de deux corbeaux de sa. et en p. d'une hure de sanglier du même.

Lemmi — *Bologne*. D'azur à trois colonnes d'arg., rangées sur une terrasse de sin., celle du milieu supérieure et surm. d'une étoile (5) d'or.

Lemoine — *Ververs*. Parti d'un trait, coupé de deux autres, qui font six quartiers: aux 1, 4 et 5 d'arg. à une rose de gu., bout. d'or, barbée de sin.; aux 2, 3 et 6 d'or à une merlette de sa. **C.:** une rose de l'écu, tigée et feuillée de sin.

Lempereur — *Montélimart*. D'azur à une gerbe d'or, surm. à dextre de trois croiss. d'arg. et à sin. d'une croix potencée du même, qui est surmontée d'une étoile d'or.

Lemsen — *Anvers*. Parti: au 1 d'azur à trois têtes de bouc d'or; au 2 d'azur à une branche de sin.

Lémy — *Belg., Paris*. D'azur à un senestrochère, vêtu de bure, tenant une houlette au nat. en barre, acc. en chef de deux étoiles d'arg. et en p. d'une montagne de sin. **C.:** un bras tenant la houlette en fasce; entre un vol d'arg.

Lengen — *Valais*. D'azur à un coeur de gu., br. sur une flèche d'or sans fer, posée en bande.

Lenglé — *Pic*. D'or à l'aigle de sa.; au chef d'azur, ch. d'une croix étoilée (6) d'or.

Lenox — *Etats-Unis*. Ec.: aux 1 et 4 d'arg. au saut. denché de gu., cant. de quatre roses du même; aux 2 et 3 de gu. à trois poissons d'or, un anneau passé dans leur bouche. **D.:** AUCTOR PRETIOSA FACIT.

Lennep (van) — *Harlem*. D'azur. à la fasce de sin., supp. un lion léopardé d'or. Brl. de gu. et d'or **C.:** un lion ramp. d'or. **L.** d'or et d'azur.

Lenshoek — *Zél*. D'or à une roue de six rayons de gu. **C.:** la roue, entre un vol d'arg.

Lenz baron de Lenzenfeld — *Aut*. (An., 22 déc. 1738; baron de *Lenzenfeld* et du St.-Empire, 8 mars 1782.) Ec.: au 1 d'azur à un agneau pascal de couleur blanche, cont. et pass. sur une terrasse de sin., tenant une pique d'or, houppée de gu., appuyée sur son épaule; au 2 d'arg. à la bande de gu., ch. de trois annelets d'or; au 3 de gu. à une tour d'arg., ouv. et aj. de sa., posée sur un tertre de trois coupeaux d'arg.; au 4 d'azur au chev. d'or, acc. de trois étoiles du même; et un pal d'or, br. sur la division des 3e et 4e quartiers ch. d'un tronc d'arbre arr. au nat. Sur le tout d'or à l'aigle ép. de sa. Deux cq. cour. **C.:** 1° quatre pl. d'aut.: d'arg., de gu., d'or et d'azur; l. d'arg. et de gu.; 2° les meubles du 3, entre deux banderoles de gu.; l. d'arg. et de gu. **S.:** deux béliers reg. au nat., accornés d'or.

Lenzel ou **Lenzelin** — *Strasbourg*. Parti d'or et de sa.; à la bande de gu., br. sur le tout **C.:** une tête et col de lion d'or; ou, un écran aux armes de l'écu, soutenu d'un cousin de sin., houppé du même.

Lenzi — *Bologne*. D'azur à un rencontre de buffle d'or.

Lenzi — *Bologne*. Fascé d'azur et d'arg. de six pièces; au chef du premier, ch. de trois fleurs-de-lis d'arg., rangées entre les quatre pendants d'un lambel de gu.

Leo (de) — *Aut.* Ec.: aux 1 et 4 d'or à une rose de gu., bout. d'or, barbée de sin.; aux 2 et 3 d'or à trois fasces de gu. Brl. de gu., d'or, de sa. et d'or, terminé de chaque côté en deux rubans flottants, à dextre d'or et de sa., à sen. d'or et de gu. **C.:** un vol à l'antique de sa. **L.:** à dextre d'or et de gu., à sen. d'or et de sa.

Leo (de) von und zu Löwenberg, Neudorff und Raunach — *Aut.* (Changement d'armoiries, 27 nov. 1635.) Ec.: aux 1 et 4 coupé d'arg. sur gu., au lion de l'un en l'autre, cour. d'or, soutenu d'un tertre de trois coupeaux de sin. et tenant entre ses pattes une rose de gu., bout. d'or, barbée de sin.; le lion du 1 cont.; aux 2 et 3 d'or à trois fasces de gu. Deux cq., le 2 cour. à l'ordinaire. le 2 sommé d'une couronne à l'antique d'or soutenue d'un bourlet de gu., d'or, de sa., d'or et de gu., terminé à dextre en deux rubans flottants, l'un de gu. doublé d'or et l'autre de sa. doublé d'or. **C.:** 1° un vol cont. de sa.; **l.** d'or et de sa.; 2° le lion du 4, iss., entre deux prob. coupées alt. de gu. et d'arg.; **l.** d'arg. et de gu.

Leo (de) von und zu Leweuberg — *Aut.* (Changement d'armoiries, 1 mars 1639.) Ec.: aux 1 et 4 parti: *a.* d'or à trois fasces de gu.; *b.* d'or à une rose de gu., bout. d'or, barbée de sin.; aux 2 et 3 coupé d'arg. sur gu., au lion de l'un en l'autre, cour. d'or, soutenu d'un tertre de trois coupeaux de sin.; le lion du 3 cont. Deux cq., le 2 cour à l'ordinaire, le 1 sommé d'une couronne à l'antique d'or soutenue d'un bourlet d'or, de sa., d'or, de gu. et d'or, terminé à dextre en deux rubans flottants, l'un de gu. doublé d'or et l'autre de sa. doublé d'or. **C.:** 1° un vol cont. de sa., chaque aile ch. d'une fasce d'or, surch. d'une rose de gu., bout. d'or, barbée de sin.; **l.** d'or et de sa.; 2° le lion ramp. du 2, entre deux prob. coupées d'arg. sur gu., ornees chacune dans son embouchure de trois plumes de paon au nat.; **l.** d'arg. et de gu.

Leo (de) baron **von und zu Lewenberg,** seigneur **zu Neudorff und Raunach** — *Aut.* (Baron du St.-Empire, 26 fév. 1647.) Ec.: au 1 parti: *a.* d'or à une rose de gu., bout. d'or, barbée de sin.; *b.* d'or à trois fasces de gu.; au 2 de gu. au lion échiq. d'or et de sa., cour. d'or; au 3 coupé d'arg. sur gu., au lion cont. de l'un en l'autre, cour. d'or, soutenu d'un tertre de trois coupeaux de sin.; au 4 parti: *a.* d'or à une rose de gu., bout. d'or, barbée de sin. Sur le tout d'azur un phénix au nat., cour. d'or, s'élevant de flammes au nat., mouvantes du canton sen. de la p., les ailes du phénix abaissees; et trois rayons de soleil d'or, en bandes, mouv. du canton dextre du chef. Trois cq., celui du milieu d'or, et sommé d'une couronne à l'antique du même, les 1 et 3 cour. à l'ordinaire, la couronne du 1er cq. soutenu d'un bourlet de sa., d'or de gu., d'or et de sa., terminé à dextre en deux rubans flottants, l'un de gu. doublé d'or et l'autre de sa. doublé d'or. **C.:** 1° un vol cont. de sa., chaque aile ch. d'une fasce d'or, surch. d'une rose de gu., bout. d'or, barbée de sin.; **l.** d'or et d'azur; 2° un phénix au nat., cour. d'or, les ailes abaissees, iss. de flammes au nat.; **l.** d'or et d'azur; 3° un écran pentagone aux armes du 2, bordé d'or, chaque angle orné d'une boule d'or sommée d'une plume de paon au nat.; **l.** d'or et de sa.

Leo (de) comte **von und zu Lewenberg,** baron **zu Neudorff und Raunach,** seigneur **zu Mauspurg und Gallenberg** — *Aut.* (Comtes d'Aut. et du St.-Empire, 22 sept. 1706.) Ec.: au 1 parti: *a.* d'or à trois fasces de gu.; *b.* d'or à une rose de gu., bout. d'or, barbée de sin.; au 2 de gu. à la fasce d'arg., ch. d'un lion léopardé écourueté d'or et de sa., cour. d'or; au 3 taillé de gu. sur arg., au lion de l'un en l'autre, cour. d'or, soutenu d'un tertre de trois coupeaux de sin.; au 4 parti: *a.* d'or à une rose de gu., bout. d'or, barbée de sin.; *b.* d'or à trois fasces de gu. Trois cq., les 1 et 3 cour., le 2 d'or et sommé d'une couronne à l'antique du même soutenue d'un bourlet de sa. et d'or, terminé de chaque côté en deux rubans flottants, à dextre d'or et de sa., à sen. d'or et de gu. **C.:** 1° un écran hexagone aux armes du 2, bordé d'or, chaque angle orne d'une boule d'or sommée d'une plume de paon au nat.; **l.** d'or et de gu.; 2° un vol de sa., chaque aile ch. d'une fasce d'or surch. d'une rose de gu., bout. d'or, barbée de sin.; **l.** d'or et de sa.; 3° le lion taillé du 3, entre deux prob. coupées alt. d'arg. et de gu., ornees chacune dans son embouchure de trois plumes de paon au nat.; **l.** d'arg. et de gu.

Leonardi — *Bologne.* Ec. d'arg. et d'azur, le premier quartier ch. du mot LEO de gu. et le quatrième quartier ch. du mot NARDI du même.

Leonelli — *Bologne.* D'azur au lion, supp. de sa

patte sen. une étoile (5), le pied sen. soutenu d'une autre étoile (5), le tout d'or; au chef du premier, ch. de trois fleurs-de-lis d'or, rangées entre les quatre pendants d'un lambel de gu.

Leoni — *Bologne.* Coupé: au 1 de gu. au lion naiss. d'or, mouv. du coupé et tenant une épée d'arg.; au 2 d'azur à trois épées d'arg., les pointes en bas, appointées en p. de l'écu. Au chef de l'écu d'azur, ch. de trois fleurs-de-lis d'or, rangées entre les quatre pendants d'un lambel de gu.

Leoni — *Bologne.* D'azur au lion d'or, tenant entre ses pattes un cross. cont. d'arg. (ou, le cross. posé au canton dextre du chef.)

Leonori — *Bologne.* De sa. à une jumelle d'or, acc. en chef d'un lion léopardé du même, pass. sur la jumelle; au chef d'or, ch. d'une aigle de sa., cour. d'or.

Leonori — *Bologne.* De gu. à deux épées d'arg., garnies d'or, passées en saut., les pointes en bas; au chef d'azur, ch. de trois étoiles (5) d'or.

Leopardi — *Recanati* (Comtes, 8 mai 1726.) D'arg. au lion de gu.; au chef d'azur, ch. de trois fleurs-de-lis d'or, rangées entre les quatre pendants d'un lambel de gu. [A cette fam. appartenait le philosophe et poète *Giacomo L.*]

Leplisier — *France.* D'or à un tonneau de sa.

Lepre (Marquis) — *Rome.* D'azur à un lièvre au nat., courant sur une terrasse de sin., surm. d'une aigle de sa., cour. d'or.

Lercara — *Gènes.* Fascé d'or et de gu.

Lercara — *Gènes.* D'arg. à trois fasces d'azur.

Lerche de Lerchenborg — *Dan.* (Comtes féodaux, 26 mai 1818.) Ec.: aux 1 et 4 les armes de *Levetzow;* aux 2 et 3 les armes de *Krogh.* Sur le tout de *Lerche;* le surtout couronné. Trois cq. cour. **C.:** 1° celui de *Lerche;* 2° celui de *Levetzow,* 3° celui de *Krogh.* **S.:** deux lévriers reg. au nat., coll. d'or.

Lerdo de Tejada — *Mexique.* Tiercé en pal: de sin., d'arg. et de gu. **C.:** une aigle ess., tenant dans ses serres un serpent dont elle mord la tête.

Lergien — *Valais.* D'or à trois roses de gu., tigées du même, iss. d'un calice d'arg., accosté en flancs de deux étoiles du même.

Lermet — *Holl.* D'arg. au chev. de gu., acc. en chef de deux fleurs tigées et feuillées au nat. et en p. d'un lion d'azur.

Lers de Jouy — *Dauphiné.* Ec.: aux 1 et 4 d'azur au saut. d'or, au cross. du même en chef, et de trois roses d'arg., 2 en flancs et 1 en p.; aux 2 et 3 d'or à la croix de gu.

Leschevin de Prévoisin — *Pic.* D'arg. au chev. d'azur, acc. en chef d'un cross. accosté de deux étoiles, et en p. d'un lion, le tout de gu.

Lescot — *Paris.* D'azur au chev. d'arg., acc. en chef de deux soleils d'or et en p. d'un arbre du sec.

Lessau — *Ponthieu.* De gu. au saut. d'arg., cant. de quatre limaçons du même [V. **Alesso.**]

*Lesseps (Comte — *Paris, Bayonne.* D'arg. à un cep de vigne de sin., fruité de deux grappes de raisin de sa., le pied accosté de deux champignons de sin., le tout soutenu d'une terrasse du même et acc. d'un soleil rayonnant de gu., mouv. du canton sen. du chef. **T.:** à dextre un sauvage, armé de sa massue; à sen. un lion en barroque.

Lessopier — *Ponthieu.* D'arg. au chev. de gu., acc. de trois molettes du même.

Lestrade — *Périgord.* D'or à la fasce d'azur, ch. de trois étoiles d'arg. et acc. de trois mouch. d'herm.

Letti (dai) — *Bologne.* Coupé d'or sur gu., à deux chats pass. de l'un à l'autre, les têtes posées de front, 1 en chef et 1 en p., le chat en p. cont.; au chef de l'écu d'azur, ch. de trois fleurs-de-lis d'or, rangées entre les quatre pendants d'un lambel de gu.

Lettin — *Gueldre.* Coupé: au 1 d'or à deux paires de morailles de sa., accostées; au 2 d'azur à trois roses d'arg.

Leuzzi — *Bologne.* D'azur à deux saumons en pals accostés d'arg.

Levere — *Bologne.* Parti: au 1 d'or à quatre pals de gu.; au 2 d'azur à un lièvre courant au nat. sur une terrasse de sin. acc. en chef d'une couronne à l'antique d'or.

Leverett — *Boston.* D'arg. au chev. de sa., acc. de trois lévriers courants du même.

Lezrani — *Rome.* D'azur à la barre de gu., bordée d'or, ch. de deux colombes affr. d'arg., le vol ouv.; la barre acc. en chef d'un cross. et en p. d'un lis d'or.

Lhoneux — *Liége, Namur.* D'arg. à deux lions affr. de sa., lamp. et cour. de gu.

Libbi — *Bologne.* D'azur à un arbre terrassé de sin., le fût adextré d'un oiseau cont. d'arg., volant vers la cime ; au chef d'or, ch. d'une aigle de sa., cour. d'or.

Libri — *Auv.* D'arg. à trois livres de gu., avec leurs fermoirs et clous d'or.

Libri — *Bologne.* D'or à la bande d'azur.

Libri — *Bologne.* Coupé : au 1 d'a gu. au lion léopardé d'arg.; au 2 d'azur à un livre fermé d'arg., posé en barre, rouge sur tranche. Au chef de l'écu d'azur, ch. de trois fleurs-de-lis d'or, rangées entre les quatre pendants d'un lambel de gu.

Licata — *Palerme.* De gu. au lion, acc. en chef d'une comète accostée de deux étoiles, le tout d'or.

Licùdi — *Venise, Iles Ioniennes, Russie.* D'azur à une colonne d'arg., soutenue d'une terrasse de sin. et surm. d'un besant d'arg.; ladite colonne senestrée d'un lion ramp. au nat., lamp. de gu. — *Ou :* D'arg. à un chène terrassé de sin., sommé d'une femme iss. de carn., mouv. du feuillage ; le chène senestré d'un loup ramp. au nat., langué de gu.

Liddes — *Valais.* Ec.: aux 1 et 4 de gu. à la croix treflée d'arg.; aux 2 et 3 bandé de sa. et d'arg.

Lieftingh — *Delft.* D'or à la fasce de sa., acc. de trois aigles du même.

Liège de Joncières — *P. de Valois.* D'arg. à la fasce d'azur, ch. de trois roses du champ et soutenant un chev. de gu.

Liégeard — *Bourg.* Parti : au 1 d'arg. à trois chev. de gu.; au 2 d'azur à une tour d'arg., ouv. et aj. du champ, maçonnée de sa.

Ligapaseri — *Bologne.* D'azur à un triangle vidé d'or.

Lighteveld — *Holl.* De sa. à deux croiss. montants d'arg., l'un sur l'autre ; au chef d'herm.

Lill (van) — *Holl.* D'un épi feuillé, et deux cuillers, passés en saut., br. sur l'épi. **C.:** un épi feuillé, entre un vol.

Lilly — *Brunswick.* Ec.: aux 1 et 4 d'azur à une fleur-de-lis d'or ; aux 2 et 3 d'or à un L de gu. **S.:** deux lions, au nat.

Limbeck — *Bohème* (Chevaliers, 23 mars 1881.) Les armes de *Limbeck*, en *Bohème*, an. le 12 sept.1831, chevaliers 14 janv. 1837, sauf le 1er des deux cimiers, où les faisceaux des licteurs sont remplacés par deux épées au nat., passées en saut.

Limosin (de) — *Flandre.* D'azur au lion d'or, acc. de trois étoiles d'arg.

Limosin d'Alheim — *Brab., Luxemb., Russie, France* (Barons du St.-Empire, 1540 ; conf. dudit titre, 1760.) De sin. à la fasce d'or, bordée de sa. et ch. d'un lion léopardé de gu.; la fasce acc. en chef de trois bes. rangés d'arg. et en p. d'un autre bes. du même et d'une molette d'or. **C.:** un lion iss. de gu. **D.:** FORTES CREANTUR FORTIBUS.

Linde (van) — *Holl.* D'arg. à une étoile de gu.; au chef du même, ch. de trois roses d'arg.

Linde-Friedenreich — *Dan.* Parti : au 1 les armes de *Linde* qui sont coupé: *a.* d'arg. à un tilleul de sin., mouv. du coupé ; *b.* de gu. à un tilleul d'arg., les ailes levées ; au 2 les armes de *Friedenreich* qui sont éc.: *a. et d.* d'azur à l'aigle de sa.; *b. et c.* d'azur à la fasce d'or, ch. de trois pals de gu.; et sur le tout de ces quartiers de gu. au lion d'or, ramp. contre une colonne d'arg. Deux cq. cour. **C.:** 1° le dragon du 1b., iss.; 2° un lion d'or, ramp. contre une colonne d'arg. **S.:** à dextre un lion d'or, lamp. de gu.; à sen. une aigle de sa., bq. et m. d'or, le vol cont.

Linden (van der) — *Delft.* D'arg. à un tilleul terrassé de sin.

Lindenaer ou **Lindener** — *Holl.* D'arg. à une branche de tilleul feuillée de trois pièces de sin.

Linderman — *New-York,* orig. d'*Allem.* Parti : au 1 de pourpre à un tilleul d'arg.; au 2 de gu. au lion d'or, acc. en chef de deux aigles d'arg. **C.:** le tilleul

Lindholm — *Dan.* (An., 12 mai 1808.) Coupé : au 1 d'or à un lion naiss. au nat. lamp. de gu., mouv. du coupé ; au 2 d'azur plein. **C.:** le lion iss.

Lindri — *Bologne.* De gu. à la bande d'arg., ch. de trois feuilles de tilleul de sin., posées dans le sens de la bande, les tiges en bas.

Lingen baron **Lingen** — *Herefordshire* (Baron *L.,* 3 juillet 1885.) Fascé d'or et d'azur ; à la bande de gu., br. sur le tout et ch. de trois roses d'arg. Cq. cour. **C.:** une gerbe de sin. **S.:** deux dogues au nat., coll. et enchaînés d'or, ch. chacun sur son épaule d'une rose d'arg. **D.:** DOMINUS PROVIDEBIT.

Lingueglia (Comtes **della**) — *Gênes.* D'arg. à trois bandes de gu. **D.:** COELO ET ARMIS. L'écu posé sur l'estomac d'une aigle de sa.

Linguerri — *Bologne.* De gu. à un bœuf d'arg.,

pass. sur une terrasse de sin. ; au chef d'azur, ch. de trois fleurs-de-lis d'or, rangées entre les quatre pendants d'un lambel de gu.

Lini — *Bologne.* Ec.: aux 1 et 4 d'azur au chev. renv. d'or, ch. de trois rencontres de buffle de sa., bouctés du même ; aux 2 et 3 d'azur à une main jurante de carn., appaumée, posée en pal, mouv. d'un listel d'arg. en fasce, ch. des mots : CON TUTTO | IL CUORE, en lettres de sa.

Lintiage — *Delft.* D'or à une tête et col de cheval de gu.

Lintschoten (van) — *Holl.* D'arg. au saut. échancré de gu.

Lion — *Bruxelles.* D'azur au lion d'or, arm. et lamp. de gu.

Liot de Nortbécourt — *Art.* D'arg. à trois quintefeuilles de gu.

Lippari — *Bologne.* D'azur au lion de gu., acc. de six étoiles (5) du même, 3 en chef, 3 rangées en pal au bas dextre, et 1 au canton sen. de la p.

Lippi — *Bologne.* Parti de sin. et de gu.; à la bande d'or, br. sur le tout et ch. de cinq tourt. de sa.

Liquorier de la Baume (Marquis) — *France.* De gu. à un senestrochère, arm. et ailé d'arg., tenant en pal un rameau de laurier brisé au nat.

Lironi — *Bologne.* D'azur à une violoncelle, posée en barre, l'archet br. en pal, et trois étoiles (5) rangées en chef, le tout d'or.

Lisle-Fresne — *France.* De gu., au chef d'arg.

Lister — *Middlesex* (Baronet, 26 déc. 1883.) D'herm. à la fasce cannelée de sa., ch. de trois étoiles (6) d'arg. et acc. en chef d'un bâton d'Esculape en pal, la tête du serpent à dextre, le tout au nat. **C.:** trois étoiles (6) accostées d'arg., rangées sur le bourlet, devant une tête et col de cerf au nat. **D.:** MALO MORI QUAM FOEDARI.

***Littrow** — *Vienne* (An., 13 juillet 1835.) Parti de gu. et d'arg.; à une fleur-de-lis de l'un en l'autre. Cq. cour. **C.:** une fleur-de-lis partie de gu. et d'arg. — (Chevaliers, 18 janv. 1861.) Mêmes armes. Deux cq. cour. **C.:** 1° une fleur-de-lis partie de gu. et d'arg.; 2° trois pl. d'aut., une d'arg. entre deux de gu.

Liuth (van) — *Bologne.* à la fasce d'azur, acc. de sept bill. couchées du même, 4 en chef et 3 en p.

Livingston — *Etats-Unis.* Ec.: aux 1 et 4 d'arg. à trois tulipes de gu., encloses dans un double trêcheur fleur. de sin.; au 2 c.-éc.: *a.* et *d.* de gu. au chev. d'arg., ch. sur la cime d'une croisette de gu. et trois branches de deux lions affr. du même ; *b.* et *c.* d'azur à trois canettes d'or ; au 3 de sa. à la bande d'or, ch. de six bill. du même, rangées en orle. **C.:** un sauvage iss., tenant d'une main une massue et de l'autre un serpent. **D.:** SI JE PUIS.

Liviodi — *Valais.* D'azur à un cor-de-chasse d'arg., lié de sin., acc. de trois étoiles (6) d'or, celle en p. surmontant un tertre de trois coupeaux de sin.

Livizani — *Bologne.* D'azur au lion d'or, lamp. de gu., acc. du chef de six coupeaux du sec. au canton dextre de la p., mouv. de la base de l'écu ; ledit lion appuyant son pied dextre sur la tête et col de coupeaux inférieurs.

Lizac — *Bret.* De sin. à un mouton pass. d'arg., acc. de trois étoiles d'or.

Lloyd — *Philadelphie.* Ec.: aux 1 et 4 d'azur au chev. d'arg., ch. sur la cime d'un croiss. de gu. et acc. de trois coqs du sec.; aux 2 et 3 de sa. à trois têtes et cols de cheval arr. d'arg. **C.:** une chèvre d'arg., sur un tertre de sin. **D.:** WATCH.

Lobia — *Bologne.* De sa. à un arc-boutant soutenu de deux colonnes d'arg., au chef d'azur, ch. de trois fleurs-de-lis d'or, rangées entre les quatre pendants d'un lambel de gu.

Lobry de Quartel — *P. d'Utrecht.* D'arg. à une roue de sin., supp. une caille au nat.

Loca — *Bologne.* Coupé d'or sur sin., l'or ch. d'une tige feuillée de trois pièces mal-ordonnées de sin., mouv. du coupé. Au chef d'azur, ch. de trois fleurs-de-lis d'or, rangées entre les quatre pendants d'un lambel de gu.

Locatelli — *Bologne.* D'azur à un mont de trois coupeaux d'arg., mouv. de la p., acc. en chef de trois étoiles (5) mal-ordonnées d'or.

Lochtenberg — *Holl.* Coupé: au 1 d'or à trois arbres rangés de sin., posés chacun sur un tertre du même, lesdits tertres soutenus de la ligne du coupé ; au 2 de gu. à un avant-bras, paré d'or, mouv. du flanc dextre, la main supp. un fer-à-cheval au nat.

Locquet (de) de Grandville — *Bret., Norm., Lorr.* (Comtes de *Grandville* et de *Marainville.*) D'azur à trois pals d'or; au chef de gu., ch. d'une aigle d'or (*Locquet*). Sur le tout éc.: aux 1 et 4 d'azur à deux épées d'arg., garnies d'or, passées en saut.; aux 2 et 3 de gu. à une roue de six rayons d'or, et sur le tout du tout d'or au lion naiss. de gu. (*Royer*).

Lodewycx — *Louvain, Anvers.* D'arg. à la fasce de sa., acc. de trois oiseaux du même. **C.:** un oiseau de sa.

Lodewycx — *Bruxelles.* D'or à une fasce vivrée en forme de trois chev. de sa.

Lodi — *Bologne.* D'azur à un mont de trois coupeaux d'or, mouv. de la p. et sommé d'un oiseau d'arg.; au chef du premier, ch. de trois fleurs-de-lis d'or, rangées entre les quatre pendants d'un lambel de gu.

Lodi — *Bologne.* Coupé d'or sur d'azur; à un arbre arr. de gu., br. sur le coupé. Au chef de l'écu d'azur, ch. de trois fleurs-de-lis d'or, rangées entre les quatre pendants d'un lambel de gu.

Loe (de la) — *Ile-de-Fr.* De gu. à un château flanqué de deux tours d'or.

*****Loebeau-Sels (van)** — *Zutphen.* Ec.: aux 1 et 4 d'azur à un bras, paré de gu., iss. d'une nuée au nat. mouv. du canton sen. du chef, la main de carn. tenant une bague d'or au-dessus d'un calice du même (*Sels*); aux 2 et 3 coupé: *a.* d'azur à une femme moresque iss., posée de front, mouv. du coupé, tort. d'arg. et de gu. aux rubans flottants de sa., ornée d'un collier d'or et chaque bras environne près de l'épaule d'un bracelet d'or; *b.* échiq. d'arg. et de gu. de trois tires, chacune de six points (*Loeben* ou *Löben*). Deux cq., le 1er sommé d'un brl. d'or et de gu., le 2 cour. **C.:** 1° un homme iss., posé de profil, hab. d'une blouse d'or rayée verticalement d'azur, au rabat d'arg., ceint du même, coiffé d'un bonnet pointu d'or rayé verticalement d'azur; ledit homme appuyant la main sen. sur sa hanche et tenant de sa dextre un calice d'or duquel sort un homme de profil, coiffé d'un chapeau rond, tenant de sa main dextre un bâton et la sen. appuyée sur sa hanche, le tout d'or (*Sels*); 2° la femme moresque iss. (*Loeben*). **S.,** deux lions au nat.

Loeff — *Holl.* D'azur à la croix d'or, ch. d'un croiss. tourné de pourpre et cant. de quatre étoiles du sec. Cq. cour. **C.:** une étoile d'or.

Loefs — *Holl.* Coupé: au 1 d'arg. à deux fasces de sa.; au 2 de sa. à la bande brét. et c.-brét. d'arg.

Loesbosch — *Holl.* D'or à trois merlettes de gu.

Loet — *Holl.* D'or à trois bombes de sa.; au fr.-q. de sa., ch. d'une cloche d'or.

Logne (de) — *P. de Namur.* D'arg. à la fasce échiq. d'or et de gu. de trois tires.

Lohé — *Holl.* D'arg. à trois fers de hache de gu., 2 et 1, le tranchant à sen.

Lolli — *Bologne.* D'azur à la fasce d'arg., ch. de trois pals de gu., acc. en chef d'un homme iss., posé de profil, hab. de sa., tenant une branche feuillée de sin., et en p. des lettres L O de gu.; au chef du premier, ch. de trois étoiles (5) d'or.

Lollini — *Bologne.* D'or au chev. de gu., ch. de trois L d'or et acc. de deux têtes d'homme de carn., posées de profil, 1 en chef et 1 en p.; au chef d'azur, ch. de trois étoiles (5) d'or.

Lollio (Comtes) — *Ferrare.* Coupé: au 1 d'or au lion naiss. au nat., mouv. du coupé; au 2 d'azur à trois étoiles d'or.

Lombard — *Ile-de-Fr.* Parti: au 1 de gu. à trois colombes d'arg., bq. et m. d'or; au 2 d'azur à deux épées d'arg., passées en saut., les pointes en bas, posées en chef, et un moulin d'arg., posé en p.

Lombard d'Annelles — *Ile-de-Fr.* D'or à une hure de sanglier de sa., languée et allumée de gu., défendue d'arg., soutenue de deux pieds de sa., passés en saut., et acc. de sept croisettes au pied fiché d'azur, 4 en chef et 3 en p.

Lombardière (Comtes de la) — *France.* D'azur au chev. d'or, acc. en chef de deux étoiles du même et en p. d'un arbre de sin.; au chef de gu., ch. de trois trèfles de sin. **C.:** un lion iss. d'arg **S.:** deux lions ou deux lévriers d'arg.

Lon — *Holl.* Coupé: au 1 d'arg. à une tête et col de cheval de sa., mouv. du coupé; au 2 de gu. plein.

Loneux — *P. de Liège.* Parti: au 1 de gu. au lion d'arg.; au 2 d'or à la fasce d'azur, acc. de six bêches démanchées d'azur, enflée 2 et 1, et en p. 2 et 1, les fers en bas. **C.:** un lion iss. d'arg.

Long — *Norm.* D'or au saut. denté de sa., cant. de quatre têtes de léopard de gu.

*****Longespée** — *Harlem.* D'or à une étoile de gu., acc. de trois nellites tigées, sans feuillés, au nat.

Longhi — *Bologne.* D'azur au lion d'or, lamp. de gu.; au chef du premier, ch. de trois fleurs-de-lis d'or,

rangées entre les quatre pendants d'un lambel de gu.

Longroy — *Ponthieu.* De gu., au chef d'or [Pour brisure les cadets chargeaient quelquefois le gueules d'un écusson aux armes de *Trie* qui sont le chef de bande d'azur, ou plus souvent plaçaient sur le chef d'or un lambel d'azur.]

Lonstorff — *Aut.* (M. ét.) D'azur à une émanche de deux pièces et une demie d'arg., mouv. du flanc sen. **C.:** un cygne d'arg., bq. et m. de sa., le vol levé.

Loo (van) — *Ypres.* Coupé: au 1 de gu. à deux fleurs-de-lis d'or, rangées en fasce; au 2 d'or à l'aigle ép. de gu. Cq. cour. **C.:** l'aigle ép. 188.

Loo (van) — *Brab.* D'or à trois los. de sa., accolées en bande.

Loon (van) — *Nimègue.* D'azur à une étoile (6) d'arg.

Loon (van) — *Holl.* De sa. à une croix latine pattée en chef et une étoile en p., le tout d'arg. Cq. cour. **C.:** la croix latine.

Lopez de la Torre de Ayllon — *Esp.* Ec.: au 1 d'or à un chêne de sin., terrassé du même, acc. de deux loups au nat., l'un pass. en p. et l'autre br. sur le fût de l'arbre (*Lopez*); au 2 d'azur à une tour d'arg., sommée d'une couronne de laurier de sin. et accostée de deux lions affr., ramp. contre la tour (*de la Torre*); au 3 d'or à trois fasces de gu.; à la bande d'arg., enguolée de deux têtes de serpent au nat., br. sur les fasces; au 4 parti: *a.* de gu. au saut. alésé d'arg.; *b.* d'azur à une étoile d'or, surm. de trois bes. rangés d'or et acc. en chef d'une croisette d'or aux branches aiguisées.

Lopez de Villanova — *Esp., Brab.* De gu. à une tour d'arg., ouv. et aj. du champ.

Loré — *Maine.* D'herm. à trois quintefeuilles de gu.

Lorenzini — *Bologne.* D'azur à un feu au nat. en p., acc. en chef d'une comète d'or, accostée de deux étoiles (5) du même.

Lorenzo (di) — *Syracuse.* De gu. à un arbre terrassé au nat., surm. d'une étoile d'or, le fût de l'arbre percé d'une épée d'arg., garnie d'or, en bande, la pointe en bas.

Lorétan — *Valais.* Coupé: au 1 de sin. à trois roses d'arg., 1 en chef; au 2 d'arg. à trois roses de sin., 2 et 1. **S.:** à dextre une aigle, à sen. un lion reg.

Lornay — *Valais.* De gu. au lion d'arg.

Lorzano (Comtes) — *Romagne.* Ec.: au 1 parti: *a.* d'azur à trois monts accostés au nat., sommés d'un poirier de sin.; *b.* de gu. à un buisson de sin., accosté de deux cerfs ramp. et affr. d'arg., le tout soutenu de trois monts accostés d'or; au 2 c.-éc.: *a.* et *d.* d'arg. à l'aigle de sa., bq. de gu., cour. d'or; *b.* et *c.* de gu. à une tour d'arg., ouv. et aj. de sa.; au 3 d'azur à la fasce d'or, acc. d'une comète d'arg. à la bande d'azur, ch. de deux roses de gu., et en p. de trois monts accostés d'or, surmontés de deux flèches d'arg., passées en saut., les pointes en bas; au 4 c.-éc.: *a.* et *d.* d'or à trois pals de gu.; *b.* et *c.* de sa. à la bande d'arg., ch. d'une croisette de gu. Sur le tout éc.: *a.* et *d.* d'azur à trois fleurs-de-lis d'or, rangées entre les quatre pendants d'un lambel de gu.: *b.* et *c.* d'or à trois pals de gu. Sur le tout du tout un écusson tiercé en fasce: *a.* d'azur à trois étoiles d'arg; *b* d'arg. à l'aigle de sa., bq. de gu., cour. d'or; *c.* d'or à deux demi-vols de sa., mouvants des flancs du compartiment. Cinq cq. cour. **C.:** 1° une pyramide de sa., sommée de trois boules d'or; 2° un bras arm., tenant deux flèches d'arg. en saut., les pointes en bas; 3° un demi-vol de sa.; 4° un cheval iss. au nat.; 5° une tour iss. d'arg. **S.:** deux lions au nat., cour. d'or. **D.:** HAEC DEDERUNT VIRTUS, AMOR, FIDES. *Manteau* de pourpre, doublé d'herm., frangé et houppé d'or, sommé d'une couronne ducale.

Losser (Edle von) — *Zittau* (*Saxe*) (Chevaliers en *Bohême,* 5 mars 1726; chevaliers du St.-Empire, 21 août 1737). Tranché d'arg. sur gu.; à la bande d'arg. br. sur le tranché; le sin. ch. de deux étoiles d'arg., rangées en bande et le gu. d'un griffon d'or, appuyant ses quatre pattes sur un pied de chèvre (instrument de fer), accosté et posé en bande. Deux cq. cour. **C.:** 1° un griffon iss. et cont. d'or, tenant de ses pattes un pied de chèvre en nat, la courbe à sen.; **1.** d'or et de gu.; 2° un vol de sa.; **l.** d'arg. et de sin.

Lossetti-Mandelli — *Milan.* Parti: au 1 coupé: *a.* d'or à l'aigle de sa.; *b.* d'azur à deux os de mort, passés en saut., cant. de quatre étoiles d'or; au 2 de gu. à trois léopards d'or, l'un sur l'autre. **D.:** SUSTINET OSSA TRIUMPHUM.

Lotichius — *Gueldre.* Parti: au 1 de gu. à un cible à tirer d'or; au 2 d'azur à une plante de lotus de sin.

Lotti — *Bologne.* Coupé: au 1 d'or à un mont de

trois coupeaux de sin., sommé d'un oiseau d'arg.; au 2 palé d'or et d'azur de six pièces. Au chef de l'écu d'azur, ch. de trois fleurs-de-lis d'or, rangées entre les quatre pendants d'un lambel de gu.

Louet-Felsser — *Amsterdam.* Fascé de vair et de gu., de six pièces. **C.:** une tête et col d'aigle de sa. **L.** d'arg. et de gu.

Lourdel — *Ponthieu.* D'arg. au saut. de sa., acc. de huit perroquets de sin., bq. et m. de gu., rangés en orle.

Lovenfeld (Comtes) — *Ravenne, Rome.* D'or à la bande tranchée de gu. sur azur, supp. une colline d'arg., bq. et m. de gu.

Lovatti ou **Lovacci** — *Bologne.* D'arg. à un loup au nat., adextré d'une colline de sin., mouv. du flanc dextre; le tout soutenu d'une terrasse de sin.

Lovenbergh — *Deventer.* De gu. à trois feuilles de rosier de sin., les tiges en bas. Brl. de gu. et de sin. — une feuille de l'écu, entre un vol d'arg. **L.** de gu. et de sin.

Lövenfeld [anciennement **Friederichsen**] — *Dan.* (An., 23 oct. 1819.) D'azur au lion d'arg., lamp. de gu.; à la fasce du même, br. sur le tout; l'écu bordé d'or. Cq. cour. **C.:** un lion iss. d'arg., lamp. de gu.

Lovinaz — *Valais.* De gu. à un bouquetin ramp. d'arg., soutenu d'un tertre de trois coupeaux d'or et acc. en chef d'une fasce en divise du même.

Löwenthal — *Aut.* (An. sous le nom de Edle *von Löwenthal,* 21 juillet 1823.) Parti: au 1 de gu. au lion d'or, cour. du même, soutenu d'un tertre de sin. et tenant de sa patte dextre une croix de Lorraine d'arg. soutenue d'une couronne d'or qu'il tient de sa patte sen.; au 2 coupé: *a.* d'azur à une abeille au nat.; *b.* d'or à un chêne terrassé de sin., fruité de quatre glands d'or, 1, 2 et 1, les tiges en haut. Cq cour. **C.:** le lion iss., accosté de deux branches de chêne feuillées de sept pièces de sin. et fruitées de six glands d'or, répartis en deux faisceaux de trois glands à dextre et à sen. de chaque branche. **L.:** à dextre d'arg. et de gu., à sen. d'or et d'azur. — (Chevaliers, 4 oct. 1830.) Mêmes armes. Deux cq. cour. **C.:** 1° le cimier de 1823, le lion cont.; l. d'arg. et de gu.; 2° une abeille au nat., entre un vol de sa.; l. d'or et d'azur.

Loyd-Lindsay baron **Wantage** — *Berkshire* (Baron *W.,* 23 juillet 1885). Ec.: aux . et IV. c.-ec., de gu. à la fasce échiq. d'arg. et d'azur de trois tires (*Lindsay*), et d'or au lion de gu. une côtice de sa., br. sur le lion (*Abernethy*); ces quatre quartiers entourés d'une bord. d'azur semée d'étoiles rayonnantes d'or; aux II. et III. taillé d'herm. sur arg., à l'aigle ép. de sa., br. sur le taillé; à la bord. de sa. semée de bes. d'or; et au canton d'or. br. sur la bordure (*Loyd.*) **C.:** 1° une tente d'azur bordée d'or et semée d'étoiles rayonnantes du même, la tente sommée d'un pennon de gu., flottant à sen. (*Lindsay*); 2° une tête et col de cerf au nat., arrachée de sa., ramée d'or, le col ch. d'une fasce engr. de sa. surch. de trois bes. d'or (*Loyd.*) **S.:** à dextre un cerf au nat., coll. d'une couronne d'or à laquelle est attachée une chaîne du même; à sen. une aigle de sa., le vol levé, bq. d'or, coll. d'une couronne d'or à laquelle est attachée une chaîne du même, chaque support ch. sur l'épaule d'une croix de Toulouse d'or. **D.:** ASTRA CASTRA, NUMEN LUMEN.

Loye ou **de Loges** — *Valais.* Ec.: aux 1 et 4 de sin. à trois roses mal-ordonnées de gu., tigées d'or, mouv. du coupeau du milieu d'un tertre d'azur; aux 2 et 3 de sa. à un peuplier de sin., soutenu d'un tertre de trois coupeaux du même et acc. en chef de deux étoiles (5) d'or.

Loyers (de) — *P. de Namur.* D'arg. à trois los. d'azur.

Lubelli — *Lecce.* D'azur à trois bandes abaissées d'or, cotoyées en chef de trois fleurs-de-lis du même, posées chacune en barre.

Luc (de) — *Dauphiné.* D'or à la bande de sa., ch. d'un brochet d'arg., posé dans le sens de la bande.

Luca — *Bologne.* D'arg. au lion d'or, soutenu d'un mont de trois coupeaux de sin., mouv. de la p., et acc. d'une étoile (5) du sec., posée au canton dextre du chef; à la fasce de gu., penchée en bande, br. sur le lion.

Lucchesini — *Bologne.* Coupé d'azur sur gu.; au lion d'arg., lamp. de gu., br. sur le coupé.

Luchi — *Bologne.* D'arg. à deux fasces d'azur; au chef de gu. ch. d'une étoile (5) d'or; ledit chef surm. d'un autre chef d'azur, ch. de trois fleurs-de-lis d'or, rangées entre les quatre pendants d'un lambel de gu.

Lucotte (Comte de l'Empire) — *Bourg., Champ.* Ec.: au 1 d'azur à une épée d'arg., garnie d'or (comte *militaire*); au 2 d'azur à trois gerbes ou bourrées d'or, liées d'arg. (*Bourrée de Corberon*); au 3 d'arg. à une

---

tête de More, tort. du champ, acc. de trois molettes de sa.; au chef d'or, ch. de trois tourt. de gu. (de *Bligny et Legoux de Berchères*); au 4 de gu. à la bande d'azur, ch. de trois étoiles d'arg.

Luder — *Valais. Armes anc.:* De gu. au lion cont. d'or, tenant une harpe du même. — *Armes mod.:* Parti: au 1 d'azur à une harpe d'or, acc. en chef d'une étoile (5) d'arg.; au 2 de gu. à deux peupliers de sin., soutenus de deux pics de rocher du même, et acc. en chef d'une étoile (5) d'arg.

Ludington — *Etats-Unis.* Palé d'arg. et d'azur; au chef de gu., ch. d'un bourdon de pèlerin d'arg., posé en barre, et soutenant une bourse d'arg., nouée d'azur.

Ludot — *Troyes.* D'azur à trois glands d'or, tigés et feuillés du même; au chef d'or, ch. de trois roses de gu., barbées de sin.

Lughten — *Holl.* Un chev., acc. en chef de deux étoiles et en p. d'un croiss. figuré tourné. **C.:** une étoile.

Luilofs — *Holl.* De gu. à la bande brét. et c.-brét. d'or. **C.:** un vol, d'or et de gu.

Lups — *Holl.* De gu. à la fasce d'arg., acc. de trois roses du même. Cq. cour. **C.:** un lion iss. au nat., tenant de sa patte dextre un écusson d'arg. ch. d'un H de sa. et de sa sen. une pique d'arg., ornee d'une banderole pendante de gu.; entre un vol de gu. à dextre et d'arg.

Lur de Longa — *Limousin.* De gu. à trois croiss. d'arg., supp. chacun une fleur-de-lis d'or.

Lustig de Preanfeld — *Vienne* (An., 13 oct. 1884.) Ec.: aux 1 et 4 d'or à une tour d'azur, aj. et ouv. de sa., soutenue de la base du quartier; aux 2 et 3 de gu. à trois étoiles mal-ordonnées d'or. Cq. cour. **C.:** la tour, entre un vol coupé, à dextre d'or sur azur, à sen. d'or sur gu. **L.** conformes aux émaux du vol.

Luteyn — *Zél.* Coupé: au 1 d'or à deux croiss. accostés de gu.; au 2 de gu. à une étoile d'or. **C.:** l'étoile.

Lütgendorff-Leinburg (Barons) — *Aut.,* orig. de *Bav.* Coupé d'un trait, parti de deux autres, qui font six quartiers: au 1 d'arg. à un chevalier cont., monté sur un cheval pass. et cont. de sa.; le chevalier arm. de toutes pièces au nat., au baudrier d'arg., coiffé d'un casque fermé, panaché de gu., tenant de sa main sen. une épée en pal, la dextre appuyée sur sa hanche; le cheval houssé de gu. orne d'or, bridé du même; au 2 d'azur à un renard cont. au nat., supp. de sa patte sen. une étoile d'or et grimpant contre un rocher blanc verdâtre, mouv. de sen.; au 3 de gu. à un paon rouant au nat., le corps posé de profil; au 4 de gu. à trois salamandres courantes et cont. au nat., l'une sur l'autre; au 5 de sa. à la barre de gu., bordée d'or ch. de trois étoiles du même; la barre acc. de deux couronnes aussi d'or, le cercle fourré de gu.; au 6 d'azur à un renard ramp. et cont. au nat., acc. en chef de la p. d'une losange d'arg., posée en barre. Quatre cq. cour. **C.:** 1° une aigle cont. de sa., bq. et m. d'or, tenant de sa serre sen. une épée en pal; **L.** d'or et de gu.; 2° trois pl. d'aut., une d'arg. entre deux d'azur; **L.** d'or et de sa.; 3° un chevalier sin., arm. de toutes pièces au nat., au baudrier d'arg., coiffé d'un casque fermé, panaché de gu., tenant de sa main dextre une épée, à sen. appuyée sur sa hanche; **L.** d'arg. et de gu.; 4° une licorne iss. d'arg., accornée, crinée et onglée d'or; **L.** d'arg. et de gu. **S.:** à dextre un lion reg. d'or, à sen. une aigle de sa., bq. et m. d'or, le vol ouv. et abaissé, tenant chacun une bannière de gu. ch. d'une licorne iss., et un L d'or, br. sur laquelle; les bannières frangées d'or et attachées à des hampes de gu. aux fers d'or.

Lutlis (de) — *Bitonto (Italie).* D'azur à la bande d'or, ch. de quatre têtes de brochet d'arg., 2 de chaque côté, les branchies de gu.

Lüttenfeld (Edle von), v. **Antonj Edle von Lüttenfeld.**

Luxardo (Edle von) — *Zara (Dalmatie)* (An., 18 juillet 1884.) D'or à un mur crén. de quatre pièces d'azur, occupant la moitié inférieure de l'écu et sommé de deux tours du même, aj. de sa., à dextre et à sen.; le tout acc. au point du chef d'un rencontre de lynx au nat. Cq. cour. **C.:** un lynx iss., la tête posée de front. **L.:** à dextre d'or et d'azur, à sen. d'or et de gu.

Luyden — *Amsterdam.* De gu. à une serpette d'arg.

Luyken — *Holl.* Parti: au 1 d'arg. à un monogramme de sa., composé d'un M, ch. sur les jambes d'un S et d'un C; au 2 d'or à cinq fasces de gu., acc. en chef d'un lambel du même. **C.:** deux cornes de buffle renv. d'arg., remplies chacune de cinq baguettes d'or.

Luyster — *Holl., New-York.* D'or à deux fasces de gu., ch. de neuf los. couchées d'arg., 5 et 4. **C.:** deux cornes de boeuf, de gu. et d'or.

Lyonet — *Maestricht.* D'arg. au lion d'or, tenant un sceptre du même. **C.:** le lion, iss.

M

Maagt (de) — *Zél.* D'azur à une vierge, posée de front, hab. d'arg., tenant de sa main dextre levée une fleur et de sa main sen. abaissée une grappe de raisins.

Mabillard — *Valais.* D'azur à un tertre de trois coupeaux en p., surm. de deux comètes (l'étoile à cinq rais), les queues en haut, le tout d'or.

Mabille du Chêne — *Anjou.* D'azur au chev. d'or, acc. de trois tours du même.

Mc Adams — *Boston (Etats-Unis.)* De gu. à trois croix au pied fiché d'arg.

Mc Call — *Etats-Unis.* De gu. à la fasce échiq. d'arg. et de sa., acc. de trois fermaux d'arg., 2 en chef et 1 en p., et deux flèches du même, passées en saut. derrière la fasce; à la bord. denchée d'or. **D.:** DULCE PERICULUM.

Macchelli — *Bologne.* D'azur à la fasce de gu., acc. en chef d'une étoile (5) d'or à dextre et d'un croiss. cont. du même à sen., et en p. d'un bélier d'arg., pass. sur une terrasse de sin., levant la tête vers la fasce.

Macchiavelli — *Bologne.* Coupé d'or sur sa., le sa. ch. d'un mont de trois coupeaux d'or, mouv. de la p., touchant à la ligne du coupé et sommé de trois clous de sa. sur l'or, les pointes en bas. Au chef de l'écu d'azur, ch. de trois fleurs-de-lis d'or, rangées entre les quatre pendants d'un lambel de gu.

Mac Curtain de Kanilis (Barons) — *France,* orig. d'*Irl.* Ec.: aux 1 et 4 d'azur à trois bandes d'or; aux 2 et 3 d'or à un cerf pass. de gu., acc. en chef d'un croiss. du même.

Macé — *Ile-de-Fr.* De sin. à deux lions affr. d'arg.; au chef d'azur, ch. de trois étoiles d'or.

Macé des Longeais — *Ile-de-Fr.* D'azur à deux coquilles renversées d'arg., au 2 et une étoile du même en p.

Mach Edle **von Felsenhorst** — *Aut.* (An., 2 janv. 1874.) Ec.: aux 1 et 4 d'or à la demi-aigle de sa., mouv. du parti; aux 2 et 3 de gu. à une pile d'arg., ch. d'une grenade de sa., allumée de gu. Cq. cour. **C.:** un senestrochère, arm. au nat., posé sur le coude, tenant une épée d'arg., garnie d'or; entre un vol de sa. **L.:** à dextre d'or et de sa., à sen. d'arg. et de gu.

Machiels-Clinbourg — *Paris* (Barons en *Saxe-Cobourg-Gotha,* 8 août 1884.) D'azur à la barre d'arg., acc. en chef d'une tour d'or, percée de deux archières de sa., et en p. de trois étoiles (5) d'or. **D.:** LABOR EST DECUS.

Machy — *Ponthieu.* D'azur à trois aigles d'or.

Macinatori — *Bologne.* D'azur à un boeuf ramp. d'or; au chef du premier, ch. de trois fleurs-de-lis d'or, rangées entre les quatre pendants d'un lambel de gu.

Macinelli — *Bologne.* De gu. à trois étoiles d'or, bordée d'or; à la bord. de sa., ch. de huit bes. d'or.

Mac Leod — *la Haye.* D'azur à un château flanqué de deux tours et sommé d'une troisième tour, le tout d'arg., maçonné de sa., ouv. et aj. de gu. **C.:** une tête et col de boeuf au nat., posée de front, accostée de deux bannières d'azur, ch. chacune d'un saut. d'arg. *Légende:* HOLD FAST. **D.:** MURUS AHENEUS.

Macquet — *Ponthieu.* D'azur à la fasce d'arg., ch. d'une fasce vivrée d'azur et acc. de trois croiss.

Macri-Pellizzeri — *Messine.* Parti: au 1 d'azur à un mont au nat., mouv. de la p., chargé d'une bande d'or et surm. de cinq oiseaux volants de sa., 1, 2 et 3; le tout acc. de trois étoiles d'arg., rangées en chef (*Macri*); au 2 d'arg. à un poisson au nat. nageant dans une mer d'azur, aigrée de sa. (*Pellizzeri*).

Madalena (dalla) — *Bologne.* De gu. au lion d'or, supp. de sa patte dextre une étoile du même.

Máday — *Hongrie.* (An., 4 juin 1648.) D'azur à une croix d'arg., posée sur une terrasse de sin.

Máday dit **Subert** — *Transylvanie* (Conf. de nob., 19 janv. 1649.) D'azur à la bande de gu., ch. d'un loup courant au nat. et acc. de deux fleurs-de-lis d'azur. **C.:** un homme d'armes iss., le casque sommé d'un panache de plumes de héron de sa., brandissant de sa main dextre une épée, la main appuyée sur sa hanche.

Madlis (de) — *Valais.* Tiercé en pal: au 1 d'arg. à une étoile d'or; au 2 d'or à deux étoiles de gu., l'une sur l'autre; au 3 d'azur à une étoile d'or (toutes les étoiles à six rais.)

Maele (van de) — *Brab.* De gu. au saut. d'arg., cant. de quatre croiss. du même; au chef d'herm.

Maerel — *Amsterdam.* D'or à une merle de sa.

Maertz (van) — *Holl.* De gu. à la croix alésée d'arg.

Magagnoli — *Bologne.* D'or au saut. d'arg., ch. d'un M d'or au centre et de quatre roses de gu. sur les branches; le saut. cant. de quatre G aussi d'or; au chef d'azur, ch. de trois étoiles (5) d'or.

Magarotti — *Bologne.* D'or à un rubis taillé en losange de gu., acc. de trois vols d'arg.

Magdelon de Vaudour — *Maine.* D'or à cinq pieds d'aigle d'azur, 2, 1 et 2, les serres en bas.

Maggi — *Bologne.* Coupé: au 1 d'or à une tour de gu., ouv. et aj. de sa.; au 2 d'or à trois bandes d'azur. Au chef de l'écu d'or, ch. d'une aigle de sa.

Maggi — *Bologne.* Fascé d'azur et d'arg.

Maggi — *Bologne.* D'azur à la bande d'or, percée de trois piques d'arg., posées chacune en barre; au chef du premier, ch. de trois fleurs-de-lis d'or, rangées entre les quatre pendants d'un lambel de gu.

Magis — *P. de Liége.* D'or au lion de gu., cour. du champ, tenant une rose d'arg., tigée du même. **C.:** le lion, iss.

Magliani — *Bologne.* D'azur à trois los. accolées d'arg., acc. en chef de deux étoiles (5) d'or à dextre et d'une rose de gu.

Magloire — *Ile-de-Fr.* D'azur à trois croiss. d'or.

Magnani — *Bologne.* D'arg. au chev. d'or, acc. en p. d'une étoile (5) de gu.; au chef de gu., ch. d'un serpent noué de sin., posé en fasce.

Magnan — *Bologne.* Fascé d'azur et d'arg.

Magnani — *Bologne.* Coupé: au 1 d'arg. au pal de sa.; au 2 de gu. plein. (*Ou:* augmenté d'un chef d'or, ch. d'une aigle ép. de sa., surm. d'une couronne d'or.)

Magnée — *Limb.* Parti: au 1 de gu. à une rose d'arg., garnie d'or; au 2 d'arg. à une balance d'or, trébuchant à dextre.

Magni — *Bologne.* Tiercé en fasce: aux 1 et 3 d'arg. à une rose de gu.; au 2 tiercé en fasce d'azur, d'or et d'azur.

Magnocavalli — *Piémont.* Parti: au 1 de gu. à un cheval cabré d'arg., sellé et bridé, soutenu d'une terrasse d'arg.; au 2 coupé d'azur sur or; au lion de l'un en l'autre. **D.:** ABSQUE LABORE NIHIL.

Magnoni — *Bologne.* Coupé d'arg. sur gu.; au lion d'or, lamp. de gu., br. sur le coupé.

Magri — *Bologne.* Palé d'arg. et d'azur; au chef du dernier, ch. de trois étoiles (5) d'or.

Magueran — *Valais.* D'azur à un tronc écoté d'or, sur un tertre de trois coupeaux de sin.

Maheut (Comtes) — *Lorr.* Ec.: aux 1 et 4 d'azur à une tour d'arg., surm. d'une croix fleur. d'or et accostée de deux croix pareilles; aux 2 et 3 d'azur à trois bes. d'or, et un chef d'arg., ch. d'un léopard de gu.

Maillard — *Ile-de-Fr.* D'arg. à la fasce d'azur, ch. d'une chaîne alésée d'or de neuf chaînons, et acc. de trois flammes de gu. de cinq pointes.

Maillardoz — *Valais.* Ec.: aux 1 et 4 d'or au chev. de gu., acc. de trois aigles d'azur; au 2 d'or à cinq fleurs-de-lis d'azur, 3 et 2; au 3 losangé d'or et de gu.

Maillet — *Grenoble.* D'azur à trois maillets d'or.

Mainardi — *Bologne.* De gu. à trois mains sen. appaumées de carn., les doigts en haut; au chef d'or, ch. d'une aigle de sa.

Mainardi (Chevaliers) — *Ferrare.* De gu. à trois mains appaumées d'arg., 2 et 1, les deux du chef dextre et sen., et celui en p. la main dextre.

Mainetti — *Bologne.* D'azur au lion éc. d'arg. et de gu.; au chef du premier, ch. de trois fleurs-de-lis d'or, rangées entre les quatre pendants d'un lambel de gu.

Mainetti — *Bologne.* De gu. à un avant-bras en pal, paré d'arg., la main (sen. appaumée) de carn., mouv. d'un mont de six coupeaux d'or en p.; au chef d'azur, ch. de trois étoiles (5) d'or.

Maire (le) — *Ile-de-Fr.* D'arg. au chev. de gu., acc. en chef de deux branches de marjolaine de sin. et en p. d'un cerf ramp. du même.

Mairesse — *Cambrai.* D'arg. à un navire équipé d'or, girouetté de gu., voguant sur une mer d'azur, et acc. d'une étoile (5) de gu., posée au canton dextre du chef.

Maister Edle **von Maystern** — *Styrie* (Chevaliers autrichiens, 25 mai 1718.) Coupé: au 1 d'azur à trois monts escarpés de teinte grisâtre, accostés et mouv. du coupé, le mont du milieu plus élevé que les deux autres et sommé d'une étoile d'or; au 2 parti: a. d'arg. à un senestrochère, paré de sa., mouv. du parti, tenant une rose de gu., tigée et feuillée de sin.; b. de gu. à un cerf ramp. au nat., soutenu d'un tertre de trois coupeaux de sin. Deux cq. cour. **C.:** 1º trois pl. d'aut.: d'arg., d'azur et de gu.; **l.** d'or et d'azur; 2º un cerf iss. au nat.; **l.** d'arg. et de gu.

Majocchi — *Bologne.* D'arg. à trois fasces d'azur, ch. de six boules d'or, 3, 2 et 1; au chef d'or, ch. d'une aigle de sa.

Majoris — *Valais.* D'or à trois roses de quatre feuilles d'azur, tigées et feuillées de sin., et iss. chacune d'une bulbe de sin., rangées en fasce; au chef de gu., ch. d'une croix composée de cinq boules d'or, chacune des quatre boules extérieures ornée de trois petites boules.

Malamini — *Bologne.* D'azur à un arbre terrassé de sin., surm. d'une fleur-de-lis d'or; au chef du premier, ch. de trois fleurs-de-lis d'or, rangées entre les quatre pendants d'un lambel de gu.

Malatacchi — *Bologne.* D'azur à un mont de trois coupeaux d'or, sommé d'une étoile (6) du même.

Malatesta-Baglioni — *Florence.* D'azur à la fasce d'or.

Malcontenti — *Bologne.* D'azur à un cep de vigne de sin., accolé à son échalas au nat., sur une terrasse du sec.; au chef d'or, ch. d'une aigle de sa., surm. d'un autre chef d'azur, ch. de trois fleurs-de-lis d'or, rangées entre les quatre pendants d'un lambel de gu.

Malcotte (de) — *P. de Namur.* D'or à un lion de sa., arm., lamp. et cour. de gu.; à la cotice du même, br. sur le tout.

Malesby — *Holl.* Ec.: aux 1 et 4 d'arg. à trois oiseaux de gu.; aux 2 et 3 d'arg. à la bande de gu. A une rose de gu., bout. et barbée de sin., br. en abîme sur l'écartelé.

Malfatti (Comtes) — *Vérone.* Parti: au 1 d'arg. à la fasce de gu., acc. de deux étoiles du même, 1 en chef et 1 en p.; au 2 reparti: a. d'azur à la demi-aigle d'or, cour. du même, mouv. du reparti; b. fascé d'or et d'azur, de six pièces. **C.:** un lion ramp. de gu. **D.:** DEUS DAT, DEUS AUFERT.

Malisardi — *Bologne.* Coupé: au 1 de gu. à un senestrochère, paré d'azur, la main de carn. tenant une rose aussi de gu., tigée et feuillée de sin.; au 2 d'arg. à une flamme de gu. Au chef de l'écu d'azur, ch. de trois étoiles (5) d'or.

Malleyn — *Grenoble, Rotterdam.* Parti: au 1 d'arg. à un arbre au nat.; au 2 d'arg. à la fasce de gu., acc. en chef d'un coeur du même et en p. d'une étoile (5) de ...

Malorecchi — *Bologne.* D'or à trois bandes d'azur; au chef du même, ch. d'un lion iss. d'or, lamp. de gu.

Malpighi — *Bologne.* De gu. à deux chev. d'arg., l'un renv., entrelacés.

Malvasia — *Bologne.* D'azur à un griffon naiss. d'or, mouv. d'un mont de trois coupeaux du même, iss. de la p.; au chef du premier, ch. de trois fleurs-de-lis d'or, rangées entre les quatre pendants d'un lambel de gu.

Malvasia dalla Serra — *Bologne.* De gu. à une étoile (8) d'arg., ch. d'un dragon sans ailes de sin.

Mancellini — *Bologne.* D'or à deux bandes ondées d'azur; au chef du même, ch. de trois fleurs-de-lis d'or, rangées entre les quatre pendants d'un lambel de gu.

Mamolini — *Bologne.* De gu. à l'aigle d'arg., surm. d'une couronne royale d'or.

Manca — *Paris, Cagliari* (Duc de *Vallombrosa* et d'*Asinara*, marquis de *Mores* et de *Monte Maggiore*, comte de *San Giorgio*.) De gu. à un dextrochère, arm. d'arg., mouv. du flanc, tenant une épée au nat. en pal. **D.:** LABOR OMNIA VINCIT.

Mancinelli-Scotti (Comtes) — *Lombardie.* Parti: au 1 tiercé en fasce: a. d'azur à l'aigle ép. de sa.; cour. d'or; b. de sin. au lion ramp. d'or, tenant au nat., et une burèle d'or, br. sur le lion; c. de gu. à une croix de Malte d'arg. (*Mancinelli*); au 2 d'azur à

une bande de sin., acc. en chef d'une comète d'or et en p. d'une femme iss., hab. de gu. (*Scotti*.)

Mandelli — *Bologne.* D'azur à trois fasces vivrées d'or; au chef d'arg., ch. de deux bustes d'homme affr., hab. de gu. au rabat d'arg., coiffés de chapeaux de sa.

Mane — *Boston.* Divise en chevron fleuronné de sa. sur or; le sa. ch. de trois bes. d'or et l'or d'un chicot de sa.

Manelli — *Bologne.* De sa. à une croix de Malte d'arg.; au chef d'azur, ch. de trois fleurs-de-lis d'or, rangées entre les quatre pendants d'un lambel de gu.

Manfredi — *Bologne.* Ec. en saut. d'arg. et de sa.

Manfredi — *Bologne.* Ec. de sa. et d'arg. Au chef d'azur, ch. de trois fleurs-de-lis d'or, rangées entre les quatre pendants d'un lambel de gu.

Manfredi — *Bologne.* Ec. de sa. et d'arg. Au chef d'azur, br. sur l'écartelé et ch. de trois fleurs-de-lis d'or, rangées entre les quatre pendants d'un lambel de gu. Cq. cour. **C.:** une aigle iss. de sa., cour. d'or. **L.** d'arg. et de sa.

Manfredi — *Lombardie.* D'azur à un chêne terrassé, et un lion de gu., pass., br. sur le pied du fût, le tout au nat.; en chef deux fleurs-de-lis d'or.

Manfredoni — *Bologne.* D'azur à une fleur-de-lis d'or, acc. en p. d'un croiss. d'arg.

Manfroti — *Venise.* D'azur à un senestrochère, paré d'or, mouv. du flanc, la main de carn. tenant une masse d'armes de fer, à tête ronde, en pal.

Mangeon de la Barre — *Lorr.* D'azur au chev. d'or, ch. de cinq annelets de gu., et acc. en chef de deux étoiles d'or et en p. d'une gerbe du même.

Mangepan — *Valais.* D'or à une rencontre de boeuf de sa., accorné de sin. et tenant entre ses dents une branche feuillée du même, en fasce.

Mangolt — *Valais.* Ec.: aux 1 et 4 d'arg. à un homme de carn., posé de front, le bras dextre étendu; aux 2 et 3 d'azur à un demi-soleil d'or, mouv. du parti.

Manna-Roncadelli — *Crémone* (Comtes autrichiens, 24 déc. 1866.) Coupé: au 1 d'azur à un griffon d'or (*Manna*); au 2 parti: a. de gu. au lion d'or, du même; b. d'or à trois fasces de gu. (*Roncadelli*.) **C.:** un lion iss. d'or. **L.** d'or et d'azur. **S.:** à dextre un griffon, à sen. un lion. **D.:** FIDE ET HONORE.

Mannhart — *Valais.* D'azur à la fasce d'arg.; au lion d'or, br. sur la fasce, tenant de ses pattes un pennon d'azur, flottant à dextre, la hampe du même; le lion soutenu d'un tertre de trois coupeaux de sin.

Mansvelt — *Holl.* Ec.: aux 1 et 4 fasce de gu. et d'arg.; aux 2 et 3 d'azur à six los. de gu.

Mansvelt-Beck — *la Haye.* Ec.: aux 1 et 4 une fasce, acc. de trois roses; aux 2 et 3 quatre annelets, 2 et 2, les deux annelets du chef réunis au moyen d'une ligne voûtée. **C.:** un bras, la main tenant un annelet.

Mantacheti — *Bologne.* De gu. à deux épées d'arg., garnies d'or, passées en saut., les pointes en bas, cant. de quatre mains sen. appaumées d'arg.

Mantelle (de) — *Art.* De gu. à trois étrilles d'arg.

Manteiller de Montrachy — *Bresse, Paris.* D'azur au chev. d'arg., accosté en chef de deux palmes d'or et acc. en p. d'un lis d'arg.

Mantici — *Bologne.* Coupé: au 1 recoupé d'arg. sur azur; au 2 échiq. d'azur et d'arg.

Mantoani — *Bologne.* D'azur à un boeuf ramp. de sa., chargé d'un mont de trois coupeaux d'or, mouv. de la p., acc. en chef de trois étoiles (5) rangées d'or.

Manzi — *Bologne.* Parti: au 1 à une tour d'arg., ouv. et aj. de sa., posée sur une terrasse de sin., accostée de deux banderoles d'arg., mouv. des crêtes de la tour; au 2 d'azur à un boeuf ramp. d'arg. Au chef d'azur, br. sur le parti et ch. de trois fleurs-de-lis d'or, rangées entre les quatre pendants d'un lambel de gu.

Manzini — *Bologne.* D'azur au lion d'arg., tenant entre ses pattes un rencontre de boeuf du même; au chef du premier, ch. de trois fleurs-de-lis d'or, rangées entre les quatre pendants d'un lambel de gu.

Manzini — *Bologne.* D'azur à un boeuf d'arg., pass. sur une terrasse de sin.; au chef du premier, ch. de trois fleurs-de-lis d'or, rangées entre les quatre pendants d'un lambel de gu.

Manzini — *Bologne.* D'azur à un boeuf ramp. d'arg.; à la barre d'azur, br. sur le tout; au chef du premier ch. de trois fleurs-de-lis d'or, rangées entre les quatre pendants d'un lambel d'azur.

Manzoli — *Bologne.* D'azur à un boeuf ramp. d'or; au chef du premier, ch. de trois fleurs-de-lis d'or, rangées entre les quatre pendants d'un lambel de gu.

Manzoli — *Bologne.* Fascé d'arg. et de sa., de quatre pièces; au chef de gu., ch. d'un ballot d'arg., lié de sa.)

Manzoli del Monte (Comtes) — *Modène.* Parti: au 1 coupe de gu. sur azur, à un boeuf ramp. d'arg., br. sur le coupé; au chef d'or, ch. d'une aigle de sa. (*Manzoli*); au 2 d'azur à un mont de trois coupeaux de gu., soutenu d'une terrasse de sin. et percé d'une caverne de sa. dans laquelle est couché un lion d'or; le tout acc. en chef de trois étoiles rangées d'or; au chef du même, ch. d'une aigle de sa., cour. d'or (*del Monte.*)

Manzolini — *Bologne.* D'or au griffon de sin.; à la bande de gu., br. sur le tout et ch. de trois bâtons fleurdelisés d'arg., posés dans le sens de la bande; au chef d'azur, ch. de trois fleurs-de-lis d'or, rangées entre les quatre pendants d'un lambel de gu.

Maquereel ou **Makereel** — *Brab.* D'azur à un maquereau d'arg., posé en pal, courbé, la courbe à sen.

Maraldi — *Mentone.* D'azur à la fasce, acc. en chef d'une fleur-de-lis accostée de deux étoiles, et en p. d'un dauphin cour., le tout d'or.

Maranesi — *Bologne.* D'azur au chev. d'arg., ch. de trois roses de gu. et acc. en chef d'un lion d'or.

Marani — *Bologne.* D'azur à un vaisseau, hab. de trois voiles d'arg., voguant vers sen. sur une mer au nat., portant un guidon de gu. sur la poupe; le tout acc. en chef d'une comète d'or, posée en fasce, la queue à sen.

Maranini — *Bologne.* D'azur à un buste de cerf d'or, posé de front; au chef du premier, ch. de trois fleurs-de-lis d'arg., rangees entre les quatre pendants d'un lambel de gu.

Marazzani-Visconti-Terzi (Comtes) — *Plaisance (Italie).* Ec.: au 1 d'arg. à une tour de trois étages d'azur, posée sur un tertre de sin., et acc. en chef de trois étoiles mal-ordonnées d'or; au 2 d'arg. à la bande d'azur; au 3 d'arg. à une couleuvre ondoyante en pal d'azur, cour. d'or, engloutissant un enfant de carn.; au 4 d'or à la fasce de gu., acc. en chef d'une aigle ép de sa. Sur le tout d'arg. à la croix potencée de sa. **C.:** trois volcans d'or, enflammés de gu. **D.:** EMICAT INDE MAGIS.

Marbaise — *P. de Liége.* De sa. au lion d'arg.; au chef du même, ch. de deux roses doubles de gu., bout. d'or, barbées de sin. **C.:** une rose de l'écu, tigée et feuillée de sin.

Marçay — *Orléans.* D'azur à sept fleurs-de-lis d'arg., rangées en orle. 2, 2, 2 et 1.

Marcel — *Dauphiné.* D'or à la bande de gu., ch. de trois croiss. d'arg.

Marcheselli — *Bologne.* D'azur à un mont de six coupeaux d'or, mouv. de la p., soutenant un lion ramp. d'or, tenant entre ses pattes une masse d'armes d'arg.; au chef du premier, ch. de trois fleurs-de-lis d'or, rangées entre les quatre pendants d'un lambel de gu.

Marchesi — *Bologne.* Coupé de gu. sur sin., à la fasce d'or, br. sur le coupé. Au chef de l'écu d'or, ch. d'une aigle de sa., cour. d'or.

Marchesini — *Bologne.* D'azur à deux chev. d'or, le premier supp. un lion ramp. du même.

Marcin — *P. de Namur.* D'arg. à un barbeau de gu., mis en pal.

Marclay — *Valais.* D'azur au chev. de gu., bordé d'or, ch. d'une fleur-de-lis du même, et acc. de trois croiss. d'or, chaque croiss. surm. d'une rose à quatre feuilles d'arg.

Marescalchi — *Bologne.* D'or à un fer-à-cheval au nat., les bouts en bas.

Marescalchi — *Bologne* D'azur au lion d'or, tenant entre ses pattes un fer-à-cheval d'arg., en fasce, les bouts à sen.; au chef du premier, ch. de trois fleurs-de-lis d'or, rangées entre les quatre pendants d'un lambel de gu.

Marescotti-Berselli — *Bologne.* Ec.: aux 1 et 4 d'azur à une tour d'arg., ouv. et aj. de sa., sommée d'une aigle naiss. de sa.; au chef du premier, ch. de trois fleurs-de-lis d'or, rangées entre les quatre pendants d'un lambel de gu.; aux 2 et 3 fascé de gu. et d'arg.; au léopard lionné d'or, br. sur le fasce, et au chef d'azur, ch. de trois fleurs-de-lis d'or, rangées entre les quatre pendants d'un lambel de gu.

Maressal de Marcilly — *Lorr.* D'arg. à six mouch. d'herm. de sa., 3, 2 et 1; à une orle du même; l'écu bordé de gu.

Margerin de Crémont — *Ile-de-Fr.* D'or à un chêne arr. de sin., englanté d'arg., acc. de trois croiss. de gu. **C.:** un pélican dans son aire. **S.:** deux lions. **D.:** ROBORE ET VIRTUTE.

Marin de Bauslau — *Dauphiné.* D'arg. à trois fasces ondées de sin.; au chef d'azur, ch. de trois étoiles d'or; *b.* de gu. à une fleur-de-lis d'or. (d'arg.)

Marina — *Gênes.* De sin. à quatre bandes entées

Marincola duc de **Petrizzi** — *Naples, Rome.* D'arg. à une ancre au nat., surmontant une mer d'azur et acc. en chef de deux étoiles du même.

Marken (van) — *Enkhuizen.* Coupé: au 1 d'arg. à un héron d'azur; au 2 parti: *a.* de sa. à trois étoiles d'or; *b.* de gu. à une fleur-de-lis d'or.

Marlier — *P. de Liége.* Ec.: aux 1 et 4 de sa. à trois lions d'arg.; aux 2 et 3 d'azur à trois étoiles d'or.

Marmé — *Alsace, Utrecht, Prov. rhén.* Taillé d'or sur gu., à un membre d'aigle de l'un en l'autre, la serre en bas. le genou à sen., la cuisse sommée de trois pl. d'aut.: de sa., de gu. et d'azur. **C.:** un membre d'aigle de gu., la serre en haut, le genou à sen.

Marquis — *Valais.* D'arg. à une couleuvre ondoyante en pal de sin., cour. d'or, engloutissant un enfant de carn.

Marschall de Huneburg — *Alsace.* Coupé: au 1 de sa. à une tête et col de cygne d'arg., bq. de gu.; au 2 d'arg. plein. **C.:** deux têtes et cols de cygne d'arg., bq. de gu.

Marsollier des Vivetières — *Paris.* D'azur à la fasce d'or, ch. d'un rameau de laurier de sin., posé dans le sens de la fasce, et acc. en chef d'un soleil d'or et en p. d'un dextrochère, arm. d'arg., tenant un poignard du même.

Marteau (de) — *Soumagne (P. de Liége.)* Coupé: au 1 de sin. à un marteau d'or, en pal; au 2 d'arg. à trois clous de sa., posés en éventail, les pointes en bas.

Martelli — *Bologne.* Coupé: au 1 d'azur au lion naiss. d'or, mouv. du coupé; au 2 d'or à trois bandes d'azur. Au chef de l'écu d'arg., ch. de trois fleurs-de-lis d'or, rangées entre les quatre pendants d'un lambel de gu.

Martens — *Holl.* Coupé: au 1 d'or à la fasce de gu., ch. de trois los. d'arg.; au 2 d'azur à un mouton arrêté d'arg.

Martens (von) — *Wurt.*, orig. de *Hambourg.* De gu. à une oie au nat., posée sur une terrasse de sin. **C.:** une tige de trois trèfles de sin., entre un vol d'azur. **L.** d'arg. et de gu.

Martigny — *Valais.* De gu. au lion d'or, tenant de ses pattes un marteau d'arg.

Martin — *Vivarais.* D'azur au chev. d'or, acc. en chef de deux étoiles du même et en p. d'un lévrier courant d'arg.

Martin — *Long Island (Etats-Unis).* De sa. au chev. d'arg., ch. sur la cime d'une mâcle de gu. et acc. de trois croiss. d'or. **C.:** un lion iss., tenant un croiss. d'or. **D.:** HINC FORTIOR ET CLARIOR.

Martin de Cappagh — *Dublin* (Baronet, 2 juin 1885.) De sa. à une croix latine d'or, haussée sur trois degrés du même, surm. d'un soleil d'or; adextré d'un croiss. tourné d'arg. et senestré d'un croiss. cont. du même. **C.:** une étoile rayonnante d'or, br. sur une ancre de sa. **D.:** SIC ITUR AD ASTRA.

Martin de Châteaurou — *Angoumois.* D'azur à deux fasces d'or.

Martin de Domecq — *Béarn.* Losangé d'or et d'azur; au pal d'arg., br. sur le tout. **D.:** DOMECQ OBLIGE.

Martin de la Mortière — *Angoumois* (An., 1628.) De gu. à une ancre d'arg., accostée de deux bras aux mains coupées de carn., le tout acc. en p. d'un boulet de canon d'arg., ch. d'une fleur-de-lis de gu.

Martini — *Holl.* De sin. à un bras, arm. d'arg., la main de carn. tenant trois flèches d'or, les pointes en bas.

Martini — *Bologne.* Coupé d'azur sur gu., l'azur ch. d'un disque ovale d'arg., accosté de deux boucs affr. du même, appuyant la patte sur le disque; le tout soutenu de la ligne du coupé. Au chef de l'écu d'azur, ch. de trois fleurs-de-lis d'or, rangées entre les quatre pendants d'un lambel de gu.

Martinon — *Grenoble.* D'azur au lion d'or; au chef d'arg., ch. d'une flamme de gu.

Martuzzi — *Bologne* (Comtes, 29 sept. 1856.) D'azur à un chien, senestré d'un bouc ramp. d'arg. et adextré d'un cheval sellé d'arg., aux pieds duquel gît un cavalier, hab. de gu., le tout soutenu d'une terrasse de sin., et acc. en chef de trois étoiles rangées d'arg.; à un listel d'azur, br. sur le fût du pin et inscrit du mot FIDELITAS.

Marulli — *Bologne* Parti: au 1 d'arg. à l'aigle ép. de sa., cour. d'arg. au chef de l'écu d'azur ch. d'un ecusson ovale d'arg., ch. d'un lion d'arg.; au 2 d'azur à une croix alésée d'arg. en chef et un léopard pass. d'or, tacheté de sa., en p.

Marullo (Comtes) — *Messine.* Coupé: au 1 de gu. à une colombe au merle d'arg., soutenu de la ligne du coupé; au 2 d'or plein.

Marzalogli — *Bologne.* D'azur au lion ramp. d'or, soutenu de la moitié supérieure d'une roue du même, mouv. de la p.; au chef du premier, ch. de trois fleurs-de-lis d'or, rangées entre les quatre pendants d'un lambel de gu.

Marzoli — *Plaisance (Italie)* (An., 12 fév. 1686.) Parti: au 1 d'azur à un dextrochère, arm. au nat., tenant une héliotrope d'or aux étamines de gu.; le tout surmontant un palmier posé sur un monticule herbeux, mouv. de la p.. le tout au nat.; au 2 coupé: *a.* fascé d'azur et d'or; *b.* d'arg. à un palmier posé sur un monticule herbeux, le tout au nat., ledit palmier senestré d'un lion de gu., ramp. contre le tronc.

Mascaroni — *Bologne.* Parti: au 1 d'arg. à la demi-aigle de sa., cour. d'or, mouv. au parti; au 2 d'azur à trois fleurs-de-lis d'arg., rangées en pal.

Masola (Marquis) — *Naples.* D'azur au lion d'or, tenant une massue du même; au chef écartelé en saut. de gu. et d'azur.

Massa (de) — *Naples, Padoue.* D'azur à trois monts d'or, mouv. de la p., surm. d'un lion du même, arm. et lamp. de gu., tenant de ses pattes une masse à picotons d'or; le tout acc. en chef d'une croisette de gu. bordée d'or, accostée de deux étoiles (8) du même. **C.:** un homme d'armes iss.

Masse — *la Rochelle,* orig. de *Chambéry.* D'azur au chev. d'arg., acc. en chef de deux pommes de pin d'or et en p. d'une masse d'armes du même.

Masserelli — *Valais.* Coupé de sa. sur un mur crén. d'azur, maçonné; le sa. ch. d'une aigle naiss. d'arg., mouv. du mur et tenant en son bec un annelet d'or; le mur ch. de deux fasces, la première d'or plein, la seconde comp. d'or et de gu. de quatre pièces; à deux cotices d'arg., br. sur les fasces et sur le mur.

Massimilli — *Bologne.* D'or à trois bandes de gu.; au chef d'azur.

Massimo dei Casamassimi — *Naples, Rome.* D'or à la bande de gu., ch. de trois écussons d'arg. **D.:** CUNCTANDO RESTITUIT.

Massot de Pélissier — *Dauphiné.* D'arg. à l'aigle de sa.

Mastelloni — *Naples.* D'azur à un mont de trois coupeaux en p., le coupeau du milieu sommé d'une lance, accolée d'un serpent, le tout accosté de deux lions ramp. et affr.; au nat. **C.:** un lion iss., tenant de sa patte dextre une épée et de sa un listel ch. des mots NISI LACESSITUS.

Mather — *Angl.* Ec. d'arg. et de gu.; à quatre faux de l'un à l'autre, posées en barres. **C.:** un paysan tenant une faux.

Mathon — *Holl.* Ec.: au 1 d'azur à trois roses d'or, tigées et feuillées de sin.; au 2 d'arg. à un chien courant de sa.; au 3 d'arg. à une épée d'azur, garnie d'or; au 4 d'azur à trois fleurs-de-lis d'or.

Mattei (Ducs) — *Rome* (M. ét.) Echiq. d'arg. et d'azur; à la cotice d'arg., br. sur l'échiqueté; au chef d'or, ch. d'une aigle de sa., éq., m. et cour. d'or [V. **Anifei-Mattei.**]

Matten (an den) — *Valais.* D'azur à un bélier pass. d'arg., soutenu d'un tertre de trois coupeaux d'or, surm. d'un monde d'arg., cintré et croisé d'or et sommé d'une croix de Lorraine du même, toutes les extrémités pommetées; le tout acc. en chef de deux étoiles d'or.

Matten (in der) — *Valais.* D'azur à un trèfle d'or, soutenu d'un tertre de trois pics d'arg. et acc. en chef de deux étoiles (6) du sei.

Matter — *Valais.* Ec.: aux 1 et 4 d'arg. à deux clés, passées en saut., acc. de trois étoiles (6), 1 en chef et 2 en flancs, et d'une fleur-de-lis en p., le tout de gu.; aux 2 et 3 d'azur à une tour d'arg., accostée de deux étoiles (6) de gu. et soutenue d'un tertre de trois coupeaux de sin.

Matteuzzi — *Bologne.* De gu. à trois bandes d'or; au chef d'azur, surm. d'un autre chef d'or, ch. d'une aigle de sa., cour. d'or.

Matthyssen — *Holl.* D'arg. à trois tulipes au nat. **C.:** une tulipe au nat.

Mattioli — *Bologne.* D'arg. au lion de sin., acc. de deux roses de gu., 1 au flanc dextre et 1 en p.

Mattioli — *Bologne.* D'azur au lévrier ramp. d'arg., coll. de gu.; à la bande du même, br. sur le tout; au chef du premier, ch. de trois fleurs-de-lis d'or, rangées entre les quatre pendants d'un lambel de gu.

Mattone — *Naples.* De sin à un carreau d'herm.

Maupas (de) — *Paris.* D'azur à une herse d'or; au chef d'arg., ch. d'une aigle ép. de sa.

Maur (von) — *Wurt.* De gu. à un mur crén. d'arg., maçonné de sa., sommé d'un buste d'homme, de profil, hab. d'azur, coiffé d'un bonnet du même, retr. d'arg. **C.:** l'homme iss. **L.** d'arg. et de gu.

Maurer (Edle von) — *Aut.* (An., 11 déc. 1876.) De gu. à une grue avec sa vigilance d'arg. Cq. cour. **C.:** un vol à l'antique, l'aile de derrière de gu. plein, l'aile de devant d'az., ch. d'une bande de gu., surch. d'une épée d'arg., garnie d'or, posée dans le sens de la bande.

Maurianne de la Val — *Dauphiné.* De gu. au lion d'or; à la cotice d'azur, br. sur le tout.

Maurizzi — *Bologne.* D'azur à la bande d'or, bordée d'arg., ch. d'un papillon au nat.; au chef de gu., acc. en chef d'un senestrochère, paré de gu., mouv. du flanc, la main de carn.; au chef du premier, ch. de trois fleurs-de-lis d'or, rangées entre les quatre pendants d'un lambel de gu.

Maurre ou **Maurré** — *Tournai.* D'azur à trois chaînes d'or, posées en bandes; au canton sen. du même.

Mautner de Markhof — *Aut.* (Chevaliers, 14 mai 1872.) Parti: au 1 d'or à la fasce ondée d'arg., acc. en chef de trois trèfles du même, mouv. d'une même tige, iss. de la fasce, le trèfle du milieu à quatre feuilles et les deux autres à trois feuilles; au 2 d'azur à une tour carrée crénelée au nat., couverte d'un toit pointu de gu. et un vestibule couvert; le tout soutenu d'une terrasse de sin. Deux cq. cour. **C.:** 1° un vol cont., l'aile de derrière d'arg. plein, l'aile de devant de gu. ch. des trois trèfles d'arg., mouv. de la même tige; d'azur et d'arg.; l. d'arg. et d'azur. 2° un vol à l'antique, coupé alt. d'azur et d'arg.; l. d'arg. et d'azur.

Maxen — *Valais.* Ec.: au 1 de gu. à un trèfle de sin., acc. d'un demi-soleil d'arg., mouv. du chef; aux 2 et 3 d'azur à un gland de gu., à la coque de sin., feuillée d'une seule pièce et tigée du même, la tige en bas, accostée de deux colonnes d'arg.; au 4 de gu. à un trèfle de sin., surm. d'un croiss. figuré versé d'arg.

Mayenzet — *Valais.* D'azur à un coeur humain de gu., percé d'une flèche d'or en barre, la pointe en bas; et une rose d'arg., tigée et feuillée de deux pièces de sin., iss. du tuyau dudit coeur.

Maynard de la Savarge — *Angoumois.* D'arg. à une hure de sanglier de sa.

Maynard de la Tascherie — *Angoumois.* D'azur à la croix d'or, ch. sur chaque extrémité d'une coquille de gu. et cant. de quatre lions du sec.

Mayol de Lupé (Comtes) — *Forez.* De sin. à six pommes de pin d'or, 3, 2 et 1. **D.:** DEO ET PATRIÆ.

Mayout — *Art.* D'arg. au chev. de sa., acc. en chef de deux têtes de lion adossées de gu. et en p. d'un croiss. d'azur.

Mayr de Melnhof — *Aut.* (An., 4 déc. 1859; barons, 6 déc. 1872.) Ec.: aux 1 et 4 d'azur à trois épis feuillés d'or sur une même tige, mouv. du bas; aux 2 et 3 d'or à une roue à dents de sa. de quatre rayons. Sur le tout de gu. à une autruche au nat., tenant en son bec un fer-à-cheval, les bouts en bas, et dans sa patte dextre levée un autre fer-à-cheval, les bouts en haut; ladite autruche posée sur une terrasse de sin. Cq. cour. **C.:** les épis du 1, entre un vol coupé, à dextre d'arg. sur gu., à sen. d'or sur azur. **L.** conformes aux émaux du vol. **S.:** deux panthères, celle à dextre d'arg. et celle à sen. d'or, jetant des flammes par la bouche et les oreilles. **D.:** RECTE AGENDO SECURITAS.

Mayrhoffer von Mayrhoffen und Neudorff — *Aut.* (Nob. du St.-Empire, 20 mai 1676.) Ec.: aux 1 et 4 de sa. au griffon d'or, tenant une épée d'arg.; *b.* d'azur à trois étoiles d'or, rangées en pal; au 3 parti: *a.* d'azur à trois étoiles d'or, rangées en pal: *b.* d'a. à une fleur-de-lis d'arg. Cq. cour. **C.:** le griffon du 1, iss. **L.:** à dextre d'or et d'azur, à sen. d'arg. et de gu.

Maystern (Edle von), v. **Maister** Edle von **Maystern.**

Mazne — *Lang.* De gu. au lion d'arg.; au chef du même, ch. d'un coeur de gu., accosté de deux mains appaumées de sin., penchées vers ledit coeur.

Mazza — *Bologne.* D'azur à un senestrochère, arm. au nat., mouv. du flanc et tenant une masse d'armes en pal, au-dessus d'un mont de trois coupeaux d'arg., posé de gu.; au chef du premier, ch. de trois fleurs-de-lis d'or, rangées entre les quatre pendants d'un lambel de gu.

Mazza — *Bologne.* D'arg. à un senestrochère, arm. au nat., mouv. du flanc et tenant une masse d'armes en pal, arm. de picotons; au chef d'or, ch. d'une aigle de sa.

Mazzacurati — *Bologne.* Coupé: au 1 d'azur au lion léopardé d'or, tenant de sa patte dextre levée une masse d'armes d'arg.; au 2 bandé d'or et de gu. Au chef de l'écu d'azur, ch. de trois fleurs-de-lis d'or, rangées entre les quatre pendants d'un lambel de gu.

Mazzacuratí — *Bologne*. D'azur à trois bandes d'or; au chef du premier, ch. d'une croisette pattée de gu., et d'une flèche d'arg., en bande, br. sur la croisette, la pointe en bas.

Mazzanti — *Bologne*. D'or à un senestrochère, paré de gu., mouv. du flanc, la main de carn. tenant une masse d'armes d'arg. en pal; au chef d'azur, ch. de trois fleurs-de-lis d'or, rangées entre les quatre pendants d'un lambel de gu.

Mazzetti — *Bologne*. D'azur à deux bras opposés, mouv. des flancs, parés de gu., les mains de carn. tenant chacune une masse d'armes d'arg., en bande et en barre, les bouts des manches passés en saut.; le tout acc. en chef d'une comète d'or, surm. de trois étoiles mal-ordonnées (5) du même.

Mazzini — *Bologne*. De gu. à un senestrochère, arm. au nat., mouv. du flanc, la main de carn. tenant une masse d'armes d'arg., en pal, accostée de deux étoiles (5) d'or.

Mazzolani — *Bologne*. De gu. à trois masses d'armes d'arg., rangées en fasce, celle du milieu plus élevée que les autres; au chef d'azur, ch. de trois aigles d'arg.

Mazzoli — *Bologne*. Fascé d'arg. et de sa., de quatre pièces; au chef de gu., ch. de trois ballots couchés d'arg., rangés en fasce.

Mazzolini — *Bologne*. D'arg. à la fusce de gu., à deux masses d'armes au nat., passées en saut., br. sur la fasce, les bouts des manches réunis par une chaîne; le tout acc. de trois étoiles (5) d'or, rangées en chef.

Mazzoni — *Bologne*. D'azur à deux bras opposés, arm. au nat., mouv. des flancs, tenant chacun une masse d'armes d'arg., en bande et en barre, acc. en chef d'une étoile (5) d'or entre les têtes desdites masses, et en p. d'un mont de trois coupeaux d'or; au chef du premier, ch. de trois fleurs-de-lis d'or, rangées entre les quatre pendants d'un lambel de gu.

Medraige — *Liège*. Coupé: au 1 parti: *a.* d'arg. à un coeur de gu.; *b.* de gu. à trois pals d'arg.; au 2 d'arg. à trois maillets penchés de sa. **C.:** un maillet penché de sa.

Meer (van der) van Kuffeler — *Holl.* Ec.: aux 1 et 4 de *Kuffeler* qui est c.-éc.: *a.* et *d.* de gu. à deux pals d'arg.; *b.* et *c.* d'azur à un griffon d'or; aux 2 et 3 de *van der Meer*, qui est d'arg. à trois feuilles de nénuphar de sin. Deux cq., le 1 cour. **C.:** 1° cinq pl. d'aut., alt. d'arg. et de gu. (*van Kuffeler*); l. d'arg. et de gu.; 2° deux prob. d'arg., ornées chacune dans son embouchure d'une feuille de nénuphar de sin. (*van der Meer*); l. d'arg. et de sin. **S.:** deux griffons d'or, languès de gu. **D.:** VIRTUTEM EXTENDERE FACTIS.

Meeren (van der) — *Tirlemont*. D'arg. à la fasce d'azur, acc. en chef d'un lion naiss. de gu., arm. et lamp. d'azur, mouv. de la fasce.

Meersman (de) — *Alost, Ninove*. D'azur à un pélican avec ses petits dans son aire, le tout d'or.

Mees — *Groningue*. Coupé: au 1 d'azur à un rencontre de boeuf d'arg.; au 2 d'arg. à trois mésanges volantes au nat., 2 et 1. — Ou: Coupé: au 1 d'azur à un rencontre de boeuf d'arg.; au 2 d'arg. à trois mésanges cont. au nat., le vol plié, 2 et 1.

Meester (de) — *Delft*. D'azur à un croiss. figuré tourné d'arg., surm. d'une étoile du même.

Meesters — *Holl.* D'azur à trois fasces d'arg., acc. de trois étoiles d'or, 2 entre les première et deuxième fasces et 1 entre les deuxième et troisième fasces. Brl. d'arg. et d'arg. **C.:** une étoile d'or entre d'arg. et d'azur.

Mehl de Schönfelde — *Glogau (Silésie)* (Nob. d'*Aut.* et du St.-Empire, 16 mai 1629.) De gu. à trois lis de jardin d'arg. aux étamines d'or, tigés et feuillés de sin. et soutenus par les trois coupeaux d'un tertre du même. Cq. cour. **C.:** les lis tigés et feuillés. **L.** d'arg. et de sa.

Mehl de Strelitz — *Zittau (Saxe)* (Conf. de nob., 14 nov. 1530; nob. du St.-Empire, 27 juin 1531; nob. de *Bohême*, 6 janv. 1577.) Ec. d'arg. et de gu.: à la fasce d'azur, br. sur l'écartelé et ch. de trois fleurs-de-lis d'arg. Cq. cour. **C.:** un cygne iss. d'arg., bq. de sa., le vol levé, tenant du bec de la dextre ch. d'une bande et l'aile sen. d'une barre d'azur, chaque pièce ch. de trois fleurs-de-lis d'arg., posées dans le sens des pièces; le cygne tenant en son bec une flèche d'or, arm. et empennée d'arg., en fasce. **L.** d'arg. et de sa.

Meisterlin — *Strasbourg*. De gu. au chev. d'arg., ch. de trois têtes de More. **C.:** un buste de More, hab. de gu. **L.** d'arg. et de gu.

Melan — *Liège*. Parti: au 1 d'arg. à un melon de

---

sin., tigé et feuillé du même, la tige en haut; au 2 d'arg. à un renard ramp. de sin. **C.:** un renard iss. de gu.

Melbaum — *Valais*. D'arg. à un chêne de sin., englanté d'or, posé sur un tertre de trois coupeaux du sec.; la cîme de l'arbre accostée de deux étoiles (6) d'or.

Meldeman (de) de Bouré — *Namur*. D'arg. à un écusson de gu., en abime, acc. de trois mouch. d'herm. de sa., 2 et 1.

Melisurgo duc de Melissenos — *Naples, Turin*. D'azur à trois monts de sin., mouv. de la p., sommés de trois marguerites, entourées de quatre abeilles, au nat.; le tout acc. d'un soleil d'or, posé au canton dextre du chef.

Melle (del) — *Liège*. Ec.: aux 1 et 4 de gu. plein; aux 2 et 3 d'arg. à trois fasces de gu. A la croix engr. d'or, br. sur l'écartelé.

Melwaert — *Amsterdam*. Coupé d'un parti de sa. et de gu., sur or; à trois trèfles br. sur le tout, les tiges appointées en pairie, les deux trèfles du chef d'arg. et celui en p. de gu.

Menager — *Ile-de-Fr.* De gu. à trois coquilles d'arg.; au chef de gu., ch. d'un lion léopardé d'azur, arm. et lamp. de gu.

Menaud — *Ile-de-Fr.* D'arg. à un chêne de sin. sur une terrasse du même, englanté de deux pièces d'or, un gland de chaque côté.

Menche — *Art.* D'azur au chev., acc. en chef de deux étoiles et en p. d'un croiss., le tout d'or.

Mende de Turlach — *Aut.* (An., 10 mars 1647.) Parti d'arg. et de sa.; à un senestrochère, arm. au nat., revêtu d'une manche de gu. de l'épaule au coude, la main de carn. tenant une épée d'arg., garnie d'or, en barre; le tout br. sur le parti. Cq. cour. **C.:** le senestrochère, reposant sur le coude. **L.:** à dextre d'arg. et de gu., à sen. d'or et de sa.

Mendoza comtes de **Mirandola** — *Castille*. Les armes de **Mendoza** marquis de **Cañete**.

Mengentschen — *Valais*. D'arg. à un T d'or, soutenu d'un tertre de trois coupeaux de sin. et acc. en chef de deux étoiles (6) d'or.

Meniconi-Bracceschi (Comtes) —*Perugia, Rome*. D'azur à la bande d'or, acc. de deux étoiles du même.

Merceron — *Poitou, Bret., Tour., Perche, Ile-de-Fr.* D'azur à deux chev., acc. en chef de deux étoiles et en p. d'un croiss., le tout d'arg.

Mercker — *Nuremberg*. Coupé: au 1 d'arg. à un cor-de-chasse de sa., lié du même, pavillonné de gu., l'embouchure à dextre; au 2 de gu. à une fleur-de-lis d'arg.

*Merlen (van) — *Holl.* (Baron de l'Empire français, 5 avril 1814; nob. néerlandaise, 12 juin 1836; changement d'armoiries, 5 janv. 1885.) Ec.: au 1 d'or à une merle de sa., bq. d'or; au 2 d'arg. à un fer-de-moulin de sa.; au 3 losangé de sa. et d'arg.; au 4 de gu. à une épée d'arg., garnie d'or. Sur le tout de sa. à une roue de huit rayons d'or, acc. de trois merlettes du même, perchées deux sur la roue en haut et cont. et la troisième sur la roue en bas, cette troisième merlette renversée; le surtout bordé d'or. Cq. cour. **C.:** un lion iss. au nat., lamp. de gu. **L.** d'or et de sa. **S.:** deux chevaux bais. **D.:** VINCENTI LAURUS.

Merli — *Bologne*. D'azur à la fasce d'arg., ch. de trois merles du sec. et acc. de trois morions du sec.

Merlin — *Art.* D'azur à trois croix pattées d'arg.; à la bord. de gu. ch. de six étoiles d'arg. En coeur un écusson d'or au lion de gu.

Merlini — *Bologne*. D'azur à un mur au nat., maçonné de sa., remplissant les trois quarts de l'écu et sommé de trois créneaux entaillés, le 1er et le 3e créneau sommés chacun d'un oiseau d'arg., celui à dextre cont.

Merswin — *Strasbourg*. D'or à un sanglier ramp. de sa.; à la bord. de sin. **C.:** le sanglier, iss. **L.** d'or et de sa.

Mes — *Enkhuizen*. Parti: au 1 de gu. à trois couteaux d'arg., posés en pals, 2 et 1, le tranchant à dextre; au 2 de sa. à un griffon d'arg.

Mesclop (Baron de l'Empire) — *France*. Ec.: au 1 de gu. au lion d'azur, acc. de trois étoiles du même, rangées en chef; au 2 d'azur (ou de gu.?) à une épée d'arg., garnie d'or (*barons militaires*); au 3 d'azur à une montagne d'arg., acc. en chef d'une croix. d'or, posé au canton dextre du chef; au 4 de sa. à une tour donjonnée d'arg., enflammée de gu. **S.:** deux lévriers.

Mesclou — *Bret.* D'arg. à deux fasces de gu.

Mesnilberard (du) de la Chaise — *Norm.* D'azur à la croix ancrée d'arg.

Messageot — *Ile-de-Fr.* D'arg. au chev. de gu.,

acc. en chef de deux étoiles d'azur et en p. d'une rose de gu., tigée de sin.

Messchaert — *Holl.* Coupé : au 1 d'arg. à deux plantes accostées, consistant chacune en trois roses malordonnées d'or, tigées de sin., mouv. d'une seule tige de sin., feuillée de deux pièces du même; au 2 d'arg. à trois fleurs-de-lis de gu.; le 2 ch. en outre d'un fr.-q. d'or à trois pals d'azur et au chef de gu. Brl. de gu. et d'arg. **C.:** l'une des plantes du 1. **L.** d'arg. et de gu.

Métel (le) de Boisrobert — *Norm.* (An., juin 1636.) D'azur à trois épis effeuillés d'or.

Mettinck — *Groningue.* D'arg. à trois annelets de gu.

Meulen — *Amsterdam.* D'or à un moulin à vent de gu.

Meulen (ter) — *Holl.* De sin. à un moulin à vent d'or, soutenu de trois poteaux en chev., les ailes d'arg. br. sur le bâtiment. Cq. cour. **C.:** le moulin. **L.** d'or et de sin.

Meulen (van der) — *Holl.* D'azur à trois meules de moulin d'arg. **C.:** une meule de moulin d'arg.

Meurs — *Holl.* Ec.: au 1 d'or à quatre fasces de sa.; au 2 d'or à deux clés d'azur, passées en saut., les pannetons en bas adossés; au 3 d'arg. à la croix de gu.; au 4 c.-éc.: *a.* d'or à trois colonnes (*zuilen*) de sa.; *b.* d'azur au lion d'or, arm. et lamp. de gu.; *c.* d'or à trois fasces de sa.; *d.* d'or à trois tourt. de sa. Brl. d'or et de sa. **C.:** un vol à l'antique, d'or et de sa. **L.** d'or et de sa.

Meurs (van) — *Holl.* Coupé, de gu. à une étoile (8) d'or. sur or à trois huchets de sa., eng. et pavillonnés de gu.; à la fasce de sa., br. sur le coupé. **L.:** une étoile (8) d'or. **L.** d'or et de sa.

Meurs (van) — *Amsterdam.* D'or à la fasce de sa., ch. d'une étoile d'arg.

Meyer. Coupé: au 1 d'or à la moitié supérieure d'un poisson d'azur. posée en bande, acc. d'une étoile du même au canton dextre du chef; au 2 d'azur à la moitié inférieure d'un poisson d'or, posée en barre, acc. d'une étoile du même au canton sen. du chef.

Meyer (Vienne (Dauphiné). De gu. au chev. d'arg.; au chef du même.

Meyra — *Castille.* D'or à la croix florencée de sin.

Meyrie (de la) — *Dauphiné.* D'arg. à l'aigle ép. de sa., bq. et m. de gu.

Mezzamici — *Bologne.* D'azur à trois têtes de licorne d'arg., les deux du chef affr.

Mezzavacchi — *Bologne.* D'azur à une tête et col de vache d'or, acc. de neuf fleurs-de-lis du même, 4 en chef, 2 à chaque flanc, l'une sur l'autre, et 1 en p.

Mezzovillani — *Bologne.* Coupé d'azur sur gu. Au chef de l'écu d'azur, ch. de trois fleurs-de-lis d'or, rangées entre les quatre pendants d'un lambel de gu.

Michaelsen (von) — *Dan.* (Inc. dans la nob. danoise, 12 juillet 1809.) Ec.: aux 1 et 4 parti de sa. et d'arg.; à deux ancres, passées en saut., l'un et l'autre; au 2 d'or à un senestrochère au nat., tenant un drapeau danois et une épée, passés en saut.; au 3 gu. au lion d'or, tenant une épée. Sur le tout parti: *a.* d'azur à un ange d'or, tenant un rameau d'olivier du même; *b.* d'azur à sept étoiles d'or, 2, 2, 2 et 1. **C.:** trois pl. d'aut. d'arg., accostées de deux drapeaux danois, houppés d'or.

Michel (de) — *Grenoble.* De gu. à un cygne d'arg., nageant sur une eau d'azur, et acc. en chef d'un croiss. d'arg.

Micheli — *Bologne.* De sa. à quatre bandes d'arg.

Michelini dit Ramazzotti — *Bologne.* Ec.: aux 1 et 4 d'azur à un arbre de sin. sur un mont de trois coupeaux d'or, mouv. de la p.; au chef d'or, ch. d'une aigle ép. iss. de sa., surm. d'une couronne d'or; aux 2 et 3 d'arg. à un senestrochère de carn., mouv. du flanc, tenant une rose de gu., tigée et feuillée de sin.; au chef d'or, ch. d'une aigle ép. iss. de sa., surm., d'une couronne d'or.

Michellod — *Valais.* D'arg. à une tour à quatre créneaux entaillés de sa., ouv. et aj. du champ, surmontée d'un senestrochère de carn., mouv. du flanc, tenant une épée de gu., accolée d'un rameau de sin.

Michlig dit Supersaxo — *Valais.* De gu. à un cheval cabré d'arg., sur un tertre de trois coupeaux de sin.

Midcot ou Middelcott — *Boston.* D'azur à l'aigle d'arg.; au chef de gu., ch. de trois coquilles d'or. **C.:** l'aigle iss., tenant en son bec une coquille d'or.

Middelbeck — *Holl.* Ec.: aux 1 et 4 d'or à une ancre de sa., posée en bande; aux 2 et 3 d'arg. à trois moineaux pass. au nat.

Midecey — *Valais.* D'or à six tourt. de sa.

Midy — *Ile-de-Fr.* D'azur au chev. d'or, acc. en

chef de deux étoiles du même et en p. d'un croiss. d'arg., d'où sort une palme de sin., br. sur le chev.

Mieulet de Ricaumont — *Lang.* D'azur à trois ruches d'or, et trois abeilles du même, 2 entre les deux ruches du chef et 1 en coeur.

Mieullé — *Bret.* (An., 4 fév. 1815.) Coupé: au 1 d'azur à trois étoiles d'arg., rangées en fasce; au 2 d'or à un chat de sa., pass. sur une terrasse de sin. (ou d'or à un monde d'azur.)

Migliaccio duc de Florida et de Santo Donato — *Syracuse, Palerme.* D'azur à une plante de millet d'or.

Mignani — *Bologne.* D'azur au griffon d'or, acc. de trois étoiles (5) rangées du même.

Mignon — *Ile-de-Fr.* D'arg. à un arbre terrassé de sin., ch. en coeur d'un croiss. de gu. et cantonné de quatre étoiles du même.

Milbank — *Yorkshire* (Baronet, 16 mai 1882.) De gu. au saut. d'arg. semé de larmes de sa. et acc. en chef et en p. d'une tête de lion coupée d'arg. et à chaque flanc d'une rose du même. **C.:** une tête de lion d'arg. semée de larmes de sa. et chargée d'un pal de gu. surch. de trois roses d'arg.

Milde — *Aut.* (Conc. d'arm., 2 nov. 1561.) De sa. au lion d'or, tenant une flèche de sa., arm. et empennée d'arg., en barre, la pointe en bas. Cq. cour. **C.:** le lion, iss., entre deux prob. coupées, à dextre d'or sur sa., à sen. d'arg. sur sa. **L.** conformes aux émaux des prob.

Milesi-Ferretti (Comtes) — *Ancône.* Ec.: aux 1 et 4 d'azur à un pin au nat., le fût accolé d'un serpent de sa.; le pin accosté de deux lions ramp. et affr. d'or (*Milesi*); aux 2 et 3 d'arg. à deux bandes de gu. (*Ferretti*). **D.:** CUM FERIS FERUS. L'écu posé sur l'estomac d'une aigle ép. de sa.

Millain — *Ile-de-Fr.* D'azur au chev. d'arg., acc. en chef de deux gerbes de millet d'or et en p. d'un lévrier courant du sec., coll. de gu., bordé et bouclé d'or.

Millais — *Middlesex* (Baronet, 16 juillet 1885.) Taillé d'or sur azur, à une étoile (8) rayonnante de l'un en l'autre, accostée de deux fleurs-de-lis de l'un à l'autre et acc. en p. d'une troisième fleur-de-lis d'or. **C.:** une main gantelée appaumée en pal, au nat.,ch. d'une étoile (8) rayonnante d'or. **D.:** ARS LONGA, VITA BREVIS.

Millard — *Bourg.* Coupé: au 1 d'azur à une tour d'arg.; au 2 d'azur à dix bes. d'or, 4, 3, 2 et 1. **D.:** FORTIS IN ADVERSIS.

Minelli — *Bologne.* D'azur à une tour de gu. sur une terrasse de sin., et une feuille de scie au nat., en bande, mouv. des flancs de l'écu et passant à travers la tour; au chef du premier, ch. de trois fleurs-de-lis d'or, rangées entre les quatre pendants d'un lambel de gu.

Mingardi — *Bologne.* D'azur à un senestrochère, paré de gu., mouv. du flanc, empoignant une croix latine de gu., soutenue d'un mont de trois coupeaux d'arg., mouv. de la p.; au chef du premier, ch. de trois fleurs-de-lis d'or, rangées entre les quatre pendants d'un lambel de gu.

Mingarelli — *Bologne.* D'azur à un mont de trois coupeaux d'or, mouv. de la p., sommé d'un oiseau d'arg.; au chef du premier, ch. de trois fleurs-de-lis d'or, rangées entre les quatre pendants d'un lambel d'azur.

Mingazzi — *Bologne.* D'azur à un senestrochère, paré de gu., mouv. du flanc, portant la main de carn. à un vase d'arg., posé sur une terrasse de sin., rempli de trois lis de jardin d'arg., tigés et feuillés de sin., et acc. de trois étoiles (5) d'or. rangées en chef.

Minghelli — *Bologne.* D'azur à la fasce de gu., acc. en chef de trois fleurs-de-lis rangées d'or, et en p. d'une rose de gu.

Minghetti — *Bologne.* D'azur à deux écrevisses de gu., posées en pals, acc. en p. d'une croix de Malte d'arg.

Mini — *Bologne.* De gu. à un mont de trois coupeaux d'or, mouv. de la p., sommé d'un boisseau d'arg.; au chef d'azur, ch. de trois fleurs-de-lis d'or, rangées entre les quatre pendants d'un lambel de gu.

Miniati — *Bologne.* D'azur au chef de gu., lamp. de gu.; à la fasce d'azur, br. sur le tout et ch. de trois roses d'or.

Minnig — *Valais.* D'azur à deux ceps de vigne pamprés de sin., passés en double saut., les deux rameaux supérieurs fruités chacun d'une grappe de raisins d'azur, chaque cep iss. d'un coeur de gu., ces coeurs accostés sur un tertre de trois coupeaux de sin. et percés ensemble d'une épée d'arg. la pointe penchée en sin. vers dextre; chaque coeur supp. sur son flanc un oiseau d'arg., celui à dextre cont.; le tout acc. d'une flèche de gu. en pal. br. sur les ceps de vigne, la pointe en bas entre les coeurs.

Minozzi — *Bologne.* D'arg. à un arbre de sin., et un lévrier pass. au nat., coll. de gu., br., attaché par une chaîne au fût, le tout soutenu d'une terrasse de sin.; au chef d'azur, ch. de trois fleurs-de-lis d'or et surm. d'un autre chef d'or, ch. d'une aigle de sa., cour. d'or.

Miranda marquis **de Premio-Real** — *Malaga.* De gu. à cinq jeunes filles iss. de carn., les cheveux épars, 2, 1 et 2, mouv. chacune d'une arabesque d'or en fasce et tenant chacune de ses deux mains une coquille d'or devant son sein. **C.:** une jeune fille iss. de l'écu. **S.:** deux dragons ailés à deux pattes de sin. **D.:** LO ILUSTRE DE LOS MIRANDAS PUBLICA AQUESTE BLASON.

Mirandola — *Bologne.* D'arg. à un arbre de sin. à deux branches sans feuilles qui forment un demi-cercle, chaque branche fruitée des deux côtes d'un nombre de pommes de gu. et sommée d'un oiseau de sa., celui à dextre cont.; ledit arbre terrassé de sin. et acc. en chef d'une couronne à l'antique d'or; au chef d'azur, ch. de trois fleurs-de-lis d'or, rangées entre les quatre pendants d'un lambel de gu.

Mirogli — *Bologne.* Tranché de gu. sur arg.; à six annelets de l'un à l'autre, rangés en deux bandes; au chef d'or, ch. d'une aigle de sa., cour. d'or.

Misani — *Bologne.* D'or au chev. d'azur, l'espace entre ses branches rempli de gu.; le chev. surm. d'une boule de gu.

Misani — *Bologne.* De sa. à deux fasces d'arg.; au chef du même, ch. d'un griffon iss. de gu., tenant de ses pattes une équerre ⌐ de sa.

Miserani — *Bologne.* Tranché: au 1 d'arg. au lion de sin., lamp. de gu., tenant de ses pattes une fleur-de-lis d'or; au 2 bandé d'azur et de gu., de quatre pièces. Au chef de l'écu d'azur, ch. de trois étoiles (5) d'or.

Mishlati — *Bologne.* D'azur à une fasce de gu., ch. des lettres G R d'or et acc. en p. d'un lévrier d'arg., coll. de gu., pass. sur une terrasse de sin.; au chef d'azur, ch. de trois étoiles (5) d'or.

Mitelli — *Bologne.* D'azur à un vase à deux anses d'arg., portant une rose de gu., tigée et· feuillée de sin.; au chef du premier, ch. de trois fleurs-de-lis d'or, rangées entre les quatre pendants d'un lambel de gu.

Modderman — *Holl.* D'azur à un bâteau en forme de maisonnette, du bord supérieur de laquelle sort une demi-roue de moulin senestrée d'une cheminée, et sur le devant du bâteau une trabe en bande, de laquelle dépendent des cordes; le tout d'arg.; ledit bateau flottant sur une mer de sin. Brl. d'azur et d'arg. **C.:** un vol coupé d'azur sur arg. **L.** d'arg. et d'azur.

Modona — *Bologne.* D'azur à trois fasces abaissées d'or, surm. d'une coquille renv. d'arg.; au chef du premier, ch. de trois fleurs-de-lis d'or, rangées entre les quatre pendants d'un lambel de gu.

Mogen — *Hesse* (Nob. du St.-Empire, 27 mai 1737. M. ét. le 8 nov. 1812.) D'azur à un agneau pascal pass. d'arg., onglé d'or, la tête entourée d'une auréole du même, tenant un guidon de gu. bordé d'arg., attaché à une hampe d'or sommée d'une croix de sa. Cq. cour. **C.:** l'agneau iss. avec le guidon.

Mogli — *Bologne.* De gu. au lion d'or, soutenu d'une terrasse de sin. portant à dextre trois feuilles allongées du même; au chef d'azur, ch. de trois fleurs-de-lis d'or, rangées entre les quatre pendants d'un lambel de gu.

Moine (le) — *Lorr.* (An., 1558.) De sin. à une harpe d'or, cordée d'arg.

Molard (du) — *Grenoble.* D'arg. à trois jumelles de sa.

Molembais — *Tournaisis.* D'arg. à quatre fasces d'azur; au chev. de sin. br. sur les 2e, 3e et 4e fasces.

Molin (de) — *Liége.* D'arg. à la bande de sa., acc. en chef d'un lion léopardé de gu. pass. sur la bande, et en p. d'un poisson d'azur, posé en bande. **C.:** un lion iss. de gu.

Molinari — *Bologne.* D'arg. à une meule de mou-d'or, soutenue d'une terrasse de sin. et sommée d'un arbre du même; au chef d'azur, ch. de trois fleurs-de-lis d'or, rangées entre les quatre pendants d'un lambel de gu.

Molinari — *Bologne.* D'arg. à une tour de gu., soutenue d'un mont de trois coupeaux de sin. et chargée au-dessous des créneaux d'une roue d'arg. (dont les six rayons dépassent la jante), sur laquelle souffle un aquilon posé au canton sen. du chef; au chef d'azur, ch. de trois fleurs-de-lis d'or, rangées entre les quatre pendants d'un lambel de gu.

Molinella (dalla) — *Bologne.* Tiercé en fasce: au 1 d'azur à trois étoiles (5) d'or, rangées en fasce; au 2 de gu. à une Foi, parée d'arg., mouv. des flancs, les mains de carn.; au 3 d'arg. au lion léopardé d'or.

Molineili — *Bologne.* Coupé: au 1 de gu. à une Foi, parée de sa., mouv. des flancs, les mains de carn.; au 2 d'azur au lion léopardé d'or, lamp. de gu. Au chef de l'écu d'azur, ch. de trois étoiles (5) d'or.

Moll (de) — *Ypres, Amsterdam.* D'azur à la fasce d'arg., ch. d'une taupe pass. de sa. et acc. de trois étoiles d'or. **C.:** un avant-bras, en pal, paré de sa. d'or, retr. d'arg., la main de carn. tenant une branche feuillée de sin., en pal. **L.** d'or et d'azur.

Moltke — *Dan.* (Comtes féodaux, 13 déc. 1834.) Ec.: aux 1 et 4 de gu. à une coquille d'arg. (*Lütken*). 2 et 3 de gu. à deux bras, arm. d'arg., en pals, les mains de carn. supp. ensemble une épée d'or (*Oertzen*). Sur le tout un écusson d'arg., cour. d'or et ch. de trois poules de sa. (*Moltke*). Trois cq. cour. **C.:** 1° sept tuyaux d'or, sommés chacun d'une plume de paon au nat. (*Moltke*); 2° cinq drapeaux de gu., ch. chacun d'une croix d'arg.; 3° cinq bannières, d'azur, d'or, de gu., de sin. et d'orangé, br. sur le drapeau dit Dannebrog. **S.:** deux lions d'or.

Monaldini — *Bologne.* D'or à une main d'aigle de sa.

Monari — *Bologne.* D'azur à un cheval d'arg., bridé de gu., pass. sur une terrasse de sin. et acc. en chef de deux étoiles (5) de gu.; au chef du premier, ch. de trois fleurs-de-lis d'or, rangées entre les quatre pendants d'un lambel de gu.

Monari — *Bologne.* D'azur au lion d'or, supp. de ses pattes deux clés adossées du même, posées en chev. renv., les anneaux en bas; au chef du premier, ch. de trois fleurs-de-lis d'or, rangées entre les quatre pendants d'un lambel de gu.

Monderessi — *Valais.* Tranché, d'azur à une étoile (6) d'or, sur gu. à une étoile (6) d'or; à la bande ondée d'arg., br. sur le tranché.

Mondini — *Bologne.* D'or à la bande d'azur, acc. de deux têtes de lion de sa.; au chef d'azur, ch. de trois fleurs-de-lis d'or, rangées entre les quatre pendants d'un lambel de gu.

Moneta (dalla) — *Bologne.* Tranché-enté d'azur sur or.

Monferrari — *Bologne.* D'azur à trois chaînes en pairle, mouv. d'un triangle vidé et aboutissant aux flancs et à la p. de l'écu; et trois étoiles (5) rangées en chef; le tout d'or.

Mongardi — *Bologne.* D'arg. à un senestrochère, paré de gu., mouv. du flanc, la main de carn. empoignant une croix latine de gu., soutenue d'un mont de trois coupeaux au nat., mouv. de la p.

Mongardini — *Bologne.* De gu. à un mont de sept coupeaux d'arg., mouv. de la p., acc. de trois roses du même, rangées en chef.

Mongiorgi — *Bologne.* D'azur à la bande de gu., acc. au point du chef d'une comète d'or et en p. d'un mont de trois coupeaux d'arg., mouv. de la p.

Monier — *Valais.* De gu. à un cerf d'arg., ramé d'or, s'élançant en bande sur une terrasse de sin., panchée de dextre vers sen.

Monjoye d'Oumale — *P. de Liége.* D'azur semé de fleurs-de-lis d'arg.; au fr.-q. d'or, ch. d'un lion de gu. (L.v. sin. [V. *Montjoie.*]

Monk-Bretton (Baron), v. **Dodson** baron **Monk-Bretton.**

Monkswell (Baron), v. **Collier** baron **Monks-well.**

Monnié van Kieldonk — *la Haye.* D'azur au chev., acc. en chef de deux poissons et en p. d'une coquille, le tout d'arg. **C.:** deux poissons, en pals, les têtes en bas.

Monnier (le) de Lorrière — *Maine.* D'azur à un sanglier d'or, acc. de trois gerbes du même.

Monnoïer (le) dit **de Herimez** — *Tournaisis.* De sa. semé de bœufs. d'or; au lion du même, arm. et lamp. de gu., br. sur le tout.

Monroy — *Palerme* (Ducs de *Santa Rosalia*, princes de *Maletto*, de *Pandolfina*, de *San Giuseppe* et de *Venetico*, marquis de *Carsugliano*, de *Rocella* et de *San Martino*). Ec.: aux 1 et 4 de gu. à un tour sommée de trois tourelles d'or; aux 2 et 3 vairé de gu. et d'azur. Sur le tout d'or à quatre pals de gu., ledit surtout entouré d'une bord. d'azur, ch. de huit croisettes d'or.

Monsi — *Bologne.* D'arg. à trois pals de sa.; au chef d'azur, ch. de trois fleurs-de-lis d'or, rangées entre les quatre pendants d'un lambel de gu.

Monsjou — *Holl.* Parti: au 1 d'azur à quinze piques d'or, 5, 5 et 5; au 2 coupé: *a.* de sin. à trois cygnes d'arg., le vol étendu; *b.* de sa. à cinq étoiles d'or, 3 et 2.

Monstier — *Ile-de-Fr.* D'arg. à un romarin de sin., fleuri d'arg., sur une terrasse de sin.; au chef d'azur, ch. d'une étoile de sin.

Mont (de) — *Valais.* D'or à la croix de sa.

Montagut — *Gasc.* D'azur à une tour d'or.

Montalbani — *Bologne.* Burelé de sa. et d'arg. de douze pièces, la troisième burèle de sa. ch. d'une rose d'or.

Montalbani — *Bologne.* Fascé d'or et de sa. de huit pièces, la deuxième fasce d'or ch. d'une rose d'azur.

Montanari — *Bologne.* D'azur à un mont de trois coupeaux d'arg., mouv. de la p., et une femme nue de carn., posée sur le coupeau supérieur, acc. de deux enfants nus de carn., posés sur les deux autres coupeaux, ces trois figures de front, chaque enfant levant un bras vers la femme qui les tient chacun par la main.

Montanari — *Bologne.* D'azur à un mont de trois coupeaux d'or, soutenu d'une terrasse de sin. et sommé de deux feuilles de chêne de sin., mouv. des deux coupeaux inférieurs; en chef trois étoiles (5) rangées d'or.

Montaperto (Princes) — *Palerme.* Parti: au 1 d'azur à quatre barres d'arg., acc. de neuf roses du même (*Montaperto*); au 2 reparti: *a.* de gu. à la demi-aigle d'arg., mouv. du reparti; *b.* échiq. d'azur et d'or de cinq tires (*Uberti*). **C.:** un chevalier, arm. de toutes pièces, tenant de sa main dextre une lance en arrêt et de sa sen. un bouclier, monté sur un cheval sellé, galoppant dans des flammes de gu.

Montarselli — *Bologne.* D'azur à un ours ramp. d'arg., tenant entre ses pattes une poire du même, tigée et feuillée de sin., la tige en haut; au chef du premier, ch. de trois fleurs-de-lis d'or, rangées entre les quatre pendants d'un lambel de gu.

Montasi — *Bologne.* D'arg. à un arbre de sin. sur un tertre du même, senestre d'un lion d'or, lamp. de gu., soutenu du tertre; au chef d'azur, ch. de trois fleurs-de-lis d'or, rangées entre les quatre pendants d'un ambel de gu.

Montasigo — *Bologne.* Coupé d'azur sur or, au lion de l'un en l'autre, tenant de ses pattes un moulinet (jouet) d'arg., et acc. en chef de trois étoiles (5) rangées d'or.

Mont-Bernanchon (du) — *Art.* D'arg. à la fasce de gu., acc. en chef d'un lion léopardé de sa.

Monte (dal) — *Bologne.* D'or au saut. de gu., cant. de quatre monts de trois coupeaux du même.

Monte (dal) — *Bologne.* D'arg. au lion d'or, tenant de ses pattes une fleur-de-lis du même; au chef d'azur, ch. de trois fleurs-de-lis d'or, rangees entre les quatre pendants d'un lambel de gu.

Monte (dal) — *Bologne.* D'azur à un mont de trois coupeaux d'or, mouv. de la p., et une des deux palmes de sin., mouv. des deux coupeaux inférieurs; le tout acc. d'une comète d'or entre les palmes, et de trois étoiles (5) du même, rangées en chef.

Monte (del) — *Modène.* D'azur à un mont de trois coupeaux de gu., soutenu d'une terrasse de sin. et percé d'une caverne de sa. dans laquelle est couché un lion d'or; le tout acc. en chef de trois étoiles rangées d'or; au chef du même, ch. d'une aigle de sa., cour. d'or.

Montebello — *Bologne.* D'azur à un mont de trois coupeaux d'or, en abime, et un chev. renversé alésé de gu., en p., mouv. de la base de l'écu.

Montebugnoli — *Bologne.* D'azur à un mont de trois coupeaux d'or, mouv. de la p., sommé d'un arbre de sin., fruité de gu.; au chef du premier, ch. de trois fleurs-de-lis d'or, rangées entre les quatre pendants d'un lambel de gu.

Montecalvi — *Bologne.* D'azur à un mont de six coupeaux d'arg., soutenu d'une fasce alésée de gu., chaque coupeau d'un clou de sa., la pointe en bas.

Montecalvi — *Bologne.* D'azur à un mont de six coupeaux d'arg., chaque coupeau d'un clou de sa., la pointe en bas; ledit mont posé devant un autre mont plus élevé d'arg.; le tout soutenu d'une terrasse de sin.

Montecatini (Comtes) — *Ferrare.* Fascé d'arg. et de gu.; à la bande d'azur, br. sur le tout et ch. de trois fleurs-de-lis d'or.

Montecchi — *Bologne.* Coupé: au 1 d'azur à une fleur-de-lis d'or; au 2 d'arg. à un mont de trois coupeaux d'or, mouv. de la p.

Montecchij — *Bologne.* Coupé d'azur sur arg.; à une fleur-de-lis d'or, br. sur le coupé et soutenue d'un mont de trois coupeaux d'azur sur l'arg., mouv. de la p.; au chef d'or, ch. d'une aigle de sa., cour. d'or.

Montecenerl — *Bologne.* D'azur au lion, soutenu d'un mont de six coupeaux et tenant de ses pattes une masse d'armes, le tout d'or; au chef du premier, ch. de trois fleurs-de-lis d'or, rangées entre les quatre pendants d'un lambel de gu.

Montecuccoli (Marquis) — *Bologne. Armes anc.:* D'or à l'aigle ép. de sa., bq. et m. de gu., surm. d'une couronne impériale au nat., aux rubans d'or flottant à dextre et à sen.; en p. un mont de six coupeaux de sin., 1, 2 et 3, et deux rameaux de laurier de sin., fruités de gu., iss. des flancs du mont entre les 2e et 3e rangs de coupeaux. Cq. cour. **C.:** une aigle ép. iss. de sa., bq. d'or, surm. d'une couronne impériale au nat., sans rubans. **I..** d'or et de sin. — *Armes mod..* Ec.: aux 1 et 4 d'or à l'aigle ép. de sa., bq. et m. de gu., chaque tête sommée d'une couronne ordinaire d'or; aux 2 et 3 les armes anciennes, sauf que la couronne impériale est absente et que chaque tête de l'aigle ép. est sommée d'une couronne ordinaire. Cq. cour. **C.:** une aigle ép. iss. de sa., surm. d'une couronne ordinaire d'or. **L.:** à dextre d'or et de sa., à sen. d'arg. et de gu.

Montefani — *Bologne.* D'arg. à une croix latine pattée de gu., posée sur un mont de trois coupeaux de sin., mouv. de la p., et accostée de deux étoiles (5) d'or; au chef d'azur, ch. de trois étoiles (5) d'or.

Montefani-Caprara — *Bologne.* Coupé: au 1 d'arg. à une croix latine pattée de gu., posée sur un mont de trois coupeaux de sin., mouv. du bas, et acc. en chef de trois étoiles (5) rangées d'or; au 2 d'azur à trois fleurs-de-lis d'or en chef, rangées entre les quatre pendants d'un lambel de gu., et en p. un arbre terrassé de sin., senestré d'un bouc d'arg., ramp. contre le fût.

Montemayor (Marquis) — *Naples.* D'or à trois fasces de gu.; à la bande d'arg., engoulée de deux têtes de dragon de sin., br. sur le tout.

Montemayor (Barons) — *Naples.* Ec.: au 1 d'or à trois fasces de gu.; à la bande d'arg., engoulée de deux têtes de dragon de sin., br. sur le tout; au 2 d'azur à trois pals d'or; au 3 c.-éc.: *a.* et *d.* d'azur à dix vergettes d'or, et une étoile d'or, br. sur les vergettes; *b.* et *c.* d'arg. et un arbre arr. de sin.; au 4 d'azur à un griffon d'or, langué de gu., tenant une épée d'or; ce quartier bordé d'or. Au chef de l'écu échiq. d'arg. et de gu. de trois tires, br. sur l'écartelé.

Montenave (Edle von), v. **Blumauer Edle von Montenave.**

Monte-Perlic (Edle von), v. **Binder Edle von Monte-Perlic.**

Monterenzi — *Bologne.* De gu. à un mont de six coupeaux d'or, sommé d'un arbre de sin., fruité d'or; au chef d'azur, ch. de trois fleurs-de-lis d'or, rangées entre les quatre pendants d'un lambel de gu.

Monterumisi — *Bologne.* Coupé d'or sur azur, au lion de l'un en l'autre, tenant de ses pattes un rameau d'olivier de sin.; au chef d'azur, ch. de trois fleurs-de-lis d'or, rangées entre les quatre pendants d'un lambel de gu.

Montesi — *Bologne.* De gu. à un mont de six coupeaux d'arg., surm. d'une comète d'or; au chef d'azur, ch. de trois fleurs-de-lis d'or, rangées entre les quatre pendants d'un lambel de gu.

Montéty — *Rouergue.* Ec.: aux 1 et 4 d'azur à un mont d'arg., mouv. de la p., acc. de trois chênes arr. d'or, rangés en chef; aux 2 et 3 d'azur à un lion d'or, grimpant sur un mont d'arg., mouv. de la p.

Montfort vicomte de **Villette** — *Norm.* Ec.: aux 1 et 4 d'arg. à trois trèfles de gu. (*Marie*); aux 2 et 3 de gu. à un mont d'arg. (*Montfort*). Sur le tout de gu. à la croix d'herm., gringolée d'or. **D.:** POTIUS MORI QUAM FOEDARI.

Monti — *Bologne.* De gu. à la bande d'or, ch. de trois monts de trois coupeaux du champ, posés chacun en pal, mouv. du bord inférieur de la bande; au chef d'azur, ch. de trois fleurs-de-lis d'or, rangées entre les quatre pendants d'un lambel de gu.

Monti — *Bologne.* Coupé: au 1 d'azur à un mont de trois coupeaux de sin.. mouv. du bas, acc. en chef de trois étoiles (5) rangées d'or; au 2 fascé de gu. et d'arg. de six pièces. Au chef de l'écu d'azur, ch. d'une aigle de sa.

Monti — *Bologne.* D'azur à un mont de trois coupeaux d'arg., mouv. de la p. et une fleur-de-lis d'or, accostée de deux épis du même, tigés et feuillés de sin., mouv. des deux coupeaux inférieurs; au chef de sin., mouv. de trois fleurs-de-lis de gu., rangées entre les quatre pendants d'un lambel de gu.

Monti — *Bologne.* D'azur à un mont de trois coupeaux, mouv. de la p.. soutenant un lion tenant entre ses pattes une fleur-de-lis, le tout d'or; au chef du premier, ch. de trois fleurs-de-lis d'or, rangées entre les quatre pendants d'un lambel de gu.

Monticelli — *Crème* (*Italie.*) D'arg. à trois montagnes de sin., surm. de trois étoiles (5) d'or.

Monticelli — *Bologne*. Coupé, d'azur plein, sur arg. ch. d'un mont de trois coupeaux de sin., sommé d'un oiseau de sa., accosté de deux roses de gu., tigées et feuillées de sin., mouv. des deux coupeaux inférieurs; à la fasce de sa., br. sur le coupé.

*****Montiers (des) comtes de Mérinville** — *Lang*. (Comtes, nov. 1740.) Éc.: aux 1 et 4 d'azur à deux lions léopardés d'or, l'un sur l'autre; aux 2 et 3 d'or à trois fasces de gu.

Montignani — *Bologne*. De gu. à une fasce d'azur, haussée dans l'écu, ch. de trois étoiles (5) d'or et acc. en p. d'un mont de six coupeaux d'or, mouv. de la p. et surmonté d'une étoile (5) d'or.

Montini — *Bologne*. Tiercé en fasce: au 1 de gu. à trois croiss. d'arg., rangés en fasce; au 2 d'arg. à un mont de trois coupéaux d'or, mouv. du bas; au 3 de sin. plein.

Montironi — *Bologne*. D'or à la fasce de gu., penchée en barre de sen. à dextre, acc. au canton sen. de la p. d'une tête et col de lévrier d'arg., coll. de gu.

Montjole — *Namur, Huy*. D'azur, semé de fleurs-de-lis de gu. [V. **Monjoye d'Oumale**.]

Montorfani — *Bologne*. D'azur à une tour de gu., posée sur une terrasse de sin. et sommée d'une aigle ép. iss. de sa., surm. d'une couronne d'or; et devant la tour un homme, hab. d'arg., tenant de ses deux mains une toile du même devant son corps.

Montori — *Bologne*. D'azur à un mont de six coupeaux d'arg., mouv. de la p., sommé d'un arbre de sin., acc. de trois étoiles (5) d'or, rangées en chef.

Montreuil de Gramont — *Paris*. D'azur au chev. d'arg., acc. de trois flammes d'or.

Monzoni — *Bologne*. De gu. à la bande d'arg., ch. de trois étoiles (5) d'or et acc. en p. d'un mont de trois coupeaux d'arg.; au chef d'azur, ch. de trois fleurs-de-lis d'or, rangées entre les quatre pendants d'un lambel de gu.

Moorselen (van) — *Holl*. D'or à une tête de More, tort. d'arg. **C.:** trois pl. d'aut. **D.:** NE CREDE COLORI.

Mora — *Bologne*. D'arg. à la fasce échiq. d'arg. et de gu., acc. de deux roses de gu., 1 en chef et 1 en p.

Moralis — *Dauphiné*. De gu. au lion courant d'or sur le dos duquel est un agneau du même, le lion posé sur un tertre aussi d'or, et autour est écrit en lettres d'or: HUMILITÉ SURMONTE FORCE.

Morandi — *Bologne*. De gu. à un buste de More, hab. d'arg., posé de front, les oreilles ornées de perles.

Morandi — *Bologne*. Coupé d'arg. sur gu.; à la bande d'or, br. sur le tout.

Morari — *Bologne*. D'azur à la bande de gu., ch. d'une tête de More, les yeux bandés d'arg., et de deux étoiles (5) d'or; au chef du même, ch. d'une aigle ép. de sa., chaque tête cour. d'or.

Moratti — *Bologne*. Tranché, d'or à une aigle de sa., cour. d'or, sur arg. à un arbre arr. de sin., posé en bande; à la bande de gu., br. sur le tranché.

Moraud comtes de Callac — *Bret*. D'arg. à trois coquilles de sa.

Moreau — *Liége*. D'arg. à un demi-pal de gu, soutenu d'une fasce du même, le tout acc. de trois têtes de More, tort. d'arg. **T.:** deux Mores, tort. d'arg., ceints d'une toile du même, arm. chacun d'une massue. **D.:** TRISMEGISTUS.

Morel — *Paris*. D'or à une tête de More, tort. et perlée d'arg., et un cor-de-chasse au nat., eng. et vir. d'or, lié de gu., pendant au col de ladite tête.

Morelli — *Bologne*. D'azur au chev. de gu., acc. de trois têtes de More, tête aux yeux bandés d'arg., dans du chef adossées, celle en p. posée de front; au chef d'or, ch. d'une aigle de sa.

Morelli — *Bologne*. D'azur à une barre d'arg., br. sur une bande de gu.; au chef d'or, ch. d'une aigle de sa.

Morency — *Valais*. D'azur à la licorne ramp. d'arg., accornée d'or, soutenue d'un tertre de trois coupeaux de sin.

Moreni — *Modène*. De gu. au pal d'arg., ch. de trois mûres de sin., tigées et feuillées de sin.

Moreschi — *Bologne*. Coupé: au 1 d'arg. à un More iss. hab. d'or, ceint du même, les bras étendus, supp. de sa main dextre une chouette au nat., surmontée de trois étoiles (5) mal-ordonnées d'or; au 2 de gu. à deux fasces d'arg.

Moreschi — *Bologne*. Coupé: au 1 d'arg. à un More iss. hab. d'arg. ch. de trois fasces de gu., les

manches d'arg. rayées de gu., supp. de sa main dextre une chouette au nat., surmontée de trois étoiles (5) mal-ordonnées d'or, la sen. appuyée sur sa hanche; au 2 d'azur plein. Au chef de l'écu d'azur, ch. de trois fleurs-de-lis d'or, rangées entre les quatre pendants d'un lambel de gu.

Moret — *Ile-de-Fr*. D'azur à une tête de More d'arg., tort. de gu.; au chef d'arg., ch. de deux épées de sa., passées en saut.

Moretti — *Bologne*. De gu. au lion d'or, tenant de ses pattes de devant et de son pied dextre un rameau d'olivier de sin.; au chef d'azur, ch. de trois fleurs-de-lis d'or, rangées entre les quatre pendants d'un lambel de gu.

Moretti — *Bologne*. Coupé, d'azur à trois étoiles (5) mal-ordonnées d'or, sur gu. à deux têtes de More affr., les yeux bandés d'arg.; à la fasce d'or, br. sur le coupé.

Moretti — *Milan*. D'arg. à la barre de gu., acc. en chef d'une tête de More.

Moretto — *Bologne*. D'azur à un phénix d'arg., dans un feu au nat. mouv. de la p. de l'écu, et fixant un soleil d'or, mouv. du canton dextre du chef; le phénix surm. des mots: VROR VT ORIAR, en lettres d'or.

Mori — *Bologne*. D'azur à deux fasces d'arg.; au chef d'or, ch. d'une fleur-de-lis du champ.

Morialmé — *P. de Namur*. D'arg. à la fasce de gu.; à la cotice du même, br. sur le tout.

Morini — *Bologne*. D'azur, au chef d'arg.; l'azur br. sur l'arg. par trois créneaux entaillés; le chef ch. de deux têtes de More affr., les yeux bandés d'arg.

Morini — *Bologne*. D'azur à un arbre arr. de sin., acc. en chef d'une comète d'or, accostée de deux étoiles (5) d'or du même.

Morisset — *Paris* (An., 1821.) D'azur à deux épées d'arg., garnies d'or; à la fasce du même, br. sur le tout et ch. d'un V (Vendée) de sin.; à la bord. denchée d'arg.

Morlhon d'Autayrac et de Boussac — *Lang*. De gu. au lion d'or, arm. et lamp. d'arg.

Morlhon de Laumière — *Rouergue*. De gu. au lion d'or, arm. et lamp. d'arg., acc. de trois bes. du sec., 2 en chef et 1 en p.

Morlhon-Savensa — *Rouergue*. De gu. au lion d'or, arm. et lamp. d'arg.

Moroni — *Bologne*. D'azur à un arbre terrassé, portant au sommet du fût trois feuilles, l'une verticale et les deux autres horizontales, le tout de sin.

Moroni marquis Candelori — *Rome*. D'arg. à un mûrier terrassé, au nat. **D.:** SIMPLEX CALENSQUE.

Moronico — *Bologne*. D'azur à un arbre terrassé de sin.; au chef d'arg., ch. d'une aigle de sa., cour. d'or.

*****Morra** — *Bénevent, Naples* (Princes de Morra, ducs de Belforte, de Mancusi, de Calvizzano, de Saraceno et de Bovalino; marquis de Monterocchetta et de Massino). Aux deux épées d'arg., garnies d'or, passées en saut., les pointes en bas, cant. de quatre molettes d'or [Les princes de Morra portent ces armes augmentées d'un pal ch. de deux tiares papales, chacune surmontant deux clés passées en saut.]

Morri (de) — *Turin*. Éc.: aux 1 et 4 fascé d'or et de sin.; au chef de sin., ch. d'un lion léopardé d'or; aux 2 et 3 d'arg. à la croix de gu.

Morris — *États-Unis*. De sa. au lion léopardé d'arg., acc. de trois échelles d'escalade du même. **C.:** un château d'arg. **D.:** PROPRIUM DECUS ET PATRIUM

Morris — *Philadelphie*. D'azur à un 1 et 4 de gu. au lion d'arg.; aux 2 et 3 d'arg. à trois tourt. de ..., rangés en pairle.

Morris de Spiddal — *Irl*. (Baronet, 14 sept. 1885.) D'herm. à la fasce vivrée de sa., acc. en p. d'un lion du même, arm. et lamp. de gu. **C.:** une tête de lion au nat., semée de gouttes du même, et soutenue d'un faisceau des licteurs au nat., posé en fasce, la hache tournée en haut. **D.:** SI DEUS NOBISCUM, QUIS CONTRA NOS?

Mortagne — *Lille*. D'azur à la croix d'azur, cant. de quatre étoiles (6) de gu.

Mortgat — *Flandre*. D'arg. à trois roses de gu., barbées et bout. d'or. **C.:** un vol aux armes de l'écu.

Mortier (Comtes) — *Paris*. Éc.: aux 1 et 4 d'or à une tête et col de cheval de sa., celle du 1 cont.; aux 2 et 3 d'azur à un bras, arm. d'or, mouv. du flanc de l'écu et tenant une épée. Au lambel br. sur les deux premiers quartiers, de l'un en l'autre.

Moscardini — *Bologne*. D'azur à un arbre terrassé de sin., fruité de gu.; au chef du premier, ch. de trois fleurs-de-lis d'or, rangées entre les quatre pendants d'un lambel de gu.

Moscatelli — *Bologne*. D'azur à un mont de trois

coupeaux de gu., mouv. de la p., surm. d'une grappe de raisin muscat au nat., tigée et pamprée de deux pièces de sin.; au chef du premier, ch. de trois fleurs-de-lis d'or, rangées entre les quatre pendants d'un lambel de gu.

Mosée — *P. de Liége.* D'azur à un pont maçonné au nat., le parapet arrondi, jeté sur une eau au nat.; en chef deux étoiles d'or. **C.:** une étoile d'or.

Moseley — *Boston.* De sa. au chev. d'arg., acc. de trois fourches du même.

Mosing — *Galicie* (An., 31 juillet 1879.) D'azur à un fer-à-cheval d'arg., les bouts en haut, surm. d'une épée, la pointe en bas; le tout acc. de trois étoiles d'or, 2 en chef et 1 en p.; l'écu bordé d'or. **C.:** trois pl. d'aut.: d'arg., d'azur et d'or. **L.:** à dextre d'arg. et d'azur, à sen. d'or et d'azur.

Mosnier ou **Monnier** — *Tournai.* D'azur au chev. d'or, acc. de trois aniles d'arg.

Mosselmans — *Holl.* D'or à une marque de marchand de gu. en forme de 4 cont., la traverse recr., le pied en forme de chevron; ladite marque acc. de trois moules de sa., 1 en chef et 2 en flancs. Brl. de gu. et d'or. **C.:** un homme iss. de carn., les bras étendus, tenant de chaque main une moule. **L.** d'or et de gu.

Mosti — *Milan.* D'azur à une fleur-de-lis d'or, soutenue d'un croiss. d'arg.

Mosti-Estense (Comtes) — *Ferrare.* Ec.: aux 1 et 4 d'azur à l'aigle d'arg., bq., m. et cour. d'or; aux 2 et 3 d'azur à une fleur-de-lis d'or, soutenue d'un croiss. d'arg. **C.:** une aigle iss. de profil, cour. d'or.

Motezuma — *Andalousie. Variante:* Sous un ciel nuageux un tigre d'arg., pass. sur une terrasse au nat., retournant la tête et fixant une aigle volante au nat. en chef, le vol levé, prête à fondre sur ledit tigre; ladite aigle accostée de quatre roses naturelles, tigées et feuillées, les tiges en haut. 2 de chaque côté, l'une sur l'autre, et surmontée d'une cinquième rose pareille. L'écu entouré d'une bord. d'or, ch. de 21 couronnes à l'antique de sa.

Mothe (de la) — *Ile-de-Fr.* D'azur à la fasce d'arg., ch. de trois étoiles de gu., et acc. en chef d'une aigle d'or et en p. d'un lion du même.

Mothe (de la) le Vayer — *Paris.* De gu. à la croix d'arg., ch. de cinq bes. d'or.

Moulin (du) — *Holl.* Ec.: au 1 d'or à trois tourt. de gu.; au 2 de sa. à la croix d'arg., ch. de cinq coquilles de gu.; au 3 d'azur semé de croix recr. d'arg., au lion du même, br. sur le tout; au 4 d'azur à sept bes. d'or, 3, 3 et 1, et au chef du même. Sur le tout d'arg. à la croix ancrée de sa., ch. d'une coquille d'or. Brl. de sa., de gu., d'or et d'arg. **C.:** la croix du surtout, ch. de la coquille. **L.:** à dextre d'arg., d'azur et de sa., à sen. d'azur, d'azur et d'or. **S.:** deux lions d'arg., lamp. de sa.

Moullin de Torbéchet — *Mayenne* (Chevalier de l'Empire, 17 avril 1809.) Parti: au 1 d'azur aux tables de la loi d'or; au 2 d'herm. plein.

Mountfort — *Boston.* Bandé d'or et d'azur, de huit pièces. **C.:** une tête de lion.

Mourier — *Dauphiné.* Ec.: aux 1 et 4 de gu. à une clé d'or; aux 2 et 3 de gu. à trois pals d'or, et à la bande d'arg., br. sur les pals et ch. de trois molettes de sa. Sur le tout de gu. à la croix d'arg.

Mouton de Laclotte — *Montpellier, Lyon.* D'or à un chêne arr. de sin., senestré d'un mouton de sa., ramp. contre le fût.

Mouxy — *Valais.* D'azur, au chef d'or.

Moynier de Chamborant — *Poitou.* Parti: au 1 de sin. à trois merlettes d'arg.; au chef d'azur, ch. de trois étoiles d'or; au 2 d'azur au lion de sa., arm. et lamp. de gu.

Mudelio (da) — *Bologne.* De gu. à la bande d'azur, acc. en chef d'un boeuf d'arg., courant sur la bande.

Muglio (da) — *Bologne.* D'arg. au lion d'azur, lamp. de gu., soutenu d'une mer au nat.; au chef d'azur, ch. de trois fleurs-de-lis d'or, rangées entre les quatre pendants d'un lambel du même.

Muis — *Holl.* De gu. à trois d'arg., ch. chacune d'une souris de gu. **S.:** deux lions d'or.

Mulder — *Utrecht, la Haye.* Coupé: au 1 de gu. à trois épées d'arg., garnies d'or, rangées en fasce, les pointes en haut; au 2 d'arg. à un moulin au nat.

Mulder — *Frise.* D'arg. à un moulin de gu.

Muletti — *Bologne.* D'or à un mulet ramp. de sa.; au chef d'azur, ch. de trois fleurs-de-lis d'or, rangées entre les quatre pendants d'un lambel de gu.

Mulier, v. **Haltsma-Mulier.**

Mullacher (zen) — *Valais.* D'arg. à une marque de marchand en forme de M de gu., sommé d'une croix pattée au pied fiché du même et soutenu d'un tertre

de sin.; le tout acc. en chef de deux étoiles (5) d'or.

Muller — *Holl.* D'or au lion de sin., arm. et lamp. de gu.

Muller — *Amsterdam.* D'arg. à une roue de sa. **C.:** un homme iss. de carn., tenant de sa main dextre un sablier de sa., la sen. appuyée sur sa hanche.

Müller — *Moravie* (Chevaliers, 27 mai 1883.) Coupé d'azur sur arg.; à l'aigle de sa., bq. et m. de gu., br. sur le coupé. Deux cq. cour. **C.:** 1° l'aigle iss.; l. d'arg. et de sa.; 2° trois pl. d'aut., une d'arg. entre deux d'azur: l. .d'arg. et d'azur.

Müllich — *Nuremberg.* Parti: au 1 d'azur à une demi-roue de moulin d'or, mouv. du parti; au 2 d'arg., embrassé à dextre de gu.

Mangardi — *Bologne.* De gu. au chev. d'arg., acc. de trois roses du même et ch. de trois flammes du champ; au chef d'azur, ch. de trois fleurs-de-lis d'or, rangées entre les quatre pendants d'un lambel de gu.

Muratori — *Bologne.* D'azur à un arbre arr. de sin., le feuillage ch. d'une fleur-de-lis d'or; au chef du premier, ch. de trois fleurs-de-lis d'or, rangées entre les quatre pendants d'un lambel de gu.

Muratori — *Bologne.* D'or à un senestrochère, paré de gu., mouv. du flanc, la main de carn. empoignant trois roses à six feuilles de gu., tigées et feuillées de sin.; au chef d'azur, ch. de trois fleurs-de-lis d'or, rangées entre les quatre pendants d'un lambel de gu.

Muratori — *Bologne.* Ec.: au 1 d'or à une fleur-de-lis de gu.; aux 2 et 3 d'arg. à un poignard de gu., en pal; au 4 de gu. à une fleur-de-lis d'azur.

Muratori — *Bologne.* Coupé: au 1 d'azur à une tour au nat., surm. d'une coquille d'arg.; au 2 tiercé en fasce d'arg., de sa. et de gu. Au chef de l'écu d'azur, ch. de trois fleurs-de-lis d'or, rangées entre les quatre pendants d'un lambel de gu.

Muratori — *Bologne.* D'azur à un arbre arr. de sin., à la fasce de gu., br. sur le tout, la fasce sommée de quatre créneaux entaillés d'arg., 2 à dextre et 2 à sen. de l'arbre.

*Murray — *Frise.* D'arg. à un cor-de-chasse de sa., lié et vir. de gu.; au chef d'azur, ch. de trois étoiles (5) d'arg. (*Murray de Falahill et de Philiphaugh.*) Cq. cour. **C.:** une main dextre de carn., en pal, tenant une masse à picotons d'arg., emboutée d'arg., en bande. **D.:** HINC USQUE SUPERNA VENABOR.

Murray-Bakker — *Frise.* Ec.: aux 1 et 4 de Murray au pairle d'or, acc. de trois crampons du même (*Bakker*); aux 2 et 3 d'arg. à un cor-de-chasse de sa., lié et vir. de gu., et au chef d'azur, ch. de trois étoiles (5) d'arg. (*Murray*). **C.:** une colombe ess. d'arg., la tête cont. **D.:** FORTITER AC INTEGRE.

Murray de Glendoick — *Ecosse* (Baronet, 1678.) D'azur à la croix pattée alésée d'arg., acc. de trois étoiles du même, et 1; le tout enclos dans un trècheur fleur. et c.-fleur. d'or. **C.:** une main dextre, tenant un miroir. **D.:** NOSCE TE IPSUM.

Musi — *Bologne.* Coupé: au 1 d'azur à une couronne à l'antique d'or; au 2 d'arg. aux lettres M V de gu., surm. d'un joug du même.

Musiani — *Bologne.* D'azur à un arbre arr. de sin., adextré d'un enfant emmaillotté posé de front, le maillot d'arg.; ch. de trois fasces de gu., et senestré d'une tête d'homme de profil, les épaules hab. de gu.; au chef du premier, ch. de trois fleurs-de-lis d'or, rangées entre les quatre pendants d'un lambel de gu.

Musotti — *Bologne.* Coupé, d'arg. au lion léopardé d'or, sur or plein; au chef de l'écu d'azur, ch. de trois étoiles (5) d'or.

Mussellini — *Bologne.* D'arg. à un arbre arr. de sin.; au chef d'azur, ch. de trois étoiles (5) d'or.

Mustelyn — *Bruxelles.* D'azur à un croiss. tourné, acc. en chef de deux étoiles et en p. d'une los., le tout d'or.

Mutti — *Bologne.* D'arg. à un arbre de sin., adextré d'un renard au nat., ramp. contre le fût, le tout soutenu d'une terrasse de sin.; à la fasce d'arg., br. sur le tout, et ch. de trois étoiles (5) d'or.

Muyck (de), v. **Smuyck** ou **Smuyex.**

Muzzarelli (Comtes) — *Bologne, Ferrare.* D'azur à la fasce d'or, acc. de trois bouteilles du même (ayant chacune trois goulots, un en haut et deux un côtés); au chef du premier, ch. de trois fleurs-de-lis d'or, rangées entre les quatre pendants d'un lambel de gu.

Muzzarini — *Bologne.* D'or à l'aigle de sa., cour. du champ, acc. d'un mont de trois coupeaux de sin., mouv. de la p.; à la fasce d'arg., br. sur le tout et ch. de trois bouteilles d'azur, ayant chacune trois goulots, un en haut et un des côtés.

Muzzati — *Bologne.* De gu. à un mont de trois coupeaux, mouv. de la p., sommé d'un vase couvert, à deux anses, le tout d'or.

N

Naerssen (van) — *Dordrecht, Holl., Brab. sept.*
Armes primitives: Fascé d'arg. et de gu., de quatre pièces. — *Armes mod.*, D'azur à trois croiss. tournés d'arg. **C.:** un croiss. de l'écu; entre un vol à l'antique, d'azur ent d'arg.

Nahuys — *Arnhem, Utrecht* (Inc. dans la nob. néerlandaise. 13 juin et 27 juillet 1886.) Ec. d'or et de gu (*Ahaus*). Sur le tout coupe: *a.* d'or à sept fasces d'azur, au lion de gu., cour. d'or, br. sur les fasces (*Horstmar*); *b.* d'arg. au château sommé de trois tours de gu. (seigneurie de *Borken*). Cq. cour. **C.:** un lion iss. de gu.. cour d'or; entre deux prob., coupées alt. d'or et de gu.. cour d'or; entre deux prob., coupées alt. d'or et de gu. **L.** d'or et de gu. **S.:** deux lions reg. d'or, lamp. de gu.

Nahuys (van) — *Zwolle* (Inc. dans la nob. néerlandaise, 24 oct. 1885.) Ec. d'or et de gu. (*Ahaus*). Sur le tout d'or à sept fasces d'azur; au lion de gu., cour. d'or, br. sur les fasces (*Horstmar*). Cq. cour. **C.:** un lion iss. de gu., cour. d'or; entre deux prob., coupées alt. d'or et de gu. **L.** d'or et de gu. **S.:** deux lions reg. d'or, arm. et lamp de gu.

Nauschen — *Valais.* D'arg. à trois arbres de sin., posés sur les trois coupeaux d'un tertre du même, et acc. en chef d'un T de sa., surm. de deux petites traverses du même, l'une sur l'autre.

Nasalli (Comtes) — *Plaisance* (*Italie*). D'arg. a une tour de gu., ouv. et aj. du champ, accostée de deux lions ramp. et affr. de sa., le tout soutenu d'une terrasse de sin. **D.:** UT TURRIS.

Naterer — *Valais.* D'arg. à un serpent ailé de sa. en pal, ayant deux pattes du même, la tête tournee vers sen., cour. d'or, coll. de gu., bouclé d'or, l'anneau à dextre, la queue entortillée et terminée en dard. **L.** d'or et de gu. **S.:** deux lions reg d'or, arm. et lamp de gu.

*Nave (de) — *Tournaisis* (An., 15 janv. 1647.) D'azur à la fasce ondée d'arg. **C.:** un lion iss. d'or, arm. et lamp. de gu., tenant une épée au nat.

Negrona — *Gênes.* D'or à trois pals de sa. — *Ou:* D'or à quatre lios. aboutées en bande de sa.

Nehelm de Berstrate — *Westphalie.* Ec.: aux 1 et 4 d'azur au chev. d'or; aux 2 et 3 d'arg. à trois pals de gu. Cq. cour. **C.:** un chev. d'or, derrière un vol d'azur, l'aile dextre ch. d'une bande d'arg. surch. de trois bandes de gu., l'aile sen. ch. d'une bande d'arg. surch. de trois barres de gu.

Neill — *Bologne.* D'arg. au lion d'azur, soutenu d'un mont de trois coupeaux de gu., mouv. de la p., et tenant un guidon de gu., flottant vers sen., la hampe appuyée sur le coupeau dextre dudit mont.

Nelson — *Etats-Unis.* Parti d'arg. et d'azur; à trois fleurs-de-lis, 2 et 1, de l'un à l'autre. **C.:** un lion, paré d'un parti d'arg. et d'azur, la main de carn. tenant une fleur-de-lis d'arg. **D.:** FIDE ET OPERA.

Nepveu de Bellefille — *Maine.* D'azur à trois bes. d'or, ch. chacun d'une croisette de gu.

Nepveu de Rouillon — *Maine.* Les armes de **Nepveu de Bellefille.**

Neri — *Bologne.* D'arg. au pal de gu., ch. de trois croiss. versés d'arg. et accosté de deux lions affr. de sa., cour. d'or, tenant chacun une masse d'armes au nat.; au chef d'azur, ch. de trois étoiles (5) d'or.

Nerozzi — *Bologne.* D'arg. à un homme, hab. d'une redingote, d'un pantalon en de souliers de sa., une terrasse de sin., tenant de sa main dextre une grappe de raisins pamprée au nat., la sen. appuyée sur la hanche.

Nesen — *Aut.* (An., 10 mai 1542.) Parti d'azur et de sa., à un sceptre d'or en pal. br. sur le parti, adextré d'un demi-vol cont. d'or sur l'azur et senestré d'un demi-vol d'arg. sur le sa., le dossier de chaque aile formé d'un croiss. figuré, cour. d'or sur l'azur et sur le sa., ces deux croissants affrontés. Cq. cour. **C.:** les meubles de l'écu. **L.:** à dextre d'arg. et de sa., à sen. d'or et de sa.

Nesi — *Bologne.* D'or à une tour de gu. avec trois créneaux entaillés, le créneau du milieu sommé d'un oiseau de sa. et chacun des deux autres d'un arbre de sin.; au chef de gu., ch. de trois fleurs-de-lis d'or, rangées entre les quatre pendants d'un lambel de gu.

Nesse (van der) — *Pays-Bas.* De sa. à trois feuilles de nénuphar d'arg.

Netten (van der) — *la Haye.* D'arg. à trois carreaux de sa., entassés en piramide, 1 et 2 [V. **Geisweit van der Netten.**]

Nessel — *Aut.* (Nob. du St.-Empire, 27 avril 1645.) Tranche: au 1 de gu. au lion d'azur, cour. d'or, tenant de sa patte dextre trois feuilles d'ortie de sin.; au 2 d'azur à une fleur-de-lis d'or. Cq. cour. **C.:** le lion iss., senestré d'un vol à l'antique d'azur, l'aile de devant ch. d'une fleur-de-lis d'arg. **L.:** à dextre d'arg. et de gu., à sen. d'arg. et d'azur.

Netscher — *Holl.* Ec.: aux 1 et 4 de gu. à la fasce d'or, acc. de trois membres d'aigle du même, les serres en bas; aux 2 et 3 d'arg. à une hure de sanglier de sa., accostée de deux rameaux de laurier de sin., posés en pals. **C.:** un membre d'aigle d'or, la serre en bas.

Nettine (de) — *Brab.* D'arg. à deux gâches de brasseur de sa., passées en saut., br. sur une ruche de gu. **C.:** la ruche, entre un vol d'arg.

Nettingh — *Holl.* Bandé d'arg. et d'azur.

Neuvecelle — *Valais.* D'arg. à une tour d'or, posée à dextre, senestrée d'un dragon ailé à deux pattes de sin., langué de gu., ramp. contre la tour.

Nève — *Louvain.* D'or à la bande de gu., acc. en chef d'une étoile d'azur et en p. d'une rose au nat. Brl. de gu. et d'arg. **C.:** une étoile d'or. **D.:** FLORESCIT ET LUCET.

Nève (de la) — *Bruges.* D'arg. à la fasce d'azur, ch. de trois gerbes d'or et acc. de trois mouch. d'arg., 2 en chef et 1 en p. **C.:** une gerbe d'or. **L.** d'arg. et d'azur.

Neyen von Oberkampff — *Königsberg.* D'arg. à un coin d'or en pal, la pointe en haut. **C.:** un griffon iss. de sa.

Neys (de) — *Holl.* Ec.: aux 1 et 4 de gu. à un mouton d'arg.; aux 2 et 3 d'azur à trois fers-à-cheval d'or. **C.:** un vol, de gu. et d'arg.

Nicholls — *Angl., Holl.* D'or au chev. de gu., ch. sur la cime d'une colombe et sur les branches de deux phéons d'arg. les pointes en bas. **C.:** un écureuil assis, soutenu d'une tronc d'arbre, en pal, poussant une branche à dextre et à sen. **D.:** Y VALUE THE KERNEL.

Nickeili — *Aut.* (Nob. du St.-Empire, 13 fév. 1780.) Ec.: aux 1 et 4 de sa. à la fasce d'arg., ch. d'une croisette pattée de gu.; aux 2 et 3 d'or à deux chev. de gu. Cq. cour. **C.:** trois pl. d'aut., une d'or entre deux de gu.; ce panache placé entre un vol aux armes des 1 et 4. **L.:** à dextre d'arg. et de gu., à sen. d'or et de gu.

Nicodi — *Valais.* D'azur à une grande rose d'or, acc. en p. d'une barrière grillée de sa., moins haute que large.

Nicolaï (Barons) — *Esthonie.* D'azur à la croix alésée d'arg., cant. de quatre étoiles d'or et cont. d'une cinquième étoile du même.

Nicolerati — *Valais.* D'azur à une croix de Malte d'arg., ornée dans l'entaillé de chaque bras d'une petite boule de gu.; la croix ch. d'une croisette pommetée de gu., entre quatre petites boules blanches, 1, 2 et 1.

Nicoletti — *Bologne.* D'arg. à quatre chev. d'azur.

Nicoli — *Bologne.* D'azur à une bague d'or, châtonnée d'un rubis; au chef du premier, ch. de trois fleurs-de-lis d'or, rangées entre les quatre pendants d'un lambel de gu.

Nicolini — *Bologne.* D'azur au lion d'or; à la fasce d'azur, br. sur le tout, et au chef du premier, ch. de trois fleurs-de-lis d'or, rangées entre les quatre pendants d'un lambel de gu.

Niederlahnstein — *Prov. rhén.* De gu. à la fasce d'arg., acc. d'une étoile d'or, posée au canton dextre du chef, et deux prob. de gu., réunies au moyen d'un ruban d'arg.

Niel — *France* (Comte romain, ...) D'azur à un L d'or, sur d'un nid renfermant trois oiseaux d'arg. [Armes du maréchal *Niel.*]

Nigrisoli — *Bologne.* D'or au lion d'azur.

Nigrisoli (Chevaliers) — *Ferrare.* Coupé d'azur sur or; au lion de l'un en l'autre.

Nobel — *Gueldre.* De gu. à une tête et col d'homme de carn.. posée de profil, le front ceint d'une couronne de laurier de sin., les épaules hab. du même. Brl. d'or et de gu. **C.:** la tête, entre un vol à l'antique, de gu. et d'or. **L.** d'or et de gu.

Nobili — *Bologne.* D'or à la bande de gu., acc. de

deux roses du même et ch. de trois étoiles (5) du champ ; au chef d'azur. ch. de trois étoiles (5) d'or, et surm. d'un autre chef d'or. ch. d'une aigle de sa., cour. d'or.

Nobili — *Bologne.* D'or à la bande d'azur, semée de fleurs-de-lis d'or, posées dans le sens de la bande, et acc. de deux étoiles (5) d'arg.; au chef d'azur, ch. de trois fleurs-de-lis d'or, rangées entre les quatre pendants d'un lambel de gu.

Noel (de) — *P. de Liége.* D'arg. à trois têtes de léopard d'or.

Noeufbourg — *P. de Namur.* D'arg. à dix annelets de gu., 3, 3, 3 et 1.

Nogaret de Trellans — *Gévaudan.* D'or *ou* d'arg. à un noyer de sin., terrassé du même.

Nonantolani — *Bologne.* Coupé d'azur sur or, au lion de l'un en l'autre, tenant une épée d'arg., garnie d'or ; au chef du même, ch. d'une aigle de sa., cour. d'or.

Nooms d'Aarlanderveen — *Holl.* (Baron du St.-Empire, ...) Ec.: aux 1 et 4 trois cors-de-chasse ; aux 2 et 3 trois têtes de lion. C.: un lion iss., entre deux prob., ornées chacune dans son embouchure de trois épis.

Nooyen (van) — *Holl.* D'arg. à un arbre de sin., accosté de deux moutons arrêtés et affr. au nat., le tout soutenu d'une terrasse de sin.

Norris — *Etats-Unis.* D'arg. au chev. de gu., ch. sur la cime d'une étoile d'or et acc. de trois têtes d'oiseau arr. de sa. C.: une tête d'oiseau de l'écu. D.: UBIQUE PATRIAM REMINISCI.

Northbourne (Baron), v. **James** baron **Northbourne.**

Northcote comte **d'Iddesleigh** — *Devonshire* (Baronet, 16 juillet 1641; vicomte *St.-Cyres* et comte *d'I.*, 3 juillet 1885.) D'arg. à trois croix recr. de sa., posées en pairle, rangées en bande. C.: un cerf pass. d'arg., soutenu d'un chapeau de tournoi de gu., retr. d'herm. S.: deux cerfs au nat., chacun d'une chaîne d'or, à laquelle est suspendu un écusson d'herm. ch. d'une pomme de pin d'or, la queue en bas. D.: CHRISTI CRUX EST MEA LUX.

Norton — *Boston.* De gu. à une frette d'arg.; à la bande vairée d'or et de gu., br. sur le tout.

Notarbartolo — *Palerme, Paris* (Princes de *Castelreale* et de *Sciara*) D'azur au lion cour., acc. de sept étoiles rangées en orle rond, le tout d'or.

Nouët de Montabon — *Maine, Ile-de-Fr.* D'or au chev. d'azur, acc. de trois grappes de raisins de sin.

Nouy — *Lang.* De sa. à une vierge d'arg.; au chef échiq. de gu. et d'or de trois tires.

Novara (Comtes) — *Ferrare.* Ec.: aux 1 et 4 d'or à l'aigle de sa., cour. du champ; aux 2 et 3 parti: *a.* d'arg. à trois étoiles d'or; *b.* d'arg. à trois fasces c.-brét. d'or. Sur le tout de sin. à deux compas d'or et une roue de Ste Catherine du même.

Novelli — *Bologne.* D'arg. à la fasce de gu., ch. de trois roses d'or et acc. de deux nuages au nat., un en chef et un en p., et trois gerbes de pluie descendant de chaque nuage.

Novelli — *Valais.* De gu. à la fasce comp. d'or et d'azur de cinq pièces.

Novi — *Bologne.* D'azur à une croix latine de gu., posée sur un mont de trois coupeaux d'arg.; à la fasce du même, br. sur la croix, et au chef du champ, ch. de trois fleurs-de-lis d'or, rangées entre les quatre pendants d'un lambel de gu.

Noviani — *Bologne.* D'azur à une Foi de carn., mouv. des flancs, les bras parés de gu., acc. en chef d'une couronne à l'antique d'or ; au chef du premier, ch. de trois étoiles (5) d'or.

Noyon — *Holl.* De gu. à un noyer terrassé de sin.

Nucé — *Valais. Armes anc.:* D'arg. à un arbre de sin., sur un tertre de trois coupeaux du même, acc. en chef de deux étoiles (5) de gu. — *Armes depuis 1730 :* D'arg. à un arbre de sin., sur un tertre de trois coupeaux du même ; chapé-ployé d'azur, à deux lions d'or, cour. du même, celui à dextre cont.; au chef d'or, ch. d'une aigle ép. de sa., chaque tête cour. d'or.

Nugaretti — *Bologne.* D'azur à la bande d'arg., ch. d'une cotice vivrée de gu.

O

Oberdorff (lm) — *Valais.* D'azur à une fleur-de-lis d'arg., acc. en chef de deux bes. du même.

'Oberkampff de Dabrun — *Lyonnais* (Nob. du St.-Empire, 9 mai 1584.) Parti: au 1 d'arg. à un griffon naiss. de gu., mouv. du coupé ; *b.* de gu., au pal d'arg., ch. d'une rose de gu., bout. d'or (*Oberkampff*); au 2 fascé de sa. et d'arg. (*Kitscher*). C.: 1° le griffon iss. et cont. (*Oberkampff*); 2° cinq pl. d'aut., alt. d'arg. et de sa. (*Kitscher*).

Oberlender — *Nuremberg.* Taillé de sa. sur or ; au lion de l'un en l'autre.

O'Berlin [anciennement **O'Breinlein**] — *Irl., Alsace, Paris.* Coupé de gu. sur azur, le gu. ch. d'une licorne naiss. d'arg., mouv. du coupé. C.: celui de *Oberlin auf Mittersbach.*

Oberlin — *Mulhouse* D'or à une anille de sa. C.: un demi-vol d'or.

Obizi (Marquis et comtes) — *Ferrare.* Bandé d'arg. et d'azur *ou* d'azur et d'arg.; à un écusson d'azur, br. en chef et ch. d'un tigre d'or.

Occa (dal) — *Bologne.* De sa. à la fasce de gu.; au lion d'or, lamp. de gu., br. sur le tout et soutenu d'une terrasse de sin.

Odet — *Valais.* De gu. à un coeur d'arg. sommé d'une croix treflée du même et br. sur une flèche d'or, en bande ; le tout acc. d'une fasce treflée (6) d'or.

Offena — *Holl.* Coupé de gu. sur arg.; à une étoile 8) de l'un en l'autre.

Ofsen — *Holl.* Coupé d'azur sur arg.; l'azur ch. d'une étoile d'or. C.: l'étoile.

Oggier — *Valais.* D'azur à une fleur-de-lis au pied allongé de gu., soutenue d'un tertre de trois coupeaux de sin.; la fleur-de-lis accostée de deux étoiles (6) d'or et acc. en chef de trois roses rangées de gu.

Ogten (van) — *la Haye.* Trois poissons, deux passés en saut. et le troisième br. en pal. C.: deux poissons en pals, accostés, entre un vol à l'antique.

Oldenburg — *Holl.* D'arg. à un palmier et un cèdre, au nat., accostés sur une terrasse de sin. D.: ITA RESURGO ONERE.

Oldenkop — *Han., Suède, Russie* (Conc. d'arm.,

3 fév. 1528.) Parti: au 1 d'or à la demi-aigle de sa., bq., m. et cour. du champ, mouv. du parti; au 2 d'azur à trois pommes de pin couchées d'or, l'une sur l'autre, les queues à sen. Brl. d'or et de sa. C.: une tête et col d'aigle de sa., bq. et cour. d'or, tenant du bec et de la queue une pomme de pin pendante, partie d'azur et d'or. L. d'or et d'azur.

Olferts — *Hoorn.* D'or à un vaisseau marchand du 15e siècle (dit *koggeschip*) au nat., voguant sur une mer au nat. agitée de sin., portant un seul mât sans voiles, et un homme debout à côté du mât qui porte un pennon coupé d'arg. sur gu.; un pennon pareil sur la poupe, les deux pennons flottant vers sen.

Olivari — *Valais.* D'or à un olivier de sin.; le champ adextré d'azur à deux croiss. d'arg., 1 en chef montant et 1 en p. versé, et senestré de gu. à deux croiss. d'arg., 1 en chef montant et 1 en p. versé ; le champ d'or bordé d'arg. à dextre et à sen.: l'olivier soutenu d'un tertre de sin. en p., ledit tertre br. sur l'azur, l'or et le gu.

Onesti — *Rome.* D'arg. au lion de gu., tenant de ses pattes un pin au nat.

'Onsta — *P. de Groningue.* De gu. au lion de sa., arm. et lamp. d'or. C.: le lion, iss.

Oole — *Holl.* D'arg. à un arbre de sin. — *Ou :* Coupé d'arg. sur sa., à un olivier de sin., br. sur le coupé.

Oorinck — *Utrecht.* D'azur au chev. d'arg.

Oorsprong — *Gueldre.* D'azur au lion de sa., tenant de ses pattes une tour d'or, ouv. et aj. de gu.

Oort (van) — *Holl.* D'arg. à une rivière de sin. en fasce ondée, ch. d'un poisson d'azur, la queue d'or relevée ; ladite fasce ondée acc. de trois fleurs-de-lis d'or, 2 en chef et 1 en p.

Oosterhout (van) — *Holl.* D'or à une fasce entée de sa.

Oosterwyk (van) — *Holl.* D'arg. à la bande de gu.

Ootporp — *Holl.* D'arg. à trois pals d'azur; au chef de gu., ch. de trois bes. d'arg.

Ophoven (van) — *Liége.* Parti: au 1 d'or à trois fasces d'arg.; au 2 d'arg. à une croix diminuée de sa., chaque bras croisé de trois traverses. Sur letout de l'écu, br. sur le parti, un écusson d'azur, ch. d'une fleur-de-lis d'arg. **C.:** un lévrier iss. au nat., coll. et bouclé d'or [*Silvestre van Ophoven*, roi d'armes de la province de Liège, décédé en 1803.]

Oppermann de Stockenhausen — *P. de Hildesheim* (Nob. du St.-Empire, 13 oct. 1721.) De gu. à la bande d'arg., ch. de deux membres d'aigle d'or, les serres en bas. Cq. cour. **C.:** trois pl. d'aut., une d'arg. entre de gu. **L.:** à dextre d'arg. et de gu., à sen. d'or et de gu.

Oppolzer — *Vienne* (Chevaliers, 5 oct. 1869.) Ec.: aux 1 et 4 de gu. à la bande d'arg., ch. de deux flèches à tête en losange. au nat., et acc. de deux autres flèches pareilles, toutes les flèches posées en bandes; aux 2 et 3 d'or à une plante de sureau de trois tiges feuillées, posées sur une terrasse, le tout de sin., chaque tige portant au sommet une fleur d'arg. Deux cq. cour. **C.:** 1° une flèche à tête en losange. au nat., posée en pal, entre un vol de gu., l'aile dextre ch. d'une bande d'arg. et l'aile sen. d'une barre du même; **l.** d'arg. et de gu.; 2° une tige de sureau, feuillée de sin., portant au sommet une fleur d'arg.; entre un vol coupé alt. de sin. et d'or; **l.** d'or et de sin.

Orchimont — *Luxemb.* D'or à un ours au nat., acc. de trois roses de gu.

Orchimont — *P. de Namur.* D'or à deux bandes d'arg., acc. en p. d'une étoile de sa.; au chef du premier, ch. des lettres O R de sa.

Orchimont — *Suède*, orig. de *Luxemb.* (Inc. dans la nob. suédoise, 1812.) D'or à un sanglier au nat., ch. d'un écusson d'arg. au lion de gu.

Orelli — *Bologne.* Tranché d'azur sur sin., à la bande d'arg., br. sur le tranché et accostée de deux cerfs courant en bande d'or; au chef d'azur, ch. de trois étoiles (5) d'or.

Orlamünde (Comtes d'). Un lion. — *Ou:* Ec.: aux 1 et 4 un lion; aux 2 et 3 un lion léopardé en chef et une aigle en p.

Orller marquis **de St.-Innocent** — *Bourg.* De sa. à un ours ramp. d'or.

Oron — *Valais.* De sa. à l'aigle d'or.

Orsières — *Valais.* D'arg. à un ours ramp. de sa.

Os (van) — *Harlem.* Ec.: aux 1 et 4 c.-éc.: *a.* et *d.* d'or à trois tours de gu.; *b.* et *c.* d'azur à trois feuilles de nénuphar d'arg.; aux 2 et 3 d'arg. à trois têtes

de boeuf de gu., accornées d'or, et en coeur un écusson de sa., ch. d'un lion d'or.

Os (van der) — *Zierikzee. Flessingue.* D'or à un rencontre de boeuf de sa., bouclé d'or. **C.:** le meuble de l'écu.

Osenbruggen (van) — *Holl.* D'arg. à un cerf élancé au nat., sur une terrasse de sin.

***Ostrel** vicomtes **de Lières** — *Art.* (Vicomtes, 13 août 1627.) Ec.: aux 1 et 4 d'azur à trois dragons d'or, langués et cour. de gu. (*Ostrel*); aux 2 et 3 d'arg. à deux bandes d'azur (*Lières*). Cq. cour. **C.:** un dragon de l'écu, iss. **L.** d'arg. et d'azur.

Othgen — *Amsterdam.* D'arg. fretté de sa.

***Otterloo (van)** — *la Haye.* D'or à une loutre courante au nat. sur une terrasse de sin. avec une eau sur le devant, et tenant entre ses dents un poisson d'arg.; au chef d'arg., ch. de trois quartefeuilles tigées de sin. Cq. cour. **C.:** une quartefeuille tigée de sin. **L.** d'arg. et de sin.

Ottis — *Etats-Unis.* D'arg. au saut. engr. d'azur, acc. de trois croisettes au pied fiché du même. **C.:** un bras paré d'un parti d'azur et de gu., tenant un rameau de laurier de sin.

Otto d'Ottenfeld — *Aut.* (Chevaliers, 1 oct. 1637; barons, 31 oct. 1877.) Parti d'arg. et de gu.; à un senestrochère arm., tenant une épée en barre, le tout au nat., br. sur le parti; le champ chaussé-ployé: à dextre d'azur au lion cont. d'arg., à sen. d'arg. au lion d'azur. Cq. cour. **C.:** une aigle iss. de sa., cour. d'or. **L.:** à dextre d'arg. et de gu., à sen. d'azur et d'or.

Ouden (den) — *Holl.* D'arg. à trois flèches de gu., 2 et 1, en pals, les pointes en haut. **C.:** un vol, d'arg. et de gu.

Oureln (d') — *Holl.* Une fasce ondée, acc. en chef d'un soleil et en p. d'un cygne entre deux branches feuillées.

Ouwevliet — *Holl.* D'arg. à trois coqs de sa., 2 et 1, acc. en p. d'un flanchis de gu.

Ouwerkerk — *Holl.* D'azur à trois croiss. tournés d'or.

Ouzeel — *Holl.* D'arg. à trois corneilles de sa.

Oveljong — *Nimègue.* De sa. au canton d'arg.; l'écu entouré d'une bord. d'or.

Owlig — *Valais.* De gu. à un mouton d'arg., pass. sur un tertre de trois coupeaux de sin. et acc. d'une rose d'arg., posée au canton sen. du chef.

Oyon — *P. de Lille.* D'arg. à neuf bes. d'arg.

P

Paau — *Amsterdam.* Parti: au 1 d'arg. à une rose de gu.; au 2 d'arg. à la croix de gu., accostée en chef de deux fleurs-de-lis du même.

Pacini — *Ferrare.* D'arg. à un olivier arr. de sin.

Pacini — *Florence.* Tranché *ou* coupé, d'azur à deux têtes d'oiseau d'or, sur arg. à deux chausse-trapes de sa.: à la bande *ou* fasce de gu., brochante.

Pacini — *Sienne.* D'azur au saut. d'or, acc. aux 1 et 4 de deux étoiles (8) d'or et aux 2 et 3 de deux croiss. affr. du même.

Pacini de Colle — *Ferrare.* D'azur à un olivier terrassé de sin., sommé d'une colombe d'arg. tenant en son bec un rameau d'olivier de sin. et acc. en chef de trois étoiles mal-ordonnées d'or.

Paccinino — *Bologne.* D'azur à un cerf naiss. d'or, mouv. d'un mont de trois coupeaux du même en p.; au chef aussi d'or, ch. de trois monts de trois coupeaux de sin., sommés chacun d'une palme du même.

Paërnat — *Valais.* D'arg. au chev. renversé alésé d'azur, ch. de sept los. du champ. — (An., 1625.) Parti: au 1 d'azur au chev. renversé alésé d'arg., ch. de sept los. d'or et d'azur; au 2 d'azur au chev. d'or, ch. d'une croix trèflée d'arg.; au 2 d'azur à une couronne impériale d'or, surm. d'une rose de gu.

Pagani de la Torre (Marquis) — *Sardaigne, Louvain.* De gu. à une tour d'arg., ouv. du champ, surm. d'une tête de More, tort. d'arg.; au chef d'or, ch. d'une aigle de sa., cour. du même.

Pagart d'Hermansart — *Art.* D'azur à trois bandes d'arg., ch. d'une tête et col coupée de cerf de sa. **C.:** la tête de cerf.

Pagèze marquis **de St.-Lieux** — *Lang.* Ec.: aux 1 et 4 de gu., au chef d'arg. (*Pagèze*); aux 2 et 3

d'arg. à la bande d'azur, ch. d'un croiss. d'arg. (*Soubiran d'Arifat.*) **D.:** PAX VIVIS IN CHRISTO.

Pagliacci — *Viterbo.* D'azur à un senestrochère, paré de gu., mouv. du flanc et tenant trois épis d'or.

Paillart — *Tournaisis.* D'arg. à la croix de sa.

Palisot — *Art.* D'azur au chev. d'or, acc. en chef de deux fleurs de pensée tigées et feuillées du même, et en p. d'un lis tigé et feuillé d'arg.

Palyart — *Ile-de-Fr., Pic.* Ec.: aux 1 et 4 d'azur à trois coqs d'or; aux 2 et 3 d'arg. à deux serpents de sin. adossés et passés en saut., cant. de quatre tierce-feuilles du même. **C.:** une sirène. **S.:** deux perroquets.

Pamart — *Douai.* D'azur au chev. d'or, acc. de trois gerbes du même.

Panat — *Lorr.* D'or à trois bandes d'azur.

Panatier — *Valais.* D'azur à trois épis sur une seule tige feuillée, soutenue d'un tertre de trois coupeaux, acc. de quatre étoiles (6), 2 en chef et 2 en bas, le tout d'or.

Pandelli — *Bologne.* Ec. d'azur et d'arg.

Pandoni — *Bologne.* D'azur à un mont isolé de trois coupeaux d'or; à la bande de gu., br. sur le tout, acc. d'une couronne à l'antique d'or, posée en bande au canton sen. du chef et deux palmes de sin. en saut., passées dans la couronne.

Paneau — *Ile-de-Fr.* D'arg. treillissé de sa.; à la fasce de gu., br. sur le tout et ch. de deux liens d'or entrelacés en saut. et houppés aux extrémités.

Panigall — *Bologne.* D'azur à la fasce de gu., ch. d'une Foi de carn., les bras parés d'arg., mouv. des flancs; la fasce acc. en chef de deux demi-vols adossés de gu., surm. d'une flamme renversée du même, mouv. du chef, et en p. d'un épi d'or, tigé et feuillé de sin., terrassé du même.

Panighi — *Bologne.* D'azur à un mont isolé de six coupeaux d'arg., sommé de deux épis d'or, tigés et feuillés de sin., mouv. des deux coupeaux intermédiaires.

Pannetier (le) de Boissay — *Maine.* De sa. au chev., acc. en chef de deux étoiles et en p. d'un croiss., le tout d'arg.

Panni — *Bologne.* D'arg. à un arbre terrassé de sin., sommé d'un oiseau de sa.; au chef d'azur, ch. de trois fleurs-de-lis d'or, rangées entre les quatre pendants d'un lambel de gu.

Pannini (Comtes) — *Ferrare.* Coupé d'arg. sur gu.; à trois los. de l'un à l'autre, 2 et 1.

Pansser — *Holl.* D'azur à une cuirasse d'or.

Panzacchi — *Bologne.* D'or à un cheval d'arg., bridé de gu., ramp. contre un mont de sin., mouv. du flanc dextre.

Panzoni — *Bologne.* D'azur à deux fasces d'arg., ch. chacune de quatre pals de gu.

Pape (de) — *Harlem.* Ec.: aux 1 et 4 de sa. à une tour d'or, ouv. et aj. du champ; aux 2 et 3 d'azur à trois poissons nageants d'arg., lorrés et peautrés de gu., l'un sur l'autre. Brl. de sa. et d'or. **C.:** la tour. **L.** d'or et de sa.

Paperati — *Bologne.* D'arg. à la fasce de gu., acc. en chef d'une comète d'or et en p. d'un mont de trois coupeaux du sec.

Paracchi — *Bologne.* D'arg. à un senestrochère de gu., mouv. du flanc, la main de carn. empoignant un arbre de sin., soutenu d'un mont de trois coupeaux du même, mouv. de la p.; le tout acc. en chef d'un croiss. cont. d'arg. à dextre et d'une comète d'or à sen.

Parchi — *Bologne.* D'azur à la fasce d'arg., acc. de trois fleurs-de-lis de gu., la fasce ch. du mot PARCO, en lettres de gu.

Parent de Lannoy — *Auv.* De gu. à deux chicots d'or, passés en saut., acc. d'un croiss. d'arg., en chef, et de trois étoiles d'or, 2 en flancs et 1 en p. **S.:** deux lévriers au nat., coll. de gu.

Parenti — *Bologne.* Gironné d'arg. et de gu.; au chef d'azur, ch. de trois fleurs-de-lis d'or, rangées entre les quatre pendants d'un lambel de gu.

Parfondry — *Soumagne (P. de Liége.)* D'arg. à la fasce, acc. en chef de trois roses rangées et en p. d'un coeur, le tout de gu., les roses bout. d'arg., barbées de sin. **C.:** une rose de l'écu, tigée et feuillée de sin.

Paris von und zum Wolfsturm — *Allem.* Parti: au 1 d'arg. à la fasce de sa.; au 2 de ... à une tour d'arg., maçonnée de sa. **C.:** 1° trois pl. d'aut.; 2° un loup iss.

Parisi — *Bologne.* De gu. à un faisceau de trois épis d'or, tigés et feuillés de sin.; à la fasce de sin., br. sur le tout; au chef d'azur, ch. de trois fleurs-de-lis d'or, rangées entre les quatre pendants d'un lambel de gu.

Parisini — *Bologne.* D'azur à un guerrier romain au nat., sur une terrasse de sin., tenant de sa main dextre une pique et de sa sen. un bouclier à nombril ; au chef du premier. ch. de trois fleurs-de-lis d'or, rangées entre les quatre pendants d'un lambel de gu.

Parma — *Bologne.* Fascé de gu. et d'arg.; au pal d'or, br. sur le tout.

Parma — *Bologne.* Fascé de gu. et d'arg.: à la bande d'azur, br. sur le tout et ch. de trois M d'arg., chaque lettre posée en barre.

Parma — *Bologne.* D'arg. à la fasce échiq. de gu. et d'arg. de trois tires, acc. en chef d'une comète d'or et en p. d'une étoile (5) du même; au chef du premier, ch. de trois fleurs-de-lis d'or, rangées entre les quatre pendants d'un lambel de gu.

Parmegiani — *Bologne.* Parti d'or et d'arg.; à une aigle partie de sa. sur l'or et d'or sur l'arg.; au chef d'azur, br. sur le parti et ch. de trois fleurs-de-lis d'or, rangées entre les quatre pendants d'un lambel de gu.

Parois (du) — *Bourg.* De gu. à une muraille crén. d'arg. **D.:** PLUS SOIS QUE NE PAROIS.

Parolini — *Bologne.* Bandé d'azur et d'or; à un sac d'arg., br. sur le tout; au chef d'or, ch. d'une aigle de sa., cour. d'or.

Paruti — *Bologne.* D'arg. au lion d'azur, lamp. de gu.

Paselli — *Bologne.* De gu. au pal de sin.

Pasi — *Bologne.* De gu. à une colombe d'arg., tenant en son bec une palme de sin.; au chef d'azur, ch. de trois étoiles (5) d'or.

Pasinelli — *Bologne.* D'azur à une tour carrée d'arg., sur une terrasse de sin., et un senestrochere, paré d'or, iss. de la fenêtre de la tour et tenant une palme de sin. en pal; au chef du premier, ch. de trois fleurs-de-lis d'or, rangées entre les quatre pendants d'un lambel de gu.

Pasini — *Bologne.* D'azur à une colombe d'arg., posée sur une terrasse de sin. et tenant en son bec une palme du même; au chef du premier, ch. de trois fleurs-de-lis d'or, rangées entre les quatre pendants d'un lambel de gu.

Pasini — *Ferrare* (Chevaliers du St.-Empire, 18 mai 1452; comtes de *Zenzalino* et du *Quartero;* seigneurs de la *Pasina,* etc.) Ec.: aux 1 et 4 d'or à l'aigle ép. de sa.; aux 2 et 3 d'azur à une colombe d'arg., bq. et m. de gu., tenant en son bec un rameau d'olivier de sin. et posée sur une montagne de trois coupeaux de sin., mouv. de la p.; le tout acc. en chef d'un arc-enciel de gu., ch. d'or de sin., posé en barre. Au chef d'or, br. sur l'écartelé et ch. d'une aigle de sa. **C.:** l'aigle.

Pasini — *Sienne.* De gu. à un olivier de sin. ou d'azur, posé sur un mont de trois coupeaux d'or sur une colline de sin., acc. en chef d'une étoile d'or.

Pasquali — *Bologne.* Coupé d'or sur gu., au lion de l'un à l'autre, ramp. contre un chicot de sin., posé à dextre, le tout soutenu d'une terrasse du même; au chef d'azur, ch. de trois étoiles (5) d'or.

Pasqualini — *Bologne.* D'arg. à un rosier tigé et feuillé de sin., terrassé du même, fleuri de trois roses mal-ordonnées de gu.; à la fasce nebulée d'or sur gu., br. sur le tout; au chef d'azur, ch. de trois fleurs-de-lis d'or, rangées entre les quatre pendants d'un lambel de gu.

Passaggieri — *Bologne.* D'azur à une plume d'arg., en bande, enfoncée dans un encrier d'or; au chef du premier, ch. de trois fleurs-de-lis d'or, rangées entre les quatre pendants d'un lambel de gu.

Passerotti — *Bologne.* D'or au vol, acc. de trois oiseaux d'arg., les deux du chef affr., et celui en p. posé sur un mont de six coupeaux de sin.; au chef d'azur, ch. de trois fleurs-de-lis d'or, rangées entre les quatre pendants d'un lambel de gu.

Passet — *Tournai.* D'azur à trois escabelles (ou passets) d'or. **D.:** SANS AIDE, JE NE PUIS PASSER.

Passetti — *Bologne.* D'azur à un mont de trois coupeaux d'or, mouv. de la p., sommé de trois palmes de sin., l'une tout le premier coupeau et les deux autres sur les deux coupeaux suivants; au chef du premier, ch. de trois fleurs-de-lis d'or, rangées entre les quatre pendants d'un lambel de gu.

Pastré — *Lang., Prov.* D'or au chev. d'azur, acc. en chef de deux chênes arr. de sin. et en p. d'un lion de sa. **C.:** le lion, iss. **S.:** deux béliers.

Patritii — *Valais.* De gu. à la bande d'azur, acc. d'une étoile (6) d'arg. au canton sen. du chef; ladite bande bordée d'arg. et ch. en haut d'un flanchis du même.

Patruban — *Hongrie.* (An., 12 déc. 1758.) D'azur à la bande d'arg., ch. de trois alouettes au nat., et acc. de quatre bes. d'or, 1, 2 et 1, et en p. d'une grue avec sa vigilance au nat., tenant en son bec une croix d'or et posée sur une terrasse de sin. **C.:** un vol d'azur, chaque aile ch. de deux bes. d'or, l'un sur l'autre. **L.:** à dextre d'or et d'azur, à sen. d'or et d'azur.

Pattarazzi — *Bologne.* D'arg. à une maison avec sa cheminée de gu., ouv. et aj. de sa., mouv. du flanc dextre, senestrée d'un pèlerin avec son bourdon, marchant vers ladite maison, le tout soutenu d'une terrasse de sin.; au chef de gu., ch. d'une patte d'ours de sa. en fasce, les ongles à sen. L'écu entouré d'une bord. de sa., ch. de dix boules d'or, 3 en chef, 2 à chaque flanc, 1 en chef et 3 en p.

Paulini — *Bologne.* Fascé d'azur et de gu., de quatre pièces; au chef d'arg., ch. d'une fleur-de-lis de gu.

Paulucci — *Bologne.* De sa. à deux fasces d'or; au chef du gu., ch. d'une rose d'or.

*Pautet du Parois — *Bourg.* Ec.: aux 1 et 4 de gu. à un mont d'arg.; au 2 d'azur à un livre ouv. d'arg.; au 3 d'azur à trois étoiles d'or, rangées en bande. Sur le tout d'azur à un mur non-crén. d'arg., surm. d'un rameau d'olivier du même. **D.:** JUSTITIA POTESTE; ou PLUS SOIS QUE NE PAROIS; ou: SERGERE VERUM SCRIPTIS.

Pauw (de) — *Gand, Bruges,* orig. du *P. de Waes* (Conf. d'arm. et de nob., 22 avril 1886.) D'arg. au chev. d'azur, acc. de trois têtes et cols de paon d'azur. **C.:** un paon rouant iss. **D.:** IMPAVIDUM FERIENT RUINAE [A cette fam. appartient le maire *François de Pauw* — branche éteinte en 1884 — qui, en 1798, introduisit l'industrie cotonnière en Flandre, avec son cousin Liévin Bauwens, maire de Gand.]

Pavanesi — *Bologne.* Coupé d'azur sur gu.; à la fasce d'or, br. sur le coupé, soutenue d'un pal d'or.

Pavarelli — *Bologne*. De gu. à une colombe d'arg., posée sur une terrasse de sin. et tenant en son bec une palme du même; au chef d'azur, ch. de trois papillons d'or.

Pavone (dal) — *Bologne*. Coupé d'arg. sur gu., à deux tours de l'un à l'autre, 1 en chef et 1 en p.

Pazzaglia — *Bologne*. Coupé: au 1 de gu. à un mont de six coupeaux d'or, mouv. du coupé; au 2 d'azur à un coeur de gu., sommé d'une croisette du même.

Pazzani — *Bologne*. D'azur à un arbre de sin., surm. d'une étoile (5) d'or et senestré d'un lion léopardé du même, le tout soutenu d'une terrasse du sec.: au chef du premier, ch. de trois fleurs-de-lis d'or, rangées entre les quatre pendants d'un lambel de gu.

Pazzini — *Bologne*. D'azur à une tour carrée au nat., qui meut du flanc sen. et dont la partie supérieure se perd dans le bord supérieur de l'écu; la tour munie à dextre d'un pont-levis abaissé avec ses chaînes, et soutenue d'une terrasse de sin.

Peabody — *Philadelphie*. Coupé-nébulé de gu. sur azur; le gu. ch. de deux soleils d'or et l'azur ch. d'une robe ou tunique d'arg **C.:** une aigle de profil, regardante. **D.:** MURUS AENEUS CONSCIENTIA SANA.

Pease — *Etats-Unis*. Parti d'arg. et de gu.; à l'aigle de l'un à l'autre. **C.:** une tête d'aigle arr. au nat., tenant en son bec un rameau de pois de sin., fruité du même.

Pecorari — *Bologne*. D'or à un pied humain d'arg., les doigts à sen., soutenu d'un mont de trois coupeaux de sin., mouv. de la p. et acc. en chef des mots : LVCET TAMEN ET INFLVIT, en lettres de gu., rangées dans la direction de la moitié inférieure d'un cercle et surmontées d'une couronne à l'antique d'or.

Pecoroni — *Bologne*. D'azur à un pied humain d'arg., soutenu d'un mont de trois coupeaux du même et acc. en chef d'une couronne à l'antique d'or, surmontée d'une comète du même.

Pederzani — *Bologne*. Coupé: au 1 d'azur au lion naiss. d'or, mouv. du coupé, tenant entre ses pattes une fleur-de-lis du sec.; au 2 palé d'arg. et de gu. Au chef de l'écu d'azur, ch. de trois fleurs-de-lis d'or, rangées entre les quatre pendants d'un lambel de gu.

Pedevilla — *Bologne*. D'azur à un mur non-crén. de gu. en p., maçonné de sa., faisant saillie sur le milieu; l'azur ch. à dextre d'un aquilon soufflant vers sen., acc. en chef d'une comète d'or, accostée de deux étoiles (5) du même.

Pedini — *Bologne*. D'azur au chev. renv. d'or, ch. de trois boules mal-ordonnées de gu. et acc. en p. d'un pied humain d'arg., les doigts à sen.

Pedrazzi — *Bologne*. De gu. à une planche carrée d'or, couchée et vue de sen., et ch. de deux boules d'or, rangées en fasce; au chef d'azur, ch. de trois fleurs-de-lis d'or, rangées entre les quatre pendants d'un lambel de gu.

Pedrelli — *Bologne*. D'arg. à un arbre terrassé de sin., et un chevron d'or, br. sur le tout; au chef d'azur, ch. de trois fleurs-de-lis d'or, rangées entre les quatre pendants d'un lambel de gu.

Pedretti — *Bologne*. D'azur à un phénix d'arg., iss. d'un feu de gu., soutenu d'un mont de trois coupeaux de sin.: le phénix surm. d'une couronne de laurier couchée de sin. et acc. en chef de trois étoiles (5) rangées d'or.

Pedrini — *Bologne*. D'arg. à une tour, portant sur chaque extrémité un donjon, et entre ces donjons une tourelle sommée de deux donjons ; la tour soutenue d'un sous-basement; le tout de gu.

Pedrini — *Bologne*. D'arg. à une tour de gu.; au chef d'azur, ch. de trois fleurs-de-lis d'or, rangées entre les quatre pendants d'un lambel de gu.

Pedrizoli — *Bologne*. D'arg. à un senestrochère, paré de gu., mouv. du flanc, la main de carn. empoignant le fût d'une arbre terrassé de sin.; au chef d'azur, ch. de trois fleurs-de-lis d'or, rangées entre les quatre pendants d'un lambel de gu.

Pedrottini — *Bologne*. D'azur à six étoiles (5) d'or, rangées en orle rond ; au chef du premier, ch. de trois fleurs-de-lis d'or, rangées entre les quatre pendants d'un lambel de gu.

Peers — *Devonshire*. De sa. au chev. d'arg., acc. de trois têtes de lion du même; au chef d'or. **C.:** un griffon iss. d'arg. **L.** d'arg. et de gu. **D.:** POST NUBILA PHOEBUS.

Peeters — *Holl*. Ec.: aux 1 et 4 d'azur à deux perches (poissons) adossées d'or; aux 2 et 3 d'arg. à trois merlettes de sa.

Peez — *Nassau, Aut., Carinthie*. D'azur à un écusson de gu. en abîme, ch. d'une tour sommée de trois tourelles d'or, et acc. de six étoiles du même en orle, 3 en chef, 2 en flancs et 1 en p.

Peggi — *Bologne*. D'azur à un croiss. d'arg., acc. de deux étoiles (5) d'or, 1 en chef et 1 en p.

Pegolotti — *Bologne*. D'azur à une tête et col de boeuf d'or.

Pegorini — *Bologne*. D'azur à un mont de trois coupeaux d'arg., mouv. de la p., acc. en chef d'une comète haussée d'or, entre deux étoiles (5) du même.

Pelissier — *Valais*. D'azur à un pélican d'arg. avec ses petits du même, sur une terrasse de sin.

Pell — *Boston*. Ec.: aux 1 et 4 d'herm., au canton d'azur, ch. un pélican dans son aire (*Pell*); aux 2 pals, rangées en fasce (*Clarke*).

Pellacini — *Bologne*. D'azur au lion d'or, lamp. de gu.: au chef du premier, ch. de trois fleurs-de-lis d'or, rangées entre les quatre pendants d'un lambel de gu.

Pellagalli — *Bologne*. D'azur à un mont de trois coupeaux d'or, somme d'un coq d'arg., crêté et barbé de gu.; au chef du premier, ch. de trois fleurs-de-lis d'or, rangées entre les quatre pendants d'un lambel de gu.

Pellegretti — *Bologne*. De gu. à un pied humain d'arg.; au chef d'azur, ch. de trois fleurs-de-lis d'or, rangées entre les quatre pendants d'un lambel de gu.

Pellegrini — *Bologne*. D'azur au lion d'or; à la fasce d'arg., ch. de trois roses de gu., br. sur le tout, et au chef du premier, ch. de trois fleurs-de-lis d'or, rangées entre les quatre pendants d'un lambel de gu.

Pellegrini — *Bologne*. D'azur au saut. de gu., cant. de quatre étoiles (5) d'or; au chef du premier, ch. de trois fleurs-de-lis d'or, rangées entre les quatre pendants d'un lambel de gu.

Pellicani — *Bologne*. D'azur à deux pattes d'ours d'arg., passées en saut., les ongles en haut.

Pellicani — *Bologne*. De gu. à la bande papelonnée d'herm. dans le sens de la bande, acc. de deux lévriers ramp. d'arg.

Pellicioni — *Bologne*. D'azur à la fasce de gu., acc. en chef de trois étoiles (5) rangées d'or, et en p. d'une pomme de pin d'or, tigée et feuillée du même, la tige en bas.

Pellini — *Bologne*. D'or à un dragon ailé à deux pattes de sin., surm. des mots: SI ODERINT METVENT, en lettres de sa.

Pellizani — *Bologne*. Coupé d'arg. sur azur; à la bord. de gu., ch. de huit étoiles (5) d'or.

Pellizzeri — *Sicile*. D'arg. à un poisson au nat., nageant dans une mer d'azur, agitée de sa.

Peloni — *Bologne*. Coupé: au 1 d'arg. à deux branches de mûrier feuillées de sin., passées en saut., les sommets courbés à dextre et à sen. et terminés chacun par une mûre au nat.; au 2 de gu. à trois épées d'arg., garnies d'or, les pointes en bas, disposées en eventail. Au chef de l'écu d'azur, ch. de trois fleurs-de-lis d'or, rangées entre les quatre pendants d'un lambel de gu.

Pelt (van) — *Nimègue*. D'arg. à trois coqs de gu.

Pemberton — *Etats-Unis*. D'arg. au chev. de sa., acc. de trois seaux du même, cerclés de trois pièces d'or. **C.:** une tête et col de dragon de sin., la gorge d'or.

Pendaglia — *Bologne*. Coupé, d'or à l'aigle de sa., sur arg. plein; à la fasce d'azur, br. sur le coupé et ch. des deux têtes d'une aigle ép. d'arg., diademées du même.

Pendasi — *Bologne*. D'azur à une sirène d'arg. à deux queues qu'elle tient de ses mains, cour. d'or, posée de front.

Pennington — *New-Jersey*. D'or à cinq los. d'azur, bordées d'arg., accolées en fasce et touchant les bords de l'écu.

Penon — *Valais*. De gu. à la barre d'azur, bordée d'or et acc. d'un oiseau volant d'arg., au canton dextre du chef.

Pensabeni — *Bologne*. D'azur à un ours ramp. de sa., le corps percé de trois flèches au nat., posées en barres, les pointes en bas, l'une sur l'autre; au chef d'azur, ch. de trois fleurs-de-lis d'or, rangées entre les quatre pendants d'un lambel de gu.

Peparati — *Bologne*. Fascé d'arg. et d'azur.

Pepinster — *P de Liège*. Coupe: au 1 d'arg. à trois épis effeuillés d'arg., mouv. en éventail d'un tertre au nat.; au 2 d'arg. à un arbre terrassé de sin. **C.:** l'arbre.

Peppi — *Bologne*. Echiq. de sin. et d'arg.; au chef d'azur, ch. de trois étoiles (5) d'or, et surm. d'un autre chef d'azur, ch. de trois fleurs-de-lis d'or, rangées entre les quatre pendants d'un lambel de gu.

Perachini — *Bologne*. D'arg. à un arbre terrassé de sin., sommé d'une aigle de sa.; au chef d'azur, ch. de trois étoiles (5) d'or.

Peracini — *Bologne*. D'azur à un arbre de sin., fruité de gu., soutenu d'un mont de trois coupeaux d'arg. et acc. de trois étoiles (5) d'or, rangées en chef.

Peracini — *Bologne*. D'azur à un senestrochère, paré de gu., mouv. du flanc, la main de carn. tenant trois poires au nat., tigées et feuillées de sin., les tiges en bas; au chef du premier, ch. de trois fleurs-de-lis d'or, rangées entre les quatre pendants d'un lambel de gu.

Perasacchi — *Bologne*. De gu. à deux bras opposés, mouv. des flancs, parés d'azur, les mains de carn. tenant un sac d'arg.; le tout acc. de trois étoiles (5) mal-ordonnées d'or.

***Périer** — *France, Norm , Belg., P. de Liége, Flandre orientale*. De sa. au chev. d'arg., ch. de trois roses de gu. et acc de trois croiss. d'or [Les descendants en ligne directe d'Edmond et de Jacques Périer — P. de Liége, 1685, Flandre orientale — portent pour **D.:** QUI RIEN NE PORTE, RIEN NE LUI CHET, en lettres d'arg. dans un listel d'azur.]

Perini — *Bologne*. D'azur à trois poires au nat., rangées en fasce, tigées et feuillées de sin., les tiges en haut ; au chef du premier, ch. de trois fleurs-de-lis d'or, rangées entre quatre pendants d'un lambel de gu.; ce chef surm. d'un autre chef d'or, ch. d'une aigle de sa.

Perondoli (Chevaliers) — *Ferrare*. De gu. à six poires d'or.

Perren — *Valais*. D'or à l'aigle cont. de gu., acc. d'une étoile (6) du même sous chaque serre.

Perrier du Carne — *Paris*. De gu. à un pélican d'or avec ses petits. Cq. cour. **C.:** un pélican à deux têtes, iss., les ailes étendues. **D.:** EN TOUT LOYALE; ou : FY NGOBAITH SYDD YN NUW; ou : LAUDETIS NECNE ITIDEM FACIAM.

Perrig — *Valais*. D'azur à cinq bes. d'or, 1, 3 et 1, acc. en chef de deux étoiles (6) du même.

Perrinod — *Valais*. De gu. à trois bandes d'azur; au chef d'or.

Persius — *Hesse* (Conc. d'arm., 1393.) D'azur à une tête de Gérion de carn., les cheveux et les trois barbes de teinte brunâtre. Cq. cour. **C.:** une aigle d'arg., cour. d'or. **L.:** à dextre d'arg. et d'azur, à sen. d'arg. et de gu.

Persius de Lonstorff — *Hesse* (Nob. du St.-Empire, 23 fév. 1623.) Ec.: aux 1 et 4 de gu. à l'aigle d'arg., cour. d'or; aux 2 et 3 d'azur à une tête de Gerion de carn., les cheveux et les trois barbes de teinte brunâtre. Sur le tout d'azur à une emanche de deux pièces et une demie d'arg., mouv. du flanc sen. (*Lonstorff*). Cq. cour. **C.:** une aigle d'arg., cour. d'or. **L.:** à dextre d'or et de sa., à sen. d'arg. et de gu. — (Barons du St.-Empire, 10 janv. 1702 ; conf. dudit titre, 1 sept. 1706.) Les armes de 1623. Deux cq. cour. **C.:** 1° une aigle cont. d'arg., cour. d'or; l. d'or et de sa.; 2° un cygne d'arg., bq. et m. de sa., le vol levé ; entre deux prob. d'or, ornées chacune à l'ext. de trois feuilles de tilleul de sin., dont trois dans chaque embouchure ; l. d'arg. et de gu.

Personaldi — *Bologne*. D'or à la fasce de gu., supp. deux enfants de carn. affr., se tenant par les mains et luttant.

Perticoni — *Bologne*. D'azur à la bande d'arg.

Pescatori — *Bologne*. Le champ entier représentant une eau, dans laquelle nagent deux poissons, l'un sur l'autre, le tout au nat.

Pesciolini — *Bologne*. D'azur à trois poissons nageants au nat., l'un sur l'autre.

Pessina de Branconi — *Aut.* (Nob. du St.-Empire, 30 nov. 1774.) Parti : au 1 d'arg. à un lion ramp., au nat., cour. d'or, cont.; au 2 fascé d'azur et d'or, de huit pièces. A une tour grisâtre, de deux fenêtres de sa., l'une sur l'autre, qui est au-dessus de la p. et br. sur le parti. Cq. cour. **C.:** un lion iss., au nat., cour. d'or. **L.:** à dextre d'arg. et d'azur.

Petist de Morcourt — *P. d'Amiens*. D'azur à un pélican d'or avec ses petits dans son aire d'arg., surm. d'un poisson nageant du même, et accosté de deux étoiles aussi d'arg.

Petit — *Liége*. D'arg. à un arbre terrassé de sin. **C.:** un cerf iss. de gu.

Petit — *Tournaisis*. D'azur à une fleur-de-lis d'or.

Petit de Chemellier — *Anjou*. De sa. à un coeur d'or, acc. de trois croix pattées du même. **D.:** PARVUS SED FORTIS.

Petitjean de Maransange — *Bourbonnais, Berry*. D'azur à la fasce d'or, acc. de trois croiss. d'arg.,

surm. chacun d'une petite croix de Lorraine du sec. ; le tout acc. d'une étoile d'arg., posée au point du chef.

Pezuela (de la), v. **Gonzalez de la Pezuela.**

Pfreundt — *Hesse* (Conc. d'arm., 11 juillet 1565.) D'azur à deux chev. renv. d'arg., acc. en chef d'une licorne naiss. du même, posée de front et mouv. du chev. supérieur. **C.:** la licorne iss. de front, entre un vol d'azur, l'aile dextre ch. en bas de deux cotices en bandes d'arg. et l'aile sen. ch. en bas de deux cotices en barres du même. — (Nob. du St.-Empire, 29 nov. 1708.) D'azur à la fasce d'or, acc. en chef d'une licorne naiss. d'arg., posée de front, mouv. de la fasce, et en p. de deux chev. d'arg. **C.:** la licorne iss.; entre un vol aux armes de l'écu (sans licorne naiss.) **L.:** à dextre d'or et d'azur, à sen. d'arg. et d'azur.

Phillips — *Boston*. D'arg. au lion de sa., coll. et enchaîne de gu. **C.:** le lion.

Phips — *Boston*. De sa. à un trèfle d'herm., acc. de huit étoiles du même, rangées en orle.

Piacentini — *Bologne*. De sa. à la bande échiq. de gu. et d'arg., de trois tires ; au chef d'azur, ch. de trois fleurs-de-lis d'or, rangées entre les quatre pendants d'un lambel de gu.

Piamont — *Valais*. D'azur à un tertre de trois pics d'arg., chaque pic supp. une hottine d'arg.

Pianciani (Comtes) — *Rome, Spolète*. Parti : au 1 d'arg. à trois puis chevronnés d'arg. et de gu.; au 2 d'arg. au lion d'azur.

Pianella (dalle) — *Bologne*. D'azur à un oiseau d'arg., perché sur une pantoufle d'or, posée en fasce et soutenue d'un mont de six coupeaux de gu., mouv. de la p.; au chef du premier, ch. de trois fleurs-de-lis d'or, rangées entre les quatre pendants d'un lambel de gu.

Piantavigne — *Bologne*. D'arg. à deux ceps de vigne de sin., passés en double saut., fruités de quatre grappes de raisin au nat. et accolés à une verge brunâtre.

Piatesi — *Bologne*. Fascé de gu. et d'azur, de six pièces ; au chef d'or, ch. d'une aigle de sa.

Piccigotti — *Bologne*. D'azur au lion d'or, tenant de ses pattes une hache d'arg., le fer vers sen., au-dessus de sa tête ; au chef du premier, ch. de trois fleurs-de-lis d'or, rangées entre les quatre pendants d'un lambel de gu.

Piccioli — *Bologne*. Coupé de sa. sur un échiqueté d'or de sa.; le sa. du chef ch. de deux pies affr. au nat., soutenues de l'échiqueté. L'écu entouré d'une bord. échiq. de gu. et d'arg.

Picciolpeli — *Bologne*. Echiq. de sa. et d'arg. de quatre tires, chacune de trois points.

Piciolpassi — *Bologne*. D'azur à trois chev. d'arg.

Pickman — *Boston*. De gu. à deux haches d'armes d'or, passées en saut. et cant. de quatre martinets d'arg.

Picquery — *Hainaut*. D'azur au chev. d'arg., acc. de trois trèfles du même.

Picquette — *Tournaisis*. D'arg. fretté d'azur cloué d'or, les clairevoises semées de roses de gu.

Pierizzi — *Bologne*. D'azur à l'aigle de sa., cour. et onglée d'or, tenant en son bec un serpent ondoyant en pal du même, la tête vers sen.

Pierres (de) — *Norm*. D'arg. au chev. de gu., acc. de trois lions du même, les deux chef affr..

Pieters — *Nimègue*. De sa. à deux étoiles d'arg., l'une sur l'autre.

Pietrilenzi — *Bologne*. D'arg. au chev. d'or, acc. d'une étoile (5) de gu.; au chef coupé de gu. et d'azur.

Pietroboni — *Bologne*. Palé de gu. et d'arg.

Pigna — *Bologne*. D'azur au lion d'or, tenant entre ses pattes une pomme de pin du même, la queue en bas; au chef du premier, ch. de trois fleurs-de-lis d'or, rangées entre les quatre pendants d'un lambel de gu.

Pignat — *Valais*. D'azur à trois pots à eau d'arg.

Pii — *Bologne*. Ec.: au 1 de gu. à la croix d'arg. et à la bord. d'azur, cb. de huit bes. d'or ; aux 2 et 3 fascé de gu. et d'azur, chaque pièces ; au 4 d'azur au lion de sin. Au chef de l'écu d'or, br. sur l'écartelé et ch. d'une aigle de sa., cour. d'or.

Pinceloup de Morissure — *Perche*. De gu. à trois fleurs-de-lis d'or, ch. d'un loup pass. de sa.

Pinchioni — *Bologne*. Coupé: au 1 d'or à l'aigle de sa.; au 2 d'azur à un marteau d'arg., posé en bande sur une table du même. Au chef de l'écu d'azur, ch. de trois fleurs-de-lis d'or, rangées entre les quatre pendants d'un lambel de gu.

Pinchon — *Tournaisis*. Ec.: aux 1 et 4 d'or au chev. de sa., acc. de trois pinsons du même (*Pinchon*); aux 2 et 3 de gu. à la croix d'or et au chef d'herm. (*Billot*).

Pinel de Golleville — *Norm., Paris, Martinique.* D'or à la bande de gu.; au lion de sa., br. sur le tout.

Pinelli — *Bologne.* D'arg. à trois pommes de pin tigées et feuillées, rangées sur une terrasse, le tout de sin., acc. en chef de trois étoiles (5) rangées d'or.

Pinetti — *Bologne.* D'arg. à un arbre arr. de sin.; au chef d'azur, ch. de trois fleurs-de-lis d'or, rangées entre les quatre pendants d'un lambel de gu.

Pini — *Bologne.* D'arg. à un pin au nat., fruité d'or; au chef d'azur, ch. de trois fleurs-de-lis d'or, rangées entre les quatre pendants d'un lambel de gu.

Pini — *Bologne.* Coupé d'or sur gu.; à un arbre triplement étagé de sin., br. sur le coupé; au chef d'azur, ch. de trois fleurs-de-lis d'or, rangées entre les quatre pendants d'un lambel de gu.

Pinkney — *Boston.* D'or à quatre fusées de gu., accolées en fasce.

Pino (dal) — *Bologne.* D'azur à un arbre arr. de sin., fruité de pommes de pin du même; au chef du premier, ch. de trois fleurs-de-lis d'or, rangées entre les quatre pendants d'un lambel de gu.

Pinoli — *Bologne.* D'azur au lion d'or, à la bande de gu., br. sur le tout; la tête de lion adextrée d'une étoile (5) du sec.; au chef du premier, ch. de trois fleurs-de-lis d'or, rangées entre les quatre pendants d'un lambel de gu.

Pio — *Bologne.* D'azur à un cygne d'arg., tenant en son bec une pomme de gu. et adextré d'un bassin d'or, mouv. du flanc dextre; le tout soutenu d'une terrasse de sin.

Pio di Savoja — *Ferrare* (Princes de *Carpi* et de *St.-Grégoire*). Ec.: au 1 de gu. à la croix d'arg.; aux 2 et 3 fascé d'arg. et de gu. de quatre pièces; au 4 d'or au lion de sin. Sur le tout le pal de gonfalonier de l'Eglise (pal d'arg., ch. de la tiare papale, surmontant deux clés passées en saut.) Au chef d'or, br. sur l'écartelé et ch. d'une aigle de sa.

Piombian — *Bologne.* D'azur à une gerbe de sin., posée sur une terrasse du même et sommée d'une colombe d'arg.; au chef du premier, ch. de trois fleurs-de-lis d'or, rangées entre les quatre pendants d'un lambel de gu.

Piovani — *Bologne.* Ec. de gu. et d'azur; à trois barres d'or, sur les écartelures.

Pippini — *Bologne.* D'azur à deux enfants nus de carn., supp. ensemble une étoile (5) d'or et posés sur une terrasse de sin.; au chef d'arg., ch. de trois étoiles (5) d'or.

Piracioli — *Bologne.* D'arg. à un arbre arr. de sin.; au chef d'or, ch. d'une aigle de sa.

Pirazzi — *Bologne.* Coupé: au 1 recoupé, d'arg. à trois étoiles (5) rangées d'or, et de gu. plein; au 2 d'azur à un senestrochère, paré de gu., mouv. du flanc, la main de carn. tenant un compas d'arg., ouv. en chev. renv.

Pirch — *Pom.* Parti: au 1 d'azur à un poisson d'arg., posé en pal; au 2 de gu. à une femme nue de carn., posée de front, chevelée d'or, et un renard au nat., courant de dextre à sen., passant entre ses jambes et tenant à la bouche une petite botte de foin; ladite femme empoignant de ses deux mains la queue du renard et s'en frottant le corps; la femme et le renard soutenus d'une terrasse de sin. Cq. cour. **C.:** deux clés d'arg., passées en saut., br. sur trois plumes de paon au nat. **L.:** à dextre d'arg. et d'azur, à sen. d'arg. et de gu. **D.:** PFUI, TEUFEL, WIE RASEN DIE FLOEH.

Pironi — *Bologne.* D'or à un cygne d'arg., posé sur une terrasse de sin.

Pirotti — *Bologne.* D'azur à dix poires tigées et feuillées d'or, 4, 3, 2 et 1, les tiges en haut; au chef du premier, ch. de trois étoiles (5) d'or.

Pirovani — *Bologne.* De gu. à trois aigles d'arg.; au chef d'azur, ch. de trois fleurs-de-lis d'or, rangées entre les quatre pendants d'un lambel de gu.

Pis,arri — *Bologne.* D'azur à un senestrochère, paré de gu. mouv. du flanc, la main de carn. tenant une balance d'or; au chef d'arg., ch. de trois étoiles (5) d'or.

Pisi — *Bologne.* D'azur à une ancre à trois becs, sans trabe, soutenue d'une mer, l'ancre posée en bande, le tout d'arg., acc. d'un soleil d'or, rayonnant d'or, mouv. du canton sen. du chef

Pistocchi — *Bologne.* D'azur à deux sabres d'arg., garnies d'or, passés en saut., acc. en chef d'une étoile (5) du même; au chef d'azur, ch. de trois étoiles (5) d'or.

Pistoiesi — *Bologne.* D'azur à trois lis de jardin d'arg., tigés et feuillés de sin., disposés en éventail sur une terrasse du même; au chef du premier, ch. de trois étoiles (5) d'or.

Pistor — *Styrie* (Chevaliers en *Suède*, 16 mai 1656.) D'azur à un tour d'arg., mouv. de la p., ouv. de sa., aj. au-dessus de la porte de quatre fenêtres rondes de sa., 2 et 2, et couverte d'un dôme de gu., cour. d'or; la tour adextrée et senestrée d'un mur non-crén. d'arg., touchant aux flancs, maçonné de sa. et soutenant deux lions affr. d'or, appuyant leurs pattes sur le dôme. **C.:** une fleur-de-lis d'arg. **L.** d'or et d'azur. — (Chevaliers du St.-Empire, 16 nov. 1784.) D'azur à un mur crén., occupant la moitié inférieure de l'écu, ouv. de gu.; la mur sommé d'une tour crén.; le mur et la tour au nat. (couleur verdâtre tirant sur le rouge), maçonnés de sa., la tour ouv. de deux pièces du même; là mur soutenant deux lions affr. d'or, cour. du même, accostant la tour et tenant ensemble une couronne d'or au-dessus de la tour. Deux cq. cour. **C.:** 1° un chevalier iss. et cont., arm. de toutes pièces, coiffé d'un bassinet, tenant de sa main dextre une épée, la sen. appuyée sur sa hanche; entre deux prob. coupées alt. d'arg. et de gu.; l. d'or et d'azur; 2° une fleur-de-lis d'arg., entre un vol coupé alt. d'or et d'azur; l. d'arg. et de gu. **D.** DEO ET VIRTUTE.

Pistorini — *Bologne.* D'azur à une rose de gu., accostée de deux épées d'arg., garnies d'or, posées en bande et en barre, et acc. en chef d'une couronne renv. d'or et en p. d'une fleur-de-lis du même.

Pistorini — *Bologne.* D'azur à une couronne renv. d'or, acc. en p. d'une rose de gu.; au chef du premier, ch. de trois fleurs-de-lis d'or, rangées entre les quatre pendants d'un lambel de gu.

Pitancier de Montigny — *Champ.* Ec.: au 1 d'or à un moine, tenant un couteau d'une main et un poisson de l'autre, le tout au nat., le moine posé sur une terrasse de sin. (*Pitancier*); au 2 de gu. fretté de vair (*de la Fourchardière*); au 3 d'azur au chev. d'or, acc. de trois trèfles du même (*Savart de Montigny*); au 4 d'azur à la croix ancrée d'or (*Sarrabourse*).

Pittiglia — *Bologne.* D'or au lion de sa.

Pittius — *Holl.* Parti: au 1 d'azur à un puits avec son appareil d'arg., le puits posé à sen.; au 2 d'arg. à une table carrée de couleur brunâtre, soutenue de quatre pieds, et supp. trois épis effeuillés d'or [V. **Gey van Pittius**.]

Pizzamano — *Venise* (Comtes autrichiens, 21 fév. 1860.) Coupé d'azur sur gu.; à la croix d'or, br. sur le tout. Cq. cour. **C.:** trois pl. d'aut.: d'azur, d'or et de gu. **L.:** à dextre d'or et d'azur, à sen. d'or et de gu.

Pizzani — *Bologne.* D'arg. au lion d'or, lamp. de gu.

Pizzani — *Bologne.* Fascé-bretessé d'arg. et d'azur, de six pièces; au chef d'azur, ch. de trois fleurs-de-lis d'or, rangées entre les quatre pendants d'un lambel de gu.

Pizzi — *Bologne.* D'arg. à la fasce d'azur, acc. en chef de trois étoiles (5) rangées d'or et en p. de deux têtes de More affr., les yeux bandés d'arg.; au chef d'azur, ch. de trois fleurs-de-lis d'or, rangées entre les quatre pendants d'un lambel de gu.

Pizzoli — *Bologne.* Coupé d'or et azur, à six los. de l'un à l'autre, 3 rangées en chef et 3 rangées en p.; au chef d'azur, ch. de trois fleurs-de-lis d'or, rangées entre les quatre pendants d'un lambel de gu.

Pizzoli — *Bologne.* Echiq. d'arg. et de sa.; au chef du sec., ch. de deux oiseaux affr. du premier, surm. d'un autre chef d'or, ch. d'une aigle de sa., cour. d'or.

Place (de la) — *Tournai.* D'azur à la fasce d'or, ch. de trois croisettes pattées de sa. et acc. de trois quintefeuilles d'or.

Place (de la) — *Béarn.* D'azur à trois glands d'or, les tiges en haut.

Placiti — *Bologne.* D'arg. à la fasce de sin.

Plancque (de le) — *Art.* D'arg. au lion de sa. semé de bill. d'or.

Plancy (Comte de), v. **Godard d'Aucour** comte de *Plancy*.

Plastelli — *Bologne.* Coupé d'arg. sur gu.

Plastro (de) — *Valais.* D'azur à la barre d'or, ch. d'un agneau pass. cont. de sa. et acc. de deux croix tréflées d'arg., 1 au point du chef et 1 en p.

Platea (de) — *Valais.* Ec.: aux 1 et 4 de gu. à deux étoiles (6) d'or en chef et une fleur-de-lis d'arg. en p.; aux 2 et 3 d'azur à une barre d'or, rangés en barre.

*****Ploennies** — *Hesse, Holl.* (Conc. d'arm. avec privilèges de noblesse, 5 mai 1487.) D'azur à la bande de gu., ch. de trois étoiles d'arg. **C.:** une étoile d'arg.; entre un vol, d'or et de sa. L. d'azur et de gu. — (Nob. du St.-Empire, 19 juin 1532.) D'azur à l'aigle ép. d'arg.; à la bande de gu., br. sur le tout et ch. de trois étoiles d'or. Cq. cour. **C.:** un vol, d'azur et d'arg., chaque aile ch. d'une étoile d'or. **L.** d'arg. et d'azur,

— (Chevaliers du St.-Empire, 30 oct. 1719.) D'azur à l'aigle ép. d'arg.; à la barre de gu., br. sur le tout et ch. de trois étoiles d'or. Cq. cour. **C.:** un vol, d'azur et d'arg., chaque aile ch. d'une bande de gu., surch. d'une étoile d'or. **L.** d'arg. et d'azur. — (Chevaliers du St.-Empire, 10 juin 1740) D'azur à l'aigle ép. d'arg.; à la bande de gu., br. sur le tout et ch. de trois étoiles d'or. Cq. cour. **C.:** un vol, d'azur et d'arg., chaque aile ch. d'une bande de gu., surch. d'une étoile d'or. **L.** d'arg. et d'azur.

Podesti — *Bologne.* Losangé de gu. et d'arg.; au chef d'or, ch. d'un dragon ailé à deux pattes de sin.

Podt — *P. d'Overyssel.* De sa. à une marmite d'or, remplie d'un arbuste de sin., fleuri de trois pièces de gu.

Poeti — *Bologne.* Fascé de quatre pièces, chaque fasce nébulée d'azur sur arg.; au chef d'or.

Poggi — *Bologne.* D'azur à un mont de six coupeaux d'arg., mouv. de la p.; au chef d'or, ch. d'une aigle de sa.

Poisson (Baron) — *Paris.* D'or à sept fusées et deux demies de gu., accolées en bande.

Polacci — *Bologne.* D'azur à un arbre arr. de sin., accosté de deux lions affr. d'or, ramp. contre le fût; au chef du premier, ch. de trois fleurs-de-lis d'or, rangées entre les quatre pendants d'un lambel de gu.

Polchet — *Belg.* Coupé: au 1 parti: *a.* d'or au lion de gu.; *b.* d'or à trois bandes de gu.; au 2 d'or au chev. de gu., acc. de trois roses du même.

Poldo — *Valais.* De sin. à une rose de quatre feuilles ovales de gu., acc. dans les interstices de quatre feuilles oblongues ondoyantes d'or; le coeur de la rose d'azur, bordé en cerclé d'or.

Polenta (dalla) — *Bologne.* Parti d'arg. et de gu.; à l'aigle de l'un en l'autre, cour. d'or.

Poletti — *Bologne.* De gu. à deux plumes d'autruche d'arg., iss. d'une cuve du même, plus large en bas qu'en haut.

Poli — *Bologne.* Coupé: au 1 d'azur à une patte d'aigle d'or, la serre en bas; au 2 d'or à une flamme de gu. Au chef de l'écu d'azur, ch. de trois fleurs-de-lis d'or, rangées entre les quatre pendants d'un lambel de gu.

Policini — *Bologne.* D'arg. à la fasce d'azur, supp. un oiseau de sa. et ch. de trois étoiles (5) d'or; au chef du sec., ch. de trois fleurs-de-lis d'or, rangées entre les quatre pendants d'un lambel de gu.

Polini — *Bologne.* Coupé d'azur sur gu., à un arbre arr. de sin., br. sur le coupé, et accosté de deux oiseaux affr. d'arg. sur l'azur. Au chef de l'écu d'azur, ch. de trois fleurs-de-lis d'or, rangées entre les quatre pendants d'un lambel de gu.

Poll (van de) — *Holl. sept.* D'azur à trois oiseaux d'arg.

Pollet *dit* **van de Poele** — *Tournaisis.* Ec.: aux 1 et 4 de sa. à deux étoiles d'or, rangées en fasce (*Pollet*); aux 2 et 3 de sa. au chev. d'or, acc. de trois chiens courants d'arg. (*van de Poele*). **C.:** une tête et col de chien de sa., le collier d'or ch. d'une étoile de sa.

Pomelli — *Bologne.* Coupé-denché d'azur sur or; l'azur ch. d'un senestrochère, paré de gu., mouv. du flanc, la main de carn. tenant une pomme d'or, tigée et feuillée de sin., la tige en haut.

Pomeroy — *Etats-Unis.* D'or au lion de gu.; à la bord. denchée de sa. **C.:** un lion assis, tenant une pomme d'or.

Ponce de Leon — *Esp.* (Ducs de *Montemar*, marquis de *Montemayor*, marquis *del Aguila*, etc.; grands d'Espagne de 1ère classe.) Parti: au I. reparti, d'az. au lion de pourpre (*Leon*) et d'or à quatre pals de gu. (*Aragon*); à la bord. d'azur, ch. de huit écussons d'or, surchargés chacun d'une fasce d'azur (*Vidaure*), qui est de *Ponce de Leon*; au II. reparti, de gu. à un château d'or, sommé de trois tours crén. du même, ouv. et aj. d'azur (*Carrillo*), et d'or à la bande de sin. (*Albornoz*).

Ponsini — *Bologne.* De gu. à trois chev. renv. d'or, surm. chacun d'une étoile du même.

Pont (de) — *Valais.* D'azur à la bande ondée d'arg.

Pontagnier de Benoid — *Auv., Bourbonnais.* D'azur à une croix recr. au pied fiché d'arg.; au chef échiq. d'or et d'azur de trois tires, et ch. d'un canton dextre et sen. d'arg., surch. chacun d'une étoile de gu.

Ponticelli — *Bologne.* D'azur à un pont de trois arches, jeté sur une eau et senestré d'une tour, mouv. du flanc sen., le tout d'arg.; le pont supp. un demi-homme, hab. d'arg., coiffé d'un chapeau du même, tenant de sa main dextre un sceptre d'or, le bras sen. étendu.

Pontverre (de) — *Valais.* Coupé: au 1 de gu. au lion naiss. d'or, mouv. du coupé: au 2 d'arg. à un pont alésé de quatre arches de sin., maçonné de sa., le pont crén. de sept créneaux.

Pook van Baggen — *Holl.* Ec.: au 1 de gu. à trois quintefeuilles tigées d'or, mouv. d'un coeur du même; au 2 de sa. à un senestrochère, arm. d'or, sortant d'une nuée au nat. et tenant une épée d'arg., garnie d'or; au 3 d'azur au lion d'or, soutenu d'une terrasse de sin. et tenant une hache d'arg., emm. au nat.; an 4 d'or à trois quintefeuilles tigées d'azur, mouv. d'un coeur de gu., acc. au canton sen. de la p. d'une trèfle de sin. **C.:** un bras, arm. d'or, le coude à sen., brandissant une épée d'arg., garnie d'or. **L.** d'or et d'azur.

Pool ou **Poole** — *Boston.* D'azur semé de fleurs-de-lis d'or; au lion d'arg., br. sur le tout et acc. au canton dextre du chef d'une étoile. Cq. cour. **C.:** une tête de griffon d'arg.

Porch (dou) — *Tournai.* D'arg. à trois bandes de gu.

Porri — *Bologne.* D'azur à un ail au nat., feuillé de sin., posé en bande, le feuillage en haut.

Porte (de la) — *Auv.,* orig. d'*Art.* D'azur à un croiss. d'herm.

Porte (de la) — *Bex* (*P. de Vaud*). D'azur au chev. brisé d'or, acc. en p. d'un flanchis du même.

Porto (dal) — *Bologne.* D'or à une fasce haussée d'azur, acc. en chef d'une fleur-de-lis du même; au chef d'azur, ch. d'une fleur-de-lis d'or.

*Portois — *Tournaisis.* D'arg. à un lévrier ramp. de sa., coll. de gu., bordé et bouclé d'or, soutenu d'une terrasse de sin.

*Portois — *Tournaisis.* D'or à une tour de gu., cant. de quatre lions léopardés de sa.

Potiron de Boisfleury — *Bret.* D'azur à une aiguière d'arg., posée au centre d'un annelet d'or.

Potmann — *Allem.* D'arg. à une ancre de sa., accostée en chef de deux mâcles de gu.

Pott — *Holl.* De gu. à un agneau pascal d'arg., tenant entre ses pattes une marmite de sa.

Pottier — *Valais.* D'azur à une aiguière d'arg., posée à dextre dans l'écu, l'anse à dextre, et une grappe de raisins de pourpre, pamprée de sin., posée à sen., la tige en haut; le tout acc. de trois étoiles (6) d'or, rangées en chef.

*Pougin de la Maisonneuve — *Orléanais.* D'azur au chev. d'or, acc. en chef de trois croiss. mal-ordonnés d'arg. et en p. d'une gerbe d'or, liée de gu. **S.:** deux lions.

Poulereau ou **Poilereau** — *Tournaisis.* D'arg. à un trèfle de sin.

Poulle — *Amsterdam.* D'arg. à la fasce d'azur.

Pourquery de Péchalvès — *Périgord.* D'azur à une hure de sanglier d'or.

Poussin (le) — *Norm., Pol.* D'azur à l'aigle d'or, acc. de trois étoiles du même, rangées en chef. **C.:** une étoile d'or, entre un vol coupé alt. d'or et d'azur. **S.:** deux aigles. **D.:** SCOPUM ATTINGAM [Armes du célèbre peintre le *Poussin*.]

Powell — *Etats-Unis.* Coupé d'arg. sur or; au lion de gu., br. sur le tout. **C.:** une étoile rayonnante à huit rais, chaque rai parti de gu. et d'arg., sur des nuages d'arg.

Pownall — *Boston.* D'arg. au lion de sa. **C.:** une patte de lion de sa., en pal, tenant une clé d'arg. ayant une chaîne du même.

Prades (des) — *Tour.* D'azur semé de marguerites d'arg.; au lion du même, arm. lamp. et cour. d'or, br. sur le tout.

Pratello (dal) — *Bologne.* De gu. au griffon d'arg., à la bande d'azur, br. sur le tout et ch. de trois croiss. d'or, les cornes dirigées vers le canton dextre du chef.

Prati — *Bologne.* Coupé: au 1 d'azur à trois roses au nat., tigées et feuillées de sin., rangées en fasce; au 2 bandé de gu. et d'arg. A la fasce de sin., br. sur le coupé.

Pratovecchio (dal) — *Bologne.* D'azur à un mont de six coupeaux d'arg., sommé d'un oiseau au nat.; au chef du premier, ch. de trois fleurs-de-lis d'or, rangées entre les quatre pendants d'un lambel de gu.

*Pré (du) — *Tournai. Armes anc.* Ec.: aux 1 et 4 d'or à un rencontre de boeuf de sa., surm. d'une étoile (6) du même; aux 2 et 3 de gu. à une fasce d'arg. — (An., 19 fév. 1726: rec. de nob., 11 mai 1828.) D'or à trois pals d'azur, ch. chacun d'une étoile du champ. **C.:** une étoile d'or. **S.:** deux griffons reg. d'or. **D.:** PASCUAL DE PRATO.

Préaulx (des) — *Norm.* De gu. au lion d'arg., arm., lamp. et cour. d'or; au chef du sec., ch. d'une fasce vivrée de sa.

Prementoria — *Gênes.* Coupé: au 1 de gu. plein; au 2 de sa. à cinq los. d'arg., rangées en fasce.

Prendiparti — *Bologne.* Coupé d'arg. sur gu.

Prenserlis (de) — *Valais.* D'azur à la fasce de gu., ch. de trois roses à quatre feuilles d'arg.

Prenzis — *Aut.* (Nob. du St.-Empire, 24 août 1797.) Coupé: au 1 d'or à une rose de quatre feuilles de gu., bout. d'or, barbée de sin.; au 2 d'azur à un tertre de trois coupeaux d'arg., accosté de deux épis feuillés d'or, le tout mouv. de la p., les épis courbés vers sen, Cq. cour. **C.:** trois roses d'azur, bout. d'or, barbées, tigées et feuillées de sin. **L.** d'or et d'azur.

Prepositi — *Valais.* D'azur à trois bandes échiquetées d'arg. et de gu.

Prés (des) — *Valais.* D'arg. à trois fasces d'azur, acc. en p. d'un tertre de trois coupeaux de sin.

Preti — *Bologne.* D'azur semé de larmes d'or; au lion du même, br. sur le tout.

Preud'homme dit de Cisoing — *Tournai.* D'or au chev. de gu., acc. de trois têtes de lion de sa., lamp. du sec. **C.:** une épée d'arg., garnie d'or, la pointe en bas; entre un vol coupé de gu. sur or. **S.:** deux griffons coupés de sa. sur or, langués et onglés de gu.

Preuschen — *Luxemb.* De sa. à un griffon d'or, cour. du même. **C.:** la tête du griffon.

*Preuschen — Hesse-Darmstadt (Nob. du St.-Empire, 8 mars 1782; barons, 20 août 1864.) Parti: au 1 de sa. à un griffon cont. d'or, cour. du même; au 2 d'arg. à trois croix latines de sa., l'une en pal et les deux autres br. en saut., la croix qui se trouve posée en barre également croisée en bas. L'écu entouré d'une bord. partie: la moitié dextre nébulée de sa. sur or, la moitié sen. nébulée d'or sur sa. Cq. cour. **C.:** les meubles du 2. entre un vol coupé, à dextre d'or sur sa., à sen. d'arg. sur sa. **L.** conformes aux émaux du vol.

Preux (de) — *Valais.* De gu. à la bande d'or, ch. d'un lion d'azur (Dans les armes d'une des branches de cette fam. le lion tient de sa patte dextre une fleur-de-lis d'azur).

Preys de le Dale — *Tournai.* D'azur à trois trèfles d'or. **C.:** une tête et col d'aigle d'or, languée d'azur.

Prieur de Chantelou — *Maine.* D'azur à trois écrevisses d'or, en pals, 2 et 1.

Primadizzi — *Bologne.* Bandé-ondé d'or et d'azur de dix pièces; à la bord. d'azur, ch. de huit roses d'or.

Prince — *Boston.* De gu. au saut. d'or, acc. en chef d'une croisette engr. d'herm. Cq. cour. **C.:** un bras, paré de gu. et d'herm., la main de carn. tenant trois ananas de gu., tigés et feuillés de sin.

Prins — *Harlem* (An., 29 avril 1886.) Ec.: aux 1 et 4 d'azur à un arbre effeuillé et arr. d'arg. (*Prins*); aux 2 et 3 d'or à trois oiseaux d'azur, bq. et m. de gu. (*Guiot du Doignon.*) Cq. cour. **C.:** un arbre effeuillé et arr. d'arg. **L.** d'arg. et d'azur. **S.:** deux aigles reg. de sa., languées de gu., le vol ouv. et abaissé. **D.:** MORE MAJORUM.

Prisciani — *Ferrare.* D'arg. à une fleur-de-lis de sa.

Pritoni — *Bologne.* Parti: au 1 parti-émanché de gu. et d'or; au 2 barré d'azur et d'or.

Prohn — *Holl.* De sin. à un senestrochère, arm. d'arg., tenant une épée et iss. d'une nuée au nat., mouv. du flanc sen. **C.:** le bras, mouv. du bourlet.

Promontorio — *Gênes.* Coupé de gu. sur sa.; à cinq los. d'or, accolées en fasce, br. sur le coupé.

Provo — *Holl.* D'azur à trois étoiles d'or; au fr.-q. d'or., ch. d'une terrasse de sin., la bannière de gu.

Prümmer — *Bohème* (Chevaliers, 27 mars 1786.) D'azur à la fasce d'arg., acc. en chef de trois étoiles d'or, 2 et 1, et en p. d'un agneau pascal d'arg., pass. sur une terrasse de sin., la bannière de gu. Deux cq. cour. **C.:** 1° un chevalier iss., arm. au nat., la visière levée, le casque panaché de gu., tenant de chaque main un guidon de gu.; l. d'or et d'azur; 2° une étoile d'or, entre un vol d'azur, chaque aile ch. d'une étoile d'or; l. d'arg. et d'azur.

Pruyssen (van) — *Anvers.* *Armes anc.:* D'arg. à la fasce d'azur; au chef de gu., ch. de trois croiss. cont. d'arg.

Puiseux (Comtes de), marquis d'**Esperamons** — *Lang.* et Comté de *Dreux.* D'azur au chev. d'arg., acc. en chef de deux étoiles d'or et en p. d'une quintefeuille d'or. **S.:** deux lions. **D.:** EUX-PUIS-EUX.

Purgold — *Hesse* (Nob. du St.-Empire, 19 août 1621.) De gu. à un croiss. d'or, surm. d'une tête de mort d'arg., posée de trois quarts. Cq. cour. **C.:** une femme iss., chevelée d'or, sommée d'une couronne de roses de gu. entremêlée de feuillage de sin., hab. d'un parti d'or et de gu.: rebr. de l'un à l'autre, au rabat de l'un en l'autre, supp. de sa main dextre une tête de mort, posée de front, et à sen. un croiss. d'or. **L.** d'or et de gu.

Purnode — *Dinant* (P. de Namur.) D'or au lion de sa., cour. du champ, portant sur son épaule un écusson: d'or fretté d'arg., au chef d'arg.

Putten (van) — *Gueldre.* De gu., au chef bastillé d'or.

Pynacker — *Delft.* D'or à un arbre sec de sa., l'extrémité de chacune de ses six branches terminée en gland de sin.; ledit arbre terrassé de sin.

Q

Quaremont ou **Quarmont** — *Tournai.* De gu. à trois chiens bassets d'arg., 2 et 1.

Quartéry de Neuvecelle — *Valais.* Ec.: aux 1 et 4 d'azur à quatre los. d'or, 1, 2 et 1 (*Quartéry*); aux 2 et 3 les armes de *Neuvecelle.*

Quéralt (de) — *Esp.* (Comtes de *Santa Coloma,* marquis de *Besora;* grands d'Espagne de 1ère classe. De gu. au léopard lionné d'or, cour. du même.

Quesar (Edle von), v. **van Aken** Edle von **Quesar.**

Quesne (du) — *Tournai.* De gu. au chev. d'arg., acc. de trois glands d'or, tigés et feuillés du même.

R

*Rabutin comtes de **Bussy** — *Bourg.* Ec.: aux 1 et 4 cinq points d'or équipollés à quatre de gu. (*Rabutin*); aux 2 et 3 d'azur à la croix engr. d'or (*Ballore.*)

*Raet (de) van der Voort — *Brab.* (Barons du St.-Empire, 10 juin 1416; conf. dudit titre, 11 oct. 1696.) D'or à l'aigle ép. de sa., surm. d'une couronne impériale, ch. sur l'estomac d'un écusson de gu. à trois patins d'or. ferrés d'arg., surch. d'un écusson d'azur au lion d'or. Trois cq., sommés chacun d'un bonnet d'herm. **C.:** 1° un lion iss. d'or au vol d'azur; l. d'or et d'azur; 2° une aigle ép. de sa., cour. d'or, la poitrine ch. d'un L d'or; l. d'or et de sa.; 3° un patin de l'écu, entre un vol de gu.; l. d'or et de gu. **S.:** deux griffons d'or, tenant chacun une bannière, celle à dextre de gu. à la fasce d'arg. surmontée d'une couronne im-

périale, celle à sen. de gu. à trois patins d'or. ferrés d'arg. et en abime un écusson d'azur ch. d'un lion d'arg.

Rahier — *Soumagne* (P. de Liége.) Parti: au 1 d'or au lion de gu., tenant un marteau d'azur; au 2 d'arg. à une flamme de gu., en abime. **C.:** le lion, iss.

Raick — *Liége.* D'arg. à une étoile de gu., acc. de trois lions naiss. du même. **C.:** un lion iss. de gu.

Raisse — *Douai.* D'arg. à trois chev. de sa., acc. de trois roses de gu., barbées de sin., 2 en chef et 1 en p., celle-ci tigée de sin.

Ram van Schalkwyck [de Courcelle, de Beauplan et de Boisaubin] — *Guadeloupe, Etats-Unis, France,* orig. du P. d'*Utrecht. Armes anc.:* Ec.: aux 1 et 4 de gu. à une tête et col de bélier d'arg., accornée d'or (*Ram*); aux 2 et 3 fascé d'arg. et de gu., de huit pièces (*van Schalkwyck.*) — *Armes mod.*: Fascé d'arg. et de gu., de huit pièces. **S.:** deux licornes d'arg. **D.:** CRUCE ET ENSE, SINE MACULA. [Descendants de *Nicolas Ram*, de la branche aînée, seigneur de Schalkwyck, qui suivit le comte Maurice de Nassau au Brésil hollandais et s'établit ensuite à la Guadeloupe, 1654. Aux Etats-Unis les trois branches de cette famille sont plus connues sous le noms *de Courcelle*, *de Beauplan* et *de Boisaubin*, et en France sous le nom de Barons *van Schalkwyck de Boisaubin*.]

Ramponi — *Bologne.* D'azur à trois pals d'arg.; à la fasce de gu., br. sur le tout.

Ranari — *Bologne.* D'arg. à la fasce d'or, acc. d'un F de gu. au canton dextre du chef et d'un R du même au canton sen. de la p.; et un carreau d'or, mouv. de la p.

Ranne (du) — *Pic.* Ec.. aux 1 et 4 de gu. à la croix d'arg.; aux 2 et 3 d'arg. au lion de sa.

Raparini — *Bologne.* D'azur à un arbre terrassé de sin., le fût accolé d'un cep de vigne du même; au chef du premier, ch. de trois fleurs-de-lis d'or, rangées entre les quatre pendants d'un lambel de gu.

Rappet — *Valais.* De gu. à la fasce d'arg., acc. en chef d'une fleur-de-lis d'or et en p. d'un tertre de trois pics du même.

Rasse (de) de la Hargerie — *Tournaisis.* D'or à trois chev. de sa. **C.:** un cygne au nat., le vol levé. **S.:** deux lions d'or.

*Rasson — *Tournai.* D'azur à une fleur-de-lis d'or; au chef d'arg., ch. de trois étoiles de sa.

Rauch de Nyek — *Hongrie* (An., 28 mai 1557; barons en *Hongrie*, 6 avril 1743.) Ec.: aux 1 et 4 d'or à un griffon de gu., soutenant d'une patte et tenant de l'autre un colonne d'arg., sommée d'une rose de gu., bout. d'or, tigée et feuillée de sin.; aux 2 et 3 d'arg. à la fasce de sa., et un roseau de sa., tigé et feuillé de sin., br. sur la fasce. Enté en p. de gu. à un pélican avec ses trois petits dans son aire au nat. et sa piété de gu. Sur le tout d'azur à un sauvage de carn., ceint et cour. de lierre, posé, les jambes écartées, sur une terrasse de sin., tenant de sa main dextre une épée abaissée d'arg., garnie d'or, la pointe reposant sur le sol, la sen. appuyée sur sa hanche. Trois cq. cour. **C.:** 1° le griffon du 1. iss. et cont.; **1.** d'or et de gu.; 2° le sauvage iss., avec son épée abaissée; **1.** à dextre d'or et d'azur, à sen. d'arg. et d'azur; 3° un lion iss. d'or, tenant d'une main d'armes de fer, en pal; **1.** d'arg. et de sa. **S.:** deux lévriers d'arg., coll. de gu., bouclé d'or.

Rauchbar et Rauchbar auf Lengefeld — *Hesse* (Nob. du St.-Empire, 6 nov. 1698. M.ét.) Coupé: au 1 de sa. à une femme iss., hab. de gu., chevelée d'or, supp. de sa main dextre une couronne d'or, la sen. appuyée sur sa hanche; au 2 d'azur à deux étoiles accostées d'or. A la fasce de gu., br. sur le coupé. Cq. cour. **C.:** la femme iss. **L.:** à dextre d'or et d'azur, à sen. de sa. et de gu.

Ravagli — *Bologne.* D'azur à un lévrier ramp. d'or, coll. de gu., tenant entre ses pattes une fleur-de-lis du sec.; à la fasce de gu., br. sur le tout, au chef du premier, ch. de trois fleurs-de-lis d'or, rangées entre les quatre pendants d'un lambel de gu.

Ravasini — *Bologne.* De gu. à la fasce d'or, acc. en chef d'une comète du même et en p. d'un croiss. d'arg.; au chef d'azur, ch. de trois fleurs-de-lis d'or; rangées entre les quatre pendants d'un lambel de gu.

Ravenne — *Hainaut.* D'arg. au lion d'arg.

Rawle — *Etats-Unis.* De sa. à trois épées d'arg., rangées en fasce, la 1ère et la 3e la pointe en bas. **C.:** un bras arm., tenant une épée, tout d'arg.

Rè (dal) — *Bologne.* D'azur à deux sceptres fleurdelisés, passés en saut., surm. d'une couronne, accostée de deux étoiles (5) et acc. en p. d'une troisième étoile (5), le tout d'or; au chef du premier, de trois étoiles (5) d'or.

Rebillot — *Franche-Comté* (An., 1650.) De gu. à la bande d'arg., acc. de deux étoiles du même. — (Chevalier de l'Empire, 13 juillet 1810.) Coupé de gu. sur azur; à l'orle d'arg., br. sur le tout; le du chef, à dextre une épée d'arg., garnie d'or, et à sen. d'un croiss. tourné d'arg.; l'azur d'un dauphin nageant d'arg., surm. de trois étoiles d'or.

Rebreuviette — *Art.* D'arg. à trois fasces de gu., acc. de trois merlettes de sa., rangées en chef.

Recalchi (Chevaliers) — *Ferrare.* D'azur au chev. d'or, acc. de trois pommes de pin du même, les queues en bas.

Reggiani — *Bologne.* De sin. au chev. d'or, ch. de trois boules de gu.; l'espace entre les branches du chev. rempli de gu. et ch. d'une couronne d'or; au chef

d'azur, ch. de trois fleurs-de-lis d'or, rangées entre les quatre pendants d'un lambel de gu.

Regnault de Bouttemont — *Norm.* D'arg. à la croix ancrée de sa.

Regoli — *Bologne.* Palé de cinq pièces: d'azur, de gu., d'or, de gu. et d'azur.

Reichenbach de Reymbach — *Aut.* (Nob. de *Pol.*, 5 sept. 1705.) D'azur à un croiss. figuré tourné d'or, acc. entre ses cornes d'une étoile du même; le tout acc. en p. d'une fasce ondée d'arg. Brl. de gu., d'arg., d'azur, de gu. et d'arg. **C.:** une étoile d'or, soutenue d'un croiss. figuré montant du même. *Manteau* parti d'azur et de gu.

Reiminghaus (Edle von) — *Aut.* (An., 9 sept. 1883.) Ec.: aux 1 et 4 d'arg. à un chêne au nat. de deux branches courbées en couronne, et une rose de gu. entre ces branches; le chêne posé sur une terrasse du même, soutenue d'une champagne d'arg.; au 2 de sa. à un cheval cabré d'arg.; au 3 d'azur à une tour haute et svelte, couverte d'un toit pointu, le tout au nat., soutenue d'une terrasse de sin. Cq. cour. **C.:** trois pl. d'aut.: de gu., d'or et d'azur. **L.:** à dextre d'or et de gu., à sen. d'or et d'azur.

Remmers — *Holl.* D'arg. à un arbre de sin., accosté de deux boucs au nat., ramp. contre le fût, le tout soutenu d'une terrasse de sin.; au fr.-q. d'azur, ch. d'une étoile (8) d'or.

Renaud de la Gardette — *Auv.* De gu. à la bande comp. d'azur et d'arg., de six pièces.

Renouard — *Ile-de-Fr.* D'arg. au chev. de gu., acc. de trois pensées au nat.; au chef d'azur, ch. de trois étoiles d'or.

Renvers — *Aut.* (An., 17 mai 1886.) De gu. à la barre d'or. Cq. cour. **C.:** un vol à l'antique, l'aile de derrière d'or plein, l'aile de devant de gu. ch. d'une barre d'or.

Repus — *Tournai.* De gu. à la croix pattée d'arg., acc. aux 1 et 4 d'une fleur-de-lis d'or et aux 2 et 3 d'une étoile du même.

Resves — *Tournaisis.* D'arg., au chef de gu.

Retz (du) — *Tournaisis.* D'azur à la fasce d'or, acc. de trois roses du même.

Reumont — *Tournaisis.* Bandé de gu. et d'arg.; au lambel de gu., br. en chef.

Revelstoke (Baron), v. **Baring** baron **Revelstoke.**

Revenna (Edle von), v. **Ahsbahs** Edle von **Revenna.**

Rey — *Sion* (*Valais*). Coupé d'arg. sur gu.; à un annelet d'or, br. sur le coupé, et un rameau de laurier de sin., tressé autour dudit annelet.

Rey — *Lens* (*Valais*). Coupé, d'or à l'aigle de sa., sur gu. plein; à la fasce d'arg., br. sur le coupé, et une couronne de laurier d'or, les pieds des rameaux passés en saut., sur le fr.-q. de gu., br. sur la fasce.

Reyniersen — *Gouda.* D'azur au chev. d'or, acc. en chef de deux croiss. du même et en p. d'un mont, mouv. de la base de l'écu. **C.:** une fleur-de-lis de gu. **L.** d'or et d'azur.

Rhodes [anciennement **Baker**] de **Loventor** — *Devonshire* (Baronet, 19 sept. 1776.) Ec.: aux 1 et 4 d'arg. à deux cotices nébulées de sa. semées de gouttes d'or, acc. de deux trèfles de sin., 1 en chef à sen. et 1 en p. à dextre; et entre les cotices un léopard de gu., passant en bande, et deux glands effeuillés au nat., posés chacun en bande, 1 au-dessus et 1 au-dessous du léopard (*Rhodes*), aux 2 et 3 parti d'arg et d'or, au saut. nebulé de sa., br. sur le parti et ch. de cinq coquilles d'arg.; et au chef de sa. à un léopard d'or iss. d'un lion léopardé d'or (*Baker*.) **C.:** 1° un avant-bras en pal, paré d'azur semé de gouttes d'or, rebr. d'arg., tenant une branche de chêne de sin. en pal, englantée de sin. avec deux trèfles de sin. (*Rhodes*); 2° un bras, paré d'azur, rebr. d'arg., l'azur ch. de trois annelets entrelacés d'or 1 et 2, tenant une flèche d'arg., en barre, la pointe en bas (*Baker*.)

Riatti — *Bologne.* D'azur à un arbre terrassé de sin., sommé d'un oiseau de sa., surm. d'une couronne d'or; au chef d'azur, ch. de trois fleurs-de-lis d'or, rangées entre les quatre pendants d'un lambel de gu.

Ribaldini — *Bologne.* D'azur à la fasce de gu., acc. de trois gobelets d'or; au chef du premier, ch. de trois fleurs-de-lis d'or, rangées entre les quatre pendants d'un lambel de gu.

Ribelli — *Aut.* D'azur à une serpette au nat., emm. d'or, adextrée d'une étoile du même. **C.:** les meubles de l'écu, la serpette soutenue d'un coussin d'azur, houppé d'or. **L.** d'or et d'azur. — (An., 28 janv. 1555.) Mêmes armes. Cq. cour. **C.:** une étoile d'or, entre un vol du même.

Ribordy — *Valais*. D'azur à un trèfle d'arg., acc. de trois étoiles (6) mal-ordonnées du même et soutenu d'un tertre de trois pics de sin.

Ricardini — *Valais*. D'arg. à un fer de hallebarde de sa., posé en barre, acc. de quatre roses de gu. dans les cantons de l'écu.

Riccardi — *Bologne*. Coupé: au 1 parti d'arg. et de gu., à un mont de six coupeaux de l'un en l'autre, mouv. du bas; au 2 d'azur à une échelle d'or en pal, élargie en bas. Au chef de l'écu d'azur, ch. de trois fleurs-de-lis d'or, rangées entre les quatre pendants d'un lambel de gu.

Riccardini — *Bologne*. Parti d'or et de gu.; au chef d'arg., br. sur le parti, ch. d'un soleil de gu., rayonnant d'or, accosté de deux étoiles (5) du même.

Ricci — *Bologne*. D'arg. à un hérisson au nat., sur une terrasse de sin.; au chef d'or, ch. de trois roses de gu.

Richard — *Comtat-Venaissin*. D'azur à une corne d'abondance d'or.

*Richard** comtes **de Soultrait** et **Richard de Lisle** — *Nivernais, Bourbonnais*, originaires du *Comtat-Venaissin*. D'arg. à deux palmes de sin. adossées, acc. en p. d'une grenade de gu., tigée et feuillée de sin. (Quelquefois écartelé aux 2 et 3 d'azur à la corne d'abondance d'or). **S.:** deux lions. **D.:** SEMPER VIRESCENT. **C.:** un lion tenant une clé d'arg., pour la branche de *Soultrait*, et un lion tenant une palme, pour la branche de *Lisle*.

Richards — *Boston*. D'arg. à quatre los. accolées de gu., acc. en chef et en p. d'une fasce diminuée de sa.

Riche — *Valais*. D'azur à la fasce d'or, acc. en chef d'un lion léopardé du même, tenant de sa patte dextre levée une bourse d'arg., et en p. d'un tertre de trois pics du même.

Richebé — *Lille*, orig. d'*Art*. D'arg. au chev. de gu., acc. en p. d'un lion de sa.

Richter dit **Dütschmann** — *Alsace*. Coupé: au 1 d'or à un boeuf de gu., accorné d'arg.; au 2 bandé d'arg. et de sa. **C.:** une tête et col de boeuf de gu., accornée d'arg.; *ou*, un écran aux armes de l'écu, les angles ornées de boules d'or et de panaches de plumes de coq d'arg. **L.** d'arg. et de gu.

Rieber de Rebenstein — *Bohème* (An., 8 nov. 1668.) Ec.: aux 1 et 4 d'arg. à deux glaives au nat., passés en croix; aux 2 et 3 d'azur à une étoile d'or en chef et un croiss. tourné du même en p. Deux cq. cour. **C.:** 1° un buffle iss. et cont., de couleur brunâtre, accorné et bouclé d'or; **l.** d'arg. et de gu.; 2° un vol à l'antique de sa., chaque aile ch. d'un écusson aux armes du 2; **l.** d'or et d'azur.

Ried (am) — *Valais*. D'arg. à une senestrochère, parée de gu., mouv. du flanc, la main de carn. tenant un trèfle de sin.; le tout acc. de trois étoiles (6) d'or, 2 en chef et 1 en p.

Rieder — *Rothenburg* (*Bav.*) Coupé de sa. sur or; à une femme iss., hab. de gu., cour. d'or, br. sur le parti, embrassant deux bars d'arg., les têtes en bas, br. sur le parti, les trois br. sur l'habit de la femme. **C.:** les meubles de l'écu. **L.** d'arg. et de gu.

Riedmatten de St.-Gingolph — *Valais*. Ec.: aux 1 et 4 de gu. à un trèfle de sin... acc. en chef de deux étoiles (6) d'or; aux 2 et 3 d'azur à trois barres d'arg., et au chef d'or ch. d'une aigle iss. de sa.

Rieu (du) — *Tournai*. D'azur à un cygne au nat., nageant sur une rivière d'arg.; au chef d'or, ch. de deux fleurs-de-lis d'azur (ou étoiles à six rais) de gu.

Rigail — *Montauban, Amsterdam, Leyde*. D'azur à un coq hardi d'arg., crêté et barbé de gu.; au chef de gu., ch. de trois étoiles (6) d'or.

Righetti — *Bologne*. Coupé d'arg. sur gu., au lion d'or, lamp. de gu., br. sur le coupé; au chef d'azur, ch. de trois fleurs-de-lis d'or, rangées entre les quatre pendants d'un lambel de gu.

Righi — *Bologne*. D'arg. à trois têtes de More, les yeux bandés d'arg.; au chef d'azur, ch. de trois étoiles (5) d'or.

Rigotti — *Bologne*. De gu. à la bande d'arg., ch. de trois étoiles (5) d'or et acc. de deux R d'or, 1 en chef et 1 en p.

Riminaldi (Comtes) — *Ferrare*. D'azur à la cotice ondée d'or.

Rion — *Valais*. Ec. de gu. plein, et d'azur au chev. d'or; à la bande ondée d'arg., br. sur le tout.

Ripping — *Holl., Zél*. Une gerbe, accostée de deux cerfs affr., ramp. contre la gerbe, le tout soutenu d'une terrasse. **C.:** une gerbe.

Ris — *Enkhuizen*. Ec.: aux 1 et 4 de gu. au lion d'arg.; aux 2 et 3 d'arg. à la fasce de gu., acc. de trois fianchis du même.

Ritter — *Valais*. D'azur à deux chevaux cabrés et affr. d'arg., soutenus d'un tertre de trois coupeaux du même; le tout acc. en chef d'une croisette pattée d'arg., accostée de deux étoiles (5) d'or.

Rittershausen — *Aut*. (Chevaliers, 24 janv. 1874.) Ec.: aux 1 et 4 de gu. à un bras, mouv. du flanc, paré d'arg., tenant trois trèfles du même, à tiges allongées de sin.; aux 2 et 3 d'or à la demi-aigle de sa., mouv. du parti. Deux cq. cour. **C.:** 1° un avant-bras, en pal, paré d'arg., tenant trois trèfles d'arg., à tiges allongées de sin.; **l.** d'arg. et de gu.; 2° un vol à l'antique, l'aile de derrière coupée de sa. sur or, l'aile de devant coupée d'or sur sa.; **l.** d'or et de sa. **D.:** VOLUNTAS FERREA.

Rittershausen auf Buch und Weissdorff — *Aut*. (Conf. de nob., 12 mai 1633.) D'arg. à une maison au nat., couverte d'un toit pointu de gu. et sommée de trois tours au nat., couvertes de toits pointus de gu., la tour du milieu br.; sur le tout de la maison; et sur le seuil de la porte une Pallas, tenant de sa main dextre une lance en barre au-dessus de sa tête, avec un pennon de gu., attaché à la lance, et de sa sen. un bouclier ovale d'or, à une tête de Gorgone. Cq. cour. **C.:** un chevalier iss., arm. au nat., la visière levée, le casque panaché de quatre pl. d'aut. alt. de gu. et d'arg., tenant de sa main dextre une croix latine de gu., la main sen. appuyée sur sa hanche; le tout entre un vol, de gu. et d'arg. **L.** d'arg. et de gu.

Ritz — *Valais*. Parti: au 1 coupé: *a*. d'azur à trois fleurs-de-lis d'arg., 2 et 1; *b*. recoupé d'arg. sur sin., à un arbre arr. de sin. en l'autre, et une fasce de gu., à le bord. inférieur engr., br. sur l'arbre; au 2 d'arg. à un griffon de sa., tenant de ses pattes un trèfle à tige allongée du même; au chef de gu., ch. de trois oiseaux de sa., et à la champagne barrée d'or et d'azur de quatre pièces.

Robais (van) — *Abbeville*. D'arg. à une ancre de sa.; au chef de gu., ch. de trois roses d'arg.

Robert — *Boston*. Parti d'or, à un lion de sa., br. sur le parti.

Roberty — *Soumagne* (*P. de Liége*.) Coupé: au 1 d'or à une aigle ep. iss. de sa., mouv. du coupé; au 2 d'arg. au chev. de gu., acc. de trois glands entrouillés d'or aux coques de sin., les queues en bas. **C.:** un gland d'or, à la coque de sin., tigé et feuillé du même, la tige en bas.

Rocha — *Tournai*. Les armes de *Roca* en *Castille* et *Catalogne*.

*Roche (de la) de Chabrière** — *Dauphiné*. D'azur à deux fasces ondées d'arg.; au chef d'or, ch. d'une chèvre iss. de sa.

Roche (de la) — *P. de Caux* (*Norm.*), orig. du *Nivernais*. D'azur à une roche d'arg., issante d'une eau en p.; ladite roche surm. d'un croiss. d'or et accostée de deux étoiles du même.

Rodenburgh — *Amsterdam*. D'arg. à une tour de gu., sur une terrasse du même.

Rodenburgh (van) [anciennement **den Hartogh**] — *Oudewater* (*Holl.*) De gu. à trois pals d'or. Cq. cour. **C.:** un scorpion de sa., la tête en haut, entre un vol d'arg.

Rodox — *Zittau* (*Saxe*.) Coupé d'arg. sur un mur crén. de sa., maçonné; puis... d'un boeuf naiss. de gu., mouv. du mur. **C.:** le boeuf iss.; entre deux prob., coupées alt. d'arg. et de gu. **L.** d'arg. et de gu.

Roecken — *Holl*. D'arg. à une ruche de sa., entourée de toutes parts d'un essaim d'abeilles du même, les têtes dirigées vers la ruche.

*Roelants** — *Schiedam*. D'azur à trois épis d'or, sur une terrasse du même. **C.:** un monde au nat., cintré d'or.

Roemer — *Limb*. D'or à un cheval bai cabré.

Roetering — *Holl*. Ec.: aux 1 et 4 d'or à une fleur-de-lis de gu.; aux 2 et 3 de gu. à trois oies pass. d'or.

*Rogendorff** — *Aut*. (Comtes du St.-Empire, 15 déc. 1537.) Ec.: aux 1 et 4 d'arg. au lion de gu., cour. d'or, arm. et lamp. d'azur, (*Rogendorf*); aux 2 et 3 d'azur à un mur crén. d'une pièce et deux demies d'or, maçonné de sa. et surm. d'une étoile (6) d'or (*Wildhausen*). Sur le tout d'azur à une aigle de gu., bq., m. et cour d'or; au chef de gu. à une fasce d'arg. Trois cq. cour. **C.:** 1° le lion du 1, iss.; **l.** d'arg. et de gu.; 2° l'aigle du surtout; **l.** à dextre d'arg. et de gu., à sen. d'arg. et d'azur; 3° deux prob. coupées d'azur sur or, ornées chacune à l'ext. de cinq plumes de paon au nat., dont une dans l'embouchure; **l.** d'or et d'azur.

*Rogier** ou **Rogiers** — *Tournaisis*. D'arg. à trois trèfles d'azur; au chef d'azur, ch. de trois étoiles (8) d'or. **C.:** un coq d'arg., crêté, barbé, bq. et m. de gu., le vol ouv.

Rohde — *Tangermunde* (*Prusse*.) D'arg. à un homme de carn., ceint d'un tablier de gu., les mains levées, supp. de sa dextre une rose de gu, surmontée d'une autre rose de gu. **C.:** trois roses de gu., tigées et feuillées d'arg.

*****Roisin** — *Hainaut* (Marquis, 5 mai 1686; branche ét.; — barons.) Bandé de gu. et d'arg. Cq. cour. **C.:** un singe au nat., tenant de sa patte dextre une grappe de raisins et de sa sen. une bannière aux armes de l'écu. *Cri:* ROISIN! **S.:** deux singes au nat. *(anciennement:* deux dragons de sin., crêtés de gu., mantelés aux armes de l'écu.)

Roissart — *Tournaisis.* D'arg. au chev. de sa., acc. de trois étoiles du même.

Rom — *Heusden.* D'arg. à une jumelle d'azur, acc. de deux chevrons des parties d'or et de gu., 1 en chef et 1 en p. **C.:** une fleur-de-lis de l'écu.

Romainmotiers — *Valais.* Parti: au 1 de gu. à une épée d'arg.; au 2 d'arg. à une clé de gu. en pal, le panneton en bas à dextre.

Romance — *Champ.,* orig. du *P. de Liége* (Marquis, 1752.) Ec.: au 1 d'arg. au lion de gu.; aux 2 et 3 d'azur semé de fleurs-de-lis d'or, au lion de sa.; ch. d'une merlette de sa.; au 4 de gu. à une quintefeuille d'arg.

Romei — *Ferrare* (Comtes de *Bergantino,* 1462; marquis de *Bergantino* et de *Bariano,* 28 fév. 1665.) Coupé d'azur sur arg.; au lévrier de l'un en l'autre. — *Ou:* Ec.: aux 1 et 4 d'or au lion de sa.; aux 2 et 3 fascé d'arg. et de sa. Sur le tout coupé d'azur sur arg.; au lévrier ramp de l'un en l'autre.

Roncas — *Valais.* Coupé: au 1 d'arg. à un soleil de gu.; au 2 d'azur au crolss. figure tourné d'arg.

Ronchi (Comtes et barons) — *Ferrare.* Coupé: au 1 parti: *a.* d'arg. à une croix pattée alésée de gu., cant. de quatre têtes de More, tort. d'arg.; *b.* d'or à l'aigle de sa.; au 2 d'azur à un listel d'arg., flottant en fasce, acc. de trois étoiles d'or, et 2 et 1, celle en p. surmontant un mont de trois coupeaux de sin.

Rondinelli (Marquis) — *Ferrare.* D'or à six hirondelles de sa.; au chef d'azur, ch. de trois fleurs-de-lis d'or, rangées entre les quatre pendants d'un lambel de gu.

Roon (van) — *P. de Heusden.* De gu. à une roue d'or. **C.:** un vol.

Roos — *Harlem.* D'or au chev. d'azur, ch. d'une rose de gu., bout. d'or, et acc. de trois têtes de lion du sec., lamp. et cour. de gu.

Roos — *P. d'Utrecht.* D'azur au chev., acc. en chef de deux étoiles et en p. d'une rose, le tout d'or.

Rosegaert — *P d'Utrecht.* Coupé: au 1 d'azur à un rosier d'or; au 2 d'or à un agneau arrêté de sa.

Rosenhan — *Zittau* (Saxe). De gu. à la bande d'arg., ch. d'une rose de gu. et acc. de deux roses du sec., toutes les roses bout. d'or. **C.:** un demi-vol, aux armes de l'écu.

Roslères — *Tournaisis.* D'arg. à trois roses de gu., bout. d'or. **C.:** trois roses de l'écu, tigées et feuillées de sin.

Rossetti (Comtes et marquis) — *Ferrare.* Ec.: aux 1 et 4 d'or à l'aigle ép. de sa.; aux 2 et 3 d'azur à un arbre de sin., adextré d'un lion ramp. de gu.

Rossi — *Ferrare* (Descendants des *Rossi,* princes de Parme.) D'azur à un arbre de sin., adextré d'un lion ramp. de gu.

Rossier — *Valais.* D'arg. à trois roses mal-ordonnées de gu., tigées et feuillées de sin., soutenues du coupeau du milieu d'un tertre du même; le tout acc. en chef de deux étoiles (5) d'or.

Rössler — *Nuremberg.* Coupé d'arg. sur azur; à trois roses de gu., tigées et feuillées de sin., br. sur le tout et soutenues d'un tertre de trois coupeaux de sin.

Rostopchine — *Russie.* Ec.: au 1 d'azur à un dextrochère. arm. d'arg., iss. d'une nuée au nat., mouv. du canton dextre du chef, et tenant un cimeterre d'arg., garni d'or, en bande; au 2 de gu. à un crolss. figuré tourné d'arg.; au 3 de gu. à trois étoiles d'arg.; au 4 d'azur à deux coeurs accostés, celu à dextre d'arg. br. sur celui à sen. de gu., tous deux enflammés au nat. Cq. cour. **C.:** trois pl. d'aut. d'arg. **L.:** à dextre d'arg. et d'azur, à sen. d'arg. et de gu.

Rostopchine — *Russie* (Comtes. 1799.) Ec.: au 1 d'azur à un dextrochère. arm. d'arg., iss. d'une nuée au nat., mouv. du flanc dextre, et tenant une epee d'arg., garnie d'or; le tout à sen. d'un croiss. figuré tourné d'arg.; au 2 de gu. à un coq hardi d'arg., posé sur une stature isolée du meme; au 3 de gu. à un chien cont. d'arg., assis sur une terrasse isolée du meme; au 4 d'azur à deux coeurs accostés d'arg., enflammés de gu.

gu., celui à dextre br. sur celui à sen.; lesdits coeurs accostés de deux étoiles d'arg. et acc. en p. d'une troisième étoile d'arg. Sur le tout d'or à une aigle ép. de sa., tenant de sa patte dextre un sceptre d'or et de sa sen. un monde du même; ladite aigle ch. sur l'estomac d'un écusson circulaire de gu., bordé d'or, somme d'une couronne impériale et ch. du chiffre *II* d'or, acc entre ses branches d'un I du même; l'aigle surmontée d'une couronne impériale aux rubans d'azur, flottant à dextre et à sen. Trois cq. cour. **C.:** 1° une croix latine d'or; 2° une aigle ép. de sa.; 3° une ancre d'arg., la trabe de couleur brunâtre. **L.:** à dextre d'arg. et d'azur, à sen. d'arg. et de gu **T.:** à dextre un chevalier, arm. de toutes pièces, coiffé d'un casque de tournoi, un sabre à la hanche; à sen. un cheval reg. d'arg.

Rota — *Saxe.* Coupé de gu. sur sa., au loup ramp. d'arg., br. sur le tout, tenant entre ses pattes une scie de fer en pal, mêm. d'or, les dents à dextre.

Rottier de la Borde — *Maine.* Coupe: au 1 de gu. à un senestrochère, revêtu d'un brassard et tenant une épée, le tout d'arg., mouv. du flanc; au 2 d'azur au chev. d'or, acc. de trois têtes de loup du même.

Rottier de Madrelle — *Maine.* D'azur à trois flèches d'arg., 2 passées en saut. et 1 br. en fasce.

Roubaix de Portingal — *Lille.* D'herm.; au chef de gu. ch. d'une croix pattée d'or. **C.:** une étoile d'or. **L.:** d'herm. et de sa. **S.:** deux léopards lionnés, au nat.

Rougier de Lagane — *Bret.* Ec.: au 1 d'or à trois branches de rosier de sin., rangées en fasce; au 2 d'azur au lion d'or; au 3 de sin. à trois épées d'arg., en pals, rangées en fasce; au 4 d'arg. à trois étoiles d'azur. **S.:** deux lions de gu. **D.:** LA GAGNE QUI GAGNE.

Rouiller — *Valais.* D'arg. à une roue de moulin de sa.

Rouselle-Houzeau — *Ile-de-Fr.,* orig. d'*Angl.* Les armes de *Houzeau de Léhay,* qui sont d'azur au chev. d'or, acc. de trois coquilles d'arg.

Roussac — *Lang.* De gu. au chev. d'or, acc. en chef de deux croiss. d'arg. et en p. d'une épée du même, garnie d'or.

Roussel de Courcy — *Orléanais.* D'arg. à deux jumelles de sin., acc. au centre de l'écu de deux cotices en barres d'azur, et en p. de deux cotices en bandes du même.

Roverea — *Valais.* De gu. à la bande d'arg., ch. d'une étoile (6) d'azur et de deux couronnes du même.

Roverella (Comtes) — *Ferrare.* Ec.: aux 1 et 4 d'or à l'aigle ep. de sa.; aux 2 et 3 d'azur à un chêne de sin., les branches passées en double sautoir. L'écu pose sur l'estomac d'une aigle ép. de sa.

Rovers — *Holl.* De gu. à trois épées d'arg., garnies d'or, les pointes en haut, rangees en chef, et trois fers de moulin de sa., 2 et 1, en p.

Roy (de) — *Amsterdam.* Coupé: au 1 d'or à trois fleurs d'azur, tigées de sin., rangees en fasce; au 2 d'azur à un arbuste de sin., terrassé du même, portant trois fleurs en forme d'éventail d'arg.

Roy (le) — *Amsterdam.* D'azur à une brebis paissante au nat. sur une terrasse de sin., couronnée d'or, le corps surm. d'une autre couronne aussi d'or; le tout acc de trois étoiles (5) d'azur du même, rangées en chef.

Royer (de) — *Paris,* orig. de *Grenoble* (An. par Louis XVIII.) De vair à la fasce de gu.

Rubini — *Valais.* D'azur à trois bagues d'or, châtonnées de rubis.

Rüe (de la) de Cohignac — *Bret.* De gu. à trois chefquille de rue *ou* trèfles d'arg.

Rue (de le). v. **Delrue.**

Ruffinen (zen) — *Valais.* D'azur à un bouquetin d'arg., courant sur une terrasse rocheuse du meme, penchee en avant, acc. de trois étoiles (6) mal-ordonnées d'or.

Rufo — *Naples* (Princes *della Scaletta*). Coupé-émanché d'arg. sur sa. de trois pièces.

Rufz de Lavison — *Guyenne.* D'azur à la fasce d'arg., acc. de trois étoiles d'or, rangées en chef.

Rühle — *Rothenburg* (Bav.) Ec. en saut.: en chef et en p. de gu. à un chev. de sa., de trois bes. d'arg.; à dextre et à sen. d'or à un peuplier de sin., accosté de deux tourt. de gu. Cq. cour. **C.:** une étoile d'or, entre un vol de gu., chaque aile ch. d'un chev. de sa., surch. de trois bes. d'arg. **L.:** d'or et de gu.

Rumeri — *Valais.* D'arg. à la fasce de gu. acc. en chef de deux étoiles (6) d'or et en p. d'une fleur en forme de rose mêlée de feuilles allongées d'or et de gu.

Ry (du) de Champdoré — *France.* D'azur au chev. d'or, acc. de trois croiss. d'arg. **C.:** un lion iss. **D.:** CONFIDO.

82

Ry (du), v. **Holle** ou **du Ry van Beest Holle.**
Ryck (van) — *Holl.* D'or à la bande d'azur, ch. d'une couronne d'or (posée dans le sens de la bande) et de deux roses du même; la bande acc. de quinze bill. de gu., posees en bande et côtoyant la bande, en chef 1, 2 et 3, et en p. 4, 3 et 2.
Ryckhuysen (van) — *Leyde.* D'azur à une merlette de ..., acc. de trois étoiles de ... **C.:** une merlette, entre un vol.
Ryckwyn — *Holl.* D'arg. à une étoile (8) de gu.
Ryff — *Valais.* D'arg. à un bouquetin ramp. de sa.
Rynvis — *Holl. sept.* D'arg. à une mer entre deux rochers, mouv. des flancs de l'écu et se réunissant en p., le tout au nat.; au chef de gu., ch. de trois poissons nageants d'arg., 2 et 1.

Rzepitzki de Rzepitz — *Silésie.* D'or à la fasce de sa.; et une demi-ramure de cerf de gu., posée en pal. br. sur la fasce. **C.:** un demi-vol d'or, ch. d'une fasce de sa., surch. d'une étoile d'arg.
Rzeszotarski — *Posnanie.* Les armes de **Ja-nosza.**
Rzewuski — *Posnanie* (Comtes, 1817.) Les armes de **Krzywda.**
Rziczanski de Rziczan — *Bohême, Moravie, Silésie.* De gu. à trois feuilles de nénuphar d'arg., posées en partie, les tiges s'entretouchant. Cq. cour. **C.:** les meubles de l'écu, entre un vol de gu.
Rzuchowski — *Prusse.* Les armes de **La-bendz.**

S

Sabel (van den) — *Holl.* D'or à trois têtes de léopard de sa., 2 et 1, celle en p. bouclée du même.
*Sablonnière (de la) — *P. d'Overyssel.* Ec.: aux 1 et 4 d'arg. à deux squelettes humains affr. de sa., supp. ensemble un châtelet de gu.; aux 2 et 3 d'azur au chev. d'or, acc. de trois croiss. du même, et au chef d'or ch. de trois merlettes de sa. **C.:** 1° un sablier de gu.; l. d'arg. et de gu.; 2° une merlette de sa., entre un vol d'or; l. d'or et d'azur.
Sacrati (Marquis) — *Parme.* D'azur à une pierre sépulcrale d'arg. à deux anneaux, acc. de six croiss. d'or, 3 en chef et 3 en p.
Sacrati (Marquis) — *Ferrare.* Ec.: aux 1 et 4 d'or à l'aigle ép. de sa.; aux 2 et 3 d'azur à un pierre sépulcrale d'arg. à deux anneaux, acc. de six étoiles d'or 3 en chef et 3 en p.
Sadoine (P. — *Belg.* (An. et titre de baron, 18 nov. 1885.) D'azur au saut. d'or, cant. de quatre étoiles du même; au fr.-q. d'arg. à la croix de gu., cant. de quatre coqs hardis du même, barbés d'arg. Cq. cour. **C.:** un coq de gu. **L.** d'arg., de gu. et d'azur. **S.:** deux lions d'or, arm. et lamp. de gu. **D.:** PRÉVOIR ET AGIR.
*Sage (le) — *Zél.* Ec.: aux 1 et 4 d'azur à trois étoiles d'or (*le Sage*); aux 2 et 3 de gu. au chev. d'or, acc. de trois grelots du même (*Beaulieu de Barneville*). Sur le tout d'arg. à une épée au nat. **C.:** une étoile d'or. **S.:** deux léopards au nat. **D.:** LE SAGE ESPÈRE EN DIEU.
Sage (le) de Hauteroche — *Tournai.* Ec.: aux 1 et 4 d'azur à trois étoiles d'or (*le Sage*); aux 2 et 3 de gu. au chev. d'or, acc. de trois grelots du même (*Beaulieu de Barneville*).
Saguier de Luigné — *Anjou, Bret., Lorr.* (Marquis de *Luigné*, comtes de *Morvilliers*, barons de *Frécourt.*) D'arg. à une tête de More, tort. du champ. **T.:** deux Mores, ceints et cour. de plumages, le carquois sur le dos, appuyés chacun sur un arc.
Sahuc de Planhol — *Dauphiné.* D'or à trois rameaux de sin., plantés sur une terrasse du même et acc. en chef d'un coeur enflammé de gu., soutenu d'un vol de sin. [Divers membres de cette fam. ont porté: D'arg. à un sureau de sin.; au chef d'azur, ch. de trois étoiles du champ. — Ou: Parti: au 1 d'azur à une fleur-de-lis d'arg., acc. d'un croiss. du même en p.; au 2 d'arg. à l'aigle de sa., acc. d'un croiss. du même en p.]
St.-Amand — *Cambr.* Bandé de sa. et d'or.
St.-Cyres (Vicomte), v. **Northcote** comte **d'Id-desleigh.**
St.-Hubert — *P. de Dinant* (*Namur.*) D'azur à une tête et col de cerf d'or. surm. d'une croix du même.
St.-Innocent (Marquis de), v. **Orlier** marquis de **St.-Innocent.**
St.-John de Crèvecoeur — *Norm.* Coupé: au 1 de sa. à trois fasces d'or; au 2 de gu. à l'aigle d'arg., tenant dans sa serre dextre un coeur du même.
St.-Marc — *P. de Namur.* D'azur à trois brebis pass. d'arg.
Salve (de) — *P. de Liége.* D'arg. à deux lions affr., supp. ensemble de leurs pattes de devant un flanchis et de leurs pattes de derrière un autre flanchis, le tout de gu. **C.:** un lion iss. de gu.
Sall — *Bav.* D'arg. à trois bandes d'azur. **C.:** un vol à l'antique, aux armes de l'écu.
Saltonstall — *Boston.* D'or à la bande de sa.,

acc. de trois aigles du même. Cq. cour. **C.:** un pélican au nat.
Salvaghi — *Gênes.* De sa. au lion d'arg., arm. et lamp. de gu.; le champ vêtu en rond d'or.
Salvini de Meeresburg — *Aut.* (Chevaliers, 7 nov. 1857.) Ec.: au 1 d'azur à un mur circulaire en ruines, percé d'une porte, derrière laquelle s'élèvent deux tours crén., celle à sen. plus élevée que celle à dextre; le tout au nat. et mouv. d'une eau au nat.; au 2 de gu. au lion cont. d'or, ramp. contre un frêne au nat., le tout soutenu d'une terrasse de sin.; au 3 de gu. à une ancre d'or, avec sa gumène au nat., tortillée autour de la stangue; au 4 d'azur à un senestrochère de carn., tenant un sabre au nat. Deux cq. cour. **C.:** 1° une tour au nat., entre un vol de sin. et d'azur; 2° trois pl. d'aut., une d'or entre deux de gu.; l. d'or et d'azur.
Sand (im) — *Valais.* Tiercé en pairle renversé-ployé: à dextre de gu. à trois étoiles (6) d'or, 2 et 1, en chef, et une fleur-de-lis du même en p.; à sen. de sin. à trois coins d'azur, 2 et 1; en p. d'azur à une fleur-de-lis du même.
Sandt — *Holl.* Ec.: aux 1 et 4 de gu. à un sablier d'or; aux 2 et 3 d'arg. a une croix latine d'azur, les trois extrémités supérieures aiguisées, posée sur un tertre de sin. **C.:** un vol, de gu. et d'arg.
Sandt van Nooten — *Holl.* Ec.: aux 1 et 4 coupé: *a.* d'or à un coeur de gu.; *b.* de gu. à un flanchis d'or; et une portée de musique d'arg., en fasce, br. sur le coupé, ch. de cinq notes de sa., posées en chev. renv. (*van Nooten*); aux 2 et 3 c.-ec.: *a.* et *d.* de gu. à un sablier d'or; *b.* et *c.* d'arg. à une croix latine d'azur, les trois extrémités supérieures aiguisées, posée sur un tertre de sin. (*Sandt*). **C.:** 1° brl de gu. et d'or: un vol cont., l'aile de derrière de gu. et l'aile d'or devant d'or: l. d'or et de gu.; 2° brl. de gu. et d'arg.; un vol à l'antique, l'aile de derrière de gu. et l'aile devant d'arg.; l. d'arg. et de gu.
Sang (im) — *Valais.* D'azur à un T d'arg., accosté de deux étoiles (6) d'or, soutenu d'un tertre de trois coupeaux de sin. mouv. d'un croiss. tourné d'arg.
Sanson — *Paris.* D'azur au lion d'or, acc. de trois gerbes du même.
Saut (van 't) — *Sleeuwyk (Holl.)* D'arg. à une barque avec sa voile au .nat., voguant sur un fascé-ondé d'azur et d'arg.; la barque portant deux petits pavillons, sur le mât et sur la poupe, flottant à dextre. **C.:** un vol.
t' Santele — *Anvers.* D'arg. à la croix ancrée de sa.
Santvoort (van) — *P. d'Utrecht.* Coupe: au 1 fascé d'arg. et de sa.; au 2 de gu. à deux trèfles accostés d'or.
Sanz — *Iles Baléares.* Coupé: au 1 d'azur à sept étoiles d'or, rangées en orle, celle de la pointe plus grande et à huit rais, les autres à six rais; au 2 d'arg. à deux bras, parés de gu., mouv. des flancs et tenant chacun une palme de sin., ces palmes passées en saut.
Saracco-Riminaldi (Comtes) — *Ferrare.* Ec.: aux 1 et 4 coupé: *a.* de gu. à trois couronnes à l'antique d'or; *b.* d'or plein; aux 2 et 3 d'azur à la cotice ondée d'or.
Saraceni (Chevaliers) — *Ferrare.* D'azur à un More au nat., tenant de sa main sen. un écusson d'arg. à la croix de gu. et de sa dextre un badelaire d'arg., garni d'or.

Sardi — *Ferrare*. De gu. au chef d'azur; au lion d'or, br. sur le tout.

Sart (le) — *Cambrai*. Tiercé en pal: au 1 d'azur au lion d'arg., arm. et lamp. de gu.; au 2 coupé: *a*. de gu. à la demi-aigle d'arg., mouv. du parti à dextre; *b*. d'arg. à une demi-croix pattée de gu., mouv. aussi de dextre; au 3 d'or à trois barres d'azur *ou* barre d'or et d'azur.

Sarton — *P. de Namur*. Coupé: au 1 parti: *a*. de gu. à deux barres de sa., ch. chacune d'un besant d'or; *b*. d'arg. à la fasce de sa., acc. de trois aigles de gu.; au 2 de sin. plein.

Sasse — *Holl*. D'arg. au saut. de gu., acc. de trois merlettes de gu., 1 en chef et 2 en flancs, et d'un trèfle de sin. en p.

Sassi — *Bologne*. D'or à la fasce d'azur, acc. en chef d'une rose d'arg. et en p. d'un mont de trois coupeaux du même, mouv. de la p.

Sassi — *Bologne*. D'azur à la fasce de gu.,acc. en chef d'une croisette pattée de gu. et en p. d'un mont de trois coupeaux de sin.; au chef d'or, ch. d'une aigle de sa.

Sassoli — *Bologne*. D'azur à une tour svelte et très-haute, sommée d'un dôme qui porte un pennon fendu flottant à dextre, le tout d'arg.; la tour soutenue d'une terrasse de sin.

Sauthier — *Valais*. D'azur à un dextrochère, paré d'or, mouv. du flanc, la main de carn. tenant une rose de gu., barbée, tigée et feuillée de sin.; le tout acc. en chef de deux étoiles (6) d'or.

Savini — *Bologne*. D'azur à un mont de trois coupeaux d'arg., mouv. de la p., surm. d'une étoile (5) d'or; au chef du premier, ch. de trois fleurs-de-lis d'or, rangées entre les quatre pendants d'un lambel de gu.

Savonarola (Comtes) — *Ferrare*. D'or à trois grives au nat. [Famille à laquelle appartenait le célèbre Girolamo S.]

Savorini — *Bologne*. Parti d'or et de gu.; à une étoile (5) de l'un en l'autre.

Sbaraglia — *Bologne*. Coupé de gu. sur or, au lion de l'un en l'autre, adextré d'un croiss. d'arg. sur le gu., ledit croiss. tournant ses cornes vers le canton dextre du chef. Au chef de l'écu d'azur, ch. de trois fleurs-de-lis d'or, rangées entre les quatre pendants d'un lambel de gu.

Scalabrini — *Bologne*. Coupé d'or sur azur, l'azur ch. d'un chev. d'or.

Scandellara — *Bologne*. D'azur à une tour de gu., ouv. et aj. de sa., soutenue de deux boules d'or et sommée d'une troisième boule d'or; la tour accostée de deux lévriers ramp. et affr. de gu., et acc. en chef à dextre d'un soleil de gu., rayonnant d'or, et à sen. d'un croiss. tourné d'arg.

Scandiani — *Bologne*. D'azur à la fasce de gu., soutenue d'un pal du même; au chef du premier, ch. de trois fleurs-de-lis d'or, rangées entre les quatre pendants d'un lambel de gu.

Scarabelli — *Bologne*. Echiq. de gu. et d'arg., au lion d'or, br. sur l'échiqueté; au chef d'azur, ch. de trois fleurs-de-lis d'or, rangées entre les quatre pendants d'un lambel de gu.

Scarlatini — *Bologne*. D'azur au lion de gu.

Scarselli — *Bologne*. De gu. à trois épées d'arg., garnies d'or, posées en bandes, rangées en barre, alternant avec seize boules d'or, rangées quatre et quatre en bande; au chef d'azur, ch. de trois fleurs-de-lis d'or, rangées entre les quatre pendants d'un lambel de gu.

Schalen (de) — *Valais*. D'arg. à un coeur humain de gu., percé d'une flèche d'or, en bande, la pointe en bas.

*****Schardinel** — *Harlem*. De sa. à une fleur-de-lis d'arg.

Scharenborgh — *Holl*. D'or à cinq roses de gu., 2, 1 et 2.

Schenaerts — *Anvers*. D'azur au chev. d'or, acc. en chef de deux étoiles du même et en p. d'une tour cren. couverte d'un toit pointu d'arg., ouv. et aj. du champ; au chef d'or, ch. d'une aigle iss. de sa., cour. du même. **C.:** une aigle iss. de sa., cour. d'or. **L.** d'or et de sa. L'écu accosté de deux bannières, celle à dextre aux armes de *Schenaerts* et celle à sen. aux armes de *van Cuyck van Mierop*.

Scherpon Edle **von Kronenstern** — *Aut*. (An., 11 oct. 1838.) Les armes des barons *Scherpon de Kronenstern*, sauf les différences suivantes: le 2 est d'azur à une bombe à deux anses d'arg., allumée de gu., accostée de deux boulets d'arg., le tout soutenu d'une terrasse de sin. Cq. cour. **C.:** trois pl. d'aut.: d'azur, d'or et de sa. **L.** à dextre d'arg. et d'azur, à sen. d'or et de sa.

Schey de Koromla — *Aut*. (Barons, 25 déc. 1869.) Tranché, d'or au lion de gu., sur azur à l'aigle d'arg., bq. et m. d'or; à la bande d'arg., br. sur le tout et ch. de deux étoiles (8) d'azur. Trois cq. cour. **C.:** 1° une aigle iss. et cont. d'arg., bq. d'or; l. d'arg. et d'azur; 2° une étoile (8) d'azur; l. d'arg. et d'azur; 3° un lion iss. de gu.; l. d'or et de gu. **S.:** deux lions de gu. **D.:** QUO FACTA VOCANT.

Schiassi — *Bologne*. D'azur au lion d'or, lamp. de gu.; à la fasce d'arg., ch. de trois étoiles (5) d'or, br sur le tout, et au chef d'azur, ch. de trois fleurs-de-lis d'or, rangées entre les quatre pendants d'un lambel de gu.

Schindler auf Borgtonne — *Aut*. Parti: au 1 de gu. à trois bandes d'arg.; au 2 d'arg. à une grue avec sa vigilance au nat., soutenue d'un tertre de sin. **C.:** un pin de sin., entre un vol d'arg. **L.** d'arg. et de gu.

Schiner — *Valais*. D'azur à trois bandes d'or; au chef du premier, ch. d'une croix du sec.

Schmidt — *Wullersdorf* (*Aut*.) (Nob. du St.-Empire, 8 mars 1591.) De gu. à deux fasces d'arg.; au pal d'azur, ch. de trois fleurs-de-lis d'or et br. sur le tout. Cq. cour. **C.:** un vol à l'antique aux armes de l'écu, à dextre d'arg. et de gu., à sen. d'or et d'azur.

Schmidt — *Vienne* (Barons, 22 janv. 1886.) D'azur à une marque de maçon en forme de croix latine en relief, le bras dextre cramponné vers le bas, le pied cramponné vers le haut (en barre) à sen., le tout d'arg. Cq. cour. **C.:** trois flèches accostées au nat., iss. de la couronne, armées de fer, empennées de gu. **L.** d'arg et d'azur. **D.:** SAXA LOQUUNTUR [Armes de l'architecte de l'église expiatoire à Vienne, dite *Votiv-Kirche*.]

Schmidt — *Aut*. De gu. à un pélican dans son aire d'arg. **C.:** cinq pl. d'aut.

Schmidt de Carheimb — *Aut*. (Nob. du St.-Empire, 13 mars 1633.) Ec.: aux 1 et 4 de gu. au lion d'arg., cour. d'or; aux 2 et 3 d'or à la fasce de sa., ch. de trois étoiles d'or. Sur le tout de gu. à une autruche au nat., posée sur un tertre de sin. et tenant en son bec un fer-à-cheval au nat., les bouts en bas. Cq. cour. **C.:** les meubles du surtout, entre deux prob. coupées, à dextre de sa. sur or, à sen. de gu. sur arg. **L.** conformes aux émaux des prob.

Schmidt de Steinhaus — *Valais*. D'azur à un marteau d'arg., acc. en chef de deux étoiles (5) d'or et en p. d'un tertre de trois coupeaux de sin.

Schmidtner ou **Schmittner** — *Bav*. (Conc. d'arm., 22 mars 1521.) Tranché d'or sur azur, au mopre de deux pattes et membres de panthère de l'un en l'autre, onglées de gu., la patte d'azur sur l'or abaissée, la patte d'or sur l'azur montante. **C.:** une panthère héraldique iss. d'azur, languée et onglée de gu.

Schmied (von) — *Aut*. Ec.: aux 1 et 4 de gu. à un griffon d'arg.; aux 2 et 3 d'or, chaussé-ployé de sa. Cq. cour. **C.:** un loup iss. au nat., entre un vol coupé, à dextre d'arg. sur gu., à sen. d'or sur sa. **L.:** à dextre d'or et de gu., à sen. d'arg. et de gu.

Schoch — *Utrecht*, orig. de *Suisse*. Coupé: au 1 d'or à un monticule, soutenu de la ligne du coupé; au 2 d'arg. à un mur isolé, crén. de trois pièces. **C.:** trois pl. d'aut. **S.** à sen.: un ours reg. **D.:** DEUS SPES NOSTRA EST.

Schön — Grand-duché de *Hesse* (An., 18 avril 1885.) Parti: au 1 d'arg. à la demi-aigle de sa., bq. et m. de gu., mouv. du parti; au 2 d'azur à deux bandes, palées chacune de gu. et d'arg. de huit pièces. Cq. cour. **C.:** un vol d'arg., l'aile dextre ch. de deux barres de gu. et l'aile sen. de deux bandes du même. **L.** d'arg. et de gu.

Schönebeck — *Tangermünde* (*Prusse*.) D'arg à trois roses de gu., rangées en barre. **C.:** trois roses de gu., tigées et feuillées de sin.

Schoon — *Holl*. Coupé: au 1 d'or à un rencontre de cerf au nat.; au 2 de sa. à une rose d'arg. Cq. cour. **C.:** un vol, de sa. et d'or. **L.** d'or et de sa.

Schoor (van) — *Holl*. Parti: au 1 d'or à la demi-aigle de sa., mouv. du parti; au 2 d'arg. à la barre d'or.

Schöps — *Saxe* (Nob. du St.-Empire, 15 mars 1604.) Coupé: au 1 de gu. au bélier naiss. d'arg., mouv. du coupé; au 2 de sa., chapé d'or, la ch. de trois grenades mal-ordonnées d'or, les tiges en bas (sans feuilles). **C.:** un vol; l'aile dextre taillée de gu. sur arg., à la barre de sa.; br. sur le taillé et ch. d'une grenade d'or, la queue en bas; l'aile sen. tranchée d'arg. sur gu., à la bande de sa., br. sur le tranché et ch. d'une grenade d'or, la queue en bas. **L.:** à dextre d'or et de gu., à sen. d'arg. et de gu.

Schott (Edler Herr **von**) — *Saxe* (An., 17 août

*

1682.) Ec.: aux 1 et 4 coupé d'arg. sur or, à l'aigle de sa., br. sur le tout, celle du 1 cont.; aux 2 et 3 coupé de gu. sur sa., au loup ramp. d'arg., br. sur le tout (celui du 3 cont.), tenant entre ses pattes une scie de fer en pal, emm. d'or, les dents tournés vers le parti. Sur le tout d'arg. à un arbre de sin., posé sur un tertre de trois coupeaux de gu. Deux cq. cour. **C.:** 1° l'aigle du 1: I.: à dextre d'or et de sa., à sen. d'arg. et de gu.; 2° les meubles du surtout, entre deux prob. coupées alt. d'or et de gu.; I.: à dextre d'arg. et de gu., à sen. d'or et de sa.

Schoute — *Amsterdam.* D'or à l'aigle de sa.

Schouten — *Almkerk* (Brab. sept.), *Dordrecht, Utrecht.* D'or à un trident de sa., posé en pal. **C.:** un vol, de gu. et de sin. **I..:** à dextre de gu. et d'arg., à sen. de sin. et d'arg

Schouten [anciennement **Scholten**] — *Vollenhove, Amsterdam.* De gu. au pal d'or, ch. d'un écusson de sa., surch. d'une étoile d'arg. **C.:** trois pl. d'aut., une de gu. entre deux de sa.

Schrama — *Harlem.* D'or à trois fleurs-de-lis d'arg.

Schrauwen — *Holl.* D'or à la bande de gu., ch. d'un fer de moulin d'azur, posé dans le sens de la bande. **C.:** une étoile d'or, entre un vol du même [Branche de la fam. 's *Graeuwen*, en Brab. et en Zél.]

Schreyvogel — *Aut.* (Chevaliers en *Bohême*, 18 fév. 1701.) Taillé, d'or à une aigle de profil de couleur brunâtre, cour. d'or, volante vers sen., sur arg. à deux flèches au nat., passées chacune en bande, rangées en barre. Sur le tout un écusson d'arg., timbré d'une couronne d'or (que l'aigle en chef tient de sa patte dextre); ledit écusson ch. d'un lion naiss. et cont. d'or, cour. du même, iss. entre un vol de couleur brunâtre. Cq. cour. **C.:** le lion du surtout, iss. et cont., entre un vol de couleur brunâtre. **I..:** d'or et de gu. — (Chevaliers d'*Aut.* et du St.-Empire, 25 oct. 1706.) Les armes de 1701, sauf que l'aigle est de sa., le vol du surtout de sa. et le lion naiss. de gu. Deux cq. cour. **C.:** 1° un lion iss. et cont. de gu., entre un vol de sa.; I. d'or et de gu.; 2° un panache de plumes de héron d'arg.; I. d'arg. et de gu.

Schubert Edle **von Schutterstein** — *Bohême* (An., 1 juin 1790.) D'azur à la fasce d'or, acc. en chef d'une balance du même et en p. de trois arbres au nat., rangés sur une terrasse de sin. Cq. cour. **C.:** trois pl. d'aut., une d'or entre deux d'azur. **L.** d'or et d'azur.

Schütze — *Tangermunde* (*Prusse.*) D'arg. à trois roses tigees de gu., mouv. d'un coeur du même. **C.:** une rose de gu., tigée et feuillée de sin.; entre deux prob., coupées alt. de gu. et d'arg.

Schumann de Kantzegg — *Aut.* (Chevaliers, 14 mars 1880.) Coupé: au 1 de gu. à une épée d'arg., garnie d'or, posée en fasce; au 2 d'azur à une tente d'arg., sur une terrasse de sin. Deux cq. cour. **C.:** 1° une aigle iss. échiquetée d'or et de gu.; 2° un senestrochère arm., reposant sur le coude, la main de carn. tenant un pennon coupé d'or sur sa.; I. d'arg. et d'azur.

Schürer de Waldheim — *Aut., Saxe* (Nob. du St.-Empire, 1 juillet 1592; ren. de nob., 5 juin 1663.) Parti: au 1 barré de sa. et d'or de six pièces; au 2 fascé de gu. et d'azur de six pièces. Sur le tout d'arg. à trois pommes de pin brunâtres, les queues en bas. **C.:** un chapeau piramidal fascé de gu. et d'azur de six pièces, retr. d'herm., sommé d'une boule d'or, supp. un panache de queue pl. d'aut: de sa., d'or, de gu. et d'azur. **L.:** à dextre d'or et de gu., à sen. d'or et de sa.

Schutter — *Holl.* Parti: au 1 d'arg. à la demi-aigle de sa., mouv. du parti; au 2 d'azur à un homme tenant arc et flèche de sa main dextre. **C.:** un faisceau de trois flèches.

Schuur — *Holl.* De gu. à deux poissons adossés au nat., acc. en chef d'une couronne de feuillage de sin.

Schwab (Edle **von**) — *Aut.*, orig. des *Pays-Bas* (An., 16 fév. 1785.) Ec.: aux 1 et 4 d'arg. à un homme, iss. par les genoux, hab. d'une veste d'azur, d'une redingote de gu. et d'une culotte de sa., coiffé d'un chapeau pointu de gu., retr. du même, tenant de sa main dextre une hallebarde, posée sur son épaule, et appuyant sa main sen. sur sa hanche; aux 2 et 3 d'azur à trois étoiles d'or. Cq. cour. **C.:** l'homme iss. du 1, entre deux prob. coupées, la dextre d'azur sur or, à sen. d'arg. sur gu. **I..:** à dextre d'arg. et de gu., à sen. d'or et d'azur.

Schwantes — *Brandeboury.* D'arg. à une fleur-de-lis de gu., acc. en p. de deux gantelets au nat. **C.:** les meubles de l'écu.

Schwartsenberg — *Limb.* D'arg. à la croix engr. de gu.

Scotti — *Bologne.* Ec. d'or et de gu.; à un chat ramp. de l'un en l'autre, la tête posée de front. Au chef de l'écu d'azur, ch. de trois fleurs-de-lis d'or, rangées entre les quatre pendants d'un lambel de gu.

Scuri — *Bologne.* D'arg. à un griffon d'azur; à la fasce d'or, br. sur le tout et au chef d'azur, ch. de trois fleurs-de-lis d'or, rangées entre les quatre pendants d'un lambel de gu.

Sedacci — *Bologne.* D'azur à la fasce d'arg., acc. de trois étoiles d'or et ch. d'un baquet ovale du même; au chef du premier, ch. de trois fleurs-de-lis d'or, rangées entre les quatre pendants d'un lambel de gu.

Sedlmayer von Seefeld — *Tirol* (An., 12 oct. 1811.) D'azur à la fasce d'or, acc. en chef d'une balance du même et en p. d'une gerbe aussi d'or. **C.:** trois pl. d'aut., une d'or entre deux d'azur.

Ségur — *Ile-de-Fr.* D'azur à deux louves affr. d'arg.

Seille (de) — *Ardennes, Flandre orientale.* Ec.: au 1 de gu. à deux lions ramp. d'or, cour. du même, l'un posé en chef à sen. et l'autre en p.: au 2 d'arg. à la bande comp. de gu. et d'azur de sept pièces; au 3 d'azur à trois compons d'azur ch. d'une étoile (5) d'or; au 4 d'or à trois compons plus grands de dimension que les compons de gu.; au 3 d'azur à trois chaudrons d'or; au 4 d'arg. à trois flanchis de gu. **C.:** un lion du 1. iss. d'arg. [Ces armoiries ont été adoptées par les descendants de *Jacques Eeman-de Seille*, Flandre 1761.]

Seillère — *Paris* (Barons, 1817.) Tiercé en fasce: au 1 de gu. à un bélier sautant d'or, adextré d'un caducée du même; au 2 d'or à une ancre de sa., traînant dans une mer de sin. à dextre; au 3 de gu. au saut. d'arg.

***Sels** — *Zutphen.* D'azur à un bras, paré de gu., iss. d'une nuée au nat. mouv. du canton sen. du chef, la main de carn. tenant une bague d'or au-dessus d'un calice du même. Brl. d'or et de gu. **C.:** un homme iss., posé en profil, hab. d'une blouse d'or rayée verticalement d'azur, au rabat d'azur, ceint du même, coiffé d'un bonnet pointu d'or rayé verticalement d'azur; ledit homme appuyant la main sen. sur sa hanche et tenant de sa dextre un calice d'or, duquel sort un homme de profil, coiffé d'un chapeau rond, tenant de sa main dextre un bâton et la sen. appuyée sur sa hanche, le tout d'or [V. **van Loeben-Sels.**]

Semerpom — *Tournai.* D'azur semé de trèfles d'or; à trois croiss. du même, br. sur le tout.

Sensaud de Lavaud — *Limousin.* D'arg. au chev. de gu., acc. de trois rameaux de laurier de sin.

Sepibus (de) — *Valais.* Coupé: au 1 d'azur à une croix alésée très-déliée d'arg., pommetée du même et accostée en chef de deux étoiles (5) d'or; au 2 d'arg. à trois roses de gu., tigées et feuillées de sin., posées sur les trois coupeaux d'une terrasse d'or.

Séré — *P. de Foix.* D'azur à une gerbe d'or.

Sergeant (le) de Marsigny — *Art.* D'azur à trois gerbes mal-ordonnées d'or.

Serre (de) — *Lorr.* De gu. à la bande d'or, dentelée par le bas; à la bord. comp. d'arg. et d'azur. — (Comtes, 24 oct. 1821.) Tranche: au 1 d'arg. à une montagne ombree, de sin. dans les fissures des rochers; au 2 d'azur au lion léopardé d'or, passant en bande.

Servaes — *P. d'Utrecht.* Ec.: au 1 de gu. à une fleur-de-lis d'or; aux 2 et 3 d'arg. à la barre de sa.; au 4 d'azur à une tête de chien d'or.

Serwir — *P. de Liége.* D'arg. à un lion ramp. de gu., à sen., adextré d'un agneau pass. au nat., retournant sa tête vers ledit lion, le tout soutenu d'une terrasse de sin., en pente de dextre à sen. **C.:** un lion iss. de gu.

Seulins — *Harlem.* D'azur à trois colombes d'arg., bq. et m. de gu.

Sewall — *Boston.* D'arg. au chev. de gu., acc. de trois abeilles de sa. **C.:** une abeille de sa.

Seymier — *Paris. Armes anc..* D'azur à la bande d'arg., acc. de deux molettes d'or. — *Armes mod..* D'azur au lion d'or, cour. du même.

Shrimpton — *Boston.* D'arg. à la croix de sa., ch. de cinq coquilles du champ. **C.:** un lion iss. d'azur, tenant une coquille d'arg.

Sierre — *Valais.* D'azur au chev. d'or, acc. en chef de trois étoiles (6) rangées du même et en p. d'un château d'arg.

Sigristen — *Valais.* D'azur à une étoile (6) d'or.

Sigristen — *Valais.* Ec.: aux 1 et 4 de sin. à un tour d'arg., soutenue d'un tertre de trois coupeaux d'or et acc. en chef de deux étoiles (6) du même; aux 2 et 3 de gu. à une croisette pattée d'or, acc. en chef d'une étoile (6) du même et en p. d'un tertre de trois coupeaux d'arg.

Silva (de) — *Esp.* (Comtes de *Cifuentes*, etc.; grands d'Espagne de 1ère classe.) D'arg. au lion d'azur, cour. d'or.

Simons — *Bergues-sur-le-Zoom.* D'or à un renard de gu., courant sur une terrasse de sin. **C.:** le renard, iss.

Siry — *Bourg.* D'azur à trois étoiles d'or; au chef de sa. **C.:** un bras, tenant une épée. **T.:** deux sirènes de carn., celle à dextre tenant un miroir somme d'une étoile d'or, et celle à sen. tenant une épée sommée d'une étoile d'or.

Skeuves — *P. de Namur.* D'arg. à trois los. d'azur.

Slootingh, v. **Bos** dit **Slootingh.**

Smal — *Ayneux* (*P. de Liége.*) Ec.: aux 1 et 4 de gu. à la croix pattée alésée d'arg., cant. de quatre croisettes du même; aux 2 et 3 d'arg. à trois los. d'azur. **C.:** une losange d'azur.

Smeets — *Liége.* D'arg. à trois roses mal-ordonnées de gu., bout. d'or, barbées de sa., acc. d'un maillet de sa., emm. d'or, au canton dextre du chef, le manche posé en bande. **C.:** une rose de gu., bout. d'or, barbée de sin., tigée et feuillée du même.

Smet (de) — *Flandre.* D'or au chev. de gu., acc. de trois maillets penchés de sa.

Smet (de) de Naeyer — *Gand* (An., 9 oct. 1886.) Ec.: aux I. et IV. de gu. à trois chardons cardeurs d'or; aux II. et III. c.-éc.: aux 1 et 4 d'arg. à trois trèfles de sin.; aux 2 et 3 de gu. à trois bandes d'or. Brl. d'or et de gu. **C.:** un griffon iss. d'or. **L.** d'or et de gu. **D.:** OPERE ET LABORE.

Smuyck ou **Smuyex** — *Flandre.* Les armes anciennes de **de Munck.**

Sneeuw — *Holl.* D'azur à trois montagnes d'arg., couvertes de neige.

Snyders — *Holl.* De sin. à un lion ailé, tenant un bâton. **C.:** le meuble de l'écu.

Soermans — *Holl.* De sin. à un faisan au nat.

*****Sohier** — *Jersey, Boston* (*Amérique*), orig. du *Cambr.* De gu. à une étoile (5) d'arg. **C.:** une croix d'or, entre une ramure de cerf au nat. **S.:** deux léopards lionnes au nat. **D.:** STELLA CHRISTI DUCE.

Sohier de Vermandois — *Norm.* Ec.: aux 1 et 4 échiq. d'or et d'azur (*Vermandois*); aux 2 et 3 de gu. à étoile (5) d'arg. (*Sohier*). Cq. cour. **C.:** une croix d'or, entre une ramure de cerf au nat. **S.:** deux léopards lionnés au nat. **D.:** STELLA CHRISTI DUCE.

Sole (de la) — *Valais.* D'azur à un rouleau de soie d'arg., posé en fasce, acc. en p. d'un tertre de trois pics de sin.

Soiron — *Soumagne* (*P. de Liége.*) Coupé: au 1 parti: *a.* d'arg. à un homme, hab. au nat., tenant un sabre levé, monté sur un cheval pass. de sa., soutenu d'une terrasse au nat.; *b.* de gu. à un senestrochère arm., mouv. du flanc et tenant une épée en barre, le tout d'or; au 2 d'arg. à trois feuilles de houx mal-ordonnées de sin., mouv. d'une seule tige. **C.:** une feuille de houx de sin., la tige en bas.

Solacio — *Valais.* D'arg. à trois bandes losangées d'or et de gu.

Soleure — *Amsterdam.* D'azur à un soleil d'or de seize rayons, alternant avec seize autres rayons de sa.

Sollier — *Bologne.* D'azur au chev. de gu., acc. en chef de trois fleurs-de-lis mal-ordonnées d'or et en p. d'un soleil de gu., rayonnant d'or; au chef du même, ch. d'une aigle de sa.

Somenzi — *Crémone.* D'arg. au lion coupé de sin. sur gu., tenant de sa patte sen. une branche feuillée de trois pièces de sin.; au chef d'or, ch. d'une aigle de sa., cour. d'or.

Sonck — *Kampen.* Coupé: au 1 d'azur à une étoile (6) d'or; au 2 d'or à une molette (5) d'azur.

Sonis — *Lang.* D'azur à la fasce d'arg., acc. en chef de deux étoiles du même et en p. d'un lion d'or.

Sonnevelt ou **van Blaauw Sonnevelt** — *Holl.* Parti: au 1 d'or à trois fleurs-de-lis de gu., au 2 d'azur à un soleil figuré d'or de douze rayons, alt. droits et ondoyants. **C.:** 1° une fleur-de-lis de gu.; entre un vol, de gu. et d'or; 2° le soleil; entre un vol, d'azur et d'or.

Soubiran d'Arifat — *Lang.* D'arg. à la bande d'azur, ch. d'une cross. du champ.

Souligoux de Faugère — *Auv.* D'azur à la bande d'arg., ch. de trois boutons de rose au nat., posés dans le sens de la bande; à la bord. de gu.

Sourlepont (de) — *Tournai.* De contre-vair; au chef d'or, ch. d'un lion léopardé de gu.

*****Spada** — *Lorr.*, orig. d'*Arezzo* (Marquis de *Spada*, 2 mai 1716.) *Armes mod..* De sa. à deux épées d'arg., passées en saut. — *Armes mod..* De sa. à deux fasces d'arg., ch. chacune d'un lion léopardé de gu., au chef d'or, ch. d'une bande d'azur, surch. de trois monts d'arg. mouv. de sa ligne inférieure, et acc. de deux couronnes de laurier au nat.

Spanjaart — *Holl.* De gu. à deux bâtons noueux au nat., passes en saut. **C.:** un homme iss., tenant de sa main sen. un bâton noueux.

Spanocchi — *Bologne.* D'azur à la fasce brét., acc. tant en chef qu'en pointe de deux épis tigés et feuillés, réunis par le bas, le tout d'or.

Speciotti — *Bologne.* Coupé d'arg. sur azur, à la fasce de gu., br. sur le coupé. Au chef de l'écu d'azur, ch. de trois fleurs-de-lis d'or, rangées entre les quatre pendants d'un lambel de gu.

Speri — *Bologne.* D'azur au lion d'or, soutenu d'un mont de trois coupeaux d'arg., mouv. de la p.; au chef du premier, ch. de trois fleurs-de-lis d'or, rangées entre les quatre pendants d'un lambel de gu.

Spettoli — *Bologne.* D'azur à un pin sur un tertre, accosté de deux lièvres affr., ramp. contre le fût, et un troisième lièvre, assis devant le tertre; le tout au nat.

Spettoli — *Bologne.* D'azur à la croix pattée de gu., cant. de quatre étoiles d'or; au chef de gu., surm. d'un autre chef d'azur, ch. de trois fleurs-de-lis d'or, rangées entre les quatre pendants d'un lambel de gu.

Spezzani — *Bologne.* D'azur au lion d'or; à la bande d'or, br. sur le tout et ch. de trois croisettes de gu.; au chef de gu., ch. de trois croisettes d'arg.

Spinelli — *Bologne.* Echiq. d'arg. et de gu.. au chef d'azur, ch. d'un arbre de sin. à dextre et d'un lion sautant d'or à sen.

Spontoni — *Bologne.* Coupé: au 1 d'azur à une étoile (5) d'or; au 2 d'arg. à un senestrochère, paré de gu., mouv. du flanc, la main de carn. tenant une flèche de sa., en barre, la pointe en haut. Au chef de l'écu d'azur, ch. de trois fleurs-de-lis d'or, rangées entre les quatre pendants d'un lambel de gu.

*****Stachouwer de Schiermonnikoog** — *Frise.* Coupé: au 1 d'or à un pal diminué de sa., tenu par deux lions naiss. et affr. de sin., lamp. de gu., mouv. du coupé; au 2 de sa. à l'aigle d'or. Sur le tout d'arg. à une merlette au nat., posée de profil, tenant son rameau, la tête couverte du capuchon. **C.:** un lion iss. de sin., lamp. de gu.

Stagni — *Bologne.* D'azur au chev. de gu., acc. en chef d'une étoile (5) d'or et en p. d'une fleur-de-lis du même; au chef du premier, ch. de trois fleurs-de-lis d'arg., rangées entre les quatre pendants d'un lambel de gu.

Stamarini — *Bologne.* D'azur à un soleil de gu., rayonnant d'or, s'élevant d'une mer au nat. en p.; au chef du premier, ch. de trois fleurs-de-lis d'or, rangées entre les quatre pendants d'un lambel de gu.

Stancardi — *Bologne.* Coupé, d'azur à deux fleurs-de-lis d'or, sur arg. plein; à une massue d'arg., en pal, br. sur le coupé, le manche en haut.

Stancari — *Bologne.* Coupé d'azur sur or; au boeuf ramp. de l'un en l'autre.

Stanpert — *Frise.* De gu. à un cheval pass. ou cabré d'arg. **C.:** le cheval, iss. [V. **Vomelio-Stapert.**]

Staus — *Amsterdam.* D'arg. à un coq pass. de gu.

Stansbury — *Etats-Unis.* Parti d'arg. et d'azur; au lion de sa., br. sur le parti et acc. de trois tourt. de gu., 2 et 1. **C.:** un lion de sa.

Stanzani — *Bologne.* D'or à l'aigle ép. de sa., surm. d'une couronne à l'antique d'or; au chef d'azur, ch. de trois fleurs-de-lis d'or, rangées entre les quatre pendants d'un lambel de gu.

Starckenborch (van) — *Holl.* D'arg. au chev. de gu., acc. de trois girofolées du même, tigées et feuillées de sin.

Staus — *Zittau* (*Saxe*.) Coupé: au 1 d'or à un étourneau de sa., posé sur une terrasse de sin.; au 2 parti de gu. et d'arg., à une flèche de l'un à l'autre, boutonnées d'azur. Brl. de gu. et d'arg. **C.:** un vol coupé, à dextre de gu. sur arg., à sen. d'or sur gu. **L.:** à dextre d'or et de gu., à sen. d'arg. et de gu.

Stauffacher — *Suisse.* D'azur à une aigle de profil de sa., le vol étendu, posée sur un tronc d'arbre au nat., feuillé de six pièces. **C.:** l'aigle.

Steenaert — *Holl.* De gu. au chev. d'arg., acc. de trois bill. du même.

Stefani — *Bologne.* D'arg. à un mont de trois coupeaux de sin., mouv. de la p., acc. en chef d'une étoile d'or; au chef d'azur, ch. de trois fleurs-de-lis d'or, rangées entre les quatre pendants d'un lambel de gu.

Stefanini — *Bologne.* D'or à deux lions affr. de gu., acc. en chef d'une fleur-de-lis du même; au chef d'azur, ch. de trois fleurs-de-lis d'or, rangees entre les quatre pendants d'un lambel de gu.

Steler — *Valais.* D'azur au 1 de gu. à un senestrochere. paré d'azur, mouv. du flanc, la main de carn. tenant une croix treflée d'argent; le tout au nat.

Stelletti — *Bologne.* D'azur à quinze étoiles (5) d'or, 3, 4, 3, 2 et 1; au chef du premier, ch. de trois fleurs-de-lis d'or, rangées entre les quatre pendants d'un lambel de gu.

Stellingwerff (von) — *Westphalie*, orig. de *Frise*. Parti: au 1 d'or à la demi-aigle de sa., cour. d'or, mouv. du parti; au 2 d'azur à un croiss. cont. d'arg., senestré de deux étoiles d'or, l'une sur l'autre. **C.:** un croiss. cont. d'arg., acc. entre ses cornes d'une étoile d'or; le tout entre un vol de sa.

Sterren — *Valais*. D'azur à un coeur de gu., br. sur une flèche d'or en bande, acc. en chef d'une étoile (6) d'or et en p. d'une couronne renversée d'arg. à trois fleurons.

Stevani — *Bologne*. D'azur au lion d'or, ramp. contre un tronc d'arbre de sin., posé à dextre et mouv. de la base de l'écu, le tout acc. en chef de trois fleurs-de-lis d'or, rangées entre les quatre pendants d'un lambel de gu.: au chef d'or, ch. d'une aigle de sa.

Steveninck (van) — *Holl.* D'arg. à trois trèfles de sin. **C.:** un trèfle de sin.

Stiénon du Pré — *Tournai* (An., 9 août 1886.) Ec.: aux 1 et 4 c.-éc. d'or et d'arg.; à la croix de gu., br. sur cet écartelé et ch. d'une étoile (6) d'or; aux 2 et 3 d'or à trois pals d'azur, ch. chacun d'une étoile (6) d'or. Brl. d'or et d'azur. **C.:** une étoile (6) d'or. **L.:** à dextre d'or et de gu., à sen. d'or et d'azur. **D.:** IN FIDE FORTITUDO.

Stock — *P. d'Utrecht*. De gu. à une rose d'or.

Stockalper de la Tour — *Valais*. D'azur à trois couronnes mal-ordonnées d'or; le champ chapé-ployé: à dextre d'or à l'aigle de sa., surm. d'une couronne de baron français; à sen. de gu. à trois pics de rocher accostés d'arg., mouv. du bas, sommés chacun d'un chicot d'or.

Stoffel — *Valais*. De gu. au pal d'arg.; à un senestrochère, arm. d'arg., du flanc, la main de carn. br. sur le pal et tenant une épée d'or en pal, accolée d'un listel d'arg., inscrit des mots SIC AGE NE TIMEAS en lettres d'or.

Stradiot — *P. de Namur*. D'or à la fasce de gu., ch. d'une étoile d'arg. et acc. de trois merlettes de gu., rangées en chef.

Stradivari — *Crémone*. Coupé-denché de gu. sur or; à deux dauphins en pals, l'en chef et l'en p., de l'un à l'autre [Armes des célèbres facteurs de violons.]

Strandwehr (Edle von), v. **Graser** Edle von **Strandwehr**.

Straupitz — *Saxe* (Nob. du St.-Empire, 24 sept. 1562.) De gu. à la barre d'or, acc. en chef d'une tête de vieillard au nat., posée de profil et mouv. de la barre. Cq. cour. **C.:** une tête et col d'autruche, tenant en son bec un fer-à-cheval, les bouts en bas; entre deux prob. de gu., celle à dextre ch. d'une bande d'or et celle à sen. d'une barre du même. **L.** d'or et de gu.

Streso — *Holl*. De gu. à une tête de mort d'arg., surm. d'un sablier du même.

Struyck — *P. d'Utrecht*. Coupé: au 1 d'or à trois plantes de sin., rangées sur une terrasse du même; au 2 de gu. à trois fleurs-de-lis d'arg.

Stuers (de) — *Limb. Armes anc.:* D'arg. à trois bandes de gu., le bord inférieur de chaque bande liséré d'or; acc. de deux roses de gu., barbées de sin., 1 au canton sen. du chef et 1 au canton dextre de la p. **C.:** une rose de l'écu, entre un vol à l'antique, d'or et d'arg. — (*Augmentation d'armoiries par l'Empereur Léopold*

II.) Mêmes armes. **C.:** un lévrier iss. et cont. au nat., la tête tournée à dextre, coll. d'or. **S.:** deux lévriers reg. au nat., tenant chacun une bannière aux armes de l'Empire, frangée d'or.

Stuers (de) — *Limb.* (Chevaliers, 20 avril 1841.) D'arg. à trois bandes de gu., acc. de deux roses du même, bout. d'or, barbées de sin., 1 au canton sen. du chef et 1 au canton dextre de la p. Cq. cour. **C.:** un lévrier iss. d'arg., coll. et bouclé d'or, la tête cont.; entre un vol, d'or et de gu. **S.:** deux lévriers reg. d'arg., coll. et bouclé d'or.

Stuers (de) — *Belg.* (Chevaliers en *Belg.*, 20 déc. 1816.) Les armes de *de Stuers*, conformes à celles du diplôme néerlandais du 4 juin 1824, sauf que le vol du cimier, au lieu d'être d'or et d'arg., est d'arg.t et d'or.

Stumpf-Brentano — *Aut.* (Chevaliers, 9 juillet 1882.) D'or à trois fleurs-de-lis du même, 2 et 1, posées dans le sens de la bande; au 2 tiercé en fasce: *a.* d'or à la demi-aigle de sa., mouv. du parti, l'anse à sen., senestrée d'un serpent ondoyant en pal de sin.; *c.* d'arg. à trois bandes de gu. Deux cq. cour. **C.:** 1° deux prob. d'azur, ch. chacune d'une fasce d'arg.; **l.** d'arg. et d'azur; 2° quatre pl. d'aut.: d'or, de sa., d'arg. et de gu.; l. d'or et de sa. **D.:** EX SECULIS COGNOSCITE SECULUM.

Sturm — *Aut.* (Baron romain, 1886.) D'azur à un Pégase galopant sur une terrasse de sin., acc. d'un soleil d'or, mouv. du canton dextre du chef. Cq. cour. **C.:** une lyre antique d'or, entre deux prob. coupées d'arg. sur azur. **L.** d'arg. et d'azur. **S.:** deux Pégases d'arg. **D.:** SOL SIBYLLAM DIRIGET.

***Succre (de)** — *Cambr.* D'arg. à la fasce de sa. **C.:** un buste d'homme, hab. de sa., au rabat d'or, chevelé du même et coiffé d'un bonnet de sa., retr. d'or. **S.:** deux chimères d'arg. **D.:** AUDACES FORTUNA JUVAT.

Sucre (de) — *Tournaisis*. Ec.: aux 1 et 4 d'arg. à la fasce de sa. (*Succre*); au fr.-q. de sa. à la croix d'arg., ch. de cinq coquilles de gu. (*Rouvroy St.-Simon*); aux 2 et 3 d'or à la croix ancrée de sa. (*Thurrut de Bellang*). **D.:** CONTENTES-VOUS.

Sureques — *Tournaisis*. De sin. à trois molettes (5) d'or. **D.:** VIRTUTE STIMULANTE ET DOCTRINA.

Surlet — *P. de Namur*. D'or au saut. de gu., cant. de quatre mâcles du même.

Surmont — *Tournai*. D'or au chev. de gu., acc. en chef de deux quintefeuilles du même et en p. d'un mont de sin. **C.:** une quintefeuille de gu.

Surmont de la Chapelle du Hennocq — *Lille*. Ec.: aux 1 et 4 d'or au chev. de gu., acc. en chef de deux quintefeuilles du même et en p. d'un mont de sin. (*Surmont*); aux 2 et 3 de gu. à la croix ancree d'or, cant. de quatre annelets du même (*de la Chapelle du Hennocq*). Brl. d'or et de gu. **C.:** une quintefeuille de gu., tigée de sin.; entre un vol, d'or et de gu. **D.:** AMOR LABORIS.

Swelling — *Boston*. De gu. à trois têtes de griffon arr. d'arg.; au chef denché d'herm., ch. d'une molette de gu.

T

Taffin — *Tournai*. Coupe d'or sur sa.; au chev. de l'une en l'autre, acc. en chef de deux têtes de More, tort. d'arg., et en p. d'un crâne humain d'arg. **D.:** REGARDE TA FIN.

Taffiner — *Valais*. D'aznr à une tulipe d'or, tigée et feuillée de sin., posee sur un tertre de trois pics du même, et acc. de deux étoiles (5) d'or.

Tambola — *Bologne*. De gu. à une colombe d'arg., posée sur un mont de trois coupeaux de sin., mouv. de la p., et tenant en son bec une palme de sin.; au chef d'azur, ch. de trois fleurs-de-lis d'or, rangées entre les quatre pendants d'un lambel de gu.

Tamburini — *Bologne*. D'or à une caisse de tambour d'arg., en chef, couchée et vue de sen.. et en p. deux baguettes de tambour d'arg., passées en saut.; au chef d'azur, ch. de trois fleurs-de-lis d'or, rangées entre les quatre pendants d'un lambel de gu.

Tannen (zur) — *Valais*. D'arg. à un sapin de

sin. sur un tertre de trois pics du même, acc. en chef de deux étoiles (6) d'or.

Tannio — *Valais*. De sin. à une potence d'arg., surm. d'une étoile (5) d'or.

Tardini — *Bologne*. D'or à trois bandes d'azur. **C.:** un autre chef d'azur, ch. de trois fleurs-de-lis d'or, rangées entre les quatre pendants d'un lambel de gu.

Taroni — *Bologne*. D'arg. à un chevalier, arm. de toutes pièces au nat., la visière baissée, le casque panaché de gu. (sans épée ni lance), enfourchant un lion courant d'or qu'il tient par la crinière, sur une terrasse de sin.; au chef d'azur, ch. de trois fleurs-de-lis d'or, rangées entre les quatre pendants d'un lambel de gu.

Tartaglia — *Bologne*. Coupé, d'arg. à trois fleurs-de-lis rangées d'or, sur or à trois T rangés de gu. Au chef de l'écu d'azur, ch. de trois étoiles (5) d'or.

Tartagni — *Bologne.* D'or à la bande de gu.

Tartari — *Bologne.* Coupé d'azur plein, sur gu. à deux bandes d'arg.; à la fasce d'arg., br. sur le coupé, et un arbre de sin., iss. du milieu de la fasce et br. sur l'azur. Au chef d'azur, ch. de trois fleurs-de-lis d'or, rangées entre les quatre pendants d'un lambel de gu.

Tartarini — *Bologne.* D'or, flanqué en rond d'azur à sen., l'azur ch. d'un arc en pal d'arg., br. sur une flèche du même en fasce.

Tardini — *Bologne.* De gu. à l'aigle ep. de sa., surm. d'une couronne à l'antique d'or.

Taruffi — *Bologne.* D'azur à une échelle de quatre échelons d'or, élargie par le bas, accostée d'un croiss. d'arg., accostée de deux étoiles (5) d'or et acc. en p. d'une fleur-de-lis du même.

Tascheri — *Bologne.* D'or à une touffe de feuilles de palme de sin., posée en barre, terminée en tige; et une bande d'arg., bordée du même, br. sur le tout et ch. de cinq boules d'or.

Tasse ou **Taisse** — *Tournai.* D'or à la fasce de gu. [Branche de la fam. *Taels de Voorne.*]

Tassi — *Bologne.* D'or à la fasce d'arg., ch. d'un taisson de sa.

Taurinus — *Schiedam, Utrecht.* D'or à trois rencontres de taureau au nat.

Tavernier — *Valais.* D'azur à un château composé d'un mur flanqué de deux tours; entre lesdites tours un croiss., surm. de quatre étoiles (5), 1 et 3; le tout d'arg.

Tavernier (le) de la Mairie — *Norm.* Ec.: aux 1 et 4 d'arg. à trois lions de sin., arm. et lamp. de gu.; à la bord. du même, ch. de onze bes. d'or (*le Tavernier*); aux 2 et 3 d'arg. au chef d'azur (*Cardé*). L'écu posé sur l'estomac d'une aigle de sa., cour. d'or.

Tazzi — *Bologne.* D'azur à la fasce de gu., acc. de trois coupes d'arg.; au chef du premier, ch. de trois étoiles (5) d'or.

Tebaldini — *Bologne.* Coupé: au 1 d'arg. au lion naiss. d'or, mouv. du coupé; au 2 bandé d'azur et de gu.

Tegelberg — *Zél.* D'arg. à la fasce brét. et c.-brét. de sa., acc. de trois herses de labour du même. **C.:** une tête et col de licorne.

Teiens — *Frise* (M. ét.) D'arg. à la demi-aigle de sa., mouv. du parti; au 2 de sin. à trois glands effeuillés d'or, rangés en pal, les queues en bas.

Teixeira — *Amsterdam.* Ec.: aux 1 et 4 de gu. au lion de ...; aux 2 et 3 de gu. à un arbre terrassé de sin. **C.:** le lion, iss.

Teixeira de Mattos — *Holl.* Ec.: aux 1 et 4 de gu. au lion de ...; aux 2 et 3 de gu. à un arbre terrassé de sin. **C.:** l'arbre.

Teodori — *Bologne.* D'azur au lion, soutenu d'un mont de trois coupeaux, mouv. de la p., et acc. de cinq étoiles, 1 en chef et 2 à chaque flanc, l'une sur l'autre, et une comète dans les cantons dextre et sen. du chef, les queues des comètes dirigées vers la tête du lion; le tout d'or.

Terenbroets ou **Terrebroets** — *P. d'Anvers.* D'arg. à trois têtes de More, tort. d'or.

Ternois — *Tournai.* D'arg. au chev. de gu., acc. de trois noix tigées et feuillées de trois feuilles au nat.

Ternois, Ternoy ou **Thernois** — *Tournai.* D'arg. à un noyer au nat., fruité d'or, posé sur une terrasse d'arg.

Terzi — *Bologne.* De gu. au chev. d'azur, surm. d'une étoile (5) d'or et acc. de trois T du même; au chef du sec., ch. de trois fleurs-de-lis d'or, rangées entre les quatre pendants d'un lambel de gu.

Testart — *Arras.* Ec. d'herm. et de vair.

Testaz — *Valais.* D'arg. à un rencontre de cerf de sa., acc. de trois étoiles (6) de gu.

Tetterode — *Amsterdam.* Ec.: aux 1 et 4 d'azur au lion d'or; aux 2 et 3 d'azur à un cheval cabré de sa., les sabots d'or.

Texier (le) — *Blaisois, Maine.* D'or au chev. de sa., acc. de trois merlettes du même.

Theette de Beaufour — *Tournai.* Ec.: aux 1 et 4 d'or au saut. de gu., cant. de quatre coquilles d'azur; aux 2 et 3 d'arg. à une mouch. d'herm. de sa.

Theiler — *Valais.* D'azur à un monde d'or, cintré d'azur, croisé de sa., surm. d'une balance d'or, les plateaux accostant ledit monde.

Thenen — *Valais.* D'azur à trois giroflées de gu., tigées et feuillées de sin. à racines d'or, rangées en fasce.

Théry — *Tournai.* Ec.: aux 1 et 4 de gu. à la fasce d'arg. acc. en chef de deux merlettes du même et en p. d'une étoile (5) d'or; aux 2 et 3 d'arg. à la fasce vivrée de sa. **C.:** une merlette d'arg.

***Théry** marquis **de Gricourt** — *Tournaisis* (An.,

janv. 1678.) De gu. à la fasce d'arg., acc. de trois merlettes du même. **C.:** un tête de licorne d'arg.

Théry baron **de Liettres** — *Tournaisis* (Baron de *L.*, déc. 1766.) Les armes de **Théry** marquis **de Gricourt.**

Thibault ou **Thibaut** — *Ypres.* Les différentes branches ont porté les armoiries suivantes:

1. *Pierre Thibault*, auteur commun, mort vers le commencement du 16e siècle: D'azur à la fasce d'arg., acc. en chef de deux étoiles d'or et en p. d'un chev. d'arg. **C.:** une étoile d'or, entre un vol à l'antique d'arg. **C.:** une étoile d'or, entre un vol à l'antique.

2. Branche de *Henri* et de *François*, fils de Pierre susdit: D'azur au chev. d'arg., acc. de trois étoiles d'or; au chef d'arg.

3. Branche de *Charles*, fils de Chrétien: D'azur à la fasce, acc. en chef de deux étoiles et en p. d'un chev., le tout d'arg.

4. Branche de *Henri*, fils de Chrétien: D'arg. à la fasce d'azur, ch. d'une couronne d'arg. et acc. en chef de deux coquilles de gu. et en p. d'un trèfle de sin.

5. La branche de *Henri*, petit-fils de Henri susdit, brisait les armes décrites sous le n° 4 d'une étoile entre les deux coquilles du chef.

6. Une branche qui s'établit en *Bourg.* portait: D'arg. au chev. d'azur, ch. au chef du même.

Thiel (van) — *Holl.* De sa. à une épée d'arg., garnie d'or, la pointe en bas, accostée de deux croiss. figures du sec., adossés.

Thiéry — *Tournai* (An., nov. 1679.) De gu. à la fasce, acc. en chef de deux merlettes et en p. d'une étoile (6), le tout d'arg.

Thomas — *Namur, Luxemb.* Coupé: au 1 parti: au 2 de sa. au lion d'or; b. d'arg. à trois bandes de sa.; au 2 de sa. au chev. d'azur, acc. de trois trèfles du même.

Thomassen à Thuessink van der Hoop — *Groningue.* Ec.: aux 1 et 4 d'azur à une femme, hab. d'or, posée sur une terrasse de sin., supp. de sa main dextre à-demi levée une colombe d'arg., bq. et m. d'arg.; appuyant la sen. sur une ancre d'arg. en barre, br. en partie sur son habit (*van der Hoop*); aux 2 et 3 d'azur à trois hures de sanglier de sa. (*Thuessink*). **C.:** deux pattes de sanglier de sa., les sabots en haut.

Thornhill — *Norfolk* (Baronet, 31 août 1885.) Parti de gu. et d'arg.; à deux jumelles de l'un en l'autre; au chef d'herm., br. sur le parti et ch. d'une fleur-de-lis d'arg., accostée de deux roses du même. **C.:** trois fleurs-de-lis d'arg., soutenues du brl. et accompagnée devant un buste de femme, hab. de gu., chevelé d'or, cour. d'une couronne vallaire du même, chacun des cinq rayons de la couronne sommé d'une feuille de houx de sin. **D.:** BE FAST.

Thurrut de Bellaing — *Tournaisis.* D'or à la croix ancrée de sa.

Tieffry, Thiéfry ou **Thieffries** — *Tournai.* De sa. au chev. d'or, ch. de deux croiss. adossés d'azur et acc. de trois quintefeuilles d'or, tigées et feuillées du même.

Tipsaye — *P. de Liége.* Ec.: aux 1 et 4 d'arg. à trois merlettes de sa.; aux 2 et 3 d'arg. à trois fusées de gu., accolées en fasce, touchant les quatre bords du quartier. **C.:** une merlette de sa.

Tjassens — *Frise.* Parti: au 1 d'or à la demi-aigle de sa., mouv. du parti; au 2 de sin. à trois fleurs-de-lis d'or.

Tjebbes — *Frise.* Parti: au 1 d'or à la demi-aigle de sa., mouv. du parti; au 2 coupe: *a.* d'arg. à un cygne au nat., bq. de gu., nageant sur une eau d'azur; *b.* de sin. à trois trèfles mal-ordonnés d'arg.

Tobler — *Allem.* Parti: d'arg. et de sa., chargé d'un dé à jouer. **C.:** deux bras, tenant chacun un dé.

Tocqueville (Comtes) — *Norm., Paris.* Ec.: aux 1 et 4 palé d'azur et d'arg., de huit pièces; aux 2 et 3 d'azur à cinq croisettes de gu., 2, 1 et 2. Sur le tout d'azur à une licorne saillante d'arg. **S.:** deux lions. **D.:** VIRTUS FIDEI OMNIA VINCIT.

Toll (van der) — *Holl.* D'arg. à trois toupies d'azur.

Toll — *Holl.* Ec.: aux 1 et 4 d'or à la bande de gu., acc. de trois toupies du même. 2 en chef et 1 en p. (*Tollé*); aux 2 et 3 d'azur à une rose d'or, acc. de neuf bill. d'arg., rangées en orle, 4 en chef, 2 aux flancs, et 3 en p., 2 et 1 (*van Dense.*)

Tongerlo (van) — *Holl.* D'azur à la fasce d'arg., acc. en chef de trois merlettes de sa., rangées en fasce, mal-ordonnées du même.

Torlonia — *Rome* (An., 17 mars 1794, par le comte palatin Prince Joseph Marie Benoit de Fürstenberg.) Ec.: aux 1 et 4 de gu. à la bande d'arg., ch. de trois roses à six feuilles d'or; aux 2 et 3 d'azur à une comète d'arg., posée en barre, la queue en bas. Cq. cour. **C.:** une aigle iss. et cont. d'or, la tête sommée d'une étoile (8) d'arg. **L.:** à dextre d'arg. et d'azur, à sen. d'arg. et de gu.

Tornery — *Valais.* D'azur au lion naiss. d'arg., mouv. d'un tertre de trois coupeaux de sin. et acc. en chef de trois étoiles (5) mal-ordonnées d'or.

Torrent — *Valais.* D'azur à la fasce d'arg., acc. en p. d'un tertre de trois pics du même.

Torrenté — *Monthey (Valais.)* D'azur à la bande d'arg.

Torrenté — *Sion (Valais.)* Ec.: aux 1 et 4 de gu. à une grenade d'or, tigee et feuillée de sin., la tige en bas; aux 2 et 3 d'arg. à un trèfle de sin., la tige feuillée de deux feuilles de tilleul du même. Au pal ondé d'azur, br. sur l'écartelé.

Torrenté — *Pont de Sion (Valais.)* Ec.: aux 1 et 4 d'arg. à l'aigle de sa.; aux 2 et 3 d'or à un trèfle de sin., acc. en p. d'un tertre de trois pics du même. Au pal ondé d'azur, br. sur l'écartelé.

Toulon — *Holl.* Parti: au 1 d'arg. au lion cont. de gu.; au 2 coupe: *a.* de gu. à trois los. d'arg.; *b.* de sin. à un cor-de-chasse d'arg. Sur le tout d'or à la croix ancrée de sa.

Tournai dit **Longuet** — *Art.* D'or à trois lions naiss. de gu., arm. et lamp. d'azur. **C.:** un buste d'homme, le front ceint d'un diadème de gu.; entre un vol, d'or et d'azur.

Touwart ou **Thoart** — *Tournai.* De gu. semé de trèfles d'or; au léopard lionne du même br. sur le tout. **C.:** un sauvage iss., tenant de sa main dextre une massue et de sa sen. une rondache. **T.:** deux sauvages, ceints et cour. de lierre, tenant chacun une massue, celle de dextre abaissee et celle de sen. posée sur l'épaule gauche.

Trevor (Baron), v. **Hill-Trevor** baron **Trevor**.

Tribolet dit de **Miraumont** — *Bruxelles.* D'arg. à trois boulets de gu.

Tribou — *Tournai. Armes anc.:* D'azur à deux flèches d'arg., passees en saut., acc. en chef d'une étoile d'or et en p. d'un compas du même, pose en chev. renv., l'une des branches br. sur les pennes de la flèche mise en barre, et l'autre passant sous les pennes de la flèche mise en bande. — *Armes mod.,* D'or à un vaisseau de sa., ancre à sen., sur une mer d'azur; au chef parti: *a.* d'azur à un lancier d'arg., sur un cheval du même; *b.* coupe d'azur sur arg., au drapeau tournaisien (parti d'arg. et de gu.), mis en barre, br. sur la coupe. **Brl.** d'or et de sa. **C.:** un cheval pass. d'arg. **L.** d'or et de sa. **S.:** deux lions reg. d'or, lamp. de gu.

Trichen (zen) — *Valais.* Parti d'or et de gu., à deux tiercefeuilles tigees, de l'un à l'autre.

Triebman — *Valais.* De gu. à une houssette d'arg., surm. d'une étoile (6) d'or et posée sur le coupeau du milieu d'un tertre de trois coupeaux; les deux autres coupeaux soutenant chacun une tulipe d'or, tigée et feuillée de sin.

Triegen (zen) — *Valais.* De sin. à un fer de flèche d'or, le pied fendu en chevron ployé.

Triller — Province de *Saxe (Prusse)* (Nob. du St.-Empire. 28 janv. 1592; rec. de nob. en *Prusse,* 12 juillet 1875, 30 nov. 1876 et 8 juin 1877.) D'or à un trèfle

à queue allongée de sin., accosté de deux demi-vols adossés de sa. **Cq.** cour. **C.:** les meubles de l'écu. **L.** d'or et de sa. [Anciennement *Schmidt. Georg Schmidt,* charbonnier, sauvait le 8 juillet 1455 les princes saxons enlevés par Kunz von Kaufungen et adopta ensuite le nom de *Triller,* parce qu'il avait impitoyablement rossé *(getrillt)* le gentilhomme félon.]

Triller — *Saxe.* Divisé en chev. de gu. sur azur, au chev. d'arg., br. sur la division: le gu. ch. de deux lions affr. d'or, cour. du même, celui à dextre tenant de sa patte sen. levée un hoyau à deux dents de sa., cont., et celui à sen. tenant de sa patte dextre un coutelas au nat.; l'azur ch. d'un ours ramp. au nat., soutenu d'un tertre de trois coupeaux de sin. **Brl.** de sa., d'or, de gu., d'arg., de sa. et d'or. **C.:** un homme iss. de profil, hab. de gu. au rabat du même, coiffé d'un chapeau de sa., retr. du même, tenant un bâton brunâtre, reposant sur son épaule; entre deux prob. coupees. à dextre de gu. sur arg., à sen. de sa. sur or. **L.:** à dextre d'or et de sa., à sen. d'arg. et de gu.

Triono — *Valais.* Taillé: au 1 d'or à une croisette de sa., le pied fendu en chev., la branche sen. mouv. du taillé; au 2 de gu. au chev. d'or, acc. de trois boules du même.

Trippier de la Fresnaye et de Beauverger — *Anjou, Maine.* Ec.: aux 1 et 4 de gu. à trois trèfles d'or *(Trippier ancien);* aux 2 et 3 d'azur à deux mains de carn.; l'une, mouv. du flanc dextre, parée de pourpre, tient un poignard d'or, la pointe en bas; l'autre, mouv. du flanc sen., paree de gu., l'arrête par le bras. Sur le tout d'azur au chev. d'or, acc. de trois pieds humains d'arg., et au chef d'or ch. de trois étoiles de gu. *(Trippier moderne.)*

Trippier de la Grange — *Anjou, Maine.* D'azur au chev. d'or, acc. de trois pieds humains d'arg.; au chef d'or, ch. de trois étoiles de gu. et c.-brét. de gu.

Trogen (zen) — *Valais.* D'or à la bande brét. de gu.

Trorer — *Valais.* D'arg. à un feu de gu. sur un tertre de trois coupeaux de sin., acc. en chef d'un miroir circulaire encadré d'or, orné de quatre petites boules d'azur, 1, 2 et 1; ledit miroir accosté de deux étoiles (6) d'or.

Trubmann — *Valais.* D'azur à un bâton fleurdelisé d'or, en pal; le champ chaussé-ployé de gu., à deux étoiles (6) d'or.

Tschneider — *Valais.* D'azur à un bras, paré d'arg., la main du même tenant une hache d'or, le tranchant à sen.

Tscherig — *Valais.* De gu. à une potence de sa., surm. d'une étoile (5) d'or et accostée de deux étoiles pareilles.

Turk — *Harlem.* Parti: au 1 de gu. plein, sur arg. à sept los. d'azur, 4 et 3; au 2 d'or plein.

Tuuk (van der) — *Harlem.* Parti: au 1 coupé: *a.* d'azur à un coq cont. au nat.; *b.* d'azur à trois trèfles de ...; au 2 d'arg. à un arbre de sin. adextré d'un cerf ramp. de gu., ramp. contre le fût.

U

Uberdorf — *Valais.* D'azur à trois cornes de bouquetin d'arg.

Uccellini — *Bologne.* D'azur à un arbre terrassé de sin., sommé de deux oiseaux affr. de sa., acc. en chef d'une étoile (5) d'or; au chef du premier, ch. de trois fleurs-de-lis d'or, rangées entre les quatre pendants d'un lambel de gu.

Udon — *Valais.* De gu. à trois fasces d'arg.; au crancelin d'or (en forme du crancelin de Saxe), br. en bande sur le tout.

Udret — *Valais.* D'arg. à un V de sa., acc. en p. d'une étoile (6) d'or.

Udry — *Valais.* Coupé: au 1 de gu. au lion léopardé d'or; au 2 d'arg. à trois barres d'azur, celle du milieu ch. d'une étoile (6) du champ.

Uffenbort — *Valais.* D'arg. à la croix pattée de sa., chaque bras orné d'une boule d'or.

Ugliengo — *Bologne.* De gu. à la fasce d'azur,

acc. en chef de deux branches feuillées d'arg., passées en saut., et en p. d'un arbuste de quatre branches feuillées du même; au chef d'azur, ch. de trois fleurs-de-lis d'or, rangées entre les quatre pendants d'un lambel de gu.

***Ulmes** (Comtes des) — *Nivernais.* D'azur au lion d'or, arm. et lamp de gu. **T.:** deux vierges nues, les cheveux épars.

Ulrich — *Valais.* De sin. à la barre d'azur, ch. d'une autre barre alésée d'arg., surch. d'un poisson de gu. en barre; ladite barre acc. en chef d'une tige d'or, feuillée du même, fleurie à dextre de trois roses de gu., et en p. d'un chien cont. de sa., pass. sur un tertre de trois coupeaux d'or.

Ulrichen (Sires d') — *Valais.* D'azur à l'aigle de sa.

Usberti — *Bologne.* D'azur à la bande d'arg.; au chef du premier, ch. de trois étoiles (5) d'or.

V

Vaillant — *Arras.* Ec.: aux 1 et 4 d'azur à un soleil rayonnant d'or; aux 2 et 3 d'azur à un cerf élancé d'or, assailli d'un lévrier d'arg., coll. de gu.

Vaillant — *Bourg.* (Comte romain, ...) Ec.: au 1 d'azur à une épée d'arg., garnie d'or; au 2 de gu. à une tour d'arg., sommée de trois tourelles du même; au 3 de gu. à une étoile d'or en chef et un cross. d'arg. en p.; au 4 d'azur à deux clés d'or, passées en saut. (*en commémoration de la prise de Rome en* 1849.) [Maréchal de France.]

Valentini — *Bologne.* D'azur à un arbre terrassé de sin., acc. en chef de trois étoiles (5) rangées d'or.

Valentini — *Bologne.* D'azur à un mont de trois coupeaux d'arg., mouv. de la p., sommé d'une tour de gu., acc. en chef de trois fleurs-de-lis d'or, rangées entre les quatre pendants d'un lambel de gu.; au chef d'or, ch. d'une aigle de sa.

Valeriani — *Bologne.* D'azur à une tige de rosier de gu., terrassée du même et fleurie de trois roses mal-ordonnées de gu., la tige accolée d'un serpent de sin., la tête à dextre; au chef du premier, ch. de trois fleurs-de-lis d'or, rangées entre les quatre pendants d'un lambel de gu.

Valeriani — *Bologne.* D'arg. à un mont de trois coupeaux d'azur, mouv. de la p., sommé d'une croix latine du même, accostée de deux étoiles (5) d'or.

Valette (de la) de Blesle — *Auv.* D'azur au chev. d'arg. (ou d'or), acc. de trois cloches (ou étoiles) d'or (ou, trois étoiles d'or, rangées en chef.)

Valette des Brandons — *Lang.* Ec.: aux 1 et 4 d'azur à une épée d'arg., la pointe en bas, acc. de trois roses de gu., rangées en chef; aux 2 et 3 d'azur à un saut. d'or et une bord. engr. du même.

Valette-Montégut (de la) — *Lang.* Ec.: au 1 échiq. d'or et de gu. de douze pièces, chaque carreau de gu., ch. d'une tour d'or (*Poitiers ancien*); au 2 de gu. à la croix vidée, cléchée et pommetée d'or (*Toulouse*); au 3 de gu. au léopard lionné d'or (*Rodez*); au 4 de gu. à la croix ancrée d'or (*St.-Antonin.*) Sur le tout parti: *a.* de gu. à un gerfaut d'arg., la patte dextre levée (*de la Valette*); *b.* de gu. au lion d'or, arm. et lamp. d'arg. (*Morlhon.*) **C.:** un bras arm., tenant un poignard et portant un bouclier écartelé aux armes de *Castille* et de *Léon.* Cri: NON AES, SED FIDES. **S.:** deux griffons au nat., cour. d'or, coll. d'un collier de perles et tenant chacun une bannière, celle à dextre aux armes parties du surtout, et celle à sen. de gu. à la croix de Malte d'arg. **D.:** PLUS QUAM VALOR VALETTA VALET. L'écu posé sur la grand'croix de l'ordre de St.-Jean de Jérusalem. *Manteau* de gu., doublé d'herm., timbré d'une couronne à cinq fleurons.

Valgaces — *Tournaisis.* De sa. à trois jumelles d'or.

Valini — *Bologne.* D'azur à un corbeau de sa., le vol levé, perché sur la tige feuillée de sin. d'une rose de gu., la tige posée en bande; au chef du premier, ch. de trois fleurs-de-lis d'or, rangées entre les quatre pendants d'un lambel de gu.

Valla — *Bologne.* D'arg. à cinq épis d'or, tigés et feuillés de sin., rangés sur une terrasse du même et acc. en chef de trois étoiles (5) rangées du sec.; au chef d'azur, ch. de trois fleurs-de-lis d'or, rangées entre les quatre pendants d'un lambel de gu.

Valla — *Bologne.* D'arg. à la fasce de gu.; au chef du premier, ch. d'un soleil de gu., rayonnant d'or.

Valle (dalla) — *Bologne.* D'or à deux lévriers ramp. et affr. d'azur, coll. de gu., acc. de cinq étoiles (5) du même, 3 rangées en chef et 2 entre les lévriers, l'une sur l'autre; au chef d'or, ch. d'une aigle de sa.

Valléran — *Valais.* Ec.: aux 1 et 4 de sa. à l'aigle ép. d'arg.; au 2 fascé de sa. et d'or de quatre pièces; au 3 fascé d'or et de sa. de quatre pièces. **C.:** une tête et col de chien braque d'or, coll. de sa., bordé et bouclé d'or.

Vallesi — *Bologne.* Barré d'arg. et de gu.

Valli — *Bologne.* D'arg. à la fasce de gu., acc. de trois bouquetins naiss. d'azur, les deux du chef affr. et mouv. de la fasce.

Valluti — *Bologne.* D'azur à la fasce de gu., ch. d'une étoile (5) d'or.

Valori — *Bologne.* De sa. à l'aigle d'or, ch. sur sa poitrine d'une croisette pattée d'arg.

Vandi — *Bologne.* Coupé d'azur sur arg., l'azur

ch. de deux griffons naiss. et affr. d'or, mouv. du coupé. Au chef d'or, ch. de cinq étoiles (5) rangées de gu.

Vandi — *Bologne.* D'azur à l'aigle d'arg., tenant en son bec une palme de sin.; à la barre de gu., br. sur le tout et ch. de trois étoiles (5) d'or; au chef du premier, ch. de trois fleurs-de-lis d'or, rangées entre les quatre pendants d'un lambel de gu.

Vandini — *Bologne.* D'arg. à un pont voûté d'une seule arche, au nat., supp. un lion ramp. d'or, tenant une hache au nat.; au chef d'azur, ch. de trois fleurs-de-lis de gu., rangées entre les quatre pendants d'un lambel de gu.

Vandini — *Bologne.* De gu. à la fasce d'arg., acc. de trois têtes et cols d'agneau d'or, les deux du chef affr.; au chef d'azur, ch. de trois fleurs-de-lis d'or, rangées entre les quatre pendants d'un lambel de gu.

Vandini — *Bologne.* D'azur à un pont de trois arches jeté sur une eau, le tout au nat., le pont supp. un lion léopardé au nat., tenant de sa patte dextre une palme de sin.; au chef d'azur, ch. de trois fleurs-de-lis d'or, rangées entre les quatre pendants d'un lambel de gu.

Vandoli — *Bologne.* Coupé de gu. sur arg.; au lion de l'un en l'autre; au chef d'azur, ch. de quatre étoiles (5) rangées d'arg.

Vanducci ou **Vanduzzi** — *Bologne.* D'azur à un vol abaissé d'arg., acc. de trois étoiles (5) d'or.

Vani — *Bologne.* D'arg. à trois têtes de Sarasin, au nat., posées de profil, les yeux bandés de sa., au chef d'azur, ch. de trois fleurs-de-lis d'or, rangées entre les quatre pendants d'un lambel de gu.

Vanicelli — *Bologne.* Coupé d'or sur gu.; au lion de l'un en l'autre, et à la fasce d'azur, br. sur le tout ch. de trois étoiles (5) d'or. Au chef de l'écu d'azur, ch. de trois fleurs-de-lis d'or, rangées entre les quatre pendants d'un lambel de gu.

Vanini — *Bologne.* De gu. à trois demi-vols abaissés d'arg., 2 et 1, les deux premiers affr., acc. de trois étoiles (5) d'or, rangées en chef; au chef d'azur, ch. de trois fleurs-de-lis d'or, rangées entre les quatre pendants d'un lambel de gu.

Vanini — *Bologne.* D'arg. à un oiseau de sa., le vol levé, soutenu d'une mer au nat., en p.; au chef d'azur, ch. de trois fleurs-de-lis d'or, rangées entre les quatre pendants d'un lambel de gu.

Vanotti — *Bologne.* D'or à cinq étoiles (5) d'azur, rangées dans la direction d'un chev. renv., acc. en chef d'une croiss. d'arg.; au chef d'azur, ch. de trois fleurs-de-lis d'or, rangées entre les quatre pendants d'un lambel de gu.

Vanotti — *Bologne.* Coupé: au 1 d'or à un senestrochère, paré de sin., mouv. du flanc, la main de carn. tenant trois feuilles de sin.; au 2 d'azur à six étoiles (5) d'or, 3 et 3. A la fasce de gu. br. sur le coupé. Au chef de l'écu d'azur, ch. de trois fleurs-de-lis d'or, rangées entre les quatre pendants d'un lambel de gu.

Vantéry — *Valais.* De gu. à la croix d'arg., ch. de cinq los. du champ.

Vanti — *Bologne.* Coupé: au 1 d'azur à un soleil de gu., rayonnant d'or; au 2 de gu. à un soleil aussi de gu., rayonnant d'or.

Vanti — *Bologne.* D'azur à trois soleils de gu., rayonnants d'or, 2 et 1; au chef de gu., chargé, au 1 tre les quatre pendants d'un lambel de gu.

Vanuzzi ou **Vanucci** — *Bologne.* D'azur à trois épis d'or, tigés et feuillés de sin., rangés en fasce, acc. en chef de trois étoiles (5) rangées d'or.

Varani — *Bologne.* D'arg. à une couleuvre ondoyante en pal de sin., engloutissant un enfant de carn.; au chef d'azur, ch. d'une aigle de sa.

Varignana (de) — *Bologne.* Parti: au 1 d'or au chev. couché d'azur, mouv. du flanc dextre, acc. de trois têtes de chien braque de sa., 1, 1 et 1; au 1 entre les branches du chev.; au 2 d'arg. plein, la partie supérieure ce compartiment papelonné d'herm.

Varini — *Bologne.* D'arg. à un sanglier de sa., pass. devant une verge sommée d'un lambel, dans lequel sont passés six autres annelets, le tout d'or, soutenu d'une terrasse de sin.; au chef d'azur, ch. de trois fleurs-de-lis d'or, rangées entre les quatre pendants d'un lambel de gu.

Varlet — *Soumagne* (*P' de Liége.*) Ec.: aux 1 et 4 de gu. au chev. d'arg., ch. d'un soleil d'or et acc. de trois bill. couchées du même; aux 2 et 3 parti: *a.* d'arg. à la demi-aigle de sa., mouv. du parti: *b.* coupé, de gu. à une étoile d'or, sur azur à une fleur-de-lis d'arg.

Vasselli — *Bologne.* De gu. à trois barillets couchés d'or; au chef d'azur, ch. de trois fleurs-de-lis d'or, rangées entre les quatre pendants d'un lambel de gu.

Vecchi — *Bologne.* D'azur à la fasce de gu., et une tête de vieillard au nat., de profil. br. sur la fasce; en chef trois fleurs-de-lis d'arg., rangées entre les quatre pendants d'un lambel de gu.; au chef d'or, ch. d'une aigle de sa.

Vecchi — *Bologne.* D'azur à une tête et col de vieillard, au nat., posé de front; au chef du premier, ch. de trois fleurs-de-lis d'or, rangées entre les quatre pendants d'un lambel de gu.

Vecchi — *Bologne.* D'arg. à une tour carrée de gu., vue de biais, posée sur une terrasse de sin. et surm. d'un croiss. tourné du sec.

Vecchiarelli — *Bologne.* D'arg. au chev. renv. d'azur, ch. de cinq étoiles (5) d'or et acc. en chef d'une flamme de gu.

Vecchietti — *Bologne.* D'azur au pal d'or, ch. de trois roses de gu. et accosté de deux têtes de vieillard affr. au nat., coiffées de chapeaux de sa., les épaules hab. de gu.; au chef d'azur, ch. de trois fleurs-de-lis d'or, rangées entre les quatre pendants d'un lambel de gu.

Vecchietti — *Bologne.* D'arg. au chev. renv. d'azur, ch. de trois étoiles (5) d'or.

Vecchietti — *Bologne.* D'azur au saut. d'arg., ch. de cinq étoiles (5) d'or et acc. en chef d'une flamme de gu.

*Vechten (van) — *P. d'Utrecht.* De sa. à la fasce brét. et c.-brét. d'arg. **C.:** un vol, de sa. et d'arg.

Vedovazzi — *Bologne.* De gu. au dauphin au nat., en pal, la queue recourbée vers le chef; au chef d'azur, ch. de trois fleurs-de-lis d'or, rangées entre les quatre pendants d'un lambel de gu.

Vedrana (de) — *Bologne.* D'azur à la barre d'arg.; au lion de gu., appuyant ses pattes de devant sur une colonne d'or, le tout br. sur la barre et soutenu d'une terrasse de sin.

Veen (van) — *Holl.* Parti: au 1 d'or à la demi-aigle de sa., mouv. du parti; au 2 coupé: *a.* d'azur à trois bill. couchées d'or, 2 et 1; *b.* d'arg. à un arbre sur une terrasse isolée de sin. **C.:** une étoile, entre un vol.

Veen (van der) — *Holl.* D'arg. à trois bill. couchées de gu., 1 et 2. **C.:** un lion iss.

Vegelmans — *Holl.* De gu. à une grosse perle au nat., bordée d'or, le sommet garni d'un bouton du même.

Vegniati — *Bologne.* De gu. à la fasce d'or; au chef du même, ch. d'un lion iss. de gu., accosté de deux branches feuillées de sin.

Vegnudini — *Bologne.* D'arg. à un arbre terrassé de sin., et un lévrier pass. au nat., br. sur le pied du fût, enchaîné à l'arbre; au chef d'azur, ch. de trois fleurs-de-lis d'arg., rangées entre les quatre pendants d'un lambel de gu.

Vegnudini — *Bologne.* D'arg. à une femme nue de carn., posée de front, accostée de deux ceps de vigne de sin., empoignant de sa main dextre le cep à dextre, la sen. appuyée sur sa hanche; le tout soutenu d'une terrasse de sin.; au chef d'azur, ch. de trois étoiles (5) d'or.

Veli — *Bologne.* Coupé. De gu. à une rose d'arg., sur sin. à une rose de gu.; au chef d'azur, ch. de trois fleurs-de-lis d'or.

Veli — *Bologne.* D'arg. à deux barres, chacune taillée d'azur sur gu.; au lion d'or, lamp. de gu., br. sur le tout.

Venerani — *Bologne.* Coupé, d'azur à six étoiles (5) d'or, 3 et 3, sur gu. au lion naiss. d'or, mouv. de la p.; à la fasce de gu., bordée d'arg., br. sur le coupé.

Venetz — *Valais.* Parti: au 1 d'azur à deux fleurs-de-lis d'or, l'une sur l'autre, et trois boules d'or, rangées en bande entre les fleurs-de-lis; au 2 de gu. à une rose d'arg., tigée et feuillée de sin., posée sur un tertre de trois coupeaux du même.

Venezia (da) — *Bologne.* D'azur à un lévrier ramp. d'arg., coll. de gu., tenant entre ses pattes une fleur-de-lis d'or et acc. d'une croisette de gu. au canton dextre du chef.

Venthone (Sires de) — *Valais.* D'azur à un homme d'armes iss., mouv. de la base de l'écu, hab. d'arg., coiffé d'un casque à la romaine du même, tenant une hallebarde d'azur.

Verati — *Bologne.* D'azur à un sanglier de sa., br. sur le fût d'un arbre dé de sin., le tout soutenu d'une terrasse du même; au chef d'or, surm. d'un autre chef de gu., ch. de cinq étoiles (5) rangées d'or.

Verda baron **von Verdenberg auf Gravenegg** — *Aut.* (Baron, 12 mai 1626.) Ec.: aux 1 et 4 d'or à l'aigle ép. de sa., chaque tête cour. d'or, la poitrine ch. d'un F d'or, cour. du même; aux 2 et 3 fascé de gu. et d'or, de quatre pièces. Deux cq. cour. **C.:** 1° l'aigle ép.; **l.** d'or et de sa.; 2° une colombe d'arg., bq., m. et allumée de gu., tenant en son bec un rameau d'olivier de sin.; **l.** d'or et de gu.

Verdelot (de) de Villiers St.-Georges — *Champ.* D'or à la croix de sa.

Verdure (de la) — *Tournaisis.* D'arg. à un cyprès de sin., terrassé du même. **C.:** le cyprès, iss. **D.:** AD ALTIORA.

Verenti — *Bologne.* De gu. à une tour sommée de trois tourelles d'arg., ouv. et aj. de sa., sur une terrasse de sin.; au chef d'azur, ch. de trois fleurs-de-lis d'or, rangées entre les quatre pendants d'un lambel de gu.

*Verguette de la Motte — *Rouergue* (Comte, mars 1672; comte romain.) D'arg. à un aulne de sin., acc. en chef de deux étoiles d'azur en p. d'une couleuvre ondoyante en pal de gu.

Verhaeghe — *Gand* (An., 9 oct. 1886.) D'arg. au chev. de sin., acc. de trois fleurs-de-lis du même. **C.:** une fleur-de-lis de sin.; entre un vol, d'arg. et de sin.

Verhaeghe de Naeyer — *Gand* (An., 9 oct. 1886.) Ec.: aux I. et IV. d'arg. au chev. de sin., acc. de trois fleurs-de-lis du même: aux II. et III. d'or à 4 d'arg. à trois trèfles de sin.; aux 2 et 3 de gu. à trois bandes d'or. Brl. d'arg. et de sin. **C.:** une fleur-de-lis de sin.; entre un vol, d'arg. et de sin. **D.:** HONOR ET FIDELITAS.

Verhel — *P. d'Utrecht.* D'arg. au lion de sa., acc. de trois fleurs-de-lis du même, rangées en chef. **C.:** un lévrier de sa., posé de front, iss. d'une cuve du même, appuyant ses pattes sur le bord.

Verhoeven — *Holl.* D'or à trois annelets de gu.

Verkade — *Holl.* D'arg. à la croix ancrée de gu.

Vermaten — *Holl.* D'azur à la fasce de sa., ch. de trois étoiles d'or et acc. en p. d'un croiss. figuré d'arg. **C.:** une tête d'oiseau, entre un vol.

Vermeer — *Holl.* D'or à l'aigle de sa.

Vernel — *Valais.* D'herm., au chef de gu.

Verplancke — *Flandre.* D'or au chev. de gu., acc. de trois trèfles de sin.

Verschoor — *Ouderkerk sur Yssel* (*Holl.*) D'or à trois membres d'aigle de sa., les serres en bas. **C.:** un membre d'aigle de l'écu; entre un vol, d'or et de gu.

Versteegh — *Holl.* Coupé: au 1 d'arg. à deux crampons de sa., passés en saut.; au 2 d'azur à un cygne d'arg., cour. d'or. **C.:** les crampons, entre un vol.

Verwey — *Holl.* Coupé: au 1 d'azur à une étoile d'or, posée au point du chef; au 2 d'arg. à une vache au nat. **C.:** une aigle iss.

Vessem (van) — *Amsterdam* (An., 19 mars 1886.) De sa., au chef d'arg.; à un navet d'arg. sur le sa., le feuillage de sin. (trois feuilles) br. sur le chef. Cq. cour. **C.:** le navet, iss., entre un vol de sa. **S.:** deux lions d'or.

Veteris — *Valais.* D'arg. à un sapin de sin., sur un tertre du même; au chef d'azur, ch. de trois étoiles d'or.

Vetsera — *Aut.* (Chevaliers, 24 mars 1867; barons, 30 janv. 1870.) D'or à la bande de sa., ch. au chef d'une étoile de huit rais d'or. Trois cq. cour. **C.:** 1° une tête et col de dragon avec ses ailes d'or, languée de gu., cont.; 2° une étoile d'or, entre un vol coupé alt. de sa. et d'or; 3° une licorne iss. d'or. **L.:** à dextre d'or et de gu., à sen. d'arg. et d'azur.

Viége (Comtes) — *Valais.* Parti: au 1 d'or au lion cont. de gu., soutenu d'un tertre de trois coupeaux de sin.; au 2 de gu. au lion d'arg., soutenu d'un tertre de trois coupeaux d'or.

Villain — *Tournai.* De sa. à six écussons d'arg., 3, 2 et 1, ch. chacun d'une bande d'azur.

Villecz — *Aut.* (Barons, 6 avril 1879.) Fascé d'arg. et d'azur, de huit pièces; chapé-ployé d'or, ch. à dextre et à sen. d'une demi-aigle de sa., bq., d'or, mouv. du champ et tenant de chaque patte trois roses mal-ordonnées de gu., tigées et feuillées de sin.; au chef de gu., ch. de trois étoiles d'or. Cq. cour. **C.:** une licorne iss. d'arg., cour. d'or, tenant de sa patte dextre une épée d'arg., garnie d'or; entre un vol de sa. **L.:** à dextre d'or et de gu., à sen. d'arg. et d'azur.

Villenfagne — *P. de Namur* (M. ét.) De gu. à l'aigle d'arg.

Villens — *Valais.* De gu. à la fasce d'arg., acc. de trois roses du même.

Villeroy — *Ile-de-Fr., Lorr., Champ.* D'arg. à trois fusées d'azur, rangées en fasce, ch. chacune d'une croix recr. au pied fiche d'or. **S.:** deux griffons.

Villers — *P de Liége et de Namur.* De vair (ou d'or) à un huchet de gu.

Villers-Masbourg — *P. de Liége.* Par-i: au 1 d'or à un huchet de gu.; au 2 d'or au lion de gu.

Vincent de Mauléon — *Dauphiné* (Barons de *Brantes;* marquis de *Causans,* 28 août 1667.) Les armes de **Vincent-Savoilhan.**

Vinels (de) — *Valais.* D'arg. à un cep de vigne pampre de sin., accolé à son échalas d'or et fruité de trois grappes de raisins de gu., 2 à dextre et 1 à sen.

Vinkhuyzen — *la Haye.* D'azur à une tour cren. de quatre pièces d'or, ouv. et aj. du champ, sommée d'un pinson du sec. **C.:** un pinson d'or. **D.:** VIRTUTE VIGILATE.

Viscre (de) — *Tournai.* D'arg. au chev. de gu., acc. en chef de deux merlettes affr. de sa. et en p. d'une étoile du même.

Visser — *Holl* De sin. à trois poissons nageants au nat., l'un sur l'autre. **C.:** un poisson au nat., en pal.

Vissery — *Tournai.* Les armes de **Vichery.**

Voest — *Holl.* Coupé: au 1 parti: *a.* de gu. au lion d'arg., cour. d'or; *b.* d'or à un coeur enflamme de gu.; au 2 de gu. à un coeur d'or.

***Vogel (de)** — *Holl.* D'arg. à la fasce brét. et c.-brét. de sa., acc. en chef de deux oiseaux d'or et en p. d'une fleur-de-lis de sa. **C.:** un vol, de sa. et d'arg. **T.:** à dextre un sauvage, arm. d'une massue; à sen. une licorne. **D.:** LIBERTAS.

Vogelsank — *Holl.* Vairé d'or et de gu.; au chef d'arg., ch. d'un saut. de gu., cant. de quatre oiseaux du même.

Volhardt — *Zittau (Saxe).* (Nob. du St.-Empire, 13 oct. 1596.) Parti: au 1 d'azur à la demi-aigle d'arg., bq. et m. d'or, mouv. du parti; au 2 d'azur à trois bandes d'arg. Cq. cour. **C.:** un vol à l'antique, chaque aile aux armes du 1.

Volken — *Conches (Valais).* D'azur à un faucon d'arg., cour. à l'antique d'or, le vol ouv. et abaissé, posé sur un tertre de trois coupeaux de sin.

Volkin — *Sion (Valais).* D'azur à un faucon d'or, bq. et m. de gu., le vol ouv. et abaissé, la tête et la patte dextre levées, posé sur un tertre de trois coupeaux de sin.

Vollut — *Valais.* De gu. à une Foi, mouv. des flancs, parée d'arg., les mains de carn., acc. en chef de deux étoiles (6) d'or et en p. d'un tertre de trois coupeaux de sin.

Volontat de Merville — *Lang.* D'arg. à un taureau ramp. de sa., accorné d'or, accosté de deux branches de rosier tigées et feuillées de sin., fleuries chacune de trois roses mal-ordonnées de gu. (*Volon-*

tat); au chef de gu. à la croix d'arg. (Ordre de *Malte*). Sur le tout d'azur à trois tours d'arg. (*Pompadour*).

D.: VOLUNTAS OMNIA VINCIT.

Voorst (van) — *Holl.* D'or au chev. de gu., acc. de trois annelets du même. **C.:** un vol.

Vorstelman — *Holl.* D'herm. à la bande de gu., ch. de trois fusées d'arg., posées dans le sens de la bande.

***Vorste nberg(van)** — *Amsterdam.* D'or à deux pals de gu. **C.:** trois pl. d'aut., une d'or entre deux de gu.

Vos (de) — *Amsterdam.* D'arg. au chev. d'azur, acc. de trois rencontres de renard de gu.; rangés en chef, et d'une clé d'azur en p. **C.:** un rencontre de renard de gu., entre un vol du même.

Vosser — *Utrecht.* D'or à la fasce de gu.; à deux flèches de sa., passées en saut., br. sur le tout [V. **Vosch de Roelinksweert.**]

Vösstin — *Aut.* (An., 18 fév. 1679.) Ec.: au 1 d'azur à une haie d'osiers de couleur brunâtre occupant la moitié inférieure du quartier, supp. un lion léopardé d'or; aux 2 et 3 de gu. à deux cuillers au nat., en chef, acc. en p. d'un licou de forme ovale d'arg.; au 4 d'azur à une haie d'osiers de couleur brunâtre occupant la moitié inférieure du quartier, supp. un cheval galopant d'arg. Cq. cour. **C.:** un lévrier iss. d'arg., coll. de sa., bouclé d'or, cour. du même, la couronne sommée de trois pl. d'aut. d'arg. **L.:** à dextre d'or et de gu., à sen. d'arg. et d'azur.

Vreem — *P. d'Utrecht.* D'azur à une arbalète tendue d'or, en pal.

Vries (de) — *Amsterdam, la Haye, Leyde.* Coupé: au 1 d'azur à un croiss. d'arg.; au 2 d'arg. à trois roses de gu., mouv. d'une seule tige [Armes de MM. *G. de Vries,* ancien ministre de la justice, et *M. de Vries,* professeur de littérature, à Leyde.]

Vries (de) — *Holl.* D'or à trois rencontres de vache de gu.

Vries (de) — *Holl.* Ec.: aux 1 et 4 d'azur à une tour d'arg.; aux 2 et 3 d'arg. au chev. d'azur.

Vriese(de) — *Kampen.* D'azur à cinq étoiles d'or; 1, 3 et 1.

Vry (de) — *Holl.* D'azur à une étoile (8) d'or. **C.:** l'étoile, entre un vol d'azur.

Vry (de) — *Holl.* D'arg. à une étoile (8) de sa.; au chef d'or. ch. d'un lion ramp. de gu.

Vuilloud — *Valais.* De sin. à trois poires d'or, tigées et feuillées du même, 2 et 1, les tiges en haut, acc. en chef d'une fasce en divise d'arg.; l'écu bordé d'or.

Vuyst — *Harlem.* De sin. à un senestrochère arm., iss. d'une nuée et tenant trois flèches.

W

Waal (de) — *Arnhem.* Coupé: au 1 d'or à deux mondes de gu., cintrés et croisés d'arg.; au 2 d'arg. à un monde d'azur, cintré et croisé d'or. **C.:** le monde du 2. **L.** d'or et d'azur.

Waal-Malefyt (de) — *Holl. sept.* Ec.: aux 1 et 4 d'arg. à un poisson volant de ..., en chef, et deux bâtons fleurdelisés de ..., passés en saut., en p. (*Malefyt*); aux 2 et 3 d'azur au lion été d'arg., acc. au canton dextre du chef d'une rose d'or ou de gu. (*de Waal*).

Wachtendonck ou **Wachtendunkh** — *Aut.* (Chevaliers d'*Aut.* et du St.-Empire, sous le nom de *Wachtendunkh,* 20 juillet 1629.) Ec.: au 1 d'or à la demi-aigle de sa., mouv. du parti; aux 2 et 3 d'azur à une épée d'arg., garnie d'or, la pointe en bas, soutenue d'une étoile d'or; au 4 d'azur au lion de gu. **C.:** 1° un lion iss. et cont. de gu., tenant entre ses pattes une étoile d'or; 2° une aigle de profil de sa., le vol levé, tenant de sa patte dextre levee une épée d'arg., garnie d'or, en barre, la pointe en haut. **L.** d'or et d'azur. — (Conf. du titre de baron du St.-Empire, sous le nom de *Wachtendonck,* 2 juin 1637.) Ec.: aux 1 et 4 d'azur à une épée d'arg., garnie d'or, la pointe en bas, soutenue d'une étoile d'or; au 2 d'or à la demi-aigle de sa., mouv. du parti; au 3 d'or au lion de gu. Deux cq. cour. **C.:** 1° une aigle de profil de sa., cont., le vol levé, tenant de sa patte dextre levée une épée d'arg., garnie d'or, en bande, la pointe en haut; 2° un lion iss. de gu., supp. de sa patte dextre une étoile d'or. **L.** d'or et d'azur.

Wael (de) — *Amsterdam.* D'azur au lion été

d'arg., trois jets de sang jaillissant du col; et une rose d'or, posée au canton dextre du chef.

Wagtho — *Zél.* D'azur à une tour, posée sur une terrasse. **C.:** un bras, brandissant une épée.

Wahl — *Hongrie* (An., 22 nov. 1788.) Coupé: au 1 d'arg. à l'aigle naiss. de sa., mouv. du coupé, et tenant en son bec un annelet d'or; au 2 d'azur à un annelet d'arg. Cq. cour. **C.:** l'aigle iss. **L.** d'arg. et d'azur.

Walbeek (van) — *Holl.* D'arg. à une fasce crén. de gu., soutenue d'une autre fasce d'azur.

Walden — *Valais.* D'arg. à trois sapins de sin., posés sur trois collines du même.

Waldin — *Valais.* Ec.: au 1 de gu. à une potence de sa., surm. de deux traverses du même, l'une sur l'autre; au 2 d'or à un rencontre de boeuf de sa.; au 3 d'une potence de sa.; au 4 de trois feuilles de vigne mal-ordonnées de sin, les tiges en bas; au 4 de gu. à un peuplier de sin.

Walker — *Valais.* D'arg. à un triangle vidé de gu., somme d'une croisette du même.

Walpen — *Valais.* De gu. à un vautour d'arg., se becquetant la poitrine et posé sur une tertre de trois coupeaux de sin.

Walther — *Selkingen (Valais.)* D'azur à trois peupliers de sin., poses sur trois collines du même.

Wantage — *Liége.* D'azur à un lion de sa., cour. d'or.

Wantage (Baron), v. **Loyd-Lindsay** baron **Wantage.**

Warmolts — *P de Groningue.* Parti: au 1 coupé: *a.* une croix ancrée; *b.* trois trèfles; au 2 une demi-aigle, mouv. du parti. **N.:** deux lions reg.

Wartelle d'Herlincourt — *Arras* (Baron de l'Empire, 2 oct. 1813.) D'azur au chev. d'or, acc. en chef de deux étoiles d'arg. et en p. d'un croiss. du même.

Wattrigant — *Tournai.* De pourpre à la croix de gu., cant. de quatre étoiles d'or.

*** Waziers-Wavrin** — *P. de Douai. Armes anc.* D'azur à un écusson d'arg. en abîme (*Wavrin*), brisé d'une cotice de gu., br. sur le tout. Cq. cour. **C.:** une masse d'armes de gu., entre deux cornes coupées alt. d'arg. et d'azur. *Cri:* WAVRIN! **D.:** MOINS QUE LE PAS. — *Armes mod.* D'azur à un écusson d'arg. en abîme. Cq. cour. **C.:** une tête et col de licorne de gu., accornée, crinée et barbée d'or. *Cri.* WAVRIN! **N.:** deux licornes de gu., accornées, crinées, et barbées d'or, tenant chacun une bannière aux armes de l'écu, frangée et houppée d'or, les lances ferrées du même. **D.:** MOINS QUE LE PAS.

Weguener — *Valais.* Ec.: aux 1 et 4 d'azur à la fasce d'arg., acc. en chef de trois étoiles (6) mal-ordonnées d'or et en p. d'un tertre de trois coupeaux de sin. (*Weguener*); aux 2 et 3 d'azur à la fasce d'arg., au lion d'or, br. sur la fasce et tenant de ses pattes un bâton d'or en pal.

Weguer — *Valais.* Coupé: au 1 d'azur à trois monts escarpés d'arg., accostés, soutenus de la ligne du coupé; au 2 d'arg. à trois bandes d'azur.

Wehrenalp (Edle von), v. **Barth** Edle von **Wehrenalp.**

Weisenborn Edle von **Ehrenquell** — *Erfurt* (Chevaliers du St.-Empire, 7 déc. 1697.) Ec.: aux 1 et 4 d'azur à trois étoiles (8) d'or; aux 2 et 3 de gu. à trois tulipes blanches, tigées et feuillées du même, les-dites tulipes rayées d'or. Sur le tout d'or à l'aigle ép. de sa. Deux cq. cour. **C.:** 1° un homme iss., posé de front, hab. de gu., ouvert sur la poitrine d'arg., coiffé d'un chapeau de gu., tenant de sa main dextre une canne en fasce de sa. à pommeau et le pommeau à sen. et br. sur son habit; la main sen. étendue, montrant le second cimier; 2° un soleil rayonnant d'or. **L.** de gu., d'arg. et d'azur.

Wellenbergh — *Aut., Holl.* D'or à l'aigle de sa., acc. en p. de trois fasces du même. **C.:** l'aigle.

Welschen — *Valais.* D'arg. à un fer-à-cheval de sa., les bouts en haut, acc. entre une branches d'un clou de sa., la pointe en bas; ledit fer soutenu du coupeau du milieu d'un tertre de sin., les deux autres coupeaux soutenant chacun un tronc écoté du même.

Wenning — *Frise.* Ec.: aux 1 et 4 d'or à un griffon de gu.; aux 2 et 3 d'azur à une étoile d'arg. Sur le tout de gu. à trois écussons d'or. Cq. cour. **C.:** trois pl. d'aut., une d'arg. entre deux d'azur. **L.:** à dextre d'arg. et d'azur, à sen. d'or et de gu. **D.:** PERSEVERANTIA OMNIA VINCIT.

Wergifosse — *P. de Liége.* D'azur à une herse de labour triangulaire d'or, surm. d'une couronne du même.

Werlen — *Valais.* D'azur à deux épées de cavalerie, passées en saut., les pointes en bas, cant. de quatre boules, le tout d'arg.

Wesra (de) — *Valais.* D'or à l'aigle de sa. — (Barons) Tiercé en pairle renversé plové: à dextre d'or à l'aigle cont. de sa., cour. d'or; à sen. d'azur à l'aigle d'or, cour. du même: en p. palé d'azur et d'or de six pièces.

Westra — *Frise.* Parti: au 1 d'or à la demi-aigle de sa., mouv. du parti; au 2 coupé: *a.* d'azur à une étoile d'arg.; *b.* d'arg. à trois trèfles de sin.

Wibmer — *Blaubeuern* (*Wurt.*) (Conc. d'arm., 3 janv. 1676.) D'or au gu. à une Pégase élancé d'arg., soutenu d'une terrasse de sin. Brl. de gu. et d'arg. **C.:** le Pégase iss. **L.** d'arg. et de gu.

Wierts van Coehoorn — *Gueldre.* Les armes de *Wierts* qui sont de gu. semé de bill. d'or; au lion du même, br. sur le tout, **N.:** à dextre un lion reg. au nat., à sen. un griffon reg. au nat.

Wiestener — *Valais.* D'azur chapé-plové de gu.; à deux étoiles (6) d'or sur le gu. et une sur l'azur.

Wiggers — *P. d'Utrecht.* D'azur à deux étoiles d'or en chef et un soleil d'arg. en p.

Will — *Valais.* De gu. au saut. de sa., acc. en chef d'une étoile (6) d'arg. et en p. d'une rose à quatre feuilles aussi de gu., bout. d'or.

Willa — *Valais.* D'azur à un château, composé d'un mur crén., flanqué de deux tours cren., le tout maçonné de sa., et soutenu d'un tertre de trois pics d'or; le mur sommé d'une troisième tourelle, couverte d'un toit pointu et soutenant un oiseau d'arg.

Willekes — *Holl.* De gu. à une ancre. **C.:** une ancre, entre un vol.

Willer — *Holl.* De sin. à la bande d'arg., ch. de trois trèfles de sa., posés dans le sens de la bande.

Willisch — *Valais.* D'azur à un trèfle de sin., soutenu d'un tertre de trois pics du même et acc. en chef de deux étoiles (5) d'arg.

Willocqueau — *Tournai.* D'azur au chev. d'or, acc. en chef de deux grappes de raisins d'arg. et en p. d'une étoile du sec.

Willoqueau — *Tournai.* D'azur à la fasce d'or, ch. de trois quintefeuilles de gu. et acc. de trois serpents enroulés d'arg.

Wilmotte — *P. de Liége.* De gu. à un trident en bande et une pelle (le fer en haut) en barre, passés en saut., et une ruche br. sur le point d'intersection; le tout d'or. **C.:** une ruche d'or.

Winckelmann — *Wurt.* (Conc. d'arm., 20 déc. 1776.) D'or à la fasce d'azur, ch. d'une étoile d'arg. Deux cq. cour. **C.:** 1° une étoile d'arg., entre un vol de sa., chaque aile ch. d'un chev. d'or; **I.** d'arg. et d'azur; 2° une anille (en forme de billette vidée, les bords évasés). de couleur naturelle; entre deux prob. de sa., ch. chacune de deux fasces d'or; **I.** d'or et de sa.

Winghene (de) — *Tournai.* D'azur à la fasce vivrée de cinq pièces, acc. en chef de trois los. rangées et en p. d'une étoile, le tout d'arg.

Winkelried (im) — *Valais.* Coupé: au 1 de gu. à la bande d'arg., ch. de trois étoiles (6) d'or et acc. en p. à dextre de trois pics de rocher accostés de sin.; au 2 d'azur au lion posé d'or.

*** Wisch** (van) — *P. de Zutphen. Armes anc.* D'or à un écusson d'azur en abîme, acc. de huit oiseaux de gu., rangés en orle. Cq. cour. **C.:** un oiseau de gu., coll. d'or, le vol levé. **L.** d'or et d'azur. — *Armes mod.:* D'or à deux léopards de gu., l'un sur l'autre. Cq. cour. **C.:** deux jambes de cheval, en pals, d'or et de gu., ferrées d'or.

*** Wisch** (van) de **Lichtenberg** — *P. de Zutphen.* Les armes anciennes de **van Wisch.**

*** Witteveen** — *Frise.* Ec.: au 1 d'or à la demi-aigle de sa., mouv. du parti; au 2 d'azur à un arbre d'arg., terrassé de sin. et accolé d'un serpent au nat.; au 3 d'azur à trois fleurs-de-lis mal-ordonnées d'or; au 4 d'or à trois glands mal-ordonnés au nat.

Woelderen (van) — *Holl.* Un sablier.

Woestyne — *Holl.* De sa. au lion d'or, lamp. de gu., tenant de sa patte sen. une colombe cont. d'arg.; au chef d'azur, ch. de trois têtes de lion d'or. cour. du même.

Wolff — *Valais.* D'or à un loup ramp. de sa., langué de gu.

Worteling — *Holl.* D'arg. à la bande de gu., ch. de trois bes. du champ et acc. de six oiseaux de gu., en chef 2 et 1, et en p. 2 et 1.

Wortmann — *Dortmund* (An., 25 sept. 1628.) D'arg. à un homme barbu, posé de front, les jambes écartées, sur un tertre de trois coupeaux de sin., coiffé d'un chapeau de gu., panaché à sen. d'une plume d'autruche d'or, l'habit rayé verticalement de gu., d'or, de gu. et d'arg., la culotte très-large partie à dextre d'or et de gu., à sen. d'arg. et de gu., la jambe dextre partie de gu. et d'arg., la jambe sen. partie de gu. et d'or, chaussé de souliers blancs, les bras divisés sur la longueur, à dextre de gu. sur or, à sen. d'arg. sur gu., tenant de sa main dextre une rose de gu., bout. d'or, tigée et feuillée de sin., la main sen. appuyée sur sa hanche. Cq. cour. **C.:** la rose tigée et feuillée, entre un vol coupé, à dextre d'arg. sur gu., à sen. d'or sur azur. **L.:** à dextre d'arg. et de gu., à sen. d'or et de gu.

Woude (van den) — *Brab.* D'or à trois chenilles de sa.

Wuillermolen — *Valais.* D'azur au pal d'arg., accosté de deux étoiles (6) d'or; au chef de gu.

Wulff (de) — *Flandre.* D'arg. au chev. de gu., acc. en p. d'un loup au nat., la tête cont., sur une terrasse de sin.

Wynands — *Harlem.* D'arg. à trois grappes de raisins de sin., sans feuilles, tigées de sin.

Wynoxbergen (van) — *Rotterdam, Breda.* D'arg. à trois grappes de raisins de sin., tigées et pamprées du même, les tiges en haut.

*** Wys** (de) — *Harlem.* D'azur au chev. de sa., acc. de deux têtes et cols de Sarasin, posées de profil, et en p. d'une tête de More, posée de front; la première tête de Sarasin coiffée d'un turban d'arg., la forme de gu. entourée d'une couronne à l'antique d'or, les épaules hab. de gu.; la seconde tête de Sarasin coiffée d'un turban d'arg., la forme d'azur entourée d'une couronne à l'antique d'or, les épaules hab. d'azur; la tête de More coiffée d'un turban d'arg., la forme de sin. entourée d'une couronne à l'antique d'or, les épaules hab. de sin.

Wyse, Wysen ou **Wyzen** — *Aix-la-Chapelle, Maestricht.* D'azur à deux bandes d'or; au chef du même. **C.:** deux prob. d'or.

Wyss — *Valais.* De gu. à un Pégase saillant d'arg.,

soutenu d'un tertre de trois coupeaux de sin.

Wyssen — *Valais.* D'arg. à une croix latine de gu., posée sur le coupeau du milieu d'un tertre de sin. et accostée de deux sapins du même, posés sur les deux autres coupeaux; le tout acc. en chef de trois étoiles (5) mal-ordonnées d'or.

X

Ximenez — *Iles Baléares.* D'azur à une tour d'or, sur un rocher au nat., surmontée d'une croix fleuron-

nee d'arg., et accostée de trois fleurs-de-lis d'or, 2 à dextre, rangées en fasce, et 1 plus grande, à sen.

Y.

Ypey — *Frise.* Parti: au 1 d'or à la demi-aigle de sa., mouv. du parti; au 2 coupé: *a.* d'azur à un 4, le pied fendu en chev., acc. en chef de deux étoiles, le tout d'arg.; *b.* de gu. à une plume à écrire, posée en

bande, le bec en bas, acc. au canton dextre du chef d'un gland effeuillé, la queue en bas, et au canton sen. de la p. d'un trèfle, le tout d'arg.

Z

Zeller (van) d'Oosthove — *France, Port.*, orig. de *Gueldre* (Réh. de nob., 20 janv. 1702; comtes). D'arg. à une étoile de gu., acc. de trois merlettes de sa.

Zimmermann — *Valais.* D'azur au lion d'or, tenant de sa patte sen. une hache d'arg., passant derrière son corps en barre, le tranchant à sen.

Zimmermann — *Allem., Holl., Amérique du nord.* Parti: au 1 d'azur à un calice de fleur d'arg., acc. de deux paires de feuilles dentelées du même, 1 en chef et 1 en p., les deux feuilles de chaque paire posées horizontalement et mouv. d'une petite boule; le tout acc. de quatre étoiles d'or, 1 au point du chef surmontant la première paire de feuilles, 2 accostant le calice, et 1 en p. au-dessous de la seconde paire; au 2 d'arg. à treize glands effeuillés d'or, 1, 2, 3, 4 et 3, les queues en bas. **C.:** le calice du 1, entre un vol d'arg.

Zischka de Troznau — *Aut.* (Chevaliers d'*Aut.* et du St.-Empire, 17 fév. 1735; chevaliers en *Bohème*,

avec omission du prédicat de *Troznau,* 23 nov. 1747.) Ec.: aux 1 et 4 d'azur à trois fleurs-de-lis d'arg.; aux 2 et 3 d'or à un ours pass. au nat., mouv. du flanc sen., levant la patte dextre. Cq. cour. **C.:** un chevalier iss., arm. de toutes pièces, la visière levée, tenant de sa main dextre une épée haute, la sen. appuyée sur sa hanche. **L.:** à dextre d'or et de sa., à sen. d'arg. et d'azur.

Zmuth — *Valais.* D'azur à un gros tronc écoté d'or, mouv. de la p., acc. en chef de deux étoiles (6) d'arg.

Zrauben — *Valais.* Losangé de gu. et d'or; au chef d'arg., ch. de deux coeurs humains de gu.

Zuben (zen) — *Valais.* De gu. au saut. d'or, ch. de neuf tourt. de sa. et cant. de quatre étoiles (6) d'arg.

Zuber — *Valais.* D'arg. à une flèche d'or en pal, armee d'azur, soutenue d'un tertre de trois coupeaux de sin. et accostée de deux étoiles (6) d'or.

FIN DU SUPPLÉMENT.

~~~~~~~~~~~~~~~~~~~~~~~~

Corrections au Supplément.

Page.
1187 ***Ault (d').** *Au lieu de: Beauvois, lisez: Beauvais.*

Page.
1193 **Bartholdi.** *Au lieu de* deux larmes, *lisez:* deux grenades de guerre allumées.

~~~~~~~~~~~~~~~~~~~~~~~~

APPENDICE.

Les descriptions suivantes auraient dû trouver leur place au Supplément.

A

Ahorn (im) — *Valais*. D'azur à un arbre de sin., sur un tertre de trois pics du même.

Aigle (Sires d') — *Valais*. Coupé de sa. sur or; à deux aigles de l'un à l'autre, 1 en chef et 1 en p.

Aimon — *Valais*. Tranché: au 1 d'azur a un croiss. versé d'arg., posé en bande; au 2 de gu. à une pointe plovee d'arg., mouv. du canton dextre de la p. en barre, ladite pointe ch. d'une étoile (6) d'or.

Albi — *Granges (Valais)*. D'arg. à une coupe sur un pied élevé d'or.

Albi — *Vevey*. Coupé: au 1 d'or au lion naiss. de gu., mouv. du coupé; au 2 d'azur à trois fers de lance d'arg.

Albrecht — *Valais*. De gu. à une croix latine treflée d'or, posée sur un tertre de trois pics de sin., et acc. en chef de deux étoiles (5) du sec.

Alençon (d') — *Lorr.* (An., 10 déc. 1565; comtes, 17 nov. 1732.) D'azur à la fasce d'or, acc. en chef d'un lévrier courant d'arg., coll. de gu., bordé et bouclé d'or. **C.:** le lévrier. iss. **S.:** deux griffons au nat.

Alessandro (d') — *Naples*. D'or au lion de gu.; à la bande de sa., ch. de trois étoiles d'or et br. sur le tout.

Ali — *Velay*. De gu. à la fasce ondée d'arg., acc. de six merlettes du même.

Alinges — *Valais*. De sa. à la bande d'arg., ch. en haut d'une épée au nat., posée en bande, la pointe en bas, enfoncée dans la gueule d'un dragon ailé à deux pattes de gu., des jets de sang jaillissant de sa bouche.

Allet — *Valais*. D'azur à une rose naturelle de gu., tigee et feuillée de sin., acc. de trois étoiles (5) d'or, rangées en chef.

Allet — *Valais*. De gu. à un arbre arr. de sn., acc. en p. d'un agneau pass. d'arg., br. sur le fût, et en chef de deux molettes (6) d'or.

Allèves — *Valais*. D'azur à un coq hardi d'or, crêté et onglé de gu. pose sur un tertre de trois pics de sin. et acc. en chef de deux`molettes (5) du sec.

Alvarez de Toledo — *Esp.* (Ducs de *Medina Sidonia*, marquis de *Villafranca del Vierzo*, marquis de *los Velez*, ducs de *Fernandina*; grands d'Espagne de 1re classe.) Parti: au I. éc.. aux 1 et 4 d'or à trois fasces de gu.; aux 2 et 3 de sn. à cinq coquilles d'arg., 2, 1 et 2 (*Pimentel*); au II. coupé: au 1 d'or à deux loups pass. de gu., l'un sur l'autre (*Osorio*); au 2 échiq. d'arg. et d'azur de quinze points, sept points d'azur et huit points d'arg. (*Alvarez de Toledo*.) **C.:** un ange, hab. d'une tunique échiq. d'azur et d'arg., ailé d'arg., tenant de sa main dextre une épée d'arg., garnie d'or, et de sa sen. un monde d'arg., croisé d'or.

Ambord — *Valais*. D'azur à une enclume d'arg., mouv. de la p., acc. en chef de trois étoiles (6) d'or.

Augreville — *Valais*. D'or à un buste de cheval d'arg., criné de gu., mouv. de la p., posé de front et surm. d'une fleur-de-lis de gu.

Anniviers — *Valais*. Parti de gu. et d'or; à deux bouquetins affr. de l'un à l'autre.

Anthom — *Holl.* D'arg. à trois fleurs-de-lis de gu.

Aragno — *Valais*. D'azur à une tour d'arg., mouv. de la p.; à la fasce de gu.. bordée d'arg., br. sur la tour, et à deux pals en vergette d'or, br. sur le tout.

Ardigo — *Valais*. Parti: au 1 d'arg. à un soleil d'or; au 2 de gu. à une rose d'or, tigée et feuillée de sin.

Ardon — *Valais*. De gu. à deux clés d'or, passées en saut.

Augustini — *Valais*. Parti de sa. et d'or; à deux lions ramp., affr. et reg., de l'un à l'autre.

Aveluis ou Biauvoir d'Aveluis — *P. de Douai*. D'arg. au lion de gu.; à la bord. engr. d'or.

Ayer — *Valais*. De gu. au chev. ployé d'or, acc. en chef de deux roses d'arg. et en p. d'une étoile du même; au chef d'azur, ch. d'une aigle iss. de sa.

Ayolphi — *Valais*. D'azur chapé d'or; à trois mondes de sa., cintrés et croisés d'arg., 2 sur l'or et 1 sur l'azur.

B

Bäch (im) — *Valais*. D'azur à trois verres à vin d'or.

Backer (de) — *Holl.* D'arg. à deux têtes de lion de gu., en chef, et une rose du même, bout. d'or, barbée de sin., en p.

Backler — *Valais*. De gu. à un canot d'arg. en p., et un aviron d'or, le manche en haut, br. en bande sur ledit canot; le tout acc. en chef d'une croix. versé d'arg., accosté de deux étoiles (6) renversées d'or.

Baguenault de Puchesse — *Orléanais*. D'arg.

au chev. de gu., acc en chef de deux étoiles d'azur et en p. d'une Foi au nat., parée de gu. et surmontée d'un lis au nat.; au chef d'or, ch. de trois merlettes de sa.

Bailly de Barberey — *Troyes (Champ.)* D'azur à trois glands d'or, tigés et feuillés du même; au chef d'or, ch. de trois roses de gu., barbées de sin. (Armes de la fam. *Ludot*, de Troyes, relevées par les *Bailly de Barberey*.)

Balda-Rosa — *Valais*. D'arg. à une colombe

de sa., coll. et bouclée d'or, tenant en son bec un rameau d'olivier de sin.; acc. de deux étoiles d'or, posées l'une au canton sen. du chef et l'autre au canton dextre de la p.

Baleix — *Béarn.* D'or à trois arbres arr. de sin., rangées en fasce, celui du milieu plus élevé, supp. une colombe d'azur, la cime accostée de deux abeilles de gu., volantes vers le feuillage.

Balifard — *Valais.* D'arg. à la bande de gu., ch. de trois bes. d'arg. et acc. de deux étoiles (6) d'or.

Ballet — *Valais.* Coupé: au 1 d'azur à deux étoiles (5) accostées d'or, surmontant trois roses d'arg., rangées en fasce; au 2 barré de gu. et d'or de six pièces.

Bandmatter — *Valais.* De sin. à une croix de Lorraine d'arg. à laquelle manque le bras inférieur à dextre, le pied fendu en chev.; ladite croix accostée de deux étoiles d'or.

Barberini — *Valais. Armes anc..* De gu. à un arbre au nat., fruité de gu., pose sur un tertre de trois coupeaux de sin. et acc. en chef de deux étoiles (6) d'or. — *Armes mod..* Ec.: aux 1 et 4 d'azur à trois abeilles d'or; aux 2 et 3 les armes anci nnes.

Bardi — *Valais.* Coticé de douze pièces: de gu., d'or, d'azur, d'or, de gu., d'or, d'azur, d'or, de gu., d'or, d'azur et d'or; à la fasce de sin., bordée d'arg., br. sur le tout et ch. de trois annelets d'or.

Bardoulat de la Salvanie — *Limousin.* Coupe: au 1 d'arg. au chev. de gu., acc. en chef de trois étoiles rangées d'azur en p. d'une ancre de sa.; au 2 d'arg. à un chêne arr. de sin., le fût accolé d'un serpent de gu. **S.:** deux lions. **D.:** IMPAVIDUS.

Bartholomaei — *Valais.* De gu. à un arbre au nat., fruité de gu., pose sur un tertre de trois coupeaux de sin. et acc. en chef de deux étoiles (6) d'or.

Bastia (de la) — *Valais.* De sin. à une tour de sa., sur une terrasse rocheuse d'or.

Bastida — *Valais.* Parti: au 1 d'azur au saut. d'arg., acc. de deux étoiles (6) d'or, 1 en chef et 1 en p., et de deux bes. d'or, 1 à dextre et 1 à sen.; au 2 de gu. à une colombe d'arg., et une fasce de gu., bordée d'arg., ch. de deux bandes d'or et br. sur la colombe.

Bauer (de) — *Belg.* (Inc. dans la nob. belge avec le titre de chevalier, 20 avril 1885.) Ec.: aux 1 et 4 parti de sa. et d'or; à un jeune homme iss., à la chevelure blonde, hab., ceint et coiffé d'un chapeau, le tout de l'un en l'autre, tenant une faucille d'or de sa main dextre levée, la sen. appuyee sur sa hanche; aux 2 et 3 d'or à la demi-aigle de sa., languée de gu., mouv. du parti. **C.:** 1° le jeune homme iss.; 2° une aigle de sa., languée de gu. **L.** d'or et de sa. **D.:** INTEGRE ET PRUDENTER

Bay — *Valais.* D'arg. à un cep de vigne de sin., accolé à son échalas au nat. et fruité de quatre grappes de raisins de gu., 2 en chef et 2 à sen.

Beeckman de Crayloo — *Termonde.* D'or à cı q roses de gu., barbées de sin., 2, 1 et 2. — L'une rose de l'écu. **D.:** NULLA ROSA SINE SPINA.

Belen (van der) — *Flandre.* D'azur à une hure de sanglier d'arg., acc. de trois étoiles du même.

Bellini — *Valais.* D'azur à un bélier courant d'arg. sur un tertre de trois pics de sin.

Benazet — *Lang.* D'azur au chev. d'or, acc. en chef de deux étoiles du même et en p. d'une Foi d'arg.

Bender — *Valais.* Taillé: au 1 d'or à une croix alésée de sa., le pied fendu en chevron, la branche sen. dudit chevron mouv. du taillé; au 2 d'azur au chev. d'arg., acc. de trois bes. d'or.

Bern (van) — *Holl.* De gu. à la bande d'or, ch. d'un ours pass. au nat. **C.:** le cerf, iss.

Bernardinis — *Valais.* D'azur à une demi-bande de gu., soutenue d'une barre du même, et deux étoiles (5) d'arg., rangées en fasce sur l'azur, à dextre et à sen. de la barre; l'espace en chef, compris entre la demi-bande et la barre rempli des rayons d'or d'un soleil d'arg., mouv. du bord supérieur de l'écu; et une flèche d'or en pal, la pointe en haut, br. sur le tout et surmontant un soleil d'or, mouv. du parti.

Bernou de la Bernarie et de Rochetaillée — *Dauphiné.* D'arg. au chev. d'azur, acc. de trois molettes de sa.; au chef de gu., ch. de trois étoiles d'or.

Beroarde — *Valais.* D'arg. à l'aigle ép. de sa.

Berterinis — *Valais.* D'or au saut. d'azur, ch. de neuf boules du champ, et acc. de trois quartefeuilles de gu., 1 en chef et 2 en flancs, et d'un coeur enflammé du même en p.

Berthod — *Valais.* D'azur à une colonne d'arg., posee sur un socle du même et acc. en chef de deux étoiles (4) d'or.

Bertrand — *St.-Maurice (Valais).* D'azur à une colonne d'arg., posée sur un tertre de trois pics de sin. et acc. en chef de trois étoiles mal-ordonnées d'or.

Bertrandis — *Valais.* D'or au lion de sa., cour. à l'antique de gu.

Besse — *Valais.* Tiercé en fasce: au 1 d'or à l'aigle de sa., surm. d'une étoile (5) d'arg.; au 2 d'azur à un château composé d'un mur non-crénelé flanqué de deux tours. le tout d'arg., maçonné de sa., le mur ouv. du champ; au 3 bandé de sa. et d'arg. de huit pièces.

Bibesco — *Valachie.* D'azur à un cavalier armé à l'antique au nat., monté sur un cheval blanc et tenant une tête de Turc au bout de son épée.

Bicetti de' Buttinoni, v. **Buttinoni.**

Bierdumpfel (de) — *France,* orig. de *Bav.* (Barons, 1695.) Ec.: au 1 de sin. au lion naiss. et cont. d'or, lamp. de gu., tenant de ses pattes une faux d'arg., le fer vers dextre au-dessus de sa tête; au 2 d'arg. à un faisceau de trois épis d'or; au 3 de sa. plein; au 4 d'or plein. **C.:** un lion iss. d'or. **D.:** VIRTUS ET FIDELITAS.

Biffi — *Crémone* (Comtes, 22 avril 1691 et 10 mai 1694. M. ét. au commencement du 19e siècle.) Tiercé en fasce: au 1 d'or à l'aigle de sa., cour. d'or; au 2 d'arg. au château de gu., crénelé de trois pièces entaillées; au 3 tiercé en bande de sin., d'arg. et de gu. **C.:** une aigle iss. de sa., cour. d'or.

Binnen (in der) ou **Binner** — *Valais.* D'azur à deux fasces de gu.; au pal d'arg., br. sur le tout et ch. de trois fleurs-de-lis d'or.

Bioley — *Valais.* Ec.: au 1 d'arg. à un arbre de sin., pose sur un tertre de trois pics du même; aux 2 et 3 d'arg. à un coq hardi d'or, crêté et onglé de gu., posé sur un tertre de trois coupeaux de sin.; au 4 de sin. à une étoile (5) d'or.

Blondi — *Crémone.* D'azur à une épée d'arg., garnie d'or, surm. d'une étoile d'or et accosté de deux autres étoiles du même.

Blon (le) — *Amsterdam,* orig. de *Francfort s/M.* D'azur au saut. d'arg. **C.:** un phénix enveloppé de flammes [Armes du graveur *Michel le Blond,* agent du roi de Suede, décédé en 1656.]

Bluemblacher — *P. de Salzbourg* (Conc. d'arm., 24 juillet 1708.) Coupé: au 1 d'arg. à une rose d'azur, tigée et feuillé de quatre pièces de sin., accostée de deux étoiles d'or; au 2 d'azur à la moitié d'une rose d'or, acc. de trois étoiles du meme. **Cq.** cour. **C.:** la rose tigée et feuillée, entre deux prob. coupées alt. d'azur et d'arg. **L.** d'arg. et d'azur.

Bocquis — *Valais.* D'arg. à l'aigle de sa.

Boden (im) — *Valais.* Coupé: au 1 d'arg à un trèfle de sin., accosté de deux étoiles (5) d'or; au 2 d'azur à trois losanges de gu. taillées à quatre facettes, rangées en fasce et touchant les bords.

Boisserolle — *Lang.* (*Cévennes.*) D'arg. au chev. d'azur, acc. de trois étoiles du même.

Bonbin — *Valais.* Coupé: au 1 d'or à l'aigle de sa., cour. du champ; au 2 d'arg. à une grappe de raisins de gu., à sen., la tige pamprée courbée vers dextre et mouv. d'un tertre de trois pics, le tout de sin.; à une épée d'or, posée en fasce, la pointe à sen., br. sur la tige et la grappe.

Bonvin — *Valais.* Ec.: aux 1 et 4 d'arg. à un peuplier de sin., posé sur un tertre de trois pics du même, la cime accostée de deux étoiles (5) de gu.; aux 2 et 3 de gu. au lion d'or, tenant de ses pattes une masse du même en pal.

***Boot** (anciennement **Booth**) — *Amsterdam, la Haye, Arnhem,* orig. de *Dordrecht.* D'or au cerf saillant de sa. **C.:** le cerf, iss.

Borcht (van der) — *Holl.* D'azur à quatre étoiles de gu., 2 et 2.

Bosco (del) — *Naples* (Princes de *Belvedere,* marquis de *Alimena*). Parti: au 1 coupé de gu. sur or, à un tronc d'arbre écoté et arraché, de l'un en l'autre (*del Bosco*); au 2 d'azur à un croiss. d'or, surm. d'une étoile du même (*Imperatore*.)

Boudet — *Crémone* (Marquis autrichiens, 8 mai 1720. M. ét. au commencement du 19e siècle.) D'azur à la fasce échiq. d'arg. et de gu. de trois tires, acc. de trois étoiles (8) d'or; au chef du même, ch. d'une aigle de sa., cour. d'or.

Boudet (Comtes) — *Guyenne.* Ec.: au 1 d'azur à une epee d'arg., garnie d'or; au 2 d'arg. à une montagne de sin., sommée de murs incendiés de gu., jetant de la fumée de sa., et senestree d'un palmier de sin.; au 3 d'arg. à un canon sur son affût de sa., posé sur une terrasse de sin. et adextré d'une mer d'azur; au 4 de gu. à un vol d'arg.

Bouniol de Trémont — *Auv.* D'azur au chev. d'or, acc. en chef de trois étoiles rangées d'arg. et en p. d'un orme terrassé de sin.

*Bouquin — *Prov.* (An., 23 août 1472.) De gu. à deux pals, fascés chacun d'or et de sa. de six pièces.

Bouquin de la Souche — *Orléanais.* D'or à un olivier de sa., fûté de sa. **D.:** PLUS OLEI QUAM VINI.

Boutillier du Retail — *Poitiers, Tours.* De gu. à trois bouteilles d'arg. **D.:** UBI LAGENA, IBI LÆTITIA.

Boveri ou **Bouvier** — *Valais.* De gu. à la fasce d'arg., acc. de trois écussons du même.

Bovier — *Valais.* D'azur à un tertre de trois coupeaux d'or, sommés chacun d'un sapin de sin.; le tout acc. en chef de deux étoiles (5) du sec.

Bozonier de l'Espinasse — *Dauphiné.* D'azur à une colombe d'arg., le vol ouv. et abaissé, tenant en son bec un rameau d'olivier de sin. et acc. de trois étoiles d'arg., rangées en chef.

Branciforte — *Naples* (Princes de *Butera*, ducs de *Scordia* et de *Leonforte*). D'azur au lion d'or, cour. du même, soutenant un étendard de gu. à trois fleurs-de-lis d'or avec les moignons des deux pattes de devant, les extrémités coupées posées en saut. à dextre, en pointe de l'écu.

Briggen (zur) — *Valais.* D'arg. à un pont de trois arches de sa., maçonné d'arg., occupant la moitié inférieure de l'écu; au-dessus un lion cont. d'azur, assis à califourchon sur le parapet et tenant de sa patte dextre une croix de Lorraine de gu.; acc. en flancs de deux étoiles (5) d'or.

Briguet — *Valais.* Coupé: au 1 d'or à l'aigle naiss. de sa., cour. du champ; au 2 d'azur à trois cloches d'arg., 2 et 1, les deux premières surmontant chacune une étoile (5) d'or et accompagnées dans les cantons du chef de deux étoiles pareilles.

Brindlen — *Valais.* D'azur à une arbalète d'arg., cordée de sa., acc. en chef de deux étoiles (6) d'or.

Brithonis du Colombier — *Valais.* D'arg. à la bande de gu., ch. de trois colombes d'arg., pass. dans le sens de la bande.

Bruchez — *Valais.* D'arg. à trois sapins de sin., rangés sur une terrasse du même; au chef d'azur, ch. d'un cerf naiss. au nat.

Brunet (de) de Neuilly — *Lorr.*, orig. de *Champ.* (Comtes, juillet 1778.) De gu. à deux chev. alésés d'or, acc. de trois étoiles d'arg., 2 en chef et 1 en p. **S.:** à dextre un léopard lionné au nat.; à sen. une licorne blanche, accornée, crinée et onglée d'or. **D.:** VIRTUTE DUCE.

Brunner — *Valais.* D'azur à une fontaine en forme de colonne, s'élevant d'un bassin carré vu de biais, et déversant ses eaux par deux tuyaux horizontaux, à dextre et à sen., le tout d'arg., acc. en chef de trois étoiles (6) mal-ordonnées d'or.

Brunot de Beyre chevalier de Rouvre — *Paris* (Chevalier de l'Empire, 20 fév. 1812; conf. dudit titre, 28 mai 1819.) D'or à une salamandre de sa., la tête cont., placée sur un feu de gu.; au chef d'azur, ch. de trois étoiles d'or. **D.:** PATRIE, FAMILLE, AMIS ET LIBERTÉ.

Brutin — *Valais.* Coupé: au 1 d'arg. à l'aigle de sa., cour. d'or; au 2 de gu. à trois sapins de sin., rangés sur une terrasse du même, acc. en chef d'un soleil d'or. mouv. du coupé.

Buisson (du) d'Alleuze — *Auv.* D'or à un buisson de sin.

Bulliet — *Valais.* D'arg. au croiss. d'azur, acc. de trois étoiles (6) d'or.

Bümann — *Valais.* D'azur à un arbre arr. de sin.

Bürcher — *Valais.* Ec.: aux 1 et 4 de sin. à une croisette pattée d'arg., acc. en chef d'une étoile (5) du même et en p. d'un tertre de trois coupeaux d'or; aux 2 et 3 fascé de gu. et d'arg. de quatre pièces, et au chef de sin. ch. de deux étoiles (5) d'or.

Bürgener — *Valais.* D'azur à deux étoiles (6) d'or en chef et un soleil du même en p.

Burnier — *Valais.* De gu. à un fer de flèche allongé, le fer d'arg., le fût d'or. croisé de trois traversées du même, courbées vers le bas, soutenu du coupeau du milieu d'un tertre de sin.; les deux autres coupeaux sommés chacun d'une rose d'or, tigée et feuillée de sin.

Bussien — *Valais.* D'azur à deux chevrons diminués, l'un de gu. et l'autre d'arg., acc. en chef de deux étoiles (6) d'or; et une rose à huit feuilles d'or, posée entre les deux chevrons.

Buttinoui — *Treviglio* (prov. de *Bergamo, Italie.*) Un taureau ou boeuf ramp. contre le tronc d'un arbre planté dans un plaine herbeuse, sous un ciel; le tout au nat.

C

Cabanis — *Valais.* Coupé: au 1 d'or à l'aigle naiss. de gu.; au 2 d'arg. à une rose à quatre feuilles de gu.

Canalis (de) — *Valais.* D'or à la bande de sa., bordée d'arg.; et un coeur enflammé de gu., br. sur le tout.

Capisucchi de Bologne — *Prov.* D'or à un tourt. de gu., semés de fleurs-de-lis d'or. En coeur un écusson d'azur à la bande d'or.

Carafini — *Crémone*, orig. de *Naples.* Fascé de gu. et d'arg. de six pièces; au chef d'or, ch. d'une aigle de sa., cour. d'or. A un écusson d'azur, ch. de trois fleurs-de-lis d'or, 2 et 1, et br. sur le fascé.

Carcano — *Trani*, orig. de *Milan* (Ducs de *Montaltino*, 14 déc. 1858.) De gu. à un cygne d'arg., surm. d'une bande du même, emm. d'or. **C.:** un cygne iss. d'arg.

Cardé — *Norm.* D'arg., au chef d'azur.

Carlen — *Valais.* D'azur à un peuplier de sin., accosté de deux lions affr. d'or, ramp. contre le fût; le tout soutenu d'un tertre de trois coupeaux de sin.

Carnin — *Tournaisis.* De sa. à deux étrilles d'arg., 1 en chef à sen. et 1 en p.; au fr.-q. de gu. au lion d'or.

Carron — *Valais.* D'azur à deux épées d'arg. garnies d'or, passées en saut., les pointes en bas, acc. de cinq bes. d'arg., 3 rangés en chef et 2 accostant les épées au point d'intersection; à la champagne d'arg., ch. d'un Λ à l'antique de sa.

Carvajal — *Esp.* (Ducs de *San Carlos*, comtes de *Castillejo* et *del Puerto*, comtes de *la Union*; grands d'Espagne de 1re classe.) Parti: au 1 d'or à la bande de sa.; à la bord. d'arg., ch. d'une branche de chêne de sin. englantée de sin., qui fait le tour de l'écu (*Carvajal*); au 2 d'arg. à quatre fasces ondées d'azur (*Vargas*).

Casier — *Belg.* (An., 6 juin 1885.) D'or à la fasce d'azur, ch. de trois étoiles (6) du champ et acc. de trois roses de gu., bout. d'or, barbées de sin. Brl. d'or et d'azur. **C.:** une étoile (6) d'or, entre un vol d'azur. **L.** d'or et d'azur. **D.:** DEUS FORTITUDO MEA.

Castanié — *Lang.* D'azur à une fasce, acc. en chef d'une croix treflée et en p. d'un besant, le tout d'or. **S.:** deux licornes. **D.:** VIRTUS OBUMBRATA REPULSIT.

Catelani — *Valais.* D'azur à un bouton de rose de gu., tigé et feuillé de sin., la tige mouv. d'un petit chicot brunâtre, en fasce; acc. en chef de deux étoiles (5) d'or.

Cavalier — *Lang.* D'arg. à la bande d'azur, acc. de six molettes de gu., rangées en orle (A cette fam. appartenait *Jean Cavalier*, chef des Camisards.)

Cervent — *Valais.* Coupé: au 1 d'azur à un cerf naiss. d'or, mouv. du coupé; au 2 d'arg. plein.

Chalesi — *Valais.* D'or au chev. d'azur, acc. en chef de deux quintefeuilles de gu. et en p. d'une aigle de sa.

Challant — *Valais.* D'arg. au chef de gu.; à la bande de sa., br. sur le tout et ch. de trois croiss. versés d'or, les cornes dirigées vers le canton sen. de la p.

Chamoson — *Valais.* De gu. au chef d'or.

Chapelet — *Valais.* De gu. au pal d'or, et trois chev. d'or br. sur le pal; le champ chapé d'azur, à deux étoiles (5) d'or.

Charvet — *Valais.* D'arg. à un rosier de sin., fleuri de trois pièces mal-ordonnées de gu. et accosté de deux lions affr. du même, ramp. contre le rosier; le tout soutenu d'un tertre de trois coupeaux du sec.

Chastoney — *Valais.* De gu. au lion naiss. d'or, mouv. d'un mont de trois coupeaux d'arg., isolé dans l'écu.

Chatelard — *Valais.* D'azur à une tour d'arg., posée à dextre, senestrée d'un avant-mur crén. du même, ouv. du champ, le tout maçonné de sa.; ledit mur surm. d'une fleur-de-lis du même.

Chatillon barons de **Larringe** — *Valais.* Ec.:

aux 1 et 4 de gu. à une tour d'arg., ouv. du champ ; aux 2 et 3 fascé d'or et d'azur de six pièces ; à la bande de gu., bordée d'arg., br. sur le fascé.

Chervaz — *Valais.* Parti : au 1 d'or à une grappe de raisins de pourpre, tigée et pamprée de sin., la tige en haut ; au 2 coupé : *a.* d'arg. à une fleur-de-lis d'or ; *b.* de sin. à deux barres d'azur, la première barre ch. d'une étoile (5) d'or.

Clausen — *Valais.* Tranché : au 1 d'arg. plein ; au 2 d'azur à un demi-soleil d'or, mouv. du tranché, acc. en p. d'un V d'or.

Clavibus (de) — *Valais.* De gu. à deux clés d'or, passées en saut., les pannetons en saut., acc. de trois étoiles (6) du sec., 1 en chef et 2 en flancs.

Clemenz — *Valais.* De gu. au saut. ancré d'arg., acc. de trois roses du même, 1 en chef et 2 en flancs ; en p. un tertre de trois pics de sin.

Clervaux (Comtes) — *Poitou.* De gu. à la croix pattée alésée de vair.

Clippele (de) d'Olmen — *Brab.* D'or à trois massues de gu., 2 et 1. **C.:** un bras, arm. d'une massue.

Cock (de) — *Bruges* (An. et titre personnel de chevalier, 9 nov. 1886.) Ec.: aux 1 et 4 d'azur à une tour de quatre créneaux d'or ; aux 2 et 3 d'or à trois chaudrons de sa. Brl. d'or, d'azur et de sa. **C. :** la tour. **L.:** à dextre d'or et d'azur, à sen. d'or et de sa. **D.:** PRO ARIS ET FOCIS.

Colombey-Muraz — *Valais.* D'azur à une tour d'arg., ouv. de sa., flanquée de deux avant-murs crén. du sec., le tout occupant la moitié inférieure de l'écu, et acc. de trois colombes volantes d'arg., mal-ordonnées, celle en chef renversée, les deux autres affr. et volant vers la tour.

Colonna-Romano — *Naples* (Ducs de *Cesarò*), marquis de *Fiumedinisi*). Iss. d'une colonne d'arg., la base et le chapiteau d'or, couronnée du même.

Combis (de) ou **in der Kummen** — *Valais.* D'azur à une colombe d'arg., bq. et m. de gu., posée sur un tertre de trois coupeaux de sin. et acc. de trois étoiles (5) d'or, rangées en chef.

Commines — *Fl. fr.* D'or à un écusson de gu., acc. de six quintefeuilles du même, rangées en orle ; ledit ecusson ch. d'une croix de vair *ou* vairée d'arg. et de sa.

Communi (de) — *Valais.* De gu. à une botte à revers de sa., éperonnée d'arg.

Conches — *Valais.* De gu. à un mont de trois coupeaux de sin.. surm. d'une étoile (6) d'or ; à deux chev. de sa., br. sur ledit mont.

Conclii — *Valais.* D'arg. au lion de gu.

Conflans — *Valais.* De gu. à trois clés d'arg., posées en fasces. l'une sur l'autre, les pannetons vers le chef, celle du milieu ayant le panneton à dextre et les deux autres à sen.

Conthey — *Valais.* D'arg. à deux lions affr. de gu., tenant ensemble de leurs pattes de devant une épée d'or, sans garde, en pal, la pointe en bas.

Craffort — *Holl.* orig. d'*Ecosse.* De gu. à la fasce d'herm., acc. en chef de deux étoiles (5) d'arg. et en p. d'un croiss. du même. **C.:** une étoile (5) d'arg.; entre un vol. de gu. et d'arg.

Crettaz — *Valais.* D'azur à un cerf naiss. d'arg., mouv. de la p.; au chef du même, ch. d'une rose de gu., entre deux étoiles (6) d'or.

Croismare des Alleurs — *Norm.* D'azur au léopard d'or, arm. et lamp. de gu., acc. d'une croisette d'arg. au canton dextre du chef.

Croismare de Limesy et Pelletot — *Norm.* D'azur au léopard d'or, arm. et lamp. de gu., acc. en chef d'une croisette d'arg. à dextre et d'une étoile du même à sen.

Croix (la) de Ravignan — *Lorr.* Parti : au 1 d'azur à une ruche d'or ; au 2 d'azur à la croix d'or.

Cropt — *Valais.* D'arg. à un dextrochere, arm., d'azur, iss. d'une nuee au nat., mouv. du flanc, la main de carn. tenant une épée d'arg., garnie d'or, la pointe dirigée vers une étoile (5) d'or, posée au canton sen. du chef; derrière la nuée un drapeau de gu., flottant vers sen.; au chef d'or, ch. d'une aigle de sa., cour. de gu

D

Dacy-Ouwens — *P. d'Utrecht.* Ec.: aux 1 et 4 coupé : *a.* d'arg. à trois annelets de sa., 2 et 1, acc. d'un maillet de sa., emm. de gu., le manche en bas, pose entre les deux premiers annelets ; *b.* de sa. une roue d'or (*Ouwens*): aux 2 et 3 de sin. au chev. d'arg., acc. en chef de deux étoiles d'or et en p. d'une rose d'arg. (*Dacy*). Brl. de sa. et d'arg. **C.:** le maillet du 1. **L.:** à dextre d'arg. et de sa., à sen. d'arg. et de sin.

Dam (van) — *Zél.* D'azur à une étoile, posée au canton dextre du chef, et un croiss. figure tourné ; au canton sen. de la p.. le tout d'or.

Darbellay — *Valais.* D'azur à un éléphant cont. de sa., sur une terrasse de sin., la trompe levée ; et une flèche d'arg. en pal, enfoncée dans le dos de l'éléphant le tout acc. en chef de deux étoiles (5) d'or ; ladite terrasse ch. de trois pics de rocher accostés d'arg.

Debonnaire — *Valais.* Coupé : au 1 d'arg. à l'aigle de sa., cour. d'or ; au 2 d'or à une fleur-de-lis de gu., embrassée de deux jantes de roue de sa.

Delavau de Treffort — *Poitou.* D'azur au chev. d'or, acc. de trois étoiles d'arg., 2 et 1, celle en p. surm. d'un cerf pass. du même, qui appuye sa patte dextre de derrière sur ladite étoile. **D.:** MON DEVOIR ET MON DROIT.

Deschamps de Courgy — *Nivernais.* D'azur à trois chardons fleuris d'or, tigés et feuillés du même.

Deutz van Lennep — *Amsterdam* (An., 8 mai 1822 ; adjonction du nom de *Deutz* et augmentation d'arm., oct. 1886.) Ec.: aux 1 et 4 coupé de gu. sur arg., la gu. ch. d'un léopard d'or (*van Lennep*); aux 1 et 3 de sin. à deux faux d'arg., passées en saut. (*Deutz*). Sur le tout de gu. à un cheval pass. d'arg. (seigneurie d'*Assendelft*.) Deux cq., le 1er sommé d'un brl. de gu. et d'arg., le 2e cour. d'or, — aux 1°: 1° un lion iss. et cont. d'or, entre un vol cont. de sa. (*van Lennep*); l. d'arg. et de gu.; 2° une femme iss., hab. et encapuchonnée de sa., l'épaule sen. ch. d'une besant d'or, le visage et les mains de carn., tenant une faux d'or, posée sur son épaule dextre (*Deutz*); l. d'or et de sin.

Devès ou **Devez** — *Dauphiné.* De gu. à trois

tours d'arg., sommées chacune d'une tourelle du même. **C.:** un léopard lionné iss., tenant une épée haute. **S.:** deux léopards lionnés.

Diez — *Lorr.* (An., 16 oct. 1611.) Coupé : au 1 d'azur à une boussole d'or, acc. d'une étoile d'arg.,-posée au canton dextre du chef; au 2 d'arg. à une ancre d'azur.

Dijot — *Valais.* De gu. à neuf étoiles (6) d'or, 3 en chef mal-ordonnées, 3 rangées en fasce. 2 dans les cantons en bas et 1 en p.; acc. de deux croiss. d'arg., l'un versé et surmontant l'étoile du milieu, et l'autre montant au-dessous de ladite étoile.

Doedes — *Utrecht*, orig. de *Frise.* Parti : au 1 d'or à la demi-aigle de sa., mouv. du parti ; au 2 de gu. à une marque en forme de flèche sans pennes, le fût croisé d'une traverse, le pied terminé en N, le tout de sa. **D.:** SUBLIMIA CURO.

Drenseri — *Valais.* De gu. à trois tulipes de couleur brunâtre, mal-ordonnées, mouv. d'une tige feuillée de sin., posée sur un tertre de trois coupeaux d'or, le tout acc. en chef de deux étoiles (6) du même.

Driessam — *Holl.* Ec.: aux 1 et 4 un lion ; aux 2 et 3 trois têtes d'aigle.

Drion — *Charleroi* (An. et titre de baron, 9 oct. 1866.) D'azur à la fasce d'or, ch. de trois étoiles (5) de gu., et acc. en chef de trois bes. d'or. Brl. d'or et d'azur. **C.:** un griffon iss. d'or. et d'azur. **S.:** deux griffons d'or, arm. et lamp. de gu.

Druëlin ou de Ruëlin — *Tournaisis.* D'or à un. sauvage d'azur, les cheveux courts de sa., soutenant sur son bras dextre une massue d'azur et se dirigeant à dextre, les jambes croisées dans la marche, le pied sen. en avant.

Duc — *Valais.* D'azur chapé de gu.; au chev. d'or, br. sur la division; l'azur ch. d'une chouette (duc) au nat.

Ducrey — *Valais.* Tiercé en fasce : au 1 d'or à l'aigle de sa.; au 2 d'azur au lion ramp. d'or, accosté de deux fleurs-de-lis du même; au 3 d'or à deux barres de gu.

Dumoulin — *Valais.* Ec.: aux 1 et 4 de sin. à

deux bandes d'or; aux 2 et 3 de gu. à une fleur-de-lis d'arg. Au chef de l'écu parti de gu. et d'arg., br. sur

l'écartelé et ch. d'un château de sa., br. sur le parti.

E

Ebiner — *Valais*. D'azur à un croiss. figuré versé, supp. une croix pattée au pied fiché, surm. d'une étoile, le tout d'or.

Eggen (an der) – *Valais*. De gu. au chev. d'arg., acc. en p. d'une étoile (5) du même, surmontant un tertre de trois pics de sin.

Eglise (de l') — *Valais*. D'azur à un édifice en forme de pignon, flanqué de deux tours sommées de coupoles, le tout d'arg., ouv. et aj. de sa., mouv. de la base de l'écu, et acc. en chef d'une étoile (6) d'or.

Emerici — *Valais*. De sa. à trois étoiles d'arg.

Entremont — *Valais*. D'azur à un bouquetin ramp.

d'arg, soutenu d'un tertre de quatre coupeaux de sin.

Ernonlt de Bercus — *Douai*. D'or à trois trèfles de sa.

Escaubeke (d') — *Tournaisis*. D'or à trois feuilles de charme de sin.

Exelmans — *Lorr*. (Baron de l'Empire, 13 mars 1812; comte de l'Empire, 1814.) Ec.: au 1 d'azur à une épee d'arg., garnie d'or; au 2 d'arg. à un cheval cabré de sa.; au 3 parti: *a*. d'azur à une ruche d'or; *b*. d'azur à la croix d'or (*la Croix de Ravignan*); au 4 d'arg. à trois merlettes de sa. [Armes du maréchal *R. J. J. Exelmans*.]

F

Fabri — *Valais*. De gu. à la bande d'arg., ch. d'une croix treflée au pied fiché du champ, posee dans le sens de la bande.

Falconeti — *Valais*. De gu. à un faucon d'arg., le vol levé, posé sur un tertre de trois coupeaux de sin.

Faud (du) — *Rouergue*. D'azur à deux faux d'or, passees en saut. **S.:** deux lions.

Fay (du) de Tanay — *Valais*. De sin. à la fasce d'arg., acc. en p. de trois pics de rocher accostés d'or.

Fay (du) de la Vallaz-Chatillon — *Valais*. Ec.: aux 1 et 4 d'arg. à trois mouch. d'herm. de sa.; aux 2 et 3 fascé d'or et d'azur de six pièces, à la bande de gu., bordée d'arg., br. sur le fascé. Sur le tout de sin. à la fasce d'arg., acc. en p. de trois pics de rocher accostés d'or.

Feyter (de) — *Gorinchem*. D'or à la fasce vivrée de gu.

Fidginer — *Valais*. De gu. à une fleur-de-lis d'or en chef et deux étoiles (6) du même en flancs; en p. un tertre de trois coupeaux de sin.

Filliez — *Valais*. Coupé d'or. sur un parti de gu. et d'azur; à un dextrochère, paré de gu., mouv. du flanc. posé sur le gu., la main de carn. tenant un guidon d'azur, ch. d'une fleur-de-lis d'or, flottant à dextre, br. sur l'or, la hampe posée en bande sur l'or et l'azur.

Fléchère (de la) — *Valais*. D'azur au saut. d'or, cant. de quatre aigles d'arg.

Fonte (de) — *Valais*. D'arg. à la fasce d'or, ch. de trois tulipes de gu., tigées et feuillées du même, et acc. au point du chef d'une étoile de sa., adextree d'un croiss. cont. du même, et en p. d'une fontaine en forme de colonne de gu., s'élevant d'un bassin carré et déver-

sant ses eaux par deux tuyaux horizontaux, à dextre et à sen.

Forêt (de la) — *Valais*. D'azur à la bande d'arg., treillissée de gu. et acc. au canton sen. du chef d'un croiss. d'arg.

Forgemol du Couder et de Beauquenard — *Marche*. (An., mars 1775; vicomte, 1825.) D'azur à la fasce d'arg., ch. de deux molettes de gu. et acc. en p. d'un vol d'arg.

Fouchardlère (de la) — *Champ*. De gu. fretté de vair.

Franc — *Valais*. Ec.: aux 1 et 4 d'arg. à un tour de gu.; aux 2 et 3 d'azur à quatre los. d'or, 2 et 2.

Fraters — *Termonde*. D'or au chev. de gu., acc. en p. de deux chiens affr. au nat., assis sur un tertre de sin., celui de dextre posant la patte sur l'épaule de l'autre. **C.:** une tête de chien au nat., coll. de gu. **D.:** FRATERNALIS AMOR.

Frégand — *Valais*. D'azur à un senestrochère de carn.. mouv. du flanc, tenant une branche de rosier feuillée de sin., fleurie de trois pièces mal-ordonnées de gu., acc. en chef de deux étoiles (6) d'or.

Frily — *Valais*. D'or à la fasce d'azur, acc. en chef d'un trèfle de sin. et en p. d'une rose à quatre feuilles de sin.

Fuchs — *Valais*. D'azur à un renard d'arg., posé sur un tertre de sin. qui supporte à sen. un arbre du même, le tout acc. au canton dextre du chef d'une étoile (6) d'arg.

Furger — *Valais*. D'azur à un annelet d'or, sommé d'une croisette du même.

Furrer — *Sion* (*Valais*). De gu. à une ancre sans trabe d'or, soutenue d'un tertre de trois coupeaux de sin. et acc. en chef de deux étoiles (6) du sec.

G

Gaffinen (zen) — *Valais*. D'arg. à une fleur en forme de quatre trèfles de gu., feuillée en saut., cette fleur tigée de sin., feuillée de deux tiercefeuilles du même de chaque côté et posée sur un tertre de trois coupeaux de sin.

Gallandat — *France. Holl.* Ec.: au 1 trois têtes de chevreuil, rangées en fasce; au 2 trois fleurs-de-lis, 2 et 1; au 3 trois boules, 2 et 1; au 4 un homme pass. de profil, tenant de chaque main une flèche. Cq. cour. **C.:** une tête de chevreuil.

Gallandat-Huet — *Holl*. Parti: au 1 une chouette, perchée sur un rocher (*Huet*); au 2 les armes de *Gallandat*.

Gallesius — *Valais*. D'arg. à deux chev. de gu., le sec. chev. supp. une croix latine du même passant derrière le premier chev.; le tout acc. de trois étoiles

(6) d'or, 2 en chef et 1 en p.

Ganioz — *Valais. Armes anc.*. D'azur à cinq los. d'arg., accolées et aboutées en croix, acc. de trois étoiles (6) d'or, rangées en chef. — *Armes mod.*: Parti: au 1 les armes anciennes; au 2 d'azur à une colonne de gu., accolée d'un serpent au nat.

Geratschodi — *Valais*. D'arg. à deux fasces de gu., la seconde fasce supp. une croix d'or, passant derrière la première fasce; le tout acc. d'une étoile (6) d'or en abime, entre les branches du chev.

Gard — *Valais*. Coupé: au 1 d'or à une aigle de profil de sa., cour. du même, le vol ouv. et abaissé, la patte dextre levee; au 2 d'azur au chev. de sa., acc. de trois étoiles (5) d'or, celle en p. surmontant un tertre de trois pics de sin.

Gard dit de Liddes — *Valais*. Taillé: au 1 d'or

au lion naiss. et cont. d'azur, mouv. du taillé; au 2 d'azur à deux bandes de gu., acc. au canton sen. du chef d'une fleur-de-lis d'or, posée en bande.

Gauchel — *Brab.* D'or à la bande d'azur, ch. de trois fleurs-de-lis du champ et acc. en chef d'une vipère de sa. et en p. d'une tortue du même.

Georgel — *Lorr., Paris, Norm.* Ec.: aux 1 et 4 de gu. à deux épées d'arg., garnies d'or, passées en saut., br. sur un rateau d'arg., en pal, la tête en bas. le tout lié d'un cordon d'or; au chef d'azur, ch. d'un lévrier courant d'arg., coll. d'or (qui est des gentilshommes de *Laveline*); aux 2 et 3 d'or à une anille de sa. (*Oberlin*). Brl. de gu., d'or et d'azur. **C.:** une épée,

en pal, br. sur le millésime 1476 de sa. **D.:** PATRES ET PATRIA [Armes de M. *J.-A. Georgel,* auteur de l'*Armorial des familles de Lorraine titrées ou confirmées dans leurs titres au XIXe siècle,* Elbeuf 1882.]

Glas (de) — *Tournaisis.* D'or à la bande de gu., ch. de trois merlettes d'arg.

Gunning — *Amsterdam.* De gu. à un château, ouv. du champ et sommé d'une tour. Cq. cour. **C.:** trois pl. d'aut.

Guyard de St.-Chéron — *Tour.* De gu. à un gui de chêne d'or; au chef d'azur, ch. de trois roses d'arg., bout. de sa.

H

*****Hanegraaff** — *Rotterdam.* Coupé: au 1 d'or au lion léopardé de gu.; au 2 d'or à trois coqs pass. de gu., 2 et 1, les deux du chef affr. **C.:** un membre de coq au nat., la serre en bas, la cuisse sommée de trois pl. d'aut.: d'or, de gu. et de sin. **L.** d'or et de gu.

Hanegraaff van der Colff — *Groesbeek (Gueldre.)* Coupé : au 1 d'or au lion léopardé de gu.; au 2

d'or à trois coqs de gu., 2 et 1. **C.:** un vol.

Hemptinne — *Gand* (Comtes, 13 mai 1886.) Les armes des barons de *Hemptines,* de la création du 6 juillet 1737.

Huet — *France, Holl.* Une chouette perchée sur un rocher [Armes du littérateur hollandais, *C. B. Huet.*]

J

Janssens — *Paris* (Comte romain, 8 juin 1886.) D'or à trois pals d'azur; au chef du même, ch. d'une croisette accostée de deux glands tigés et feuillés, les tiges en haut, le tout d'or, le gland dextre posé en barre

et le gland sen. en bande. **C.:** une croisette d'or; entre un vol à l'antique, d'azur et d'or. **S.:** deux lions d'or, celui de sen. la queue fourchée. qui est de Brabant. **D.:** VIS IN CAPITE EST.

K

Kint — *Holl.* D'arg. au chev. de sa., acc. de trois | verres à vin de gu.

L

Lafond — *Paris* (Comte romain, 13 déc. 1863.) D'or à une croix latine renversée (croix de St.-Pierre) de gu., ch. de cinq bes. du champ.

Lalieux (de) — *Nivelles (Belg.)* (An., 9 oct. 1886.) D'arg. à la fasce de gu., acc. en chef de deux lions adossés de sa., arm. et lamp. de gu., et en p. d'un coq hardi et chantant de sa., barbé, crêté et m. de gu., sur un tertre de sin. Brl. d'arg. et de gu. **C.:** le coq de l'écu. **L.** d'arg. et de gu. **D.:** FORTITER ET INTREPIDE.

Lamprecht — *Bav.* (Conc. d'arm., 20 mars 1582.) Coupé: au 1 d'or à un homme iss., mouv. du coupé, hab. d'azur, rebr. d'or, au rabat du même, ceint et bout. aussi d'or, coiffé d'un bonnet albanais d'azur, retr. d'or, houppe d'azur, tenant de sa main dextre trois trèfles mal-ordonnés de sin., mouv. d'une seule tige, la main sen. appuyée sur sa hanche; au 2 d'azur à trois pals d'or. **C.:** l'homme iss., entre deux prob. coupées d'azur sur or.

Lasocki (de) — *Belg.* (Inc. dans la nob. belge avec le titre de comte, 21 juillet 1885.) D'azur à une flèche d'arg., posée en pal, la pointe en bas, surm. d'un fer-à-cheval du même, cloué de sa., les bouts en bas, somme d'une croisette d'or. **C.:** une flèche d'arg., en fasce, traversant un vol d'or. **T.:** deux chevaliers,

arm. de toutes pièces, la visière baissée, tenant chacun une lance d'or à l'oriflamme d'azur, glandée d'or. **D.:** INFRIGIT SOLIDO.

Laurens — *Groninque.* D'azur à l'aigle ép. d'arg. Cq. cour. **C.:** une étoile [Une branche établie en Angleterre portait en cimier une main dextre, surm. de cinq étoiles.]

Lawrence-Archer — *Ecosse.* Coupé: au 1 d'azur à trois phéons d'or, les pointes en bas; au 2 d'arg. à la croix écotée de gu. Cq. timbré d'une couronne murale d'or. **D.:** DEUS SALUTEM DISPONIT.

Leroy de St.-Arnaud — *Paris.* D'arg. au chev de gu., acc. en chef de deux étoiles d'azur et en p. d'une merlette de sa. **S.:** deux lions reg. [Maréchal de France.]

Lesguillon — *Tournaisis.* D'arg. à une hure de sanglier de sa.

Lespierre — *Tournaisis.* D'arg. au chev. de gu.

Limbourg (de) — *Belg.* (Conf. de nob. et titre de chevalier, 7 déc. 1782; rec. de nob. et du titre de chevalier, 20 janv. 1885.) D'or au lion de gu., la patte sen. appuyée sur une croix de St-André d'azur. Deux cq. cour. **C.:** 1° un lion iss. et cour. de gu.; **l.** d'or et de gu.; 2° la croix de St.-André (sautoir) d'azur, entre deux pl. d'aut.; **l.** d'or et d'azur.

M

Malefyt — *Holl. sept.* D'arg. à un poisson volant de .... en chef, et deux bâtons fleurdelisés de ..., passés en saut., en p. [**V. de Waal Malefyt.**]

Marck — *Norm.* (An., 1510.) D'azur à trois triangles d'arg., 2 et 1, acc. en chef d'une étoile (6) d'or.

Mattos (de) — *Amsterdam*, orig. du *Port.* De gu. à un pin de sin., aux racines d'arg., accosté de deux lions ramp. et affr. d'or, arm. d'azur.

Michaux — *Louvain* (An. et titre de baron, 14 août 1886.) De gu. au chev. d'arg., ch. de deux palmes affr. de sin. et acc. de trois bistouris d'arg., posés en pals; au canton d'or, ch. d'un L antique de sa. **S.:** deux sauvages, appuyés sur leurs massues. **D.:** MANU

ET DOCTRINA.

Monin (de) — *Belg.* (An., 9 nov. 1669; rec. de nob. et titre de baron, 24 déc. 1885.) D'azur au chev. d'arg. Cq. cour. **C.:** un cerf iss. au nat., accosté de deux bannières aux armes de l'écu, les lances d'or, posées en chev. renv. **L.** d'arg. et d'azur. **S.:** deux cerfs reg. au nat. **D.:** JUSTITIA ET ÆQUITAS.

Mortier (du) — *Belg.* (An. et titre de comte, 11 déc. 1885.) Échiq. d'arg. et de sa.; à la bande d'arg., br. sur l'échiqueté et ch. de trois croix de gu. **S.:** deux griffons d'or, arm. et langués de gu. **D.:** PAR DROIT ET POUR FOI.

O

Offerhaus — *Groningue.* Parti, d'or à la fasce d'azur, et d'azur à deux yeux humains au nat., rangés en fasce; au soleil d'or en chef, br. sur le parti. Brl. d'azur et d'or. **C.:** un vol, d'or et d'azur. **L.** d'or et d'azur.

Orban de Xivry — *Luxemb.* (An., 5 déc. 1871.) D'or au chev. d'azur, ch. de cinq croisettes du champ

et acc. de trois étoiles du sec. **C.:** une étoile d'azur. — (Barons, 6 nov. 1886.) Ec.: aux 1 et 4 les armes de 1871; aux 2 et 3 d'arg. à un renard de sa. (*Xivry*). Brl. d'or et d'azur. **C.:** une étoile d'azur. **L.:** à dextre d'or et d'azur, à sen. d'arg. et de sa. **S.:** à dextre un lion au nat., à sen. un renard de sa. **D.:** DEFENDE INARMATOS.

FIN DE L'APPENDICE.

NOUVELLES ADDITIONS
ET
CORRECTIONS

A l'occasion de la présente réédition de l'Armorial Général de J.-B. Rietstap, la Société de Sauvegarde Historique a reçu quelques communications qui ont été insérées ci-après

BEAULATON. — Auvergne. D'azur, à la nef (drakkar) d'or, au chef cousu de gueules chargé de trois étoiles d'argent.

BIETRIX (du Villars). — Dauphiné. D'or, à la fasce de gueules, accompagnée de trois roses de même, posées 2 et 1.

BRUN. — A Zurich (chevaliers XIIIᵉ siècle). D'or, à une étoile de six rais de gueules. C. : une étoile, chaque rai pommeté ; Brun, à Coire : De gueules, à une étoile (de six rais) d'or. C. : une étoile d'or, chaque rai pommeté de même (T.I., page 317) ; Brun von und zum Brunnen, à Schwyz. D'or, à une étoile de six rais de gueules. C. : l'étoile, chaque rai orné d'une boule d'or (T.I., pages 317 et 319) ; Brun d'Oleyres, à Neuchâtel (venus de Constance au début du XVIᵉ siècle) : D'azur, à une fasce d'or accompagnée en chef d'une étoile du même (cinq ou six rais) ; Brun, à Berne : D'azur à la fasce d'or ; Brun de Cernex, en Genevois : D'azur au soleil dor (alias étoile), à la fasce brochante de sable.

CHAMPETIER : voir Champestières.

CHAMPETIER DE RIBES : Rietstap lui attribue, à tort, les armes des comtes de Ribes, T. II, page 1221 (article supprimé dans cette réédition).

CHAMPETIER DE RIBES-CHRISTOFLE : famille différente de celle des comtes de Ribes.

GOMAND et GOMAND DE L'ESPINETTE. — Namur et Liège. D'or à la bande coticée de sable, chargée de cinq fleurs de néflier d'argent et accompagnée en chef d'une étoile à cinq rais de gueules. C : un vol d'or chargé d'une bande coticée de sable. D. Nihil nisi recte.

LIPSKI (de). — Pologne, Russie, France : les armes Korczak (T. II, page 1122) ; branche de la famille Goraïski (T. II, page 799).

OLTRAMARE. — Gênes, Genève ; (branche guelfe) : D'azur à la bande d'or, émanchée de cinq pièces de gueules accompagnée en chef d'un lion passant d'or armé et lampassé de gueules tenant dans sa dextre un bâton d'argent, et en pointe d'une fleur de lys d'or.

PHILY (de). — Lyonnais (Anoblie par charge en 1634, maintenue en 1668), barons de Saint-Just (1641) et de Chamagnieu (1658) : Fascé (alias bandé) de sable et d'or, au chef de sable.

RIBES (de). — Langedoc, (comte par ordonnance du 20 juin 1816) : D'azur au chevron d'argent, accompagné en chef de deux tours du même, ouvertes et ajourées de sable, et en pointe d'un lion d'or tenant une épée d'argent garnie d'or.

ROCHAT DE LA VALLEE. — Franche-Comté, xi⁰ siècle, Vaud xv⁰ siècle. France xix⁰ siècle. Aux 1 et 4 : de sable à une roue de huit rais d'or ; au 2 et 3 : d'azur à deux cimeterres d'argent passés en sautoir, en pointe, un rocher de trois monts surmonté d'un croissant, le tout d'argent. C. : une femme (ou reine) de carnation, issante, habillée de sable, les cheveux épars, couronnée d'or, les bras levés en un geste de bénédiction.

ROUX JOFFRENOT DE JUVIGNY DE MONTLEBERT. — Languedoc, Lorraine : Ecartelé aux 1 et 4 d'azur au dextrochère tenant trois fleurs de lis de jardin, le tout au naturel (Roux) ; aux 2 et 3 d'or au chevron d'azur, broché d'une fasce du mesme, accompagné en chef de deux étoiles de gueules et en pointe d'une merlette de sable (Montlebert).

TARLÉ (de). — Ile-de-France ; en 1698 : D'azur au chevron d'or, surmonté d'un croissant d'argent et accosté de deux étoiles du mesme, et accompagné en pointe d'un lion d'or ; en 1761 : D'azur au chevron d'or, surmonté d'un croissant d'argent, accompagné de deux étoiles d'or et d'un lion passant de mesme.

* 9 7 8 0 8 0 6 3 5 2 1 0 7 *